철학 교과서

제 3 권 현실론

Original title:
Johannes Hessen: Lehrbuch der Philosophie
Band 3: Wirklichkeitslehre

Copyright © 2nd Edition 1962 by Ernst Reinhardt Verlag München/Basel,
Kemnatenstr. 46, 80639 München, Germany
www.reinhardt–verlag.de

Korean Translation Copyright © 2011 by Seokwangsa Publishing Co.
This Korean language edition is published by arrangement
with Ernst Reinhardt Verlag, Germany.

존재론과 형이상학 그리고 세계관론

철학교과서

제 3 권 | 현실론

요하네스 헤센 지음 ■ 이강조 옮김

서광사

이 책은 Johannes Hessen의 *Lehrbuch der Philosophie Band 3: Wirklichkeitslehre* (Ernst Reinhardt Verlag, 2nd Edition 1962)를 완역한 것이다.

철학 교과서
제3권 현실론

요하네스 헤센 지음
이강조 옮김

펴낸이―김신혁, 이숙
펴낸곳―도서출판 서광사
출판등록일―1977. 6. 30.
출판등록번호―제 406-2006-000010호

(413-756) 경기도 파주시 교하읍 문발리 534-1
대표전화 · (031) 955-4331 / 팩시밀리 · (031) 955-4336
E-mail · phil6161@chol.com
http://www.seokwangsa.co.kr / http://www.seokwangsa.kr

제1판 제1쇄 펴낸날 · 2011년 10월 30일

ISBN   978-89-306-0229-7   94100
ISBN   978-89-306-0223-5   (세트)

▪ 옮긴이의 말

인간은 때로는 자각하고 인식하면서, 때로는 의욕하고 행동하면서 현실에 대립한다. 인간이 자기의 태도를 숙고하고, 이것을 반성의 대상으로 삼는다면, 그는 철학적 사색을 하는 것이다. 저자 J. 헤센은 이 「철학 교과서」 제1권인 학문론에서는 인간의 이론적 태도를, 제2권인 가치론에서는 실천적 태도를 규명하였다. 그러나 철학은 현실에 대한 인간의 이론적 및 실천적 태도의 탐구로써 완성하지 않고, 이 현실 자체를 그 최후의 근거에서 포착하고자 한다. 이 일은 제3권인 **현실론**에서 수행된다.

학문론에서 인식의 원리가 탐구의 주 대상이었던 것처럼, 가치론에서는 가치 원리가 그러했다. 따라서 이 두 분과는 일체를 실재적 원리로부터 도출하는 현실론과 대조를 이룬다. 철학을 일반적으로 원리론으로서 정의를 내린다면, 학문론과 가치론은 관념적 이론이고, 이에 반하여 현실론은 실재적 원리에 관한 학문이다. 그리하여 전자는 당장 **관념철학**으로, 후자는 **실재철학**으로 특징지을 수 있다.

이렇게 인간의 자기의식을 학문론과 가치론으로 완성한 철학은 정신의 자기 직관일 뿐만 아니라, 동시에 세계관이기도 하다. 철학은 정신의 이상적 세계뿐만 아니라 경험 속에 주어진 실재의 세계도 규명해야 한다. 이와 같은 두 번째의 주요과제를 현실론에서 완수한다. 철학적 사고는 저러한 관념론에서 "대상으로의 전회"라는 중요한 전환과 변화를 겪게 되었다. 철학이 그 주위를 선회하는 주관은 후퇴하고, 다른 극, 즉 객관, 존재가 다시 철학의 시계에로 들어선 것이다. 그리하여 "형이상학의 부활"이 도래한다.

이렇게 오늘날의 사유에는 존재의 규명, "무엇이 세계를 가장 내면적으로 결합하는가"에 대한 인식이 철학의 본질적인 과제로 된다. 현실론이 그 권리를 되찾은 것이다. 현실론의 대상은 현실적인 것(단순히 사유된 것과는 대조적으로), 실제적인 것(단순히 이상적인 것과는 대조적으로)이다. 그러나 이 규정은 애매하다. 현실의 제 분과 과학들도 현실적인 것, 실제적인 것과 관계하기 때문이다.

그러나 현실의 제 분과 과학은 그 자신이 연구하지 않고, 그것의 연구와 검토를 오히려 학문론(논리학과 인식론)에 위임하는 논리적 작업을 수행하고(예컨대 정의, 증명), 또 개념을 사용하듯이(에컨대 참되거나 거짓된 개념), 자신을 넘어서 여전히 존재의 학문으로서의 성격으로 주어진 개념들로써 작업한다. 여기에 다음의 개념들, 즉 존재, 비존재, 용재, 현존, 본질, 가능성, 필연성, 원인, 목적 등과 같은 것들이 속한다. 이 개념들은 정신의 학문에서도 자연과학에서도 고유한 취급을 받지 않는다. 이곳에 현실론의 특수한 실존권이 정초해 있다. 현실론의 과제는 현실적인 것을 목적으로 하는 가장 보편적인 개념의 탐구이다.

그러면 현실론의 대상은 무엇인가? 역자는 이 현실론의 내용을 요약함으로써 이것을 "옮긴이의 말"로 삼고자 한다.

우선 현실론은 존재를 목표로 하여 그 가장 보편적인 개념들을 가공하는 데 있다. 그런데 여기서 이 존재는 이러저러한 존재가 아니라, 존재자 일반이다. 제 분과 과학이 그것의 특수한 성질들을 연구하는 반면에, 현실론은 존재자가 존재하고 있는 한에서 그것을 탐구한다. 질료적 대상은 두 분과에 공통적으로 현실적이다. 그러나 형식적 대상은 다르다. 전자에서는 구체적으로 현실적인 것이고, 후자에서는 추상적으로 현실적인 것이다. 저기서는 개별적으로 현실적인 것이고, 여기서는 보편적으로 현실적인 것이다.

이렇게 현실론은 존재의 형식에 관한 학문이다. 그러나 현실론은 존재자에게 모습을 달리 나타낼 수도 있다. 그리하여 현실론은 존재자의 형식 대신에 그 근거에 대해서도 물음을 제기할 수도 있다. 첫 번째 고찰 방식이 형식적인 반면에, 두 번째의 것은 본질적으로 질료적이다. 이것은 보다 더 상승한 의미의 내면적인 내용, 즉 존재자의 본래적인 의미 내용을 목적으로 하는 세 번째의 고찰방식에 적용된다.

그러므로 현실론에는 세 가지 분과가 존재한다. 첫 번째 것은 보편적 존재의 이론, 또는 존재론이다. 그것의 대상은 이 대상의 가장 보편적인 구조에 관한 존재론이다. 이것은 제일 철학이라 한다. 존재론은 가장 보편적인 존재 개념을 연구하고, 그럼으로써 모든 존재학의 기초를 놓고 있다. 따라서 모든 존재의 학문은 존재론에 논리적으로 종속하는 관계에 서며, 이 존재론에 의존한다. 그러므로 존재론은 사실상 제일 철학이다.

두 번째 분과는 존재의 본질을 연구한다. 이것이 뜻하는 바는 현실적인 것의 본질, 존재자의 구성 요소이다. 이 분과의 대상은 따라서 현상의 기저에 놓여 있는 것, 즉 칸트의 "물 자체"이다. 이 분과는 따라서 형이상학이라 불린다.

세 번째 분과는 존재에 대해서가 아니라, 세계의 의미에 대한 물음이다. 이 물음의 해결은 세계관의 정립을 의미하기 때문에 의당 세계관론이라 불린다.

현실론을 존재론, 형이상학 그리고 세계관론이라는 세 가지의 별개 분과로 분할하는 일은 종래의 철학에서는 알려지지 않았다. 고대도 중세도 칸트 이전의 근세에서도 현실론의 내부에서 이러한 분리는 기도되지 않았다. 형이상학과 동일시되었던 현실론에서는 따라서 존재론적 문제 권역도 세계관적 권역과 마찬가지로 형이상학적 권역으로 간주되었다. 이러한 의미의 현실론이 전개되었다는 사정은 고대에서부터 현대에 이르기까지의 서양의 철학사가 너무도 명확하게 증명한다.

존재론의 대상은 아리스토텔레스와 Chr. 볼프에 의해서 적절하게 규정되었다. 그것은 **존재자로서의 존재자**이다. 존재론은 따라서 존재자를 그 가장 높고 보편적인 관점, 즉 존재 아래에서 고찰한다. 이 존재의 존재자에 대한 관계는 참된 것에 대한 진리, 아름다운 것에 대한 미의 관계와 같다. 모든 참된 것에 참됨 또는 진리가, 모든 아름다운 것에 아름다움 또는 미가 제격이듯이, 모든 존재자에게는 존재가 어울린다. 존재자는 여럿 있지만, 그러나 존재는 이 다자(多者)에 있어서의 하나요, 동일자이다.

그러면 이 존재란 무엇인가? 존재의 의미에 대한 물음은 그것의 정의가 가능하다면 신속히 해결될 수 있을 것이지만, 그러나 존재는 정의를 배제한다. 정의 내릴 수 있기 위해서는 보다 더 일반적인 개념이 수단으로 되어야만 하기 때문이다. 그러나 존재는 가장 추상적인 최고의 개념이기 때문에 정의를 허용하지 않는다. 따라서 우리는 지식의 영역을 지적하는 개념적 사유의 한계 앞에 서게 된다. 최고의 개념은 합리적인 파악이나 규정을 허용하지 않기 때문이다.

N. 하르트만의 지적처럼 존재의 정의 불가능성은 존재론에서 부딪히는 첫 번째 난제이다. 그러나 존재는 매우 잘 알려진 것, 그뿐만 아니라 소여성의 형식에 있어서는 전혀 오인될 수 없는 어떤 것이다. 여기

서 우리에게 아쉬운 것은 "존재"의 의미가 분명해져야 하는 어떤 사태
의 제시이다. 그러나 그와 같은 사태는 대상이란 개념에서 사유된다. 대
상은 의식에 대한 관련성, 즉 그 자체에 있어서 대립해 서는 것, 마주 보
고 서는 것이기 때문이다.

그 어떤 것이 존재를 가진다는 것의 의미는 의식이 그 어떤 것을 향
하자마자 그 어떤 것이 인식하는 의식에 마주 보고 선다는 것이다. 이
관계는 대상의 의식 속에서 존재가 우리에게 밝혀진다는 뜻이다.

아리스토텔레스-토마스적 체계의 범주로 사유하는 사람에게는 의식
적이든 무의식적이든 간에 그의 영역에서 잠재적인 전제로서 기능하는
어떤 최후의 가정으로부터 출발한다. 그것의 가장 중요한 가정은 존재
자는 내면적으로 형성되어 있다는 것이다. 이 정초는 아리스토텔레스가
수행한 플라톤의 이데아를 구체적 개별적 사물 속에 옮겨 놓은 일 속에
있다. 이것은 실재적인 것의 관념화를 의미한다. 바꾸어 말하면 이념적
내용으로 스며든 실재적인 것은 이제 그것의 존재에 있어서 가지적(可
知的)인 것으로서, 그것의 작용에 있어서는 목적적인 것으로서 나타난
다. 전자에 대해서 모든 존재는 가지적이다가 적용되는 것처럼, 후자에
대해서는 모든 작용인은 목적을 위해서 작용한다라는 명제가 적용된다.
따라서 우리는 이 양자를 존재 개념에서 도출할 수 있는 것이다.

형이상학이 존재한다는 사실은 인식론에서 이미 지적되었다. 형이상
학적 인식의 가능성은 실증주의와 현상론에 의해서 논쟁이 제기된다.
전자는 형이상학의 대상, 즉 초감성적인 것을 부정한다. 현상론은 형이
상학의 대상을 부정하지 않지만, 그것의 인식 가능성은 부정한다. 물 자
체는 여기서는 인식 불가능한 것으로 간주된다.

그러면 형이상학은 어떻게 가능한가? 우리는 3가지 유형의 형이상
학, 즉 연역적, 귀납적 그리고 직관적 형이상학을 만나게 된다. 형이상

학은 실재적 대상을 다룬다. 그러나 이 대상은 내재적-실재적 대상이 아니라, 초월적-실재적 대상이다. 달리 표현하면 형이상학의 대상 유형은 초감성적 대상이다. 칸트적 표현으로는 물 자체이다. 그것은 현상의 근거이기 때문에 현상으로부터만 인식될 수 있다. 그것의 인식방식은 간접적인 방식이다. 현상에서 물 자체를 추론하는 것이다.

따라서 형이상학의 대상은 다음과 같이 특징지을 수 있다.

1. 형이상학의 대상은 실재적 대상이다. 그것은 현존, 실재성을 갖고 있다.

2. 형이상학의 대상은 경험 바깥에 놓여 있다. 그것은 경험적 대상보다 더 깊은 존재 층을 나타낸다.

3. 형이상학적 대상의 초월적 성격 때문에 그것은 간접적으로만 인식될 수 있다. 우리는 내재적 존재로부터 초월적 존재를 추론한다.

우리는 이러한 형이상학적 대상의 구조를 귀결로서 가지게 되는 방법을 안다. 우리는 형이상학적 대상을 초월적 대상으로서 직접적으로가 아니라 간접적으로만 파악하고, 해명한다. 따라서 그 방법은 추리이다. 이러한 추리의 방법에 의해서 자연과 인간의 의미의 추구가 가능한 것이다.

우선 인간에 관한 셸러(M. Scheler)의 견해를 보면, 1. 영적인 것은 생명 있는 것과 동일하다. 영혼은 유기적인 생명이 본질적으로 결합되어 있는 "생명의 원리"와 동의어인 것이다. 2. 자기 운동, 자기 형성, 자기 분화 등 알려진 징표 이외에, 생명이 있는 것은 자신을 의식하게 됨으로써 대-자(對自) 존재인 것이고, 또 의식적-존재라는 것은 생명 있는 것에 대해서는 구성적인 의미를 갖는다. 3. 인간이 자신 속에서 현존과 생명의 모든 본질 구조를 총괄하는 방식으로 유기적인 세계의 구분에 따르는 생명- 및 심리적 기능의 단계적 구성이 존재한다.

이렇게 셸러에 의하면 인간과 동물 간에는 단순한 정도의 차이가 아닌 본질의 차이가 있다. 인간 존재는 동물 존재와 대립하는 것이고, 새로운 존재 단계를 의미한다. 그것은 인간의 본질을 구성하는 새로운 원리, 즉 정신이다. 인간의 본질에 대한 새로운 표상으로서 육체와 영혼의 이원론이 지양된다. 육체와 영혼은 하나인 동일한 실재의 두 측면일 뿐이다. 하나인 동일한 생명은 그것의 내면에서는 심리적이고 타자에 대한 그 존재에 있어서는 육체적인 형상을 갖는다. 따라서 육체나 영혼이란 전통적인 이원론 대신에 생명과 정신의 이원론이 들어선다(육체와 영혼은 생명의 측면에 속하게 된다). 생명력 있고 정신적인 기본층은 "인간"의 본질을 구성한다. 인간은 생물인데 자기의 생명에 대해서 원리상으로 금욕적으로 태도를 취할 수 있는 생물이다. 현실적인 존재에 대해서 언제나 긍정하는 동물과는 달리 인간은 부정을 말할 수 있는 자, 생의 금욕자, 모든 단순한 현실에 대한 영원한 항의자이다. 따라서 인간은 사물의 본질을 순수하게 직관할 수 있고, 관념적 사상 체계를 통해서 자기의 지각의 세계를 상부에 증축할 수 있다.

철학적 사유는 자연과 인간의 본질에 대한 형이상학적 해석에 머무르지 않고, 세계 전체의 형이상학으로 넘어간다. 그러한 형이상학의 시도는 이른바 신의 존재 증명에 있다. 이 신의 존재 증명에 대해 "일체를 분쇄하는 자"인 칸트가 그의 비판적 오성의 무기를 조준한다. 물론 칸트의 이 신의 존재 증명의 비판에 대한 찬반의 견해들이 속출했다.

어쨌든 한 가지는 논쟁의 여지가 없다. 칸트의 신의 존재 증명의 비판은 그의 현상학적 인식론에 기초하고 있다. 그러나 이 인식론은 오늘날 일반적으로 거의 포기된 상태이다. 동시에 신의 존재 증명의 칸트적 비판의 본래의 토대는 오늘날 동요하고 있다고 한다. 어떻든 "신의 존재 증명 방식에는 사변적 이성에서 세 가지만 가능하다. 이러한 목적에서 가능한 모든 길은 일정한 경험에서 인식된 우리의 감각 세계의 특수한 성질로부터 인과법칙에 따라서 세계의 최고 원인에 이르기까지 상승하거나, 또는 일정하지 않은 경험, 즉 어떤 현존을 경험적으로 기초로 삼거나, 또는 결국 모든 경험을 추상하고, 전적으로 선천적으로 단순한 개념에서 최고의 원인의 현존을 추론하거나 한다. 첫 번째 증명은 물리 신학적 증명이고, 두 번째는 우주론적 증명이며, 세 번째 증명은 존재론적 증명이다." 이 증명의 검토를 그러나 역순(逆順)으로 하지 않을 수 없다. 왜냐하면 비록 경험이 증명에 대한 최초의 동기를 제공한다 할지라도, 선험적 개념만이 경험의 노력에 있어서 이성을 지배하고, 이성이 기도한 목표를 표시할 것이기 때문이다. 따라서 선험적 증명의 검사로부터 시작하여 경험적인 것을 보강함으로써 증명을 확대할 수 있는 것이다.

세 번째인 존재론적 증명은 최고 실재성을 가진 존재체라는 신의 개념에서 신의 존재를 추리한다. 최고의 실재성에는 현실적 존재란 것이 포함되지 않으면 안 된다. 고로 신은 존재한다는 것이다. 그러나 이것은 그릇된 추리이다. 한갓 개념에 불과한 것은 결코 그 현실적 존재를 증명하지 못하기 때문이다. 현실적인 것도 그것의 개념으로서는 가능적인 것의 개념 이상의 아무것도 포함할 수 없기 때문이다. 대상의 현실적 존재를 알기 위해서는 한갓 개념의 분석에 의존할 것이 아니라, 경험적 직관과의 결합을 요한다. 그런데 우리는 신에 대해서는 이러한 경험적 직관을 가지지 못한다. 따라서 신의 현실적 존재는 증명될 수 없다.

우주론적 신의 존재 증명은 세계 안에 어떤 것이 존재한다면, 그 원인으로서 절대로 필연적인 것이 없을 수 없다는 것이다. 그런데 절대로 필연적인 것은 그 자신에 의해서 존재하는 것, 즉 자체 존재이며, 이것은 최고의 실재자 즉 신이라는 것이다. 이 증명은 어떤 것이 있으면 반드시 그 원인이 있어야 한다는 인과율과 절대로 필연적인 것은 최고 실재자라는 명제를 전제하고 있다. 그런데 칸트에 의하면 인과율은 감성계에 한해서 적용될 성질의 것이지 초감성계에 적용될 수 있는 것은 아니다. 최고 실재자는 필연적인 존재라는 명제는 신의 존재론적 증명과 동일한 것인데, 이는 이미 근거 없는 것임이 밝혀졌다.

목적론적 신의 존재 증명은 세계의 질서, 합목적성, 아름다움과 같은 사실에서 슬기롭게 세계를 창조한 신의 존재를 추론하는 방법인데, 이러한 추론은 세계의 형식을 만들어 낸 세계 건설자는 몰라도 세계의 질료를 만들어 낸 세계 창조자를 결론으로 이끌어 낼 근거는 되지 못한다. 따라서 이 증명법에 의하여 신의 존재를 증명하려면, 어쩔 수 없이 세계에 있어서의 우연한 질료적 존재자에 대한 그 필연적 원인을 생각해 나가는 우주론적 증명을 빌리지 않으면 안 된다. 그런데 우주론적 증명은 존재론적 증명에 근거를 두는 것이었다.

이렇게 《순수이성비판》에서 형이상학에 대한 칸트의 태도는 매우 소극적이다. 즉 우리의 인식은 현상계를 넘어서지 못하는 까닭에 경험을 떠나 물 자체를 잡고자 하는 모든 노력은 결국 망령된 생각에 불과하다는 것이다.

칸트는 존재론적 신의 존재 증명에서 이 논증의 종교적 배경에 대해서는 어떠한 고려도 하지 않았다. 이 동일한 사실은 두 가지 다른 증명에 대해서도 마찬가지로 타당하다. 칸트는 언제나 이 증명들의 논리적 측면만 보고 그 배후의 비논리적, 비합리적 또는 오히려 초이성적 층은 보지 않았다. 그의 예리한 통찰력은 논리적 측면으로 향했기 때문에 논리에 대립하는 여러 충돌을 발견한다. 그는 "이성의 간지(奸智)", "변증법적 가상(假象)"에 관해서 말한다. 모든 논리적 설명은 여기서는 제 기능을 발휘하지 못한다. 이것은 모든 논리적인 것의 배후에 보다 더 깊이 놓여 있는 것으로 소급해야 한다는 것을 뜻한다. 그것은 사유가 탐지하고 있고, 논리적 난해성 너머로 들어 올리는 종교적 동기이다. 이 사유는 신을 필연적 존재 또는 순수 현실의 이념에서 또는 현명한 세계 건설자의 이념에서 재발견한다고 믿는다. 이 사유는 최후의 현실적인 것, 최상의 존재 원리를 신으로 간주한다. 이리하여 우리는 도대체 이른바 엄격히 합리적인 논증이 실제로는 초합리적인 동기에 의해서 완성되어 있고, 종교를 정초해야 할 합리적 동기들이 사실상으로는 그 자신이 종교에 기초하고 있다는 역설적 사실 앞에 선다.

이리하여 이제 세계는 혼돈으로서가 아니라, 질서로서 우리에게 질서 정연한 합리성으로 등장하게 될 뿐 아니라, 조화가 가득한 목적성으로 나타난다. 자연의 생기 현상은 유기적인 영역에서의 합목적성일 뿐만이 아니다. 목적 이념의 고향은 인간의 의식적 행동이다. 인간은 목적을 정립하고, 이 목적의 실현에 이바지한다.

인간의 세계 이해는 세계에 대한 인과적 및 목적론적 해석으로 충분히 논구되는 것이 아니다. 현실의 구조는 현실이 우리의 마음속에 일정한 감정을 불러일으키는 미(美)적 측면도 가지고 있다는 것이다. 이렇게 인간이 자연 세계를 합리적, 합목적적 그리고 미적으로 이해하지 않는 한, 학문적인 형이상학을 추구할 수는 없다.

형이상학의 최후의 개념은 일체의 우연적 존재가 그 최후의 존재 근거를 갖는 자체 존재의 개념이다. 이것이 이론이성의 요청이다. 이론이성은 그러나 정신 전체가 아니고, 그 한 반구(半球)일 뿐이다. 다른 반구는 실천이성이다. 오늘날의 술어로 표현하면 논리적-합리적 의식은 그것의 대응물을 가치론적 의식 또는 가치 의식 속에서 갖는다. 이 가치 의식은 그러나 세계에 대한 순전히 합리적 설명에서는 해결되지 않는다. 합리적 설명은 몰가치적(沒價値的) 설명이기 때문이다.

가치의식은 가치가 존재 자체 속에 최종적으로 기초하고 있다고 확신하고 있다. 이것이 의미하는 바는 세계 근거는 동시에 가치 근거로서, 가치 원리로서 파악되어야 한다는 것이다. 우리는 세계를 가치 있는 것으로서, 그리고 세계의 원리로서는 그 절대적 가치, 미 또는 신성(神聖)을 통해서 이 최고의 자리에 서 있을 수 있는 것만을 믿는 곳에 세계의 주된 근거를 가질 수 있는 것이다.

이러한 것으로써 요약된 문제권(問題圈)이 특수한 철학의 영역, 즉 세계관론(世界觀論)을 이룬다. 그런데 세계관의 관심은 세계의 최후의 가치 근거에 대한 물음뿐만 아니라, 인간의 영역에서 실현되는 정신의 가치, 특히 윤리적 가치를 포함한다. 그 때문에 세계의 의미에 관한 물음은 인간의 현존의 의미에 관한 물음을 포함한다. 그런데 세계의 의미 실현은 개별적 생(生)에서뿐만 아니라, 동시에 인류의 생, 즉 역사 속에서도 실현되기 때문에, 역사의 의미에 관한 물음이 최후의 물음이 된다.

가치 원리로서 규정되었던 세계의 의미 원리를 종교적 언어로 신(神)이라 부른다면, 세계관론의 대상으로서 신, 정신 그리고 역사가 결과로서 생겨난다. 그런데 이러한 문제의 인식에로 나아가게 한 것은 스코투스가 신의 본질에 대해서 그 기초가 되는 속성들, 예컨대 전능, 편재(偏在), 생명은 더 이상 이성적으로 증명될 수 없다고 가르치고 있는 한, 그에게서 발견된다. 이것은 세계관론이 철학의 한 분과로서 발생하게 되는 철학사적 배경이다.

그런데 세계관적 사유의 본래적 원천과 동시에 세계관의 가장 깊은 뿌리는 가치 체험이다. 가치에는 논리적, 미적, 윤리적 그리고 종교적 가치가 있다. 윤리적 가치는 그 타당성의 요구의 총체성과 절대성에 있어서 특수한 위엄을 가지고 있지만 최고의 가치는 아니다. 이것 위에 신성(神聖)의 가치가 존재한다.

그리하여 세계관은 본래 지식이 아니라 체험에, 오성적 인식이 아니라 가치 인식에 의존한다. 이성이 아니라 직관이 본래의 인식 원천을 이룬다. 그러나 오성적 인식도 세계관 구성에 중요한 역할을 한다. 어떤 세계관은 지식에도 의존한다. 따라서 세계관은 사유에 의한 형이상학을 도외시해서는 안 되고, 이것을 조심스럽게 고려하고 이용하여야 한다. 따라서 세계관적 사유는 가치 인식과 존재 인식의 종합에 존재하는 것이다. 세계 근거는 가치 근거로서, 따라서 가치 현실로서 규정된다. 세계 근거는 동시에 윤리적(및 미적) 가치의 담지자이기도 한 존재의 힘이다. 그리하여 플라톤은 진실재(眞實在)를 동시에 선(善)이요, 미(美)라고 하였다. 그러나 이것으로써는 아직도 종교적 신의 이념에 이르지 못한다. 신적인 것은 선 이상의 것이고, 그것은 신성(神聖)한 것이다. 이 새로운 가치 차원으로는 종교적인 가치 체험만이 들어선다.

이렇게 종교적 경험으로부터 신의 이념은 동시에 신성한 것을 표현하는 절대적 존재의 이념으로 나타난다. 그것은 초월적 가치력(價値力)의 이념, 신성이란 가치의 담지자이다. 이것의 가치 질(質)은 숭배 이외 다른 것이 아니다. 이것이 세계관적 사유의 신의 문제에 대한 그 과제의 해결이다. 이렇게 세계관은 언제나 신앙의 일이다. 철학이 세계관에 의존한다면, 신앙에 정초할 수 있을 것이지만, 지식에 뒷받침받지는 않을 것이다. 이것은 지식의 성격 때문에 일어나는 일이다. 따라서 철학은 세계관 속으로 흘러들기는 하지만, 세계관 속에 근거를 두고 있는 것은 아니다.

저자 J. 헤센은 이렇게 그리스도교적 신앙의 세계관에 귀일점(歸一點)을 두고 그의 이 3권의 「철학 교과서」를 학문론, 가치론 그리고 현실론으로 나누고, 또 현실론을 존재론, 형이상학 그리고 세계관론으로 구분하여 이론 정연하게 전개하고 있다.

이 3권의 저서를 번역함에 있어서 수시로 등장하는 라틴어 인용구의 번역에 수고를 아끼지 아니하신 나의 외우(畏友) 김위성 부산대학교 명예교수의 노고를 잊을 수 없다. 심심한 감사의 정을 표한다.

끝으로 요즈음 같이 어려운 출판 사정 속에서도 이 교과서의 출판을 맡아 주신 서광사 김신혁 사장님, 이 숙 부사장님의 후의에 뜨거운 감사의 말씀을 드리며, 편집과 교정을 맡아 주신 편집부 여러분에게도 감사의 마음을 드린다.

2011년 8월 1일
이강조

20세기 철학에서 매우 특징적인 "객관에의 전환"은 현실에 몰두한 철학 분과로 하여금 새로운 활력을 띠게 하였다. 이 전환은 어떻게 달리는 기대할 수 없는 사정을 다양하고 다면적인 존재 문제의 논의로 이끌어 갔다. 물론 우리는 이미 그리스인들의 사유가 그 주위를 맴돌았던 이 문제가 오늘날 다시 철학적 논의의 전면에 서게 되었다고 말해도 좋을 것이다. 이 저술이 시도하는 이 문제의 논의는 따라서 현대의 강력한 노력 및 흐름과 일치한다. 물론 다른 점에 관해서는 이 저작은 오늘날의 철학과 대립한다. 어쨌든 이 저작은 오늘날의 실존철학이 수행하고 있는 것과 같이 존재 문제를 인간의 현존재로 저렇게 환원하는 일은 단호히 거절하고, 이에 반해서 현실의 보편적인 철학을 전개하고자 한다.

허무주의적으로 병든 시대에 존재론적, 형이상학적인 문제의 연구는 정신에 대해서 치료 효과가 큰 철천욕(鐵泉浴) 요법이 될 것이다. 그리하여 나는 나의 「철학 교과서」의 종결 부분을 이루는 이 책이 특히 보다 젊은 세대에게 앞서 출판된 두 권의 책과 동일한 환영을 받게 되길 희망한다.

쾰른, 1949 가을. 저자

■ 제2판 서언

　나의 「철학 교과서」 제1권과 제2권의 신판이 이미 몇 년 전에 출판되고 난 후인 지금 제3권을 위해서도 신판이 필요하게 되었다. 그러기 위해서 나는 원전을 꼼꼼히 살폈고, 약간의 남아 있는 오자를 삭제하였다. 나는 내용을 변경하고 싶은 생각은 없었고, 그리하여 이 신판을 사진 복사 방식으로 생산할 수 있었으며, 그렇게 함으로써 그 책값을 오늘날의 학문적 저술의 통상적인 가격에 비하여 매우 낮게 정할 수 있었다.

　그러는 사이에 라틴아메리카에서 이 저서의 스페인어판 번역 출판 계약도 역시 체결되었다(번역자는 아르헨티나 투쿠만(Tucuman) 대학의 바즈쿠에즈(Vazquez) 교수이다). 제1권은 1957년, 제2권은 1959년, 제3권은 1961년 말에 출판되었다. 그런데 남아프리카에서도 나의 저서는 보급되었고, 프레토리아(Pretoria) 대학의 강사들과 학생들 중에서 (이네들의 어느 교수 한 분이 나에게 편지를 보낸 것처럼) 이 책을 접한 수많은 친구들을 발견하였다. 동일한 내용이 일본에도 해당되는데(도쿄발 보도에 의하면), 여기서는 세 권의 이 상이한 저서가 이곳의 언어로 번역되었다. 그러므로 나의 학문적 생의 저서는 나의 유배의 정적과 은거 생활 속에서 태어났지만 말하자면 온 대륙에 보급된 것이다.

　오늘날 현실론의 문제에 대하여 곳곳에서 만나게 되는, 점점 더 늘어

나는 관심 속에서 이 저서가 새로운 친구들에게 소개되기를 바라마지
않는다.

퀼른, 1962 부활절. 저자

현 실 론

Wirklichkeitslehre

▣ 차 례

서론

1. 현실론의 대상

   정신은 철학에서 그 자신의 세계, 즉 이념과 가치의 세계를 의식 속으로 고양한다. 정신은 이러한 자기의식을 학문론과 가치론으로 완성한다. 그러나 철학은 정신의 자기 직관일 뿐만 아니라, 세계관이기도 하다. 철학은 정신의 이상적인 세계뿐만 아니라 경험 속에 주어진 실재의 세계도 규명해야 한다. 철학은 이와 같은 그의 두 번째 주요 과제를 현실론에서 완수한다.

   그 생존권이 저러한 현실론에서 부인된 그러한 시대는 아직도 별로 과거사에 속하는 일은 아니다. 철학은 학문론과 가치론에 몰두하였다. 그것의 주요 분과는 (인식론의 영향을 받고 있는) 논리학, 윤리학 그리고 미학이다. 특히 신칸트주의가 옹호하고 있는 이 관점은 오늘날 극복된 것으로 간주해도 좋다. 철학적 사고는 그러는 사이에 사람들이 "대상으로의 전회"라고 특성 지은 중요한 전환과 변화를 겪었다. 칸트에 정위되어 있는 모든 철학이 그 주위를 선회하는 주관은 후퇴했고, 다른 극, 즉 객관, 존재가 다시 철학의 시계 내로 들어섰다. 그리하여 "형이상학의 부활"이 도래하였다.[1] 이미 1919년에 M. 프리슈아이젠-쾰러

---

1)   참조. 물론 오늘날에는 완전히 시대에 뒤진 ― P. Wust의 저서인 "Die Auferste-

(M. Frisheisen-Köhler)는 다음과 같이 확인할 수 있었다. 즉 "충분히 오랫동안 그것의 지난날의 단순히 박식한 연구에, 또는 예컨대 실험심리학과 같은 몇몇 때 묻지 않은 특수 분과의 장려에 제한되었던 철학은, 이미 모든 진영에서 세계관의 거대한 문제를 제기하고 또 마치 언제나 비판적으로 제한할 수 있는 듯한 어떤 형이상학의 의미에서 새로운 해결로 이끌어 가기를 다시 시작하였다."[2]

이렇게 오늘날의 사유에는 존재의 규명, "무엇이 세계를 가장 내면적으로 결합시키는가"에 대한 인식이 철학의 본질적인 과제로 간주된다. 현실론이 다시 그 권리를 되찾았다. 더구나 우리가 개별적으로도 보게 되는 것처럼, 현실론은 너무도 열렬하고, 다방면의 보호를 받고 있기 때문에, 현대의 철학 연구의 난점은 현실론 속에 놓여 있는 것처럼 보인다.

이제 우리가 현실론의 대상에 관해서 묻는다면, 그 명칭이 이미 우리에게 그것은 현실과 관계해야 한다는 사실을 말해 준다. 그것의 대상은 **현실적인 것**(단순히 사유된 것과는 대조적으로), **실제적인 것**(단순히 이상적인과는 대조적으로)이다. 그런데 이 규정은 아직도 매우 애매하다. 물론 현실의 학문 및 실제의 학문도 현실적인 것, 실제적인 것과 관계한다. 이것은 또한 이러한 학문이 현실적인 것의 전체 영역을 말하자면 자신 아래에 분배한 듯한 외관을 갖고 있다. 그래서 사람들은 현실론의 실존권에 대해서 이 현실론에서는 어떠한 대상도 남아 있지 않을 것이라고 언제나 되풀이하여 주장하였다. 그럼에도 불구하고 실제적인 제 학문 자체는 그 자신을 넘어서는 뜻을 가진다. 모든 학문은 그 자신이

---

hung der Metaphysik", Leipzig 1920.

2)   Unsere Zeit und die Philosophie, in: Der Spiegel, Heft 16-17 (1919), 8면.

연구하지 않고, 그것의 연구와 검토를 오히려 학문론(논리학과 인식론)에 위임하는 논리적인 작업을 수행하고(예컨대 정의, 증명), 또 개념을 사용하듯이(예컨대 참되거나 거짓된 개념), 현실의 제 학문은 그 자신을 넘어서 여전히 존재의 학문이라는 성격으로 주어진 개념들로써 작업한다. 여기에 다음과 같은 개념들, 존재, 비존재, 용재, 현존, 본질, 가능성, 필연성, 원인, 목적 등등과 같은 것들이 속한다. 이러한 개념들은 정신의 학문에서도 자연과학에서도 어떤 고유한 취급을 받지 않는다. 이곳에 특수한 현실론의 실존권이 정초해 있다. 현실론의 과제는 현실적인 것을 목적으로 하는 가장 보편적인 개념의 탐구인데, 이 개념들로써 모든 현실의 학문들이 연구한다.

그러므로 현실론은 자기의 소재(素材)를 가공하여야 한다. 그것은 방금 그 특징을 언급한 실제적인 제 학문의 개념 재료이다. 그런데 현실론은 그것으로써 자기의 대상도 갖게 되는가? 학문은 물론 언제나 대상으로 구성된다. 따라서 현실론은 어떤 특수한 대상을 갖게 될 때에만, 특수한 철학 분과가 된다. 그러면 이 대상은 무엇인가?

우리는 현실론은 존재를 목표로 하는 가장 보편적인 개념들을 가공한다고 말하였다. 따라서 현실론은 존재의 세계를 가장 보편적인 관점 아래에서 고찰한다. 현실론은 이러저러한 존재자가 아니라 **존재자 일반**과 관계해야 한다. 예컨대 물리학이 존재자를 그것이 물리적인 성질의 것인 한에서 연구하고, 심리학이 그것이 심리적인 성질인 한에서 연구하는 반면에, 현실론은 존재자가 존재하고 있는 한에서 그것을 탐구한다. 현실적인 것에 대한 그것의 입장은 따라서 현실의 학문들의 그것과는 다른 것이다. 질료적 대상은 양자에게 공통적으로 **현실적인 것**이다. 이에 반하여 형식적 대상은 다르다. 저기서는 **구체적으로 현실적인 것**이고, 여기서는 **추상적으로 현실적인 것**이다. 저기서는 개별적으로 현실적인 것이고, 여기서는 보편적으로 현실적인 것이다.

2. 현실론의 구분

현실론은 여러 분과를 포함한다. 현실론은 구체적으로는 그 연구 대상을 여러 가지 방식으로 고찰할 수 있다. 우리는 이것을 실제적인 제 학문의 대상을 형성하는 구체적 존재자에 대립하는 추상적 존재자로서 규정했다. 무엇보다도 경험적인 현실의 학문들로부터 철학적인 현실론을 두드러지게 하는 목적을 가지고 있는 이 규정은 여러 방향에서 내용적으로 보충할 수 있다. 이미 위에서 말한 우리의 규정들이 지시한 가까이 놓여 있는 규정은 모든 존재자 속에서 우리에게 다가서는 존재로서의 현실론의 대상의 한정이다. 그것에 따라서 현실론은 존재자의 가장 보편적인 특징을 연구한다. 현실론은 존재의 형식에 관한 이론이다. 그러나 현실론은 또한 존재자에게 모습을 달리 드러낼 수도 있다. 현실론은 존재자의 형식 대신에 그 근거에 대해서도 물음을 제기할 수 있다. 이때 현실론은 존재의 본질에 관한 이론으로 나타난다. 첫 번째 고찰 방식이 형식적인 방식인 반면에, 이 두 번째의 것은 본질적으로 질료적인 방식이다. 보다 상승한 의미에서 이 사실은 내면적 내용, 즉 존재자의 본래적인 의미 내용을 목적으로 하는 세 번째의 고찰 방식에 적용된다. 이 세 번째 방식을 통해서 현실론은 존재의 의미에 관한 이론으로 된다.

그러므로 현실론에는 자신 속에 포함하는 세 가지 분과가 존재한다. 첫 번째 것은 보편적 존재의 이론 또는 존재론이다. 그것의 대상은 그것의 가장 보편적인 구조에 따른 존재자이다. 정당하게도 그것은 제일 철학으로 간주된다. 이미 아리스토텔레스가 그것을 그렇게 이름 불렀고,

Chr. 볼프가 이 명칭을 반복하여 사용했다. 존재론이 물론 가장 보편적
인 존재 개념을 연구하고 있고, 그럼으로써 모든 존재의 학문들의 기초
를 놓았다. 따라서 모든 존재의 학문들은 존재론에 논리적으로 종속하
는 관계에 서게 되고, 이 존재론에 의존하고 있다. 그러므로 존재론은
사실상 제일 철학이다. 만약에 사람들이 이 존재론을 최근에 최후의 철
학이라고도 불렀다면,3) 그것은 오도하는 일이다. 존재론은 저 다른 학
문들이 그에게 의존하거나 또는 존재론이 저 다른 학문에 의존하는 두
가지의 것일 수 없다. 후자의 경우에는 존재론은 최후의 철학일 것이
다. 그런데 우리는 그러나 논리적 관계는 그 역(逆)의 관계임을 보았다.
그리하여 존재론이 존재의 학문들의 근본이 되는 토대이다. 따라서 존
재론은 단지 제일 철학으로서만 특성 지을 수 있다. 분명히 많은 존재
론적 문제들의 어떤 성과 있는 논법은 상응하는 실재적 학문들의 결과
에 대한 지식이 없이는 가능하지 않다는 사실은 정당하다. 그러나 이
인식 심리학적 사실은 엄격하게 논리적으로 생각된 다른 기호에 대한
대립으로서 다만 논리적 의미에서는 적용될 수 있고 심리적 의미로는
적용되어서는 안 되는 저 명칭의 적용을 정당화하지 못한다.

두 번째 분과는 존재의 본질을 연구한다. 이것이 뜻하는 바는 현실적
인 것의 본질, 존재자의 주요 구성 요소이다. 이 분과의 대상은 따라서
현상의 기저에 놓여 있는 것, 칸트의 언어로는 "물 자체"이다. 이 분과
는 따라서 형이상학이라 불린다.

세 번째 분과는 존재에 대해서가 아니라, 세계의 의미에 대해서 물음
을 제기한다. 이 물음의 해결은 세계관의 정립을 의미하기 때문에, 사
람들은 이 분과를 당연히 세계관론이라고 표시해야 할 것이다.

3) 참조. N. Hartmann, Zur Grundlegung der Ontologie, Berlin 1935, 35면.

현실론을 존재론, 형이상학 그리고 세계관론이라는 세 가지 별개의
분과로 분할하는 일은 옛날의 철학에서는 알려지지 않았다. 고대도 중
세도 칸트 이전의 근세도 현실론의 내부에서 이러한 분리를 기도하지
않았다. 현실론은 오히려 형이상학과 동일시되었다. 따라서 존재론적
문제 권역도 세계관적 권역과 마찬가지로 형이상학적 권역인 것으로
소인이 찍혔다. 형이상학은 바로 현실 그 자체에 관계하는 모든 문제를
취급하였다. 신스콜라철학은 이 관점을 오늘날에도 확고하게 고수한다.
신스콜라철학은 존재론을 ― 이 점에서 볼프의 발자취를 따른다 ― 형이
상학의 제일의 또는 보편적인 부분으로 간주하고, 세계관의 문제를 이
형이상학의 가장자리에서 다룬다. 아무튼 이미 헤르틀링에 의해서, 형
이상학이 한편으로는 "보편자의 학문"이고, 다른 한편으로는 "전체의
학문"인 한에서, 형이상학의 이중 과제가 지적되었다.[4] 신스콜라철학
의 어떤 다른 대표자는 전적으로 자기의 뜻에서, 다만 여전히 보다 더
분명하게, 형이상학이 한 번은 "현실적인 것의 가장 보편적인 규정에
관한 학문"이고, 그다음에는 "현실적인 것의 전체성에 관한 학문"인 한
에서, "전체 성질이 같지 않은 형이상학의 두 과제"에 관해서 언급한
다.[5] 이 두 연구자가 바로 그들이 관찰한 사태를 보다 더 깊이 규명하
고자 했더라면, 과제의 차이성이 너무 뿌리 깊은 것이어서 그것은 분과
의 차이성을 정초하게 된다는 그러한 인식에 도달했을 것이다. 우리가
본 바와 같이 그와 같은 차이성은, 존재론과 형이상학이 본질적으로 다
른 관점을 갖고서 그 연구 대상에 접근하기 때문에, 존재하는 것이다.

사람들은 존재론의 관점의 특징을 직선적인 지향(志向)으로 언급하

4)   Vorlesungen über Metaphysik, M. Meier판, Kempten o. J., 1면 이하.
5)   J. A. Endres, Einleitung in die Philosophie, Kempten 1920, 45면.

였고, 심리학, 논리학, 인식론의 특징인 사면(斜面)적인 지향에 대립시켰다.[6] 전자는 자연적 관점이고, 후자는 반성된 관점이다. 심리학자는 지향을 반대 방향으로 회전시킴으로써 비로소 자기의 연구 대상을 시야 속으로 가지게 되고, 이와 유사한 사정은 논리학자와 인식론자에게도 적용된다. 존재론자는 이에 반하여 자기의 대상에 직접 향하게 된다. 대상에 관한 그의 시선은 직접적이고 굴절되지 않은 것이다. 이것으로써는 물론 아직도 존재론과 형이상학의 차이는 정초되어 있지 않다. 피상적인 관찰에서는 차이조차도 없는 것 같다. 형이상학은 물론 존재자에 향해 있고, 그 시선 역시 직접적으로 존재자에 주의를 돌리고 있는 것처럼 보인다. 그러나 실제로는 사정이 그렇지 않다. 사태는 복잡하다. 형이상학의 지향도 역시 실로 존재자를 목적으로 한다. 그러나 그것은 그럼에도 불구하고 결코 직접적, 무반성적인 것이 아니다. 그것은 오히려 인식론적 반성에 의해서 관통되어 있고, 그 위에 기초를 두고 있다. 형이상학적 고찰은 주관적 요인과 객관적 요인의 분리를 전제한다. 이 고찰의 대상은 "현상"과 "물 자체"의 구별을 통하여 구성된다. 형이상학적 고찰은 인식 주관의 몫이 인식 대상에서 제거되었을 때 인식 대상으로부터 남겨져 있는 것과 관계한다. 이에 반하여 존재론은 이러한 인식론적 문제 설정을 알지 못한다. 존재론은 존재를 그것이 자연적인 관점에서 우리에게 주어져 있는 그대로 받아들이고, 존재의 가장 보편적인 구조 특징을 탐구한다. 존재자의 심도의 차원이 아니라 폭의 차원이 존재론이 운동하게 되는 분야이다. 그 때문에 존재론은 실재론의 토대에서뿐만 아니라, 똑같이 관념론의 관점으로부터도 가능하다. 왜냐하면 양자에 있어서 주어진 것은 동일하고, 단지 그것의 해석이 차

---

6)   참조. N. Hartmann, 같은 책, 49면.

이가 나기 때문이다. 따라서 존재론은 관념론과 실재론의 인식론적 대립에 대해서는 중립이다. H. 피흘러가 적절하게 다음과 같이 언급하였다. "대상성의 개념이 정신의 자유로운 창조물, 즉 자유로운 사유의 소산이라고 하는 이론을 확신하는 신봉자는 다소간에 이에 대립되는 이론에 대한 그 어떤 신봉자와 똑같이 훌륭한 존재론을 서술할 수 있을 것이다. 그는 다만 순수 사유의 창조물에 대해서 너무 기뻐한 나머지 사실에 이르지 못하는 위험만은 피해야 할 것이다."[7] 이 사태를 인식한 사람은 존재론과 형이상학을 전통적으로 혼동한 일에 참여할 수 없다. 그에게는 이 양자는 그 대상과 고찰 방식의 차이에 의해서 극명하게 서로 대조를 이루게 되고, 그리하여 두 자립적인 철학의 분과를 나타낸다.

존재론과 형이상학의 분리와 마찬가지로 형이상학과 세계관론의 분리도 전통적 형이상학에서는 낯설다. 물론 이 분리는 전통적 형이상학의 대표자들한테서 저 첫 번째 분리보다도 훨씬 더 강한 저항에 부딪히고, 그 때문에 세계관론의 서술에서는 철저한 정초가 필요하다. 여기서는 저 세계관론의 잠정적인 변호를 위해서 다만 다음의 사실, 즉 형이상학은 학문으로서 가능한가? 라는 칸트의 질문에 칸트와는 반대로 긍정적으로 대답하는 사람은 형이상학에 최고의 것이기도 하고 최후의 것이기도 한 인간 정신의 모든 문제를 할당할 수 없다고 하는 사실이 언급되어야 할 것이다. 왜냐하면 이러한 질문은 모든 전문 지식인들의 일치하는 판단에서 인간의 인식 능력의 한계에 놓여 있기 때문이다. 따라서 이러한 질문은 순수한 이성적 수단으로써는 더 이상 해결될 수 없다. 그러나 이것이 의미하는 바는, 이 물음은, 여기서 철학적인 것이 철학

---

7)   Über Christian Wolffs Ontologie, Liepzig 1910, 86면 이하.

외적인 것(윤리적인 것 및 종교적인 것)과 접촉하고 결합되는 한, 어떤 한계 영역을 드러내는 철학에 대한 어떤 특수한 연구 영역을 구성하는 것이다. 옛날의 형이상학이 이러한 사태를 오인하고서 사실상 이미 정신의 다른 기능이 활동하게 된 그곳에서도 여전히 순수한 철학적 수단으로써 연구하려고 생각했다면, 사람들은 그것에 대해서 옛날의 형이상학을 관대히 봐 줘도 좋을 것이다. 그러나 오늘날의 우리의 세분화된 철학적 의식은 그와 같이 한계를 희미하게 하고, 또 한계를 초월하는 일을 더 이상 참지 않는다. 어디서나 깔끔한 영역 분리, 그 구조를 통해서 다른 것으로서 드러나는 것의 엄격한 구분이 요구된다. 우리가 이러한 요구를 따른다면, 논리적으로 증명할 수 있는 영역을 이미 떠나 버린 그곳에서도 아직 순전히 이성적인 수단으로써 그 어떤 것을 얻을 수 있다고 잘못 생각하는 거짓된 주지주의, 그리고 그 때문에 자기의 논증의 실패를 논리 외적 원인, 즉 윤리적으로 열등한 태도와 심정으로 되돌리려고 하는 거짓된 주지주의 앞에서 우리는 보호를 받게 된다.

3. 역사적 개관

사람들이 서양인의 철학적 사색의 과정을 개관한다면, 당연히 다른 철학 분과에 앞서 현실론의 우위를 말할 수 있을 것이다. 이미 최초의 단계에서 이 우위가 등장한다. 이오니아 자연철학자들이 주어진 현실을 구명(究明)하고, 사물의 근원적 원리(아르케)를 포착하고자 한다면, 그들도 결과적으로 형이상학 대신에 물리학을 제시하고 싶을 것이다. 역시 그리스철학의 정점에서, 즉 플라톤과 아리스토텔레스에 있어서 존재의 구명, 즉 참된 존재자(존재자로서 존재자)의 명시(明示)는 철학의 가장 내면적인 관심사인 것이다. 이 사실은 특히 그의 전체 철학이 존재자에 관한 보편학을 중심점으로 삼는 아리스토텔레스에게 적용된다. 중세 철학의 중심(重心)이 마찬가지로 현실론에 놓여 있다는 사실은 특별히 증명할 필요가 없다. 이 철학의 신학적 방향 설정은 내면적 필연성을 지니고서 형이상학적 문제를 관심의 전면으로 내몬다. 그러나 근세 철학에서도 현실론은 우선 적어도, 17세기의 거대한 구성적인 체계(데카르트, 말브랑슈, 스피노자, 라이프니츠)가 분명하게 나타내고 있는 것처럼, 그 우위를 가지고 있다. 영국의 경험론이 경과하고 난 후, 물론 칸트가 모든 형이상학적 사변에 관해서 그의 날카로운 판단을 진술한다. 그러나 "일체를 분쇄하는 자"의 철학도 결국 ― 우리가 오늘날 명백하게 보게 되는 것처럼 ― 형이상학적 사상의 진행에서, 실로 이론적 이성에 의해서가 아니라 어쩌면 실천적 이성, 즉 윤리적 의식에 의해서 구성된 형이상학(우리의 술어에 의하면 그것은 물론 "세계관론"이라고 틀림없이 불려야 할 것이다)에서 절정에 이를 것이다. 그의 후계자(피히테, 셸링, 헤겔)는 엄청나게 대담한 형이상학적 사변 앞에서 물러서지 않았다. 형이상학적 사색이 이렇게 치솟고 난 다음에 철학적 관심의 피로의 시기가 뒤따른다. 이 시기로부터 독일철학은 19세기 후반에 이르러서야 비로소 회복하게 되고, 여기에서 새로운 형이상학적 체계형성(페히너, 로체, Ed. v. 하르트만)에 이르게 되었다. 그리고 20세기에 들어서서 실증주의 및 신칸트 사상이라는 반형이상학적 방향이 새로이 꽃피기 시작하는 형이상학에 우호적인 사조(思潮)를 통해서 억제되게 된 이후로 현실론은 우리가 곧 보게 되는 것처럼 다양한 검토를 경험하게 되었다.

현실론의 의미가 서양철학의 내부에서 분명하게 된 이후 이제 그것의 모습을 주목하는 것이 중요하다. 이미 위에서 본 것처럼 현실론은 고대와 중세 그리고 우선 근세에서도 통일성을 갖춘 분과로서 취급되었

다. 물론 **아리스토텔레스**는 이미 현실론의 과제의 차이성에 관한 관점을
표명했다. 우리가 현실론이라고 부르는 것은 그에게는 "제일 철학"(자
연학, 즉 "제이 철학"과 구별하여) 또는 역시 "신학"으로도 불린다. 오
늘날의 통상의 명칭 "형이상학"은 나중의 근원에서 나온 것이다. 이 근
원은 아리스토텔레스의 저술 수집가인 로도스의 안드로니코스(기원전
1세기)에게서 찾을 수 있는데, 그는 자연학의 저술에 뒤따르는 아리스
토텔레스의 논문에 자연학 다음에라는 사서적(司書的) 메모를 붙였던 것
이다. 순전히 외면적인 것으로서 생각되었던 이 표시가 그 이후에, 다음
에라는 말이 다음의 뜻이 아니라 초월의 뜻으로 이해됨으로써, 그것이
저술의 내용으로 해석되어서 이제는 자연적인 것(현상)을 넘어서 있는
또는 간단히 말하면 초감성적인 것이라는 정도로 되어서 형이상학적이
라 불리게 된 것이다. 현실론의 대상이 초감성적인 것이라는 사실은 또
한 전적으로 아리스토텔레스의 생각이다. 바로 그 때문에 그는 현실론
을 제일 철학이라 표기한다. 왜냐하면 현실론은 다만 사유 속에서 파악
할 수 있는 존재의 원리, 즉 존재자의 제일 근거 또는 원인을 연구하기
때문이다. 최상의 원리 중에서 부동의 원동자, 즉 신성이 탁월한 위치를
차지하기 때문에 그는 그것을 신학이라고도 부를 수 있었다. 여기에 그
러나 이제 "존재자 그 자체의 학문"으로서의 형이상학이란 정의로 표현
되는 어떤 다른 대상 규정이 대립한다.[8] 형이상학은 그 첫 번째 규정에
따라서 일정한 존재자를 연구하는 반면에, 그 두 번째 규정에 따라서
존재자 일반을 그것의 대상으로 삼는다. 저기서는 따라서 형이상학은
다른 학문과 병존하는 어떤 특수한 학문으로 나타나고, 이에 반하여 여

[8]   존재자로서의 존재자와 이것에 그 자신의 본성 때문에 귀속하는 속성을 연구하는
       학문이 있다 (Metaphysik IV, 1).

기서는 보편적인 학문으로서 현상한다. 이러한 불일치를 제거하려는 아리스토텔레스의 시도[9]는 성공한 것으로 간주할 수 없다. "형이상학이란 개념의 두 가지 파생어(派生語)는 의심의 여지없이 하나의 동일한 정신적 창조 작용에서 추론된 것이 아니다. 여기서는 기본적으로 서로 다른 두 가지 사상의 단계가 서로 뒤섞여 있다." 그중 하나는 아리스토텔레스한테서 플라톤주의자를 드러낸다. "그것은 감성적인 나라와 초감성적인 나라를 날카롭게 구분하는 플라톤주의자의 경향에서 기원하는 반면에, 역으로 존재자로서의 존재자의 정의는 모든 존재자를 하나의 거대한 통일적인 단계 구조로 총괄한다. 따라서 이것은 — 아리스토텔레스적 사유의 최후의 그리고 가장 특유한 발전 단계의 의미에서 — 양자 중에서 보다 더 아리스토텔레스적 정의이다."[10]

토마스 아퀴나스는 그의 아리스토텔레스의 형이상학에 대한 주석에서 그의 스승의 규정에 단순히 병치(並置)함으로써 만족한다. "제일 철학" 또는 형이상학은 1. 최상의 이유 또는 원인에 관한 학문, 2. 존재 일반에 관한 학문, 3. 비물질적 실체에 관한 학문이다. 이 학문은 그 자체로서 "신학"[11]이라 불린다. 수아레스 역시 스콜라철학의 형이상학을 체계화하고자 노력하는 그의 유명한 《형이상학 논쟁》(1597)에서 이 점을 명백하게 하지 못하고 있다. Chr. 볼프가 처음으로 형이상학을 체계적으로 구분함으로써 이 문제를 명백하게 하는 데 성공한다. 그는 형이상학을 보편적 형이상학과 특수 형이상학으로 구분한다. 보편적 형이상학은 존재론과 동일하다. 그것은 존재자 그 자체에 관한 학문이요, 그 때문에 "제일 철학"이다. 볼프는 이 학문에 관해서 다음의 정의를 내린다.

---

9)　Metaphysik VI, 1.

10)　W. Jaeger, Aristoteles, Berlin 1923, 227면.

11)　참조. Prooemium.

즉 존재론 혹은 제일 철학은 존재자 일반의 학문, 또는 존재가 존재하는 한에서의 학문이다.[12] 특수 형이상학은 세 가지 분과, 즉 이성적 우주론, 이성적 심리학 그리고 이성적 신학을 포함한다.

형이상학의 이러한 구분은 크게 보급되었다. 우리는 이러한 보급을 아리스토텔레스적-스콜라철학적 토대 위에 선 철학의 거의 모든 교과서에서 만나게 된다. 그럼에도 불구하고 이것은 오늘날 극복된 것으로 간주되어야 한다. 이 사실은 특히 존재론과 보편적 형이상학과의 일치에 관해서 타당하다. 최근 20년간의 존재론의 연구는 존재론을 말하자면 그 고유의 토대 위에 올려놓았고, 또한 형이상학에 대해서 자립적인 철학 분과로 고양했다. 이러한 발전은 더 이상 후퇴할 수 없다는 것은 이 발전이 전혀 다른 출발점으로부터, 그리고 다양한 형식으로 수행되었다는 사실이 이에 대해서 매우 명확하게 대변해 주고 있기 때문이다.

현대의 존재론적 사조(思潮) 중에서 가장 오래된 것은 A. 마이농에 의해 정초된 대상 이론이다. 마이농은 이 대상 이론을 "그것의 대상을 특히 그 현존의 특수한 경우에 제한하는 일이 없이 대상을 이러한 의미에서 현존에 얽매이지 않은 자유로운 것으로서 표현되도록 가공하는 학문"으로서 정의한다."[13] 그러므로 대상 이론에는 "그것의 실존을 고려함이 없이 대상에 의해서 형성될 수 있는 모든 것, 따라서 선천적 인식의 핵심을 이루는 모든 것"[14]이 귀속한다. 보다 더 자세하게 네 가지 등급의 대상들이 구별된다. 심리적 요소 체험, 즉 표상, 사유, 감정, 욕망에는 대상, 대상적인 것, 품위 있는 것, 절실히 요구되는 것이 대응한다. 따라서 대상 이론은 논리적 대상뿐만 아니라, 감정적인 대상 또는 가

---

12)   Ontologie, § 1.
13)   Philosophie der Gegenwart in Selbstdarstellungen, I, Leipzig 1921, 103면.
14)   같은 책, 104면.

치도 관계한다. 전자처럼 후자도 이것들을 파악되게 하는 매체인 심리적 작용에서 독립해 있다. 마이농에 의하면 가치론적 심리주의는 논리적 심리주의와 똑같이 잘못을 저지르고 있다. 양자는 대상의 절대적 성격을 간과하고 있는 것이다.[15]

마이농의 대상의 이론과 E. 후설의 존재론적 이념은 매우 유사하다. 이것은 두 사람이 가장 강한 자극을 받고 있는 F. 브렌타노의 학파에서 배출되었다는 사실에서 설명된다. 마이농이 존재론이란 명칭을 거부한 반면에, 후설은 변화된 시세에 따라서 … 존재론이란 옛 표현을 다시 효과적으로 행사하고, 그가 애초에 "대상 그 자체의 선천적 이론"이라고 불렀던 것을 "존재론"이라 불러야 한다고 믿는다."[16] 이 존재론은 **현상학적** 존재론이다. 즉 그것은 **본질** 직관의 현상학적 방법에 근거한다. 이 방법은 여러 존재 분야에 적용되기 때문에, 본질의 학문들은 사실의 학문들에서 한 걸음 옆으로 비켜선다. 각각의 본질의 학문은 일정한 대상 영역과 관계해야 한다. 그 때문에 이것은 **영역적** 존재론이라 불린다. 영역적 존재론은 모두 **형식적** 존재론에 의해서 추월당해서 시대에 뒤지게 된다. 형식적 존재론은 "대상 일반의 형상적(形相的) 학문이다."[17] 형식적 존재론은 모든 질료적 존재론의 형식들을 자신 속에 지니고 있고, 질료적 존재론에게 이 존재론 모두에 공통적인 형식적 상태를 규정한다.[18] 이 규정들이 전적으로 객관주의적으로 들린다면, 화제가 된 저서 속에서 분명하게 인식할 수 있는 논리적 관념론으로의 전환, 즉 저 영역들이 의식 속으로 옮겨진다는 사실 속에 놓여 있는 저 전환은 더욱더 불시에 덮쳐서 유일한 존재 영역으로서 다만

---

15) 같은 책, 104면 이하.
16) Ideen zu einer reinen Phänomenologie und phänomenologischen Philosophie, Halle 1913, 23면, 주석 1.
17) 같은 책, 22면.
18) 같은 곳.

"절대적 또는 선험적 순수 의식"만이 남는다.[19]

이제 여기에 후설의 제자인 M. 하이데거가 전혀 다른 방식의, 특히 키르케고르적 이념의 영향 아래에서 실행한 바와 같은 현상학적 존재론의 지속적 발전에 대한 출발점이 있다. 하이데거는 의식의 자리에 인간의 실존을 둔다. 그와 동시에 본질적인 존재론에 극단적으로 대립된, 실존적 존재론에 대해서 초석이 세워진다. 후설이 관념적, 비개성적 본질성의 나라(물론 "순수자아"에 내재해 있는)를 **진실재**(眞實在)로서 간주하였다면, 하이데거에게는 본래적으로 현실적인 것은 현존재, 실로 인격적인 것, 실존이다. 우주가 아니라, 인간이 현실의 중심이다. 따라서 인간으로부터 모든 존재론이 출발한다. 인간의 존재는 말하자면 존재 일반에의 통로이다. 그 때문에 기초 존재론은 "현존재의 실존론적 분석에서 구해져야 한다."[20] 바꾸어 말하면 존재론은 실존론적 분석에 기초하여야 한다. 하이데거에 의하면 아리스토텔레스는, 그가 (인간의) 영혼은 어떤 방식으로 존재자이다라는 유명한 명제를 제시하였을 때, 이미 현존재의 존재론적 우위를 알아챘다. 그러나 현존재 자체는 그것의 순수한 존재론적 구조에 있어서 고대 철학에서는 아직 파악되지 않았다.[21] 그것은 사람들이 엄격하게 **현상학적으로** 대처할 때만 가능하다. "현상학은 존재론의 주제가 되어야 하는 그것에 이르는 접근 방식이요, 또 이것을 증명하는 규정 방식이다. 존재론은 현상학으로서만 가능할 뿐이다."[22] 그러므로 본질적으로 현존재의 설명 내지 해석학인 현존재의 현상학이 문제이다. "존재의 의미와 현존재 일반의 기본 구조를 폭로함으로써 현존재에 적당하지 않은 존재자의 모든 존재론적 연구에 대하여 지평이 명시되는 한에서 이 해석학은 동시에 모든 존재론적 연구의 가

---

19)   같은 책, 108면.

20)   Sein und Zeit, Halle 1927, 13면.

21)   같은 책, 14면.

22)   같은 책, 35면.

능성의 조건을 완성하는 의미의 '해석학' 이 된다."[23] 그리하여 하이데거는 총괄적으로 다음과 같이 말할 수 있다. "존재론과 현상학은 철학에 속하는 어떤 다른 분과에 병존하는 상이한 두 분과가 아니다. 두 가지 표제는 철학 자체를 대상과 취급 방식에 따라서 특성 짓고 있다. 철학은 실존의 분석으로서 모든 철학적 문제 제기의 실마리의 종말을 이 종말이 거기서 출발하여 거기로 되돌아오는 그곳에서 고정시킨 현존재의 해석학에서 출발하는 보편적 현상학적 존재론이다."[24]

하이데거와는 전혀 다른 방향에서 N. 하르트만은 현상학적 존재론을 계속해서 다룬다. 하이데거가 고대 존재론의 파괴를 수행한 반면에, 하르트만은 의식적으로 아리스토텔레스의 존재론에 연결시킨다. 그는 하이데거의 실마리를 단호하게 거부한다. 왜냐하면 그에게 존재론적 기본 문제에 관해서는 이미 예비 결정이 되어 있기 때문이다. 순수한 존재자에 관해서가 아니라, 나에 대해서 존립하고, 나에게 주어져 있으며, 나에 의해서 이해된 대로의 존재자에 관해서만 물음이 제기된다. 실마리에 있어서의 과오는 여기서는 그것의 측면에서 봐서 존재와 존재 소여의 불충분한 구별에 기인하는 존재자의 인간에 대한 상대화에 놓여 있을 것이다. 존재론은 그것의 목표를 달성하고자 한다면 이러한 과오가 제거되어야 한다.[25] 그리하여 하르트만은 존재론의 대상을 "존재자로서의 존재자"로서 규정한다. "이 고전적 공식은 출발점의 사태에 정확하게 적중한다. 고전적 공식은 실로 '존재' 가 아니라 '존재자' 에 관하여 묻는다. 그러나 고전적 공식은 존재자인 한에서의 존재자만을, 따라서 그것의 가장 일반적인 의미에서만 생각하고 있기 때문에, 이 공식은 간접적으로는 ― 존재자를 넘어서 ― 그럼에도 '존재' 에 적중한다. 왜냐하면 모든 특수한 내용을 넘어서 존재

---

23) 같은 책, 37면.
24) 같은 책, 38면.
25) Zur Grundlegung der Ontologie, 43면 이하.

는 모든 존재자의 오로지 공통적인 것이기 때문이다. 따라서 사람들은 이 공식을 당장 자기의 것으로 만들어야 한다. 이 공식은 실로 매우 형식적이지만, 그러나 그것의 방식은 탁월한 것이다."[26] 아리스토텔레스의 기본적인 존재론적 통찰에의 모든 연결 관계에서도 하르트만은 고대 존재론을 갱신하고자 하는 것은 아니다. "고대의, 선천적-연역적 존재론의 시대를 다시 전개하는 것이 오늘날의 노력의 관심사일 수 없다. 고대의 많은 주제들이 새 옷을 갈아 입고 재현하는 것이 틀림없다. 문제들은 이 문제들을 탐구하는 방법들과 더불어 존속하기도 하고 몰락하기도 하는 것은 아니다. 그러나 다루는 방식은 어떤 다른 것이 되어 버렸다. 근세 여러 세기 동안의 철학적 업적, 비판적 사유의 학파는 그 자체가 흔적 없이 사라져 버린 것이 아니다. 새로운 비판적 존재론이 가능하게 된 것이다. 이것을 실현하는 것이 과제이다."[27]

아직도 어떤 매우 특유하고 자립적인 존재론의 형태가 언급되지 않으면 안된다. 그것은 G. 야코비의 존재론이다. 이 존재론은 앞에서 제시했던 존재론의 형식과는 이것이 현상학에 의해 규정되지 않았다는 사실에 의해 두드러지게 구별된다. 그 방법은 현상학적인 방법이 아니라 철학을 "개념의 가공"[28]으로 정의한 헤르바르트가 사용한 것과 같은 개념 분석적 방법이다. 야코비의 존재론은 보편적 존재론(대상 이론)으로가 아니라 "현실의 존재론"으로 제시된다. "야코비의 존재론은, 변경된 방법론으로써이긴 하지만, 고대 존재론에서 실존이란 개념 아래에서 논구된 것, 따라서 당시에 존재론에 귀속되었던 것의 부분만을 다룬다."[29] 또한 이 존재론은 그러므로 실존적 존재론이고자 하지만, 하

---

26) 같은 책, 42면.

27) 같은 책, III장.

28) 이러한 관계에서 G. Lehmann은 그의 저서:《그 기본 형태에 있어서의 현대의 존재론》, Halle 1933, 31면에서 언급하고 있다.

29) Allgemeine Ontologie der Wirklichkeit, I, Halle 1925, 13면.

이데거적 존재론과는 전혀 다른 의미에서이다. 이 존재론의 대상은 "현실"[30] 이란 개념의 의미 내용이다. 우리가 일상적 생활에서 그것으로써 연구하는 현실의 개념은 야코비에 의하면 불충분하다. 이 현실 개념은 유사한 것으로서 인식된 재고품에 대한 집합명사일 뿐, 이 재고품의 유사성이 그 공통적 참여에 기인하게 되는 징표의 총괄이 아니다. 실천적 현실 개념은 따라서 이론적으로 완전한 숙달을 필요로 한다. 실천적 현실 개념은 모든 현실의 재고의 공통적인 특징을 드러내는 논리적 징표들의 저 체계를 두드러지게 드러내는 데 존립한다. 이와 같은 개념 규정이 현실이란 무엇인가? 라는 물음에 대한 명확한 대답을 포함한다. 왜냐하면 학문적으로 파악할 수 있는 이 문제의 의미는, 징표로서 기능하는, 그것의 결합에 의해서 현실의 개념이 구성되는 유개념은 무엇인가라는 의미이기 때문이다. 현실적인 것의 이론은, 이 유개념들과 그 상호 관계가 제시되면, 논리적으로 완성된다.[31] 이 존재론이 "현실의 이론"이라 할지라도, 그것은 결코 형이상학이고자 하지는 않는다. 존재론과 형이상학은 야코비에 의하면 분명히 서로 대조를 이룬다. 실로 형이상학의 대상을 이루는 초월적 현실은, 내재적 지각 현실 및 의식 내의 현실과 똑같이 존재론에서 논구된다. "그러나 초월적 현실은, 의식 내의 현실처럼, 그 자체를 위해서가 아니라, 우리들의 현실 개념에 대한 그것의 몫을 위해서, 그리고 또한 충분히 논구되는 것이 아니라, 그것이 특별한 현실의 층의 징표를 담지하는 한에서만 논구되는 것이다. 따라서 초월적 현실은 또한 존재론의 유일한 대상이 아니라, 존재론의 다른 현실 방식과의 논리적 및 실재적 관계를 위해서 어떤 대상 — 앞으로 지적되는 것처럼, 비록 월등하게 매우 포괄적이고, 그런 한에서 존재론적 대상 영역의 가장 의미 있는 부분을 이룬다 할지라도 — 을 형성할 뿐이다. 그러므로

---

30)   같은 책, 1면.
31)   같은 책, 7면 이하.

초월적 현실 자체가 존재론에서 언급된다면, 그것은 형이상학적 의도에서가 아니라 존재론적 의도에서 발생하는 것이다."[32] 그러므로 존재론과 형이상학 간의 본질적 구별은 존재론은 무엇보다도, 초월적 현실 일반은 무엇인가? 를 묻고, 형이상학은 이 초월적 현실은 개별적으로 어떠한 성질의 것이냐? 를 묻는 것이다.[33]

현대의 존재론의 주요 형태에 대한 우리의 간결한 서술은 어쨌든 존재론이 자립적인, 형이상학에서 독립한 분과로 공고하게 된 사실과 방법을 분명하게 하였다. 현대의 형이상학에 관한 개관은 우리들의 성과를 증명해 줄 뿐이다. 그럼에도 우리는 이것을 이 제3권의 제2책을 대비하여 남겨두고자 한다. 똑같이 세계관론이란 현재의 이 주제의 취급도 제3책에서 언급해야겠다.

---

32) 같은 책, 16면.
33) 같은 책, 17면.

제1부 존재자의 존재

I. 존재의 개념

1. "존재"의 의미

존재론의 대상은, 우리가 이미 본 것처럼, 아리스토텔레스와 Chr. 볼프에 의해서 적절하게 규정되었다. 그것은 존재자로서의 존재자이다. 존재론은 따라서 존재자를 가장 높고, 보편적인 관점, 즉 존재 아래에서 고찰한다. 따라서 존재론은 존재자가 이 또는 저 존재자인지 아닌지, 그것이 생명이 있는 것인지 또는 없는 것인지, 의식적인지 또는 의식 외적인지, 실재적인지 또는 관념적인지를 묻는 것이 아니라, 그것이 존재자인지 아닌지만을 묻는다. 존재론의 대상은 따라서 존재자에 있어서의 대상인데, 이것을 통해서 존재자는 어떤 존재자인 것이다. 그것은 모든 존재자가 모든 다른 존재자와 함께, 이것 자신이 그 밖에 또한 바로 존재자로부터 구별된다 할지라도, 공통적으로 가지고 있는 그러한 것, 즉 존재인 것이다. 이 존재의 존재자에 대한 관계는 참된 것에 대한 진리, 아름다운 것에 대한 미의 관계와 같다. 모든 참된 것에 참됨 또는 진리가 모든 아름다운 것에 아름다움 또는 미가 제격이듯이, 모든 존재자에게는 존재가 어울린다. 여러 가지 존재자가 있지만, 그러나 존재는 이 다자(多者)에 있어서 하나요 동일자인 것이다.

우리는 이미 논리학에서 존재라는 개념을 만났다. 우리는 거기서 사람들이 마지막에 이르러서는 다만 하나의 유일한 것, 즉 존재의 징표가 남을 때까지, 주어진 개념으로부터 추상하는 과정에서 점점 더 이상의 징표를 골라낼 수 있다는 사실을 발견하였다. 이러한 방식으로 사람들은 그것의 첨단이 최상의, 그리고 가장 추상적인 존재라는 개념인 개념의 피라미드를 얻는다.

그런데 이 존재란 무엇인가? 이 물음은 오늘날 플라톤의 시대에서처럼 정당하다. 플라톤에게는 사정은 다음과 같다. "너희들은 분명히 이미 오랫동안 너희들이 '존재하는' 이라는 표현을 사용할 때, 너희들이 본래 생각했던 것을 숙지하고 있다. 우리들은 더욱이 또한 그것을 한때 참으로 이해한다고 믿었다. 그러나 지금 우리는 당황하게 되었다."[1] 이 구절에 관련하여 M. 하이데거는 다음과 같이 질문한다. "오늘날 우리는 우리가 '존재하는' 이라는 단어로써 본래 무엇을 의미하는가에 대한 질문에 대한 어떤 대답을 갖고 있는가?" 그의 대답은 다음과 같다. "결코 아니다. 결국 존재의 의미에 관한 물음을 새로이 제기하는 것이 필요하다."[2]

"존재"의 의미에 관한 물음은 이 존재를 정의하는 것이 가능하다면 신속하게 해결될 것이다. 그러나 존재는 정의를 배제한다. 사람들은 보다 높고, 보다 더 일반적인 개념을 수단으로 해서만 정의 내릴 수 있다. 그렇지 못하면, 정의는 불가능하다. 그런데 존재의 개념은 최고의, 그리고 가장 추상적인 개념이다. 따라서 존재의 개념은 정의를 허용하지 않는다. 여기서 우리는 결국 모든 지식 영역을 지적하는 개념적 사유의

1)   Plato, Sophistes 244 a.
2)   같은 책, 1면.

한계 앞에 서게 된다. 왜냐하면 우리는 도대체 더 이상 합리적으로 파
악될 수도, 규정될 수도 없는 최종적인 것에 부딪히게 되기 때문이다.
그 누구도 가치가 무엇이고, 의식이 무엇이며, 감각이 무엇인지를 정의
할 수 없다. 사람들은 다만 이러한 단어들로써 생각된 것을 명백히 하
고, 다른 단어들로부터 뚜렷이 구별되게 시도할 수 있을 뿐이다.

　N. 하르트만이 정당하게 지적하고 있는 것처럼, 존재의 정의 불가능
성은 우리가 존재론에서 부딪히는 첫 번째 난제(難題)이다. 그러나 존
재론은 이 난제에서 난파되어서는 안 된다. "'존재'가 일반적으로 무엇
인가 하는 것은 생각하는 것만큼 그렇게 파악할 수 있는 것이 아닐지
모르지만, 그러나 따로 나누어 생각해 보면 존재는 매우 잘 알려진 것,
그뿐만 아니라 소여성의 형식에 있어서는 전혀 오인될 수 없는 어떤 것
이다. 존재의 소여성에는 여러 가지의 방식이 있고, 매우 직접적인 것
도 있다. 다양성에 있어서도 존재는 여기서 그 자체로 철저히 함께 주
어진 것이고, 순전히 허구적인 것으로부터 원칙적으로 철저히 구별할
수 있는 것이다."[3] 나누어서 생각하는 고찰은 근본적으로 생각하면 인
식을 넘어서지 않을지라도, 존재자는 인식과 나누어 생각하는 일을 인
정하게 되는 그 어떤 것이다. 사람들이 하르트만한테서 아쉬워하는 것
은 "존재"의 의미가 분명하게 되어야 하는 어떤 사태의 제시이다.[4] 그
와 같은 사태는 대상이란 개념에서 생각된다. 하르트만은 대상에서 언
제나 의식에 대한 관련성만을 생각한다. 그러나 대상은 아직도 어떤 다
른 측면을 가지고 있다. 이 다른 측면은 대상은 직접적으로 그 단어 자

---

3)　　Zur Grundlegung der Ontologie, 47면.
4)　　이 사실을 J. Geyser가 그의 다음의 논문에서 정당하게 강조한다: Zur Grundle-
　　　gung der Ontologie, in: Philosophisches Jahrbuch, 49 (1936), 305면.

체에 있어서: 대립해 서는 것, 마주 보고 서는 것으로 표현된다. 여기서 문제가 되는 것은 인식된 것이 인식 작용과의 관계에서 마주 보고 서는 것이라는 특유한 점이다. 우리가 대상에서 이 계기(契機)를 주의한다면, 우리는 이 속에서 존재에 대해 유용한 인식 재료를 갖게 된다. 인식 작용에서 독립해 있는 이 특유성, 인식 작용의 자유에로 규정되고 결부되는 태도의 이 특유성은, 여기서 우리가 어떤 것을 일반적으로 존재하는 어떤 것, 즉 존재자로써 인식하게 되는 그러한 특징이다. 존재자에 대한 이러한 파악은 사실은 관념론과 실재론의 대립에 대해서 여전히 전적으로 무관한 관계이고, 역시 실재적 대상에서도 관념적 대상에서도 이 대상들의 존재에 관해서 말하는 것이 허용된다.[5]

이제 우리는 "존재"의 존재를 언급할 입장에 선다. 그 어떤 것이 존재를 가지고 있다라는 것이 의미하는 바는: 의식이 그 어떤 것을 향하자마자 그 어떤 것이 인식하는 의식에 마주 보고 선다는 것이다. 따라서 그것을 지향하는 인식 작용에 마주 서지 않는 그 어떠한 것도 존재를 가질 수도, 존재자일 수도 없다. 이것은 결코 존재와 대상 존재의 동일화를 의미하는 것이 아니다. 이 사실은 존재자이기 위해서 그 어떤 것이 대상이어야 한다는 것이 아니다. 오히려 이 관계는 대상의 의식 속에서 존재가 우리에게 밝혀진다는 것이다. 따라서 전자는 후자에 대한 인식 매체이거나, 또는 달리 표현하면 대상 존재는 존재에 이르는 통로라는 것이다. 동시에 이미 암시된 것처럼 존재자의 특수한 존재 방식이 중요한 것이 아니다. 언급한 내용은 동일한 방식으로 실재적 및 관념적 존재에도 타당하다.

---

5)   J. Geyser, 같은 책, 309면.

2. 존재와 비존재

　"존재"의 의미를 명백하게 하기 위해서, 사람들은 철학사에 등장했던 존재 이해를 주시하고, 또 비판적으로 검토해 볼 수 있다. 사람들은 존재를 물성(物性), 소여성, 실체 등으로 규정했다. 모든 이러한 규정은 "존재"의 의미를 놓치고 있다고 쉽게 지적할 수 있다. 왜냐하면 이 규정은 존재를 일정한 존재 범주와 혼동하고 있기 때문이다. 이 규정은 존재자의 어떤 특수한 내용에는 적용되지만, 그러나 존재자로서의 존재자에는 적중되지 않는다. 이것을 N. 하르트만은 설득력 있는 방식으로 증명하였다.[6] 그가 여기서 추구하는 목적은 위에서 암시한 것인데, 즉 "존재"의 의미를 그 놓친 점을 드러냄으로써 명백히 하는 일이다. 그러나 그는 이 목적을 단지 매우 불완전하게 수행하고 있다. "존재자를 파악할 수 있게 하는"[7] 일이 그에게서 성공하리라는 것을 비판적 독자는 별로 인정하지 않을 것이다. 게다가 전체 조치는, 비록 아직도 매우 불완전하다 할지라도, 존재자의 규정을 존재자로서 전제한다는 점이다. 왜냐하면 이 규정 없이는 여러 가지 존재 이해의 판정에 대한 일체의 척도가 존재하지 않을 것이기 때문이다.

　우리는 존재의 규정을 대상의 개념으로부터 추구하였고, 이 규정을 분명히 하는 데서, 우리가 존재를 그 대상과 대조함으로써, 하르트만과는 다른 길로 나아가고 싶기도 하다. 바꾸어 말하면 우리는 존재를 비존재와 대립시키고, 그럼으로써 존재의 의미를 해명하고자 한다. 우리의 길은 따라서 반대로부터의 조치이다.

---

6)　같은 책, 57면 이하.
7)　같은 책, 57면.

사람들은 무엇이 최상의, 그리고 가장 근원적인 통찰인가 하는 물음에 대해서 다음과 같은 대답을 하였다. 즉 "최초의, 그리고 가장 직접적인 명증성은 판단 형식으로는 도대체 그 어떤 것이 존재한다라든가 또는 보다 더 날카롭게 말하면, 아무것도 아닌 것은 존재하지 않는다를 의미하는 명백한 통찰이다."[8] 아무것도 아닌 것(무[無])은 존재하지 않는다라는 명제는 "존재"의 의미가 부정적 형식으로 유지된 명료화를 포함하고 있다. 존재는 비존재의 부정, 무의 부재(不在)를 의미한다. 그 어떤 것이 무라는 개념을 지양하자마자, 그것은 존재란 개념 아래 떨어진다. 따라서 존재는 어떠한 형식으로이건 무의 부정(否定)을 의미한다. 물론 무의 이 지양이, 무는 존재하지 않는다는 명제가 이 지양을 실현하듯이, 최초의 또 직접적 명증인지 어떤지 하는 것은 다른 문제이다. 그것은 우리들의 소견에 따르면 부정할 수 있다. 왜냐하면 우리가 도달하게 되는 최초의 그리고 가장 원리적인 확실성은 추상적인 존재가 아니라 구체적인 존재에 관계하고, 또 우리 자신의 실존을 대상으로 갖기 때문이다. 그것은 마치 데카르트가 모든 시대에 걸쳐서 타당한 명제, 나는 사유한다, 고로 나는 존재한다라는 명제로 언표했던 것과 같다.

우리가 미리 의식으로부터 좀 더 자세히 말하면 대상 의식으로부터 해결책을 찾았더라면, 우리는 이것을 이제 의식의 대상으로부터 추구했을 것이다. 그것을 통해서 존재 개념의 보편성이 특히 분명하게 되었을 것이다. 존재 개념은 모든 개념 중의 가장 보편적인 개념이다. 이 개념은 생각할 수 있는 한 가장 넓은 외연을 갖고 있다. 왜냐하면 이 개념 아래로 무가 아닌 모든 것, 즉 관념적인 것과 실재적인 것, 의식 외적인 것과 의식적인 것, 또는 정신적인 것(예컨대 황금의 섬이란 허구)이 포

---

8)   M. Scheler, Vom Ewigen im Menschen, Leipzig 1921, 112면.

함되기 때문이다.

우리가 존재에 대립시키는 비존재는 절대적 비존재이다. 그것은 존재의 절대적 부정이요, 그 어떤 것의 단적인 비현존(非現存)이다. 이 비존재가 현존에 관계하는 반면에, 상대적 비존재는 용재에 관계한다. 우리는 일정한 대상들을 서로 비교하고, 타자가 소유하고 있는 규정들을 일자는 가지고 있지 않음을 확인한다. 여기서는 따라서 어떤 존재자에 있어서의 비존재가 문제이다. 이 비존재는 상대적인 의미에서 타재와 동의어이다. 어떤 존재자에서 흘러나오는 성질이 이 존재자의 본성에 속하는 것이라면, 이 성질이 결여해 있다는 것은 어떤 결함을 의미한다. 이 단순한 부정은 이때 결성(缺性)에 이르기까지 상승한다. 그리하여 예컨대 그것의 본성이 시각 능력을 포함하는 어떤 존재에서는 맹목(盲目)은 어떤 결성 존재를 나타낸다.

무는 긍정적인 어떤 것이 아니라는 사실은 별로 언급할 필요가 없다. 현실은 절대적 비존재도, 상대적인 비존재도 포함하지 않는다. 무는 단적으로 우리의 사유에서 유래한다. 왜냐하면 존재의 지양은 우리의 사유의 작용이기 때문이다. 무는 따라서 단순한 사유물(思惟物), 즉 이성적 존재이다. 무에는 큰 의미가 사유의 요소로서 귀속된다. 구별하는 우리의 사유는, 물론 그것의 상대적인 오성에 있어서 어떤 타재를 의미하는, 비존재라는 개념과 더불어 부단히 일한다. 그 위에 비존재의 개념은, 우리가 보게 되는 것처럼, 모순의 존재론적 법칙 속에 포함되어 있다.

비존재에 관한 어떤 특유한 이해를 우리는 헤겔한테서 만난다. 그의 변증법적 방법은 "존재"를 "무" 속으로 휘감아 싸게 하여 이 무와 함께 "본질"을 산출케 한다. 이렇게 휘감아 싼다는 것은 순수 존재와 절대적 무가 동일함을 의미한다. 헤겔은 두 개념은 절대적으로 공허하고, 아무런 규정성도 갖고 있지 않다고 함으로써 이 주장을 정초한다.[9] 그러나 우리의 의식은, 우리가 보아 온 것처럼, 존재와 비존재 사이를, 전자는 긍정으로, 후자는 부정으로 생각함으로써, 매우 분명하게 구별한다.

3. 존재의 유비(類比)

유비란 개념을 우리는 이미 논리학에서, 실로 개념론에서도 추리론에서도 만났다. 추리론에서는 유비추리에 관해서 언급이 있었던 것처럼, 개념론에서는 유사 개념들에 관해서 언급되었다. 유비는 일의적(一義的)인 개념과 다의적(多義的)인 개념 간의 중간 위치를 차지한다. 이제 문제는 존재 개념도 유사한 개념들에 산입될 것인지, 따라서 우리가 존재의 유비에 관해서 말할 수 있는지 어떤지 하는 데 있다.

이에 대한 관점은 나뉜다. 존재의 유비에 대한 결정적인 반대자는 둔스 스코투스이다. 그는 강조해서 존재 개념의 일의적 성격을 옹호한다. 그렇게 해야만 그에게는 자연적인 신의 인식이 일반적으로 형이상학적 인식처럼 가능한 것이다. 신은 우리에게 자연적으로·알려질 수 없기 때문에, 만일 존재가 일의적(一義的)으로 창조된 것이거나 창조된 것이 아니면, 실체와 속성에 관해서 증명할 수가 있다.[10] 다른 사람이 아닌 F. 브렌타노가 이 점에서 그를 따랐다.[11] 다수의 스콜라철학자들, 특히 T. v. 아퀴나스는 이에 반하여 존재의 유비를 가르쳤다. 동일한 점이 신스콜라철학자들에게 적용된다. 그리하여 L. 바우어한테서는 다음과 같이 일컬어진다. 보편적 존재는 결코 그 아래에 속하게 되는 모든 사물들에게 일

---

9)   참조. Enzyklopädie der philosophischen Wissenschaften, §87.
10)   I Oxon. d. 8, g. 3.
11)   참조. Vom Dasein Gottes (유고(遺稿), A. Kastil판), Leipzig 1929.

의적(一義的)으로 귀속하게 되는 유(類)가 아니다. 존재 개념은 오히려 개별적인 존재의 유에게 다만 유사한 방식으로 적용될 수 있을 뿐이다. "우리는 존재를 마치 제약된(우연적, 상대적) 본질에 관해서처럼 절대적(신적) 존재에 관해서 진술하고, 마치 정신적인 본질에 관해서처럼 물체적 존재에 관해서, 마치 우연적 본질에 관해서처럼 실체적 존재에 관해서, 마치 현세적 존재에 관해서처럼 잠세적인 존재에 관해서 진술한다. 그러나 존재는 이러한 존재 등급 중의 각각에게 특수한 방법으로 귀속된다. 우리가 이 사실을 모든 것에 관해서 진술할 때, 우리는 동일성을 근거로 해서가 아니라, 유사성을 근거로 하여 진술한다."[12]

신스콜라철학과 마찬가지로 고(古)스콜라철학이 존재의 유비의 문제에 크게 주목하였을 때, 이에 대해서는 신학적 이유가 표준적인 것이다. 사람들이 존재의 유비에서 우선 신과 세계, 창조자와 피조물의 관계를 생각했다. 유한적 존재와 무한적 존재, 제약된 존재와 무제약적 존재 간의 심연은 존재 개념을 양자에게 일의적으로 적용하는 것을 금지하는 것처럼 보였다. 이 사상은 역시 철저히 옳다. 신은 사실상 오늘날의 종교철학자들이 말하곤 하는 것처럼 철저히 타자이다(아우구스티누스). 이렇게 다른 종류라는 사실을 신비설에서는 신을 직접 "무"로 표시함으로써 특히 강조하였다. 이렇게 함으로써 신비설은 신이 유한한 영역에 속하는 것이 아님을 표현하고자 하였다. 따라서 신과 세계의 관계에 관해서 존재의 유비에 대해 말하는 것은 좋은 뜻을 갖는다. 존재 개념은 여기서 사실상 유사한 의미로 적용될 수 있을 뿐이다. 이 사태에 대한 부인은 사람들로 하여금 종교와 그 비밀스런 성격을 위협하는 주지주의로 안내하게 될 것이다.

---

12) Metaphysik, Kempten 1923, 31면.

이에 반하여 유한한 영역의 내부에서 존재 개념의 적용은 사정이 전혀 다르다. 존재가 상이한 존재 등급에 상이한 의미로 접근해야 한다는 것은 결코 분명한 것이 아니다. 모든 존재자는 그것이 존재자라는 사실, 즉 존재를 갖는다는 사실에서는 일치한다. 이 존재는, 우리가 본 바와 같이, 모든 존재자 속에서는 동일자이다. 우리가 밝히고자 했던 "존재"의 의미는 우리가 존재자를 마주하게 되는 그곳에서는 어디에서나 실현되어 있다. 이 의미는 여전히 존재자의 모든 차이성의 피안에 놓여 있다. 따라서 존재는 물체적 및 정신적 존재, 실체적 및 우유적 존재자에 동일한 의미로 접근한다. 사람들이 용재의 차이성을 보편적 존재 속으로 이끌어 들일 때만, 존재의 동일성 대신에 단순한 근사성 또는 유사성이 결과로서 생긴다.

사람들은 정당하게도 "존재의 비유" 속에 존재의 한계 또는 존재의 위계의 이론이, 마치 이것이 최초에 신플라톤주의에서 형성되었던 것처럼, 포함되어 있다는 사실을 지시하였다.[13] 왜냐하면 엄격한 의미에서의 존재 등급 또는 존재 위계에 관해서는 어떠한 언급도 존재할 수 없기 때문이다. "존재 — 완전히 실재, 현존, 실존 — 는 도대체 차등화되지 않는다. 존재는 존재하는 모든 것에 있어서 하나이다. 차등화되는 것은 양의 순서, 형식을 갖춘 상태, 농후해지는 규정성일 뿐이다."[14] 저 이론의 결함은 이 이론이 "내용적인 것을 존재 성격과 혼동한다"[15]는 데에 놓여 있다.

존재의 비유에 관한 우리의 입장은 따라서 긍정도 부정도 아니다. 이

---

13)   P. Simon, Sein und Wirklichkeit, München 1933, 49면.

14)   N. Hartmann, Zur Grundlegung der Ontologie, 69면.

15)   같은 책, 76면. 스콜라철학의 유비이론의 문제점에 관하여 G. Söhngen도 지적한다 ("Sein und Gegenstand", Münster 1930, 98면).

비유는 신과 세계의 관계에 관해서는 우리에게 좋은 의미를 가지는 것
처럼 보인다. 이에 반하여 우리는 유한한 존재의 영역 내부에서 존재
개념의 일의적인 성격을 고수해야 한다고 믿는다. 따라서 우리는 존재
의 유비를 거부하지 아니하지만, 그러나 신학적 영역에 한정한다.

II. 존재의 계기

1. 용재

존재론은 존재의 본성을 연구한다. 따라서 존재론은 존재 속에 계기
들이 있는지 없는지, 그리고 어떠한 계기들이 구별될 수 있는지를 주시
해야 한다. 우리는 따라서 존재가 분석적 오성에 여러 가지 측면을 드
러내는지 어떤지를 따져 보아야 한다.

"존재"의 의미를 해명하기 위해서 우리는 대상 개념을 사용했다. 우
리는 "존재"로써 언제나 그것을 지향한 의식 작용에 대립하는 그 어떤
것이 생각됨을 보았다. 이러한 사태에서 그런데 두 가지의 일이 구별된
다. 첫째로는 어떤 것이 대립한다는 사실이고, 둘째로는 그 어떤 것이 대
립한다는 것이다. 동시에 우리는 존재의 본성을 이루는 두 계기에 부딪
힌다. 우리는 첫 번째 계기를 현존이라 부르고, 두 번째 계기를 용재라
부른다. "현존"은 그 어떤 것이 존재한다, 어떤 존재자이다라는 것을 의
미한다. "용재" 속에는 무엇이 존재하는가, 무엇이 그 존재자인가라는
물음에 대한 대답이 놓여 있다. 전자는 존재자의 실재적 측면을, 후자는
이념적 측면을 나타낸다.

이미 고대 철학은 두 존재 계기에 부딪혔다. 아리스토텔레스는 이 두

존재 계기를 알았다. 스콜라철학은 이 계기들에 전념하였다. 스콜라철학은 이 계기들을 본질과 실존으로 표시하였고, 양자 상호 간의 관계에 관한 문제는 스콜라철학의 가장 중요한 논쟁의 문제에 속한다. 동시에 여기서 본질-실존과 용재-현존이란 개념의 쌍은 현존과 내용적으로 일치하지 않는다는 사실을 주목하여야 한다. 본질은 보편적 본질을 의미하고, 따라서 용재보다도 좁은 의미를 갖는다. 이에 상응하는 것이 실존에 적용된다. 이 개념 역시 현존이란 개념보다 좁은 내용을 갖고 있다. 왜냐하면 스콜라철학자는 실존을 언제나 실재적 실존의 의미로만 이해하고, 반면에 현존이란 개념은 실재적-이념적이란 대립에 대하여 중성적인 것이기 때문이다.

양 계기 상호의 관계와 동시에 존재의 본성을 바로 규정할 수 있기 위하여 우리는 이 양자를 분리하여 주목해야 하고, 그 의미를 가능한 한 날카롭고 두드러지게 추구하여야 한다. 그리하여 우리는 우선 용재의 보다 자세한 의미가 무엇인지 묻는다.

우리는 용재를 존재자의 관념적 측면이라 표기한다. 우리는 또한 그것은 존재자의 논리적 국면이라고 말할 수 있다. 우리는 용재로써 우리의 오성으로 향해 있는 존재자의 측면을 나타낸다. 용재는 그것의 사유 연관성에 있어서의 존재자이다. 그것은 우리가 용재의 개념 속에서 생각하는 존재자의 합리적 구조이다. 존재자에 관해서 말할 수 있는 모든 것, 존재자에서 규정할 수 있는 모든 것은 그것의 용재를 이룬다. 우리가 존재자에 관해서 진술하는 모든 개념들은 용재에 관계되는 것이다.

그러므로 용재는 어떤 존재자의 규정성의 총괄이다. 그것은 어떤 대상의 성질의 전체이다. 이미 암시된 것처럼 용재 개념은 본질이란 개념보다 더 풍부하다. 용재 개념은 본질 개념에 비하여 다음과 같은 이중적인 관점에서 잉여분을 포함한다. "첫째 구체적으로 말하면 사물의 전체성에는 아직도 본질성에 덧붙여지는 실재적인 저 규정성 — 본질성이 그것의 특유한 본질에 낯선 개체성의 근거로 삼는 저 규정성 — 이 속하고, 둘째로는 사물은 그것의 존립의 통일성과 전체성에 있어서 그것의 우유성 — 사물의 모든 본질성이 그 실체적인 기체(基體)로서 전제하는 우유성 — 의 전체적 총계도 포함한다. 이제 용재의 개념 속에는 이 모든 것이 하나의 통일성 속에 총괄되어 있고, 이 통일성으로부터 그때그때의 존재자에서 현존은 전적으로 여전히 구별된다."[16]

2. 현존

현존은 존재의 본성에 있어서 용재에 극단적으로 대립된 계기이다. 후자가 논리적 성질의 것이라면 전자는 비논리적이다. 후자가 우리의 오성에 적용된 존재자의 측면을 나타낸다면, 전자는 의지에로 향해 있는 측면이다. 현존은 그 의지 연관성에 있어서의 존재자이다. 인식론에서는 물론 실재성 자체는 합리적-논증적 인식을 통해서가 아니라 직접적 체험을 통해서만 우리에 의해서 파악된다는 사실을 지적하였다. 우리가 순수한 오성의 존재라면 실재적인 것 자체는 우리에게 전혀 소여성으로 다가서지 않을 것이다. 왜냐하면 오성은 현실의 합리적인 측면만을 파악할 수 있기 때문이다. 그러나 우리는 사유 존재일 뿐만 아니라, 의지 존재이기도 하기 때문에 우리는 실재성에 접근한다. 우리는 비-아(非我)가 우리들 자아의 의욕과 노력에 대립하는 저항을 체험하며, 그것을 동시에 우리로부터 자립해 있는 현실로 파악한다. 이렇게 실재성 자체는 의지에 합당한 체험 속에 통합된다. 이것은 실로 우리들

---

16)   J. Geyser, 같은 책, 316면.

의 실재성 경험의 전체는 아니지만, 그러나 가장 중요한 부분이라 불린다. 어떻든 이러한 사실을 통해서 현존은 존재자의 비논리적 또는 비합리적 측면을 드러낸다는 사실과 그 정도가 분명하게 되었다.

우리가 현존의 계기를 좀 더 자세히 규정하고자 한다면, 우리는 보편적인 존재의 개념에서와 같은 똑같은 난점 앞에 서게 된다. 현존 역시 정의될 수 없다. 현존이란 개념은, 이것이 더 이상의 어떠한 상위 개념을 갖지 않기 때문에, 정의할 수 없는 저 최상의 개념들에 속한다. 게다가 아직도 제2의 난점이 첨가된다. 현존은 존재에 있어서의 비합리적 계기를 드러낸다. 이러한 이유로부터서도 현존은 개념적 규정을 벗어난다. 내가 붉은색이나 푸른색 또는 어떤 다른 감각의 성질을 정의할 수 없듯이, 현존도 마찬가지이다. 저 감각의 성질처럼 현존도 역시 직관되고, 따라서 체험되는 것이다.

존재에서와 마찬가지로 우리는 현존에서도 단적으로 이 낱말의 의미를 명백하게 하도록 시도할 수 있다. 우리는 현존은, 우리가 그 무엇이 존재한다라고 말할 때, 우리가 보게 되는 존재의 저 계기를 뜻하는 것임을 보았다. 우리는 현실 속에서 사물이 어떻게 오고 가며, 발생하고 소멸하는지를 관찰한다. a라는 계기 속에서 아직도 존재하지 않았던 그 어떤 것(X)은 b라는 계기 속에 존재하고, 다시 c라는 계기 속에서 사라진다. 여기에 두 명제가 타당하다. 그것은 X는 계기 b 속에 있다와 X는 계기 a와 c 속에 존재하고 있지 않다이다. 우리는 이것으로써 다음의 사실을 말하고자 한다. 즉 계기 b 속에서는 X는 존재자에 속하고, 반면에 계기 a와 c 속에서는 속하지 않는다는 것이다. 그러나 이것으로써는 현존의 계기 자체는 아직도 적중된 것이 아니다. 존재자-에의-귀속은 이 현존이 아닌 그 어떤 것이 존재한다는 사실의 귀결이다. 따라서 우리는 저 존재자에의 귀속은 무엇을 통해서 성립하며, 이 귀속은 무엇에 의존하는 것인지를 묻지 않을 수 없다. 이 물음에 답하기 위해서 우리는 우리가 위에서 대상 존재에 관해서 말하였던 것을 회상하지 않을 수 없다. 우리는 대상 존재 속에서 우리에게 존재가 계시되는 것을 보았다. 나는, 내가 나의 인식 작용에 대립하는 그 어떤 것을 주목한다면, 존재에 부딪힐 것이고, 이 존재를 알아차리게 될 것이다. 이 대립하게 되는 것은 이제 우리가 밝히고자 하는 계기, 즉 현존을 통해서 야기된다. 그 어떤 것이 존재하기 때문에 그것이 인식하는 의식에 대립할 수 있는 것이다. 이 사실을 우리는 아직도 보다 더 분명하게 다음과 같이 표현할 수 있다. 즉 그 어떤 것은 자립하고 있기 때문에, 그것은 타자에 대립할 수 있는 것이다. 이것은 우리가 현존에 관해서, 그 자신으로 서 있는 것, 자신 속에 존립하는 것이라고 말할 때, 우리가 본래적인 것으로 생각하는 그것이다.

"현존"의 의미는 철학사의 진행 중에서 매우 상이하게 규정되었다. 앞서 언급한 것을 근거로 하여 우리는 여러 규정들을 시험하게 할 위치에 있다. 그렇게 함으로써 우리에게는 현존 개념의 내용이 훨씬 더 분명하게 될 것이다.

현존의 의미에 대해서 가장 잘 알려진, 그리고 간단명료한 공식은 버클리가 만든, 존재 = 피지각(被知覺)이란 공식이다. 이 공식에 의하면 현존은 지각됨과 동의어이다. 어떤 대상이 실존한다는 것은; 이 대상이 지각된다는 것이고, 지각하는 나의 의식의 내용이라는 것이다. 그러나 이것으로써 현존의 의미가 적중된 것이 아님은 명백하다. 내가 쾰른 대성당이 실존한다고 말한다면, 이것은, 이 성당은 지각된다라는 의미를 갖는 것이 결코 아니다. 이 성당의 실존은 그것이 지각된다는 것에 대한 전제인 것이요, 이 지각됨 그 자체는 아니다. 게다가 지각될 수 없으면서도 현존을 가지고 있는 대상들이 존재한다. 이것은 모든 초감성적 또는 형이상학적 대상들에 적용된다. 예컨대 인간의 영혼은 지각될 수 없으면서도 실존하고 있다. 그러므로 여기서 저 규정은 완전히 거부되고 만다.

사람들은 저 공식을 개선하고자 하였고, 다른 공식을 통하여 보완하고자 하였다. 그리하여 존재 = 가능적 피지각으로 된다. 이것에 의해서 현존은 지각될 수 있음과 똑같은 것을 의미한다. 이에 따라서 존재자는 "지각 가능성"이라 규정된다.[17] 그러나 현존의 의미는 또한 지각-될-수 있음과도 동일한 의미가 아니다. 내가 어떤 대상에 관해서 현존이라고 언표한다면, 나는 이것으로써, 이 대상은 지각될 수 있다라는 명제와는 전혀 다른 어떤 것을 생각한다. 나는 역시 지각하는 의식에 접근될 수 없는 실재적 대상이 존재한다는 사실을 보았다.

현존과 지각 작용과의 동일화는 **주관적 관념론**의 입장이다. 인식론에서 지적되고 있는 것처럼, 주관적 관념론과 **객관적 및 논리적 관념론**이 대조를 이룬다. 논리적 관념론은 현존 계기를 심리적인 어떤 계기로가 아니라 논리적인 계기로 해소한다. 논리적 관념론에서 어떤 대상이 실존한다는 것은 이 대상이 어떤 사유 체계에 정돈되어 있다는 뜻이고, 이에 해당하는 판단은 논리적 전체의 한 부분이라는 것이며, 또한 이 논리적 전체에서 이유와 귀결의 관계 속에 서는 것이다. 그러나 이러한 견해 역시 잘못된 것이다. 내가 어떤 대상에 현존을 부여한다면, 그것은, 그 개념 또는 사상이 다른 사상에 대해서 논리적인 필연성의 관계에 서 있다는 것은 결코 아니다. 현존의 계기는 완전히 논리적 질서 바깥에 놓여 있는 것이다. 우리가 이미 발견한 것처럼, 그것은 바로 존재의 비논리적, 비합리적 계기인 것이다. 이러한 사태에서 현존을 논리적 귀결 속으로

---

17) 이렇게 J. St. Mill이 그의 저술: An Examination of Sir W. Hamiltons Philosophy, London 1865에서 규정함.

해소하려는 모든 시도는 난파하고 만다.

아직도 현존에 대한 어떤 마지막 의미 규정이 언급될 수 있을 것이다. 그것은 본질적으로 "현실적"이란 단어의 해석에 근거를 두고 있다. "현실적"이란 것 속에는 "작용한다"라는 말이 포함되어 있다. "어떤 것이 현실적이다"라는 것은 따라서 "그것이 작용한다"라는 것 이외 다른 어떤 것도 의미하는 것 같지 않다. 그럼에도 불구하고 이 견해도 역시 불만스럽다. 그 어떤 것이 실존하는지 어떤지를 내가 물을 때, 그것이 작용한다라고 내가 말한다면, 그것은 어떠한 적절한 답도 의미하는 것이 아니다. 현존과 작용이란 개념들은 서로 일치하지 않는다. 여기서도 작용은 현존을 필연적 전제로 가지는 것은 타당하지만, 그러나 현존과 동일한 것은 아니다. 현존을 가지긴 하지만, 그러나 작용하지 않는 대상들도 있다. 그것은, 우리가 여전히 보게 될 그러한 것, 즉 관념적 대상들이다. 따라서 저 공식은, 만약 이 공식이 옳다면, 존재자의 일부분만, 즉 실재적 존재자만을 충족시키게 될 것이다.

우리의 비판적 논구를 통해서 현존의 의미는 한층 더 분명하게 되었다. 우리는 결론적으로 다음과 같이 말할 수 있다. 즉 현존은 대상이 자기 자신에 대해서 취하는 특유한 태도, 대상의 자신 속에 놓여 있음, 자신 속에 정지하여 있음, 자신 속에 서 있음, 또는 동적인 언어 방식으로는 자기 자신을 정립하는 것을 말한다.

우리의 논구로부터 관념론과 실재론의 대립에 의미심장한 빛이 떨어진다. 인식론에서 우리는 두 관점을 상세하게 서술하였다. 거기서 언급된 것은, 우리가 여기서 나타나는 존재론적 원근법에서 그 대립을 고찰한다면, 어떤 확인과 심화를 겪게 된다. 우리는 위에서 용재를 존재의 본성에 있어서 관념적 계기로서, 현존을 실재적 계기로서 표시하였다. 관념론과 실재론은 이제 두 존재 계기의 상이한 평가에 근거하고 있다.

관념론은 관념적 계기를 강조한다. 그리하여 용재는 말하자면 현존을 흡수한다. 즉 본질이 실존을 흡수한다. 이렇게 하여 현실은 탈현실화된다. 현실은 말하자면 모든 지상 생활을 상실하고, 관념적 존재의 나라로 솟아오른다. 이에 반하여 실재론은 다른 계기, 즉 현존을 강조한다. 이러한 일이 일면적, 극단적인 방식으로 일어난다면(말하자면 비논리적 계기가 절대적으로 정립된다면), 실증주의, 현상주의, 불가지론에서 우리에게 대립하는 비합리주의가 발생한다. 여기서는 이를테면 현실의 관념적 측면이 드러나지 않게 된다. 그리하여 실존이 본질을 흡수하게 된다.

3. 용재와 현존의 관계

방금 언급한 것에서 두 존재 계기의 올바른 파악에 어울리는 의미가 밝혀진다. 그러므로 철학적 사유는 예로부터 이 바른 이해를 위해서 노력하였다. 철학적 사유는 무엇보다도 두 계기 상호 간의 관계를 해명하려고 하였다. 여기서 물론 오늘에 이르기까지 아직도 해결되지 않은 견해의 대립이 생겼다. 한쪽이 실재적 차이성의 의미에서 관계를 규정한 반면에, 다른 쪽은 그러한 차이성을 거부하고, 단순히 개념적 내지 사상적 차이성을 주장하였다.

존재와 본질 간의 실재적 구별을 옹호하는 자에는 그 최선의 해석자의 판단에 따르면 토마스 v. 아퀴나스가 속한다. 우리는 아리스토텔레스의 《분석론》에 대한 그의 주석에서 다음의 사실을 읽게 된다. 존재자의 제일 원리에서, 본질적인 존재인 것은 존재와 그 속성이 하나이고, 동일하다. 그런데 참여를 통하여 존재자로 되는, 다른 모든 것들은 존재와 그 속성이 다르게 되는 것이 필연적이다.[18] 모든 스콜라철학자들에게서와 마찬가지로 토마스에게서도 문제의 관점은 본질적으로 신학적 관점이다. "전체 문제는 다음의 의문으로 첨예화된다. 즉 피조물은 그것의 가장 내면적인 실체의 본성에 따라서 신처럼 그렇게 단순한 것인가, 또는 피조물은 이미 어떤 방식으로 합성되어 있고, 따라서 자연 필연적으로 실재적인 복합의 짐을 지고 있는 것인가?"[19] 그러므로 실재적 구별에 대한 주된 논증도 역시 신학적 성격을 가지고 있다. 본질과 실존이 피조물에서 실제로 차이가 나지 않는다면, 신과 피조물 간의 본래적인 본질의 구별은 폐지될 것이고, 범신론을 거절할 수 없게 될 것이다. 이미 인용한 토마스주의자가 언급한 것처럼, 실재적 구별을 거부하는 자에게는 "다음의 명제가 난제(難題)이고, 또 난제로 머물게 될 것이다. 즉 신은 받아들인 존재를 소유하지 않기 때문에, 신 속에서는 본질과 실존이 실재하면서 또 개념적으로 동일하고, 피조물은 받아들인 존재를 소유하고, 따라서 다른 목적으로부터 존재하기 때문에, 그것 속에서는 본질과 실존이 실재하고, 실로 동일한 것이지만, 그러나 개념적으로는 차이가 난다. 이렇게 신과 피조물 간의 현저한 물적 구별이 다만 인식 순서상의 개념적 구별을 발생시킬 뿐이라는 이 사실을 누가 이해할 수 있을 것인가?"[20]

실재의 구별에 대한 반대자에는 무엇보다도 수아레스와 그 학파가 속한다. 수아레스에 의하면 본질과 실존 사이에 어떠한 실재적 구별도 존재하지 않고, 논리적 구별, 둔스 스코투스의 형식적 구별과 동의어인 이성적 구별만이 존재한다. 이 관점도 역시 신학적 정초를 겪게 된다. 피조물에서 본질과 실존 사이를 실재적으로 구별함으로써 사람들은 신과 세계 간의 심연을 파괴할 것이고, 이신론(理神論)에 귀속되고 말 것

---

18) Lect. 6.

19) G. M. Manser, Das Wesen des Thomismus, Freiburg (Schweiz) 1935, 488면.

20) 같은 책, 509면.

이다. 이성적 구별만이 신과 세계의 관계를, 이것이 창조의 교의 속에서 확립되어 있는 것처럼, 현실적으로 정당하게 평가하게 된다.[21]

문제를 엄격하게 철학적으로 다루는 데에서는 스콜라철학의 신학적 논증은 고려되지 않는다. 철학이 이 신학적 논증을 이용하고자 한다면, 그 한계를 초월하게 될 것이다. 철학은 문제를 순전히 철학적 수단으로써 해결하고자 해야 한다. 그 외에 실재성 구별의 옹호자도 반대자도 그 상대방을 설득하는 일에 성공하지 못했다는 사실은 그들의 논증에는 논리적으로 강요하는 성격이 없다는 것을 명백하게 말해 준다. 그리하여 근대의 스콜라철학에서도 역시 두 관점은 다소간에 엄격하게 대립하고 있다는 사실이 이해될 수 있다.

J. 가이저가 일종의 중간의 길을 가고자 한다. 그의 주장은, 실재적 차이성이긴 하지만, 그러나 본질성과 실존의 실재적인 합성이 아니라는 공식으로 될 수 있다. 가이저는 그의 관점을 인과 사상을 사용함으로써 순전히 철학적으로 정초한다. "실존이 용재의 개념적 징표가 아닌 그러한 모든 사물에서 용재는 적당한 작용인(作用因)을 통하여 실존하는 것으로 되지 않을 수 없다. 그와 같이 실존하게 됨에 있어서 용재의 실존과의 구별은 실재적 구별이다. 이 구별은 그것이 객관적으로 정초되기 때문에, 그리고 그런 한에서, 그러한 것이다. 요컨대 그 대상들에서 용재와 실존이란 기호를 통해서 구별된 것에 근거를 두고 있는 객관적으로 상이한 우주의 사태들이 존재한다. 용재를 통해서 어떤 대상을 여타의 대상 아래에 받아들이게 되는 그 위치가 결정된다. 그러나 대상이 작용의 관계에서 어떤 실존하는 것의 편에 서거나, 더 나아가서 이 대상이 변화를 일으킬 수 있다고 하는 사실은 그것의 실존에 의존한다.

---

21)   참조. 그의 《형이상학적 논쟁》.

대상이 일으킬 수 있는 것, 이것은 다시 그 용재에 근거를 두고 있다. 따라서 용재와 실존이란 개념들 간에서뿐만 아니라 이 개념들을 통해서 파악되는 대상들 자체 간에서도 구별이 존재한다. 그러나 이 실재적 구별은 두 실재성으로 이루어진 존재자의 합성의 구별이 아니다. 그것과는 달리 동일한 실재성이 그 실재성 관계의 하나의 방향에서는 용재로서, 다른 방향에서는 실존으로서 관계의 기초를 형성한다는 사실을 통해서 동시에 용재적이기도 하고 현존적이기도 한 것이다."[22]

　신스콜라철학적 측면으로부터 사람들은 가이저에 대해서 그가 중도 (中道)에 머물러 서 있다고 이의를 제기하였다. 여기서 물리적인 의미에서가 아니라 형이상학적 의미로 받아들여질 합성이란 개념은 "현실적인 피조물에 있어서는 두 가지의 사실상으로 다른 실재성이 사물을 완성한다"[23]는 사실을 의미할 것이다. 우리도 역시 실재적 차이성은 (형이상학적 의미의) 실재적 합성을 의미한다는 생각을 가지고 있다. 본질과 실존이 실제로 다르다면, 이 양자는 합쳐서 대상을 구성하는 바로 두 실재성을 나타낸다. 따라서 우리에게는 실재적 차이성을 긍정하고, 반면에 실재적 합성 상태를 부정하는 것은 관련이 있는 것처럼 보이지 않는다.

　용재와 현존의 관계에 대한 근본적 연구를 현대 철학의 내부에서 N. 하르트만이 시도하였다. 그는 가이저적인 결과에 정반대되는 결과에 도달한다. 그것은 다음과 같은 것이다. "어떤 것의 모든 용재는 그 자체로 그 어떤 것의 현존 '이기'도 하고, 어떤 것의 모든 현존은 어떤 것의 용재 '이기'도 하다. 다만 그 어떤 것은 여기서 동일한 것이 아니다." 하르

---

22)　Allgemeine Philosophie des Seins und der Natur, Münster 1915, 60면 이하.
23)　L. Baur, 같은 책, 65면.

트만은 이것을 다음과 같이 설명한다. "자기 자리에 있는 나무의 현존은 그 자체로 숲의 용재 '이고', 숲은 나무가 없다면 달리 존재할 것이다. 나무에 붙어 있는 가지의 현존은 나무의 용재 '이고', 가지에 붙어 있는 잎의 현존은 가지의 용재 '이며', 잎 속에 있는 엽맥(葉脈)의 현존은 잎의 용재 '이다.' 이 계열은 양 측면으로 연장된다. 언제나 한쪽의 현존은 동시에 다른 쪽의 용재이다. 그러나 이 계열은 전도(顚倒)될 수도 있다. 그리하여 잎의 용재는 엽맥(葉脈)의 현존이고, 가지의 용재는 잎의 현존이다 등등. 어떤 타자의 현존 속에 존재하는 것은 언제나 용재의 파편일 뿐이라는 사실에 사람들은 여기서 어떠한 반감도 가질 필요가 없을 것이다. 왜냐하면 용재의 완전성이 문제되는 것이 전혀 아니기 때문이다. 그러나 용재의 여타의 파편들도 동일한 방식으로 언제나 되풀이하여 타자의 현존과 타자에 존재한다고 말할 수 있다. 사람들이 존재자의 고립된 부분만을 바라본다면, 그것에 있어서의 용재와 현존은 분리된다. 사람들이 존재 관계의 전체를 주시한다면, 언제나 — 그리고 실로 일정한 계열 순서에서 — 일자의 용재는 이미 타자의 현존이기도 하다. 이러한 방식으로 용재와 현존의 관계는 전체 세계 속에서 동일성에 접근한다. 그리고 이러한 동일성에서 연속하는 내용의 이동(移動)이 문제이기 때문에, 사람들은 이 이동을 연속적으로 이동된 동일성이라 표시할 수 있다." 용재와 현존의 구별은 따라서 지양되지 않았다고 하르트만은 강조한다. "그러나 이 구별은 대립으로서 개별적 존재자와 세계 전체에서만 존재한다. 세계 내부의 존재 관계 속에서 이 구별은, 모든 용재 자체가 현존이기도 하고, 모든 현존 자체가 용재이기도 하는 동안에, 관통하는 동일성으로 된다. 존재 계기의 이 동일성은 관련된 존재의 차이성에서만, 이 차이성은 관련된 존재의 동일성에서만 존재한다. 차이 있는 존재자에서 동일성과 차이성은 일정한 계열 순서에 따라서 동일하고, 동일한 것에서 이 양자는 지양할 수 없는 정도로 차이가 난다."[24]

순수한 이성적 구별로 되는 하르트만적 관계 규정의 정당성을 검토하기 위하여 우리는 그에 의해서 선택된 예를 언급한다. 우리는 다음의 의문을 제기한다. 나무의 현존이 숲의 용재라고 당연하게 말할 수 있는가? 이 물음은 우리의 생각으로는 부정되지 않을 수 없다. 현실적인 사태는 그러나 나무와 숲은 언제나 그것의 용재와 현존을 가지고 있다는 것이다. 나무가 거기에 존재하지 않는다면, 숲의 용재는 어떤 다른 것일 것이다. 그러나 이제 나무가 있고, 숲의 용재가 더불어 규정된다. 그러나 나무는 이 일을 일정한 용재의 담지자로서 수행한다. 숲의 용재는 나무의 용재를 통해서 함께 구성된다. 나무의 현존은 이와 같은 그것의 기능에 대한 전제일 뿐이다. (나무의) 용재와 (숲의) 현존 간에는 따라서 어떠한 동일성 관계도 존재하지 않는다.[25] 하르트만적 관계 규정은 실행될 수 없는 것임이 증명된다.

그러므로 우리는 실재적인 구별도 단순한 이성적인 구별도 두 존재계기의 현실적인 관계에 일치하지 않는다는 결과에 이른다. 전자의 더 나아간 확장은 사람들이 (다소간에 무의식적으로) 외면을 단순히 표상되거나 사유된 본질과 비교하고, 그리고 나서 실재적 차이를 확인했다는 사실에서 설명된다. 어떤 일정한 용재의 이념과 그것의 현실적인 실존 간에는 사실상 실재적인 구별이 존재한다. 그러나 이러한 고찰 방식으로는 사람들은 본래적인 문제를 놓친다. 왜냐하면 본래적인 문제는

24) Zur Grundlegung der Ontologie, 133면 및 140면 이하.

25) 매우 유사하게 J. Geyser, Zur Grundlegung der Ontologie, in: Philos. Jahrb. 49 (1936), 335면과 G. Jacoby, Neue Ontologie, in: Geistige Arbeit, II. Jahrg. (1935), Nr. 24, 3면.

존재자에 있어서의 계기들로서 용재와 현존의 관계에, 또는 보다 더 명백하게 말하면 **실재화된 용재**와 이에 상응하는 현존 간의 관계에 연관되어 있기 때문이다. 그러나 사람들이 존재자의 평면에 서서 현실적인 사물을 고찰한다면, 실재적 구별에 대해서는 어떠한 근거도 놓여 있는 것 같지 않다. 용재와 현존이 다른 실재성을 나타내고, 이 둘이 합쳐서 현실적인 사물을 구성한다는 견해는 사물에 대한 솔직한 존재론적 고찰에서는 어떠한 거점(據點)도 갖지 못할 것이다. 그러한 것으로는 물론 아직도 단순한 이성적 구별을 변호하는 것이 아니다. 실로 용재와 현존이란 개념은 우리의 사유에서 유래한다. 우리는 이 두 개념을, 우리가 존재자와 그것의 내적 구조를 심사숙고함으로써 구성한다. 그러나 우리가 이 개념을 구성하는 근거는 존재자에 있다. 존재자가 바로 이렇게 구성되어 있기 때문에, 존재자는 우리의 사유로 하여금 저 두 개념을 형성하도록 촉진하고 안내한다. 각각의 존재자는 반성하는 사유에게 말하자면 두 관점을 나타낸다. 그 하나는 논리적, 본질적 관점이고, 다른 하나는 비논리적, 실존적 관점이다. 그리하여 용재와 현존의 구별은 사실적으로 제약된, 존재자 자체 속에 기초가 세워진 구별이다. 그것은 존재 속에 함께 기초 세워진 이성적 구별이다.

III. 존재의 형식

1. 보편자와 개별자. 개체화의 문제

　우리가 존재자의 용재의 측면 속을 깊이 파고든다면, 보편자와 개별자, 유한자와 무한자라는 대립된 쌍과 더불어 생각하게 되는 용재의 가장 일반적인 어떤 형식에 부딪히게 된다.

보편적인 본성을 가진 용재가 존재하는가? 이 물음은 분명히 긍정적으로 대답되지 않을 수 없다. 논리학자가 판단의 본질을 규정할 때 목전에 갖는 용재, 수학자가 이를테면 원(圓)을 정의할 때 수학자의 정신 앞에 서게 되는 용재, 윤리학자가 이를테면 정의(正義) 또는 어떤 다른 윤리적 가치의 본질을 규정할 때 다루어야 하는 용재는 의심의 여지가 없이 보편자이다. 관념적 영역에서는 따라서 보편적 본성을 가진 용재가 있다.

그와 같은 것이 실재의 영역에서도 존재하는가? 현실계를 일별해 보면 여기서는 어떠한 보편자도, 일반자도 존재하지 않고, 개별자, 개체적 존재만이 있다는 사실을 우리는 당장 확신하게 된다. 모든 현실적인 것은 개체적이다. 실재성과 개체성은 하나로 되는 것 같다. 실제적 순서 속에 등장하는 모든 것은 어떤 특수한 것으로서, 모든 타자와 차이 있는 것으로서 이 순서 속에 등장하고, 또한 그러한 차이 있는 것으로 주장된다.

그런데 모든 현실적인 것에 특유한 이 개체성은 무엇을 의미하는가? 이 물음에 대한 최초의 답은 이미 이 낱말 자체 속에 암시되어 있다. 즉 개체는 나눌 수 없는 것, 불가분할자이다. 그런데 불가분할성은 긍정적으로 표현하면 단일성이다. 동시에 우리는 그 기본적 징표를 개체성의 개념에서 발견했다. 모든 개별자는 단일자이다. 이러한 것으로서 개체적인 것은 자기 자신과 동일하다. 이러한 사실 속에 그것은 어떠한 다른 것과도 동일하지 않고, 모든 타자와는 차이 나는 것이라는 사실이 놓여 있다. 이렇게 단일성의 징표에 유일성 또는 보다 더 분명하게 말하면 유일무이성이란 징표가 첨가된다. 개체적인 것은 반복될 수 없는 것이요, 어떠한 다른 것과도 교환 불가능하다. 그것은 일회적인 어떤

것이다. 그것의 현존은 하나로 일치시킨 것 속의 존재이다.[26]

모든 현실적인 것은 개별적인 것, 유일한 것, 일회적인 것이다. 그럼에도 불구하고 우리는 그것을 보편적인 개념 아래로 이끌어 들인다. 우리는 종개념 및 유개념, 따라서 개체가 아니라 종(種) 내지 유(類)를 의미하는 개념들을 만든다. 우리로 하여금 그와 같은 보편 개념을 형성하도록 야기하는 것은 몇몇의 개별적인 사물들이 일련의 징표들을 서로 공유한다는 관찰 내용에 있다. 그러나 저 개념들은, 이 개념들이 내포하는 보편자가 역시 현실적으로 실존하고, 어떤 객관적인 것, 실재적인 것을 나타낼 때만, 인식 가치를 소유하는 것처럼 보인다. 따라서 우리의 개념들의 실재적 타당성은 존재의 순서에서의 보편자를 가정하는 것을 필요로 하는 것처럼 보인다.

우리는 동시에 중세의 보편논쟁이 그 주위를 회전했던 문제점에 부딪힌다. 보편논쟁에서는 보편 개념의 사실적인 의미, 즉 현실의 내용(보편자)이 문제였다. 우리는 이 논쟁을 논리학의 개념론에서 보다 더 자세히 알게 되었다. 우리는 그 주도적인 방향이, ― 그것이 극단적인 형식(물전[物前]의 보편자)에서이건, 온건한 형식(물내[物內]의 보편자)에서이건 간에, ― 보편적 존재 성격을 가지고 있고, 또 이것을 논리적인 크기로서뿐만 아니라 존재적인 크기로서 간주하는 개념 실재론을 변호하였음을 보았다. 이러한 견해는 사물의 보편적 형식과 유형을 존재자로서의 존재로 간주하고, 따라서 특수자보다도 보편자의 존재적 우위를 가르치고 있는 고대의 사유 속에 그 근거를 가지고 있다.[27] 이러

---

26) Thomas von Aquin, S. theol. III, qu. 77, a. 2.

27) 좀 더 자세한 내용은 나의 저서: Platonismus und Prophetismus, München 1939 참조.

한 고대 사유로부터 보편자가 어떻게 특수자로 되며, 본질성이 어떻게 개체적인 존재 형식에 이르는가 하는 어려운 문제가 발생한다. 이것은 개체화의 문제인데, 이것은 현실적인 것이 개체화되는 과정이 의존하는 존재 근거 내지 개체화의 원리에 관한 물음으로 첨예화된다.

이미 아리스토텔레스가 이 문제를 알아차리고, 접근하였다.[28] 그의 간결한 암시를 토마스는 이론으로 확대하였다. 이 이론의 최상의 전제는 모든 사물은 질료와 형상으로 이루어진 종합을 나타낸다는 이론이다. 질료는 사물의 실재적 원리이고, 형상은 관념적 원리이다. "형상"은 구체적으로 말하면 아리스토텔레스가 사물 속에 투입한 플라톤의 "이데아" 이외 다른 것이 아니다. 그러므로 형상은 보편자이고, 사물의 보편적 본질이다. 따라서 이 형상 속에 사물의 개체성에 대한 근거가 놓여 있을 수 없다. 그러므로 이 개체성은 질료에만 정초해 있을 수 있다. 질료는 개체성의 원리이다. 그와 동시에 토마스는 질료 아래에서 전적으로 무규정적인 제일 질료가 아니라, 양적으로 규정된 질료를 이해한다.[29]

이 이론은 아리스토텔레스적-토마스적 형이상학이 얼마나 대단하게 우주론적으로 정위되어 있으며, 그 형이상학의 개념들을 자연 현실의 관찰에서 획득하였는가를 명백하게 한다. 요컨대 이 이론은, 사람들이 이것을 정신적 존재에 적용한다면, 당장 제 기능을 발휘하지 못한다. 이 이론에 의하면 정신 그 자체는 아무런 개체성을 갖고 있지 않고, 그 개체적 특색은 정신이 오히려 육체와 결합된 데에 있다. 여기서 사물이 바로 거꾸로 서 있다는 사실을 누군들 보지 못하겠는가? 정신적인 것은 바로 철저하게 개체적인 것이고, 반면에 질료적인 것은 오히려 보편

---

28) 참조. Metaphysik VII, 8.
29) 참조. De ente et essentia, c. 2.

적인 것, 일반적인 것으로서 현상한다. 그러나 이 이론의 정신적 존재에 대한 적용을 도외시하고서라도 역시 이 이론은 그것이 처리할 수 없는 것으로서 나타나게 하는 내면적 어려움의 짐을 지고 있다. 질료, 즉 순수 잠세태가 자신으로부터 개체화를 일으키는 일이 어떻게 해서 가능한지 사람들은 묻지 않을 수 없다. 만약에 사람들이 질료가 이 일을 질료에 부착해 있는 양(量) 또는 삼차원적인 연장을 매개로 하여 행한다고 대답한다면, 그러면 양은 여타의 규정성처럼 형상에로 귀환하게 되고, 그리하여 이 양이 따라서 함께 협력하는 것으로서 생각되어야 한다는 사실을 간과하게 된다. 그러나 동시에 이때 개체화는 오로지 질료의 작업이라고 하는 이 이론의 핵심 사상은 포기된다. 이러한 것 및 이와 유사한 난점이 탁월한 토마스 연구자의 판단을 인정한다. "개체화의 원리 이론은 토마스의 체계의 가장 약한 점 중의 하나이다. 후기의 토마스주의자들의 모든 구제 시도(救濟試圖)는 이것을 소홀히 여길 수 없다."[30]

이미 둔스 스코투스는 개체화 원리에 관한 토마스의 이론과 친근해질 수 없었다. 그는 개체화의 원리를 질료의 측면에서가 아니라, 형상의 측면에서 추구함으로써 문제 해결을 위한 전혀 다른 길로 들어서야 한다고 믿었다. 그에 의하면 개체화는 유적(類的) 및 종적(種的) 본질성에 개체적 차이가 최후의 형상으로서 덧붙여짐으로써 성립한다. 이 최후의 형상이 사물이 이 규정된 사물로 생기게 하기 때문에, 그는 이것을 개성화(個性化)의 원리(原理)라고 부른다. 개체성은 따라서 그에게는 보편적 본질성의 풍요화 및 완성을 표현하는 현실적 사물에서의 새로운 계기이다. 이것 속에 이러한 관점의 의미심장한 내용이 놓여 있다.

---

30)   H. Meyer, Thomas von Aquin, Bonn 1938, 588면.

이러한 관점과 더불어 "플라톤과 아리스토텔레스에게서 지배적이었던 보편적인 유형을 위한 개체적인 것의 격하 — 이것에 의해서 토마스적 세계관은 강하게 부담을 지고 있었다 — 는 파괴되고, 개체적 용재에 대한 전혀 다른 평가가 정초되었다."[31] 이 이론 자체는 물론 만족시킬 수 없다. 이 이론은 그것의 내면적 본질에 모순되는 개체성의 계기의 형상화 내지 합리화를 의미한다. 왜냐하면 이 개체성의 계기는 비합리적 본성을 가진 것이기 때문이다. 개체는 말로써 표현할 수 없다.

근대의 사유 역시 개체화의 문제와 싸웠다. 쇼펜하우어가 개체화의 근거를 스콜라철학자들처럼 사물 자체 속에서가 아니라, 사물의 바깥에서 구하는 한, 그는 특유한 해결을 제시한다. 공간·시간적 순서 속에 정지해 있다는 것은, 그에 의하면, 사물에게 개체성을 부여하는 것이다. 공간과 시간은 개체화의 원리이다.[32] 그러나 이 문제 해결도 역시 불충분하다. 이 해결은 실로 내가 사물의 개체성을 어디서 인식하는가라는 물음에 대한 대답을 주긴 하지만, 그러나 이 개체성이 무엇을 통하여 구성되는가라는 물음에 대한 대답을 주는 것은 아니다. 그 어떤 것이 개체적이라는 사실을 나는 무엇보다도 그것이 공간·시간적인 순서 속에서 바로 일정한 위치를 차지한다는 사실에서 인식한다. 그러나 이 인식 근거는 당장 존재 근거로서 간주되어서는 안 된다. 공간과 시간은 인식 순서에서의 개체화의 원리이긴 하지만, 그러나 존재 순서에서는 아니다.

주목할 만한 가치가 있는 개체화의 이론을 J. 가이저가 제시하였다. 그는 "동

31) H. Meyer, 같은 책, 92면 이하.
32) Die Welt als Wille und Vorstellung, E. Grisebach판, I, 166면.

일한 종류의 용재가 여러 번 실존한다면, 이 용재 자체와는 상이한 어떤 것, 개체적인 어떤 것 — 이것이 등장함으로써 저 용재는 이러저러한 것에 한 번만이라도 등장하는 용재로 된다 — 이 존재하지 않을 수 없다는 사실로부터 출발한다. 여하튼 의심의 여지도 없이 이것들 중의 일자의 현존은 타자의 현존이 아니고, 따라서 후자의 현존은 전자의 현존과 구별된다. 그런데 후자의 현존은 무엇을 통해서 전자의 현존으로부터 구별되는가? 그 자신으로부터 구별되는 것이 아니다. 왜냐하면 일자는 타자로부터, 마치 하나의 용재가 다른 동종의 용재로부터 어떤 방식으로든 차이가 나는 것처럼, 그렇게 순전히 현존으로서 간주되지 않기 때문이다. 그런데 그럼에도 불구하고 하나의 현존은 다른 현존으로부터 그 자신에 결부된 개체적 계기를 통하여 차이가 나야 한다. 왜냐하면 그렇지 않다면 그것은 용재를 개체화할 수 없을 것이기 때문이다. 현존을 개체화하는 이 계기는 이제 이 현존을 산출하는 원인을 통한 현존의 정립이다. 동일한 용재가 여러 번 나타나는 현존은 그 가능성과 근거를, 이 현존이 몇 개의 원인 또는 동일한 원인의 몇 가지 정립에서 발생했다는 사실 속에 갖는다."[33]
따라서 가이저는 개체화의 원리를 어떤 원인에 의한 용재의 실제 정립 속에서 발견한다. 이러한 정립을 통해서 용재는 그것에 내용적으로는 여전히 그렇게도 동일한 각기 다른 용재로부터 구별된다. 그러나 이러한 해결도 역시 만족스럽지 못하다. 물론 사람들은 이 해결이 근본적으로 문제를 해결한 것이 아니고, 다만 한층 더 뒤로 미루어 두고 있다고 말하지 않을 수 없을 것이다. 개체화는 야기(惹起)됨으로써 성립해야 한다면, 야기하는 원리는 어디로부터 이 개체화하는 힘을 갖게 되는가 하는 의문이 생긴다. 어떤 다른 것을 개체화할 수 있기 위해서는 이 다른 것이 도대체 그 자체로 개체적인 것이어야 하지 않을 수 없다. 따라서 우리는 원인 속에서 개체화가 성립하게 된다는 그러한 의문 앞에

---

33)   Allgemeine Philosophie des Seins und der Natur, 30면.

서게 된다. 따라서 개체화의 원리에 관한 의문이 새로이 일어난다.

개체화의 문제는, 사람들이 거짓된 문제 제기로부터 출발하는 한, 해결할 수 없는 것으로 나타난다. 즉 무엇이 현실적인 사물에 있어서 종개념(種槪念)을 표현하는 보편자에로, 이것에서 구체적인 개별 사물이 생성되기 위해서, 들어서야 한다는 것인가? 이러한 문제 설정은, 이미 우리가 본 바와 같이, 고대 정신의 구조 속에 정초한 일면적이고 실행할 수 없는 관점을 나타내는 보편자의 저 우위에 근거하고 있다. 사람들이 이러한 관점을 포기하고, 하여간 현실이 시사하고 있는 것처럼, 보편자가 아니라 개별자를 근원적인 것으로 간주한다면, 개체화 문제는 당장 해결된다. 이때 이 해결은 다만 현실적인 것 그 자체는 개체적인 것이고, 실재성과 개체성은 사실상으로 일치한다는 사상 속에 놓여 있는 것이다. 수아레스가 실재적 본질성을 개체화의 원리로서 간주했을 때, 이미 그는 이러한 사상에 거의 일치해 있다. 어쨌든 그는 방금 특성 지은 관점에 너무도 깊이 파묻혀 있었기 때문에 저 사상을 완전히 이해할 수 있었다. 요컨대 그를 현실적으로 파악한 사람은 역시 개별화의 특수 원리에 관한 의문을 제기하는 것은 아무 의미도 없다는 사실을 파악한 사람이기도 하다. "우리는 무엇이 보편자를 개체로 수렴(收斂)해야 하는지 물을 것이 아니라, 우리에게 인정된 것은 오히려 무엇이 개별자를 보편 개념 아래에서 사유해야 하는지 물어봐야 한다."[34]

개체 문제의 해결을 위한 전제는 보편자 문제에 대한 입장에 놓여 있다. 만약에 이 입장이 (극단적 또는 온건한) 개념 실재론의 의미로 이루어진다면, 사실에 합당한 문제 해결을 불가능하게 하는 저 거짓된 문제

---

34) G. von Hertling, Vorlesungen über Metaphysik, 31면 이하.

제기가 결과로서 발생한다. 이에 반하여 개념 실재론을 유지될 수 없는 것으로 보고, 우리가 정신 안의 보편자는 존재 속에 기초를 가진다라는 공식으로 이끌어 들인 관점의 토대 위에 섰다면, 개체 문제의 오로지 가능한 해결에 대한 길이 자유로울 것이다. 그렇다면 사람들은 수아레스의 다음의 명제에 이르게 될 것이다. 각각의 실재는 그 스스로 개체화의 원리이다.[35)]

2. 유한자와 무한자

보편적 용재와 개체적 용재가 존재하듯이, 우리는 또한 유한적 용재와 무한적 용재를 구별할 수 있다. 우리는 전자로는 한정된 내용을 가진 용재를, 후자로는 한정 없이 풍부한 내용을 가진 용재를 생각한다. 우리가 우리에게 주어진 세계 속의 어떤 존재자를 고찰한다면, 우리는 다른 존재자와 비교함으로써 이 어떤 존재자는 다른 존재자가 갖고 있는 모든 것을 갖고 있지 않다는 사실을 확인한다. 우리가 다른 존재자한테서 발견하는 일정한 성질들이 이 어떤 것에는 없다. 그것의 용재는 따라서 한정되어 있다. 그것이 — 질료적 존재로서 — 공간적 순서에 속한다면, 우리는 그것에서 공간적 한계를 또한 확인할 수 있다. 그것이 시간적 순서 속에 놓여 있다면, 그것이 시작과 종말을 갖고 있다는 사실 속에서 밝혀지는 시간적인 한계성이 역시 나타난다. 이러한 확인으로 말미암아 우리는 "유한적"이라는 개념을 형성하게 된다. 우리는 경험 속에서 우리에게 주어지는 존재자를 유한자로 표기한다.

유한한 존재의 개념은 따라서 긍정적 계기와 부정적 계기를 포함한

35)   Disput. met V, 6, n. 1.

다. 전자는 존재자의 정립에, 후자는 이 존재자에 있어서의 부정 존재의 동시적 정립 속에 놓여 있다. 유한성은 물론, 어떤 용재의 성질을 소유하고 있지 않음을 의미한다.

　유한자에 무한자가 대립한다. 무한자에게는 저 비존재가 없다. 무한자는 저 제한을 배제한다. 그것은 한계와 종말이 없는 것이다. 그것은 오로지 가능하기만 한, 즉 사유될 수 있는 모든 용재의 규정성을 자신 안에서 통일한다. 그것의 용재는 일체를 포괄하고 있다. 따라서 사람들은 그것을 최고 실재적 존재로 표기한다. 니콜라우스 쿠자누스는 이에 대하여 "가능성의 실현"이라는 개념을 만들어 내었다. 우선은 애매한 이 개념은, 무한한 존재는 가능하기만 한 모든 용재의 규정성을 자신 속에 통일한다는 사실을 숙고한다면, 당장 명백하게 된다. 따라서 이것은 사실상 모든 가능성의 실현으로 나타난다. 그것은 무한한 용재의 충실과 동시에 무한한 완전성을 의미한다. 그것은 완전한 존재이다.

　윤곽이 분명한 무한자는 형이상학적인 양(量)이다. 물론 이것으로써 이 무한자가 현실적으로도 역시 실존한다는 사실이 아직 언급된 것은 아니다. 왜냐하면 어떤 개념의 형성과 더불어 이에 상응하는 대상의 현존이 아직 보증된 것이 아니기 때문이다. 그런데 이제 이 형이상학적 무한성과 수학적 무한성이 대조를 이룬다. 수학도 물론 무한대와 무한소에 관해서 말한다. 여기서는 전자로는 일정한 것으로서 언급할 수 있는 모든 양(量)보다 언제나 더 큰 것을, 후자로는 일정한 것으로서 언급할 수 있는 모든 양보다도 언제나 더 작은 것을 말한다. 수학적 무한자는 따라서 양적인 성질을 가지고 있다. 그것은 현실적인 무한에 대립해서 가능적 무한(또는 무한정)으로서, 가능성에 의한 무한자로서 나타난다. 이 무한성의 본질은 물론 무제한적인 증가 가능성 및 감소 가능성 속에, 따라서 우리의 사유가 거기까지 밀고 들어간 한계를 언제나 다시 벗어날 수 있는 가능성 속에 놓여 있다. 그러므로 본래적인 의미의 무한자에 있어서는 모든 한계는 우리의 사유에 의해서 부정되는 반면에, 이것이 수학적인 무한자에 있어서는 다만 무규정적인 것 속으로 내몰리고 있을 뿐이다. 따라서 동시에 다음과 같이 말할 수 있다. 즉 이 무한자는 주어진 것, 객관적인 현존이 아니라, 사유에 부과된 것, 사유의 무제한의 과정 속에서 정립된 것이다.

우리의 설명에 의하면 무한자가 아니라 유한자가 맨 먼저 우리에게 주어진다는 것이 명백하다. 우리가 살고 있는 세계는 유한한 존재의 세계이다. 따라서 우리는 먼저 유한자의 개념을, 그리고 나서 무한자의 개념을 만든다. 그리고 실은 우리는 이 무한자의 개념을 유한자의 개념 속에 포함된 부정을 지양함으로써 만든다. 그런데 이 무한자는 그러나 대립된 입장을 변호한 철학자들에게 존재했던 것이다. 즉 유한자가 아니라 무한자가 처음 인식된 것이다. 유한자의 개념은 무한자의 개념을 필요한 전제로 갖는다는 것이다. 그리하여 데카르트는 다음과 같이, 즉 무한한 것의 지각이 유한한 것의 지각보다, 즉 신의 지각이 나 자신의 지각보다, 말하자면 앞서서 내 안에 있다는 것을 가르치고 있다.[36] 말브랑슈는 더 나아갔다. 정신은 그의 관념 속에 무한한 것이 있다는 것밖에는 어떤 것도 깨닫지 못한다.[37] 사려 있는 사유의 입장에서는 역설적인 것으로 보이는 이 견해는 어떻게 설명될 수 있을 것인가? 나는 이에 대한 설명은 우리가 이 무한자를 더 이상 엄밀한 이성적인 사유가 아니라, 보다 높은 이념에 의해서 담지되어 있는, 또 여기서 우러나오는 사유와 관계하고 있다는 사실 속에 놓여 있다고 믿는다. 저 견해는 철저히 세계에 대한 종

---

36) Meditationes de prima philosophia, III.
37) Recherche de la vérité, II, 6.

교적 관점의 표현이다. 무한자의 이념은 여기서는 가치로 포만되어 있다. 하여간에 이 무한자의 이념은 종교적-기독교적 신의 이념과 일치된다. 따라서 신의 빛 속에서의 세계의 고찰이 문제인 것이다. 말하자면 신의 이념은 여기서 철학자가 현실을 관찰하게 되는 눈이다. 이러한 종교적 세계관이 매우 분별력 있고, 수학에 정위되어 있는 개념의 언어로 쌓여 있다는 점에서도 사실은 역시 아무런 변화가 없다. 하여간에 순전히 종교적인 사유 동기도 그와 같은 옷을 입고 등장한다는 사실 — 특히 시대가 그와 같은 형식 부여를 권하거나 또는 아주 요구할 때 — 은 매우 명백히 가능하다. 형식이 아니라, 이 형식이 품고 있는 내용이 여기서나 그 어디에서나 결정적인 것이다.

IV. 존재의 방식

1. 실재적 존재

용재와 마찬가지로 현존도 여러 가지 형식을 제시한다. 용재는 여러 가지 방식으로 현존하고 있다. 이 방식을 우리는 간략하게 존재 방식이라 부른다. 가장 일반적인 존재 방식에는 **실재적 및 관념적 존재**가 있다.

실재적 현존은 실존하는 모든 것을 소유한다. 실존을 소유하는 것과 실재 존재는 동일한 것이다. 이제 그러나 어떤 것은 여러 가지 방식으로 실존할 수 있다. 사람들은 보통 두 가지의 방식, 즉 정신 속의 실존과 정신 밖의 실존을 구별한다. 첫 번째 경우에는 의식 내재적 존재가, 두 번째 경우에는 의식 초월적 존재가 현전한다. 그러나 이 구별은 완전하지 않다. 현실에서는 두 가지가 아니라 세 가지의 실재적인 것의 존재 방식이 있다.

1. 의식 내재적 존재. 이것에는 의식의 내용인 것, 모두가 속한다. 모든 영적 과정, 모든 체험 내용은 의식 현실적인 존재 내지 의식 내재적 존재를 드러낸다. 내가 수행하는 사유 작용, 나의 마음속에 있는 표상, 내가 체험하는 기쁨이나 고통의 감정, 이 모든 것은 정신 속에 있는 실재적인 것의 유형에 속한다.

2. 내재적-초월적 존재. 이것은 외적 요인에 의해서 제약받는 나의 의식 내용의 저 부분을 의미한다. 따라서 여기서는 의식 내재적이긴 하지만, 그러나 그것의 원인이 의식 초월적인 그러한 용재가 문제된다. 이와 같은 용재는 지각 내용을 제시한다. 내가 지각하는 대상은 나에게는 지각 내용으로 주어진다. 이러한 지각 내용으로서 그것은 나의 의식 속에 존재한다. 그러나 나의 의식 속으로의 등장은 오로지 나에게만 의존하는 것이 아니라, 본질적으로 외적 요인에 의해서 제약받고 있다. 즉 대상 자체는 의식에의 작용을 통해서 지각을 발생시킨다. 따라서 지각 내용 자체는 정신 속에 있고, 이 지각 내용의 내재적 실존에 대해 원인이 되는 요인은 정신 바깥에 놓여 있다. 내재적-초월적 존재는 따라서 현상계 내지 현상적 영역과 동일하다.

현상적 영역을 명백히 드러내고 경계를 정하기 위해서 오늘날의 존재론의 내부에서 특히 G. 야코비가 노력하였다. 그는 이것을 "내재적인 외적 현실"[38]이라 표현하였다. 그것은 또한 의식의 현실 속에 주어진 것과 동일한 외적 현실이고, 또는 역으로 말하면 역시 외적 세계 속에 주어진 것과 동일한 의식의 현실이다.[39] 의식의 현실 그 자체와 외적

---

38) Allgemeine Ontologie der Wirklichkeit, 19면.
39) 같은 책, 255면.

세계의 존재적 차이는 다음과 같은 단순한 예로 명백히 밝힐 수 있다. 내가 꿈속에서 체험한 것은 현실적인 것이 아니었다. 그럼에도 나는 그것을 현실적으로 체험하였다. 그것은 외면적으로 현실적인 것이 아니었다. 그럼에도 의식적으로는 현실적이었다.[40] "사람들이 이 관계를 공간적인 도식을 통하여 구체적으로 설명하고자 한다면, 이 사정은 서로 겹쳐서 하나의 부분 평면을 공유하게 되는 두 개의 평면 도형에 의해서 목적에 맞게 수행될 수 있을 것이다. 이때 두 도형 중의 하나는 의식의 체계를 나타내고, 다른 하나는 외적 현실의 체계를 나타낸다. 공통적인 부분 평면에는 이 두 체계에 참여하는 우리들의 외면 현실의 지각이 일치하고, 튀어나와 있는 두 평면에는 의식 속에 들어오지 않는 외적 현실이 일치한다."[41] 따라서 내재적인 외적 현실은 "겹쳐진 영역"을 나타낸다.[42]

3. 초월적 존재. 의식의 현실 존재가 전적으로 의식의 영역 속에 놓여 있고, 내재적-초월적 존재가 어떤 의미에서 의식 속에서와 동시에 의식 바깥에 존재한다면, 초월적 존재는 전적으로 의식의 영역의 외부에 존재한다. 현상계에 있어서 객관적 존재는 우리에게 대립하지만, 그러나 그것은 주관적 형식에 있어서이다. 우리가 주관의 이 몫을 삭제한다면, 우리는 초월적 존재를 확보하게 된다. 그것은 현상을 우리 안에서 불러일으키는 실재 요인들의 총체이다. 따라서 그것은 우리가 그것의 반조(返照)를 우리의 의식 속에서 현상이라고 부르는 존재의 저 깊은 층이다. 칸트의 언어로 표현한다면, 그것은 "물 자체"의 세계이다.

---

40) 같은 책, 164면.

41) 같은 책, 255면.

42) 같은 곳.

우리가 세 가지 방식의 실재적 존재를 그것의 소여 방식의 관점에서 비교한다면, 맨 먼저 일컬었던 방식은 가장 직접적으로 주어진 것이다. 그것은 말하자면 우리들의 영혼이 가장 내면적으로 갖고 있는 소유물이다. 이것은 지각의 세계에 동일한 정도로 타당한 것은 아니다. 지각의 세계에서 주어진 존재는 물론 외적 요인에 의존한다. 그러나 그것의 소여 방식도 역시 언제나 여전히 직접성의 성격을 소유한다. 초월적 존재는 사정이 다르다. 그것은 우리에게 결코 직접적으로 주어지지 않는다. 우리는 이 초월적 존재를 결코 지각하는 것이 아니라, 사유하면서 해명할 뿐이다. 그것은 의식에게 직접적으로가 아니라, 단지 간접적으로, 일정한 사유조작을 매개로 하여 접근할 수 있을 뿐이다.

이 세 가지 존재 유형의 존재의 무게는 소여 방식에 역비례한다. 우리에게 가장 직접적으로 주어진 것은 가장 적은 무게를, 우리에게 어떤 방식으로도 직접적으로 주어지지 않은 것은 가장 큰 존재 무게를 갖는다. 의식은 끊임없이 흐르는 시냇물과 같다. 의식은 작용이 지속하는 발생이기도 소멸이기도 하며, 내용이 도래하기도 하고 사라지기도 하는 것이다. 의식 현실의 이러한 존재론적 성격과 더불어 또한 의식의 현실이 철학에 의해서 비교적 늦게 발견되었고, 또 특수한 연구의 대상으로 되었다는 사실이 관계한다. 철학은 매우 가변적이고 무상한 내계(內界)가 철학의 시야 속으로 들어와서 철학의 철저한 연구로 초대되기 훨씬 이전에 외계(外界)를 해명하였던 것이다. 내재적인 외적 현실의 존재의 무게가 훨씬 더 크게 보인다. 왜냐하면 여기서는 우리는 어떤 자기의 법칙을 나타내는 소여성 — 이것이 그 용재와 마찬가지로 그 현존에 따라서 우리로부터 독립해 있는 것으로 현상하는 한에서 — 과 관계해야 하기 때문이다. 그러나 가장 강력한 존재의 무게는 초월적 존재의 특성이다. 존재자에서 인식하는 주관의 몫이 공제될 때 남는 것이 물론 존재자에는 있다. 그것은 객관적 존재자 또는 보다 더 분명히 말하면 자체-존재자이다. 그것은 말하자면 존재의 핵심 및 기초적 존속을 나타낸다.

2. 관념적 존재

이 존재 방식의 논구(論究)는 술어상의 논평을 미리 하지 않으면 안 된다. "관념적"은 "이념"에서 유래한다. 이 낱말은, 사람들이 애매성에 희생되지 않으려고 할 때, 주목하지 않을 수 없는 변화를 겪었다. 플라톤에게서는 이념은 객관적인 어떤 것, 의식에서 독립해 있는 어떤 것을 의미한다. 이념은 객관적인 타당성을 가지고 있는 용재의 내용이다. (플라톤이 이 용재의 내용에 이 타당성 때문에 형이상학적 의미의 현존을 덧붙이고 있다는 사실은 여기서 고려되지 않을 수 있다.) 스토아학파의 언어 사용에 연결되는 근세 철학에서 이념이란 낱말은 바로 대립되는 의미를 갖는다. 그것은 객관적인 것이 아니라, 주관적인 어떤 것, 의식에 대립되는 어떤 것, 의식을 규범에 맞추는 것이 아니라, 의식 속에 실존하는 어떤 것, 의식에 내재하는 어떤 것이다. 이념은 대상 의식의 내용인 모든 것을 말한다. 이념들은 주관의 단순한 표상들이다.

이 새로운 술어론은 전진이 아니라 후퇴를 나타낸다. 이 술어론은 존재론의 공개 토론을 견디지 못한다. 우리가 이미 본 것처럼 이 술어는 의식의 내용을 실재적 존재로 간주한다. 의식 속에 실존하는 것은 동시에 실존하고, 따라서 관념적 존재가 아니라, 실재적 존재를 표현한다. 관념(이데아)이란 술어는 따라서 그 근원적인 의미에서 이해되어야 한다. 이 술어는 그렇게만 존재론에서 고찰된다.

관념적 존재는 따라서 실재적 사물의 방식에 따라 현존하는 것이 아니라, 하여간에 객관적인 것, 규범적인 것으로서 의식에 대립하는 어떤 용재를 의미한다. 그것은 실존하지 않기 때문에 비실재적이고, 그럼에도 불구하고 객관적인 타당성을 소유하기 때문에 관념적이다. 그것의 현존 방식은 타당이란 방식이다. 여기에는 두 가지 사실이 놓여 있는데, 그 하나는 실존의 부정이고, 다른 하나는 확실한 객관성과 규범성의 주장이다. 타당한 것은 결코 실재적인 현존을 갖고 있지 않다. 그럼에도 그것은 주관의 사유에 대립하는 어떤 것이고, 이 주관의 사유가 그것에 준거해야 하는 어떤 것이다.

"타당하다"라는 술어를 H. 로체가 철학에 도입하였다. 그는 정당하게도 플라톤이 이데아를 존재자로서의 존재자라고 표시하였을 때 생각했던 것의 잃어버릴 수 없는 핵심을 이 사상 속에서 보았던 것이다. "플라톤은 우리가 위에서 통과해 온 것 이외 어떠한 다른 것도 가르치고자 하지 않았다. 즉 그것은 진리의 타당성인데, 이 타당성은 — 일종의 대상의 방식으로 존재하는 — 외계의 어떤 대상에서 확인되건 말건 그것을 도외시하고서 타당하다. 이 타당성의 본질은 언제나 존재하는 영원히 자기 동일적인 이데아의 의미이고, 그것은 이 이념이 그것에 참여함으로써 이러한 외계에서 이념을 현상으로 나타나게 하는 사물들이 존재하건, 또는 정신이 이 이념을 사유함으로써 발생하는 영적 상태의 현실을 이념에게 주는 정신들이 존재하건 말건 매한가지이다. 그러나 그리스어에는 당시에나 그 이후에도 어떠한 존재도 포함하지 않는 이 타당이란 개념에 대한 표현이 없었다. 바로 존재라는 이 표현은 도처에 매우 자주 아무런 해도 되는 일이 없이, 여기서는 숙명적으로 제자리에 등장한 것이다. 사람들이 그것을 타자와 다른, 자기 자신과 일치하는 어떤 것으로서, 그리고 완결된 것으로서 간주하고자 했을 때, 사유가 파악할 수 있는 그 모든 내용, 그리고 강단의 언어가 나중에 가서 그것에 대해서 사유물(思惟物)이라고 하는 통상적인 것이 아닌 이름을 고안해 내었던 그 모든 것은 그리스인에게는 존재자 또는 본질이었다. 그리고 현실적으로 타당한 진리와 세칭의 진리와의 구별이 문제되었을 때 전자는 또한 존재자로서의 존재자였다. 이러한 존재의 현실과의 끊임없는 혼합에 있어서와는 달리 고대 그리스의 언어는 저 단순한 타당의 현실을 표기할 줄 몰랐다. 이와 같은 혼합 속에서 플라톤적 사상의 표현도 수난을 당하였다."[43]

우리가 이제 관념적 존재의 유형을 가능한 한 날카롭게 드러내고자 한다면, 우리는 실재적 존재라는 대립된 유형과 대조함으로써 가장 잘 나타내게 된다. 우리는 이때 일련의 징표들을 만나게 되는데, 이 징표들을 통해서 관념적 존재의 유형은 실재적 존재의 징표와 매우 분명하게 대조를 이루고 있고, 특수한 존재 유형으로 현상한다.

1. 관념적 존재는 모든 공간적 관계의 바깥에 선다. 그것은 공간의 순서에 속하는 것이 아니다. 그것은 비공간적 본성을 가지고 있다. 그 이유는 실은 그것이 연장적 존재가 아니기 때문이다. 그런데 그것이 비물질적인 것이기 때문에 그것은 비연장적인 것이다. 동시에 우리는 물론 관념적 존재를 아직도 실재적 존재의 전(全) 영역에 대해서 한계를 정한 것이 아니다. 왜냐하면 실재적 존재의 일부, 즉 의식 현실적인 존재는 역시 공간의 성격도, 연장도, 물질성도 소유하고 있지 않기 때문이다.

2. 관념적 존재는 모든 시간적 관계의 바깥에 서 있다. 그것은 시간 순서에 속하지 않는다. 그것은 초시간적 존재이다. 이러한 징표를 통해서 그것은 실재적 대상의 전체 등급과 대조를 이룬다. 왜냐하면 모든

---

43) Logik, G. Misch판, Leipzig 1912, 513면 이하.

실재적 존재는 시간적 순서 안에 서 있기 때문이다. (어느 정도로 이 사실이 초월적 존재에 타당할 것인지를 우리는 여전히 보게 될 것이다.)

3. 관념적 존재는 모든 인과적 관계의 바깥에 서 있다. 그것은 인과적 순서에 속하지 않는다. 그것은 결과를 받아들이지도 정립하지도 않는다. 인과적 존재에는 모든 동적 성격은 없다. 그것은 정적 존재이다. 그것은 말하자면 그 자신 속에 놓여 있다. 활동할 수 있기 위해서 그것은 정신에 위임되어야 한다. 정신은 관념적 존재를 자신 속에 받아들일 수 있고, 그렇게 함으로써 이 존재에게 그 자신의 작용력의 어떤 것을 붙여 줄 수 있다. 이러한 방식으로 이때 관념적 내용(이념, 가치)은 활동적이게 된다.

4. 마지막의 징표는 관념적 존재의 인식 방식에 관계한다. 이 인식 방식은 실재적 존재의 그것과는 본질적으로 다르다. 실재적 존재는 감관(외적 및 내적 감관)에 의하여 파악된다. 이러한 매개는 관념적 존재에서는, 이것이 비감각적 본성을 가진 것이기 때문에, 떨어져 나간다. 관념적 존재는 정신과 유사한, 정신과 동종인 존재이다. 그것은 "자기의 뼈 중의 뼈"이다. 따라서 정신은 이 관념적 존재를 직접적으로 파악할 수 있다. 이 존재는 정신의 직관 작용 속에서 소여성으로 된다. 따라서 그 인식 방식은 직접적, 직관적인 방식이다.

관념적 존재의 세계는 분명하게 서로 대조를 이루는 몇몇 영역을 포함한다. 달리 말하면, 관념적 존재의 유형은 여러 형식으로 우리에게 다가선다. 그것은 다음의 세 가지이다.

1. **논리적 존재.** 이것을 논리학이 다룬다. 논리학의 대상은 사상, 사유 내용 또는 좀 더 분명하게 말하면 사유의 논리적 내용이다. 논리학에서 밝혀진 것처럼 우리는 사유에서 사유 작용과 사유 내용을 구별하지 않으면 안 된다. 후자는 사유의 논리적인 측면을, 전자는 심리적 측면을

나타낸다. 내가 어떤 개념을 생각하고, 판단을 내리며, 추론을 이끌어 내거나 어떤 증명을 취급한다면, 이것은 순전히 심리적 작용이다. 이러한 작용의 내면적 측면, 그 지향 내용은 이에 반하여 어떤 다른, 논리적 측면에 속한다. 이 지향 내용은 관념적 존재를 나타낸다. 따라서 이 관념적 존재는 모든 논리적 구조물에서 우리에게 다가선다.

2. 수학적 존재. 이것은 수학의 대상을 구성하는 존재이다. 수학이 다루는 수와 수의 법칙은, 기하학이 연구하는 도형과 마찬가지로 똑같은 방식으로 이 유형에 속한다. 왜냐하면 여기서나 저기서나 실재하지 않고, 세상 어느 곳에서도 실존하지 않는, ─ 기하학의 도형은 언제나 다만 접근할 수 있을 뿐, 완전히 현실화되지 않는다 ─ 그럼에도 수학자의 사유를 규범에 맞게 규정하는 구조를 소유하고 있는 용재가 문제로 되기 때문이다. 수학자가 수를 연구한다면, 그는 수 세계의 내재적 법칙을 자기의 의무로 삼는다. 그가 기하학의 대상과 관계하여, 예컨대 삼각형의 본질을 개념적으로 규정하고자 한다면, 여기서도 대상은 그 객관적인 구조에 있어서 인식하는 의식에 맞서게 된다. 실로 사람들은 어떤 의미에서는 수학의 대상은 수학적 사유의 피조물이라고 말할 수 있다. 수학의 대상은 수학자에 의해서 정의(定議)를 통해서 창조되는 것이다. 그러나 사유는 여기서 임의적으로 처리하는 것이 아니고, 수학적 영역의 구조법칙에 결부되어 있다. 정의에 의해서 창조된 저 구조물이 일단 현존한다면, 그리하여 수학적 대상의 세계가 존재한다면, 이 대상의 세계는 이 세계를 따르는 사유에 객관적 및 규범적 양(量)으로서 대립한다.

3. 가치론적 존재. 가치론은 이 존재를 다루어야 한다. 이것은 가치 속에서 우리가 만나게 되는 것과 같은 관념적 존재의 저 형식이다. 가치는 관념적 내용 또는 용재의 내용이다. 그러나 가치는 논리적 및 수학

적 내용으로부터 가치에 특유한 가치 계기를 통해서 구별된다. 이 가치 계기를 통하여 가치는 동시에 매우 분명하게 실재적 존재와 대조를 이룬다. 즉 가치는 존재자에 당위 존재로서 대립한다. 그리하여 이때 가치 존재는 또한 관념적 존재의 유형에 속하게 된다.

관념적 존재의 세계는 따라서 어떤 거대한 내면적 풍요로움을 간직한다. 이 관념적 존재의 세계는 "관념적 존재"라는 추상적 술어가 우선 추측하게 하는 것보다 훨씬 더 풍부하다. 관념적 존재의 세계가 그 특성과 자립성에서 오늘날에도 여전히 오해받고 있다는 사실은 더더욱 역설적이다. 이에 대해서는 무엇보다도 아리스토텔레스 철학에 책임이 있다. 플라톤의 이데아를 실재적 개별 존재 속으로 잘못 옮겨 놓음으로써 아리스토텔레스는 이데아 그 자체를 포기한 것이다. 그는 이념적 영역을 실재적 영역을 위해서 탁자 아래로 떨어뜨린 것이다. 그에게서는 모든 존재자는 실로 실체이거나 또는 속성이거나 간에 실재적 존재자이다. 스콜라철학은 이 점에서 그를 추종하였다. 그의 근대의 변호자들도 역시 관념적 존재를 대개 거부한다. 가이저에 의하면 논리적 존재는 (관념적 존재 일반과 마찬가지로) 어떠한 자립성도 갖고 있지 않다. 사상은 사유 작용의 용재의 측면일 뿐이다. 양자는 우리들이 추상하는 고찰 속에서 서로 구별될 뿐이다. 관념적 존재의 세계에서는 현존은 부인되지 않을 수 없다. "관념적 존재 자체가 어떤 현존을 가진다면, 실재적 현존이거나 의식된 현존일 것이다. 그러나 그것이, 사람들이 언제나 재차 강조하는 것처럼, 이 둘 중에서 어느 것도 가져서는 안 된다면, 그것은 바로 도대체 존재하는 어떤 것도, 어떤 주관의 실재적 인식 작용에 객관으로서 대립할 수 있을 어떤 것도 아닐 것이다."[44] 가이저는 이전

---

44)   Auf dem Kampffelde der Logik, Freiburg 1926, 279면.

에는 달리 생각하였다. 그의 《존재와 자연의 보편 철학》(1915)에서 그는 명백히 말해서 논리적 구성물에 그가 "타당하다"로서 성격 지은 "관념적 존재"를 돌린다.[45) 현상학과의 논쟁에서 그는 유감스럽게도 이 입장을 포기하였다.

존재론자가 관념적 존재를 그 고유의 본질에서 관찰해야 함에 따라서 그는 다른 측면에서는 이 존재의 실체화를 그만큼 방지하지 않으면 안 된다. 이것은 관념적 존재를 매우 철저하게 연구하였던 N. 하르트만의 설명에 맞서서 강조되어야 한다. 하르트만은 관념적 존재 영역의 내부에서 네 가지 구역, 즉 논리적 구역과 수학적 구역, 본질성의 세계와 가치의 나라를 구별한다. 그의 논리적인 것에 대한 존재론화에 관해서는 우리는 이미 논리학에서 언급하였다. 존재법칙의 논구에서 우리는 다시 한 번 그곳으로 되돌아올 것이다. 수학적 대상의 구성적 생산에 대한 모든 사상이 시초에 거부되는 한, 수학적 존재 역시 우리에게는 그가 일면적으로 정지적으로 그리고 존재적으로 고찰한 것으로 보인다. 본질성의 나라도 우리에게는 매한가지로 강력하게 존재론화하는 사유의 결실인 것처럼 보인다. 보편적 본질성은 본질의 개념으로 우리에게 다가선다. 보편적 본질성은 개념으로서 우리가 논리적 존재로 규정하였던 관념적 존재의 저 형식에 참여한다. 이곳을 넘어서 아직도 관념적 존재의 더 이상의 형식을 가정하는 것은 우리에게는 과도할 뿐만 아니라, ― 우리가 보편논쟁의 논구에서 유지될 수 없는 것으로서 표시하지 않을 수 없었던 ― 보편자의 실재론적 관점(물내[物內]의 보편자)에 정초해 있는 것처럼 보인다. 마지막으로 하르트만에 의하면 엄밀한 의미에서 자체-존재가 제격인 가치의 관점에 대해서는 가치론에서 필

---

45)   10면.

요한 것이 언급되었다.

3. 대상들의 구분

우리가 시초에 강조했던 것처럼, 존재론은 오늘날 대상의 이론을 자신 속에 받아들이지 않으면 안 된다. 이 대상 이론은 대상 일반 및 가장 보편적인 대상의 유형에 관한 이론이다. 그것의 주된 과제는 대상을 그것의 여러 등급으로 구분하는 일이다. 그와 같은 구분은 우리가 존재 방식에 관해서 언급한 바 있는 것 속에 이미 포함되어 있다. 그에 따르면 다음과 같은 대상의 등급이 존재한다.

1. 실재적 대상. 이것은 세 가지의 종속 등급으로 나뉜다. a) 의식 현실적 내지 의식 내재적 대상, b) 내재적-초월적 대상(현상), c) 의식 초월적 대상.

2. 관념적 대상. 이 대상에서도 세 가지 종속 등급이 구별된다. a) 논리적 대상, b) 수학적 대상, c) 가치.

우리들의 구분과 크게 다른 구분을 우리는 O. 퀼페한테서 발견한다. 그는 세 가지 대상 등급을 구별한다. 그것은 기호(이것 중에서 가장 중요한 종류는 낱말이다), 개념 그리고 객관이다. 두 후자는 현실적, 관념적, 실재적 등급으로 구성되어 있다.[46] 기호, 개념 그리고 객관의 구별이 다행스런 구별이 아니라는 사실을 도외시하고라도 ─ 기호는 어떠한 특별한 대상 등급도 나타낼 것 같지도 않고, 개념은 관념적 대상에 속한다 ─ 현실적인 것 아래에서 의식의 사실을, 실재적인 것 아래에서 의식에서 독립해 있는 사물을 이해하는 퀼페의 술어는 지배적인 언어

---

46) Realisierung, I, Leipzig 1912, 11면 이하.

사용과 모순된다. 그럼에도 우리는 의식 현실적으로뿐만 아니라, 의식의 외부에서 실존하는 존재도 "현실적"이라고 부르곤 하며, 의식 초월적일 뿐만 아니라, 의식 내재적인 존재도 "실재적"이라 부르곤 한다.

우리가 수행한 대상 구분은 현존의 고찰에 근거를 두고 있다. 그러나 사람들은 용재로부터 출발할 수 있고, 또한 용재가 완전하게 또는 단지 불완전하게 규정되는지 어떤지, 따라서 그것의 피규정성이 어떤 상승을 허용하는지 또는 않는지에 관해 의문을 제기할 수 있다. 이런 관점 아래에서 대상은 구체적 및 추상적, 그리고 개별적 및 보편적 대상으로 구성된다. 사실상 이러한 구분은 위의 구분과 일치한다. 왜냐하면 실재적 존재는 구체적이고 개체적이며, 이에 반하여 관념적 구분은 추상적이고 보편적이기 때문이다. 이 구분은 그러나 그 이상의 세분화를 허용하지 않기 때문에, 학문적 가치가 별로 없다. 이것은 오히려 통속적인 성격을 가지고 있는 구분이다.

앞에서 수행한 두 가지 구분에 대해서는 존재의 성격이 표준적인 기준이다. 그러나 우리는 또한 이 기준을 도외시하고, 단적으로 소여 방식을 따를 수도 있다. 이때 우리는 대상에 대한 더 이상의 구분을 갖게 된다. 대상은 일부는 감각적으로 주어지고, 일부는 그렇지 않다. 전자를 간단히 감각적 대상이라 부를 수 있다. 그것은 우리가 외적 감각 기관 또는 내적 감각 기관으로 지각하는 대상들이다. 여기에 외적 및 내적 경험의 모든 소여성이 속한다. 감각적으로 주어지지 않는 대상들은 비감각적 및 초감각적 대상이라는 두 종류로 이루어진다. 전자는 어떠한 방식으로도 감각 경험에 주어질 수 없고, 사유 속에서만 파악될 수 있다. 그것은 관념적 또는 추상적 대상의 등급들이다. 초감각적 대상도 마찬가지로 감각 경험 속에 주어지지 않는다. 그러나 이 대상은 이것을 파악하기 위한 출발점을 제공한다. 경험적으로 주어진 것을 미루어 보

아 우리는 경험을 넘어서 있는 것을 추측한다. 그리하여 그 표시는 "초
감각적"인 것이다. 이것으로써 초월적-실재적 대상들이 추측된다.

화제가 되고 있는 대상의 구분은 따라서 세 가지 등급(감각적, 비감
각적, 초감각적 대상)으로 된다. 우리는 이미 이 세 가지 등급을 가치론
에서 언급하였다. 이것은 H. 리케르트에 의하여 철학 속으로 도입되었
다. 약간 변양된 형태로 이 삼분법은 A. 뮐러한테서 발견된다.[47] 이 구
분은 대상의 존재 성격이 아니라 오히려 그 존재 방식을 기저에 두고
있기 때문에, 학문적 가치에 있어서 처음에 언급한 구분 뒤에 물러서
있다.

V. 존재의 양식

1. 아리스토텔레스의 잠세와 현세 이론

우리가 논리학에서 알게 되었던 판단의 양상에 존재의 양상 또는 존
재 양식, 즉 가능 존재, 현실 존재 및 필연 존재가 대응한다. 필연적인
것의 개념이 가능적인 것의 개념에로 소급될 수 있다는 사실을 주목한
다면 — 그것의 반대가 불가능한 그러한 것은 필연적이다 —, 가능성과
현실성은 가장 중요한 양상 개념으로 나타난다. 주지하는 바와 같이 아
리스토텔레스는 양상 개념의 도움으로 그의 형이상학적 세계 상(像)을
세웠다. 즉 잠세태와 현세태의 개념은 그의 형이상학을 담지(擔持)하는
기둥이다.[48] 토마스 v. 아퀴나스는 이 이론을 넘겨받았다. "강력한 토마

---

47) Einleitung in die Philosophie, 제2판, Berlin und Bonn 1931, 32면 이하.

스적 종합"은 탁월한 토마스 전문가의 판단에 따르면 "가장 심원한 토
대로서 현실성과 가능성의 아리스토텔레스적 이론 위에" 의존한다.[49]
이러한 이론의 간결한 고찰과 검토는 존재 양상의 문제로 가장 잘 소개
될 것이다.

　무엇이 아리스토텔레스로 하여금 그의 잠세-현세-이론의 제기에로
유인했는지를 우리가 묻는다면, 그것은 생성의 문제라고 대답해야 할
것이다. 이 문제를 해결하려고 이미 그의 선행자들이 노력하였다. 엘레
아학파는 다음의 관점을 대변하였다. 즉 모든 생성은 한갓된 가상(假
像)이다. 현실에는 생성이란 존재하지 않는다. 생성은 생각할 수 없는
것이다. 그들은 이 관점을 양도 논법으로 정초하였다. 그것은 다음과
같다. 생성되는 것은 무(無)로부터나 또는 그 어떤 것으로부터 발생한
다. 그런데 이 첫 번째 가능성은 배제된다. 왜냐하면 무로부터는 아무
것도 생성되지 않기 때문이다. 그러나 두 번째 가능성도 성립되지 않는
다. 왜냐하면 그 어떤 것으로부터 생성되는 것은, 그것이 이미 존재했
기 때문에, 현실에서는 도대체 생성되지 않기 때문이다. 이 딜레마(진
퇴양난)를 해결하기 위하여 아리스토텔레스는 **가능적 존재**의 개념을 만
든다. 그의 사상은 다음과 같다. 존재와 비존재 간에 어떤 중간자(中間
者)가 있다는 것이다. 이것은 존재인데, 이 존재에 관해서 사람들은 그
것이 존재한다고도, 또 존재하지 않는다고도 말할 수 없는 것이다. 그
것은 존재이기는 하나 현실적인 존재가 아니라 잠세적 존재이다. 이것

---

48)　참조. 특히 Metaphysik, IX.

49)　G. M. Manser, 같은 책, 41면. 만저(G. M. Manser)가, "그리스도교적 철학, 그
　　　리스도교적 학문의 종합은 계시를 위해서 아리스토텔레스의 현세-잠세 이론을 토
　　　대로 해야 한다고 생각했을 때"(43면), 그는 이것으로써 종교와 철학의 결합이 어
　　　떠한 황당무계한 결과에 이르는지 지적한다.

속에 생성의 수수께끼를 풀 열쇠가 놓여 있다. 생성되는 것은 무나 현실적인 존재자로부터가 아니라, 단순히 잠세적인 존재로부터 발생한다. 그것은 이미 앞서서 존재했지만, 그러나 현실성에 따라서가 아니라 가능성에 따라서 존재했던 것이다. 모든 생성 또는, 이리스토텔레스가 말하는 것처럼, 모든 운동은 잠세태로부터 현세태로의 이행이다. 생성 과정 속에서 이전에는 단지 가능적 존재로서, 소질을 가진 존재로서 실존했던 것이 완전한 현실의 단계로 고양된다.

이러한 이론에 직면하여 우리는 존재와 비존재 간의 중간을 지키는 가능적(잠세적) 존재의 개념이 유지될 수 있는 개념인지를 묻지 않으면 안 된다. 이 물음은 부정되지 않으면 안 된다. "존재와 비존재 간의 중간에는 아무것도 존재하지 않는다. 가능적인 것은 어떠한 실재성도 가지고 있지 않고, 단순한 사유물(思惟物)일 뿐이다. 현존의 지양과 함께 사유 가능성 ― 가능성 ― 도 동시에 지양되지 않는다면, 여기로부터 모든 실재성이 아직도 지양되지 않았다는 ― 왜냐하면 양자는 오히려 전혀 다른 질서에 속하고, 서로 비교될 수 없기 때문이다 ― 사실이 귀결되지 않기 때문이다."[50]

잠세적 존재를 분명하게 하고, 더욱이 변호하기 위하여 사람들은 새로이 타당성의 개념을 즐겨 사용한다. 사람들은 다음과 같이 말한다. 즉 가능적인 것 또는 잠세적인 것은 긍정적인 것, 사실적인 것, 타당한 것이다.[51] 그러나 "타당하다"라는 개념은 잠세적 존재에는 결코 적용되지 않는다. 우리가 알고 있는 것처럼 타당하다는 것은 관념적 존재의 존재 방식이다. 그러나 **가능적 존재**는 관념적 영역에서가 아니라, 실재

---

50) G. von Hertling, 같은 책, 25면 이하.
51) L. Baur, 같은 책, 71면.

적 영역에서 어떤 존재 요인을 나타낸다. 소질(素質)-존재는 실재 존재이고, 그 때문에 관념적 존재 또는 타당성과는 전적으로 다른 것이다. 잠세적 존재를 타당성이라는 현대의 개념을 매개로 존재와 비존재 간의 중간자로서 증명하려는 시도는 따라서 실패한 것으로서 간주된다. 위의 확인에서 주장되는 것은, 존재와 비존재 간의 중간에는 아무것도 존재하지 않는다는 것이다.

2. 가능적인 것

우리는 아리스토텔레스의 잠세-현세-이론을 고찰하고 검토함으로써 가능적인 것에 관해 중요한 인식을 이미 얻었다. 그것은 가능적인 것은 실재적인 것이 아니라는 통찰이다. 이와 같은 확인은 철학이 "실재적 가능성"과 "실재 가능적인 것"에 관해서 이야기하곤 한다는 사실 앞에서 물론 역설적인 것으로 보인다. 이 역설(逆說)이 어떻게 해결되는지 주시해 보자.

존재하지는 않으나 존재할 수 있는 어떤 것은 가능적이다. 이 존재 가능이 가능적인 것의 개념 속에 있는 핵심 계기이다. 그런데 그 어떤 것은 두 가지의 방식으로, 즉 사유와 현실에서 존재할 수 있다. 첫 번째 경우에서는 사유 내용 또는 개념이 문제이다. 논리학으로부터 우리는 이러한 것은 모순에서 면제되어 있어야 한다는 사실을 알고 있다. 사유 내용의 징표 사이에 어떠한 논리적 모순도 존립하지 않는다. 그런데 우리가 이와 같은 개념 사이에서 생각하는 대상은 가능적 대상이다. 이에 대한 대립을 불가능한 대상이 이룬다. 이 불가능한 대상에 그것의 개념의 논리적 징표들 간의 모순이 존립한다. 이 가능성 및 불가능성은 따라서 전적으로 사유 순서 속에 놓여 있다. 그것은 대상의 사유 가능 및 불가능과 일치한다. 여기서 사유는 대상의 외부에 놓여 있는 모든 계기들을 도외시하고, 이 대상을 단적으로 자신 속에서 고찰하기 때문에, 이 가능성은 내적 가능성이라 불린다. 그것은 또한 **추상적 또는 논리적 또는 관념적 가능성**이라 부를 수 있다. 이것들은 전적으로 사유 영역의 내부에 놓여 있기 때문에 이에 대해서는 오로지 사유법칙이 타당하다. 구체적으로 말하면, 내적 가능성은 모순이란 논리적 법칙에 의존한다. 우리는 물론 대상은 그것의 본질 계기들이 서로 모순이 되지 않을 때 가능하다는 사실을 알고 있었다.

그러므로 내적 가능성은 존재자의 용재에 관계한다. 이 내적 가능성은 말하자면 용재가 현존의 세계 속으로 등장함에 대한 최초의 그리고 가장 기본적인 조건의 역할을 한다. 이 최상의 조건이 **무모순성**이다. 따라서 또한 모순이 면제된 것만이 현실적으로 될 수 있다는 사실이 전제된다. 무모순의 정초는 모순의 존재론적 법칙에 있어서 이 전제를 인수하고 있다. 왜냐하면 모순의 존재론적 법칙이, 우리가 앞으로 보게 되는 것처럼, 존재 순서로부터 모순을 배제하기 때문이다.

무모순성은 실로 용재가 실존으로 되는 데 필요하긴 하지만 충분조건은 아니다. 용재는 스스로 현존 속으로 들어설 수 없고, 자신에게 현존을 부여할 수 없다. 왜냐하면 현존은 전적으로 용재 영역 외부에 놓여 있기 때문이다. 용재의 현존은 이질적인 계기임을 우리는 알았다. 이 양자는 전적으로 다른 수준에 속한다. 따라서 비유해서 말하면, 현존이 용재로 다가서야 한다면, 그것은 다만 현존의 영역으로부터 발생할 수 있을 뿐이다. 달리 말하면 그것은 용재가 현존으로 됨에 대한 실재적 전제는 존재 세계 속에 주어져야 한다는 것이다. 존재 세계와 관련해서 우리는 대상이 가능하다고 말할 수 있다. 그러나 이 가능성은 단순한 논리적 또는 관념적인 가능성이 아니라, **실재적 가능성**이다. 그것은 사유 가능성이 아니라, 존재 가능성이다. 사유는 여기서 대상을 자신 속에서가 아니라, 다른 대상 또는 요인에 대한 관계 속에서 고찰하기 때문에, 이 가능성은 외적 가능성이라 불린다.

실은 아직은 현실적이지 않으면서, 그러나 그것이 현실화됨에 있어서 실재적 조건들이 현전하는 그 어떤 것은 따라서 실제로 가능적이다. 그러한 조건들이 없다면, 우리는 실제로 불가능한 것과 관계하게 되는 것이다. 모든 조건이 현전한다면, 조건군(條件群, 원인)이 완전하다면, 결과가 당장 등장한다. 이때 우리는 더 이상 가능적인 것이 아니라, 현실적인 것을 목전에 갖게 된다. 그러나 조건들 중의 일부만 주어진다면, 해당하는 용재가 실제로 가능하다. 물론 이러한 규정도 아직 엄밀하지 않다. 요컨대 진실로 일정된 조건들이 주어지면서, 그러나 아직도 결여해 있는 조건들의 등장이 완전히 배제된다면, 해당하는 존재 또는 생기 현상은 실제로는 가능하지 않고, 불가능하다. 해당하는 존재는 아직도 오지 않는 조건들이 실재화, 즉 조건들의 연쇄의 완성을 고려할 수 있을 그때에만 실제로 가능하다.

내적 가능성이 모순율에 의존하는 반면에 외적 가능성은 인과율에 기초를 두고 있다. 현실에서 인과율이 존재하지 않으면, 그렇다면 어떠한 실재적 가능성도 존재하지 않을 것이다. 우리는 일정한 조건들이 주어진 것을 근거로 하여 어떤 사건이 등장하는 것을, 즉 우리가 이 조건을 원인으로 저 사건을 결과로서 간주할 수 있고, 그리하여 양자 간에 인과 관계가 존재할 때만 확실히 기대할 수 있다. 인과율을 명시함으로써 이 사태는 완전히 분명하게 된다.

그런데 이제 어떻게 — 그리고 우리는 그와 동시에 우리의 역설(逆說)로 되돌아가게 된다 — 실재 가능적인 것을 인정하는 일이 위에서 이루어진, 가능적인 것은 어떤 실재성도 소유하고 있지 않다는 확인과 일치할 수 있는가? 그 대답은 틀림없이 다음과 같을 것이다: 실재 가능적인 것 자체는 실재적이 아니다. 실재 가능성을 정초하는 조건들만이 실재적일 뿐이다. 우리의 사유는 실제로 현전하는 조건들을 보완하고, 그리하여 어떤 사건의 등장을 선취(先取)함으로써 실재 가능적인 것의 개념을 형성한다. 이 개념은 따라서 반성하는 사유의 산물이다. 그러나 물론 임의적인 것은 아니고, 현실에 기초하는 것이다. 실재 가능적인 것은 이렇게 존재에 기초를 둔 합리적 존재로서 현상한다. 그것은 형식적으로가 아니라, 단지 기본적으로, 즉 그것의 토대에 있어서 실존한다.

동시에 가능적인 것은 그것의 두 가지 방식에서 분명하게 된다. 하여간 우리는 실재 가능적인 것이 새로이 의미심장한 논의의 대상이 되었기 때문에 그것에 여전히 어떤 특수한 고려를 해야 한다. 이 일은 N. 하르트만의 《가능성과 현실성》(1938)이란 저서를 통해서 이루어졌는데, 이 저서는 새로운 철학을 제시한 가능성 문제의 가장 근원적인 연구를 표명하고 있다. 여기서 표명된 실재 가능성의 개념은 근본적인 양상론의 개혁을 의미한다.

3. 실재 가능적인 것

가능 존재의 두 가지 방식이 하르트만에 의해서 구별될 수 있다. 그것은 "선언적" 가능성과 "무관심적" 가능성이다. 전자에 관해서는 그것이 언제나 존재와 비존재의 가능성이라고 하는 아리스토텔레스의 법칙이 적용된다. 따라서 그것은 이중(二重)의 가능성, 즉 A와 비(非)-A가 그 속에서 동시에 존재하는 양식이다. "그것은 자연히 그 공존의 가능성이 존립하리라는 것을 의미하는 것이 아니라, 다만 양자의 '가능성'의 공존이 존립한다는 사실을 의미할 뿐이다. A와 비-A의 공(共)-현실

존재만이 불가능하고, 그 공-가능 존재는 매우 가능할 뿐만 아니라, ─
이것은 이 가능성의 개념 속에 있는 생각이다 ─ 필연적이기도 하다.
그것은 A가 가능하다면 비-A도 역시 언제나 가능 '하여야' 한다. 그러
나 이 '선언적' 가능 존재에서 특유한 점은 그것이 현실 존재로 이행(移
行)함에 있어서 지양된다는 사실이다."[52] "무관심적" 가능성은 전혀 다
르다. 이 가능성은 이중(二重)의 가능성이 아니다. 만약 A가 가능하다
면, 이 가능 양식은 동시에 비-A 역시 가능하리라는 사실을 요구하지
않는다. 이 일지적(一肢的) 가능성은 오히려 모순되는 경우에 대해서
철저히 무관심적이다. 그 때문에 이 일지적 가능성은 현실 속에서도 지
양되지 않고, 그 속에 보존된다. "이러한 가능성의 유형이 존재하고 있
는 영역은, 따라서 일반적으로 그 속에서 양식들은 어떠한 상태도 아니
고, 서로 배제하지 않으며, 존재 계기의 방식에 따라서 또한 결합되고
보완할 수 있다는 사실을 통하여 특정 지어진다."[53]

그러한 영역은 **실재** 영역이다. 이러한 영역의 가능성 유형은 "실재 가
능성"이다. 이것은 무모순성(無矛盾性) 이상의 것을 의미한다. "모순 없
이 자신 속에 조화로운 것은, 그 때문에 아직 결코 실재 관계 속에서는
가능하지 않다. 어떤 물체의 기하학적으로 완전한 구형(球形)은 확실히
그 자체에 있어서 모순이 없다. 그러나 어떤 실재하는 세상의 물체에서
는, 멀리까지 미치는 일련의 실재 조건들이 이루어지지 않는 한에서는
이 완전한 구형은 결코 가능하지 않다."[54] 엄밀한 의미에서 실제로 가
능한 것은 그것의 조건들이 모두 최종의 조건에 이르기까지 충족되는 그러
한 것이다. 한 가지라도 모자라는 한, 이 일은 가능하지 않고, 오히려

52)   46면.
53)   47면.
54)   49면.

불가능하다. 그러나 이것으로써 실재 가능성은 언제나 "부분 가능성"을 의미하는 선언적 가능성이 아니라, 무관심적 가능성이라는 사실을 말한다. 우리가 생활과 인식 속에서 사용하는 선언적 가능성은 결코 본래의 의미의 실재 가능성이 아니다. 이 가능성은 인식 가능성일 뿐이요, 그것의 전체가 비로소 실재 가능성을 이루게 되는 조건 연쇄의 부분적 인식일 뿐이다.[55]

이와 동시에 우리는 하르트만적 양상 이론의 심장부 및 핵심, 즉 실재 가능성의 새로운 개념에 밀고 들어가 있다. 이 개념은 그것이 하르트만에 의하면 "모순"되어 있고, "소박한 의식의 사유 습관"에 대한 적응을 의미하는 "전통적인" 관점에 완전히 대립하는 한에서 새로운 것이다. 동시에 이 개념은, 그것이 엘레아학파의 존재 이론의 영향 아래에서 생성과 동시에 또한 현실 존재에 병존하는 특수한 존재 형식으로서의 가능 존재를 거부한 메가라학파에서 이미 발견되는 한 낡은 것이다. 하르트만은 그의 실재 가능성의 개념을 실제로 가능한 것, 그것은 또한 실제로도 현실적이다[56]라는 가능성의 실재법칙에서 형성한다. 이 법칙은 하르트만에 의하면 "철학적 사유에 있어서 어떤 자세한 혁명 과정에 대한 간단한 공식"이다.[57]

---

55) 50면.

56) 126면.

57) 176면. 하르트만에 의하면 하나의 동일한 사실의 여러 가지 양상들 간에는 세 가지 종류의 관계, 즉 배제, 포함, 무관심이 있다. 그와 동시에 주어진 양상 간의 관계는 세 가지 원칙으로 총괄된다. 배제에 해당하는 원칙은 일곱 개의 "명백"하고, 네 개의 "역설적인 배제법칙"으로 전개되고, 포함에 해당하는 원칙은 여섯 개의 "명백"하고 또 여섯 개의 "역설적인 포함법칙"으로 전개된다. 후자의 정점에 "가능성의 실재법칙"이 서 있다. 이 법칙을 더 아래에서 취급되는 "필연성의 실재법칙"이 따른다.

하르트만은 법칙을 어떻게 정초하는가? 양상 간의 법칙, 즉 존재 양상 간에 존립하는 법칙은 그에 의하면 두 가지의 증명, 즉 하나는 형식적 증명을, 다른 하나는 실질적 증명을 할 수 있다. 전자는 출발점에서 "가능성의 분열법칙" ─ 이것은 (그 긍정적인 형식으로는) 다음과 같다: 그것의 비존재가 실제로 가능하지 않은 그러한 것은 실제로 가능하다 ─ 을 갖는다.[58] 하르트만에 의하면 이 명제는 당장 명료하게 된다. 실재 현실성은 실재 가능성을 전제한다. 그런데 어떤 양상이 어떤 타자 속에 전제되어 있다는 것은 포함되어 있음을 의미한다. 그러나 현실적 존재 속에는 그것의 비존재의 가능성이 아니라, 그것의 존재의 가능성만이 포함되어 있을 수 있다. 전자가 그 경우이라면, 이미 현실적인 것은 역시 여전히 존재하지 않을 것이고, 즉 동시에 역시 비현실적일 수 있을 것이다. 그러나 그것은 하르트만에 의하면 불가능하다. 가능성의 분열법칙은 따라서 명료한 존재의 법칙이다. 이것 속에는 그러나 가능성의 실재법칙이 암묵적으로 포함되어 있다. 사람들은 분열법칙을 긍정적으로만 읽을 필요가 있다. "실재적으로 가능적인 것은 실재적으로 비현실적일 수 없다"를 긍정적인 어법으로 표현하면 "실재적으로 가능한 것은 또한 실재적으로 현실적이기도 하다"[59]를 의미한다.

가능성의 실재법칙에 대한 이 증명은 반론에서 자유로운가? 분열법칙으로부터 법칙을 논리적으로 도출하는 것은 명백하고 이론(異論)의 여지가 없기 때문에, 우리의 물음은 단지 출발점, 즉 분열법칙에만 관계할 수 있다. 하르트만은 현실성이란 개념 안에서 비존재의 가능성이

---

58) 129면.

59) 136면 이하. 하르트만의 연역이 걸어가는 "배제법칙"에 관한 우회로를 편의상 단념한다.

아니라, 존재의 가능성만이 포함되어 있을 것이라는 사실을 주장하게
되는 그것을 현실성이란 개념을 매개로 명백하게 하고자 한다. 현실적
인 것은 또한 비현실적일 수 없다. X의 현실성은 그것의 비실존의 가능
성을 지양한다. 하르트만의 인과율의 증명 가능성의 문제[60]라는 논문에
서 이미 발견되는 이 주제에 대해서 나는 나의 저서,《인과율》에서 이에
관해서 언급한 것, 즉 "X의 비존재의 가능성은 그것의 현실성을 결코
배제하지 않고, 도리어 그것과 함께 공존할 수 있다는 것을 반복할 수
있을 뿐이다. 왜냐하면 X가 현실적으로 되었을 그때에도 역시 X의 비
현실성은 여전히 철저히 가능한 것으로 존속하기 때문이다. X의 비실
존의 사상은 어떠한 내면적 모순도 의미하지 않는다. 이것은 다만 다음
과 같은 경우, 즉 X가 자신으로부터, 자기의 본질에 따라서 실존을 요
구할 때, 즉 그것이 필연적 존재일 때일 것이다. X의 비실존의 가능성은
따라서 실로 그것의 필연성과 일치할 수 없지만, 그러나 그것의 현실성
과 일치할 수 없는 것은 아니다."[61]

하르트만은 우리들의 반론을 각오하고 있는 것 같다. 하여간에 그는
반대되는 주장이, "사람들이 가능성을 불안정하고 규정되지 않은 상태
로 '일반적으로-가능 존재'로서 파악할 때 — 사람들이 이 가능성을 일
상에서 어쩌면 사유 가능한 존재로서 이해하는 것처럼 — 기껏해야 의

---

60) Kant-Studien XXIV (1919).
61) Das Kausalprinzip, Augsburg 1928, 112면. — "우연한 존재도 역시 그것이 실존
     할 그때(따라서 동일한 시간에, 동시적으로), 실존하지 않을 가능성을 갖는다. 그
     러나 그것이 실존한다면, 동시에 실존하지 아니할 가능성을 갖지 않는다. 이 두 가
     지 가능성은 동일한 시간에 실현되기란 불가능한 것이다. 그러나 하나의 실현으로
     다른 것이 사라지는 것이 아니고, 존속한다.(G. Geis, *Eine neue Entwicklung des
     Kausalitätsprinzips*, in: Festschrift des Missionshauses St. Gabriel, Wien-
     Mödling 1939, 379면.)

미를 가질 것이라고 깨닫고 있다. 때때로 현실적이지 않은 것은 과연 '일반적으로 존재할 수 있다.' 즉 그것은 현실적으로 생성될 수 있거나 또는 되어 있었을 수 있다. 그리고 때때로 현실적인 것은 어쩌면 또한 '도대체 존재하지 않을 수 있고' 비현실적으로 되거나 비현실적이었을 수 있다. 이 점에 대해 아무것도 비난할 수 없다. 그러나 실재 가능성에 있어서는 그와 같은 애매한 "가능"은 문제되지 않는다. 실재적 존재는 규정된 여기-와-지금-존재이다. 그것의 과거, 시간적으로 바뀌는 존재와 비존재는 그것 속에 이미 포함되어 있다. 이 사실은 여기와 지금에 있어서의 일의적(一義的)인 존재에 모순되지 않고, 따라서 동일한 여기와 지금에 있어서의 비존재 가능성이 배제되어 있음에 대해서도 모순되지 않는다. 실재 가능성은 오로지 여기-와-지금-가능 존재이고, 규정된 가능 존재이다. 형식상으로, 즉 '일반적으로 가능한' 것은 일의적인 시간 규정성에 있어서 (그리고 물리적 존재에서 공간 규정성에 있어서도) 실제로 결코 가능한 것이 아니다."[62] 여기서 나에게 실재 가능성은 이미 현실성과 통일되어 정립된 것처럼 보인다. 왜냐하면 저 구체성은 실로 현실성을 소유하지만, 그러나 가능성은 소유하지 않기 때문이다. 이 가능성에는 언제나 어떤 미정 내지 미결의 상태가 부착해 있다. 이것이 실재적 가능성(단순히 형식적 또는 사유 가능성이 아니라)의 본질에 어떻게 귀속해 있는지 하는 것을 우리는 여전히 보게 될 것이다.

　(양상 간의 법칙 일반처럼) 가능성의 실재법칙의 **실질적 증명**은 추상적 법칙으로부터가 아니라 구체적 현실로부터 출발하며, 그리고 존재 영역은 저 법칙을 사실상으로 포함한다는 사실을 지적한다. 우리가 이

---

62)　129면 이하.

미 들어서 아는 바와 같이 그 어떤 것은 그것의 모든 조건들이 실제로 현실적일 때에만 실제로 가능하다. 그러나 X에 대한 조건의 연쇄가 완성되는 그 계기 속에 X는 들어서야 하고, 그것은 필연적으로 현실적이게 된다. 따라서 실제로 가능한 것은 실제로 현실적이기도 하다.[63]

이 실질적 증명은 이 증명이 기반으로 삼는 가능성의 개념과 존망을 같이한다. 이에 따라서 실재 가능성은 "전체 가능성"과 동일한 의미이다. 그것이 "실재 가능성의 전체성의 법칙"의 의미이다. 그것의 전체의 조건들이 현실적인 그것만이 실제로 가능적이다. 부분적으로만 가능한 — 따라서 역시 어떤 조건만이 결여해 있다 — 그것은 실제로는 불가능하다.[64] 이 가능성 개념의 역설(가능성의 실재법칙은 물론 "역설적인 연루(連累)의 법칙"이다)은 하르트만에 의하면 영원히 존속하게 된다. "이 역설은 일상적인 실재성 의식에 있어서 지양되지 않는다. 왜냐하면 이 일상적 실재성의 의식은 다른 양상 법칙 아래에 서 있기 때문이다. 그것의 가능성의 의식은 부분 가능성에 속박되어 있고, 따라서 원래부터 현실성의 의식으로부터 분리되어 있다. 인간은 어떻든 불가피하게 언제나 되풀이하여 다음과 같이 사유한다. 즉 존재하지 않는 것은, 그럼에도 존재할 수 있고, 발생하지 않는 것은, 그럼에도 불구하고 발생할 수 있다."[65]

통속적인 의식뿐만 아니라, 학문적 의식도 이 가능성의 개념에 반감을 가질지 어떨지가 의문이다. 어쨌든 한 가지는 확실하다. (실재적) 가능성을 사람들이 어떻게 정의하건 간에, 언제나 가능한 존재는 현실적

---

63) 176면 이하. 아직도 좀 더 자세히 다룰 수 있는 실재 필연성의 양상을 고려하여 나는 하르트만의 연역을 약간 단순화하였다.

64) 158면.

65) 178면.

으로 존재할 수 있으나, 아직 존재하지 않는 그러한 존재이다. (실제로) 가능한 것을 현실적인 것과 동일시하는 사람은 (실재적인) 가능성의 개념을 단순히 지양한다. (실제로) 가능한 것은 이때 대개 사라지고, 다만 아직도 현실적인 것(과 필연적인 것)만이 남는다. 조건의 전체는 가능성의 양상이 아니라, 필연성의 양상을 정초한다. 하르트만에 의하면 가능성이 그 속에 존립하는 "조건들의 뿌리 내림"은 원인을 통한 정립된 존재, 즉 (외적) 필연성과 동일한 의미이다.

　하르트만이 실재 가능성을 단순한 "부분 가능성"으로부터 날카롭게 분리할 때, 그는 분명히 옳다. 실재 가능성은 사실상으로 부분 가능성 이상의 것이다. 실재 가능성은 어떤 종류의 실재적인 조건들이 현전할 때 이미 주어진 것이 아니고, 조건 연쇄의 완성을 고려할 수 있을 그때 비로소 주어진다. 그것은 말하자면 실재적인 불가능성과 현실성 사이에 놓여 있다. 어떤 사건이 등장함에 대해 어떠한 조건도 존재하지 않는다면, 이 사건은 실제로 불가능하다. 모든 조건들이 현전한다면, 이 사건은 현실적이다. 그것은 이때 더 이상 일어날 수 없는 것이 아니라 등장하지 않을 수 없다. 조건들의 일부가 존재하고, 그리고 우리가 아직도 오지 않고 있는 사건의 실재화를 기대해도 좋다면, 그 사건은 실제로 가능하다.

　그러나 어떤 조건이 아직도 존재하지 않는 한, 어떤 사건은 일어날 수 없다는 사실은 도대체 진실하지 않은 것인가, 따라서 실제로 불가능한 것인가? 이에 대해서 나는 다음과 같이 대답한다. 즉 만약 아직도 어떤 조건이 결여해 있고, 이 조건이 실재화될 수 없으며, 따라서 이 조건의 실현에 어떤 방해가 존재한다면, 그때에는 그 사건은 실제로 불가능하다. 후자가 이 경우가 아니라면, 아직도 결여해 있는 조건이 현전하는 조건에 당장 부가될 수 있고, 따라서 조건군(條件群)의 완성으로 고

려할 수 있다면, 사건은 등장할 수 있고, 실제로 가능하다. 이러한 술어
로써 우리는 바로 — 크리스(v. Kries)와 논의하기 위하여 — "제약된
상태에서는 저 결과가 등장하는 것을 적법한 필연성을 가지고서 배제
할 어떠한 것도 포함하고 있지 않다는 사실"을 표현하고자 한다.[66]

사건은 물론 일어나지 않을 수도 있다. 이것은 아직도 결여해 있는
조건이 실제적으로 되지 않을 경우이다. 실재 가능성은 따라서 부동(浮
動)의 상태를 나타낸다. X는 현실적으로 될 수도 있고, 비현실성 속에
머무를 수도 있다. 실재 가능성은 따라서 이중의 가능성이다. 즉 존재
와 비존재에 대한 가능성이다. 그것은 하르트만이 "선언적" 가능성이
라고 부른 그것이다. 그것은 현실성을 통해서 지양된다. 왜냐하면 X가
현실적으로 되면, 그것은 더 이상 저 특유한 부동의 상태에 존재하지
않고, 그것의 존재와 비존재에 대한 무관심은 이때 지양되기 때문이다.
그리하여 X는 존재에 대해서 차이가 나게 된다.

그렇지만 하르트만이 "가능하지 않은 것은 정말로 현실적일 수 없는
가?"[67]라고 강조한다면, 우리는 그에게 동의할 필요가 없다. 현실 존재
는 따라서 가능 존재를 배제하지 않을 뿐만 아니라, 직접 포함한다. 사
실로 그것은 그렇다. 그러나 아주 한정된 의미에서만, 즉 논리적 또는
관념적 가능성의 의미에서만 그러하고, 이에 반하여 실제적 가능성의
의미에서는 그렇지 않다. 현실적인 것은 또한 가능적이어야 한다는 명
제는, 사람들이 여기서 이 명제의 논리적인 개념의 징표들의 무모순성
또는 이 명제의 관념적 구조 계기들의 일치 가능성을 생각한다면, 옳

---

66)   객관적 가능성의 개념에 관해서는, in: Vierteljahrsschrift für wissenschaftliche
      Philosophie, XIII (1888), 181면. "실제적 가능성 — 이렇게 O. Liebmann이 정
      의하고 있다 — 은 자연법칙과의 조화로움이다" (Gedanken und Tatsachen, 4면).
67)   46면.

다. 외적 또는 구체적인 가능성이 아니라, 이 내적 또는 추상적 가능성
은 현실과 일치할 수 있다. 실재 가능성을 현실적인 것에서 존재 계기로서
간주하는 사람은, 동시에 이 실재 가능성의 진정한 의미를 파괴한다.
하르트만에 의해서 경신(更新)된 메가라학파의 가능성의 개념은 따라
서 잘못된 것으로 간주되어야 한다.

4. 필연적인 것과 우연적인 것

단순히 존재하는 것이 아니라, 존재하지 않을 수 없는 것은 필연적이다.
우리가 가능성의 개념을 이용한다면, 존재하지 않을 수 없거나 또는 그
것의 반대는 불가능한 것은 필연적이다라고 말할 수 있다. 이러한 존재
하지-않을 수-없거나 또는 존재해야 하는 것은 관념적 또는 실제적 질
서 속에 존립한다. 첫 번째 경우에는 사유 필연성이, 두 번째 경우에는
존재 필연성이 놓여 있다. 우리는 전자를 논리적 또는 관념적 필연성이
라고, 그리고 후자를 실제적 필연성이라고 부를 수 있다.

사유 필연성은 그 어떤 것을 소유할 때, 그것의 반대를 생각할 수 없
는 경우이다. 이 필연성은 일정한 명제나 판단에 고유한 것이다. 그것
은 이유-귀결-관계에 근거를 두고 있다. 이 관계는, 우리가 논리학에서
본 것처럼, 동일성의 관계이다. 그 어떤 것은, 그것이 어떤 타자 속에
논리적으로 포함되어 있고, 그 속에서 함께 정립되어 있을 때 이 타자
로부터 귀결한다. 이렇게 물체의 개념으로부터 연장된 존재가 귀결한
다. 왜냐하면 연장이란 징표가 물체의 개념 속에 포함되어 있기 때문이
다. 마찬가지로 삼각형의 본질로부터 그것의 내각의 크기의 합이 2직각
과 동일하다는 귀결이 나온다. 이 두 경우에는 사유 필연적인 명제에
관계된다. 이 명제의 내용은 이것이 우리들의 사유로 하여금 그것을 인

정하도록 직접적으로 강요하는 그러한 것이다. 이러한 명제들은 **직접적으로** 사유 필연적이다. 그러나 다만 간접적으로만 사유 필연적인 명제들도 있다. 그것은 다른 사유 필연적인 명제들로부터 도출되는 명제들이다. 이러한 명제의 진리를 통찰하기 위해서 이 명제의 내용을 생생하게 그려 내는 것으로 충분한 것은 아니다. 이 명제의 진리는 오히려 다른 명제를 매개로 하여 통찰하게 되거나 또는 증명되어야 한다. 예컨대 유클리드 기하학의 정리(定理)들이 이에 속한다. 이 정리들의 사유 필연성은 어떤 연역적 조치를 통해서 제시된다.

논리적 내지 관념적 필연성보다도 **실제적 필연성**이 더 중요하다. 이것은 이유-귀결-관계가 아니라 원인과 결과의 연관에 의존한다. 실제적 가능성처럼 실제적 필연성도 역시 인과율에 근거를 두고 있다. 실제적 필연성은 존재자를, 이 존재자가 야기되는 한, 갖는다. 말하자면 원인으로부터 어떤 실제적인 필연이 출발한다. 원인에 의하여 정립되는 것은 단순히 존재할 수 있는 것이 아니고, 존재해야 한다. 그것의 존재는 말하자면 원인의 존재와 함께 주어진다. 물론 이 함께-주어진-존재는 방금 언급한 것과는 전혀 별개의 종류이다. 그것은 논리적-정적(靜的)인 함께-주어진-존재가 아니라, 인과적-동적인 함께-주어진-존재이다.

그러므로 필연성은 관계의 구조를 가지고 있는 것처럼 보인다. 모든 필연성은 상대적 필연성인 것처럼 보인다. 이것은 N. 하르트만의 견해이다. "절대적 필연성"은 "존재하지 않고, 실로 어떠한 영역에서도 존재하지 않는다라고 그는 설명한다. 절대적 필연성은 어디에도 존재하지 않는다. 왜냐하면 필연성은 상대적인 양상이고, 따라서 그것 자신의 본질에 따라 모든 영역에서 이 영역의 한계, 즉 제일자에 이르기까지 조건들을 소급하게 하기 때문이다. 그런데 이 제일자는 필연적으로 존재할 수 있는 것이 아니다. 왜냐하면 그것의 배후에는, 그것의 "근거" 위에 필연적으로 존재할 수 있을 그 어떤 것도 존재하지 않기 때문이다. 모든 필연성은 우연적인 것으로 되돌아간다."[68] 여기서 "모든 제일자는 우연적이다"[69]라는 사실이 귀결된다. 이 명제는 "절대 필연적 존재" 이념의 철저한 배제를 의미한다. 하르트만은 이것을 "엄청난 오류"[70]라고 부른다. "절대적으로 필연적인 존재"는 사실은 "절대적으로 우연적인 존재"이다. "절대적으로 필연적인 존재는, 그것이 세계의 상대성의 한계를 이루기 때문에, 그것은 판이하게 그 자신으로부터 필연적인 존재임이 틀림없을 것이다. 그리하여 그것은 바로 사람들이 자기 원인으로 말하고자 하는 그것이다. 실제로는 그 자신으로부터 필연적인 존재는 필연적인 것이 아닌 존재를 의미한다. 왜냐하면 필연성은 어쨌든 '외적인 상대성' 그 자체를 가지기 때문이다. 그러나 여기서는 그것을 "근거로 하여" 필연적으로 존재할 수 있을 그 어떤 것도 그것 바깥에는 존재하지 않는다. 따라서 사람들은 언제나 그것은 자기의 근거를 자신 속에 가진다, 즉 자기 원인이다라고 말해도 좋다. 그리하여 사람들은 어떠한 보다 더 높은 양상도 얻지 못한다. 왜냐하면 바로 근거를 자신 속에 갖는 것은 그 때문에 근거를 자신의 바깥에 갖지 않으며, 따라서 필연적인 것이 아니라, 우연적인 것이다. 절대적으로 필연적인 존재로서의 신은 오히려 절대적으로 우연적인 존재이다."[71] "세계의 충분한 근거를 신(神) 속에서 구하는 어떤 것도 도움이 되지 않는다. 신 자신은 바로 그것이 최초의 근거이어야 한다는 사실과 함께 어떤 우연적인 것으로

---

68) Möglichkeit und Wirklichkeit, 77면.
69) 같은 책, 53면.
70) 같은 책, 92면.
71) 같은 책, 93면 이하.

된다."[72]

모든 최초의 것은 우연적인 것이고, 그 때문에 어떤 절대적으로 필연적인 존재의 이념은 실현될 수 없다고 하는 하르트만의 견해는, 우리가 본 바와 같이, 필연성의 합리적 구조에 관한 그의 이론의 귀결일 뿐이다. 필연성의 본질에 그것의 합리적인 구조가 귀속한다면, 사실은 어떤 합리적 또는 외적인 필연성만이 존재한다. 그와 같은 외적인 필연성이 배제되는 곳에서는 — 이 필연성은 모든 최초의 것에서는 배제된다 — 시종일관하여 필연적이지 아니한 또는 우연적인 존재만이 중요하다. 문제는 다만, 존재론이 현실적으로 외적 또는 상대적인 필연성의 개념으로 꾸려 갈 수 있는지 어떤지 또는 이 존재론이 내적 또는 절대적 필연성의 개념을 형성하도록 강요받고 있지는 않은지 하는 것일 뿐이다.

필연성 일반처럼 논리적 필연성도 하르트만에 의하면 합리적 구조를 소유한다. 하르트만에 있어서는 그것의 충분한 근거를 전제 속에 갖는 것은 논리적으로 필연적인 것이라고 불린다.[73] 다른 판단으로부터 논리적으로 귀결하는 판단은 사유 필연적이다. 여기서 더 이상 다른 판단으로부터 도출될 수 없는 저 최상의 판단들(우리는 논리학의 최상의 법칙들, 사유법칙들을 생각하게 된다)은 어떠한 논리적 필연성도 소유하지 않고, 논리적으로는 우연적이라는 사실이 밝혀진다. 이렇게 하르트만에게서는 "신의 개념, 공리들, 그리고 원리들 속에는 우연성"[74]이 있다.

여기에 이제 이 입장의 내적인 불가능성이 분명하게 지적된다. 다른 판단들로부터 도출되고, 다른 판단들을 통해서 명백하게 되는 판단은 논리적 필연성의 징표를 통해서 특징지어져야 한다. 이에 반하여 그와

---

72) 같은 책, 220면.
73) 같은 책, 295면.
74) 같은 책, 94면.

같은 도출을 전혀 필요로 하지 않고, 그 자체가 명백하기 때문에 처음으로 명백하게 될 필요가 없는 판단은 어떠한 사유 필연성도 소유해서는 안 된다. 이것은 이미 역설적인 것이라기보다도 그 이상의 것이다. 이 역설 또는 오히려 불합리성은, 사람들이 내적인 필연성의 개념을 도입한다면, 당장 사라진다. 이 내적 필연성의 개념은 논리적 영역에서 어떤 판단이 그 자신을 정초하고, 그것의 타당성의 근거를 자신 속에 지닌다는 사실을 의미한다. 그와 같은 판단은 사유 필연성을, 그것도 자기의 정초를 위해서 다른 판단을 필요로 하는 저 판단들보다도 더 높은 의미에서, 소유한다. 이것은 하르트만이 의욕하는 것과는 정반대인 것으로, 그에 의하면 어떠한 필연성이 아니라, 우연성이 존재한다는 그곳에는 실은 한층 상승한 필연성이 존재함을 의미한다. 필연성의 개념을 완전히 임의적으로 외적 필연성에 한정하는 사람만이 이 사실을 부정하고자 한다.

우리가 존재론적 영역으로 이행(移行)하면, 제일의 존재(제일 원인)의 기능과 제일의 판단(제일 원리)의 기능 사이에는 부인할 수 없는 유사성이 존립한다. 양자는 원리로서, 즉 전자는 실재 원리로서, 후자는 관념 원리로서 기능한다. 양자에 해당 영역 전체가 매달려 있다. 절대자는 존재계의 현실에 대한 최후의 근거이고, 논리적 법칙들은 사유 세계, 즉 판단들의 진리에 대한 최후의 근거이다. 그런데 타자를 정초하는 이 양자 자신이 근거 없는 것이어야 하겠는가? 논리적인 것에 있어서 사정은 저 최상의 판단은 전혀 근거 없는 것이다라는 경우가 아니다. 최상의 판단은 그것의 타당 근거를 그 자신 속에 가지고 있다. 존재론적 영역에서는 사정이 달라야 하겠는가? 이미 여기에 존재하는 논리적 영역에 대한 유사성이 이에 반대한다. 필연적 존재는 근거 없이 지낼 수 없기 때문에, 이것은 근거를 오히려 자기 자신 속에, 자기의 고유한 본질 속에 갖는다. 그 때문에 이 필연적 존재는 자기의 현존의 근거를 어떤 타자 속에, 즉 어떤 원인 속에 갖는 사물들에 비하여 한층 더한 이유로 필연적이라 불릴 가치가 있다. "존재의 우연성"에 관해서는 여기서 결코 언급될 수 없다.

이것으로써 존재론이 내적 또는 절대적 필연성의 개념 없이 지낼 수 없다는 사실이 충분히 분명하게 되었을 것이다. 외적 및 상대적 필연성과 반대로 이 필연성은 해당하는 존재에게 어떤 타자에 의해서 부과되는 것이 아니라, 그 자신의 본질 속에 정초된 그러한 필연성인 것이다. 이 필연성은, 우리가 본 바와 같이, 사유 필연성일 뿐만 아니라 존재 필연성으로서 존립한다. 절대적으로 필연적인 또는 무제약적인 본질(자체 존재)의 개념은 따라서 존재론적으로 시인된다.

이제 우리는 또한 우리가 이미 언급했던 우연적인 것의 개념을 명백하게 밝혀야 할 위치에 선다. 이 해명은 대부분의 존재론자들이 여기 개념 규정에서 요구되는 신중성이 없이 지내도록 하는 것만큼 필요하다.

"우연적"은 "필연적"에 대한 대립이다. 필연적으로 실존하지 않는 것은 우연적이다. 그런데 우리는 이중적인 필연성, 즉 외적 및 내적 필연성이 있다는 사실을 보았다. 첫 번째의 필연성의 부재(不在) 또는 외적 우연성은 무원인성과 같은 의미이다. 어떠한 원인에 의해서도 정립되어 있지 않고, 따라서 외적 필연성이 결여해 있는 존재는 원인이 없는 것이다. 그러한 존재의 존재 여부는 인과 문제를 다루는 경우에 결정될 수 있다. 우선 우리는, 인과율이 보편타당성을 가진다면, 원인이 없는 존재란 없다고 말할 수 있을 뿐이다. 이 경우에는 요컨대 어떤 것도 우연히 현존으로 등장할 수는 없고, 어떤 원인을 근거로 해서만 등장할 수 있는 것이다. 인과율의 보편타당성은 우연적인 것을 엄격하게 배제하는 것을 의미한다.

"우연적"이란 용어는 그러나 이제 내적 필연성의 부재(不在)를 의미할 수도 있다. 이 용어는 대개 이러한 의미로 사용된다. 이때 내적 필연성을 갖고서 실존하지 않는 것, 그것의 본질상 존재할 수도 있고, 존재하지 않을 수도 있는 것은 우연적이다. 이 내적 우연성은 우발성이라고도 불린다. 우발성은 존재와 비존재에 대해서 무관성을 의미한다. 이 원칙적인 무관성은 사실적인 실존을 통하여 지양되지 않는다. 그 어떤 것이 존재할 때도 그것은 그 본질에 따라서 존재와 비존재에 대해서 무차별적일 수 있다. 현존은 이때 실로 사실적이지만, 그러나 그것의 용재와 결합된 것이 아니다. 보다 더 분명하게 말한다면, 용재는 현존을 요구하지 않는다. 이 우발적인 존재에 대한 대립이 따라서 절대적으로 필연적인 존재를 형성한다. 왜냐하면 이 절대적으로 필연적인 존재에서 용재는 현존을 요구하고, 본질은 실존을 말하자면 자신에로 이끌어 들인다. 우발성은 따라서 내적 필연성만을 배제하고, 이에 반하여 외적 필연성은 배제하지 않는다. 내적으로 우연적인 것은 외적으로 필연적인 존재를 나타낼 수 있다. 내적 필연성의 부재와 외적 필연성의 부재는 공존할 수 있다. 이 양자는 사실상으로 어떤 우발적인 존재가 야기되는 그곳에 언제나 공존한다. 이 관계가 분명하게 파악되지 않는다면, 우리가 나중에 보게 되는 것처럼, 중대한 오류는 불가피하다.

VI. 존재의 법칙

1. 논리적 및 존재론적 법칙

논리적 영역의 구조는 어떤 최상의 법칙, 논리학의 사유법칙에서 그것의 정의가 발견되는 것처럼, 존재론적 영역의 구조도 역시 일정한 법칙에서 표현된다. 논리적 법칙에는 존재론적 법칙이 대립한다. 논리적 법칙은 말하자면 존재론적 영역이 그에 따라 세워지게 되는 원리들을 나타낸다.

우리는 사유법칙을 논구할 때 이러한 존재법칙에 이미 마주쳤다. 우리는 보통 맨 먼저 다루어진 동일성이란 논리적 법칙이 사실은 존재론적 법칙임을 보았다. 모순율을 다룰 때 우리는 논리학의 이 기본 법칙이 그것의 존재법칙, 즉 모순의 존재론적 법칙에 기초해 있음을 발견하였다. 동일한 사실을 우리는 논리적 배중률에서 확인할 수 있었다. 마지막으로 충족 이유율에 관한 논리적 법칙의 비판적 고찰이, 이 논리적 법칙과 그렇게도 자주 동일화되었고, 그 때문에 우리가 이 법칙과 날카롭게 대조를 이루지 않을 수 없었던, 이 논리적 법칙에 상응하는 존재론적 법칙으로 우리를 안내해 갔다. 따라서 존재론적 법칙은 이미 우리의 시야에 들어섰다. 그것은 다음의 네 가지이다. 즉 동일률, 모순율, 배중률, 그리고 충족 이유율이다.

존재법칙에 관한 우리의 목록에는 스콜라철학에 정위된 철학 교과서에는 예외 없이 최상의 존재법칙으로 간주되는 법칙, 즉 원인성의 법칙 또는 인과 원리가 빠져 있다. 인과 원리를 존재의 법칙 아래로 수용함에 있어서 물론 결국에는 철학적 이유보다도 다른 것이 결정적인 것이었다. 그것은 주로 인과 원리를 저렇게 과대평가하게 한 학문적인 신(神)의 존재 증명의 가능성에 대한 관심이었다. 사람들이 우선 신의 존재 증명을 하게 되는 이 법칙을 최상의 존재법칙의 서열에 올려놓음으로써 사람들은 이 법칙이 모든 회의를 가장 잘 방어할 수 있다고 믿었다. 그럼에도 불구하고 간단하게 숙고만 해 봐도 이 입장이 잘못 되었음이 드러난다. 존재법칙 속에서 존재론적 영역의 가장 보편적인 구조가 형성되어 있다는 것이 발견된다. 따라서 이 가장 보편적인 구조는 존재의 영역 그 자체에 관한 언급, 그리고 동시에 그 전체성에 있어서의 언급을 포함한다. 존재의 법칙은 보편적 법칙이다. 이에 반하여 인과성의 법칙은 존재영역의 한 부분에만 관계할 뿐이다. 그것은 인과성이 존재하는 실재 영역의 저 분야, 즉 생성과 작용의 세계에만 관계한다. 그러나 이것이 의도하는 바는 인과율은 보편적인 법칙이 아니라, 특수한 법칙이라는 것이다. 따라서 인과율은 최상의 존재법칙에 속하지 않는다.

이제 우리가 존재론적 법칙을 논리적인 법칙과 비교한다면, 양자 간에는 어떤 유사성이 있음을 인식하게 된다. 이것은 그 근거를 오로지 존재적 영역의 구조가 논리적 영역의 구조와 유사하다는 점에서만 가질 수 있다. 두 영역의 그와 같은 귀속과 상응에 대해서 우리의 논리적 추론과 수학적 계산이 현실에 적중한다는 사실이 아주 명백하게 말해 준다. 우리는 현실에 아무 자문을 구하는 일이 없이, 두 전제로부터 하나의 결론을 도출하고, 우리의 추론의 귀결이 현실과 일치한다는 사실을 보게 될 것이다. 우리는 자연과학에서 수학적 계산을 시도하고, 예컨대 두 천체의 상황을 천체 운동의 법칙으로부터 계산해 내고, 여기서 현실은 우리의 선천적 확인에 일치한다는 사실을 보게 된다. 이러한 모든 것은, 실재적인 것이 어떤 방식으로 논리적으로 정돈되지 않고, 사유 영역과 존재 영역이 서로 귀속되지 않는다면, 불가능할 것이다. 이러한 상호 귀속에 결국 존재의 인식 가능성 일반이 의거한다. 사유와 존재 간에 완전한 부정합(不整合)이 존재한다면, 즉 논리적 영역과 존재적 영역이 완전히 이질적인 구조를 소유한다면, 존재는 우리가 전혀 인식할 수 없는 것이 될 것이다. 존재 인식은 우리가 존재를 파악하게 되는 사유와 어떤 방식으로든 존재가 일치하게 될 때만 가능한 것이다. 존재는 그것이 어떤 합리적 구조를 소유할 때만 이성 속으로 들어갈 수 있다.

완전히 비합리적인 존재는 이성이 이 일을 원칙적으로, 따라서 언제나 어디서나 수행하지 못하게 할 것이다. 따라서 사유와 존재의 일치를 가정하는 것은 존재 인식의 가능성에 대한 신념에 매우 깊이 의존하고 있다.[75]

이 일치는 엄격한 평행론의 의미로 이해되어서는 안 된다. 그와 같은 평행론은 결코 최상의 사유법칙과 존재법칙 간에 존재하는 것이 아니다. 동일률은, 우리가 보아 온 바와 같이, 논리적 영역에서 어떠한 평행선도 가지고 있지 않다. 충족 이유율의 논리적 및 존재론적 법칙 간에도 전자가 직접적인 명증적 명제이고, 이에 반하여 후자는 직접적으로도 간접적으로도 명증적이지 않으며, 우리가 곧 보게 되는 것처럼, 이론적 요청의 성격을 가지고 있는 한, 엄격한 평행론이 존립하지 않는다.

사유 질서와 존재 질서의 엄격한 평행론에 반대해서 우리의 인식 작용은 다양하게 존재 질서의 수중(手中)에서 전진하는 것이 아니라 그 역의 길을 걸어간다는 것을 사실이 밝혀 준다. 이미 아리스토텔레스가 통찰한 것처럼, "존재에 의해서는 선행했던 것"이 "우리들에 대해서는 나중의 것"이고 또 그 반대이기도 하다. 우리는 현상으로부터 본질로, 결과로부터 원인으로, 세계로부터 세계 근거에로 추론한다. 이 모든 경우에 우리의 인식 작용은 존재 질서의 구조를 따르지 않고, 반대되는 길로 나아간다. 그리고 또한 여기서 인식 작용은 여러 가지로 직접적으로가 아니라, 다양한 우회로를 통해서 그것의 목표에 이르기도 한다. 우리들의 인식 작용의 이 특수한 길을 말하자면 존재 속으로 투영해 넣고, 사유의 일정한 형식을 당장 존재의 형식으로 간주하는 위험, 즉 철

---

75) 칸트도 역시 이와 같은 일치를 사실상으로 전제하고 있다는 사실을 우리는 인식론에서 보았다.

학이 언제나 다시 견디지 못한 위험은 진지한 인식 비판을 통해서만 추 방될 수 있다.[76]

그러므로 우리는 사유 질서와 존재 질서의 귀속과 일치를, 이것이 그 최상의 법칙에서 표현되는 것처럼, 저 가장 일반적인 두 영역의 구조 특징과의 관계에서만 주장할 수 있다. 한정된 이 일치만이 실재 인식의 가능성을 위한 하나의 조건인 것이다. 관념의 질서와 연관은 사물의 질 서와 연관과 동일하다는 스피노자의 명제는 따라서 본질적인 제한을 필 요로 한다.

2. 동일률

동일성의 법칙(동일률)은 다음과 같다. 즉 모든 존재자는 그 자신과 동 일하다이다. 이 법칙에서 존재 영역의 보편적 구조는 한 측면에 따라서 다음과 같이 표현된다. 이 명제는 모든 존재자는, 그것의 특수한 본질 이 무엇이건 간에, 그 자신과 동일하다는 사실을 주장한다. 이 법칙의 의미는, 존재자의 본질에는 자기 동일성이 속한다는 것이다. 이 법칙은 따라서 본질의 법칙이요, 그 때문에 보편적 법칙이다. 이 법칙은 실재 적 존재에 대해서뿐만 아니라, 관념적 존재에 대해서도 타당하다. "금 은 금이다"라는 명제가 타당한 것처럼, "진리는 진리이다" 또는 "가치 는 가치이다"라는 명제도 타당하다. 이 명제의 타당성은 따라서 단적으 로 보편적인 타당성이다. 바로 그 때문에 이 명제는 최상의 존재법칙에 속한다.

법칙의 의미와 권리를 우리는 사람들이 그것에 대하여 새로이 타당

---

76)　우리는 로체(H. Lotze)가 이 위험을 강렬하게 경계하는 말을 들었다.

하게 만든 반론과 논쟁하게 된다는 사실을 통해서 가장 명백하게 할 수 있다. 이 반론은 "동일성의 명제"는 "차이 있는 것의 동일성, $A^1 = A^2$ (그렇지 않다면 이 명제는 공허한 동어반복일 것이고, 논리적으로 무의미할 것이다), 따라서 비동일적인 것의 동일성을 의미한다"[77]라는 것이다. 다음과 같은 한 가지는 명백할 것이다. 즉 이 반론이 자격을 인정받게 된다면, 최상의 존재법칙으로서의 동일률의 운명은 확인될 것이다. 왜냐하면 내적인 모순을 지닌 명제에 최상의 원리의 가치를 인정한다는 것은 비합리적인 것을 왕위에로 높이는 것을 일컫는 것이기 때문이다. 그럼에도 저 반론에 대한 비판적인 검토에 의하면 이 반론이 사유의 오류에 근거하고 있다고 지적한다. 이 반론은, 동일성의 명제는 차이 있는 것의 동일성을 의미한다는 주장에 놓여 있다. 이 명제는 우선 옳은 것처럼 보인다. 동일성은 물론 하나의 관계이다. 모든 관계는 그러나 두 개의 관계 점(關係 點, 객관들)을 전제한다. 그러나 실제로는 동일성의 관계에서 두 가지 대상이 아니라, 두 가지 관점 아래에서 관찰되는 하나의 대상이 문제이다. 동일성의 관계를 관계로서 전제하는 차이성은 따라서 객관 속에서가 아니라, 관찰하는 주관 속에 정초해 있는 차이성이다. A는 A이다라는 명제는 대상 A를 우선 주관의 대상으로 정립한다. 이 명제는 이때 대상을 또 한 번, 그리고 실로 술어의 개념으로서 정립하고, 그리고 나서 이 대상을 (계사를 통하여) 주어의 대상 속으로 정립하며 그것을 이 주어의 대상과 동일시한다. 따라서 하나요 동일한 객관의 상이한 정립이 문제인 것이다. 정립의 차이성이 동일성의 관계를, 객관의 일양성(一樣性)이 동일성의 관계를 정립한다. 따라서 여기서는 결코 모순은 존재하지 않는다.

---

77)   N. Hartmann, Zur Grundlegung der Ontologie, 321면.

그러나 이때 단순한 동어반복은 문제가 되지 않는 것인가? 반론은 언제나 다시 동일성 명제에 대해서 제기되었다. 그러나 우리들의 분석은 어쨌든 엄격한 의미의 동어반복에 관해서는 어떠한 언급도 있을 수 없다고 명백히 했을 것이다. 왜냐하면 그러한 동어반복은 차이 나는 것이 생각되긴 하지만, 그러나 이것이 표현되는 곳에서만 존재하기 때문이다. 분명히 동일성의 명제는 근본적으로는 자명성을 포함한다. 그러나 그것은 물론 다소간에 철학의 모든 최상의 명제에 타당한 것이다. 말하자면 그것 자신의 빛으로 비추는 진리가 있다. 그것의 의미를 이해하고, 그것의 타당성을 인정하는 것은 말하자면 동일한 것이다. 철학은 그것의 주제 중의 하나를 바로 이 최후의 자명성을 드러내는 곳에서 본다. 왜냐하면 이 최후의 자명성은 가장 기본적인 진리를 나타내기 때문이다.

방금 말한 것 속에 동시에 우리의 법칙의 진리 정초 문제에 대한 중요한 암시가 놓여 있다. 이것은, 우리가 발견한 바와 같이, 그것의 진리가 직접적으로 말하자면 저절로 이해되는 명제들에 속한다. 이것이 뜻하는 바는, 동일성의 명제란, 스콜라철학에서 표현되는 바와 같이, 자명한 명제라는 것이다. 즉 내가 A와 A를 비교할 때, 이것들 간에 존재하는 관계가 당장 눈에 들어온다. 나는 이때 당장 그것은 차이성, 또는 유사성 또는 동등성의 관계가 아니라, 여기에 존재하는 동일성의 관계라는 사실을 본다. 나는 물론 하나요 동일한 객관을 두 번 의도하였다. 따라서 내가 한 번은 주어로서, 다음번에는 술어로서 기능을 하는 A의 의미를 동일성 개념의 의미와 마찬가지로 파악하자마자 나는 또한 A는 A이다라는 명제의 진리도 파악하였다. 이때 나에게는 존재자가 동일성 명제가 주장하는 바와 같은 오직 그러한 사정이라는 것이 직접적으로 명백하다.

3. 모순율

동일률이 존재자를 말하자면 그 자체에서 고찰하는 반면에, 모순율
은 존재자를 그것의 부정에 대한 관계에서 정립한다. 전자는 존재자의
정립을 내용으로 갖는 반면에, 후자는 이 정립을 지양에 대립시키면서
말하자면 정립을 보증하고자 한다. 동일률이, 보기를 든다면, 조준점을
존재의 영역에서 만들었다면, 모순율은 이 조준점에 내적 불변성을 부
여한다. 사유 질서는 정적(靜的) 질서이다. 존재 질서가 모든 정지 상태
를 결여한다면, 존재 질서는 완전히 사유에는 낯설 것이고, 동시에 인
식될 수 없을 것이다. 존재 질서가 인식하는 의식 속으로 들어갈 수 있
는 것은, 이 존재 질서의 내용이 그 반대로의 임의적인 급변, 즉 모순이
이 존재 질서 속에서 자리를 잡을 수 없을 때뿐이다. 존재의 영역으로
부터 이렇게 모순을 배제하는 일을 모순의 존재론적 법칙이 수행한다.

모순율은 다음과 같다. 즉 어떤 존재자는 동시에 존재할 수도 아니할 수
도 없다라는 것이다. 또는 동일한 존재자의 존재와 비존재는 그 자신을
배제한다는 것이다. 여기서 존재와 비존재로써 의미하는 바는 현존이
기도 하고 용재이기도 하다. 첫 번째 경우에 이 명제가 포함하는 사상
은 존재자는 동시에 현존하고 있지 아니할 수 없다는 것이고, 두 번째
경우는 존재자는 어떤 용재 규정성을 갖기도 하고, 갖지 않기도 할 수
없다는 것이다. 따라서 내가 어떤 대상에 대해서 어떤 규정된 현존 또
는 용재를 인정한다면, 나는 이것을 이 대상에게 논리적인 방식으로 동
시에 부정할 수 없다.

우리가 논리학에서 알게 된 것처럼, 모순율의 발견자는 아리스토텔레
스이다. 그는 모순율을 잘 알려진 다음의 명제로 공식화한다. "동일한
것이 동일한 것에서, 그리고 동일한 관계에 있어서 동시에 존재하기도

하고 존재하지 않기도 한다는 것은 불가능하다."[78] 이 표현에서 칸트는
"동시에"라는 말을 비난하였다. "그가 강조하는 것은, 모순의 명제는
단순히 논리적인 원칙으로서 그것의 요구를 시간 관계에 제한해서는
결코 안 된다는 것이다. 따라서 이러한 공식은 저러한 의도에 전적으로
반대된다."[79] 그러나 여기서 칸트는 아리스토텔레스가 그의 공식에서
논리적인 모순율이 아니라 존재론적 모순율을 의중에 갖고 있다는 사
실을 간과하고 있다. 존재적 영역에는 생성의 세계도 속한다. 생성계와
관련해서 헤라클레이토스는 대립의 일치를 가르쳤다. 이 이론에서 아
리스토텔레스는 그의 공식에서 "동시에"를 받아들이도록 분명히 부추
겼다. 그는 생성의 철학자에 의해서 주장된 모순을 존재의 영역으로부
터 멀리하고자 하였다.

동일률과 마찬가지로 모순율도 **직접적 명증**을 가지고 있다. 내가 존
재와 비존재의 의미를 파악하였다면, 이 양자 간에 자기-배제, 즉 절대
적 부조화의 관계가 존립한다는 사실이 당장 나에게 분명해져서 하나
의 개념이 실현되는 곳에서는 어디서나 다른 개념은 실현될 수 없다.
그러므로 그 어떤 것이 그것이 거기에 존재한다거나 또는 그렇게 존재
한다라는 진술의 의미에 일치한다면, 그것이 거기에 있거나 그렇게 존
재하지 않는다는 진술의 의미에 필연적으로 모순되지 않을 수 없다.

여기서 이제 비판주의가 다음과 같은 반론을 제기한다. 우리는 존재
자에 대해서 우리가 이 존재자를 직관과 사유를 통해서 의식하게 되는
한에서만 진술할 수 있다. 우리는 존재자를 그것이 우리에게 의식되는
한에서만 알 수 있다. 존재자에 관한 우리들 의식의 이 영역에 대해서

---

78) Metaphysik, IV, 3.

79) Kritik der reinen Vernunft, 제2판 (원판), 192면.

사실상 모순율이 타당하다. 그러나 우리는 의식 초월적 존재, 즉 자체 존재자가 모순율에 따른다는 가정에 대한 아무런 근거도 가지고 있지 않다. ― 이러한 반론에 대하여 J. 가이저는 매우 적절하게 다음과 같이 언급한다. "사물 자체가 어쩌면 존재와 비존재에 대해서, 우리가 사물 자체를 생각하는 한에서, 우리가 사물 자체에 관해서 모순율에서 언표하는 것과는 다른 상태에 있을 수 없는지 사람들이 알 수 없을 수도 있다고 진술하는 것은 심리학적으로 분명히 가능하다. 그러나 사람들이 일단 이것으로써 말하고자 하는 것을 분명하게 한다면, 이 사상이 무의미함을 통찰하게 된다. 나의 생각으로는 이 사태는 단순하고 명료하다. 우리가 어떤 규정된 사태를 명백하게 직관하게 되는 저 개념들의 의미가 초월적인 것 속에 실현되어 있거나 또는 아니거나이다. 저 개념의 의미가 초월적인 것 속에 실현되어 있다면, 이 초월적인 것에도 역시 이 의미 속에 명백히 기초하고 있는 사태가 진리임이 분명해진다. 그러나 이 개념의 의미가 초월적인 것에 적합하지 않다면 ― 그러므로 예컨대 우리의 많은 개념의 본래의 의미가 신에게 확실하게 적용될 수 없는 것처럼 ―, 이러한 개념들에 기초한 사태도 역시 초월자에게서 만나게 될 수 없다. 그러나 이것은 우리들에게 숙지된 존재의 명백한 근거율이 이 숙지된 존재에 대해 진리일 수 있으면서, 어떠한 종류의 사유된 내지 인식된 존재가 거짓이고 불가능할지라도 초월적 존재에 대해서 타당할 필요가 없다는 주장과는 전혀 같은 의미가 아니다. 이와 같은 주장은 실로 어떤 일정한 사태를 만들어 내는 토대가 초월적인 것 속에 존립하면서 그러나 이 토대는 초월적인 것에서 이 사태를 정초하지 않을 것이라는 가정을 포함한다. 이 사실이 모순율에 적용된다면, 그것은 다음과 같다. 즉 초월적인 것 속에 어떤 것이 존재한다면, 여기에 존재하는 이것은 그것의 이 존재와 상관없이 역시 존재하지 않는다는 것이 가능해야 할 것이다. 그러나 이러한 사상은 이제 존재하는 그것이 우리에게 숙지된 것이건 아니건 간에 완전히 의미 없고, 불합리한 것으로 머문다. 신도 역시 엄밀하게 바로 신인 것 그것이 아닐 수 없거나 또는 신 아닌 것 그것일 수 없거나 — 마치 신이 도대체 예컨대 짝수를 짝수가 아니라고, 사각형을 삼각형이라고, 어머니를 어머니가 아니라고 만들 수 없는 것처럼 — 할 수 없다. 이러한 일은 절대적 필연성을 갖고서 무(無)의 객관적 의미로부터 귀결되는 것이다."[80]

이와 같은 명백한 사태에도 불구하고 모순율도 역시 적대자를 발견하였다. 이미 암시된 바와 같이 이것은 고대에 헤라클레이토스에 의해서 이론(異論)이 제기되었다. 중세에서는 P. 다미아니(기원후 1072)가 모순율의 절대적 타당성을 신학적 근거에서 의심하였다. 이성의 옹호자; 즉 "변증가"에 대한 투쟁에서 그는 신의 전능은 최상의 이성법칙도 폐기하고 모순되는 것을 구체화할 수 있다고 오만불손하게도 주장하였다.[81] 근대에서는 누구보다도 헤겔이 이 모순율을 부정하고, 모순을 존재 전개의 과정의 추동력으로 만들었다. 이 입장을 어떻게 이해할 것인지를 우리는 논리학에서 증명하고자 하였다. N. 하르트만은 헤겔처럼 그렇게 멀리 나가지는 않는다. 실로 하르트만에 있어서도 진정한 이율배반은 있다. 그러나 이 이율배반 속에 확립된 모순은 존재자의 모순이 가득 찬 상태의 표시가 아니라, 존재자의 오성에 대한 부적절성의 징후일 뿐이다. "실재하는 사태에 있어서 모순 없이 실존하는 것이 유한한 오성에서는 몹시 모순되어 보일 수 있다. 유한한 오성은 바로 공통적인 존립의 가능성을, 이 오성이 이 가능성을 그것의 총체성에 있어서 선천

---

80)   Auf dem Kampffelde der Logik, Freiburg 1926, 219면 이하.

81)   참조. 나의 저서: Patristische und scholastische Philosophie, Breslau 1922, 55면 이하.

적으로 조망할 수 없기 때문에, 자칫 간과할 수 있다."[82] 이러한 문장으로 표현되는 견해를 사람들은 전적으로 수용할 수 있다. 그러나 하르트만한테서는 존재자 자체를 이율배반적으로, 동시에 모순이 가득한 것으로 말하는 전혀 다른 표현들도 발견된다.[83]

4. 배중률

이 법칙은 말하자면 모순율의 보증에 이바지한다. 모순율에 의하면 존재와 비존재는 서로 배제한다. 모든 대상에 대해서 그것이 존재하거나 또 존재하지 않거나이다는 사실은 타당하다. 배중률은 이제 이 선언 판단이 완전하다는 것, 제3의 가능성은 존재하지 않는다는 것을 분명히 밝힌다. 그리하여 배중률은 그 어떤 것은 존재하거나 또는 존재하지 않거나이고, 제3자는 존재할 수 없다로 정의 내려질 수 있다. 여기서는 또한 현존도 용재도 가리켜 말하고 있다. 즉 어떤 대상은 실존하거나 실존하지 않거나이다. 그것은 어떤 용재 규정성을 갖거나 갖지 않거나이다.

이 법칙은 잘 알려진 원리 자체이다. 나는 다만 이 법칙의 진리를 당장 통찰하기 위해서 그 의미를 명백하게 할 필요가 있다. 나는 존재와 비존재의 의미 및 선언판단의 의미를 안다. 또한 나는 내가 생각하는 모든 임의적인 그 어떤 것이 선언판단의 한 측면이거나 또는 다른 측면에 속한다는 사실도 안다. 내가 그 어떤 것에서 현존을 거부한다면, 그것은 비존재로 떨어진다. 내가 부정을 지양한다면, 그것은 존재로 떨어

---

82) Grundzüge einer Metaphysik der Erkenntnis, 제2판, Berlin 1925, 412면.

83) 참조. G. Söhngen, 같은 책, 78면 이하, 여기서는 이러한 종류의 수많은 표현들이 언급되고 있다.

진다. 제3자는 명백히 배제된다.

　화제가 되고 있는 법칙을 인정하기 위해서는 따라서 이 법칙의 의미를 눈앞에 생생하게 그려 내는 일이 필요할 뿐이다. 이 일을 넘어서 이 법칙은 아직 어떤 간접적인 증명을 통하여 확인할 수도 있다. 요컨대 제3의 가능성의 사상은 모순을 포함한다는 사실이 지적될 수 있다. 이러한 가능성의 가정은 물론 다른 두 가능성이 적합하지 않다는 사실을 전제한다. 이에 따라서 그러므로 A는 실존한다는 첫 번째 가능성은 부정되어야 한다. 그러나 이것은 A는 실존하지 않는다를 의미한다. 그러나 이것은 제3의 가능성의 가정에 모순된다. 왜냐하면 이 가정 속에는 물론 이 두 번째 가능성의 부정이 놓여 있기 때문이다. 따라서 세 번째 가능성에 대한 사상은 지양된다. 이 사상을 실행하는 것은 그것의 내면적 모순을 나타낸다.

5. 충족 이유율

　존재론적 이유율은, 우리가 알고 있는 것처럼, 논리적 이유율에 대한 대형(對型)이다. 논리적 이유율이 모든 사유 내용에 대해서 논리적 이유를 요구하듯이, 존재론적 이유율은 모든 존재자에 대해서 존재론적 이유를 요구한다. 따라서 다음과 같이 정의할 수 있다. 모든 존재자는 자기 존재의 충분한 이유를 가져야 한다. 여기서도 역시 "존재"는 현존도 또 용재도 가리켜 말하고 있다. 양자에 대해서 이유율은 어떤 이유를 요구한다.

　이 근거율도 자명성을 가지고 있는가? 여기서도 나는 명제의 진리를 통찰하기 위해서 개념의 내용을 서로 비교하기만 하면 될 뿐인가? 나는 "존재"와 "이유"라는 개념을 비교함으로써 이 양자가 짝을 이루고 있고, 일자는 타자를 포함한다는 사실을 인식할 수 있는가? 더욱더 분명히 말하면, 존재의 개념 속에 이유의 계기가 포함되어 있는 것인가? 이 질문은 부정되지 않으면 안 된다. 존재의 본성에 귀속하는 이 두 계기는 현존과 용재이다. 기초를 정립하는 제3의 계기 중의 어떤 것도 이것 속에 포함되어 있지 않다. 따라서 이 원리의 진리는 그것의 의미 내용을 단순히 눈앞에 생생하게 그려 냄으로써 인식될 수 없다. 따라서 이 원리에는 직접적 명증성이 없다.

이에 대한 간접증명은 충족 존재 이유율을 잘 알려진 원리 자체로서 증명하려는 시도가 실패한 곳에 놓여 있다. 가장 의미심장한 시도를 Chr. 볼프가 기도하였다. 그의 논증은 다음과 같다. 어떤 것이 존재할 수 있는 이유인 충족 이유 없이는, 아무것도 존재하지 않는다. 즉 만일 어떤 것이 존재한다고 생각한다면, 왜 그것이 존재하지 않기보다 존재할 수 있는지를 알게 되는 어떤 것을 또한 생각해 보지 않을 수 없다. 어떤 것이 존재하지 않기보다 존재할 수 있는 이유인 충족 이유 없이는 아무것도 존재하지 않는다. A가 존재하지 않기보다 오히려 존재하는 이유인 충족 이유 없이 A가 존재한다고 생각해 보자. 그러면 왜 A가 존재하는지를 알 수 있는 이유를 생각할 수가 없다. A가 존재함을 인정할수록, 더욱더 아무것도 존재하지 않음을 인정하게 된다. 그러나 그것은 불합리하다. 그러므로 충족 이유 없이는 아무것도 존재하지 않는다. 또는 만일 어떤 것이 존재한다고 생각한다면, 왜 그것이 존재하는지 이유를 알 수 있는 어떤 것을 인정하지 않을 수 없다.[84]

볼프는 따라서 존재하는 모든 것은 충분한 이유를 가지지 않으면 안 된다라는 명제의 진리를 그가 이에 대립되는 주장을 불합리한 것으로서 설명하고자 함으로써 증명하고자 한다. 그러나 이 증명은 이론(異

---

84) Ontologie, §70.

論)의 여지가 없는 것이 아니다. 이 증명은 선결문제 요구의 오류에 의존하고 있다. 왜냐하면 이 증명이 조작하게 되는 바인 무는 존재에 대한 이유일 수 없다는 명제는 이미 이유율을 전제하고 있기 때문이다. 이 후자의 부정은 물론 어떤 것은 충분한 이유 없이 존재한다는 사실을 의미할 뿐이다. 내가 이제 이 사상을 긍정적으로 표현하게 되어서, 무는 이때 존재에 대한 근거일 것이라고 말한다면, 나는 여기서 이미 무의식적으로 근거율을 적용하게 된다. 그리하여 도대체 볼프적 증명은 그것이 증명하고자 하는 것을 이미 증명된 것으로서 전제한다. 이 증명은, W. 분트가 적절하게 언급하고 있는 것처럼, "이것이 증명하고자 하는 이유의 개념 그 자체로써 작업하는 명백한 순환 논증"이다.[85]

볼프의 논증은 존재론적 모순율에 의존하고 있다. 이 증명의 핵심 사상은 물론 다음과 같은 것이다. 즉 비존재를 존재의 근거로, 따라서 존재로 삼는 사람은 어떤 불합리한 것을 주장한다는 것이다. 이 불합리성은 바로 존재와 비존재가 그에 따라서 서로 배제하게 되는 모순율을 위반하는 데 놓여 있다. 그러나 사람들은 이제 존재론적 모순율을 매개로 충족 존재 이유율에 대한 간접적인 증명을 시도할 수 있다. 이 간접 증명은 법칙을 부정하는 자는 자가당착에 빠지며, 논리적 모순 속에 착종된다는 증명에 존재한다. 동시에 이때 법칙은 자명하고, 사유 필연적인 명제로서 증명될 것이다. 우리는 이러한 증명 방식을 신스콜라철학자, C. 굿베르레트한테서 만난다. 그는 충족 이유율을, 존재하는 모든 것은 그 존재의 충분한 이유를 가져야 한다라고 표현하였다. 이 원리는 그에게는 직접적으로 자명한 것으로서 간주되고, 따라서 어떠한 직접적인 증명을 할 수도 없고 필요하지도 않은 것이다. 이 원리는 사람들이 그

---

85) Logik, I, Stuttgart 1880, 511면.

것을 주장하지 않고서는 부정하거나 또는 단지 의심할 수도 없는 저 근본적인 진리에 속한다. 구체적으로 말하면 "그것이 거짓일 것이라고 주장하는 어떤 명제를 부정하는 사람은 따라서 그것의 주장과 부정에 대한 충분한 이유가 현전한다고 믿는다. 그러나 그가 그것의 부정에 대한 충분한 이유가 없다고 믿는다면, 그는 자가당착에 빠진다. 그와 같이 사람들은 단지 그것의 진리에 관해 **충족 이유**를 갖고 있지 않다고 억측하는 그 이유 때문에 그 명제를 회의한다."[86] 따라서 굿베르레트는 충족 존재 이유율을, 이 이유율을 부정하는 사람이면 누구나 자가당착에 빠진다는 사실을 지적함으로써, 직접적으로 자명한 것으로 증명하고자 한다. 이 논증이 그에게 성공적이었는가? 이 물음에 답하기 위해서 우리는 굿베르레트가 충족 이유율을 이해하게 된 그 의미를 일단 엄밀하게 주목해야 한다. 상기(上記)한 논구에 대한 주목에서 당장 그가 그의 논증에서 논리적 이유율을 사용하고 있다는 사실이 지적된다. 왜냐하면 그의 부정이 그의 주장을 포함한다는 사실은 이 논리적 이유율에만 적용되기 때문이다. 그러므로 굿베르레트가 논증한 것은 단적으로 논리적 이유율의 직접적 자명의 성격이다. 그러나 그럼으로써 존재론적 근거율의 진리와 확실성에 관해서는 아무것도 이루어지지 않았다. 물론 양자는 서로 완전히 다르다. 전자에는 논리적 순서가, 후자에는 존재론적 순서가 귀속한다. 전자는 사유법칙이고, 후자는 존재법칙이다. 그러나 굿베르레트는 그가 실제로는 논리적 근거율의 명증성만을 내세우면서 **존재론적 이유**를 명증적인 것으로서 증명했다고 잘못 생각함으로써, 그는 논점 상위(相違)의 논리적 오류를 범한 것이다.

요컨대 존재론적 이유율을 잘 알려진 원리 자체로서 증명한 시도는 실

---

86)   Allgemeine Metaphysik, 제3판, Münster 1897, 101면.

패한 것이다. 존재론적 이유율에 자명성이 없다는 우리의 주제는 그 때문에 의미심장한 확증을 발견하였다. 충족 이유율은, 이제 분명하게 되는 것처럼, 그것의 논리적 인정에 관해서 존재법칙 중에서 어떤 특별한 위치를 받아들인다. 그것의 정초는 그 사유 필연성의 제시에 있는 것이 아니라, 오직 그 인식 필연성의 증명에 존재하는 것이다. 이것이 의미하는 바는 다음과 같다. 저 법칙이 없이는 실로 (형식적) 사유도, 그 위에 또 (실질적) 사유도 가능하지 않다. 인식 작용이란 언제나 대상에 대한 인식이다. 그러나 대상은 이것이 인식에 합당한 성격을 소유할 때, 즉 그것의 존재 구조가 인식하는 의식에게 어떤 방식으로 적합할 때만 인식될 수 있다. 파악하려는 모든 의욕은 존재자가 파악될 수 있음을 전제한다. 그러나 존재자가 정초되어 있을 때만, 즉 그 이유가 주어져 있을 때만 그것은 파악될 수 있다. 왜냐하면 어떤 것을 파악한다는 것은 그것을 그 이유로부터 이해하는 것이기 때문이다. 존재자의 이해 가능성은 따라서 그것이 정초되어 있음, 즉 그 이유가 주어져 있음과 일치한다. 여기서 충족 존재 이유율은 내용상으로 존재자의 파악 가능성의 전제와 동일하다는 사실이 귀결된다.

그러므로 존재론적 충족 이유율의 논리적 인정은 모든 존재 인식에 대한 필연적 전제로서의 그것의 성격에 놓여 있다. 우리가 본 것처럼, 이 원리가 존재 인식을 비로소 가능하게 한다는 사실이 지적될 수 있다. 이와 같은 명시(明示)를 칸트는 "선험적 연역"이라 불렀다. 선험적 연역은 다른 두 가지 가능성(직접적 명증과 증명 절차)을 배제한 다음에도 그러나 여전히 남아 있는 정초, 즉 이유를 제시하는 방법이다.

충족 이유율은 물론 사람들이 이것을 모든 존재 인식에 대한 필수조건으로서 표시한다면, 아직도 충분히 특징 묘사가 된 것이 아니다. 칸트는 자기의 선험적 관념론의 관점에서 그러한 특징 묘사로써 만족할 수 있었다. 물론 그것은 그에게는 선험적 원리, 즉 인간 인식의 선천적 요인들을 명시하기 위해서였다. 그는 이 요인들의 원천을 오로지 주관 속에서 발견한다고 믿었기 때문에, 이 요인들을 도출함에 있어서 객관, 즉 존재자를 전적으로 도외시하고, 순전히 논리적 인정으로 만족할 수 있었다. 우리는 이러한 조치로는 만족할 수 없다. 왜냐하면 우리의 신념에 따르면 논리적인 것은 존재론적인 것 속에 기초하고 있다고 생각되어야 하기 때문에, 우리는 논리적인 것을 존재론적인 것으로부터 풀어 낼 수 없기 때문이다. 우리가 알고 있는 바와 같이 충족 이유율은 존재론적 언표를 포함하고 있다. 충족 이유율이 주장하는 것은 다름아닌 존재 일반을 파악할 수 있다는 것이다. 그것은 사유 필연적인 것이 아니다. 개념적으로 파악할 수 없는 존재자의 개념 속에는 어떠한 모순도 포함되어 있지 않다. 이러한 경우는 그러면 존재자의 개념 속에 파악 가능성 또는 이유(근거)가 마련된 상태라는 계기가 포함되어 있는 그 경우일 뿐일 것이다. 그러나 우리는 사정이 그렇지 않다는 사실을 지적할 수 있었다. 따라서 존재자의 파악 가능성이 또한 사유 필연적이 아니라면, 우리는 그럼에도 불구하고 이 파악 가능성을 요구하여야 한다. 이 요구는 존재론적 이유율을 포함한다. 존재자를 파악할 수 있기 위해서 우리의 이성은 존재자가 그 자신 속에 근거하고 있다는 전제로써 이 존재자에 접근한다. 그리하여 존재 이유율은 우리들 이성의 최상의 요청으로 간주된다. 그러나 이 존재 이유율은 "실천이성"이 아니라 "이론이성"의 요청이다. 왜냐하면 이 이론이성이 저 요구를 제기하기 때문이다. 그리하여 우리는 충족 존재 이유율을 최종적으로 이론이성의 요청이라고 특성 지을 수 있다.

모순율은 존재자의 사유 가능성을 주장한다. 충족 이유율은 한 걸음 더 나아간다. 그것은 존재자의 파악 가능성을 주장한다. 파악할 수 없는 존재 앞에서는 말하자면 우리의 오성은 정지할 것이다. 우리의 사유는 오성으로써 아무것도 착수할 수 없을 것이다. 왜냐하면 우리의 사유는 오성 속에서 어떠한 이성도 발견하지 못할 것이기 때문이다. 따라서 이성이 없다면, 존재자는 파악될 수 없다. 존재자는, 무(無)이성적일 뿐만 아니라 반(反)이성적이라면, 사유될 수 없다. 반이성적이라는 이 후자는 이 경우에 해당되는 것이 아니라는 사실에 대해서 모순율이 사유 필연적 원리로서 보증한다. 존재의 반이성적(反理性的) 성격은 따라서 원리적으로 배제되었다. 그와 같은 엄격한 배제는 파악 불가능성에 관해서는 존재하지 않는다. 실로 우리는 존재자는 또한 무이성적이 아닐 것이라고 확신하게 되었고, 경험에 의해서 우리는 언제나 되풀이하여 이러한 확신을 확고하게 가지게 되었다. 그러나 사유 필연적 진리는 그렇지 않다. 우리는 존재자의 이성 적합성을 요청하고, 존재자는 우리의 요구를 실현해 준다고 확신하고 있다. 그럼에도 불구하고 우리는 이 사실에 이의를 제기하는 사람을 논리적으로 더 이상 이론(異論)의 여지가 없는 이유로써 논박할 수는 없다. 여기서는 결국 의미심장한 세계 조직에 관한 내면적인 확신의 상태, 또는 보다 간단하게 말하면, 현실의 의미에 대한 믿음이 중요하다.

VII. 선험적 존재 규정

1. 보편자

스콜라철학의 존재론에서 "선험적인 것들"에 관한 이론은 의미심장한 역할을 한다. 이것들은 여전히 범주적 차이성의 피안에 놓여 있는 존재의 어떤 최상의 규정들이다. 이 선험적인 것들은 스콜라철학의 이론에 의하면 존재자 자체와 그 때문에 모든 존재자에 귀속된다. 이것들은 존재자의 관계에 의존하기 때문에 선천적으로 도출될 수 있다. 모든 존재자는 우선 다른 존재자와의 관계 속에 있고, 그다음은 인간의 의식과의 관계 속에 존재한다. 첫 번째 관점에서 존재자는 모든 다른 존재자와 구별되고, 그리하여 일자임이 증명된다. 여기서 단일성이란 선험적 이념이 생겨난다. 인간의 정신에 대해서 존재자는, 이것이 인간의 지성에도 그리고 의지에도 관련된 것으로서 생각될 수 있는 한에서, 두 가지 관계 속에 존재한다. 첫 번째 경우에는 우리는 진리라는 선험적 이념을, 그리고 두 번째 경우에는 선이라는 이념을 갖게 된다. 그리하여 가장 중요한 선험적 규정은 단일성, 진리 그리고 선이다.

아리스토텔레스는 단일성을 모든 존재자의 본질의 특성으로 알았다. 진리는 그에게서는 지성 속에 실존한다. 진리는 판단의 속성이고, 대상의 속성은 아니었다. 유사한 점이 선에 대해서도 타당하다. 선은 그에게는 인간의 노력 속에 그것의 자리를 차지한다. 선의 존재는 인간의 의지의 한 속성이다. 우리가 가치론에서 지적할 수 있었던 것처럼, 아리스토텔레스는 그 이유를 진리와 선 역시 선험적 규정으로 고양한 후기 선험 이론에 두었다. 이러한 일은 실로 신학적 고찰 방식을 근거로 하여 스콜라철학에서 일어났다.[87] 바로 이러한 점에서, 스콜라철학적 사유가 매우 신학적으로 규정되어 있었던 것처럼, 여기서 철학과 신학이 얼마나 그 (특히 토마스 아퀴나스에 의해서 기도된) 이론적 구별에도 불구하고 실천적으로 서로 대단하게 합류하게 되었는지가 명백하

---

87) "그리스도교적 플라톤주의자" 아우구스티누스에게 이미 '존재하는 것은 무엇이건 진리이다'라는 명제가 조력한다(Sol. II, c. 5).

다. 사람들은 존재자를 신학적 관점 아래에서 보았고, 말하자면 신으로 부터 관찰하였다. 신은 모든 존재의 창조적 원인이다. 신이 존재를 사유하였고, 의욕했다. 동시에 존재자는 최고의 사유 및 의욕에 대한 관계 속에 정립된다. 사람들은 이제 진리와 선의 개념을 이러한 관계에 적용할 수 있었다. 그리하여 다음과 같은 이론이 생겨났다. 즉 존재자는 그것이 신의 사유와 일치하는 한에서 진리이고, 신의 의지와 상응하는 한에서 선하다. 논리적인 진리 곁에 동시에 존재론적 진리가 있었고, 윤리적인 진리 곁에 존재론적 선이 확립되었다. 모든 존재자는 단일성이다라는 명제에 이제 두 가지 다른 명제, 즉 모든 존재자는 단일성이다와 모든 존재자는 선이다가 다가선다. 스콜라철학은 그 철학적 사색의 신학적 규정성을 의식하지 않았기 때문에 저 두 명제를 진정한 공리로서, 즉 엄격한 사유 필연성을 가진 최상의 자명한 진리로서 간주했다는 사실이 이해된다. 스콜라철학은 그것이 지배했던 동안에만 이러한 고도의 존경을 향유할 수 있었다. 스콜라철학의 마력이 파괴되고, 철학이 자기 발로 서기 위해서 신학과의 결합을 해체하자마자 저 명제들의 신학적 출처는 명백하게 되었다. 신학의 타당성 요구는 철학적 수단으로는 정당화될 수 없다는 사실이 명백해졌다. 왜냐하면 존재 개념의 가장 조심스러운 분석도 역시 진리 존재 및 선의 존재의 계기를 철학적 수단 속에서 발견할 수 없기 때문이다. 그러나 이 사실이 의미하는 바는 저 두 명제는 그 자체로 명백하고 사유 필연적인 명제가 아니라는 것이다. 그것의 역(逆)도 매우 쉽게 생각될 수 있다. 진리 존재 및 선의 존재에 대해 중립적인 존재자는 결코 내면적으로 불가능한 것을 의미하지 않는다. 신학적 범주로 사유하는 철학만이 이 명백한 사태를 오인하고 "존재"를 "진리 존재" 및 "선의 존재"와 동일시할 수 있었다.

이렇게 낡은 선험적인 것의 이론은 그 가장 본질적인 구성 부분에 있어서는 오늘날 더 이상 유지될 수 없다. 우리의 철학적 의식은 본질적으로 스콜라철학적 의식과는 다르다. 스콜라철학에서 아직까지 혼합되고 혼동되었던 대상의 유형과 영역을 우리는 세심하게 구별하고 가려내기를 배웠다. 사유 질서와 존재 질서의 혼동(모든 존재는 진리이다) 또는 가치 질서와 존재 질서의 혼동(모든 존재는 선이다)은 우리에게는 깔끔하지 못한 철학적 사색의 기호로서 간주된다. 따라서 내면적으로 결합되어 있는 것을 산산조각내는 것이 아니라, 내면적으로 차이 나는 것을 분리하는 것만이 요구된다. 인간 정신이 분리된 것을 결국 보다 높은 통일에서 다시 종합하여 사유하는 욕구를 가지고 있다는 사실에 대해서, 우리가 가치론에서 밝힐 수 있었던 것처럼, 오늘날의 철학도 완전히 이해하고 있다. 오늘날의 철학이 거부하는 것은 차이 나는 것을 단조롭게 나열하는 일이고, 차이 나는 것을 어떤 최후의 통일적인, 통일화하는 관점 아래에서 관찰하는 것이 아니다. 존재론적 사유의 제일의, 그리고 가장 중요한 과제는 여러 대상 영역의 고유한 구조의 파악이요, 또 차이 나는 것으로서 인식된 것을 분리하는 일이다. 이 분리가 실현되면, 정신의 통일성의 요구를 이것에 상응한 관점에서 고려하고, 분리된 것을 최고의 관점의 통일 아래로 두는 것이 중요하다. 여기에 모든 이념의 최고의 이념으로서의 신의 이념에 어떤 특별한 역할이 주어진다는 사실을 오늘날의 사유도 알고 있다. 그러나 동시에 주어진 신학적 고찰이 철학적 분석의 자리에 등장하는 것은 아니다. 그것은 철학적 인식을 상승시키기는 하지만, 그러나 보충하는 것은 아니다. 어떤 의미에서 이러한 일이 일어날 수 있는지는 세계관론에서 명백하게 할 것이다.

낡은 선험적인 것에 관한 이론을 경신하려는 모든 시도에 대해서 모든 존재자는 진리이다라는 명제와 모든 존재자는 선하다라는 명제가 순수

한 철학적 명제가 아니라 신학적으로 정초된 명제들이란 사실이 고수되
어야 한다. 이 명제들은 유신론적 세계관의 토대 위에서 발생한 것이
고, 이 세계관의 진리를 전제한다. 따라서 이 명제들은 철학의 단초에
서가 아니라 종말에 서 있다. 따라서 이 명제들은 형이상학적 사유의
근본 명제로서가 아니라, 목적 명제로서 간주되어야 한다. 사람들은 이
명제들을 진정한 공리처럼 사용하고 이것들로부터 형이상학적 인식을
도출해서는 안 되며, 형이상학적-목적론적 최후의 사상으로서 평가하
여야 한다. 우리가 가치론에서 두 명제 중에서 하나에 관하여 언급하였
던 것은 똑같은 정도로 다른 명제에 관해서도 타당하다. 양자는 근본적
으로는 현실적인 것에 대한 종교적 관점, 즉 신을 신앙하는 세계관의
표현인 것이다. 이러한 영역에서 이 양자는, 어떠한 철학적 비판도 이
양자에서 취할 수 없는, 바른 권리를 갖는다.

이 인식이 신스콜라철학적 두뇌를 끝까지 관철하기 시작했다는 사실을 우리
는 아마도 신스콜라철학적 두뇌가 사실적으로 정초되어 있다는 기호로서 볼
수 있을 것이다. G. 하게만한테서는 사정이 그러하다. "유신론적 관점에서만
현실적인 것이 객관적으로 진리(그리고 비슷하게 객관적으로 선하다)라고 불
릴 수 있다."[88] 비슷한 의미로 v. 헤르틀링이 다음과 같이 언급하고 있다. "일자
존재 옆에 옛 학파는 여전히 진리 존재 및 선의 존재와 동시에 또한 미의 존재
도 (이 일자 존재에게 단일성과 꼭 마찬가지로 아주 보편적으로 다가오는) 존재
자의 이른바 선험적 특유성으로 열거하였다. 존재자 자체는 그것이 사유하는
오성에 대한 객관인 한에서 진리이고, 그것이 의지에 대한 객관인 한에서는 선
하다. 그런데 이러한 소유물은 유신론적 세계관의 관점에서만 어떤 의미를 갖

88)   Metaphysik, 제7판, 24면.

는다. 왜냐하면 모든 존재자는, 그것이 창조적 원조의 이념에 상응하는 한에서
존재론적으로 진리이고, 그것이 신적 의지와 일치하는 한에서만 존재론적으로
선하기 때문이다."[89] J. 가이저가 '모든 존재자는 진리이다'라는 공리의 비판적
검토에서 도달한 결과도 역시 의미심장하다. 그것은 다음과 같다. 이 공리는
어떠한 사유 필연성도 소유하고 있지 않고, 따라서 어떠한 진정한 공리도 아니
다. "모든 존재자는 진리이다라는 명제는 존재의 단순한 개념을 통해서 정초될
수 없고, 따라서 그 자신으로부터 이해되지 않는다." 요컨대 모든 존재자가 일
반적으로 존재론적 진리의 속성을 소유해야 한다는 사실은 명백하게 될 수 없
다. "존재론적 진리의 개념으로부터, 어떤 존재자가 이 개념에 상응하지 않을
때, 그리고 그러한 한에서, 즉 존재자가 어떠한 '이유'도 갖고 있지 않고, 또한
그러한 한에서만 존재자는 설명될 수 없으며, 파악될 수 없다는 사실이 귀결된
다. 이에 반하여 이 진리의 개념으로부터 그와 같은 존재자는 전혀 가능하지
않으리라는 사실이 귀결되는 것은 아니다."[90] 가이저에 의하면 진리 존재는 존
재에 내재하는 본질의 계기는 아니다. 진리가 아니거나 또는, 보다 분명히 말
해서, 가지적(可知的)이지 않은 존재자의 개념은 어떤 내적 모순도 포함하지 않
는다. 가이저는 그 때문에 또한 저 추정상으로 사유 필연적인 공리의 도움으로
신의 존재를 증명하고자 하는 시도를 반대한다. 실로 "신의 현존과 본성 그리
고 세계에 대한 신의 관계가 일단 올바르게 인식되자마자 여기서 모든 존재자
는 신의 이념에서 그것의 규범을 갖게 되고, 또 논리적으로 일관성 있게 진리
라고 불리기도 하고, 또 원리적으로도 인식 가능한 어떤 것이어야 한다는 사실
이 귀결된다는 것은 옳다. 그러나 철학에서 신의 인식에 도달하기 위해서는 사
람들은 인과율과 충족 이유율의 뒷받침을 받아야 한다. 따라서 사람들은 이 원

89) Vorlesungen über Metaphysik, 30면 이하.
90) Das Prinzip vom zureichenden Grunde, Regensburg o. J., 73면.

리들의 정초를 바로 저 직관에서 차용할 필요가 없다. 이 직관의 인식과 확실성은 저 원리들의 귀결인 것이다."[91]

모든 존재자는 선이다라는 다른 공리에 스콜라철학적으로 정위된 철학자들이 마찬가지로 비판적으로 자세를 취하게 된다는 사실을 우리는 가치론에서 보았다.

2. 존재와 일자 존재

일자 존재라는 표시를 우리는 이미 개체화의 문제를 논의할 때 만났다. 우리는 모든 존재자는 개체적이다라는 사실을 보았다. 개체성은 그러나 미분성(未分性) 또는, 긍정적으로 표현하면, 단일성을 의미한다. 따라서 모든 사물은 단일성을 소유한다. 모든 사물은, 그것이 이 존재자로서 다른 존재자와 대조를 이루기 때문에, 또 그러한 한에서, 일자이다. 그리하여 모든 존재자는 일자이다라는 명제는 타당하다.

단일성은 기분성(旣分性)의 부정이다. 따라서 존재에 관해서 일자 존재가 서술된다면, 그것으로써 어떤 새로운 긍정적인 계기가 존재에서 눈에 띄게 두드러지는 것이 아니라, 기분성의 부정이 언표될 뿐인 것이다. 우리가 본 것처럼 이 미분성이 존재자로서의 존재자에게, 따라서 모든 존재자에게 어울리기 때문에, 단일성이 선험적 존재 규정으로서 표기될 수 있다.

모든 존재자는 하나이다. 그러나 동일한 의미와 정도에서 그런 것은 아니다. 단일성의 최고 단계는 단순성이다. 단순성은 미분성뿐만 아니

91) 같은 책, 72면.

라, 분할 불가능성을 의미한다. 분할할 수 없는 존재자는 단순하다. 일
자 존재의 최하 단계는 외면적 단일성이다. 외면적 단일성에서 문제되
는 것은 자립적 단일성의 다수성인데, 그러나 이 자립적 단일성은 어떤
외적 관계 속에 서게 되고, 그리하여 하나의 전체(예컨대 돌더미)로서
나타난다. 이 단일성은 기술적(技術的)인 단일성이라고 불리기도 한다.
이러한 최하와 저러한 최상의 단계 중간에 우리가 보통 경험 중에 우리
에게 주어지는 사물들에서 만나게 되는 단일성이 놓여 있다. 이 단일성
은 단순성보다는 못하지만, 그러나 단순히 기술적인 단일성 이상의 것
이다. 단순성은 경험적인 사물을 소유하지 못하는데, 그 이유는 경험적
사물은 가분적(可分的)이기 때문이다. 그러나 그 부분들은 보통 서로
결합된 것이어서 어떠한 단순한 외적 또는 기술적 단일성도 존재하지
못한다.

3. 존재와 진(眞)의 존재

우리가 이미 본 것처럼, 스콜라철학에서는 논리적 진리 옆에 존재론
적 진리가, 인식의 진리 옆에 존재의 진리가 있다. 모든 존재자는 스콜
라철학에서는 진리로서 간주된다. 왜냐하면 신의 사상에서 흘러나온
것이고, 신의 이념의 실현을 표현하기 때문이다. 그러나 이것이 의미하
는 바는 존재는 사상 내용을 가지고 있고, 또 그것은 가지적(可知的)이
라는 것이다. 존재론적 진리는 존재 가지성(可知性)을 의미한다. 저 공
리는 그 때문에 또한 모든 존재자는 가지적인 것이다라고도 공식화할 수
있다.
이 공식은 보다 더 분명하게 바로 그리스의 주지주의 속에 놓여 있는
그 본래적인 원천을 드러낸다. 이 주지주의에서는 모든 사물 속에 가지

적인 본질의 핵이 포함되어 있다. 사물의 존재 내용은 사유 내용과 같은 의미이다. 존재는 말하자면 사유와 동일한 소재로 이루어져 있다. 존재 질서는 실재화된 사유 질서이다. 그 때문에 존재 질서 속에는 사유가 침투할 수 없는 어떠한 암흑도 존재하지 않는다. 존재의 세계는 빛이 충만한, 그 모든 내용 속으로 빛이 비친 세계이다. 사람들은 이러한 세계관을 정당하게도 "아폴로적"이라고 특징지었다.

이러한 세계관에 대해 상대되는 것은 우리가 그것을 예언적-성서적 사유 속에서 우리에게 다가서는 세계상과 대조하게 된다면 분명하게 파악될 수 있을 것이다. 존재는 여기서는 그 정적(靜的) 측면에 의해서가 아니라, 동적(動的) 측면에서 체험된다. 존재는 정지해 있는 형식으로서가 아니고 오히려 작용하는 힘으로서 간주된다. 현실은 철저히 비합리적인 소여로서, 기적과 비밀로서 체험된다. 현실은 너무도 비밀이 깊은 것이어서 언제나 되풀이하여 인간적인 모든 오성 개념에서 벗어난다. 플라톤적-그리스적 사유에는 모든 존재는 가지적이다라는 공리가 일치한다면, 예언적-성서적 사고는 모든 존재는 초가지적(超可知的)이라는 공식으로 인도될 수 있다. 이러한 전적으로 다른 세계관이 누구에게 현실적으로 인식되었는가 하는 것은 다음과 같이 말한 H. 로체 외에 달리 누구에게도 동의할 수 없을 것이다. 그것은 그가 그의 고전적인 《소우주》에서 다음과 같은 진정으로 깨달은 말을 서술했을 때이다. "사물의 본질은 사상 속에 존재하지 않는다. 사유는 사물의 본질을 파악할 수 없다. 그러나 완전한 정신은 그럼에도 불구하고 정말 자기의 활동성과 감동된 상태라는 다른 형식으로 모든 존재와 작용의 본질적 의미를 체험한다. 이때에 사유는 완전한 정신에게 체험된 것을 자기의 본성이 요구하는 저 관계 속으로 불러들이고, 또 이 체험된 것을 이 완전한 정신이 이러한 관계를 제어하게 될 정도로 보다 강력하게 체험하는 수단으로서 이바지한다. 이러한 통찰에 어떤 대안을 제시하는 것은 매우 낡은 오류이다. 고대의 음영(陰影), 고대의 파멸적인 로고스에 대한 과대평가는 우리에게 만연되어 있고, 우리들로 하여금 실재적인 것에 있어서도, 관념적인 것에 있어서도 이 양자가 모든 이성 이상의 것임을 주목하게 하지 않는다."[92]

고대 및 스콜라철학적 존재론의 가지성(可知性) 명제에 누구보다도 칸트가 충격을 받았다. 그는 인식할 수 없는 존재자의 개념을 그의 철학의 주춧돌로 삼았다. 물 자체의 인식 가능성에 대한 그의 철저한 부정이 잘못 되었다 할지라도, 어쨌든 그는 반대되는 명제에서 그것의 자명성을 취했고, 가지적이지 않은 존재의 개념을 가능한 것으로 증명하였다. 이러한 인식은 다시 포기될 수 없고, 포기되어서도 안 된다. 칸트적 인식론의 궤도를 원리적으로 떠나서 아리스토텔레스적 인식론의 궤도로 방향을 바꾼 사상가들이 이러한 결정적인 점에서 철저히 칸트 편에 서 있다는 사실이 이러한 인식의 타당성을 변호하고 있다. 그것은 특히 N. 하르트만에게 타당하다. 하르트만은 반칸트적《인식의 형이상학》에 따른 그의 기본 입장에서 "비합리성" 또는 "초가지성(超可知性)"의 명제(命題)를 옹호하고 있는데, 이 명제에 의하면 존재자의 존재는 인식된 존재도 인식 가능한 존재도 아니다.[93]

그러면 도대체 이젠 고대의 공리에는 철학에 대해서 어떠한 의미도 귀속되지 않는다는 것인가 또는 어쩌면 아직도 그것에서 철학적으로 유지될 수 있는 의미를 찾아낼 수 있다는 것인가? 우리가 존재의 인식과 그것의 최후의 전제에 관하여 상론(詳論)했던 것을 회상한다면, 우

---

92)   III, 243면 이하.
93)   참조. Grundzüge einer Metaphysik der Erkenntnis, 제2판, 219-304면.

리는 이 물음을 긍정하는 경향을 가지게 될 것이다. 우리는 존재의 인
식에 관해서는 존재가 합리적 구조를 제시할 때만 언급될 수 있음을 발
견하였다. 존재가 전적으로 비합리적이라면, 존재의 인식은 불가능할
것이다. 그러나 존재의 합리성은 두 가지를 의미한다. 즉 그것은 사유할
수 있어야 하고, 또 파악할 수 있어야 한다. 사유 가능성은 무모순성을
의미한다. 존재가 모순율의 요구를 충족시킬 때, 그것은 사유 가능하
다. 파악 가능성은 그 이상의 것을 의미한다. 모순이 없는 존재도 여전
히 파악될 수 없을 수 있다. 존재는 그것이 이유-물음, 즉 그것의 이유
에 대한 물음에 어떤 대답을 포함하고 있다면, 파악될 수 있다. 파악 가
능성은 이유가 주어져 있다는 것과 동의어이다. 사유 가능한 것이 모순
율의 요구를 만족시키는 것처럼, 파악 가능한 것은 충족 이유율로 언표
된 요구를 만족시킨다.

우리가 (방금 윤곽이 분명하게 된 의미로) 존재의 합리성을 긍정함
으로써, 우리는 고대의 공리의 핵심 사상을 수용한다. 그러나 우리는
존재에 있어서의 본질적인 환원을, 그것도 실로 다음의 두 가지 방식으
로 기도하지 않고서는 수용할 수 없다.

1. 존재와 진리의 혼동에 반대해서 실체와 가지성(공리가 그러는 것
처럼)을 우리는 힘주어 강조하지 않으면 안 된다. 존재는 진리 존재를 의
미하지 않는다. 존재 자체는 가지적인 것이 아니다. 가지성은 존재의 본
질 계기에 속하지 않는다. 초가지적인 것의 개념은 논리적으로 이론(異
論)의 여지가 없다. 누구도 그러한 것이 존재하지 않는다고 증명할 수
없다. 그리고 누구도 우리의 지성 속으로 들어서지 않는 존재의 깊은
층이 존재한다는 사실을 논쟁하고자 하지 않을 것이다.

2. 이렇게 제한된 존재의 가지성도 역시 증명할 수 없다. 존재론적
모순율에서 주장되는 가지성의 저 최소 한도만이 논리적으로 보증된

다. 왜냐하면 이 법칙은 직접적으로 명백하기 때문이다. 존재론적 충족이유율에 의해서 전제된 훨씬 더 진전된 가지성은 논리적으로 증명할 수 없다. 왜냐하면 이 법칙은 직접적으로도 간접적으로도 명백하지 않기 때문이다. 우리가 보아 온 것처럼, 여기서는 결국 형이상학적인 의미 신앙이 중요하다.

모든 존재자는 진리이다라는 고대의 명제는 따라서, 이것이 철학적으로 타당한 의미를 획득해야 한다면, 다음의 두 가지 환원을 인정해야 한다. 즉 이 명제의 타당성 요구의 보편성도 자명성도 삭제되어야 한다는 것이다. 아직도 잔존해 있는 것은 (앞에서 윤곽이 분명하게 된 의미로) 존재의 합리적 구조의 사상(思想)인데, 이 사상 없이는 물론 어떠한 보다 더 심오한 철학도 발생할 수 없다.

4. 존재와 선(善)의 존재

스콜라철학적 선험 철학에서는 존재론적 진리는 그 대형(對型)을 존재론적 선의 성격에서 갖는다. 그것의 공리는 모든 존재자는 선이다로 되어 있다. 이 공리를 우리는 가치론에서 철저하게 다루었기 때문에 여기서는 대충 말할 수 있겠다. 그 가장 본질적인 점은 세 가지로 개괄할 수 있다.

1. 이 명제는 직접적으로도 간접적으로도 명증적인 것이 아니다. 존재 계기는 용재와 현존이다. 그 이상의 계기, 즉 (긍정적인) 가치 계기에 관한 어떤 것도 존재 속에서는 발견될 수 없다. 그러한 가치 계기를 확인하려는 모든 시도는 따라서 실패하지 않을 수 없었다. 현존 속에는 가치 계기는 존재할 수 없다. 왜냐하면 현존은 가치와 아무 관계도 없기 때문이다. 따라서 사람들은 꼭 용재 속에서 구해야 한다. 그러나 거

기서도 그것은 발견할 수 없다. 어떤 존재의 용재 규정성은 그것의 가치 규정성과 분명하게 대조를 이룬다. 꽃병의 크기, 형태, 무게는 그것의 미적 성질과는 전혀 다른 어떤 것이다. 사람들은 저 성질들은 자로 재고, 저울로 달아 봄으로써 정확하고 보편타당성 있게 확인할 수 있지만, 반면에 이러한 일의적인 규정은 가치의 질에서는 배제되어 있다는 사실에서 이러한 사실을 당장 알 수 있는 것이다. 여기서는 모든 것은 꽃병에 대한 여러 관찰자의 미적 가치기관의 섬세성이 중요한 것이고, 가치평가에 있어서의 완전한 일치는 대부분의 경우에 이루어질 수 없다. 파악 방식의 이러한 차이성은 사실의, 즉 가치 규정의 차이성에 대한 분명한 암시이다.

사람들은 가치를 목적 개념을 매개로 하여 존재로부터 도출하고자 하였다. 모든 존재자는 목적론적 취향에 맞추어 목적에 따라 분류되어 있다고 사람들은 논증하였다. 존재자는 이 목적을 실현함으로써 가치를 얻는다. 따라서 모든 존재자는 목적을 실현하기 때문에 선하다.

그러나 목적과 가치의 관계는 정확하게 말하면 그 역(逆)의 관계이다. 목적이 가치를 정초하는 것이 아니라, 가치가 목적을 정초한다. 가치론에서 입증된 것처럼 목적이 가치를 이미 전제한다. 따라서 목적 개념을 매개로 하여 가치를 존재로부터 도출하는 것은 가능하지 않다.

목적 개념과 마찬가지로 사람들은 또한 가치를 존재로부터 찾아내기 위하여 완전성의 이념을 사용하였다. 현실은 완전성을 의미한다. 즉 현실은 완전한 존재자이다라고 그렇게 사람들은 논증한다. 그러나 완전성은 존재의 선을 의미한다. 그러므로 모든 존재는 선이다라는 명제는 타당하다.

그렇지만 가치 개념은 완전성의 개념 속에는 아직은 포함되어 있지 않다. 완전성은 일정한 존재의 상태를 뜻한다. 이 존재의 상태가 어떠한 가치를 드러내는지 아니면 어떤지는 그러므로 아직 언급되고 있지 않다. 완전한 고통은 분명히 아무 가치 있는 것도 아니다. 인간이 소유하고 있기는 하지만, 악으로 향한 의지를 가지고서 소유하고 있는 보다 더 높은 완전성의 본질은 확실히 결코 가치가 충만한 본질이 아니다. 완전성 개념은 가치 개념으로서 기능할 수 있기에는 너무나도 형식적이다.

2. 모든 존재자는 선하다라는 명제에 대해서는 충분한 이유가 없을 뿐만 아니라, 더구나 이 명제는 자신에 대립하는 중요한 이유를 가지고 있다. 이 이유는 악이라는 사실 속에 놓여 있다. 이 사실에 대해서는 다음과 같은 이론적 결단의 두 가지 가능성만이 존재한다. 그중 하나는 사람들이, 악은 결성(缺性) 존재이다라고 판결하는 것인데, 이렇게 함으로써 그러나 사람들은 현실이라는 명백한 보증을 부정한다. 다른 하나는 사람들이 이 보증을 인정하고 악을 긍정적 존재로서 간주하는 것인데, 그렇게 되면 사람들은 배중률(排中律)이란 공리를 부정해야 한다. 악의 실재성과 동시에 공리를 고수할 수 없다는 것을, 사람들이 저 사실을 유일한 "규칙의 예외"로서 간주하기 때문에, 우리는 가치론에서 지적하였다.

3. 우리가 이러한 공리로부터 철학적으로 타당한 핵심을 꼬집어 내고자 한다면, 그것은 다만 가치론에서 언제나 되풀이하여 강조된, 존재자는 가치를 위해서 설계되어 있고 또 가치를 받아들일 수 있다는 사상일 뿐이다. 존재자는 그 자체로 가치는 아니지만, 그러나 가치의 담지자일 수 있다. 존재자는 가치와 동일하지는 않지만, 그러나 가치의 **토대**를 세울 수 있다. 가치에 내재적인 양극성에 대응하여 여기서는 가치도 무가치도, 긍정적 가치도 부정적 가치도 문제가 된다. 그 자체로서는 가치에 대해서 무차별적인 존재는 차별적이 될 수 있고, 실로 긍정적인

가치의 극으로 부정적인 가치의 극으로도 될 수 있다 ― 이러한 명제로 철학적으로 타당한 공리의 의미가 명확히 규정될 수 있다.

제2부 존재자의 특수화

I. 범주론으로서의 존재론

존재론은 제1부에서 존재자의 존재를 연구하였다. 존재론은 존재 속에 포함된 존재의 계기를 명백히 제시하고, 그 자체를 각각 고찰하였다. 이렇게 존재론은 존재 형식, 존재 방식 그리고 존재 양상을 논하였다. 존재론은 더 나아가서 존재 영역의 구조법칙을 주시하였고, 종결적으로 선험적 존재 규정에 관한 고대 이론의 법칙에 물음을 제기하였다. 이러한 모든 연구에서 존재론은 원칙적으로 형식적 존재 고찰의 한계 내에 머물렀다. 존재자의 내용적인 성질이 아니라, 존재자의 보편적인 존재의 본성이 그 대상을 이루었다.

그러나 이제 존재론이 그러한 형식적인 고찰 방식에 머물러서 실질적인 고찰 방식으로 한층 더 나아가고자 하지 않는다면, 존재론은 존재론으로서의 그것의 과제를 다만 불완전하게 해결할 뿐일 것이다. 존재론이 모든 존재자에게 일반적인 존재를 밝힌 다음에, 존재론은 존재자의 특수화를 주목해야 한다. 존재론은 "존재자의 유(類)"를 말했을 때의 플라톤을 염두에 두고 말하고 있고, 또 "범주"라는 명사(名辭)를 철학에 도입했을 때의 아리스토텔레스를 의중에 두고 있었다. 왜냐하면 범주는 아리스토텔레스에게서는 존재자의 존재 규정, 기본 규정을 의미하고, 동시에 존재자의 가장 보편적인 차이성을 의미하기 때문이다. 존재론

은 이러한 것들을 연구함으로써, 따라서 존재론은 **범주론**으로 된다.[1]

우리는 특수 인식론에서 이미 범주론을 서술해 보았다. 그러나 그것은 범주론이 존재론에서 새롭게 다루어져야 한다는 사실을 배제하는 것은 아니다. 관점은 물론 여기서와 저기서는 전혀 다르다. 인식 이론은 범주를 인식 이론적 관점 아래에서 연구한다. 존재론에서는 범주는 존재 고찰의 대상이 된다. 관점의 이러한 차이성에 관해서 이미 인식론에서 언급되었다. 범주의 인식 이론적 고찰은 존재론적 고찰에 의한 보완을 필요로 한다. 정당하게도 N. **하르트만**은 범주론은 실로 인식 이론에서 불가결한 것이지만, 그러나 인식 이론에 의해서만 성취될 수는 없을 것이라고 진술한다.

인식 이론에서 범주 문제를 논의할 때 우리는 가장 중요한 범주 체계를 알게 되었다. 우리는 철학이 언제나 다시 인간 인식의 근본 개념을 어느 체계로 총괄하고자 했다는 사실을 보았다. 최초의 그리고 어쩌면 가장 의미 있는 시도를 **아리스토텔레스**가 시도하였다. 그가 오늘날 우리를 더 이상 만족시킬 수 없다는 사실을 지적하기란 어렵지 않다. 그러나 후기의 시도도 역시 그 결함을 갖고 있었고, 그중 어느 시도도 모든 관점에서 만족스럽지 못하였다. 이에 대한 이유는 명백히 과제의 크기에서 찾을 수 있다. 이 과제의 결정적 해결은, 근본적으로 어떤 무한한 **지성**에서만 가능할 것 같은, 존재자의 끝없는 세계에 관한 그러한 포괄적인 개관을 전제로 한다. 그럼에도 불구하고 사람들이 저 과제에 감히 접근한다면 ─ 그리고 이 과제가 언제나 다시 새로이 착수된다면 ─, 사람들은 이 과제의 초인간적인 크기를 인식함으로써 거짓된 요구를 방지하게 된다. 사람들은 자기의 목표를 별로 높은 곳에 두지 않고, 본

1)   Der Aufbau der realen Welt, III면.

질적으로 자기의 노력의 목적을 선행자들의 과오를 가능한 한 피하고, 새로이 다가오는 철학적 통찰을 근거로 하여 이전의 시도를 개선하는 곳에서 본다.

대부분의 범주 체계의 주된 결함은 이 체계의 편협성과 일면성에 있다. 이 범주 체계는 다소간에 어떤 대상 영역을 목적으로 편성되어 있고, 존재자의 전체성에 너무도 부합되어 있지 않다. 명예로운 예외는 (개별적인 좀 더 옛날의 시도를 도외시하고) 우리가 인식론에서 철저하게 서술한 N. 하르트만에 의한 가장 최근의 범주론의 논법이다. 이 논법은 모든 존재 영역을 포괄하고, 개별적 범주들의 여러 가지 변화를 그 속에서 엄밀히 추구하는, 대상에만 걸맞는 저 시야를 드러낸다. 물론 하르트만은 동시에 여기서 말하자면 다른 극단으로 빠져 있는 것처럼 보인다. 우리는 이미 그의 비상하게 폭넓은 범주 개념의 파악을 언급하였다. 그것은 당장 그의 저술의 첫 페이지에서 명백히 표현되고 있다. "여하튼 존재 영역, 존재 단계 또는 존재 층의 기본적인 구별 및 이 영역의 내부에서 지배하는 공통적인 특징과 결합하는 관계는 범주의 형식을 가정한다. 그러나 존재자의 구분, 특징 그리고 관계는 실재계를 구성하는 것이기 때문에, 범주 분석은 다름 아닌 세계의 이 구성과 관계해야 한다. 범주 분석의 주제는, 이 범주 분석이 세계 구조를 그 개별성에 이르기까지 추구하지 않고, 오로지 그 속에 있는 원리적인 것과 원칙적인 것에만 집착하는 한, 제한되어 있을 뿐이다. 범주 분석은 모든 존재 영역에서의 특수화를 이 분석이 특수 과학의 실마리에 부딪히게 될 그 정도까지만 추구하는데, 이 개별 과학의 분파는 물론 특수한 방법에 이르기까지 탐구하게 되는 연구 대상으로서의 그 이상의 세계 분할 외에 다른 것이 아니다."[2] "세계의 구조"에 관한 이론은 더 이상 존재론이 아니고, 우주론이라는 이러한 견해에 대해서 사람들은 부당하게 이론(異論)을 제기하지 않았다. 존재론이란 명칭은 인생, 의식, 정신에 대해서 어울리지 않는다. 사람들이 존재 방식의 연구에 한정하면 모르긴 하겠지만, 그러나 하르트만은 그렇게 한정하지 않는다.[3]

범주표의 설계도에서 우리는 이러저러한 과오를 피하려고 노력하였다. 우리는 가장 중요한 범주에 한정하면서 다음의 범주표를 얻었다.

I. 관념적 영역의 범주: 단일성, 동일성, 동등성, 유사성, 대립, 전체와 부분, 이유와 귀결, 보편자와 특수자.

II. 실재적 영역의 범주:

　1. 경험적 대상: 질, 양, 공간성, 시간성.

　2. 형이상학적 대상: 실체성, 인과성, 목적성.

우리가 각각의 개별적인 범주에서 어떤 고유한 존재론적 연구를 하고자 했더라면, 존재론만이 이미 이 현재의 책을 가득 채우게 될 것이다. 그 때문에 우리는 약간의 한정을 가해야 한다. 그러나 이러한 한정은 사실상으로도 가능하다. 왜냐하면 여러 가지 범주 개념들은 선행한 관계 속에서 이미 약간은 해명되었기 때문이다. 이것은 특히 첫 번째 그룹의 범주에 해당된다. 동일성, 단일성, 논리적 도출, 보편자와 특수자라는 개념들은 이미 다소간에 자세히 논구되었다. 동일한 사실이 논리학에서 명백하게 된 관계의 개념에 적용된다. 우리는 여기서 실재 범주의 논구에 전념할 수 있다. 이 범주들은 물론 관념 범주보다 훨씬 덜 명확하고 덜 투명하며, 따라서 근본적인 분석을 필요로 한다.

---

2)　같은 책, 1면.

3)　G. Jacoby in: Deutsche Literaturzeitung, 62. Jahrg. (1941), 679면 이하.

II. 양과 질

1. 양의 개념

아리스토텔레스는 존재자의 규정성 중에서 우선 양의 이름을 말한다. 양은 그의 범주표에서 아홉 가지 속성 중에서 정점(頂点)에 놓여 있다. 그것에는 사실적인 이유가 있다. 우리들의 감각 경험에 주어지게 되는 사물의 세계는 — 이 세계는 무엇보다도 아리스토텔레스학파의 시계(視界)에 서 있다 — 어디에서나 양적 성격을 제시한다. 물적 세계에서는 양적으로 규정되지 않을 어떤 것도 존재하지 않는다. 모든 사물은 일정한 크기와 형태를 갖는다. 사물 자체에 대해서뿐만 아니라, 사물의 최종적인 구성 부분에 대해서도 이 사실은 적용된다. 이렇게 양은 전체 사물계를 철두철미하게 지배하는 본질의 특징이다. 이 본질의 특징이 또한 맨 먼저 눈에 띈다. 우리는 이 특징을 사물의 여타의 속성을 인식하기 이전에 파악한다. 어떤 사물이 멀리서 또는 희미한 조명 아래에서 우리 앞에 나타난다면, 우리는 그것의 형식과 색깔을 거의 볼 수 없다. 그러나 그것이 연장된 것, 따라서 양적인 것이라는 사실을 우리는 당장 알 수 있다.

여기로부터 철학적 사유가 그 첫 발전의 단계에서 실체와 양(量), 존재 소유와 양의 소유를 어떻게 동일화할 수 있었는지 이해될 수 있다. 이러한 일을 예컨대 고대의 원자론자들이 모든 존재를 양적 존재로 간주하면서 수행하였다. 양적 존재는 연장이 있는 것이고, 따라서 물질적인 것이기 때문에, 원자론자들의 이해의 귀결은 유물론이었다. 전혀 다른 의미에서 피타고라스학파는 실체와 양을 서로 동일시하였다. 수학에 그 기원을 두면서 이 학파에서는 수(數)를 사물의 본질로 간주하였다.

수는 모든 양적 규정에 대한 사상적인 매체이기 때문에 이 수 속에 존재의 양화(量化)가 놓여 있기도 하다.

동시에 우리는 이미 양의 여러 가지 의미를 암시하였다. 개념은: 어느 정도로 많이? 라는 질문에 실로 대답을 제시한다. 개념은 이때 수에 의해서 표현할 수 있는 비연속 양을 가리켜서 말한다. 비연속 양은 분리되고 서로에 대해서 한계 지어진, 어떤 단일성의 형식에 의해서 결합되어 있는 부분들의 다수성 속에 존립한다. 비연속 양의 특징은 셀 수 있는 가능성이다. 그러나 양의 개념은: 어느 정도 크기로? 라는 질문에 대한 대답도 줄 수 있다. 이 경우에 문제되는 것은 연속 양이다. 연속 양은, 부분이 분리되지 않고, 끊임없는 전체를 이룰 때, 주어지는 것이다. 연속 양의 특징은 가분성이다. 경험에서 우리에게 주어진 사물은 이러한 연속적인 양을 외관상으로만 갖는다. 왜냐하면 사물은 가분적일 뿐만 아니라, 현실적인 부분으로 구성되어 있기 때문이다. 그러나 이 부분은 그것의 외적 한계에 맞닿게 되기 때문에, 우리의 감각 기관에서 연속적인 전체의 가상(假象)을 야기한다. 반면에 이 부분은 실제로는 연속체가 아니라, 우유적(偶有的) 존재이다.[4]

양의 개념은 현대의 자연과학에서 지배적인 역할을 한다. 자연과학은 주지하는 바와 같이 과학 이전의 세계상, 즉 모든 인간의 경험에 나타나는 대로의 세계로부터 출발한다. 자연과학은 이 과학 이전의 세계상을 가공하여 그것으로부터 자연과학적 세계상을 만든다. 여기서 현대 자연과학은 일정한 인식 이상의 안내를 받을 수 있다. 이것이 자연과학에 대해서는 자연의 생기 현상의 완전한 합리화이고, 자연의 과정을 끊임없이 파악할 수 있게 하고, 계산할 수 있게 하는 것이다. 이 목적을

---

4)   참조. L. Baur, Metaphysik, 132면 이하.

달성하기 위해서 자연과학은 수학을 자연과학에 이바지하게 한다. 자연과학은 수학적 개념과 방법을 자연의 탐구에 응용한다. 이것이 의미하는 바는 자연 현실의 수학화(數學化)이고, 또 이것은 양화(量化)와 같은 뜻이다. 그렇게 함으로써 저 인식의 이상이 원리상으로 달성된 것이다. 즉 자연에서의 모든 생기 현상을 양적인 것으로서 이해하고자 함으로써 사람들은 자연 현상을 정확하게 규정할 수 있고, 수학적으로 계산할 수 있다는 것이다. 이렇게 현대의 자연과학이 출발하게 되는 인식의 이상은 논리적인 필연성을 갖고서 양적인 자연 관찰에 이르게 된다.

이러한 자연과학에 대해서는, 이 과학이 그 한계를 의식하고 있는 한, 철학적 관점에서 반론을 제기할 아무것도 없다. 자연과학은 현실 일반의 적절한 재현이어야 한다는 요구를 제기해서는 안 된다. 왜냐하면 이 현실에는, 우리가 아직도 다른 연관에서 보게 되는 것처럼, 양뿐만 아니라 질도 속하기 때문이다. 만약에 자연과학이 오로지 자연 현실의 양적 특징을 목표로 한다면, 자연과학은 이 양적 특징에만 권리가 있다. 왜냐하면 자연과학은 그렇게 자연의 생기 현상만을 정확히 규정하고 계산할 수 있을 것이기 때문이다. 자연과학은 정밀 과학으로서 정확하게 파악할 수 있는 것을 충실히 따라야 할 것이다. 그러나 동시에 자연과학은 언제나 양적으로 이해된 세계는 그것의 총체성에서의 현실이 아니라는 사실을 고려해야 할 것이다. 한층 더 자연과학은 모든 형이상학적 야망이 없도록 해야 한다. 자연과학은 양화(量化)된 세계마저도 역시 언제나 현상계일 뿐이고, 세계 자체가 아니라는 사실을 통찰해야 한다. 그러므로 자연과학은 전적으로 규정된 관점과 방법을 통해서 성립된 그 세계의 모습을 세계 자체와 동일시하는 것을 경계해야 한다. 자연과학이 그러지 않는다면, 그것은 원리상으로, 양과 실체성을 서로 혼동했던 고대의 원자론자의 오류, — 당시에는 용서할 수 있었으나,

오늘날에는 더 이상 어떠한 용서도 받을 수 없는 오류 속으로 떨어진다.[5]

2. 질과 실재성

외계의 사물들은 우리들로 하여금 그 수효와 크기에 관한 문제뿐만 아니라, 그와 똑같이 그 성질 또는 질에 관한 문제도 연구하도록 독려한다. 아리스토텔레스는 그 때문에 정당하게도 양의 범주에 이어서 질의 범주를 바로 뒤따르게 하였다.

현실은 우리의 감각 경험에서 엄청난 양의 모든 종류의 질로서 주어진다. 시각은 우리에게 색깔의 질을, 청각은 소리의 질을 후각은 후각의 질을, 맛의 감각은 맛의 질을 매개한다. 통속적인 심리학에 의해서 다섯 번째 감각, 즉 촉각에 돌려진 감각을 과학적 심리학은 다음의 여섯 가지 정도의 등급으로 나눈다. 그것은 피부의 압박- 및 접촉 감각("촉감"), 근육, 건(腱), 그리고 관절의 온도 감각, 긴장 감각("운동 감각"), 두뇌의 평형- 및 운동 감각, 고통 감각, 생명- 및 기관 감각이다.[6] 시각 및 청각에서는 질의 다양성이 특히 크다. 왜냐하면 그것은 다차원적이기 때문이다. 색깔은 색조, 즉 광도(光度)와 포화도(飽和度)에 따라서 구별되고, 소리는 질, 즉 강도(强度)와 음색(音色)에 따라서 구별된다.

이러한 자연적 내지 물리적으로 제약된 성질 외에 순전히 심리적인 성질이 있다. 여기에 속하는 것은 예컨대 감정의 질이다. 바로 현대 심리학은 감정생활의 내면적 풍요로움을 밝혀내었다. 현대 심리학은, 여

5)   참조. 모두 나의 저서: Die Geistesströmungen der Gegenwart, Freiburg 1937.
6)   참조. A. Messer, Psychologie, 제2판, 77면.

기서 너무도 자연과학적으로 조정된, 고대의 심리학이 가리켜서 말한 쾌와 불쾌의 구별뿐만 아니라, 풍부한 질적 차이성도 존재한다는 것을 지적하였다. 이것들은 순전히 심리적인 성질의 것이기 때문에, 따라서 다만 내적인 감각으로써 파악되고, 내면적인 지각과 관찰을 통해서만 확인될 수 있을 뿐이다.

마지막으로 정신적인 종류의 성질들이 있다. 이것은 무엇보다도 가치의 질을 의미한다. 이를테면 윤리적 또는 미적 가치 영역이 간직하고 있는 가치의 다양성을 사람들이 생각하고, 또 이러한 각각의 가치들이 여러 가지 뉘앙스를 띠면서 실현되고 있다는 사실을 고려한다면, 정신과 가치의 나라에도 역시 무한히 다양한 질이 존재한다는 사실을 보게 된다. 자연적이고, 심리적인 세계뿐만 아니라, 정신적인 세계도 엄청나게 풍부한 질을 포함한다.

이미 언급된 자연의 양화(量化)는 탈질화(脫質化)를 의미한다. 모든 질적인 것은 정확히 말해서 양적인 것으로 환원한 상태에서 제거된다. 동시에 감각의 질은 사물의 세계로부터 추방된다. 색깔의 질의 자리에 무수한 에테르의 진동이, 소리의 질의 자리에 무수한 공기의 진동이 들어서게 된다. 자연은 더 이상 빛나고, 소리 나는, 그리고 냄새가 나는 세계가 아니라, 다만 여전히 양적 규정만을 소유하는 질이 없는 현실인 것이다. 세계의 "낮의 모습"은 페히너가 표현하고 있는 것처럼, "밤의 모습"에 자리를 비워 준 것이다.

우리가 인식론에서 본 것처럼 제2의 감각의 성질의 주관성은 언젠가 어떤 감각을 통하여 매개된 질의 자연적인 세계로부터 심리적인 세계로의, 외적 세계로부터 의식의 세계로의 이동이다. 이 이론은 오늘날 철학자들에게서처럼 자연과학자들한테서 포괄적인 인정을 받고 있다. 우리들도 역시 그 바탕 위에 놓여 있다. 그런데 이 이론은 세계의 철저한 탈가치화요, 그리하여 저 "밤의 모습"을 긍정하는 것을 의미하는 것이 아닌가?

만약에 그렇게 판단한다면, 사람은 두 가지의 것을 간과하게 될 것이다. 우선 질적인 것은 그것을 양적인 것으로 옮겨 놓음으로써 제거되는 것이 아니다. 감각의 질은 그것을 의식 속으로 이동시킴으로써 세계 바깥에 놓이는 것이 아니다. 왜냐하면 의식도 세계에 속하기 때문이다. 의식의 세계는 외계의 대응물이다. 양자는 같은 정도로 현실적이다. 외면의 세계와 마찬가지로 내면의 세계도 풍부한 질을 포함하고 있다. 이 풍부한 질에는 감각의 질도 귀속한다. 감각의 질은 바로 의식 세계의 실재성이다. 이 의식 세계의 실재성에서 인식하는 정신에게는 외적 현실이 그 질적 측면을 따라서 나타난다. 이 외적 현실은 의식 속에서의, 이 세계의 반영이다. 이 외적 현실 속에서, 로체의 상징을 사용한다면, 외적으로 의식된 실재성이 개화한다. 여전히 빛나고, 소리 나며, 냄새 나는 세계가 존재한다. 다만 이 빛남, 소리 남 그리고 냄새 남이 외부에서가 아니라 내부에서, 외적 현실에서가 아니라, 의식의 세계 속에서 실현된다. 질 자체의 현존은 따라서 만질 수 있는 것이 아니다. 질은 여전히 실재성이다.

여기에 두 번째 것이 나타난다. 제2의 감각적 성질의 주관성 이론은 외계로부터의 어떠한 관점에서도 이 감각의 성질을 추방하지 않는다. 실로 이 감각의 성질 그 자체는 의식 속에서만 실존한다. 그러나 그것이 의식 속에서 현상하는 데에는 외계에서 객관적 원인이 전제되어야 한다. 외계의 사물은 이것이 의식 속에서의 이러한 상태를 근거로 하여 일정한 감각의 성질들을 작동시킨다는 그러한 상태의 것으로 생각되어야 한다. 감각의 내용이 그것의 내왕(來往)에 있어서 우리들의 자의(恣意)에서 벗어나게 된다는 사실은 오로지 이렇게만 설명되는 것이다. 감각의 성질은 따라서 실로 형식상으로는 의식 속에 있지만, 그러나 기본적으로는 외적 세계에 있다.

전적으로 우리들이 전개한 상론(詳論)의 의미에서 N. 하르트만은 감각의 성질의 주관성에 관한 이론과 결부되어 있다는, 그리고 다음의 두 가지의 것이 이러한 성질의 해소에 관계하고 있다는 두 가지 편견에 반대한다. "첫째로 구체적으로 말해서 정밀과학에 있어서의 수학적 사유의 우세를 통해서 모든 질은 양으로 해소되어야 할 것이라는 견해가 확정되어 있다. 여기서 사람들은 주파수와 파장의 양적 구별을 생각하는데, 이것은 물론 사실상으로는 외계에 있어서의 색깔의 성질과 소리의 성질에 대응하는 그것이다. 이때에 오류는 다만 이 양의 계기는 여기서 오로지 규정하는 자가 아니라는 것, 그것은 오히려 '그것에서' 양적인 것이 등장하는 형식 계기 내지 관계 계기라는 사실이다. 물리적 세계에서 색깔의 감각에 귀속된 것을 사람들은 일정한 물체의 표면에서 빛의 선별적인 반사라고 부를 수 있을 것이다. 소리 감각에 대응하는 것은 음원(音原)의 진동이다. 이 양자는 성질이 아니고, 그 본래의 구조의 과정이다.

그러나 두 번째의 것이 더 중요하다. 요컨대 감각의 성질이, 성질에 있어서이건 또는 그 밖에 다른 무엇에 있어서이건 마찬가지로, 소멸된다는 것은 근본적으로 거짓이다. 감각의 성질은 오히려 전혀 그리고 어떠한 사정에서도 소멸되지 않는다. 이 성질은 그것의 영역에서 그것인 것으로서, 즉 성질로서 방해받지 않은 채 머문다. 다만 그것의 영역은 사물의 영역이 아니고, 감각된 성질은 사물의 성질이 아니다. 감각된 성질은 그와 같은 것을 철저히 지각 내용의 외부에서 갖지 않는다. 물론 바로 이 점에, 자극과 감각은 서로 이질적으로 존재하여 머물며, 또 그 상반되는 것은 일자의 타자로의 이행(移行)을 허용하지 않고, 감각

의 모든 의존성에서 보존된다는 감각 영역에 있어서의 귀속이 존립한
다. 감각이 물리적 관계 속으로 해소될 수 있을 것이라는 사실은 감각
이 전혀 허락하지 않는 관계의 기저에 사람들이 생각 없이 두게 되는
원래부터 잘못된 견해이다."[7]

III. 공간성과 시간성

1. 공간의 본질과 종류

  외계의 사물은 양적 성격뿐만 아니라 공간적 성격도 가지고 있다. 사
물은 우리에게 일정한 크기(양)와 상호 간의 거리를 나타내는 형상으
로서 대립한다. 따라서 공간성의 개념에는 양의 계기가 포함되어 있다.
양적인 것만이 공간의 성격을 가진다. 우리는 이러한 성격을 외계의 모
든 대상에서 만난다. 외적 현실에 속하는 것은 공간의 질서에도 속한
다. 여기로부터 공간성 범주의 의미가 밝혀진다.
  통속적으로는 공간을 사물이 그 속에 존재하는 용기(容器)로서 이해
한다. 공간은 채워질 수 있지만, 그러나 채워질 필요는 없다. 공허한 공
간도 있다. 따라서 공간은 자립적인 형상이다. 공간은 사물에서 독립하
여 존재한다. 이러한 관점은 여기저기서 과학 속으로도 침투해 있다.
과학에서도 우리는 공간을 실체화하는 경향을 만나게 된다. 이 실체화
의 경향은 예컨대 I. 뉴턴의 다음의 말에서 언표되고 있다. "절대 공간
은 그것의 본성상, 그리고 어떤 다른 대상에 대해 관계하는 일도 없이

---

7)   Der Aufbau der realen Welt, 384면 이하.

지속하여 동질적으로 그리고 부동적(不動的)으로 존속한다."[8]

공간에 대한 과학적 분석은 이러한 견해를 불가능하게 한다. 과학적 분석에 의하면 공간은 결코 실체적 성격을 소유하지 않는다고 지적한다. 공간은 자신의 토대가 아니라 어떤 다른 토대 위에 서 있다. 우리는 방금 양적인 것만이 공간적 성질을 가진다고 말하였다. 따라서 공간성은 양을 전제한다. 그러나 이 양은 연장과 밀접하게 관계한다. 연장이 있는 곳에는 양도 있다. 연장이 있는 모든 것은 양적 성격을 갖는다. 여기서 연장은 어떤 사물의 부분들의 병존(竝存)을 의미한다(부분 밖의 부분이라고 스콜라철학에서는 말한다). 부분들의 이 병존이 공간성의 토대이다. 공간을 단순히 사물의 부분들의 병존과 동일시하는 것이 관련되는 것은 아니다. 왜냐하면 공간에는 사물들의 연장뿐만 아니라, 그 상호 간의 거리도 속하기 때문이다. 그러나 우리는 아마도, 연장이 공간성의 기초가 된다고 말할 수 있을 것이다. 연장을 가진 사물이 공간적인 관계를 갖고 따라서 공간의 기초를 이룬다. 공간은 공간적 관계 없이는 아무것도 아니지만, 그러나 이 공간적 관계는 연장을 가진 사물을 전제한다.

공간의 본질은 우리가 그것의 여러 가지 종류를 주시한다면, 우리에게 더욱 분명하게 될 것이다. 다음의 공간의 종류로 구별된다.[9]

1. 지각의 공간. 이것은 우리의 감관 지각 속에 직접적으로 주어진 것과 같은 공간이다. 감관은 모두 동일한 정도로 공간적인 것을 감각하도록 조직된 것이 아니다. 이 목적을 위해서 가장 섬세하게 조직된 것은

---

8) Philosophiae naturalis principia mathematica, 제2판, übers. von Wolfers (1872) 25면.

9) 참조. zum folgenden Al. Müller, Die philsophischen Probleme der Einsteinschen Relativitätstheorie, Braunschweig 1922, 14면 이하.

정상적인 인간에게서는 시각이다. 우리가 보는 공간적인 것을 우리는 시공간(視空間)이라고 부른다. 정상적인 인간에게서 좀 덜 섬세하게 조직된 것은 촉공간(觸空間)이다. 한층 더 불완전한 것은 청공간(聽空間)이다.

2. 평가의 공간. 우리가 보거나 만지는 대상들을 우리는 또한 그것들의 크기와 몇 센티미터 또는 미터로 떨어져 있다는 거리로 평가할 수 있다. 이러한 방식으로 평가의 공간이 발생한다. 공간은 평가하는 자가 가지고 있는 숙련에 따라서 측량된 공간과 다소간에 차이가 난다.

3. 물리적 공간. 이것은 우리가 미터자로써 측량하는 공간이다. 우리는 이 공간 속에서 물리적 사건이 경과한다고 생각한다. 우리는 이 사건을 시공간(視空間) 속에서 보고, 청공간(聽空間) 속에서 듣지만, 그러나 물리적 공간 속에서 그것이 경과한다고 생각한다. 이 공간은 지각 속에서 우리에게 직접적으로 주어지는 것이 아니다. 우리는 이 공간의 관계를 물리적 물체의 도움으로 비로소 알게 된다.

4. 수학적 공간. 이 공간은 지각의 공간과 평가의 공간뿐만 아니라, 물리적 공간과도 다르다. 이것은 구체적으로 말하면 수학적 형성물이요, 따라서 실재적인 것이 아니라, 관념적인 것이다. 물리적 공간은 하나인 반면에, 무한히 많은 종류의 수학적 공간이 있다. 물리적 공간이 3차원적인 데 반하여 ― 3차원 이상의 공간을 우리는 표상할 수 없다 ―, 수학적 공간은 임의대로 많은 차원을 허용한다.

2. 시간의 현상

우리는 현실을 병존으로서뿐만 아니라, 동시에 계기(繼起)로서 체험한다. 사물들의 병존에 생기 현상들의 계기가 대응한다. 이 계기, 이 연속을 우리는, 시간에 관해서 말하게 될 때, 생각하게 된다.

시간성은 공간성보다도 한층 더 포괄적인 범주이다. 그것의 적용 범위는 외면의 세계뿐만 아니라 내면의 세계이기도 하다. 공간적인 것은 외적 현실뿐이다. 시간적인 것은 외적 현실과 의식의 현실이다. 외면적이거나 내면적인 모든 생기 현상은 시간 속에서 일어난다. "시간성"과 "현실성"은, 우리들의 경험 속에서 접근할 수 있는 현실이 문제가 되는 한에서, 동일한 개념의 외연을 가지고 있다. 모든 경험적으로 실재하는 존재는 시간 질서 속에 있다. 이러한 사실을 통해서, 이 경험적으로 실재하는 존재는 모든 시간성의 외부에 존재하고, 또 무시간적인 또는 초시간적인 존재를 드러내는 관념적 존재와 극명하게 대조를 이룬다.

시간성 범주의 의미에 철학자들이 이 범주에 언제나 보여 왔던 관심이 상응한다. 철학적 사유는 예로부터 시간 문제에 몰두하였다. 가장 잘 알려진 것은 아마도 아우구스티누스가 그의 《고백록》에서 시간의 현상에 바친 깊이 천착한 연구일 것이다. 이 문제가 오늘날에도 아직 멈추지 않았다는 사실에 대해서는 M. 하이데거의 《존재와 시간》이라는 많은 사람 앞에 회자되는 저서의 제목이 명백한 증명으로서 타당할 것이다. 문제가 이렇게 해결되지 않은 가장 큰 이유는 사태 자체 속에 있다. 공간과 마찬가지로 시간도 어느 정도까지는 분석을 하지 못하게 되는 어떤 소여성이다. 공간과 시간의 본질을 정확한 정의(定義)의 형식으로 규정하는 일은 가능하지 않다. 이것은 다시 그 이유가 양자는 어떤 비합리적인 것을 의미하는 직관의 요인을 포함하고 있다는 사실에 있다. 이 사실을 특히 칸트가 알아차리고서 표현하였다. 그는 어쨌든 공간과 시간을 "직관의 형식"으로서 표기하였다. 더욱더 적절하게 사람들은 시간을 "체험의 형식"으로서 표기하게 될 것이다. 시간은 인간 영혼의 본성에 정초한 내적 경험 및 체험의 근원적 방식이다. 시간이 꼭 이러한 것처럼, 정신사적으로 관심 있는 사실은 시간 체험이 정신적 구조의 차이성에 의존하는 본질적인 변화를 제시한다는 사실을 증명한다. 이러한 관점에서 "플라톤 사상"과 "예언 사상"의 대질은 매우 교훈적이다. 저기서는 세계가 본질적으로 공간으로서, 여기서는 시간으로서 체험된다. 세계-내-존재는 그리스인에게는 공간적-우주-내-존재와 동의어이지만, 이에 반하여 예언적 인간에게는 생기(生起)의 생동적 시간 흐름 속에 서 있음을 의미한다. 저기서는 인간은 자신 속에 안주하는, 본질적으로 자기 동일적인 존재에 의해서 에워싸여 있고, 이에 반하여 여기서는 인간은 끊임없이 흐르는 존재에 의해서 주위가 씻겨진 것으로 느껴진다. 진실로 저기서 시간이 단순히 부정되는 것은 아니다. 그것은 이미 불가능하다. 왜냐하면 우주에서 운동은 인정되는 것이고, 이에 따라서 시간은 "운동의 척도"(아리스토텔레스)로서 간주되기 때문이다. 그러나 시간은 거기서 그럼에도 어떠한 보다 깊은 형이상학적 의미를 갖고 있지는 않다. 바로 그러한 형이상학적 의미를 예언적 세계 체험은 시간에 둔다. 시간은 존재에 외면적으로 각인된 형식이 아니라, 말하자면 존재의 핵심 속에 놓여 있다. 모든 시간적인 생기(生起)는 따라서 핵심적인 생기이다. 그리하여 여기서 역사는 형이상학적 위엄을 가지지만, 반면에 플라톤 사상의 세계상은 본질적인 점에서 역사와 무관하다.[10]

우리가 이제 시간의 현상을 분명하게 하고자 한다면, 우리는 여기서 공간 현상과 평행하여 출발하는 것이 가장 좋다. 모든 사물이 어떤 일정한 위치를 공간 속에 차지하는 것처럼, 모든 사건은 일정한 위치를 시간 속에 차지한다. 한편으로는 공간적 위치 및 장소에, 다른 한편으

---

10) 참조. 전체적으로 나의 저서: Platonismus und Prophetismus, München 1939.

로는 시점(時點)에 대응한다. 연장된 것만이 공간적일 수 있음을 우리
는 보았다. 공간적 영역에서의 연장에 대한 대응물(對應物)은 시간적
질서에서는 지속이다. 여기에 물론 전자는 3차원적이고, 후자는 1차원
적이라는 구별이 있다. 시간은 한 방향으로만 흐른다. 이 시간 흐름 또
는 이 지속은 말하자면 우리의 본래적인 시간 체험과 대조를 이루는 배
경이요, 이미 암시된 것처럼, 계기(繼起)의 체험인 것이다. 그러나 계기
는 변화가 있는 그곳에서만 존재한다. 아무것도 생기지 않는 곳에서는
어떠한 상태의 연속도, 어떠한 계기도 존재하지 않는다. 이러한 것은
변화를 통해서 비로소 발생한다. 그리하여 우리는, 연장이 공간성의 토
대이듯이, 변화는 시간성에 대한 필연적 전제라고 말할 수 있다.

시간의 현상은 특유한 3층성(三層性)을 나타낸다. 이것은 우리가 과
거, 현재 그리고 미래에 관해서 말할 때 생각되는 내용이다. 있었던 것
은 지나간 것이고, 존재하게 되는 것은 미래적인 것이며, 이 순간에 존
재하는 것은 현재적인 것이다. 시간의 흐름은 따라서 미래의 것이 끊임
없이 과거의 것 속으로 전환되는 생기(生起)를 드러낸다. 이러한 일이
일어나는 장소는 지금, 즉 현재의 순간이다. 이 순간은 잴 수 없고, 시
간적인 연장을 갖고 있지 않다. 이 순간은 미래와 과거의 접촉점일 뿐
이다.

시간의 3층성에 대한 유사물이 공간에는 없다. 그러나 공간과 시간
은 여러 가지의 종류를 제시한다는 점에서 서로 일치한다. 우리는 다음
과 같은 시간의 종류를 구별할 수 있다.[11]

1. 체험의 시간. 이것은 지각의 공간에 대한 대응물이다. 그것은 우리
가 이것을 직접적, 근원적 방식으로 체험하는 바와 같은 시간이다. 이

---

11) 참조. A. Müller, 같은 책, 20면 이하.

체험된 또는 직관된 시간이 현실적인 시간과 동일하지 않다는 사실을 동일한 결과가 어떤 사람에게는 길게, 다른 사람에겐 짧게, 그뿐만 아니라 동일한 개인에게도 때로는 길게, 때로는 짧게 나타난다는 경험이 증명한다.

2. 평가의 시간. 이것은 평가의 공간에 상응한다. 이것은 우리가 시간을 그 미터법의 크기에 따라서, 즉 초(秒), 분(分), 시간(時間)으로 평가한다는 사실을 통해서 성립한다.

3. 자연적 시간. 이것은 우리가 그 속에서 사건들이 경과한다고 생각하는 시간, 즉 우리가 시계로써 측정하게 되는 시간이다.

모든 존재자는 시간 속에 존재한다. 관념적 존재는 초시간적이라고 우리는 생각한다. 이제 우리가 시간 바깥에 존재하는 실재적인 시간을 생각한다면, 영원의 개념을 갖게 된다. 영원은 단순한 초시간성 이상을 의미한다. 영원은 시간에 대한 유사물을 표현하는 어떤 계기, 즉 존속하는 불가분적 현재를 포함한다. 영원은 시작도 끝도 없는 시간이 아니다. 영원은 모든 발생과 소멸 및 온갖 계기(繼起)를 배제한다. 그것은 서 있는 지금이다. 보에티우스는 영원에 관해서 고전적 정의를 내렸다: 영원은 무한한 삶의 온전하고, 동시에 완전한 소유이다.[12]

3. 공간과 시간의 실재성 성격

우리가 공간과 시간을 현실의 형식으로서 표시한다면, "현실"은 경험적 현실 또는 현상계를 의미한다. 그런데 공간적- 및 시간적 존재가 단적으로 현상에 특유한 것인지 또는 사물 자체에도 어울리는 것인지

---

12) De consolatione philosophiae, V, 6.

하는 것이 문제이다. 이것은 인식론적 물음이다. 그럼에도 불구하고 존재론이 이 문제를 다루지 않을 수 없다. 왜냐하면 여기서 두 가지 현실 형식의 존재 성격, 존재의 무게가 문제되기 때문이다. 우리가 이 (인식론적) 연구에서 직접적 지향을 떠나서 간접적 지향으로 이행(移行)한다는 사실은 특별히 언급될 필요가 없다.

우리의 물음에 대한 매우 분명한 대답을 칸트가 해 주었다. 우리는 그에 의하면 "오직 인간의 관점으로부터만 공간, 즉 연장된 존재 등에 관해서 말할 수 있을 뿐이다. 우리가 구체적으로 말해서 대상에 의해서 촉발되는 것처럼, 오로지 외적 직관만을 그 아래에서 얻을 수 있는 주관적 조건으로부터 출발한다면, 공간의 표상은 아무런 의미도 갖지 않는다. 이러한 술어는 대상이 우리에게 현상하는 한, 즉 감성의 대상인 한에서만 대상에 부여된다…. 우리는 감성의 특별한 조건을 사물의 가능성의 조건으로가 아니라, 다만 현상의 조건으로만 만들 수 있기 때문에, 우리는 공간이 우리에게 외면적으로 현상하게 되는 모든 사물을 포함하지만 모든 사물 자체는 포함하지 않는다고 분명히 말할 수 있다."[13] 동일한 사실이 자연스럽게 시간에도 적용된다. 칸트에게 공간과 시간은 "직관의 선천적 형식"이다. 공간과 시간은 감각의 재료를 정돈하는 데 이바지한다. 감각의 재료는 처음에는 어떠한 질서도 내보이지 않는다. 우리의 의식이 감각 내용을 병존 및 계기(繼起) 속으로 정리함으로써 비로소 이 질서를 세우게 된다. 이렇게 하여 공간 및 시간적으로 질서 잡힌 사물의 세계가 발생한다. 이 사물의 세계는 의식에 제시되는 것이 아니라, 정돈하는 의식의 활동을 통해서 비로소 성립되는 것이다. 그리하여 공간과 시간은 객관적인 성격이 아니라, 주관적인 성격을 갖

---

13) Kritik der reinen Vernunft (Reclam) 55면.

고 있다고 말하게 된다. 공간과 시간은 의식의 외부에서가 아니라 내부에 실존한다. 공간과 시간은 그래도 물 자체가 아니라, 물론 의식의 세계이기도 한 현상의 세계에 각인되어 있다. 공간과 시간은 결코 초월적인 실재성이 아닌 경험적 실재성을 가진다.

이러한 견해는 실현될 수 없다. 감각적 내용의 공간적 및 시간적 질서는 이 감각적 내용 자체와 똑같이 직접적으로 그리고 근원적으로 정확하게 주어져 있다. 소여를 완전히 무질서한 혼돈으로 간주하고, 모든 질서를 의식의 계좌에 두는 것은 상관없다. 아니 소여 자체는 이미 어떤 질서의 요소를 내포한다. 그렇지 않으면 우리가 때로는 이 질서 형식을, 때로는 저 질서 형식을 소여에 적용한다는 것을 어떻게 설명할 수 있을 것인가? 의식 속에 이에 대한 설명 근거가 놓여 있을 수 없다. 왜냐하면 의식은 물론 보편적인 직관 형식만을 포함하기 때문이다. 따라서 구체적인 질서는 소여 자체 속에 정초되어 있어야 한다. 소여 자체 속에 말하자면 의식의 질서를 세우는 활동에 대한 지령(指令)으로서 기능하는 어떤 질서의 요소가 포함되어야 한다. 우리들의 의식으로 하여금 사물을 전적으로 일정한 질서 속으로 불러들이게 하는 외면적 강제는 이렇게 설명될 뿐이다. 그러나 소여 속에 어떤 질서 요인이 전제되어야 한다면, 바로 공간과 시간이 선천적인 사물 속에 기초하고 있는 것으로 생각될 수 있다. 그러면 공간과 시간은 다만 현상계에만 속하는 것이 아니다. 그것의 기초를 사물 자체 속에 가지는 것이다. 공간과 시간의 실재성은 순전히 내재적인 것이 아니고, (바로 한계가 분명한 의미에서) 동시에 초월적인 것이다.

공간성과 시간성에 관한 우리의 견해는 범주의 실재성 성격에 관한 우리들의 전체 관점에 유기적으로 어울린다. 이 견해는 우리에게 존재 속에 기초를 가지고 있는 직관의 형식으로서 나타난다. 공간과 시간은 형식적으로는 주관 속에, 기본적으로는 객관 속에 존재한다. 우리가 본 것처럼 공간성과 시간성에 관해서 동일한 것이 타당하다. 즉 공간과 시간은 그 자체로서는 의식 속에서만 실존하지만, 그러나 그것의 객관적 토대를 선천적인 사물 속에 가진다. 따라서 동시에 제1 및 제2의 감각적 성질 사이에는 어떠한 본질적 구별도 존재하지 않는다고 말할 수 있다. 한쪽은 주관적이고, 다른 한쪽은 객관적이라는 것이 아니고, 양쪽 모두 오히려 같은 종류의 것이다. 제1의 감각적 성질, 즉 사물의 공간적, 시간적 규정성은 제2의 성질과 꼭 마찬가지로 형식적으로는 의식 속에서만 실존한다. 그럼에도 불구하고 제1 성질은 제2 성질과 꼭 마찬가지로 그것의 객관적 토대를 사물 자체 속에 가져야 한다.

여기서 전개된 견해와 전적으로 같은 의미로 H. 로체가 공간에 관해서 다음과 같이 말한다. "공간은 무(無)가 실재적인 것에서 일치하게 될 우리들 마음속의 단순한 현상이 아니다. 오히려 우리의 공간적 직관의 모든 개별적인 특징은 이 특징이 사물의 세계에서 갖는 어떤 근거에 일치한다. 다만 공간이 우리의 의식 속에서 갖는 그러한 속성들과 이 개별적 특징은 사유되지 않고, 직관되지 않은 채 자체적으로 존립할 수 없다." 칸트의 견해에 맞서서 로체는 다음과 같이 강조한다. 단순히 주관적인 형식은 영혼을 별로 도울 수 없을 것이다. "만약에 주관적 형식이 다만 주관적인 거동의 방식일 뿐이고, 사물과의 일체의 통약성(通約性)을 갖지 않는다면, 말이다. 도대체 사물들은 그 올가미가 이 사물에 알맞지 않은 그물에 잡히지 않을 것이고, 하물며 사물들의 등장의 어떤 자리를 다른 어떤 자리보다 선호하도록 강요할 수 있을 규정 근거는 존재하지 않을 것이다." 우리의 공간적인 직관의 근저에 객관적인 관계가 놓여 있어야 한다. "이 객관적인 관계를 우리의 직관의 주관적 언어로 옮기는 일이 일어난다면, 이 각각의 객관적인 관계에 어떤 일정한 공간적인 표상이 각기 다른 직관들을 제외하고 상응하게 된다."[14] 로체에 의하면 시간에 관해서 필요에 따라 변경을 가하면 동일한 것이 적용된다.

공간과 시간의 실재성 성격에 관한 우리들의 연구의 결과를 우리는 분명히 로체의 영향을 드러내는 v. 헤르틀링의 말로써 요약할 수 있다. "공간 문제의 난해성을 실로 칸트의 관념론과 구별하여 공간 표상의 객관적 피제약성을 고수하는 어떤 이론이 제거하지만, 그러나 다른 한편으로는 공간 표상의 본래의 내용 속에서 물론 표상하는 우리의 활동성의 산물을 인식한다. 이에 따라서 공간은 우리가 사물의 공존을 표상해야 하는 형식 내지 방식으로서 간주되어야 한다. 공간적인 차이성은 공존하는 사물들이 그 상호 관계에 있어서의 객관적인 관계로 환원되어야 하고, 이 관계에 비례한다. 우리의 공간 표상의 내용으로부터 도출되는 법칙은 따라서 또한 사물의 객관적인 존재 방식으로서 이 내용에 상응하는 것에 적중한다. 그러나 이제 우리의 공간 표상 자체의 객관적 토대는 무엇인가 하는, 또는 우리들의 방식은 도외시하고 공간을 표상하는 현실적 공간은 무엇인가 하는 그 이상의 문제는, 우리가 대상이 표상되지 않을 그때 대상에 관해서 표상을 만들어야 하는 보다 보편적인 문제와 아주 똑같이 거절될 것이다. 그리고 다음과 같은 사실을 언급할 수 있을 것이다. 즉 외계를 향해 있는 우리의 사유의 진리는 도대체 사물이 한편으로는 사유법칙에, 다른 한편으로는 경험에 의해서 제시된 근거에 비례하여 사유되어야 하는 것처럼 그렇게 사물을 사유하는 곳에서만 존재할 수 있다는 것이다." 시간도 아주 비슷하게 표시할 수 있다. 즉 "시간은 가변적인 사물, 또는 이 사물들의 교체하는 규정성

---

14)   Metaphysik, 218면, 234면 그리고 222면.

의 연속이 그 아래에서 표상되어야 하는 형상처럼, 여기서 다시 시간
표상에 일치하고, 그리고 이 시간 표상의 특수한 내용에 일치하는 가변
적인 것의 객관적 존재 방식 사이에 구별 지어질 수 있는 형상처럼 표
시될 수 있다."[15]

IV. 실체성

1. 실체 문제 및 그 가장 중요한 해결

"철학의 전 역사는 그것의 가장 깊은 핵심에서 고찰컨대 실체성의 범
주를 위한 투쟁이라고 Ed. v. 하르트만은 부당하지 않게 진술하고 있
다."[16] 그 때문에 실체 문제의 논의는 그것의 가장 중요한 해결에 관한
개관과 더불어 시작하는 것이 타당한 것 같다. 이러한 역사적인 길이
또한 가장 신속하게 문제 자체 속으로 파고들 것이다.

실체 문제는 아리스토텔레스가 최초로 체계적으로 다루었다. 그는 그의 《형
이상학》 제7권에서 이 실체 문제에 통찰력 있는 연구를 바친다. 그는 이 문제를
형이상학적 문제로 설정한다. "예로부터 현재 그리고 언제나처럼 제기되면서
도 충분히 해명되지 않은 문제: 존재자란 무엇인가? 라는 것은 실체란 무엇인
가? 외에 다른 것을 의미하지 않는다. 왜냐하면 이 존재자는 한편으로는 일자
(一者)이지만, 다른 한편으로는 일자 이상의 것이고, 전자에 의하면 수적(數的)

---

15) Vorlesungen über Metaphysik, 51면.
16) Kategorienlehre, 제2판. III, 225면. 참조. 여기에다 나의 저서: Das Substanz-
     problem in der Philosophie der Neuzeit, Berlin u. Bonn 1932.

으로 유한하고, 후자에 의하면 무한하다. 따라서 우리도 특히 그리고 맨 먼저 또한 말하자면 오로지 이러한 의미에서 존재자인 것을 고찰하여야 한다."[17]

실체 개념을 분석함에 있어서 아리스토텔레스는 우리가 여러 가지 방식으로 존재를 현실적인 것에 관해서 언표한다는 사실로부터 출발한다. 우리는 우선 대자적으로 존재하는 구체적인 개별물을 존재자로서 표시한다. 이 존재자에서 여러 가지 속성들(예컨대 양, 질)과 상태들(예컨대 앉아 있다, 가다, 건강하다)이 구별된다. 이러한 속성들을 존재자가 드러낸다. 그러나 이 속성들은 오직 어떤 존재자에 현존하기 때문에 표현된다. 이 후자, 즉 존재자는 본래적 의미에서 **실체**라 불리고, 저 타자들은 **우유성**이라 불린다. 전자에 대해서는 그것이 대자적으로 존립한다는 것이 본질이다. 분리되고 개체적인 실존 방식이 실체의 본질을 이룬다. 이에 반하여 후자에 대해서는 그것이 어떤 타자에서 실존한다는 사실이 본질이다. 아리스토텔레스가 언급하는 바에 의하면 "이 후자의 그 어떤 것도 본성상 자체적일 수 없으며 또 실체로부터 분리될 수 없다."[18]

실체와 우유성 사이에 따라서 존재론적 의존성의 관계가 존재한다. 우연적인 것은 실체에 매달리고, 실체에 의지점을 갖는다. 이것에 진술 가능성의 논리적 관계가 상응한다. 우연적인 것은 실체에 의해서 언표되고, 주어를 규정하는 데에 이바지하는 술어인 것이다. 따라서 우유성은 어떤 주어에 의해서 언표될 수 있는 일체의 것이다. 주어의 특징은 이에 반하여 — 논리적 관점 아래에서 — 주어에 의해서 어떤 다른 것이 언표될 수 있는 반면에 그것 자신은 어떠한 다른 것에 의해서도 진술될 수 없다는 사실에 있다. 실체는 "어떤 주어에 의해서가 아니라, 그것에 의해서 어떤 타자가 진술될 수 있는 그러한 것이다."[19]

따라서 실체에 대한 두 가지의 고찰과 규정, 즉 **존재론적 및 논리적 규정**이 있

---

17)   Met VII, 1.
18)   같은 곳.
19)   같은 책, VII, 3.

다. 아리스토텔레스학파의 진술에 의하면 다음의 사실이 분명해진다. 즉 "사람들은 실체에 관해서 두 가지 방식으로, 즉 실체를 한 번은 어떤 타자에 의해서 더 이상 언표되지 않는 최후의 주어로서 이해하고, 그다음은 이것인 것 그리고 분리된 것으로서 이해함으로써 말한다"[20]는 것이다.

이제 나는 어떤 인간적인 개체, 예컨대 소크라테스에 관해서 그는 인간이다라고 언표할 수 있다. 이 인간 존재는 그러나 전체 존재, 형성된 존재, 보행(步行) 등등처럼 결코 단순한 우유성이 아니다. 이 인간 존재는 결코 우연적인 규정이 아니라, 해당 주어의 본래적인 본질, 이 인간 존재를 인간 존재인 것으로 만드는 그것을 표현한다. 다른 면에서는 그러나 이 인간 존재는 방금 정의 내려진 의미의 실체는 결코 아닐 수도 있다. 왜냐하면 나는 이 인간 존재를 확실히 소크라테스에 대해서 진술할 수 있기 때문이다. 이 인간 존재는 또한 실체로서 대자적으로도 실존하는 것이 틀림없다. 플라톤의 이 관점을 그러나 아리스토텔레스는 단호하게 논박하였다.[21] 그러므로 인간 존재는 실체도 우유성도 아닌 것 같다.

아리스토텔레스는 여기서 어떤 구별로써 자구책을 강구한다. 그는 제1 실체와 제2 실체 사이를 구별한다. "가장 본래적이고, 근원적인, 그리고 가장 탁월한 의미에서의 실체는, 예컨대 일정한 인간 또는 일정한 말(馬)처럼, 어떤 주어에 의해서도 진술되지도 않고, 어떤 주어 속에서도 존재하지 않는 그러한 실체이다. 두 번째의 실체는 첫 번째 의미의 실체들이 귀속하게 되는 종(種)들, 이 종과 그 유(類)들을 의미한다. 그리하여 예컨대 어떤 일정한 인간은 인간이란 종(種)에 속하고, 이 종의 유(類)는 감각적 존재이다. 제2 실체는 실체, 예컨대 인간 그리고 감각적 존재라고 불린다."[22] 이 구별은 다만 용어상의 구별일 뿐

---

20)   같은 책, V, 8.
21)   참조. 특히 Met. I, 9.
22)   Kategorien V.

이지만, 그러나 난해성의 어떠한 사실적 해결도 아니라는 것을 우리는 나중의
연관에서 보다 더 자세하게 보게 될 것이다. 실제로 여기서는 아리스토텔레스
적 체계의 깊은 곳에 뿌리박고 있는 긴장과 불균형, 즉 자연 탐구자의 실재론
적 사유와 플라톤주의자의 관념론적 사유 간의 부정합(不整合)이 전면에 나타
난다.

아리스토텔레스적 실체론은 스콜라철학이 넘겨받았고, 그 이상으로 확장하
였다. 토마스 아퀴나스는 전적으로 그의 고대의 스승의 사상의 의미로 다음과
같이 정의 내린다. "실체는 어떤 타자 속에 존재하지 않는다는 속성을 지니는
사물이고, 우유성은 어떤 타자 속에 존재한다는 속성을 지니는 사물이다."[23]
토마스는 이 정의 속에 부정적으로 표현된 실체의 본질 개념을 긍정적으로 규
정하면서, 그는 실체를 존재자 자체 또는 자체 존재자로서 간단하게 표현하고,
이에 반하여 우유성은 타자 속의 존재자로 나타난다. 이 첫 번째 징표에 두 번
째 징표를 부가하면: 실체는 우유성의 담지자이다. 첫 번째 징표를 용어 "존립
하다"가, 두 번째 징표를 용어 "존속하다"가 지적한다. 그리하여 그것은 토마
스에게는 다음과 같은 뜻이다: 주체인 실체는 두 개의 특성을 가진다. 그 첫째
특성은 의존하는 외부적 기초를 필요로 하지 않고, 자신 속에 의존한다는 것이다.
그러므로 존립한다는 것은 자기 자신에 의하여 존재하는 것이고, 다른 것 속에
존재하지 않는다는 것이다. 우유성들의 기초가 되는 다른 것이 참으로 존재한다.
그것은 스스로 지탱하며, 그만큼 존속한다고 한다. 이렇게 하여 결국 자립적으로
존재하는 한, 주체인 실체는, 존재하게끔 하는 작용 또는 자립적 존재이다. 그것
이 참으로 존속하는 한, 그리스인에 따르면 실체, 또는 라틴인에 따르면 제1 실체
라고 불린다.[24] 토마스가 자세하게 진술하는 것처럼, 첫 번째 징표만이 실체 개

---

23) Quodlib. IX, 5.
24) Quaest. disp. de pot. q. 9, a. 1.

념을 위해서 본질적이고 구성적인 의미를 가진다. 우유성 없는 실체는 분명히 생각할 수 없다. 물론 엄밀히 말하면 그것은 "실체"가 아니라, "자존성(自存性)"이라 불러야 할 것이다.[25] 아리스토텔레스처럼 토마스도 제1 실체와 제2 실체, 개별적 실체와 보편적 실체 사이를 구별한다. 여기서 명백하게 되는 아리스토텔레스적 존재론의 문제성에 대해서 아리스토텔레스도 그의 근세의 위대한 개혁자인 F. 수아레스도 어떠한 기관도 갖고 있지 않다. 그럼에도 불구하고 아리스토텔레스적-스콜라철학적 실체론에 관해서 이것이 그 근본 규정에 있어서 오늘날에도 역시 아직 타당성을 갖고 있다고 주장되어야 한다. 이것은 저 실체론이 현상에 정위되어 있고, 현실을 찾아냈기 때문이다. 따라서 또한 현재의 실재론적으로 방향이 잡힌 형이상학과 존재론이, 우리가 앞으로 보게 되는 것처럼, 다시 이 실체론의 궤도로 접어든다는 사실도 놀랄 일이 아니다.

현대의 사유는 이 실체론을 대체로 포기하였다. 그 단초를 "근세철학의 아버지"가 그의 유명한 실체의 정의로써 만들었다. 우리가 실체를 생각할 적에 그것이 존재하기 위하여 그 자신 이외의 어떤 것도 필요로 하지 않는 방식으로 존재하는 것만을 우리는 생각하게 된다.[26] 이 개념 규정의 새로운 점과 혁명적인 점은 여기 실체적 존재의 상대적인 자립성의 자리에 절대적인 자립성이 놓여 있다는 사실 속에 놓여 있다. 실체는 이제 완전한 존재적 자립을 소유하고 있고, 그것의 존재에 있어서 어떠한 타자에도 의존하지 않는 본질적인 존재이다. 실체성은 이제 단순히 남의 힘을 빌리지 않는 자기적 존재인 실존자가 아니라, 자기로부터 존재하는 실존자이다. 자체성이 아니라, 자존성이 그것의 특징이다.

데카르트는 자기의 정의가 엄격한 의미에서는 오로지 어떤 존재에만 적합하

---

25) 같은 곳.

26) Principia philosophiae, I, § 51.

다는 것을 의식하고 있다. "철저히 어떠한 사물도 필요하지 않는 실체는 어떤 유일한 것, 즉 신으로서만 생각될 수 있다. 이에 반하여 모든 타자에 관해서는 이것들이 신의 도움이 없이는 실존할 수 없다는 것을 우리는 안다."[27] 그럼에도 그는 개념이 유한한 사물에 적용되는 것을 알고 싶어 한다. 그리하여 그는 존재의 유추에 관한 스콜라철학적 이론에 호소한다. "실체라는 이름은 신에게는 제격이고, 그리고 유한한 사물들에게는, 사람들이 강단에서 말하는 것과 동일한 의미로는 — 즉 신과 피조물에게 공통적일, 분명하게 통찰할 수 있는 실체라는 이 명칭의 어떠한 의미도 존재하지 않는다 — 제격이 아니다."[28] 달리 말하면 유한한 사물은 그 이상의 유사한 의미로 실체라고 불릴 수 있다.

데카르트가 그 앞에서 놀라서 물러선 귀결을 스피노자가 단호히 이끌어 내었다. 하나의 실체만이 존재하는 것이다. 스피노자는 다음과 같이 정의하고 있다: 내가 실체로서 이해하는 것은 그 자체로 존재하며, 그 자체를 통해서 상상되는 것이다. 달리 말하면 그것의 개념은 이 개념이 그것으로부터 형성되어야 할 어떤 다른 사물의 개념을 필요로 하지 않는 것이다.[29] 이 정의는 우선 데카르트의 정의보다도 덜 혁명적인 것처럼 들린다. 이 정의의 의미와 그 영향력은 사람들이 이 정의를 스피노자의 인식론적 독단론 — 이 독단론에서 존재 질서는 사유 질서와 완전히 일치하여 논리적 무제약성은 존재론적 무제약성을 전제한다 — 의 배경에서 볼 때, 비로소 분명하게 된다. 어떠한 다른 것을 통해서도 파악되지 않는다는 것은, 어떠한 다른 것을 통해서도 존재하지 않는다는 것을 의미한다. 자존성(自存性)의 이 징표를 스피노자는 실체를 자기 원인으로 규정함으로써 명백하게 드러낸다. 그것에 의해서 실체가 산출될 어떤 것도 존재하지 않는다. 따라서 실체는 자기 원인일 것이다. 말하자면 그것의 본질은 필연적으로

27)   같은 곳.
28)   같은 곳.
29)   Ethica, 3. Def.

실존을 포함한다. 또는 달리 말하면 실존하는 것은 그것의 본성에 속한다.[30] 이
제 유일한 실체만이 존재할 수 있다는 것이 전적으로 명백하다. 신 이외에 어떠
한 실체도 존재할 수도 생각될 수도 없다.[31] 그리하여 스피노자는 신은 실체이
다라고 말할 수 있다. 모든 다른 실체는 하나의 총실체의 양태, 즉 이 실체의 속
성인 사유와 연장 이외의 아무것이 아니다.[32]

스피노자의 실체 일원론에 반대하여 라이프니츠는 실체 다원론을 제시한다.
따라서 라이프니츠는 실체의 근본적 이해에 있어서 아리스토텔레스에로 되돌아
간다. 그는 역시 이 사실을 의식하고 있다. 그는 그의 사유가 실체 문제에 있어
서 걸어갔던 그 길을 그 자신이 서술한다. 이 길은 그를 스콜라철학과 아리스
토텔레스로부터 자연과학을 넘어서 어떤 새로운 실체 개념으로 안내하였는데,
이 실체 개념은 그러나 어떤 의미에서는 실체적 형식의 아리스토텔레스적-스
콜라철학적 옛 개념의 재수용을 의미하였다. 사람들이 이 개념의 도움으로 자
연의 특수한 문제를 설명하고, 자연과학적 문제를 형이상학적 수단으로서 해
결하기 때문에, 사람들은 이 개념으로써 자주 범하게 된 남용이, 그렇게 라이
프니츠는 강조하거니와, 우리들을 유혹하여 다음과 같은 일, 즉 "그것의 인식
이 형이상학에서 너무도 필요하여, 그것 없이는 사람들이 최상의 원리를 바로
파악하지 못하게 하고, 또 비물체적 자연 및 신의 기적의 인식에로 고양될 수
도 없게 하는 그러한 어떤 개념을 전적으로 물리치도록"[33] 해서는 안 된다고
한다.

실체적 형식의 추상적 개념을 보다 더 구체적인 내용으로 채우면서 라이프

---

30) 같은 곳, 명제 VII의 증명.
31) 같은 곳, 명제 XIV.
32) 명제 XXV의 계(系).
33) Metaphysische Abhandlung. Leibniz' Hauptschriften zur Grundlegung der
Philosophie, II, 146면.

니츠는 이 형식의 가장 내면적인 본성을 힘으로 규정한다. 이에 따라서 그는 실체를 작용할 수 있는 존재라고 정의한다.[34] 이 실체는 단순하거나 복합적이다. 아무런 부분도 갖지 않은 실체는 단순하다. 복합적 실체는 단순한 실체의 집적이다. 단순한 실체는 "단자"라고 불린다. 따라서 단자는 단일성을 나타낸다고 표현되어야 한다. (그리스어 단어 모나스(Monas)는 단일성 또는 일자(一者)인 것을 의미한다.) 이 단순한 실체 또는 단자는 진정한 실체요, 본래적인 실체이다.[35]

이 실체 이론의 새로운 점은 무엇보다도 이 이론이 실체의 본질을 작용으로 규정하고 있다는 점에 있다. "작용은 실체의 특성이다."[36] "행동하지 않는 것은 실체라는 이름을 얻을 가치가 없다."[37] 데카르트와 스피노자가 실체를 활동하지 않는 존재로서 파악하였다면, 라이프니츠는 이 정지해 있는 존재에 존재와 작용, 실체성과 인과성의 동일화에 의존하는 역동적인 실체 개념을 대립시킨다.

라이프니츠가 자기의 새로운 실체 개념을 제시하였을 때, 영국 철학은 이미 그 이상의 발전 단계, 비판과 파괴의 단계에 들어서 있었다. 영국 철학의 경험론은 실체라는 형이상학적 개념으로는 아무것도 시작할 수 없었고, 그리하여 결국 이 개념을 완전히 포기하게 되었다. 우리들의 지식은 "관념들", 즉 외적 및 내적 경험의 내용(감각과 반성)에 국한되어 있다는 원칙으로부터 출발하면서 로크는 실체의 인식 가능성을 부정하게 되었다. 실체의 관념은 그에게는 "전제되긴 하였지만, 인식되지 않은 속성 — 이 속성이 실존하고 있음을 우리는 알고 있고, 이 속성에 관해서 우리는 이 속성이 그 담지자가 없다면 존재할 수

34) Die Vernunftprinzipien der Natur und der Gnade, ebd. II, 423.
35) 같은 책, II, 423면과 459면.
36) Specimen dynamicum, ebd. I, 257.
37) Theodizee, übers. von A. Buchenau, Leipzig 1925, 393면.

없을 것이라고 가정한다 — 의 담지자 이외에 다른 것이 아니다."[38] 버클리는 한 걸음 더 나아간다. 그는 실체의 **현존**을 부인한다. 사물의 존재는 그에 의하면 사물의 피지각(被知覺)에 있다. 그는 물론 정신적 실체를 여기서 예외로 한다. 자기의 견해와 유행하고 있는 견해 간의 구별을 그는 다음의 사실, 즉 "우리들은 생각이 없는, 감각적으로 지각된 사물들은 그 피지각과는 다른 어떠한 실존도 갖지 않으며, 따라서 이 사물들은 행위하고 사유하며, 이 사물들을 지각하는 저 비연장적, 불가분적 실체 또는 **정신들**과는 다른 어떠한 다른 실체 속에서도 실존할 수 없다는 사실 속에서 인식한다. 이에 반하여 철학자들은 보통 감각적 성질은 그들이 **질료**라고 부르는 활기 없는, 연장된, 지각하지 않는 실체 속에 실존한다고 가정한다."[39] 버클리가 이렇게 실로 물질적 실체를 부정하고, 그러나 정신적 실체를 부정하지 않은 반면에, **흄**은 양자의 현존을 부정한다. 그에 의하면 직접적 인상으로부터 유래하는 그러한 관념만이 객관적 타당성을 갖는다. 이러한 인상은 그러나 실체 표상에서는 존재하지 않는다. 감각 지각은 우리에게 색깔, 소리, 맛 등등의 인상을 제공해 준다. 또 감정과 의지의 진행이 그것과 같은 자기 지각도 제공해 준다. 이 둘 중의 어느 것도 저 성질과 활동성의 실체, 즉 지속적인 담지자의 인상을 우리에게 매개해 주지 않는다. 따라서 실체 개념은 객관적인 기초가 결여되어 있다. 실체 개념은 단순한 사유물, 허구인 것이다. 그럼에도 불구하고 "실체"라는 낱말을 유지하고자 한다면, 그것으로써 우리는 사물의 직관적 성질 및 활동성의 총계만을 생각해야 한다. 이에 따라서 우리는 "영혼의 실체" 아래에서 내면적 경과의 총계, 이 "표상들의 다발"만을 이해해야 한다.[40]

칸트의 실체론은 실체 문제의 역사에서 어떤 새로운 시기를 의미한다. 그의

---

38) Versuch über den menschlichen Verstand, II. Buch, Kap. 23장, §2.
39) Abhandlung über die Prinzipien der menschlichen Erkenntnis, XCI.
40) Traktat über die menschlich Natur, Th. Lipps판, I (제3판), 28면 이하.

비판적 실체 개념은 대륙 철학의 합리적 실체 개념과 영국 철학의 경험적 실체 개념의 종합으로 이해될 수 있다. 그는 전자로써는 실체 개념은 진정한 개념이라고, 후자로써는 단순히 개념일 뿐이라고 가르친다. 칸트에게 실체성은, 우리가 알고 있는 바와 같이, 범주, 즉 오성의 결합 형식이다. 공간과 시간처럼, 실체성은 실은 경험적 실체성을 가지지만, 초월적 관념성도 가진다. 내용상으로 실체성에 있어서 시간 직관에 가까이 위치하고 있다는 것이 의미 있다. 즉 실체는 제 규정의 변화 중의 불변자이다. 실체의 원칙은 다음과 같다: "현상의 모든 변화에 있어서 실체는 지속하고, 실체의 총량은 자연에서 증가도 감소도 하지 않는다."[41] 칸트는 지속성에 있어서 실체 개념을 적용하기 위해서 경험적으로 사용할 수 있는 징표만을 본다. "지속성은 우리가 현상에다 실체의 범주를 적용하게 되는 근거이다."[42] 사람들은 칸트의 실체 법칙 속에서 뉴턴의 관성의 법칙이 말하자면 사상의 보다 높은 단계에서 반복된다고 부당하게 진술하지는 않았다. 이러한 강하게 자연과학적으로 정위된 실체관 속에 칸트는 자아에다 경험적 실체 개념을 결코 적용하고자 하지 않았다 ─ 왜냐하면 여기서는 심지어 모든 것이 유동적이고 가변적이기 때문에 ─ 는 사실이 정초되어 있다.

칸트 이후의 철학에서는 실체 문제에 대해 서술된 전형적인 해결은 변모된 형태로, 즉 독단적-형이상학적 형태는 독일관념론으로, 경험적 형태는 실증주의로, 비판적 형태는 신칸트주의로 재현된다. 관념론의 적대자, 구체적으로 말하면 헤르바르트와 로체한테서 우리는 라이프니츠의 실체 다원론으로의 재결합을 인식하게 된다. 그러나 여기서 헤르바르트는 명백한 정적(靜的) 실체 개념에 이른다. 즉 실체는 절대적으로 불변의 단순한 실재인 것이다. "존재자에게는 어떠한 변화도 없다. 그리고 현실적인 생기 현상(生起現象)은 따라서 실재적

---

41) Kritik der reinen Vernunft, 제2판 (Originalausgabe), 224면.
42) 같은 책, 227면.

인 것에 있어서는 전적으로 생기하지 않은 것과 마찬가지이다."[43] 모든 변화는
단적으로 실재적인 것 간의 관계의 변화에 있다. 로체는 다르다. 그의 실체론은
라이프니츠의 동적 실체관의 개혁을 의미한다. 라이프니츠에게서처럼 그에게
도 존재는 **활동적 존재**와 동일한 의미이다. "존재는 현실적으로 사물의 지속하
는 에네르기, 활동성 또는 동력인 것이고, 사물에 부딪혀 있는 수동적으로 정
립된 상태라는 숙명이 아니다."[44] 헤르바르트의 경직된 실체 개념과 관련하여
로체는 다음과 같이 설명한다. "우리가 일군(一群)의 현상에서 이 현상의 담지
자인 본질을 구한다면, 이 본질이 다양한 사건들 자체에서 견고한 근거점을 나
타내기 위해서, 우리는 이 본질이 확실히 견고하고 충분히 자립적인 것이라고
생각해야 할 것이다. 그러나 이 본질에 전적인 부동성의 저 확고한 고정성을
부여하기 위해서 우리는 어떠한 근거도 가지고 있지 않다. 따라서 우리는 이
본질의 개념을 오히려 소용없는 것으로 만들고 말 것이다. 우리는 일면적으로
본질의 확고부동성을 돌봄으로써, 들고나는 작용들 ― 설명될 수 있는 사건들
의 세계는 이 작용들로 구성된다 ― 의 중심점인 오히려 보다 더 본질적인 규정
을 실현하는 일을 무용하게 만들었을지 모른다."[45] 로체는 바로 이 통일성을
세우는 실체의 기능을 재차 강조한다. 그렇게 함으로써 **통일성**의 징표가 그의
실체 개념에서 중심적인 계기로 된다. 그는 실체 개념을 영혼에 적용하면서 다
음과 같이 설명한다: "모든 영혼은 자신에게 즉 일정한 표상, 감정, 노력 속에
살아 있는 통일성을 부여하는 그러한 것이다."[46]

　사람들은 로체의 이 규정들 속에서 W. **분트**가 "현실 이론"으로 표현했고 또

43) Lehrbuch zur Einleitung in die Philosophie, 제4판, K. Häntsch판, Leipzig
1912, 279면.
44) Metaphysik, 102면.
45) Mikrokosmos, I, 209면.
46) Metaphysik, 486면.

실체성론에 대립시켰던 저 이론을 재발견하고자 했다. 저 이론에 따라서 자연
과학에 대해서 불가결한 실체 개념은 정신적인 것에는 적용되지 않는다는 사
실을 발견한다. 왜냐하면 실체 개념은 살아 있는 영적 생활의 파괴로 이끌 것
이기 때문이다. 우리의 정신적 생명의 내적 인과성은 실체의 불변의 지속성과
절대적으로 통일될 수 없다. 영혼은 "정신적인 생기 현상과 다른 실체가 아니
라, 정신적인 생기 자체이다."[47] 영혼의 본질은 실체성이 아니라, **현실성**이다.

이러한 견해를 바탕으로 우리는 형이상학에서 좀 더 철저히 몰두하게 된다.
여기서는 다만 형이상학은 로체의 견해와 결코 일치하지 않는다는 사실만을
진술하게 될 것이다. 그에게 영혼은 어떤 일정한 법칙에 따른 상호 교체되는
단순한 일련의 과정이 아니라, **스스로** 변화하는 통일성, 즉 변화 속에서 **자신**을
보존하는 실체이다.[48] 근거 없이 본질을 활동하는 자가 없는 순수한 활동성 속
에서 해소하기도 하고, 이해하기 어렵게 활동성을 비활동적인 것에 결합시키
기도 하는 저 부당성은 로체를 따른다.[49]

가장 최근의 실체 문제의 발전 단계를 사람들은 "실체 개념의 부흥"[50]으로
표기할 수 있다. 이 부흥을 위해서 무엇보다도 비판적 실재론이 공로가 있다.
비판적 실재론은 모든 형이상학적 개념을 공허한 허구로 간주하는 실증주의에
대해서, 마치 역시 활동성 이론에 대해서처럼 이 개념의 권리를 지켰다. 비판
적 실재론의 실체관은 전적으로 아리스토텔레스적—스콜라철학적 실체 개념의
노선에 놓여 있다. 최근의 실체 문제에 대한 존재론적 연구는, G. 야코비와 N.
하르트만에게서 발견되는 것처럼, 동일한 방향에서 움직이고 있다.

---

47) System der Philosophie, 제4판, Leipzig 1919, I, 277면.

48) Mikrokosmos, III, 519면.

49) 같은 책, 541면.

50) 참조. 내가 위에서 그 이름을 말한 저서의 마지막 장.

2. 실체 개념

우리는 3중적 실체 개념을 구별하지 않으면 안 된다. 그것은 과학 이전의 개념, 자연과학적 개념 및 철학적 개념이다. 과학 이전의 개념은 과학 이전의 사유의 산물이고, 사물 개념과 일치한다. 이러한 개념의 형성에 있어서 소박한 사유의 눈앞에는 그것의 지속성과 엄격한 한계를 통해서 자립적 존재라는 인상을 띠는 고체가 떠오른다. 그런데 사물의 공간적 형식을 도외시하면, 과학 이전의 실체 개념에서 자연과학적인 실체 개념이 발생한다. 이것은 소재(素財) 또는 질료의 개념과 동일하다. 소재란 물론 사람들이 사물의 형식과 형태를 도외시할 때 그 사물에 잔존하는 것이다. 이러한 실체 개념은 자연과학의 연구에서 중요한 역할을 한다. 철학적 실체 개념은 (구체적) 사물 개념과도 (추상적) 소재 개념과도 일치하지 않는다. 철학적 실체 개념은 이 양자와는 본질적으로 다르다. 이 개념에서 생각되는 사태는 현상의 평면에서가 아니라, 보다 깊은 존재층에 놓여 있다. 이 개념은 경험적인 본성이 아니다. 형이상학적 본성을 가지고 있다. 우리는 이 개념을 감각으로 지각하는 것이 아니라, 오성으로써만 해명할 수 있다. 현상의 영역이 물 자체의 영역과 다르듯이, 한편으로 과학 이전과 자연과학적 실체 개념이, 그리고 다른 한편으로 철학적 실체 개념이 물 자체의 영역과 다르다.

실체 개념을 바르게 그리고 완전하게 규정하는 것은 존재론의 중요한 과제이다. 이 과제는 실체 개념 속에 포함된 징표들을 조심스럽게 드러내어야 한다. 그것은 다음과 같다.

1. "실체"는 이 낱말의 뜻에 따르면 "그 아래에 서 있는 것", 즉 근저에 놓여 있는 것을 의미한다. 실체는 현상 또는 우유적인 것의 기저에 놓여 있는 것이다. 실체는 우유적인 것의 담지자로서의 기능을 수행한

다. 우유적인 것은 실체에 수반되고, 내재한다. 우유적인 것의 실체에 대한 관계는 내재적 관계이다. 우유적인 것의 현존 방식은 타자 속의 존재이다.

2. 실체는 그 자신이 자립적 존재를 드러내는 그 이유 때문에 비자립적 존재를 담지(擔持)한다. 실체는 존재적 자립을 소유한다. 이것이 뜻하는 바는, 실체는 어떤 타자 속에, 또 어떤 타자에게서가 아니라 자기 자신 속에 그리고 대자적으로 실존한다는 것이다. 그것의 현존 방식은 자신 속의 또는 자신에 대한 존재이다. 이러한 실존 방식에 대해서, 우리가 이미 본 바와 같이, 스콜라철학에서는 자립적 존재(subsistenz)라는 용어를 만들어 내었다. 이 용어는 상대적인 존재적 자립을 의미한다. 이 용어가 상대적인 것은, 이것이 일체의 의존성과 제약성을 배제하지 않기 때문이다. 야기된 존재도 자립적 존재를 소유할 수 있다. 이 개념이 부정하는 것은 어떤 타자에서의 실존함이고, 어떤 타자에 의한 실존함이 아니기 때문이다. 합리주의적 실존 개념의 오류는 실체의 본질 속에 놓여 있는 존재적인 자립의 과도함, 즉 자체성(perseität)과 자존성(Aseität)의 동일시이다.

3. 실체 개념에서의 그 이상의 계기로서 통일성이 강조되어야 한다. 실체는 우연적인 것을 통일적으로 담지하는 자이다. 우연적인 것의 다수성은 실체의 통일성 속에서 "지양된다." 실체는 통일성을 이루는 원리로서 기능한다. 실체의 통일시키는 기능에 의해서 다양한 속성, 상태, 활동성으로부터 자신 속에 완결된 하나의 전체가 발생한다.

4. 실체는 우유적인 것의 통일적 담지자일 뿐만 아니라, 지속적인 담지자이기도 하다. 우연적인 것은 다양하게 변화한다. 실체는 상태와 관계의 변화 속에서 불변이다. 실체가 우연적인 것의 다수성에 대해서 그것의 통일성을 주장하는 것처럼, 그 가변성에 대해서 영속성을 주장한

다. 그러나 이 징표는 과장되어서는 안 된다. 과장하는 일은 사람들이 이 징표 속에서 실체의 본래적인 본질의 징표를 보는 곳 도처에서 발생한다. 이러한 방식으로 Fr. 파울젠으로 하여금 조롱삼아 "경직된 현실성의 장애물"이라고 말하게 한 저 경직된 실체 개념이 발생한다. 이러한 견해에 대립하여 다음의 사실이 강조되지 않으면 안 된다. 우리에게 비록 현실에서는 실체적 존재가 언제나 다소간에 지속적인 존재로서 대립한다 할지라도, 우리는, 존재자가 한 순간에만 실존했던 그곳에서마저도, 이 존재자가 방금 발견된 징표를 소유한다고 전제하면서, 실체에 관해서 말하기를 주저할 필요가 없다. 그러나 여기서 지속성은 실체 개념에 있어서 시원적인 징표가 아니라, 두 번째의 징표라는 사실이 귀결된다.

5. 이미 방금 암시된 것처럼, 실체는 정적(靜的)인 것이 아니라, 동적(動的)인 것이다. 실체는 (우유적인 것의) 존재 근거일 뿐만 아니라, 작용 근거이다. 실체는 작용의 출발점이고, 다양한 활동성의 원리이다. 우리가 보았듯이 라이프니츠와 그리고 이어서 로체는 이 징표를 실체 개념에서 특히 과도하게 내보였다. 이곳에 스콜라철학적 명제로 표현되는 바와 같은 저 실체관의 극복이 놓여 있다. 즉 자기로부터의 실체는 타성적이고, 우유적인 것은 활동적이다. 이것은 모든 활동성은 우유적인 것 속으로 옮겨 놓고, 실체는 말하자면 이 활동성의 정지해 있는 배후 근거로서 고찰된다는 것에 관한 것이 아니다. 그렇지 않고 작용은 실체 자체에 관계한다. 실체의 존재는 작용을 의미한다는 것이다. 우리가 다른 연관에서 확인한 것처럼 존재와 활동은 개념적으로는 다르다. 그러나 이것은 이 양자는 사태에 따라서 일치한다는 사실을 배제하지 않는다. 사실상으로 타자와 인과적 관계에 서지 않는 존재자, 결과를 일으키지 않고, 받아들이지 않는 존재자는 없다. 현실적인 것은 작용하는

자로서 증명된다. 따라서 실체성과 인과성은 사실상으로 일치한다. 실체 존재는 동시에 원인 존재라 불린다.

총괄적으로 우리는 실체를, 우유적인 것의 통일적 및 지속적 존재 근거와 작용 근거로서 기능하는 자기-내-존재자로 정의할 수 있다.

실체 개념의 발생에 관해서 이미 그 가장 본질적인 점은 인식론에서 언급되었다. 우리는 거기서 이 개념을 구성하게 하는 것은 일정한 의미의 성질이 개별적인 것이 아니라, 언제나 타자와 함께 등장한다는 사실임을 보았다. 이 사실을 파악하기 위해서 인식하는 의식은 언제나 외면상으로 함께 있는 것은 내면적으로 함께 전체를 이루고, 따라서 시간적인 결합의 기초에는 내면적인 결합이 놓여 있다는 사상을 완성한다. 그러나 이것이 의미하는 바는 저 성질들이란 것은 하나의 동일한 실체에 내재해 있는 여러 우유성으로서 파악될 수 있다는 것이다. 우리의 사유가 이 사상을 형성하기 때문에, 우리의 사유는 내적 경험의 어떤 소여성에 의존한다. 우리는 자기의식 속에서 저 관계가 그것의 특수한 본성으로부터 분리될 수 없는 존재자를 발견하게 된다. 이 존재자는 바로 정신적 본질인데, 이것은 감각, 표상, 감정을 자신으로부터 구별할 뿐만 아니라, 동시에 이것들을 자기의 것으로서, 자기의 상태로서 아는 놀랄 만한 성과를 완수하고, 또 총괄적으로 회상하는 과정에서 계속하여 귀결되는 최상의 계열을 그것 자신의 통일성을 통하여 결합한다.[51] 동시에 우리의 사유는 실체 개념을 형성함에 있어서 최상의 존재론적 법칙, 즉 동일률에 의해서 인도된다. 우리의 사유가 이 법칙을 현상에 적용하면서 다양한 것을 통일적인 것으로, 차이 나는 것을 동일한 것으로 환원한다.

---

51) H. Lotze, Metaphysik, 185면.

그러므로 실체 개념은 우리가 그것의 내용을 말하자면 경험적인 현실에서 읽어 낼 수 있는 그러한 개념이 아니다. 실재 개념이 뜻하는 사태는 현상의 소여성이 아니다. 내재적 관계는 경험적인 본성이 아니라 형이상학적 본성을 가지고 있다. 실체 개념의 원천은 따라서 경험 속에서가 아니라, 이성 속에서 구할 수 있다. 우리의 사유는 개념을 형성하고, 창조적으로 산출한다. 그러나 우리의 사유는, 경험을 개념적으로 만들기 위해서, 이 개념을 경험과의 연관에서 형성한다. 사유는 동시에 이 개념을 (내적) 경험에 근거를 두고서 형성한다. 이 내적 경험이 사유를 저 개념을 산출하는 곳으로 몰고 안내해 간다. 개념은 실로 경험에서 유래한 것이 아니고, 그러나 경험적 현실과의 관계 속에서 형성되기 때문에, 우리는 그것의 현실 내용, 그 실제 타당성에 관해서 확신해도 좋다. 이것은 그러나 실체 개념을 의미하고 드러내는 초월적 현실성의 객관적 관계가 있다는 것을 의미한다. 자체 존재자의 구조의 특징은 자체 존재자 속에서 개념적으로 표현된다. 이 구조적 특징이 물론 보다 더 자세하게 어떠한 성질의 것인지 하는 것에 관해서 우리는 아무것도 나타낼 수 없다. 다만 다음과 같은 정도로 우리는 말할 수 있다. 즉 범주적 사유의 언어로 옮긴다면, 자체 존재자의 구조 특징은 우리에게 실체와 속성의 관계로서 드러난다. 그리하여 그 논리적 내용에 따라서 우리들 사유의 산물인 이 개념은 그것의 토대를 자체 존재자 속에서 갖는다. 이와 동시에 그러나 이 개념은 진정한 범주적 개념임이 증명된다.

3. 실체와 우유성

실체와 속성은 상관 개념이다. 실체와 속성은 상호 규정하고, 서로 포함한다. 나는 실체를 속성의 개념 없이는 정의 내릴 수 없고, 그 역도 마찬가지이다. 실체 존재는 물론 우유적인 것의 존재 및 작용 근거이고, 우유성은 실체에 부착하는 것을 의미한다. 여기로부터 우유성 없는 실체는 실체 없는 우유적인 것과 똑같이 존재할 수 없다는 결론이 나온다. 여기서 나오는 귀결로서 실체 개념의 절대적 존재에의 적용 불가능성이 일어난다. 절대적 존재는 구체적으로 말하면 절대적으로 단순한 것으로 생각되어야 하기 때문에, 그것은 어떠한 우유적인 것도 가질 수 없다. 그것은 따라서 속성이 없는 실체일 것이다. 그러나 이러한 개념은, 우리가 확인한 것처럼, 논리적으로 불가능하다. 따라서 절대적 존재는 실체로서 규정될 수 없다.

우리가 위에서 본 것처럼, **토마스**도 이 사태에 대해서 눈이 멀지 않았다. 그러나 그는 실체 개념에 있어서의 본래적으로 구성적인 징표는 자체 속의 존재 또는 자존(自存)하는 것이라고 생각하고 있기 때문에, 우유적인 것에 대한 주어 존재가 결여해 있는 그곳에서도 역시 "실체"에 관해서 말해야 한다고 믿는다. 그러나 그는 엄밀히 말하면 사람들은 여기서 "자존성(自存性)"에 관해서만 말해야 하고, "실체"에 관해서 말해서는 안 된다고 부언한다. 이에 대해서 우리는 우유적인 것의 주어 존재가 실로 실체 개념에 있어서 시원적인 것은 아니지만, 그럼에도 필요한 징표를 나타낸다고 명시한 우리의 실체 개념의 분석에서, 그러므로 실체 존재에는 자체 존재(das substare)도 귀속하게 된다는 사실을 언급해야 한다. 여기서 실체 개념을 자체 존재에 적용할 수 없다는 결론이 나온다.

우유성을 소유하는 일이 실체의 본질 속에 정초되어 있다면, 더 나아가서 실체와 우유성의 관계가 어떻게 생각되어야 하는지가 의문이다. 스콜라철학은 양자는 **실제로** 다르다고 가르친다. 여기서 양자는 서로 분리될 수 있다는 결론이 나온다. 실체는 말하자면 교체될 수 있는 반

면에 우유적인 것은 지속한다. "실체적 변화"가 가능하다. 주지하다시
피 이 개념은 스콜라철학적 신학(성체론[聖體論])에서 중요한 역할을
한다. 이것은 도대체 무엇보다 실체와 우유성 간의 실제적 구별을 확립
하게 한 신학적 이유가 되었다.

　이러한 태도에 대해서 우리는 우선 방법적 우려를 표명하지 않으면
안 된다. 사람들은 철학적 개념을 신학적 이유로써 뒷받침 하고자 하지
않는다. 이것은 구체적으로 말하면 그 전체적 구조에 따라서 서로 다른
두 지식 영역의 혼합과 화합을 의미한다. 이러한 태도 속에도, 스콜라
철학적 이론에 따라서 ("자연 신학" 또는 "기초 신학"으로서의) 철학이
신앙을 이성적으로 기초 놓아야 하는 한, ― 이것은 그러나 철학 자신
이 자신의 발 위에 서고, 신앙의 영역에 의존하지 않는 한에서만 가능
한 것이다 ― 내면적 모순이 포함되어 있다.

　우리의 두 번째 우려는 사실적인 종류의 것이다. 그것 때문에 사람들
이 실체와 우유성 간의 실제적 구별을 가정하게 되는 저 이론은, 성체
성사의 비밀을 아리스토텔레스 철학을 매개로 하여 개념적으로 파악하
고 공식화하는 인간적 시도로서 간주될 수 있다. 이러한 개념이 대상에
현실적으로 알맞다는 사실을 전문 지식이 있는 그 누구도 주장하고자
할 수 없다. 아리스토텔레스의 형이상학적 개념의 명백한 우주론적 기
원(起源)은 최고의 그리고 가장 숭고한 영역, 즉 신성한 것의 영역의 상
황에 대한 표현 수단이라는 이 성체성사를 부적당한 것으로서 간주되
게 한다.

　그러나 신학적 정초에 대해서뿐만 아니라, 견해 자체에 대해서도 우
려하는 일을 우리는 타당하게 해야 한다. 실체와 우유성의 실재적 차이
성을 가르치는 사람은 동시에 로크와 여타의 경험론자들이 전제하고 또
극복하는 그 관점과 근본적으로 일치하는 실체의 본질관을 표명한다.

이에 따르면 실체는 우유성의 알려지지 않은 담지자이고, 현상의 배후에 서 있어서 현상에 의해서 내면적으로 접촉되지 않는 전적으로 규정할 수 없는 X이다. 경험론적 비판이 이와 같은 실체를 전적으로 불필요한 것으로서 경시한다면, 사람들은 그 점에서 이 비판에 찬성할 수 있을 뿐일 것이다. 그러나 사람들이, 오늘날의 대부분의 스콜라철학자들마저 그러는 것처럼, 이 비판에 찬성한다면, 자기 모순을 범하지 않고서는 실체와 우유성 간의 실제적 구별을 가르칠 수 없을 것이다. 왜냐하면 그렇게 함으로써 사람들은 거부되었던 견해를 지지하게 될 것이기 때문이다.

실체와 우유성의 관계는 저 표상이 인정하고자 한 것보다 더 편협하고, 내면적이며, 유기적이다. 실로 정신적 영역에서 우유적인 것은 이 우유적인 것을 담지하고 포함하는 주관에 대해서 어떤 자립성을 가지고 있다. 영혼이 어떤 행위를 개시한다면, 동시에 이전에는 존재하지 않았던 어떤 것, 즉 어떤 새로운 실재성이 발생한다. 영혼의 생명은 이렇게 됨으로써 성장과 증대를 경험한 것이다. 우유적인 것의 실재성이 여기서 분명하게 드러난다. 그럼에도 불구하고 사람들은 그 때문에 실체와 우유성의 실제적 차이성과 분리 가능성을 주장하고자 하지 않을 것이다. 저 행위는 영적 주관의 행위이고, 또 이 행위로 머문다. 이 행위는 어떤 활동하는 자가 없이는 생각할 수 없고, 그 때문에 이 활동하는 자로부터 분리될 수 없는 활동성이다. 그러나 정신적 주관에 대한 이 활동성의 관계를 도외시하더라도, 이 활동성은 영적 생기 현상의 전체성 속에 묻혀 있어서, 이 유기적 전체 속에 편입되어 있는 것이기 때문에 이 활동성을 제거하는 것은 전체를 파괴하는 것과 다름없다. 더욱이 이 사실은 물체적 실체의 우유적인 것에, 이것이 실제로 우유적인 것인 한, 타당하다. 사람들은 그럼에도 사상 속에서 물질적 실체로부터

양의 우유성을 분리하고자 하고, 그리고 당장 그렇게 착수하는 것이 불
가능함을 인식한다.

개별적인 신스콜라철학자들도 이러한 인식에 대해서 눈을 감지 않는다. 그
리하여 J. 가이저는 스콜라철학적 이론에 철저히 몰두한 뒤에 다음의 결론에 도
달한다. 즉 "실체는 그것의 우유적인 것을 지닐 뿐만 아니라, 우유적인 것이다
라는 것이다. 물질적 실재는 연장을 소유할 뿐만 아니라, 연장되어 있다. 연장
을 가진 존재는 운동을 소유할 뿐만 아니라, 움직여지고 있다. 색깔도 역시 연
장을 가지고 있다. 실체는 그것의 실재성을 우유적인 것으로 전개한다."[52] 전
적으로 이러한 견해의 의미로 v. 헤르틀링은 그 관계를 미리 다음과 같이, 즉
"그 자체로는 벌거숭이이고 공허한 실체는 우유적인 것이 덧붙여짐으로써 비
로소 말하자면 옷이 입혀지고 가득 채워지는 것처럼" 그렇게 파악하도록 경고
한다. "오히려 실체는 우리에게 속성, 활동성 그리고 관계 속에서 나타나는 바
로 그것이다."[53]

그리하여 우리는 이제 실체와 우유성의 관계는 실재적인 차이성과 분
리 가능성으로서 파악되어서는 안 된다는 결론에 이르게 된다. 실체는
우유적인 것 속에서 현상하는 본질이다. 우유적인 것은 실체의 현상 방
식이다. 이 현상 방식 속에 현상의 본질이 드러난다. 그리하여 이 본질
은 현상 방식을 통해서 인식되고, 이것으로부터 해명될 수 있다. 역동
적으로 말한다면 실체는 우유적인 것 속에서 그 실재성을 전개하고, 그
존재를 이 속에서 베푼다. 우유적인 것은 활동적인 원리로서 파악되어

---

52) Allgemeine Philosophie des Seins und der Natur, 460면.
53) Vorlesungen über Metaphysik, 42면.

야 하는 실체의 확인 방식이다. 이렇게 하여 실체와 우유성의 유기적 관계가 확립되거니와 이 관계는 (물론 언제나 기계적인 어떤 것을 의미하는) 저 분리를 본질적으로 배제한다.

4. 실체와 인격

실체 존재에는 등급이 있다. 자기 내(內) 존재 또는 대자(對自) 존재는 차등화를 인정한다. 이 존재 속에는 물론 통일성의 계기가 포함되어 있다. 이 계기는 그러나 여러 가지 방식으로 실현될 수 있다. 실체 존재 중의 가장 아래 단계는 무생명체를 이룬다. 무생명체는, 우리가 이미 알고 있는 것처럼, 단순히 외면적 통일성을 드러낸다. 이 무생명체에 관해서 우리는 그것이 실체라기보다는 실체로 구성되어 있다고 말해야 한다. 그 때문에 여기서는 또한 물체적 존재 자체가 지양되는 일이 없이 그 부분이 분리될 수도 있다. 실체적 존재의 보다 높은 단계는 생명이 있는 물체, 즉 유기체를 의미한다. 여기서는 모든 것이 어떤 중심에 맞추고 있다. 통일성은 전체성을 의미하고, 부분은 이 전체에 있어서 또 전체 속에서의 지절(肢節)이다. 분할은 전체를 파괴하지 않고서는 불가능하다. 자기 내 존재의 좀 더 높은 단계는 영혼이 있는 유기체로써 주어진다. 중심을 향한 집중은 보다 더 강력한 것이다. 왜냐하면 여기서는 유기체 내의 진행을 조종하는 내면의 생명이 있기 때문이다. 동물적 유기체에 있어서의 이 의식적 생명이 감각적인 생명으로도 된다면, 그것은 아무튼 식물적 유기체의 생명보다도 더 집중된 통일성의 형식을 드러낸다. 실체 존재의 최고의 단계는 자기의식과 이것에 근거하는 자율이 존재하는 그곳에 도달한 것이다. 이러한 존재는 대자 존재를 소유할 뿐만 아니라, 이 대자 존재를 알고, 이것을 의식적으로 소유한다.

이 자기의식은 대자 존재에게 자유로운 자율의 자격을 준다. 이러한 존재를 우리는 인격이라 부른다. 인격 존재는 이렇게 하여 실체 존재의 최고의 형식으로 간주된다.

스콜라철학은 자신 속에 봉쇄된 개별 실체를 전제 또는 개념의 구체화라 부른다. 이것이 이성을 갖추게 되면, 인격이라 불린다. 인격은 이성적인 전제이다. 이러한 의미로 이미 보에티우스는 중세 및 현재의 스콜라철학에 대해서 타당한 그의 정의에서 인격의 본질을 개별적 실체의 이성적 본성이라고 규정하였다. 오래된 이 옛 공식의 현대적 해석은 다음과 같다. "인격 존재의 형이상학적 뿌리는 실체에서 명시된다. 그것은 자립, 상대적 자립성으로서 존재해야 한다. 아무런 자립성도 갖지 아니할 본질은 인격일 수 없을 것이다. 그러나 이 자립성은 동시에 미분(未分)의, 구체적 전체성이어야 한다. 인격은 상실될 수 없는 자립성이다. 인격은 그것의 자립성을 포기할 수 없고, 남에게 기증하거나 상실할 수 없다. 사랑 속에서 그 자신을 포기하는 인간의 영원한 동경은 무한자에 의해 붙잡혀 있는 상태를 말한다. 이 개별적 실체는 따라서 분할되지 않은, 분할할 수 없는, 그리고 직접적인 실체이다. 따라서 여기서 통일성은 그 최고도에 이른다. 그것은 부분 상호의 연관된 존재 또는 전체에 대한 지절(肢節)로서의 부분의 연관된 존재일 뿐만 아니라, 완성된 일치에 이르기까지 상승하는 완전히 집중된 통일성이다. 이 통일성과 일치는 언제나 자아 의식 속에서 체험된다. 그러나 이 구체적인 대-자(對自) 및 자기-내-존립은 이성적 본성의 실현이라는 데에 이른다. 이성적 본성이 무엇을 일컫는 것인지를 우리가 명백히 한다면, 우리는 그 아래에서 이성적 사유만을 이해하는 것이 아니다. 이 이성적 본성이 의미하는 바는 오히려 여기에 실존을 의식적으로 소유하게 될 가능성이 존재하고 또 이 소유를 합목적적으로 인도된, 목표를 향해 노력하는 자결권(自決權)에 종속시키는 가능성이 존재한다는 것이다. 인격은 따라서 분별하면서 그 자신의 현존을 포함하고 인식하며, 그 자신의 목표를 의욕한다. 그러나 이것으로 충분하지 않다. 인격은 또한 자기 자신을 그것의 본성으로는 주어지지 않는 그러한 목적으로 정립하는 가능성을 갖고 있기도 하다. 인격은 남의 목적을 자신 속으로 이끌어 들여서 자기의 목적으로 삼을 수 있다. 정신적 인격의 통일성으로서 사유되는 모든 사유와 의욕은 자립적인 목표 설정과 목적을 위한 행동이다. 인간은 인격이기 때문에, 전체 생명은 의식적인 목표를 향한 노력으로 규정된다. 왜냐하면 사유하면서 자기 자신을 목적으로 정립하는 것이 이성의 본성이기 때문이다."[54]

예전 정의의 이 재치 있는 해석은 그러나 그 한계와 불충분성을 속일 수 없다. 실로 보에티우스가 그의 정의(定義)에서 인격 존재에 대한 본질적인 것을 언급하였다. 그러나 그가 언급하는 것은 인격 존재자 자체가 아니라, 오히려 그것의 존재적 전제, 즉 그것의 존재 토대에 관계하고 있다. 존재적 자립, 개체성, 이성적 성격은 필연적 조건이요, 이러한 의미에서 인격 존재의 구성 부분이기도 하다. 그러나 이것으로써 이 구성 부분의 가장 내면적인 본질은 아직도 적중시키지 못하고 있다. 이 본질은 가치 사상 없이는 정의 내려질 수 없다. 인격은 다음과 같은 존재이다. 즉 — 그것의 실체성, 개체성 그리고 합리성을 근거로 하여 — 가치의 나라와 관계하고, 정신적인 가치에 열려 있으며, 이 가치를 자신 속으로 수용할 수 있는 그러한 존재이다. 이 수용은 인식과 사랑 속에서 완수된다. 인격은 가치를 직관할 수 있고, 그리고 직관된 것을 실현하기 위하여 의지에 따라서 이것에 몰두할 수 있다. 인격은 존재가 가

---

54) P. Simon, Sein und Wirklichkeit, München 1933, 132면 이하.

치로 움직여 가는 것을 의미한다. 따라서 사람들이 인격은 존재하는 것이 아니라, 생성되는 것이라고 말한 것은 부당한 것이 아니다. 사실 인격은 완성된 존재보다도 오히려 생성되는 존재를 드러낸다. 인격의 생성은 인격의 자연적인 존재를 정신적 가치로써 관철하는 데 있다. 존재와 가치는 인격 속에서 결합된다. 인격은 철저한 가치 실현을 의미한다. 이러한 가치 실현을 통해서 우리가 인격성이라고 부르는 것이 발생한다. 왜냐하면 인격성 아래에서 우리는 인격적 존재가 가치로 움직여 감으로써 성립하는 저 가치 실현을 이해하게 되기 때문이다. 그리하여 인격의 목표는 인격성이다.

이러한 숙고의 빛 속에서 옛 정의의 한계를 분명하게 볼 수 있게 된다. 옛 정의는 그것의 근거를 우리가 앞에서 아리스토텔레스의 존재 개념의 우주론적 기원이라고 일컬었던 것 속에서 갖는다. 저 정의의 개념들도 자연의 현실에서 획득한 것이고, 그 때문에 정신적 현시에 대해서는 제 기능을 발휘하지 못할 수밖에 없다. 이 개념들은 정신 존재의 토대를 규정할 수는 있지만, 그러나 정신 자체, 그것의 가장 내면적인 존재 및 본질을 규정할 수 없다.

V. 인과성

1. 아리스토텔레스학파의 인과론

아리스토텔레스와 그에 연결된 스콜라철학에서는 4가지 종류의 원인, 즉 질료인, 형상인, 작용인 그리고 목적인을 구별한다. 우리가 알고 있는 것처럼, 아리스토텔레스에 의하면 모든 사물은 질료와 형상의 종합이다. 전자는 잠세태이고, 후자는 현세태이다. 그리하여 가장 밀접한 관계에서의 질료-형상이란 개념의 짝은 좀 더 일반적인 가능태-현실태와 연관되어 있다. 그렇다. 전자는 결국 후자에로 환원된다.[55] 그리하여 아리스토텔레스가 생성의 수수께끼를 풀기 위해서 이 양자를 수단으로서 이용한다는 사실이 이해될 수 있다. 그가 가능태-현실태-도식을 어떻게 이 과제에 이바지하게 하는가 하는 것은 위에서 명시되었다. 아주 똑같은 방식으로 그는 질료와 형상이란 개념을 문제를 해결하는 데 사용한다. 우유적 생성에 있어서 실체는 지속하고, 우유적인 것만이 변화한다. 실체적인 생성에 있어서는 지속하는 것은 실체가 아니지만, 우유성도 아니고, 실체적 가능성 또는 질료, 좀 더 정확히 말하면 제일 질료이다. 제일 질료는 변화를 통하여 사라진 이전의 형상으로써 이전의 실체를 내면적으로 구성하였던 것이요, 또 변화를 통해서 초래한 새로운 형상으로써 새로운 실체를 구성하는 것이다. 이 제일 질료는 그 자체 모든 형상을 받아들일 수 있는 전적으로 무규정적인 기체(基體)이다.[56] 제일 질료는 단순히 가능적 존재를 나타내고, 그러나 가능적인 것은 그 자체 스스로 현실화될 수 없기 때문에, 이 실현을 완수하고 동시에 형상을 질료 속으로 불러들이는 제3의 원리가 존재하여야 한다. 이 제3의 원리가 작용인(作用因)이다. 이 과정의 목표는 사물의 현실계이기 때문에 이 작용인, 따라서 형상은 동시에 목적인(目的因)으로서 나타난다.

　이 이론에서 우선 술어상으로 주목해야 할 점은 우리들이 오늘날 "원인"이란 개념을 아리스토텔레스와 스콜라철학에서보다도 더 편협하게

55)　참조. Phys. III, 1 ; Metaphys. XII, 2.
56)　Met. VII, 3.

이해한다는 점이다. 우리는 더 이상 질료인, 형상인, 목적인을 말하지 않고, "원인"이란 단어를 오로지 작용인으로만 사용하고 있다. 따라서 우리는 네 가지가 아니라, 한 가지 종류의 원인, 즉 작용인만을 알고 있다.

그리고 나서 이 이론의 내용에 관해서 살펴보면, 여기서는 자연 속에서 한편으로는 질료가, 다른 편으로는 그때그때의 질료적 기체(基體)의 형태를 규정하는 형상의 힘이 존재한다는 올바른 관찰이 존재한다는 사실이다. 모든 발생은 원인을 전제한다는 점에서 역시 아리스토텔레스는 정당하다. 드디어 자연 속의 목적의 의미도 그에 의해서 올바로 관찰되었다. 그의 안목은 우선 도대체 합목적성과 목표지향성을 나타내는 유기적 자연에 의존하고 있기 때문에, 그가 목적론적 자연관에 이르렀고, 또 목적인을 당장 3가지 다른 원인들에 병렬시켰다는 것은 이해가 되는 일이다.

그의 원인론의 기저에 의심의 여지가 없이 올바른 직관이 놓여 있지만, 그러나 이 원인론은, 전체적으로 볼 때, 더 이상 유지될 수 없다. 이 사실은 특히 기저에 놓여 있는 질료-형상이란 개념의 쌍에 적용된다. 이 철학의 토대 위에 서 있고, 따라서 그의 비판이 특별한 의미를 갖는, 주지하고 있는 아리스토텔레스와 토마스의 어느 연구가는 아리스토텔레스적인 질료 개념의 약점을 부각시킨다. "질료와 형상은 어느 때는 너무 멀리 나아간 예술의 자연 속으로의 유비(類比)의 산물이고, 다른 때는 사유와 존재의 평행성을 지나치게 고수한 결과이다. 아리스토텔레스도 토마스도 실제적 생성 과정을 설명함에 있어서 질료를 근원적으로 파악하는 일을 고수할 수 없었다는 것은 교훈적이다. 순수한 잠세태의 자리에 사물이 성립함에 있어서, 그리고 생성 과정의 결과에 본질적으로 관여하는, 자기의 속성과 소질을 가진 구체적인 소재(素材)가 등장한다. 생성 과정에서 최종적 형이상학적 원리가 당장 그 모습을 드

러내지 않는다는 언급은 여기서는 별로 소용없다. 왜냐하면 아리스토
텔레스적-토마스적 규정의 박약한 논거는 일련의 다른 근거에서 분명
해지기 때문이다. 질료가 형상을 향한 노력에 의해서 실현된다면, 질료
가 우연적 속성, 불완전성, 종류의 구별의 원인으로서 기능을 하고, 그
뿐만 아니라 개별화의 원리가 되어야 한다면, 그럼에도 질료는 순수한
가능태 및 존재와 비존재 간의 매개자를 의미할 수는 없다. 더 나아가
실체적 형상이 기체에 이르는 순수한 가능태를 갖고 있지 않다는 사실
을, 영혼-형상이 사라지고 난 뒤 거기에 제일 질료가 아니라, 시체가
남게 되는 유기체의 죽음이 증명한다."[57]

  질료와 형상 개념들을 특별히 구별하였던 동일한 방향의 어떤 다른
탐구자는 형상 개념에 대해서 다음과 같이 진술한다. "아리스토텔레스
는 플라톤의 이데아론을 논박한다. 사물의 본질이 사물로부터 어떻게
분리될 수 있는가? 그러나 사물에 내재하는 본질, 그 아래에서 우리가
사물을 생각하게 되는 보편적 개념의 내용은 형상과 일치하지 않을까?
생성 과정으로부터의 지도(指導)가 엄격한 귀결 속에서 고수되어야 한
다면, 이 물음은 부정되지 않으면 안 된다. 형상은 보편 개념인 동물,
인간, 또는 그 밖에 그 무엇이 진술하는 바와 같은 본질이 아니라, 사물
을 본성과 성질에 따라서 철저하게 규정하는 내면적 원리요, 본질 자체
가 아닌 본질의 원리이다. 인간성 개념의 내용과 개별 인간의 영혼은
서로 일치하지 않는다. 아리스토텔레스 자신이 이 분리를 고수하지 않

---

57) H. Meyer, Thomas von Aquin, Bonn 1938, 79면 이하. 가이저(J. Geyser) 역시
    아리스토텔레스적 질료 개념을 주정하기에 이른다. ("Allgemeine Philosophie des
    Seins und der Natur", 452면 이하). Cl. Baeumker도 마찬가지이다. ("Das
    Problem der Materie in der griechischen Philosophie", Münster 1890, 247-261
    면).

는다는 사실은 플라톤에게서 가장 강력하게 표현되지만, 아리스토텔레스의 학도들한테서도 여전히 유효한 실재론적 사유 방식 속에 놓여 있다. 실제로 사유된, 사물화된 보편적 본질 개념은 언제나 다시 자기 쪽으로 인도해 가는 사유 진행의 귀결 속에서 어떤 개별자이어야 하는 형상을 흡수한다."[58] 여기서 이미 플라톤의 관념론과 아리스토텔레스학파의 정신 속의 자연과학적 경험론 간의 언급했던 긴장이 분명하게 드러난다. 전자는 형상 속에서 보편자와 일반자를, 후자는 특수자와 개별자를 본다. 전자에서는 보편적인 본질성이 "참된 존재자"를 만들고, 후자에서는 구체적인 본질성이 실제로 실존하는 존재를 만든다. 아리스토텔레스가 여기서 두 가지의 실체, 즉 형상 실체와 개체적 실체의 구별로써 자구책을 강구한다면, 이것은, 위에서 이미 강조된 것처럼, 용어상의 해결이긴 하지만, 존재상의 해결은 아니다.

우리가 아리스토텔레스적 원인론의 설명과 비판적 검토를 통하여 이미 인과론의 본질적 규정을 알았기 때문에, 우리는 그 체계적 취급법을 가장 잘 준비한 것이다.

2. 인과 개념

"실체성"이 실체와 우유성의 관계를 의미하는 것처럼, "인과성"은 원인과 결과의 관계를 의미한다. 일자의 관계는 타자의 관계처럼, 우리가 학문론에서 본 것처럼, **실재적 관계**를 드러낸다. 인과적 관계의 연관지

---

58) G. von Hertling, Wissenschaftliche Richtungen und philosophische Proble-meim 13. Jahrhundert, in: Historische Beiträge zur Philosophie (J. A. Endres 판), Kempten 1914, 171면. 참조. 그의 특별 연구: Materie und Form und die Definition der Seele bei Aristoteles, Bonn 1871.

(聯關肢)는 한편으로는 원인 혹은 작용하는 자이고, 다른 한편으로는 결과 혹은 야기된 자이다. 전자는 시기(始期)를, 후자는 최종 기한(最終期限)을 나타낸다. 관계 자체는 작용이다. 이것이 작용하는 주관의 영역에 머문다면, 우리는 내재적 작용이라고 말한다. 그러한 것은 예컨대 어떤 유기체 내의 생의 과정 또는 영적 작용을 의미한다. 이에 반해서 작용하는 주관의 영역을 벗어난다면, 초월적 작용이 존재하게 된다. 이러한 일을 예컨대 필기작업이 드러낸다. 왜냐하면 내가 필기하면서 나는 나와 다른 대상, 이를테면 한 장의 종이에 일정한 변화를 일으키기 때문이다.

우리는 원인의 개념을 이미 만났었는데, 그것은 우리가 사유의 법칙론에서 3가지의 근거, 즉 인식 근거, 존재 근거와 생성 근거를 구별하였을 때이다. 후자는 원인 외에 다른 것이 아니다. 원인은 그것을 통해서 그 어떤 것이 생성되거나 발생하게 되는 그러한 것이다. 우리가 원인의 활동을 생각해 보면, 원인이란 그 어떤 것을 야기하는 존재자이다라고 정의 내릴 수 있다. 우리가 "야기하다"라는 개념은 원인 개념과 너무도 유사하기 때문에 이 개념을 피하고자 한다면 — "야기하다"라는 것은 "원인이 된다"라는 것 외에 다른 것이 아니다 — 우리는 원인은 그 어떤 것이 생성되거나 발생한다는 사실을 만드는 존재자이다라고 공식화할 수 있다.

실체와 우유성처럼 원인과 결과도 상관 개념이다. 원인-존재라는 것은 그 어떤 것을 야기하는 것, 또는 결과를 정립하는 것을 일컫는다. 그리고 결과-존재라는 것은 야기된 존재 또는 어떤 원인에 의해서 정립된 것을 의미한다. 그러므로 결과 없는 원인이 없듯이, 원인 없는 결과도 없다. 내가 어떤 것이 결과라는 사실을 안다면, 그것이 원인을 갖고 있다는 사실도 나는 안다. 그 역(逆)의 관계도 마찬가지이다. 양자는 동일한 사실에 대한 다른 표현일 뿐이다.

원인과 결과의 관계, 즉 인과 관계는, 이미 암시된 바와 같이 실제 영역에 속한다. 관념적 영역에서는 이 인과 관계는 그 대형(對型)을 이유와 귀결의 관계에서 가진다. 그러나 이 양자의 관계는 이 관계가 귀속하는 두 영역처럼 서로 다르다. 원인-결과-관계는 존재적 관계이고, 이유-귀결-관계는 논리적 관계이다. 전자는 시간적 질서에 속하고, 후자는 초시간적이다. 전자는 역동적 성격을, 후자는 정적(靜的) 성격을 가진다. 이유-귀결-관계는, 우리가 알고 있는 것처럼, 동일성의 관계이다. 인과 관계에서는 동일성에 관한 어떠한 언급도 있을 수 없다. 원인과 결과는 실제로 차이가 난다. 스피노자 체계의 기본적 결함은 이 체계가 인과 관계의 고유 구조를 완전히 오해하고, 논리적 관계와 동일시한 점에 있다.

인과 개념의 발생에 관해서는 범주론에서 그 본질적인 점이 이미 언급되었다. 그것은 실체 개념의 발생과 완전히 유사하다. 실체성처럼 인과성도 결코 경험적 소여가 아니다. 경험은 다만 시간적 상호 연속적 귀결을 나타내지만, 그러나 내면적인 상호 관통의-결과를 나타내지 않는다. 우리는, 흄이 표현한 것처럼, 언제나 다만 이것 뒤에만을 지각하고, 이것으로 말미암아를 지각하지 못한다. 우리의 사유가 전자로부터 후자에로 전진할 때, 즉 규칙적 상호 계기(繼起)를 상호 관통으로 해석할 때, 그것은 관찰된 규칙성(規則性)을 개념적으로 파악하기 위해서 행하는 것이다. 이 규칙성은 종국적으로 그 타당한 설명을 바로 필연적인 결합의 사상 속에서 발견한다. 두 가지 진행(예를 들면 햇빛의 쪼임과 돌이 따듯해짐)은 이 양자가 필연적으로 연속하기 때문에, 언제나 연속하여 일어난다. 외면적, 시간적 결합의 기저에 내면적, 인과적 결합이 놓여 있다. 시간적 연관은 인과적 연관에 기초해 있다.

현실을 파악하고자 하는, 인식하는 의식이 이 사상을 완성하기 때문에, 이 의식은 내적 경험에 근거를 두고 있다. 실은 이 내적 경험에도 작용 관계 그 자체는 주어져 있지 않다. "외적 경험과는 달리 내적 경험은 주지하는 바와 같이 실은 어떤 생기 현상의 피제약성의 사실을, 종속성의 방법이 아닌, 어떤 다른 요인을 통해서 가르친다. 내적 경험은 우리에게 행위의 내적 관계 및 그 상호-유래의 종류와 방식을 나타내는 것이 아니다. 인과성 본래의 핵심은 내적 경험에 대해서도 노출되지 않는다."[59] 어떤 다른 연관에서 재현된 흄의 확인은 따라서 정당하다. 그럼에도 불구하고 내적 경험은, 우리에게 저 생기 현상의 피제약성과 종속성을 지시하면서, 인과 개념의 형성에 대한 어떤 근거지를 제공한다. 인과 개념은 따라서 경험에서 유래하는 것이 아니다. 경험은 인과 개념 형성으로 몰아서 인도할 뿐이다. 실체 개념과 마찬가지로 인과 개념도 우리 사유의 산물이다. 인과 개념은 우리의 사유에 의해서 창조적으로 산출된다. 여기서 우리의 사유는 충족 이유율이란 논리적 법칙에 의해서 안내받는다. 우리의 사유가 이 충족 이유율을 현상에 적용하면서, 우리의 사유는 모든 변화에 대해서 이 변화를 개념적으로 파악할 수 있게 하는 어떤 이유를 요구한다. 따라서 사유는 여기서 현실과 가장 밀접한 관계에 머물게 된다. 그 때문에 사유는 또한 사유에 의해서 생산된 개념의 현실 내용에 대해서 확신하게 된다. 이것은 인과 개념이 존재자 속에서 정규의 상관물(相關物)을 가져야 한다는 것이 아니라, 존재 규정적이어야, 즉 존재자에 기초를 두어야 한다는 것이다. 자체 존재자는 이것이 우리에게, 이것을 우리가 인식하는 의식 속으로 고양할 때, 인과성으로서 나타나는 것으로 구성되어서 사유되어야 한다.

---

59) A. Schneider, Einführung in die Philosophie, II, Paderborn 1931, 67면.

3. 인과 원리와 인과율

논리적인 충족 이유율의 단서에서 현실을 철저히 연구하는 사유는, 우리가 발견한 것처럼, 모든 생기 현상에서 충분한 실재 근거, 즉 어떤 원인을 요구한다. 사유의 이 요구는 그것의 공식을, 발생하는 모든 것은 어떤 원인을 갖지 않으면 안 된다, 또는 원인이 없는 어떠한 변화도, 생기 현상도 없다라는 명제로서 발견한다. 이 명제는 인과 관계의 법칙 또는 인과 원리이다.

앞에서 이미 암시된 것처럼, 이 원리는 논리적인 충족 이유율에 가깝다. 논리적 충족 이유율은 근본적으로는 이 인과 원리의 생성과 발생의 세계에의 적용 이외 다른 것이 아니다. 그러나 이 사실은 우리들로 하여금 이 두 법칙의 본질적인 차이점을 오해하게 해서는 안 된다. 인과 원리는 존재 원리이고, 충족 이유율은 사유법칙이다. 전자는 존재론적 질서에 속하고, 후자는 논리적 질서에 속한다. 인과 원리는 존재법칙으로서 존재론적 이유율에 가깝다. 양자는 존재의 세계도, 생성의 세계도 포괄하는 실재의 질서에 관계한다. 그런데 이제 존재의 이유율이 전자를 목표로 하는 반면에, 인과율은 후자를 목표로 한다. 전자가 모든 존재에 대해서 이유를 요구하는 것처럼, 후자는 모든 생성과 발생에 대해서 이유를 요구한다. 그런데 실제의 생성과 생기 현상도 존재자를 나타내는 것이기 때문에, 사람들은 이 관계를 또한 다음과 같이, 즉 존재의 이유율은 모든 존재를, 즉 생성된 존재자와 마찬가지로 생성되는 존재자를 포함하고, 인과 원리는 저 일반적 원리의 특수한 형식일 뿐이라고 규정할 수 있다. 인과 원리는 존재의 이유율인데, 생성되는 존재에 관해서 형성된 것이다. 이 인과 원리는 우리들의 사유 활동과 탐구에 대해서 특별한 의미를 갖고 있기 때문에 ― 세계는 우리에게 물론 정지해 있는 존재로서가 아니라, 언제나 지속되는 생성과 소멸로서 대립한다 —, 생성과 생기 현상에 대한 특별한 원리의 고안(考案)은 사실상으로 정당한 것으로 인정되어 나타난다.

인과 원리가 보편적인 충족 이유율의 한 특수한 형식으로서 파악된다 할지라도, 그것은 그러나 그것의 측면에서 보면 여전히 어떤 상대적인 형식적 성격을 나타낸다. 그럼에도 불구하고 이 인과 원리는 내용, 즉 인과적으로 결합된 두 과정의 성질에 관해서는 아무것도 말하지 않는다. 인과 원리는 단적으로 생기 현상의 "사실"에 관해서는 관계하지만, "본질"에 관해서는 관계하지 않는다. 인과 원리 속에 포함된 요구는, 일자가 타자 없이는 등장하지 않도록 그렇게 두 과정이 서로 결합되어 있다면 실현된 것이다. 따라서 이것은 현존, 즉 어떤 관계의 사실성만을, 이 관계의 용재, 즉 그 성질에 관해서 그 무엇을 나타내는 일이 없이, 주장한다.

모든 자연 탐구는 주지하다시피 자연에는 질서, 규칙성, 법칙성이 지배한다는 신념에 의존하고 있다. 자연과학자는 자기의 모든 연구에서 다음과 같은 암암리의 전제로부터, 즉 자연의 작용은 변치 않으며, 생기 현상의 관계는 언제나 어디서나 동일한 것이며, 즉 어떤 일정한 사건 A는 언제나 어떤 일정한 사건 B를 뒤따른다는 전제로부터 출발한다. 사람들은 이 전제를 동일한 원인들, 동일한 결과들이란 공식으로 만들었다. 그러나 사람들은 이 명제를 동일한 결과들, 동일한 원인들이라고 뒤집어 놓을 수도 있다. 이 명제는 모든 자연법칙의 논리적 토대이다. 왜냐하면 자연의 생기 현상의 제일성(齊一性), 그 보편적인 합법성이 전제될 때만, 이러한 자연법칙에 관해서 의미 있는 말을 할 수 있기 때문이다.

이 명제는 인과 원리에 어떻게 관계하는가? 이에 대해서는 이 명제

는 인과 원리에 대해서 마치 특수한 자가 보편자에 대해서처럼 관계한
다고 대답할 수 있다. 이 명제는 인과 원리의 특수화를 드러낸다. 인과
원리는 보다 더 보편자인 것이요, 보다 더 기본적인 것이다. 이 사실은
이미 "인과 원리"라는 명칭 속에서 표현된다. 우리는 이와 구별하여 화
제가 되고 있는 명제를 "인과율"이라 표기할 수 있다. 그것은 이미 또한
다음과 같은 사실 속에, 즉 이 명제는 내용적으로 보편적 인과 원리보
다도 자연법칙에 더 가까이 서 있다는 사실 속에 암시되어 있다.

그러므로 인과 원리가 모든 생기 현상의 기저에 어떤 원인이 놓여 있
다는 사실을 의미하는 반면에, 인과율은 모든 동일한 생기 현상의 기저
에 언제나 동일한 원인이 놓여 있어야 한다는 사실을 말한다. 사람들은
따라서 후자를 Al. 슈미트와 함께 "인과법칙"과 구별하여 "제일성(齊一
性)의 법칙"이라 표기할 수 있다.[60] 이러한 사실을 통해서 이 인과법칙
은 보편적인 인과 원리의 내용을 능가한다는 사실이 보다 더 명확하게
표현된다. 이 사실은 빈번하게 자연과학자들에 의해서 간과되고 있다.
자연과학자들에게는 인과성은 대개 합법성 이외 다른 것을 의미하지 않
는다. 그러나 철학자들도 이와 같은 동등 취급을 실천에 옮긴다. 우리
가 여전히 보게 되겠지만, 이 동등 취급은 칸트한테서 존재한다. 그의
인과 원리의 공식화는 다음과 같다. "발생하는 모든 것은 그것이 어떤
규칙에 의해서 귀결하는 그 어떤 것을 전제한다."[61] 이에 의하면 인과
성은 자연의 생기 현상의 제일성(齊一性)과 동일한 것이다. (보편적인)
인과 원리 대신에 (특수한) 인과법칙이 등장한 것이다. 동일한 사실이
O. 리프만에게도 적용된다. 그에게서 우리는 다음의 사실을 알게 된다.

---

60) Erkenntnislehre, Freiburg 1890, II, 45면.
61) Kritik der reinen Vernunft (Reclam), 180면.

"인과성의 원칙, 즉 모든 합리적 과학의 이 원천(源泉) 및 실마리는 그
것의 가장 추상적이고, 빈약한 형태에 있어서는 다음과 같이 보인다.
즉 동일한 원인 a에 틀림없이 동일한 결과 b가 결합되어 있고, 그리하
여 무한한 우주 공간 내의 어디서일지라도, 그리고 시작도 없고 끝도
없는 세계시간 내의 언제일지라도, 상태 또는 사건 a가 등장한다면, 여
기로부터 상태 또는 사건 b가 등장하여야 한다는 것이다. 또는 — 동일
한 뜻이지만 — 세계 내의 만물은 실제적 필연성을 지닌 불변의 법칙에
따라서 발생한다. 따라서 사람들은 인과 원리를 모든 생기 현상의 예외
없는 법칙성의 원리라고도 부르고자 한다."[62] 이러한 명제들에서 일체
의 바람직한 분명성을 갖고서 인과 원리는 인과율과 동일시되어 있다.

원리적으로 다음과 같이 말할 수 있다. 인과 관계를 논리화하는, 즉
이유와 귀결의 논리적 관계와 동일화하는 모든 철학자들은 결국 인과
성과 법칙성을 동일시하는 데로 이른다고 말할 수 있다.

4. 인과 원리의 정초

비판적인 두뇌를 가진 사람들은 인과 원리를 부당하게도 "만인의 불
화의 원인"이라고 부르지 않았다.[63] 인과 원리는 무엇보다도 그것의 논
리적 인정에 관해서는 불화의 원인으로 나타난다. 논리적 인정은 철학
사의 과정에서 매우 다른 길들로 들어섰다. 오늘날에도 이 길은, 이에
대한 절박한 개관이 분명히 그런 것처럼, 여전히 엇갈린다.

1. 인과 원리의 가장 단순한 인정은 사람들이 그것을 직접적으로 명

---

62) Zur Analyse der Wirklichkeit, Straßburg 1900, 187면.
63) C. Isenkrahe, Über die Grundlegung eines bündigen kosmologischen Gottes-
beweises, Kempten und München 1915, 146면.

백한 원리로서 설정한다는 사실 속에 있다. 그리하여 G. 하게만은 다음과 같이 말한다. "모든 결과는 원인을 갖고 있다는 명제는 거기서 술어가 주어 개념으로부터 생기는 분석 판단이다. 구체적으로 말하면 결과의 개념은 원인의 개념을 함께 생각하지 않고서는 생각될 수 없다. 이 법칙을 부정하고자 한다면, 사람들은 모순율의 지양과 더불어 결과를 결과로서 그리고 동시에 결과 아닌 것으로서 생각할 수 있어야 할 것이다."[64] 이러한 사상 진행 자체에 대해서 논리적으로 어떠한 것도 반대할 수 없다. 하게만의 관점은, 그의 인과 원리의 공식화가 옳다면, 역시 완전히 이론(異論)의 여지가 없을 것이다. 그러나 사정은 그렇지 않다. 이미 흄이 이 동어반복적 공식화를 강조해서 거부하였다. 이 동어반복적 공식화는 단적으로 원인과 결과는 상관 개념이고, 서로 상대방을 포함하는 그러한 개념이라는 것을 의미하는 어휘 법칙을 나타낸다. 그러한 언어 규칙으로부터 물론 세상에 현존하는 그 어떤 사물이 어떤 결과이고, 따라서 어떤 원인을 갖는다는 사실은 결코 귀결되지 않는다.[65] 저러한 공식화에서의 인과 원리는 따라서 사실상 아무것도 말하지 않는 것이고, 그러므로 학문적으로 아무런 소용도 없다. 동시에 그러나 인과 원리의 **직접적인 명증성**의 주장은 잘못된 것으로 증명된다.

2. 인과 명제가 그 자체로 명백하지 않다면, 그것은 명백하게 되어야, 즉 증명되어야 하는 것으로 보인다. 그러한 증명에는 논리학에 따르면 두 가지 방법, 즉 귀납법과 연역법이 있다. 그러나 귀납법은 보다 엄밀히 주시해 보면 통할 수 없는 것으로 증명된다. 왜냐하면 귀납법은 엄격하게 보편타당한 명제로 이를 수 없기 때문이다. A. 마이농은 다음

---

64)   Metaphysik, 제7판, 54면.
65)   C. Isenkrahe, 같은 책, 16면.

과 같이 진술한다. "인과율은 바로 여기저기에, 이러저러한 환경 아래
에서 어떤 인과적 사건이 일어난다는 사실을 의미하고자 하는 것이 아
니라, 도대체 아무것도 원인 없이 일어나기 시작하지 않는다는 사실을
의미하고자 하는 것이다." 그러나 여기서 생기는 것은 다음과 같은 사
실이다. 즉 "경험과 이 경험의 귀납적 처리가 제시할 수 있는 것은 어쨌
든 타당성의 경우에 있어서 인과율이 결코 포기할 수 없는 보편성에의
요구를 만족시키기에는 훨씬 모자란다"[66]는 사실이다.

그러므로 연역적 방법만이 남아 있을 뿐이다. 연역법은 순전히 개념
적 방식을 나타내는데, 이 방식을 매개로 하여 생성 또는 발생의 개념
으로부터 원인의 개념이 도출된다. 따라서 이 방식은 인과 명제는 분석
적 판단임을, 즉 술어 개념은 주어 개념 속에 포함되어 있고, 따라서 단
순한 개념 분석을 통해서 주어 개념으로부터 획득될 수 있다는 그러한
판단이라는 것을 전제한다. 이러한 분석에서 사람들은 최상의 개념, 특
히 양상 개념도, 최상의 원칙, 특히 논리적 법칙도 사용할 수 있다.

후자의 방식을 시도하는 것은 방금 인용한 신스콜라철학자한테서 발견된다.
이 시도는 여기서 인과 원리의 직접적 명증성을 한층 더 명백하게 지적하는 목
적을 가지고 있다. 하게만은 여기서 가능성의 개념을 이용한다. 그는 다음과 같
이 논증한다: "결과로서 생겨난 것은 그 실존의 단초를 가지고 있는 것이고, 그
것이 현존하기 이전에는 오직 가능적일 뿐이었다. 이러한 단순한 가능성 또는
사유 가능성은 실은 현실적인 실존에 이르는 필연적 조건이긴 하지만, 그러나
유일한 조건은 아니다. 왜냐하면 이 단순한 가능성이 결과로서 생겨난 것이라

---

66) 보편적인 인과율의 증명을 위해서는 (Wiener Akademie der Wissenschaften,
philos.-histor. Kl., 189, 4), Wien 1918, 12면 이하.

면, 모든 가능적인 것은 실존할 것이고, 또 영원히 실존할 것이다. 가능적인 것
은 언제나 그리고 영원히 가능할 것이기 때문이다. 그렇다면 그러나 시작하게
된 어떠한 존재도 존재하지 않을 것이고, 따라서 그 어떤 것은 그것의 가능성
을 통해서 실존하기 시작할 수 있을 것이라는 주장은 모순을 포함하게 된다.
단순한 가능성은 오히려 실존과 비실존에 대해서 무관하다. 어떤 사물의 발생
은 따라서 결코 그것의 단순한 가능성만을 통해서가 아니라, 언제나 또한 그것
의 작용인(作用因)으로서의 어떤 다른 현실을 통하여 제약되어 있다. 이것은 어
떤 사물의 모든 변화에 대해서도 타당하다. 어떤 변화의 가능성은 아직도 이
변화를 실현시키기에는 만족스럽지 못하다. 왜냐하면 그렇지 않다면, 이 가능
성은 영원히 실현되어 있을 것이고, 따라서 (시작된) 어떠한 변화도 더 이상 존
재하지 않을 것이기 때문이다. 그러므로 어떤 변화의 발생에도 작용인이 요구
될 것이다."[67]

　이 논증의 핵심 사상은 가능적인 것은 당장 현실적으로 되지 않고, 가능성의
현실로의 이행은 자체로부터 이루어질 수 없다는 명제 속에 놓여 있다. 사정이
왜 그럴 수 없는가라고 우리가 묻는다면, 그 답은, 왜냐하면 그렇다면 모든 가
능적인 것은 현실적일 것이기 때문이다라는 것이 된다. 그러나 이러한 명제는
거짓이다. 구체적으로 말하면 저러한 전제 아래에서는 모든 것이 아니라, 몇몇
의 가능적인 것만이 현실적으로 되는 것이 필요하기 때문이다. 왜냐하면 가능
성의 상태로부터 현실성의 상태로의 이행(移行)은 실로 당장 결과로 나타날 수
는 있지만, 그러나 나타나서는 안 되기 때문이다. 내가 해야 한다를 가정한다면,
나는 암암리에 인과 원리를 전제한다. 이때 나는 바로 어떤 것이 그것의 가능
성을 통해서 현실적으로 된다고 가정한다. 이것이 하계만의 사상이기도 하다.
하여간에 그는 "어떤 사물의 발생은 따라서 결코 그것의 단순한 가능성을 통해

67)　같은 책, 54면 이하.

서만 제약된 것이 아니다"라고 진술한다. 그의 전체의 논증은 따라서 인과 원리를 이미 전제하고 있다. 다만 이렇게 그에게 있어서는 그 어떤 것이 가능성의 상태로부터 당장 현실성의 상태로 이행할 수 있다는 명제를 모순투성이의 것으로서 증명하는 일이 이루어지는 것이다. 그러므로 그의 증명은 **선결문제 요구의 오류**를 포함하고 있는 것이다.

N. 하르트만은 인과 원리를 포함하고 있는 "필연성의 실재법칙"을 증명하기 위해서 원칙적으로 신스콜라철학자와 동일한 길로 들어선다. 그는 이 법칙을 "실재적으로 현실적인 것은 또한 실재적으로 필연적이기도 하다"[68]라고 공식화한다. "이 증명은 가능성, 실로 실재 가능성의 개념을 사용한다." 실재 영역에서 가능적이고 또 필연적이기도 한 모든 것이 그러나 일반적으로 적어도 가능적으로 모든 현실적인 것이어야 한다면, 실재 영역에서 현실적인 모든 것은 동시에 필연적이다라고 하는 명제 역시 타당하다."[69] 삼단논법으로 만들면, 다음과 같은 증명이 된다.

실재적으로 현실적인 것은 실재적으로 가능적이기도 하다.
실재적으로 가능적인 것은 실재적으로 필연적이다.
그러므로 실재적으로 **현실적인** 것은 실재적으로 **필연적**이다.

사람들은 이 증명은 이 증명을 담지하는 실재 가능성이란 개념에 완전히 매어 있음을 본다. 이제 그러나 우리는 이 개념이 유지되지 못한다는 사실을 보았다. 따라서 이 개념에 의존하는 증명은 일체의 논리적 타당성을 상실한다.

---

68) Möglichkeit und Wirklichkeit, 137면.
69) 같은 책, 167면.

논리적 법칙 중에서 특히 모순율이 인과 원리를 정초하기 위해서 사용
된다.

　이 사실은 A. 슈텍클(Stöckl)의 《철학 교과서》에서 전형적인 방식으로 전개
된다. 여기서 인과 원리는 "실존하기 시작하는 존재는 그것의 실존을 어떤 다
른 실존자로부터 얻는다라고 공식화된다." 이 명제는 분석적인 명제라고 불린
다. (실존하기 시작하는) 주어 개념은 (실존을 어떤 다른 실존자로부터 얻는) 술
어 개념을 포함해야 한다. 인과 원리의 이 분석적 성격과 동시에 사유 필연성
과 보편타당성을 슈텍클은 다음과 같은 방식으로 설명하고자 한다. 그 어떤 것
이 실존하거나 실존하기 시작한다는 것은 그 어떤 것이 비실존에 의해서 실존
한다는 것을 의미한다는 것이다. 슈텍클은 이제 다음과 같은 의문을 제기한다:
"실존하지 않는 어떤 것이, 이것이 아직 실존하지 않는 동안에, 즉 그 자신에
있어서뿐만 아니라, 자신으로부터 어떤 물리적인 변화를 일으키지 않는 동안
에, 손쉽게 어떤 물리적인 일을 정립함으로써, 자기 자신에게 실존을 부여할
수 없는가?" 이에 대해서 그는 다음과 같이 대답한다. "그럴 수 없다. 그와 같
은 가정은 모순되는 징표를 포함한다. 그것은 동일한 것에 대해서 동시에, 그
리고 동일한 관계에 의해서 존재와 비존재를 주장하는 것이 될 것이다. 바로
비존재자가 실존, 즉 자기 자신을 부여하여야 할 것이다. 그러므로 실존을 부
여하는 자에게 비존재가 덧붙여진다. 그러나 존재도 역시 비존재에 의해서 주
장된다. 왜냐하면 비존재가 어떤 자연적-실재적 일을 정립해야 하기 때문이
다. 그런데 모순되는 징표를 가진 주장이 진리일 수 있는가? 객관적 명증성이
신뢰할 만한 진리의 표준인 한, 불가능하다. 따라서 모순되는 개념들이 객관적
인 가치를 결코 가질 수 없다면, 다음과 같은 판단, 즉 '어떤 비실존적인 것이
자신에게 실존을 부여한', 또는 같은 말이지만, '어떤 것은 그 자신의 원인이
다' 라는 판단 역시 어떠한 객관적 가치도 가질 수 없다. 이 명제의 내용은 실현

218   제1책 존재론

될 수 없고, 사물이 아닌 것은 불가능하다." 이제 그러나 아직도 어떤 그 이상
의 가능성, 즉 발생하는 자가 자기의 실존을 자신으로부터도 어떤 타자로부터
도 얻지 못한다는 가능성이 존재한다. 슈텍클은 따라서 이제 다음의 의문을 제
기한다: "그 어떤 것은, 실존을 자신으로부터도 어떤 다른 실존하는 자로부터
도 얻는 일이 없이, 실존하기 시작할 수 없는가? 달리 말하면 비존재는, 그 어
떤 것이 발생하는 일이 없이, 존재로 될 수 없는가? 이것은, 비존재자가 자신으
로부터 그리고 그 자체로서 존재자를 구성하도록 명령하는 것인데, 전적으로
불가능한 조명 아래서 이성에 자주 떠오르는 여전히 보다 더 터무니없는 사상
을 주장하는 것이다."[70] 따라서 이 가능성도 배제되면, 실존하기 시작하는 것
은 그것의 실존을 어떤 다른 존재자로부터 얻는다는, 즉 야기된다는 가능성만
이 아직도 남는다.

이 증명에 비판적으로 입장을 밝히도록 하자. 증명의 목표는, 실존하기 시작
하는 것은 그것의 실존을 어떤 다른 것으로부터 받아들인다는 명제이다. 이 명
제를 증명하기 위하여 슈텍클은 간접적인 조치를 취한다. 그는 요컨대 실존하
기 시작하는 존재자는 그것의 실존을 어떤 타자로부터가 아니라 자기 자신으
로부터 얻는다는 반대되는 가정을 모순투성이인 것으로서 증명하고자 한다.
실존하지 않는 것 — 이것은 그의 사상이다 — 은 역시 자신에게 실존을 줄 수
없다. 왜냐하면 그렇다면 그것은 실존하지 않을 것이고, 그럼에도 동시에 실존
할 것이어서 이것은 내면적인 모순을 의미하기 때문이다. 논쟁의 여지가 없이
정당한 이 명제는 그러나 이미 인과 원리를 전제한다. 왜냐하면 내가 그 어떤
것이 자기의 실존을 자기 자신으로부터 또는 어떤 타자로부터 인수한다고 주
장하면, 나는 이것으로써 이미 그것이 실존을 대체로 인수하고 있다는, 달리

---

70)   Lehrbuch der Philosophie, II, 제8판 (G. Wohlmuth판), Mainz 1912, 365면 이
      하.

말하면 그것이 야기(惹起)된다는 사실을 전제하는 것이다. 이것은 저자(著者)도
의식한 것처럼 보인다. 그 때문에 그는 그의 논증의 제2부에서 자신으로부터도
어떤 타자로부터도 실존을 받아들이지 않는 어떤 것이 실존하기 시작할 수 있
는지를 묻는다. 이 물음 속에 증명의 주안점이 놓여 있다는 것이 명백하다. 슈
텍클은 이 물음을 부정해야 한다고 믿는다. 비존재가 당장 존재로 된다는 가정
은 그에 의하면 비존재자를 존재자의 원리로 삼도록 명하는 것일 것이다. 그러
나 이것은 슈텍클의 관점에 의하면 모순율에 대한 위반이요, 따라서 부조리일
것이다.

그러나 지금 여기에 인과 원리의 은폐된 적용이 놓여 있다는 사실을 누가 모
를 것인가? 발생한다는 것 또는 실존하기 시작한다는 것은 물론 슈텍클의 본래
의 정의에 의하면 비실존에 의한 실존, 비존재에 의한 존재를 일컫는다. 그런
데 비존재에 의한 이 존재가 그 어떤 것을 통해서 결과로서 일어난다는 사상을
내가 거부한다면, 나는 동시에 여전히 비존재를 결코 존재의 원리로 삼지 않으
며, 존재가 비존재를 통하여 성립한다고 결코 주장하지 않는다. 나는 다만 내
가 비존재에 의한 존재로부터 존재를 비존재를 **통해서** 만들 때, 달리 말하면,
내가 인과 원리를 적용할 때만 그와 같은 주장에 이르게 된다. 그리고 이렇게
저 부조리, 슈텍클이 규명해야 한다고 믿고 있는 저 모순은 내가 증명하고자
하는 인과 원리를 이미 증명된 것으로서 전제하고 또 사용하게 될 때에만 존재
한다. 슈텍클적 논증도 역시 따라서 **선결문제 요구의 오류**에 의존하고 있다.[71]

---

71) 모순의 원리를 매개로 하여 인과 원리를 증명하고자 하는 C. Nink S. J.에 의해서
기도된 최신의 시도(《존재와 인식》, Leipzig 1938, 63면 이하)는 가이스(G. Geis)
에 의해서 기본적인 논박에 부딪힌다: Eine neue Entwicklung des Kausalitäts-
prinzips, in: Festschrift zum 50 jährigen Bestandsjubiläum des Missionshauses
St. Gabriel, Wien-Mödling 1939, 377-87면.

모순율처럼 사람들은 **충족 이유율**도 인과 원리를 정초하는 데 사용하였다.

예컨대 C. 굿베르레트는 인과 원리를 충족 이유율로 환원하고자 한다. 그러나 그의 인과율 정초는, 위에서 지적한 것처럼, 잘못되어 있기 때문에, 우리는 보다 더 자세히 이 증명을 시도할 필요가 없다.

굿베르레트와는 다른 방식으로 가이저가 인과 원리를 정초하기 위하여 충족 이유율을 사용한다. 그는 충족 이유율을 그것의 보편적 형식(충분한 이유 없이는 아무것도 존재하지 않는다)으로가 아니라, 그것의 **논리적** 형태로 취하고, 이 이유율을 그의 증명 수행의 기초에 둔다. 가이저에 의하면 원인 없는 발생은 "철저히 수수께끼 같은 과정일 뿐만 아니라, 어떠한 방법으로도 이해될 수 없고, 그뿐만 아니라, 그것은 비논리적인 것, 반사유적(反思惟的)인 것이다. 구체적으로 말하면 사유에서 원인 없는 생성이란 가정을 갖고서 무엇을 요구할 수 있을 것인가? 비존재가 존재로 급변할 수 있으리라고, 그 어떤 것이 이 급변을 정초하는 일이 없이, 인정하는 일은 사유에 요구된다. 비존재의 존재로의 이 급변을 사유는, 이 사유에게 그것의 결과로서 사유가 저 급변을 파악할 수 있을 그러한 어떤 것이 제공된다면, 이해하게 될 것이다. 사유에 예컨대 다음과 같이, 즉 무한하고, 전능한 존재가 이 급변을 의욕했다고 언급된다면, 사유는 이 급변을 이 새로운 계기의, 즉 이 새로운 사태의 결과로서 파악할 수 있을 것이다. 그런데 생성은 일체의 원인에서 독립하여 등장하리라는 사상은 그러나 그러한 또는 유사한 새로운 계기가 이때까지의 비존재의 사태에 덧붙여지는 것을 분명히 배제한다. 사유에게 그것의 결과로서 비존재로부터 존재로의 이행(移行)이 개념적으로 파악될 어떤 것도, 그러나 또한 전혀 그 어떤 것도 사유에 제시되지 않는다. 그리하여 이 사상은 사유의 본질에 모순된다."[72] 존재와 사유는 서로 모순되게 관계한다는 가능성을 "존재에 관해 전적으로 거짓된 표상을 갖고 있는 사람만이 믿을 수 있다. 인간은 요컨대 우선 존재의 표상을 유한한 인간 오성과 자연 간에 존립하는 저 관계로부터 형성해 낸다. 자연이 크게 부여하는 부분이 되는 이 관계에서 마치 두 동반자는 서로 독립해 있고, 완전히 자립적인 그들의 자율을 가지고 있는 것처럼 사태는 과연 보일 수 있다. 그러나 사유와 존재의 이 관계는 도출된 것, 이차적인 것일 뿐이다. 이 관계에는 사유와 존재의 어떤 다른, 보다 근원적이고, 보다 포괄적인 관계가 기저에 놓여 있다. 이 관계는 거기서 사유가 — 수학적인 제한된 영역에서 이미 어느 정도에 이르기까지 인간 정신이 그러한 것처럼 — 무한하고 창조적이며, 또 일반적으로 가능한 전체적으로 풍부한 다양성을 절대적으로 명백하고 분명하게, 즉 전형적으로 완성된 질서와 완성 속에서 전망하는 그러한 관계이다. 이러한 사유 내용에 대해서는 어떠한 존재자도 부여하는 자가 아니라, 다만 수용하고 또 모사될 뿐이다. 따라서 이 존재자는 사유와 존재 간의 가장 깊은 조화의 뿌리이기도 하다. 그리고 이 뿌리는 사유 영역과 존재 영역이 그 가장 깊은 본질에 있어서 모순될 수 있을 것이라는 가정을 불가능하게 한다."[73]

우리가 이 증명 과정을 몇 개의 문장으로 총괄한다면, 다음과 같다. 즉 비존재로부터 존재로의 이행(移行)으로서의 발생은 모순적인 상태를 의미한다. 후자가 근거 없는 것이라면, 사유와 존재는 서로 모순될 것이다. 그러나 이 사정은, 신이 양자를 서로 정렬하였기 때문에 배제되었다. 따라서 모든 발생은 실재적 근거, 어떤 원인을 전제하고 있다.

말하자면 이 논증이 결부되어 있는 점은 신의 현존이다. 왜냐하면 물론 이 신 속에 사유와 존재의 조화 — 이것은 그것의 측면에서 다시 인과 원리에 의지하고 있다 — 의 정초가 놓여 있기 때문이다. 이제 저 최후의 증명 토대의 논리

---

72) Allgemeine Philosophie des Seins und der Natur, 118면 이하.
73) 같은 책, 119면 이하.

적 진리가 어떠한가 하는 것이 문제이다. 내가 신의 현존을 이것 자체가 이미 증명되어 있을 그때만 증명의 토대로서 이용할 필요가 있다는 사실이 당장 명백할 것이다. 이제 그러나 가이저의 견해에 의하면 바로 인과 원리가 신의 실존을 증명하는 데에 이바지한다. 따라서 후자는 인과 원리의 증명 근거가 아니라 증명 목표이다. 그러나 가이저는 이 관계를 역전시키면서, 그의 논증은 선결 문제 요구의 오류에 치닫고 있다.

제시하였던 전형적인 정초 시도가 난파한 것에서 우리는 인과 원리를 순전히 개념적인 방법으로 정당화하는 것이 가능하지 않다는 것을 추론해도 좋다. 가이저도 역시, 우리가 이미 본 것처럼, 이전에 그 자신이 개념적인 길로 들어섰기 때문에, 새로이 이러한 결과에 도달한 것이다. 그러나 그는 그럼에도 인과 원리의 증명 가능성을 고수하고 싶었기 때문에, 그는 이제 현상학적 방법의 도움으로 "직관과 반성"을 통해서 원리의 진리를 지적하고자 한다. 이러한 지적의 핵심은 다음의 명제로 표현된다. "인과 관계가 존재한다는 것은 사실이다. 그러나 모든 관계는 이 관계가 필연적으로 함께 주어져 있는 어떤 특수한 계기 속에 기초해 있다. 그리하여 모든 연장된 존재는 필연적으로 공간적 관계 속에 존재한다. 왜냐하면 이 관계는 연장 속에 근거를 두고 있기 때문이다. 그런데 내가 요인(要因)으로서 발견하는 인과 관계는, 내가 이 소여성에 관한 반성을 통하여 인식하는 것처럼, 이 인과 관계는 발생된 것이라는 소여성의 계기 속에 근거를 두고 있다. 따라서 발생이 존재하는 곳에 인과 관계도 역시 존재한다."[74]

우리는 가이저의 이러한 새로운 정초 시도와 다른 자리에서 철저히

---

74)   Erkenntnistheorie, Münster 1922, 259면.

씨름하였다.[75] 여기서는 다만 간단하게 두 가지 우려만이 표현될 수 있다. 가이저는 우리가 인과 관계를 사실로서 발견한다는 것에서 출발한다. 그에 의하면 인과 관계는 우리에게 내면적인 경험 속에 집적적으로 주어진 것이다. 이에 대해서 내면적인 경험도 역시 인과 관계 자체를 포함하고 있지 않다는 우리의 초기의 확인이 타당하다. 그다음에는 가이저는 우리에게 인과 관계는 눈앞의 경우에 있어서뿐만 아니라, 언제나 어디서나 발생한 것의 현존 속에 기초해 있고, 그 때문에 필연적으로 발생한 것과 함께 주어져 있다는 사실을 증명하지 않은 것처럼 보인다. 도대체 인과 관계는 직관될 수 있기 위해서는 너무 보편적인 것일지 모른다.[76]

3. 우리가 우리의 비판적 논의로부터 최종 결론을 이끌어 낸다면, 다음과 같다: 인과 원리는 그 자신에 있어서 명백하지도 않고, 명백하게 될 수도 없다. 인과 원리는 그것의 진리가 직접적으로 밝혀지지도 않고, 증명될 수도 없는 그러한 명제이다. 그와 같은 명제로서 우리는 이미 충족 존재 이유의 원리를 알게 되었다. 이것은 전자는 후자의 특별한 형식일 뿐이라는 우리의 확인과 전적으로 일치한다. 후자에서처럼, 전자에서도 논리적 정당화는 그것의 사유 필연성에서가 아니라, 오히려 인식 필연성에 놓여 있다. 인과 원리도 학문적인 인식 — 이 인식이 발생과 소멸의 세계에로 뻗쳐 있는 한 — 에 대한 필연적 전제이다. 내가 이 전제를 인식하고자 한다면, 나는 이 전제가 파악 가능하다는 사실을 전제하지 않으면 안 된다. 그러나 이 전제는 생기 현상이 이 전제에 정초되어 있을 때만 파악 가능하다. 근거가 없거나 원인이 없는 생기 현상은 파

---

75) 참조. 나의 저서: Das Kausalprinzip, 176면 이하.
76) 이러한 반론 및 유사한 반론을 Sawicki, A. Schneider, Al. Müller 등도 타당하게 하였다.

악할 수 없다. 인과 원리는 따라서 그것의 가장 깊은 핵심에 의하면 실재적 생기 현상의 파악 가능성의 사상과 일치한다. 이 파악 가능성은 자체적으로도 이해되지 않고, 증명할 수도 있는 것이 아니기 때문에 인과 원리는 우리의 이론적 이성 — 이 이성은 현실적 생기 현상의 인식을 포기하고자 하지 않는다면, 실재계의 파악 가능성을 요구해야 한다 — 의 요청으로 현상한다. 인과 원리의 논리적 성격은 따라서 충족 이유율의 성격과 동일한 것이다.

5. 인과 원리와 의지의 자유

인과 원리는 모든 실제적 학문의 인식에 필요한 전제이다. 따라서 그것은 우리에게는 이론적 존재로서 불가결하다. 그런데 이 원리는 우리의 실천적 태도를 고려하여 이론적 존재와 어떤 관계에 있는 것인가? 우리의 인식 작용에 불가결한 동일한 원리는 우리의 행위에 대해서 숙명적인 것처럼 보인다. 요컨대 이 원리와 의지의 자유는 양립할 수 없는 것처럼 보인다. 모든 생기 현상이 인과 원리의 지배하에 선다면, 외적인 자연의 경과가 내적인 의지의 경과처럼 인과적으로 결정된다면, 자유의지에 관해서는 명백히 어떤 언급도 있을 수 없다.

여기에 존재하는 난관(難關)은 어쩌면 처음으로 칸트에 의해서 관찰되고, 날카롭게 공식화되었다. 이것은 두 명제는 서로 대립된다는 방식으로 일어난다. 정립은 다음과 같다: "자연의 법칙에 의한 원인성은 세상의 현상들이 모두 거기서 도출될 수 있는 유일한 원인이 아니다. 자유에 의한 원인성이 여전히 현상을 설명하기 위해서 가정하는 일이 필요하다."[77] 반정립은 다음과 같다: "어떠한 자유도 없고, 세상 속의 모든 것은 오로지 자연의 법칙에 따라서 발생한다."[78]

칸트뿐만 아니라 수많은 다른 사상가들도 이율배반의 해결을 위해서 노력하였다. 우리는 가장 중요한 해결의 시도를 아래에서 알게 된다. 이 시도는 두 그룹으로 나뉜다. 인과성의 본질을 인과 원리와 의지의 자유 간의 모순은 중지하는 것이라고 그렇게 규정하는 전자는 한편에, 인과 원리의 타당성을 제한하는 후자는 다른 편에 놓인다는 것이다. 사람들은 따라서 저기서는 내포로부터, 이에 반하여 여기서는 인과 원리의 외연으로부터 이율배반의 해결을 얻고자 한다.

우리는 첫째 그룹으로써 시작하고, 그리고 여기서 우선 어떤 철저한 성격을 갖고 있는 해결 시도를 주시한다. 이 시도는 W. 호이어의 《인과성과 의지의 자유》란 저술 속에 놓여 있다.

이 해결 시도는 인과 관계의 필연성이 부정되고, 따라서 필연성의 징표가 인과성의 개념으로부터 삭제된다고 하는 사실 속에 존재한다. "의지의 자유의 옹호자들은 모든 생기 현상의 피제약성에 관한 이론에서, 따라서 결정론에서 수락할 수 없는 숙명론적 추론의 본래적 근거를 보았다고 호이어는 진술한다. 이렇게 이 옹호자들은 결정론의 곤경을, 그들이 비결정론적 해석, 따라서 원인이 없는 생기 현상이 존재할 수 있다는 견해를 대변한다는 사실을 통하여, 모면할 수 있다고 믿었던 것이다. 그러나 이 관점은 숙명론과 똑같이 건전한 인간 상식에 모순된다. 그런데 우리는 인과적 피제약성의 이론은 그 자체 단독으로 의지의 자유와 철저히 조화를 이룬다고 생각한다. 인과 관계가 '필연적인' 관계일 것이라는 견해와 결합되어서 비로소 인과적 피제약성 이론은 의지의 자유에 운명적인 것으로 되고, 숙명론에 이르게 된다."[79] 호이어에 의하면 따라서

77) Kritik der reinen Vernunft (Reclam), 368면.

78) 같은 책, 369면.

79) Kausalität und Willensfreiheit, Heidelberg 1924, 5면.

모든 생기 현상은 인과적으로 제약되어 있으나, 그러나 이 인과적 피제약성은 결코 필연성을 의미하지 않는다. 모든 것이 원인에 의해 야기된다 할지라도, 이 것으로써 아직 결과는 원인으로부터 필연적으로 나타난다고 말할 수 있는 것 은 아니다.

호이어에 의하면 도대체 필연적으로 작용하는 어떠한 원인도 없다. 두 번째의 해결 시도도 그리 멀리 나아가지 않는다. 그에 의하면 실로 필연적으로 작용하는 원인들이 실존한다. 그러나 그것은 유일한 원인 이 아니다. 이러한 원인들 외에 자유로이 작용하는 원인들이 존재한다. 그와 같은 자유로이 작용하는 원인은 의지이다.

이 문제 해결을 사람들은 무엇보다도 신스콜라철학에서 만나게 된다. C. 굿 베르레트가 가장 철저하게 이 문제 해결을 전개하였다. 자유의 문제는, 자유를 부정하는 자들이 이때 물론 자유와 용납되지 않는 거꾸로 파악된 원인 개념에 의존하는 한, 인과원리에 의해서 어렵게 된다고 그는 상론(詳論)한다.[80] 자유를 부정하는 자는 모든 원인은 그것의 결과를 가진다는 명제를 내세운다. 엄밀히 따지면 이 명제는 동어반복이다. 왜냐하면 "원인"이란 개념 속에는 이미 "결과 를 가진다"라는 것이 표명되어 있기 때문이다. 원인이 원인인 것은 원인이 다 만 결과를 산출하거나 또는 아무튼 산출할 수 있다는 사실 때문이다. 그러나 결정론자들은 그들의 명제로써 단순한 동어반복 이상의 것을 표현하고자 한 다. 그들은 모든 원인에는 어떤 결과가 속한다고 단순히 말하고자 하지 않 고, 모든 원인으로부터 결과가 필연적으로 생긴다고 말하고자 한다. 원인은 그 어떤 것을 산출할 뿐만 아니라, 필연적으로 산출한다. 그러나 이러한 원인 개

념은 거짓이다. 올바른 개념은 다음과 같다. 즉 원인은 어떤 결과가 나타나는
데 대한 충분한 근거이다로 된다. 그러나 이 근거는 필연적인 것일 수도 있고,
자유로운 작용인일 수도 있다. 따라서 우리는 **필연적** 원인과 **자유** 원인 간을 구
별해야 한다. 역시 이 일을 경험이 하게 한다. 실로 **외적** 경험이 자연의 세계에
서 물질적 원인이 그것의 결과를 필연적으로 산출한다고 가르쳐 준다. 그러나
똑같이 분명하게 내적 경험이 그것의 결과를 아무 강요 없이 정립하는 다른 원
인이 있다고 우리에게 가르쳐 준다. 그와 같이 자유로이 작용하는 원인은 인간
의 의지이다. 따라서 인간의 자유는 인과 원리와 전혀 모순관계에 서 있는 것이
아니다. 왜냐하면 이 인과 원리는 모든 사건에 대해서 단지 어떤 원인을 요구
하지만, 그러나 이 원인의 성격에 대해서는 아무것도 언급하지 않기 때문이
다.[81]

논증된 두 해결이 인과 원리와 자유의지 간의 이율배반을 인과 규정
의 **제한**과 **완화**를 통해서 지양하고자 한 반면에, 제3의 시도가 이 목표
를 인과 결정의 **상승**을 통해서 반대되는 방법으로 달성하고자 한다. 이
에 따르면 인과 결정에 이르는 자유로운 의욕에는 여전히 그 이상의 결
정이 첨가된다. 바로 그것을 통해서 자유는 가능하게 되어야 한다. 이
러한 해결 시도의 창시자는 N. 하르트만이다. 그는 《윤리학》에서 자세
히 시도하고 또 정초하였다.

하르트만에 의하면 세상의 모든 생기 현상은 엄격하게 결정되어 있다. 우리
가 위에서 본 것처럼, 그는 이러한 보편적인 결정에 대해서 선천적 증명을 할
수 있다고 믿는다. 따라서 그는 비결정론을 거부한다. **비결정론**은 우연이란 개

81)   10면 이하와 241면.

념으로 작업한다. 존재론적으로 우연적인 것이란 존재하지 않는다. 왜냐하면 모든 현실적인 것은 존재론적으로는 동시에 필연적이기 때문이다. 비결정론은 따라서 존재론적으로는 거짓이다.[82] 그러나 **결정론**도 역시 유지될 수 없다. 그 것의 오류는 실은 결정론 자체에 있는 것이 아니고, 그 일원론에 있다. 결정론 은 이것이 세계의 보편적 결정을 가르친다면 옳다. 그러나 그것이 더 나아가서 마치 자연의 법칙성에서처럼, 오로지 유일한 유형의 결정, 즉 **인과적** 결정만이 존재한다고 가르친다면, 옳지 않다. 이러한 **자연** 범주에서 결정론은 보편적인 세계 범주를 만들어 낸다. 결정론은 물체계를 인과율 아래에 둘 뿐만이 아니다. 영적 및 정신적 세계도 인과율에 의해서 지배되고, 또 실로 오로지 지배되어야 한다. 따라서 여기서는 "인과 관계는, 이 관계가 거기서 익숙해 있는 자연의 생 기 현상으로부터, 명백히 전혀 종류가 다르고, 다른 법칙을 갖고 있는 영역으 로 완전히 자의(恣意)적으로 전용(轉用)되어 있다. 여기서는 어떤 개별적 범주 의 영역을 벗어난 오류를 범한 것이다. 사람들이 그렇게 보존하고 있는 형이상 학적 세계상은 실로 놀라울 정도로 통일적이지만, 그러나 바로 이 통일성이 — 현상의 다양성과 이질성에 직면하여 — 의심스럽다. 이론을 뒷받침해 주어야 할 바로 그것이 이론을 애매하게 만들고 있다."[83]

  결정론의 오류는 따라서 이 결정론에 의해서 확립된 **인과적 결정**의 **일원론**에 놓여 있다. 세계의 보편적 결정의 가정이 아닌, 이 일원론만이 자유를 배제한 다. 비결정론이 자유는 총체적으로 결정된 세계에서는 배제되어 있다고 생각 할 때, 비결정론은 이 사실을 간과하고 있다. 비결정론에 의해서 이루어진, 부 분적으로만 결정된 세계의 가정을 이 사실은 실제로 전혀 필요로 하지 않는다. 왜냐하면 자유는 세계의 결정은 결코 일원론이 아니라고만 전제하기 때문이

---

82) Ethik, 599면 이하.

83) 같은 책, 597면.

다. 자유는 "유일한 유형의 결정이 전체 세계를 그 모든 층에서 지배하는 곳에서
는 가능하지 않다. 자유는 다만 결정의 적어도 두 층이 하나의 세계에서 서로
겹쳐 있고, 거기서 다만 보다 높은 결정이 보다 낮은 결정에 그것의 결정을 삽
입하는 일이 가능하여서 보다 낮은 결정으로부터 결정에 있어서의 현실적인
초과분이 이루어지는 일이 가능할 때만 가능하다."[84]

하르트만에 의하면 이 두 가지 유형의 결정을 보고서, 이것에 인과 관계 내
에서 그 위치를 확인한 것은 칸트의 영원한 공적이다.[85] 칸트는 인과적 법칙성
바깥에 여전히 어떤 다른 법칙성, 즉 우리가 실로 인간의 의지 속에서만 알 수
있지만, 그러나 거기서는 자연 과정에서의 인과적 법칙과 꼭 마찬가지로 분명
하게 확인할 수 있는 어떤 다른 법칙성이 존재한다는 사실을 명백하게 확인하
였다. 이 새로운 법칙성은 도덕적 가치 속에 — 칸트의 말로는 "도덕법칙" 속에
— 기초해 있고, 그리고 인간의 의지가 도덕적 가치와 규범에 준거할 수 있다
는 사실을 통해서 성립한다. 인간의 의지는 인과적으로 다양하게 결정된다.
"적극적 자유는 그러나 인간의 의지가 이 결정된 상태를 초월하여 이 결정된
상태에서의 어떤 초과분 — 이 초과분은 인과 계기 속에 포함되어 있지 않다
—, 즉 도덕법칙에 의한 결정을 경험한다는 사실 속에 존재한다."[86]

그러므로 인간은 이중적인 입장을 취한다. 그는 두 가지의 결정, 즉 **존재론적**
및 **가치론적, 인과적** 및 **목적적** 결정 아래에 선다. "인간은 자연적 존재로서 그
의 애착과 혐오 속에 이르기까지 인과적으로 결정되어 있고, 그를 능가하고,
관통하여 작용하는, 강력하고 탁월한, 또 영원한 자연력의 노리갯감으로 결정
되어 있다. 그러나 인간은 인격으로서 가치의 이상적 나라에서 유래하는 어떤
다른 결정의 담지자이다. 그는 그의 가치 감정에 있어서는 가치의 당위 요구에

---

84) 같은 곳.
85) 같은 책, 598면.
86) 같은 책, 594면.

의해서 함께 규정되어 있음을 발견한다. 그것은 인간의 목적 활동성에서 작용하는 규정성이다. 인간은 다만 그가 가치로서 느끼는 것을 목적으로 삼을 수 있을 뿐이다. 그러나 그는 그것을 자기의 목적으로 삼으면서 그것을 실재성으로 바꾼다. 이렇게 인간은 인과적 필연성이 창조할 수 없는 것, 즉 윤리적 현실의 세계를 자연 현실성 안에서 창조한다."[87]

하르트만은 여전히 인과적 및 목적적 결정의 이원론이 윤리적 문제에서 최종적으로 파악될 수 있는 것인지 의문을 제기한다. 이 물음을 그는 부정한다. 그에 의하면 윤리적인 문제 영역을 그 이상의 형이상학적인 관계로부터 풀어내어서는 안 된다. 범주 분석에서 나타나기 시작하는 존재론적 관점은 훨씬 더 큰 관점이다. "이원론적 결정 배후에는 전체로서는 이원론보다도 훨씬 더 통일적으로 보이는 다원론이 있다. 인과성과 목적성은 말하자면 존재론적으로는 유일한 유형의 결정인 것과는 거리가 멀다. 여러 유형의 결정이 있다. 각각의 존재 영역은 자기의 영역을 갖고 있다. 보다 더 올바로 말하면, 범주적으로 더 높은 각각의 범주층은 보다 높은 범주층을, 보다 낮은 각각의 범주층은 보다 낮은 결정 유형을 가진다. 우리는 다만 모든 유형, 특히 보다 높은 유형을 알지 못한다."[88]

이로써 우리는 첫 번째 그룹의 해결시도를 알게 되었다. 여기서 특징적인 것은 이 첫 번째 그룹의 시도에서는 인과율이 자유와의 그것의 모순이 지양되어 나타나도록 그렇게 규정한다는 점이다. 두 번째 그룹은, 이미 언급한 것처럼, 어떤 다른 관점에서 출발한다. 이 그룹은 인과율의 타당 영역을 한정함으로써 이율배반을 제거하려고 하고 있다.

---

87)   같은 책, 610면.
88)   같은 책, 616면.

우선 여기서는 칸트를 거명할 수 있다. 그의 해결의 시도는 그의 체계에서 "현상"과 "물 자체" 간의 기본적 구별에 의존하고 있다. 범주와 동시에 인과의 원리 또한 오로지 현상계에 대해서만 타당하다. 따라서 자유는 물 자체의 영역에서 가능하다. 이것은 그의 이론의 기본 사상이다.

칸트가 언제나 되풀이하여 강조한 것처럼, 순수이성의 모든 이율배반의 해결을 위한 열쇠는 그의 선험적 관념론 또는 현상론에, 따라서 우리에게는 물 자체가 아니라 현상만이 주어진다는 이론에 놓여 있다. 이 이론은 칸트로 하여금 정립도 반정립도 그 정당한 권리를 얻게 하고, 동시에 어쨌든 자유를 구제할 수 있게 한다. "자유란 존재하지 않고, 세상에서 모든 것은 오로지 자연의 법칙에 따라서 발생한다"라는 반정립은 그것의 타당성을 **현상계** 내에서 갖는다. 여기서는 사실상 엄격한 법칙성이 지배한다. 왜냐하면 여기서는 모든 것은 인과율 아래에 서기 때문이다. "발생하는 모든 것은 원인을 가진다는 자연법칙, 이 원인의 인과성, 즉 **행동**은, 이것이 시간상으로 선행하고 있고, 거기서 **발생하였던** 결과의 관점에서 그 자신이 언제나 존재했을 수 없고 **발생**하여야 하기 때문에, 그것의 원인을 현상 가운데서 가지며, 그럼으로써 현상은 규정되고, 그리하여 결국 **자연**의 질서 속의 모든 사건은 경험적으로 규정되어 있다는 자연법칙, 그것을 통해서 현상이 맨 먼저 **자연**을 이루고, 경험의 대상을 줄 수 있는 이 법칙은 오성의 법칙이다. 어떠한 구실 아래에서도 이 오성 법칙을 포기하거나 이 법칙에서 그 어떤 현상을 제외할 수 없다. 왜냐하면 그렇지 않다면 사람들은 현상을 모든 가능한 경험의 바깥에 두게 되고, 그러나 그렇게 함으로써 모든 가능한 경험의 대상으로부터 구별하게 되어 현상을 단순한 사유물이나 환영(幻影)으로 만들게 될 것이기 때문이다."[89]

---

89) Kritik der reinen Vernunft, 435면.

그러므로 현상계에서는 어떠한 자유도 가능하지 않다. 왜냐하면 여기서는 인과율이 엄격하고 확고한 타당성을 갖고 있기 때문이다. 그런데 현상계가 전체 현실이라면, 현상이 물 자체라면, 자유는 도대체 가능하지 않을 것이다. 왜냐하면 이때에는 물론 전체 현실은 인과율 아래에 서게 될 것이고, 그리하여 만물과 모든 생기 현상은 합법칙적일 것이기 때문이다. 이에 반해서 물 자체의 세계가 현상계의 기저에 놓여 있다면 사태는 다르다. "현상이 사실로 있는 것 이상의 어떤 것에 대해서 즉 물 자체에 대해서 타당하지 않고, 경험적 법칙에 관계하는 단순한 표상에 대해서 타당하다면, 현상 자체는 여전히 형상이 아닌 근거를 갖고 있음이 틀림없다. 그러나 그와 같은 지적(知的) 원인은 그것의 인과성에 관해서 현상을 통해서 ─ 비록 이 원인의 결과는 현상할 것이고, 또 다른 현상을 통해서 규정될 수 있을지라도 ─ 규정된다. 따라서 이 지적 원인은 그 인과성과 함께 이 계열 바깥에 존재한다. 이에 반하여 이 원인의 결과는 경험적 조건들의 계열에서 만나게 된다. 따라서 결과는 그 지적 원인에 관해서는 자유로서, 그럼에도 동시에 현상에 관해서는 자연의 필연성을 따라 그 결과에서 나온 성과로서 간주될 수 있다. 이 구별은 일반적으로 또 아주 추상적으로 진술될 때는 미묘하고 애매하게 나타나지 않을 수 없지만, 그러나 적용될 때는 내용이 밝혀진다."[90]

칸트는 자연법칙성은 현상계에, 자유는 물 자체의 세계에서 지배한다는 단순한 설명으로 만족하지 않고, 또한 이 양자가 어떻게 함께 존재할 수 있는지를 적극적으로 지적하고자 한다. 이러한 목적을 실현하기 위하여 그는 "지적" 및 "경험적 성격" 간의 저 유명한 구별을 사용한다. 그는 감각의 대상에서 그 자체 현상이 아닌 그러한 것을 "지적"이라 명명한다. 이제 감각계에서 현상으로 간주되어야 하는 그것 자체를, 실로 어떠한 감각적 직관의 대상도 아닌, 그

---

90)   같은 책, 431면.

럼에도 현상의 원인일 수 있는 어떤 능력이 갖는다면, "사람들은 이 존재의 **원
인성**을 두 가지 측면에서, 즉 물 자체로서의 그것의 **행동**에 따라서는 **지적인 것**
으로서, 감각계에 있어서의 현상으로서 그것의 **결과**에 따라서는 **감각적인 것**으
로서 간주할 수 있다."**91)** 이제 모든 작용인(作用因)은 그러나 어떤 "성격"을, 즉
이것 없이는 그것이 전혀 원인이 될 수 없는, 즉 그 원인성의 법칙을 갖지 않으
면 안 된다. 이리하여 우리는 감각계를 인식하는 주관에서, 그로 말미암아 이
주관의 행동이 다른 형상과 법칙 관계에 서게 되는 **경험적** 성격과, 그리고 실로
현상으로서의 저 행동의 원인이긴 하지만 그러나 현상이 아닌 어떤 **지적** 성격
을 구별해야 한다.**92)** 그와 같은 주관은 따라서 그것의 경험적 성격에 따라서
인과율 아래에 놓이고, 그리하여 이 성격의 엄밀한 인식에서 주관의 모든 행동
은 확실하게 예고되고, 아니 마치 월식 및 일식처럼 미리 계산될 수 있다. 그뿐
만 아니라 동일한 주관은 그것의 지적 성격에 의해서 감성의 모든 영향과 현상
에 의한 모든 규정에서 해방되어야 하고, 그리고 가상체(可想體)로서의 이 주관
속에서 (시간적인) 어떠한 것도 일어나지 않고, 따라서 모든 인과 관계 바깥에
서 있기 때문에, 이 활동적인 존재는 그것의 행동이 모든 자연 필연성에서 독
립하여 있고 자유로울 것이다. 사람들은 이 주관에 관해서 그것의 결과가 감각
계에서 **저절로** 시작될 것이라고 — 감각계 자체 속에서 행동이 시작되는 일이
없이 — 말할 수 있게 될 것이다. "이렇게 그러면 자유와 자연은, 각기 그것의
완전한 의미에서, 바로 동일한 행동에서, 사람들이 이 행동들을 그 지적 또는
감각적 원인과 비교한 후에, 동시에 그리고 어떤 모순도 없이 만나게 될 것이
다."**93)**

---

91) 같은 책, 432면.
92) 같은 책, 432면 이하.
93) 같은 책, 434면.

이렇게 하여 칸트의 문제 해결의 의미는 분명하게 되었을 것이다. 이
러한 문제 해결과 역시 칸트와 직접 연관되어 있는 A. 메서의 해결 시도
가 유사하다.

메서는 다음과 같이 상론한다. 칸트는 결정론에 대해서는 "완전히 적절하다
— 그러나 다만 그것이 인식과 설명에, 따라서 우리들의 이론적 태도에 관해서
일 뿐이다. 이에 반하여 그는 이 결정론을 실천적, 특히 윤리적 태도에 대해서,
당위에 대한 우리의 능력에 대해서, 우리들의 윤리적 판정, 귀책(歸責), 책임짐
에 대해서는 철저히 반대한다."[94] 이러한 사상은 물론 칸트에 의해서 일관성
있게 수행되지는 않았다. 그는 그가 이론적 및 실천적 태도를 구별하면서도, 실
천적 태도를 취급함에 있어서 다시 이론적인 태도 속으로 몹시 빠져든다. 그에
게 있어서 가상적(可想的) 인간은 현상계 속으로까지 영향을 끼치는 완전히 실
존하는 초월적 존재로서 현상한다. 기본 사상을 상론함에 있어서 이 결함을 피
하는 것이 중요하다. 비결정론과 결정론의 대립은 이때 다음과 같이 해결된다.
즉 "전자는 직접적으로 정신적 체험에 대해서 정당하고, 후자는 심리학자의 관
점에 대해서, 따라서 영적인 것의 학문적인 인식에 대해서 정당하다[95]는 것이
다."

메서는 이 사상을 보다 길다란 상론(詳論)을 통해서 밝히고자 한다. 우리가
주장을 진(眞) 또는 위(僞)로서, 행동을 선(善) 또는 악(惡)으로서, 사물을 미(美)
또는 추(醜)로서 판정할 때, 우리는 "직접적으로 정신적 체험" 속에 존재한다.
그럼에도 불구하고 우리는 입장을 취하면서, 인정하면서 또는 거부하면서 태
도를 취한다. 여기서는 도대체 가치 판정, 평가가 중요하다. 가치 판정과 평가

---

94) Kants Ethik, Leipzig 1904, 395면.
95) 같은 책, 398면.

는 자연스럽게 가치와 규범을 전제한다. 그러나 규범의 개념 속에 존재 당위의 의미가 놓여 있다. 따라서 우리가 규범을 인간의 생에 접근시키는 한, 당장 이 것과 인간의 생이 이 규범에 역시 일치할 수 있을 것이라는 전제가 결합한다. "현실적인 정신적 생에 대해서 불가결한 이 신념은, 사실상으로 비결정론 — 이 비결정론이 그것의 이 의미를 언제나 명백하게 의식하고 있지 않다 할지라 도 — 에 의해서 언제나 정당한 것으로서 옹호되고 있다는 것이다."[96]

그런데 우리가 의욕하고, 평가하는 자아로서 직접 정신적 생에 참여하지 않 고, 우리의 내면적인 과정을 대상으로 삼는다면, 우리의 내면적 태도는 사정이 전혀 다르다. 이 일을 심리학자가 수행한다. 그는 단순히 의식의 소여를 파악 하고, 이 소여를 분석을 통하여 그 요소로 해체하고, 그 인과 관계를 심리적 사 건의 연속 속에서 규명하고자 한다. 여기서 그는 이 심리적 대상에 대해서 순 전히 발견적으로, 기술적(記述的) 및 설명적으로, 따라서 마치 물리학자가 자연 의 대상과 경과에 대해서 취하는 태도와 똑같이, 순전히 **이론적**으로 태도를 취 한다. 심리적 과정은 그에게는 진도 위도, 선도 악도, 미도 추도 아니다. 그는 이러한 것들에 대해 어떠한 태도도 취하지 않고, 평가하지도 않는다. 심리학자 도 역시 자연히 의욕하고 평가하는 자아의 입장 표명의 모든 행위를 자기의 대 상으로 삼게 된다. 그러나 예컨대 작용하는 주관에 의해서 의무에 따른 것으로 서 체험되는 의지의 결단은 심리학자에게는 의무 적합성의 가치를 갖고 있지 않고, 의무 실현의 이 사상은 심리학자 자신에게는 의욕된 행동의 표상과 결합 되어 있는, 객관적으로 주어진 무관심한 표상일 뿐이다. 따라서 전체의 직접적 으로 체험된 정신적 현실은 원리적으로 심리학자의 객관화하는 연구에서 이용 할 수 있다. 이제 이 연구에 대해서 그러나 엄격한 의미의 인과 개념을 적용하 는 것은, 생기 현상의 경과를 실제로 인식하는 것이 중요하다면, 필연적이다.

---

96) 같은 책, 399면.

따라서 몰가치적 객관, 즉 "존재자"에 대한 이러한 순전히 이론적 태도에서 결정론이 그것의 자리와 권리를 갖는다.[97]

메서는 다음과 같이 종결하면서 언급한다. "즉 현실적인 정신적 주관과 심리학의 객관화된 자아 간의 이 구별은, 칸트가 물 자체로서, 지적(知的)인 존재로서의 자아를 현상으로서, 내감(內感)의 대상으로서의 자아로부터 구별했을 때, 칸트에게 애매하게 머리에 떠올랐다는 사실을 추측하게 되는 것은 명백하다. 아무튼 우리는 칸트가 내감의 이 대립을 보다 자세하게 특성 지은 많은 표현들을 당장 우리가 확립한 자아 개념의 이원성(二元性)으로 전용(轉用)할 수 있다."[98]

여전히 우리는 최후의 해결 시도를 언급하지 않을 수 없다. 그것은 형식적인 인과 원리의 보편타당성의 포기에 있다. 우리는 이러한 시도를 로체한테서 발견하게 된다.

로체는 모든 결과에 대해서 원인을 요구하는 인과 원리가 자유의 가정을 배제하지 않는지 어떤지, 그리고 가차 없이 만유(萬有)의 관계를 맹목적인 작용의 무한한 연쇄 속으로 변화시키지 않는지 어떤지 하는 의문을 제기한다. 이에 대한 그의 대답은 다음과 같다. "이 변화가 인과적 관계의 저 견해의 필연적인 논리적 귀결로서 명백하게 지시되면 될수록, 이 견해의 부정확함도 더욱더 명백할 것이라고 우리는 생각하고 싶을 것이다. 모든 현실의 전체성은 그 속에서는 자유에 대한 어떠한 여지도 존재하지 않을 사건들의 어디서나 맹목적이고 필연적인 소용돌이의 불합리를 표현하지 않을 수 있다는 사실, 우리들의 이성의

---

97)   같은 책, 399면 이하.
98)   같은 책, 403면.

이 확신은 우리에게 너무도 확고한 것이어서, 여타의 모든 인식에는 다음과 같은 과제, 즉 확실한 관점으로서의 이 과제와 우리의 경험의 모순되는 외관을 일치시키는 일만이 주어질 수 있다."⁹⁹⁾

로체에 의하면 저 견해는 인과 원리의 지나친 긴장에 근거하고 있다. 이 인과 원리가 "당연히 모든 결과에서 어떤 원인을 요구한다면, 이와 반대로 우리가 모든 사건에서 어떤 결과를 보거나 또는 발견된 원인을 도대체 그 자체가 다시 어떤 다른 원인의 결과로서 간주한다면, 그것은 우리의 책임이다."¹⁰⁰⁾ 우리가 모든 실체는 파괴할 수 없는 것이라고 주장한다면, 실체라는 개념 속에서 우리가 파괴 불가능성이란 징표를 포함하게 되자마자, 정당한 것을 말하게 된다. 그러나 우리는 이러한 사실로써 직접적인 실재적 타당성을 가지게 될 그 어떠한 것도 표현하지 않는다. 왜냐하면 이러한 의미의 실체도 역시 현실적으로 존재하는지 어떤지 하는 것이 이때 바로 의문시되기 때문이다. "아주 똑같이 의심의 여지가 없이 우리가 한때 결과로서 사유하고 표시한 모든 것이 원인을 요구한다. 그러나 발생하는 모든 사건을 이러한 의미의 결과로서 간주할 어떤 권리를 우리가 갖고 있는지 어떤지는 의문스럽다."¹⁰¹⁾ 로체는 철저하게 세계 경과 속에 무제약적 단초가 존재하고 있고, 그와 같은 단초는 무엇보다도 인간의 내면적인 정신적 생(生) 속에 존재하고 있다는 생각을 가지고 있다. 그의 견해는 따라서 본질적인 점에서는 칸트가 정의한 이율배반의 정립(定立)과 일치한다.

우리가 서술된 이론에 비판적 태도를 취한다면, 첫 번째 이론에 오래 머물 필요가 없다. 자연의 원인이 필연적인 원인이라는 사실은 진지하게

99) Mikrokosmos, I, 292면.
100) 같은 곳.
101) 같은 책, 292면 이하.

논쟁될 수 없다. 조건의 복합체가 완전해지자마자 사건은 등장하게 된다. 사건은 그 이상으로 일어나지 않을 수 없고, 결과로서 일어나지 않을 수 없다. (자연적인) 필연적 원인 외에도 (정신적인) 자유 원인이 존재한다는 사상은 이에 대해서 철저히 진지하게 받아들여져야 한다. 칸트도 역시, 우리가 알고 있는 바와 같이, 자연의 원인성 외에 "자유에 의한 원인성"을 인정하고 있다. 이 원인성은 도덕법칙 또는, 우리가 앞으로 말하게 되는 것처럼, 도덕적 가치와 규범을 통한 결정 속에 존재한다. N. 하르트만은 이러한 사상을 완전한 이론으로 확대 발전시키고 있다. 이 이론은 근래의 철학이 제시해야 하는 철학적으로 가장 의미심장한 의지자유의 정초이다. 결정론은 여기서 분명한 반론에 부딪힌다. 이 결정론에 의해서 변호되는 이 인과적 결정론의 일원론에 대해서 이와는 전혀 다르고, 보다 높은 종류의 결정론, 그러나 이것이 보다 낮은 종류의 것을 지양하는 것이 아니라 고양(高揚)하기만 하는 그러한 결정론이 존재한다는 사실이 지적된다. 인간은 자연의 존재로서는 인과적으로 결정되고, 인격으로서는 가치론적으로, 즉 가치의 당위 요구를 통해서 결정된다. 우리가 본 것처럼, 하르트만은 세계 속의 전체 생기 현상의 인과적으로 결정된 상태는 엄격하게 증명할 수 있다고 생각한다. 이 점에서 우리는 그를 따를 수 없었다. 그의 증명을 비판적으로 검토해 보면, 이 증명이 근거 없다는 것을 우리는 인식하게 된다. 그리하여 우리는 인과 원리를 단적으로 요청으로서 간주할 수 있었다. 그러나 동시에 우리에게는 인과 원리와 의지의 자유 간의 이율배반을 해결할 수 있는 두 가지의 가능성이 생긴다. 그중 하나는 두 가지의 인과성, 자연- 및 자유의 인과성, 즉 자연 원인과 정신적-윤리적 가치에 의한 결정의 구별 속에 존재한다. 다른 하나는 인과 원리는 결코 사유 필연적인 명제가 아니라, 단지 요청이라고 하는 사상에 놓여 있다. 따라서 인과 원리와 의지의 자유 간의 모순 대립은 또한 인과적 결정만을 인정하고, 자유의 원인이란 개념을 부정하는 그러한 모순으로서는 배제되어 있다. 왜냐하면 인과 원리의 요청의 성격은 물론 원인이 없는 생기 현상이란 개념이 일어날 수 있다는 사실, 따라서 비-인과적(非因果的) 생기 현상이 존재할 수 있다는 사실을 의미하기 때문이다. 달리 말하면, 요청으로 간주된 인과 원리는 자유의 의지를 위한 공간을 허용한다.

칸트적 해결에 관해서 우리는 그 핵심 사상을 특유한 이론 속으로 수용하였다. 전체로서 보건대 칸트의 이론은 유지될 수 없다. 왜냐하면 이 이론은 그것의 불충분성을 우리가 이미 지적하였던 칸트의 현상학적 인식론에 의존하고 있기 때문이다. 게다가 이 이론은 무엇보다도 "지적(知的) 성격"이란 개념과 관계되는 어떤 내면적인 난해성이란 짐을 지고 있다. 칸트는 한편으로는 지적 성격에서는 — 이 성격에는 시간 형식이 적용되지 않기 때문에 — "아무것도 발생하지 않는다"라고 단언한다. 그럼에도 불구하고 이 성격은 "활동적인 존재"라고 부른다. 그 이상의 본질적인 난해성을 메서가 특히 지적해 준다. 그것은 경험적 성격과 지적 성격 간의 관계인데, 이 관계는 칸트에 의해서 동등성의 의미로서도 차이성의 의미로서도 규정된다.[102]

메서 자신의 해결에 대해서 우리는 다음과 같은 생각을 가지고 있다. 즉 결정론과 비결정론 간의 논쟁을 **방법**의 사상으로부터, 실로 논리적 관념론 — 여기서는 방법이 대상을 창조한다 — 의 토대로부터, 그러나 비판적 실재론 — 여기서는 대상은 객관적인 것이고, 방법은 대상에 준거해야 한다 — 의 토대로부터가 아닌 상태에서 조정하려는 시도가 기도될 수 있다는 생각이다. 구체적으로 말해서 사람들이 실재론적 관점

102) Messer, 같은 책, 350면 이하.

에 선다면, 결정적인 문제는 다음의 물음이다. 즉 심리학자가 그의 이론적 태도에서는 그렇게 보고, 이에 반하여 직접적으로 체험하는 자는 그의 실천적 태도에서 전혀 달리 보는 정신적 생의 현실이 도대체 객관적으로 어떠한 성질의 것인지, 따라서 여기서 모든 사건이 인과적으로 결합되어 있는 것인지 아닌지 하는 물음이다. 실재론적-객관주의적 인식론의 토대 위에 서는 그 누구도 이 물음을 회피할 수 없다. 그러나 사람들은 메서에게서 이 불가피한 물음에 대한 어떠한 대답도 발견할 수 없다.

최종적 해결 시도를 위해서 그가 한편으로는 결정론적 인과 개념을 고수하면서 (원인은 필연적 원인과 동의어이다), 그러나 다른 한편으로는, 의지의 자유를 위한 공간을 마련하기 위하여, 인과 원리의 보편타당성을 포기한다는 것이 특징적이다. 후자가 필연적인 것이 아니라는 사실을 우리는 방금 보았다. 사람들은, 모든 생기 현상은 어떤 원인을 필요로 한다라는 원칙을, 그 때문에 의지의 자유를 부정해야 하는 일이 없이, 고수할 수 있다. 왜냐하면 실로 이 명제는, 우리가 발견한 것처럼, 내용적으로는 모든 생기 현상의 개념적 파악 가능성의 요청과 일치하는 요청을 표현하기 때문이다. 그뿐만 아니라 인과 명제는, 또한 사람들이 이 명제를 사유 필연적인 것으로서 간주하고자 했다면, 두 가지의 원인, 즉 필연적이고, 또 자유로이 작용하는 원인의 구별이 정당화되기 때문에, 또 그러한 한에서 의지의 자유에 대한 어떠한 결정 재판소도 아니다. 따라서 사람들은 의지의 자유를 구제하고자 한다면, 인과 원리의 보편타당성을 부인하는 데 존재하는 로체의 극단적 해결에 도피처를 구해서는 안 된다.

VI. 목적성

1. 목적 개념

원인이 왜-물음에 대해서 답을 주듯이, 목적은 목적-물음에 대한 답을 준다. 아리스토텔레스는 목적을 그것을 위해서 어떤 것이 발생하는 것으로서[103] 정의 내린다. 어떤 목적을 달성하기 위해서는 일정한 수단이 필요하기 때문에 목적성은 목적-수단-관계 속에 존재한다. 원인-결과라는 개념의 짝이 인과성의 범주를 구성하듯이, 목적-수단의 개념의 짝이 목적성의 범주를 이룬다.

인과성에는 거기로부터 결과가 일어나는 조건의 복합체(원인)가 주어진다. 전자는 후속하는 자이고, 후자는 선행하는 자이다. 목적성에서는 관계가 역으로 되어 있다. 결과는, 이것이 요컨대 표상 속에서 선취되는 한, 선행하는 자이고, 조건의 복합체는, 이것이 표상된 결과에 의해서 규정되는 한, 후속하는 자이다. 나는 어떤 목적을 세우면서 아직도 미래 속에 놓여 있는 어떤 생기 현상을 표상하며, 이제 이 생기 현상을 현실화하기 위해서 적당한 수단을 선택하며, 다른 말로 표현하면, 결과가 거기서 발생하는 조건의 복합체를 창조한다. 스콜라철학에서는 따라서 정당하게 목적은 의도 속에서는 제일 먼저의 것이고, 실행에서는 가장 나중의 것이다라고 말한다. 목적성에서는 미래적인 것에 이미 인과적으로 작용한다. 최초로 생성되어야 하는 것을 이것이 생성되게 해야 하는 수단이 규정한다. 사람들은 이 목적의 인과성을 "배면으로부터의 인과성"을 표현하는 작용인의 인과성과 대조하여 "전면으로부터의 인과

---

103) Met. I. 3.

성"이라고 이름 불렀다. 전자 그 자체는 맹목적인 반면에, 후자는 말하자면 명시(明示)적이고, 다시 말해서 계획적이다.

그러므로 목적은 예견된, 그리고 얻고자 노력하게 된 미래적인 것으로서 나타난다. 따라서 목적은 사유와 의욕을 전제한다. 목적 설정과 목적을 향한 노력은 이성적 천품을 가진 존재의 기능으로서만 생각할 수 있다. 목적을 포착하는 의식이 없거나, 목적을 실현할 수 있는 어떠한 노력도 없는 곳에서는 엄격한 의미에서 목적성에 관해서 언급할 수 없다.

동시에 목적 이념의 원천에 관한 물음도 역시 이미 그 대답이 내려진다. 목적 이념의 고향은 이성적 천품을 가진 존재의 내면의 생이다. 이러한 존재는 가장 다양한 방식의 목적을 향한 노력을 제시한다. 그러한 존재의 모든 행동은 목적 활동성을 표현한다. 이렇게 우리는 목적 이념을 내적 경험으로부터 퍼낸다. 우리는 말하자면 목적 이념을 우리의 내적 생, 좀 더 정확히 말하면 우리의 의지의 생의 일정한 소여에서 읽어낸다.

사람들은 여러 가지 종류의 목적을 구별하곤 한다.

1. 외적 및 내적 목적. 전자는 목적 실현을 통해서 사실적으로 성취되는 것이고, 후자는 작용하는 자의 의향에 따라서 성취되어야 하는 것이다.

2. 목적 행동, 즉 어떤 목적을 위한 행동 및 단순히 합목적적인 행동. 전자는 의식적 목적 활동성을, 후자는 목적에로 정돈된 행위를 의미한다. 전자는 이성의 천품을 가진 존재에게만 가능하고, 후자는 이성이 없는 존재에게도 가능하다.

3. 어떤 목적은 그것의 측면에서 다시 어떤 다른 목적을 위한 수단일 수 있다. 이러한 사실에 의해서 목적 계열이 발생한다. 이 계열에서 우

리는 보다 가까운 목적과 보다 먼 목적, 보다 낮은 목적과 보다 높은 목
적을 구별한다. 모든 다른 목적이 오로지 수단으로서만 존재하는 최후
의, 그리고 최고의 목적은 궁극 목적이라 불린다.

2. 목적 개념의 타당 영역

위에서 이미 암시된 것처럼, 아리스토텔레스는 자연의 창조를 인간의
예술 활동에서 이해하고자 한다. 인간의 모든 행위가 목적에 관계하기
때문에, 그는 자연의 작용도 목적을 향해 있는 것으로서 간주하지 않을
수 없었다. 그는 그뿐만 아니라 목적이 예술품에서보다는 오히려 자연
의 작품에 내재해 있다는 생각을 가지고 있다. 그리하여 그는 강조해서
다음과 같이 말한다. 즉 자연은 "어떤 것도 목적 없이 행하지 않는다."
  이 목적론적 자연관을 스콜라철학도 역시 배웠다. 토마스는 사람들이
바로 "목적 원리"라고 표기하는 그 원칙을 정해서, 인과 원리 곁에 정립
할 수 있게 된다. 모든 작용자는 목적을 위해서 작용한다.[104] 이 명제를 그
도 역시, 그리고 실로 그의 존재론의 기본 개념으로써 정초하고 있다.
모든 발생은 잠세태에서 현세태로의 이행(移行)이다. 이 이행을 작용인
만이 실행할 수 있다. 그러나 작용인은, 이것이 이 목적, 즉 (현세적인)
형상과 (잠세적인) 질료의 결합으로 귀속하여 정돈될 때만, 이 이행을
실현할 수 있다. 따라서 자연에서의 모든 작용은 목적 지향적이다. 자
연의 인과성은 목적적 인과성이요, 목적성이다.
  오늘날의 토마스주의자들은 이러한 입장을 확고하게 고수한다. 그리
하여 예컨대 C. 닌크 S. J.는 다음과 같이 말하고 있다. "목적은 현실이

---

104) S. c. gent. III, 2.

란 원문(原文) 속의 삽입문과 같은 것이 아니다. 인과성의 개념만이 자연의 단계를 통하여 발생한 세계 인식의 연관 속에서 지배하는 것이 아니다. 오히려 목적성이, 전체의 작용의 영역에서 모든 작용은 절대적 필연적으로 어떤 목적에 이바지하고 있고, 어떤 목표를 고려하여 귀결되는 한, 선재성(先在性)을 갖는다. 목적에 따라서 규정되지 아니한 단순한 사건, 과정, 운동, 야기된 것일 어떠한 생기 현상도, 사건도, 운동도 존재할 수 없고, 오히려 예외 없이 모든 것은, 인간의 자연적 과정도 목적적으로 규정되어 있다. 원인뿐만 아니라, 의미 및 목적 충만한 작용인도 세계와 인생을 지배한다. 인과 관계는 필연적으로 언제나 어떤 목적 관계에 이바지하고 있다."[105] 닌크의 이러한 정초는 토마스에서의 그것과 동일한 것이다. 존재자는 "그 의미에 있어서 본질성 및 주관으로서 이것의 실현 또는 완성으로서 내면적으로 현존에 정렬되어 있는 논리적-목적론적으로 부합된 구조 통일이다. 모든 존재자는 그것의 현존을 통해서 선하고, 목표 및 목적적으로 규정되어 있다. 존재자에서 모든 것은 현실적인 존재에 내면적으로 정돈되어 있고, 또 이것은 그것의 측면에서 작용에 조준되고, 또 정돈되어 있다. 존재자는 그 때문에 합법칙적으로 또 목표에 맞게 현상하고 작용한다. 왜냐하면 그것은 그 자신에 있어서 그 자체로 논리적-목적론적으로 형성되어 있기 때문이다."[106]

우리는 이러한 정초에 대해서 이미 비판적으로 태도를 취하였다. 우리는 아리스토텔레스적-스콜라철학적 원인론, 따라서 질료-형상과 가능태와 현실태라는 개념의 짝은 지도적인 신스콜라철학자의 눈에는 유

---

105) Sein und Erkennen, Leipzig 1938, 343면 이하.
106) 같은 책, 104면 이하.

지될 수 없었다는 사실을 보았다. 동시에 그러나 목적론 사상의 기초, 즉 **본질적으로 목적론적 성격을 가진 자연의 작용**의 이론은 붕괴되었다.

존재자의 내면적 구조, 즉 질료와 형상의 합성이란 그 스콜라철학적 견해를 거부하는 사람은, 이 견해의 변호자로부터 그러한 사람은 "실증주의적 존재 개념"을 갖고 있다는 비난을 듣는다. 그러나 이러한 비난은 사태에 대한 명백한 위조에 근거하고 있다. 실증주의에서는 주지하다시피 감각과 이 감각의 합법칙성만이 존재한다. 존재자는 실증주의에서는 감각 내용이다. 사람들이 존재 구조에 관한 아리스토텔레스적-스콜라적 이론을 거부하는 데 실증주의적 존재 개념을 신봉하도록 결코 강요받지 않는다는 사실은 명백하다. 어떻든 우리는 그와 같은 신봉과는 거리가 멀다. 우리는 아리스토텔레스적-스콜라철학적 이론을 단호히 거부해야 하는 것처럼, 실증주의적 이론도 단호히 거부해야 한다. 저 비난 속에 전제되어 있는 양자택일은 따라서 현실 속에서는 전혀 존재하지 않는다.

닉크의 상론(詳論)이 명백히 하고 있는 것처럼, 저 이론의 변호자들은 이 이론에서는 완전히 명백한 명제들이 중요한 것인 것처럼 그렇게 사태를 표현한다. 아리스토텔레스적-토마스적 체계의 범주로 사유하는 습관을 가진 사람에게는 그와 같은 명증성 역시 존재할 수 있다. 그는 바로 의식적이든 또는 무의식적이든 간에 그의 연역에서 잠재적인 전제로서 기능하는 어떤 최후의 가정으로부터 출발한다. 현재의 경우에서 가장 중요한 가정은 **존재자가 내면적으로 형성되어 있다**는 것에 대한 명제이다. 이것의 정초는 아리스토텔레스가 수행한 플라톤의 이데아를 구체적인 개별적 사물 속으로 옮겨 놓은 일 속에 놓여 있다. 이것은 실재적인 것의 "관념화"를 의미한다. 말하자면 이념적 내용으로 스며든 실재적인 것은 이제 그것의 존재에 있어서는 가지적(可知的)인 것으로서, 그것의 작용에 있어서는 목적적인 것으로서 나타난다. 전자에 대해서는 모든 존재는 가지적이다가 적용되는 것처럼, 후자에 대해서는 모든 작용인은 목적을 위해서 작용한다라는 명제가 적용된다. 언급된 방식으로 성립하는 존재 개념에는 가지성(可知性)의 계기도, 목적성의 계기도 포함되어 있다. 따라서 사람들은 당장 이 양자를 존재 개념에서 도출할 수 있다. 다만 사람들은 이 양자를 미리 존재 개념 속에 투입했기 때문에 이 양자를 존재로부터 얻는다는 사실이 명백하게 되지 않을 수 없는 것이다. 편견이 없고 조심스러운 존재론적 분석이 밝히는 존재 개념 속에는 전자의 계기도 후자의 계기도 포함되어 있지 않다.

N. 하르트만은 "목적론적 사유의 확장 경향"을 "형이상학의 일종의 원죄"[107]라고 표시한다. "목적 범주는 법률상으로 인간의 영역에, 특히 인간의 의욕과 행위의 영역에 속한다. 적어도 현실적으로 이 목적 범주는 여기서만 지적될 수 있다. 그러나 이 목적 범주는 옛날부터 아무런 거리낌 없이 인간이 달리 설명할 줄 모르는 모든 것(즉 그것의 현실적 범주를 그것이 모르는 것)에 전용(轉用)되고 있다. 그런데 사람들이 이를테면 자연의 과정을 목적 범주를 근거로 하여 이해한다면, 사람들은 이 자연의 과정에 인간적인 방식에 따라서 목적 활동성을 전가하는 것이고, 사람들은 자기의 인간 존재의 유사성에 따라서 해석하게 된다. 이러한 일은 자연의 과정을 실로 비상하게 단순화하여 현상하게 하고, 그러나 자연 현상의 진정한 본성을, 오래된 신화적 표상 방식이 산이나 냇물 속에서 영혼이 깃든 존재를 파악한 것처럼, 그렇게 정확하게 인식하지 못하게 된다. 형이상학적인 자연 목적론은 내용적으로는 신화적 정령화(精靈化)에 물론 여전히 아주 가깝기도 하다. 그

---

107) Der Aufbau der realen Welt, 98면.

것은 두 가지 점에서 세계상을 규정하는 동일한 의인관(擬人觀)이다."[108] 그럼에도 자연의 생기 현상의 목적론에 관해서 그것이 언급될 수 있는지 그리고 어느 정도로 언급될 수 있는지를 우리는 형이상학에서 볼 수 있을 것이다. 여기서는 목적 범주의 시원적 타당 영역을 날카롭게 한계 짓고, 그리고 **목적을 존재로부터 선천적으로 도출하는 것을 근거 없는 것으로서 증명하는 것**이 문제된다.

---

108) 같은 책, 90면.

제2책 형이상학

Zweites Buch Metaphysik

서론

I. 형이상학의 주된 유형

형이상학이 존재한다는 사실은 인식론에서 지적되었다. 형이상학적 인식의 가능성은, 우리가 그곳에서 본 것처럼, 실증주의와 현상론에 의해서 논쟁이 제기된다. 전자는 형이상학의 대상, 즉 초감성적인 것을 부정한다. 그러나 실증주의는 그 자신이 형이상학의 토대에 들어서지 않고서는 부정할 수 없다. 왜냐하면 감각 이외에는 아무것도 존재하지 않는다는 그의 주제는, 모든 최후의 진술처럼, 형이상학적 주제이기 때문이다. 현상론은 실은 형이상학의 대상을 부정하지는 않지만, 그러나 그것의 인식 가능성은 부정한다. 물 자체는 그것에서는 단연 인식할 수 없는 것으로서 간주된다. 그럼에도 불구하고 우리는 이 관점은 논리적으로 수행될 수 없다고 지적할 수 있었다. 동시에 형이상학의 가능성은 증명되었다.

그런데 형이상학은 어떻게 가능한가? 형이상학의 역사가 이 물음에 제시하는 대답은 한결같은 것이 아니다. 여기서 우리는 무엇보다도 3가지 유형의 형이상학, 연역적, 귀납적 그리고 직관적 형이상학을 만나게 된다. 우리는 형이상학을 서열에 따라서 주목하고 점검하면서, 가장 확실하게 형이상학의 본질, 그 대상과 그 방법의 타당한 규정에 도달하게 된다.

1. 연역적 형이상학

　연역적 형이상학은 3가지 형태로, 즉 아리스토텔레스적-스콜라철학적 형이상학으로, 근세의 합리주의(데카르트, 스피노자, 라이프니츠, 볼프)의 형이상학으로, 그리고 사변적 관념론의 형이상학으로 우리에게 다가선다. 3자 모두에게 경험을 소홀히 하고, 선천적인 조치, 추상적 개념 및 원리로부터의 사실적 인식의 도출이 공통적이다.

　첫 번째의 형태에 관해서 이 물음은 근거 없는 것이 아니다. 첫 번째 물음은 실제로 연역적 형이상학으로 간주할 수 있는가? 아리스토텔레스 및 그와 더불어 스콜라철학은 그 모든 형이상학적 정립에 있어서 경험으로부터 출발하고 있지 아니한가? 중세의 아리스토텔레스주의의 가장 의미심장한 대표자는 우리들의 지성의 인식은 모두 감각에서 도출된 것이다라는 명제를 제시하지 않았던가?[1] 실은 이 형이상학은 결코 순전히 연역적인 것이 아니다. 선천적-연역적 조처는 여기서는 경험적-귀납적 조처와 결합되어 있다. 그럼에도 불구하고 이 경험적-귀납적 조처는 역시 연역적 유형에 속한다. 그것은 연역적 계기가 여기서는 결정적인 것이기 때문이다. 말하자면 이 형이상학은 사람들이 추상의 과정에서 사물의 형이상학적 본질의 개념을 소유하게 되는 데 이른다고 가르친다. 우리는 구체적인 감각적 사물로부터 보편적인 본질의 개념을 추상하면서 현실의 형이상학적 기본 토대의 어떤 부분을 파악한다. 스콜라적 선험적 이론은 이러한 부분에서 이 부분이 오성에게 투시된다고 주장한다. 이것은 모든 존재는 진리이다(가지적이다)라는 공리의 의미이다. 따라서 논리적 전제는 내용적인 인식의 선천적 획득을 위해서

---

[1]　Thomas Aqu., Super Boeth. de Trin. qu. 1. a. 1.

추상적인 형이상학적 개념으로부터 창조된다. 이렇게 예컨대 이 형이 상학은 비물질적 영혼의 실체의 개념으로부터 영혼의 불멸성을 도출한 다. 따라서 여기에 경험과 연관이 있다 해도 연역적 요소가 덤을 준다 는 사실은 명백히 부정될 수가 없는 것이다.

연역적 형이상학의 유형은 물론 근세의 합리론에서 훨씬 더 순수하게 뚜렷이 나타난다. 그 근거는 여기서는 수학적 방법이 형이상학에 적용 된다는 사실에 있다. 이러한 형이상학의 전형(典型)은 스피노자의 "기 하학적 방법으로 논증된 윤리학"이다. 유클리드 기하학의 모범에 따라 서 여기서는 최상의 정의와 공리를 매개로 즉-자-존재자의 구조적 적 절한 모사이기를 요구하는 개념의 구조물이 세워진다. 이러한 요구를 정당화하는 욕구는 독단론에 사로잡힌 사고를 거의 느끼지 못한다.

사변적 관념론에서 연역적 유형이 취하는 형태는 또 다른 것이다. 여 기서도 역시 정상(頂上)에는 최상위 개념, 즉 최고의 이념이 서 있다. 그것은 피히테에게서는 자아이고, 셸링에게서는 자아와 비아의 동일성 이며, 헤겔에게서는 논리적 이념이다. 그러나 절대자는 여기서 스피노 자에게서처럼 정적(靜的)인 것이 아니라 동적(動的)인 것으로 파악된 다. 따라서 세계 내용이 이 절대자로부터 도출되는 방식은 어떤 다른 것이다. 연역은 삼단논법적인 것이 아니라 변증법적이다. 형이상학적 사유는 동일률 내지 모순율의 실마리에서가 아니라, 이러한 논리적 법 칙들의 전진하는 지양(止揚) 아래에서 움직인다. 그러나 이 형이상학의 방법 역시 연역적이다. 왜냐하면 이 방법 역시 보편자에서 특수자로, 추상적인 것에서 구체적인 것으로, 이념에서 현실로 전진하기 때문이 다. 다만 바로 이 전진의 양식이 다를 뿐이다.

연역적 형이상학이 존재하는지, 따라서 연역은 형이상학의 방법일 수 있는지 어떤지 하는 것은 우리가 형이상학의 대상을 엄밀히 규정했을 때, 비로소 최종적으로 결정할 수 있다. 왜냐하면 모든 방법은 대상에 따라야 하기 때문이다. 대상의 구조는 방법을 규정한다. 상론(詳論)한 것을 근거로 하여 우리는 그러나 이제 연역은 형이상학의 방법이어서는 안 된다고 과연 말할 수 있다. 형이상학은 실재학이다. 그것의 대상은 실재적인 것이다. 이제 우리는 그러나 논리학과 학문론으로부터 연역적 방법의 분야는 관념학임을 알게 된다. 이 사실과 또한 엄격히 연역적인 형이상학의 변호자들이 그네들의 방법을 수학에서 인용했다는 위에서 암시한 사실은 일치한다. 그리하여 연역은 형이상학적의 방법으로서 거의 논의의 대상이 되어서는 안 된다.

2. 귀납적 형이상학

귀납적 형이상학의 정초자는 페히너, Ed. v. 하르트만 그리고 W. 분트이다. 이 형이상학의 본질에 관해서 특히 Ed. v. 하르트만이 명백히 언급하였다. "형이상학적 영역이 있다. 그런데 이것은 단지 간접적이라고는 할지라도 귀납적인 역추리(逆推理)를 통해서 인식할 수 있다. 이 명제들은, 형이상학을 가망 없는 기도로서 나타나지 않도록 하기에는 충분하다. 솔직히 순수이성에서 나온 모든 선천적 형이상학, 연역적 또는 변증법적 구성의 모든 시도는 가망이 없기만 하다. 그와 같은 형이상학은 불가지론에 의해서 정당하게 제거되었다. 인식론의 결과로부터 귀납적 방법으로 자연철학과 심리학에 열려 있는 단순한 개연적인 형이상학은 이에 반하여 회의론자 및 불가지론자의 논증에 의해서 전혀 적중되지 못한 상태에 있다."[2] 그리하여 하르트만은 새로운 형이상학의

---

2) Grundriß der Metaphysik, 8면.

계획을 다음과 같이, 즉 "귀납적-자연과학적 방법에 의한 사변적 결과"
라고 간략하게 기술할 수 있다.

귀납적 형이상학의 인식론적 기초정립을 위해서 O. 퀼페가 가장 많
이 노력하였다. 그도 역시 형이상학의 과제를 "형이상학을 일정한 시대
에 있어서 실재적인 대상에 관해서 실현한 규정들의 모든 영역에서 대
략 짜임새 있는 세계 상에서 통일하고 완성하는" 그곳에 있다고 본다.[3]
형이상학이 실재학에 동참하여, 그것의 연구가 이어지고 보완하게 하
는 것처럼, 형이상학은 동일한 방법을 역시 사용해야 한다. "귀납적 형
이상학은 그에 특유한 어떤 다른 방법으로 그 목록을 도출하고 구성하
고자 하지 않는다. 고대 형이상학의 이러한 결함은 근대의 형이상학에
서 원칙적으로 회피되어야 한다. 고대 형이상학은 더 이상 칸트 이후의
관념론의 관점에 서지 않는다. 칸트 이후의 관념론은 사상 발전의 특수
한 방법으로 개별과학이 천천히 조심성 있게, 신중히 달성하고자 시도
했던 그러한 목적을 보다 신속하고 보다 안전하게 수행할 수 있었던 구
조 수단을 발견했다고 믿었다."[4] 다른 한편으로 이 새로운 형이상학은
개별과학의 성과들을 단적으로 서로 결합하는 일에 만족해서는 안 된
다. "개별적인 과학들이 성취한 결과들을 단순히 결합함으로써 아직 완
전한 실재성의 이론으로서의 형이상학이 결코 성립될 수는 없다. 여기
서 통합은 개별적 지절(肢節)들을 어떤 연쇄 또는 모자이크로 짜맞추는
것이 아니라, 통일적인 형상의 설계도이다."[5]

동시에 이러한 새로운 형이상학의 본질은 명백하게 되어야 한다. 우
리는 또한 나중에 가서 이 형이상학과 관계를 끊어도 좋다. 그러나 이

3)   Die Realisierung, I, Leipzig 1912, 193면.
4)   같은 곳.
5)   같은 책, 197면.

미 지금 이 형이상학을 진지하게 의문시하는 것 같은 난해성을 언급할
수 있다. 귀납법은 경험과학의 방법이다. 그것은 경험적 또는 감각적
대상의 유형에 알맞다. 그런데도 형이상학은 초감각적 대상을 다루어
야 한다. 형이상학은 여기서 어떻게 전혀 다른 대상의 유형에 대응하는
어떤 방법을 적용할 수 있을 것인가? 여기에 대상과 방법, 목표와 방도
간에 부정합(不整合)이 존재하는 것 같다.

3. 직관적 형이상학

제시한 두 가지 유형과는 전혀 다른 길 위에서 직관적 형이상학이 그
것의 목표를 실현하는 것 같다. 합리적-논증적 인식이 아니라, 직관적
인식만이 형이상학을 따라서 형이상학적 영역 속으로 들어선다. 이러
한 의미에서 이미 쇼펜하우어가 칸트의 철학을 보완하고, 계속 진행하
였다. 이성비판의 저자와 함께 쇼펜하우어는 물 자체의 이성적-논증적
인식이 존재하지 않는다는 이론에 의견을 같이한다. 그러나 이성이 실
행할 수 없는 것을 직관은 실행할 수 있다. 자기 직관에 있어서 우리는
우리의 형이상학적 본질을 파악하고, 물 자체가 의지임을 인식한다. 쇼
펜하우어의 궤도에서 현대의 직관적 형이상학의 대표자, H. 베르그송이
활동하고 있다. 그는 그에게 절대적으로 확고한 사실, 즉 "개념의 불변
성을 가지고서는 현실의 가동성을 재구성하기"[6]란 불가능하다는 사실
에서 출발하고 있다. 독단론은 이 재구성을 언제나 되풀이하여 시도하
였고, 그리고 언제나 다시 거기서 난파하였다. 그러나 여기서 생동적인
현실을 딱딱하고 고정된 개념으로써 파악할 수 없고, 게다가 우리가 생

---

6)   Einführung in die Metaphysik, Jena 1912, 42면.

동적 현실을 어떤 다른 방식으로도 포착할 수 없다는 결론이 나오는 것
은 아니다. 우리의 지성은 "동적인 현실 속에 정착할 수 있고, 현실의
끊임없이 교체하는 방향을 받아들일 수 있으며, 요약하면 현실을 사람
들이 직관이라고 부르는 저 **지적 공생**(知的 共生)을 매개로 하여 파악할
수 있다."[7] 직관은 따라서 베르그송에 의하여 생동적인 현실과의 지성
적(知性的) 공생이라 규정된다. 그는 다른 장소에서 "현실을 가장 내면
적으로 소유하는 것과의 지성적 공감"[8]에 관해서 말한다. 그는 또한 직
관을 사물의 내면으로부터의 인식, 실재성의 내면으로의 자기 전치(轉
置), 존재의 생동적 흐름과의 접촉함이라고 서술한다.[9] 동일한 견해를
우리는 "생 철학"에서 만나게 되는데, 여기서는 슈펭글러, 클라게스, 카
이절링 등등이 그 대표자이다. 냉정하고 분석적인 오성이 아니라, 살아
있는 관조와 직관이 이들에게는, 우리가 현실을 그 깊은 곳에서 파악하
게 되는 기관으로서 간주된다.

　우리는 직관적 형이상학의 정당성 또는 부당성에 관해서, 우리가 형
이상학의 대상과 방법을 규정했을 때, 비로소 종국적으로 결정할 수 있
다. 그러나 우리는 이미 지금 이 유형에 대한 내재적 비판을 행할 수 있
다. 철학 일반과 마찬가지로 형이상학도 학문이고자 한다. 그런데 이것
은 다음과 같은 말이다. 즉 형이상학은 그것의 명제에 대해서 **보편타당
성**을 요구한다는 것이다. 그러나 직관은 이 요구를 결코 실현할 수 없
다. 직관에는, 인식론이 지적한 것처럼, 증명 가능성이 없다. 나는 여전
히 내가 직관한 것의 객관성에 관해서 매우 확고하게 확신해도 좋다.
나는 이것을 인정하는 일을 다른 어떤 것으로부터 논리적으로 강요할

---

7)　같은 책, 42면 이하.
8)　같은 책, 57면.
9)　Schöpferische Entwicklung, Jena 1921, 360면 이하.

어떠한 수단도 갖고 있지 않다. 그리하여 직관은 형이상학의 방법으로서 고려되지 않는 것 같다.

그 이상의 고려가 다음의 물음에 결부된다. 즉 우리는 베르그송과 다른 사람들이 우리에게 부여하는 저 형이상학적 인식 기관을 실제로 소유하고 있는 것인가? 형이상학의 역사를 아는 사람은 이 물음에 별로 긍정적으로 답하는 경향을 갖지 않을 것이다. 이 물음은 그럼에도 형이상학의 체계들의 끊임없는 변천을 지시한다. 하나의 체계는 다른 체계를 교체하고, 서로 계승하는 체계들은 드물지 않게 서로 정반대되는 체계를 이룬다. 형이상학적 체계의 이 다양성과 대립성, 이 변천과 변화는 아마도 우리들 인간에게는 말하자면 자체적 존재자를 "하나로 응시하여" 이해하도록 허용되어 있지 않은 것을 가리킨다.

II. 형이상학의 대상과 방법

형이상학이란 무엇인가? 이 물음에 대해서 M. 하이데거는 자기의 저술에서 하나의 대답을 내렸다. 이 대답은 물론 그의 "실존철학"의 추종자에게만 만족을 줄 것이다. 하이데거는 서두에서 형이상학에 관해서 말하고자 하지 않고, 형이상학을 시도하고자 한다. 즉, 형이상학에게 "그것 자신을 소개할" 가능성을 제공하기 위해서 일정한 형이상학적 물음을 논구하고자 한다. 이 물음은 형이상학 전체를 포괄하는 "무 (無)"에 관한 물음이다. 무에 관한 사정은 어떠한 것인가? 무는 (논리적) 부정을 통해서 창조되는 것인가? 또는 아님, 즉 단지 무가 존재하기 때문에 부정이 존재하는 것인가? 우리는 무는 아님과 부정보다도 더 근원적이다[10]라고 주장한다. 이 "무"란 무엇인가? 하이데거는 "무는 존

재자의 전체성의 절대적 부정이다"라고 대답한다.[11] 무는 어떻게 소여
로 되는가? "무는 불안 속에서 드러난다."[12] (이 사상이 계속해서 상론
(詳論)됨으로써 우리는 하이데거의 실존철학의 요약한 서술을 갖게 된
다) 형이상학은 무에 관한 물음을 제시하여야 한다. 그것에 따라서 결
국 형이상학의 본질 규정에 이르게 된다. "형이상학은 존재자를 그 자체
로서 그리고 그 전체에 있어서 파악하려고 되돌려 받기 위한 존재자 저
너머로의 물음이다. 무에 관한 물음에서 존재자로서의 존재자 전체를 넘
어서는 그러한 일이 일어난다."[13] 이 정의(定義)의 의미는 애매하다. 사
람들은 무엇보다도 "존재자"의 보다 엄밀한 규정을 아쉬워한다. 하이
데거가 결론에서 제시하고 있고, 또 언급한 것과 일치하기 어려운 정의
는 더욱이 보다 더 큰 난해성을 제공한다. 이 정의는 다음의 명제들 속
에 포함되어 있다. "인간의 현존재는, 그것이 무 속에 담길 때만, 존재
자에 관계할 수 있다. 존재자를 넘어서는 일은 현존재의 본질 속에서 발
생한다. 그러나 이러한 넘어서는 일은 형이상학 자체이다. 여기에 형이상
학은 '인간의 본성'에 속한다는 사실이 놓여 있다. 형이상학은 강단 철
학의 분야도 아니고, 자의적(恣意的)인 착상의 영역도 아니다 — 그것
은 현존재 자체 내의 그리고 현존재 자체로서의 근본적 생기 현상이다."[14]
(방금 물음 및 파악하고자 하는 것으로서 특성 지어졌던 형이상학은 따
라서 이젠 생기 현상으로서, 물론 "현존재에 있어서의 근본적 생기 현
상"으로서 규정된다.) 모든 형이상학은 존재자를 넘어서는 것을 의미

10) Was ist Metaphysik? Bonn 1929, 12면.
11) 같은 책, 13면.
12) 같은 책, 18면.
13) 같은 책, 24면.
14) 같은 책, 28면.

한다는 하이데거의 사상이 가치가 있다 하더라도, 그의 형이상학 그 자체의 규정이 만족스러운 것일 수는 없다. 사람들이 그에게서 아쉬워하는 것은 무엇보다도 형이상학의 대상의 명백하고 일의적(一義的)인 규정이다.[15]

형이상학의 대상을 우리는 이미 우리의 대상 이론적 연구에서 만났다. 우리는, 형이상학은 실재적 대상을 다루어야 함을 보았다. 그러나 이 대상은 경험의 영역에 속하는 것이 아니라, 경험의 피안에 놓여 있다. 그것은 내재적-실재적 대상이 아니라, 초월적-실재적 대상이다. 다른 전문 술어로는 우리는 동일한 사상을, 형이상학의 대상 유형은 초감성적 대상이라고 표현할 수 있다. 비감성적인 대상과 마찬가지로, 초감성적 대상은 감성적 대상과 본질적으로 다르다. 그러나 그것은, 그것이 감성적 대상으로부터 인식되는 한, 이 감성적 대상과 긍정적인 관계에 선다. 우리의 사상을 칸트의 전문술어로 옷 입힌다면, 형이상학의 대상은 현상의 기저에 놓여 있는 물 자체라고 말할 수 있다. 물 자체는 현상의 근거이기 때문에, 그것은 현상으로부터만 인식될 수 있다. 그것의 인식 방식은 따라서 간접적 방식이다. 직접적으로는 현상이 우리에게 주어지고, 이 현상으로부터 우리는 물 자체를 추론하는 것이다.

그러므로 형이상학의 대상은 다음의 징표를 통해서 그 특징을 묘사할 수 있다.

1. 형이상학의 대상은 **실재적** 대상이다. 그것은 현존, 실재성을 갖고 있다.

---

15) 정당하게도 멘체르(P. Menzer)는 오늘날의 형이상학의 주된 결함을 "형이상학의 개념이 일의적으로 확정되어 있지 않다"는 사실에서 본다. ("Deutsche Metaphysik der Gegenwart", Berlin 1931, 105면.) 참조. 하이데거에 대한 A. Wenzl의 비판("Wissenschaft und Weltanschauung", Leipzig 1936, 19면).

2. 형이상학의 대상은 경험 바깥에 놓여 있다. 그것은 말하자면 경험적 대상보다도 더 깊은 존재 층을 나타낸다.

3. 형이상학적 대상의 초월적 성격 때문에 그것은 간접적으로만 인식될 수 있다. 우리는 내재적 존재로부터 초월적 존재를 추론한다.

우리는 이렇게 형이상학적 대상의 구조를 규정하였다. 그러나 우리는 동시에 이 구조를 귀결로서 가지는 방법을 이미 암시하기도 하였다. 우리는 형이상학적 대상이 초월적 대상으로서 직접적으로가 아니라, 간접적으로만 파악될 수 있고, 따라서 해명될 수 있다는 사실을 보았다. 현상은 우리에게 주어진다. 이 현상으로부터 우리는 물 자체를 인식하고자 한다. 이 물 자체는 물론 현상의 기저에 놓여 있다. 따라서 우리는 현상을 수단으로 해서만 물 자체를 인식할 수 있다. 그와 같은 간접적인 인식 작용을 우리는 추론 또는 추리라고 부른다. 그리하여 우리는 형이상학은 추리라는 연구 방법에 지정되고, 그것의 방법은 추리라고 말할 수 있다.

이러한 사태를 특히 H. 드리쉬가 명백하게 포착하여 다음과 같이 드러내었다. "현실적인 것은 귀결로서 현상에 대한 근거와 같은 것이다. 그런데 우리는 현상만을 직접적으로 갖고 있다. 우리는 귀결로서의 현상에서 근거를 추구한다." "귀결로부터 근거로의 이러한 상승"은 "귀납한다"라고 부른다.[16] 여기서 드리쉬는 그가 이 낱말을 보통의 의미를 벗어나는 특별한 의미로 이해하고 있음을 의식하고 있다. 이것은 귀납이란 말에 있다. "습관적 경험, 그저 경험에서 생각되는 가장 단순한 저 방법의 귀납이 아닌, '매우 많은 개별성'으로부터 우선 '따라서 어쩌면 모든 개별성' 그리고 더 나아가서 '개념'을 만드는 귀납법, 이를테면

---

16) Metaphysik, Breslau 1924, 31면 이하.

'모든 알려진 백조는 유영족(遊泳足)을 가지고 있다' 로부터 '모든 백조 일반이 어쩌면 유영족을 가진다' 는 사실을 넘어서 '유영족' 이란 징표의 수용에 이르기까지 '백조' 라는 개념으로 전진한다는 귀납법이다. 우리가 명명했던 것처럼 이 유(類)의 귀납은 확실히 의미가 있다. 그뿐만 아니라 그것은 결국 매우 주목할 만한 것이다. 그러나 그것은 그럼에도 사건에 대한 유(類)의 관계를 다룰 뿐이고, 본래 그것의 결과로부터 어떤 특별히 다른 것이 귀결하지 않는다. 그러나 이제 어떤 다른 종류의 생각할 만한, 그 결과로부터 현실적으로 어떤 본질적인 것이 귀결하는 발명품이 존재하는데, 이 발명품의 결과는 따라서 또한, 역으로, 이 발명품이 고안된 — (사람들은 때때로 거짓되게 '해명되었다' 고 말한다) — 소여성에 대해서 새로운 것이다. 이러한 종류의 발명은, 비록 이러한 종류가, 그런데 같은 정도로 유(類)의 귀납처럼 오류에 빠질 수 있을지라도, 비상하게 의미심장하다. 이러한 유(類)의 발명을, 우리는 우리의 목전에서 이를테면 케플러의 법칙으로부터 새로운 전체의 뉴턴 명제가 만유인력에 의하여 귀납되고, 그리하여 이제 역으로 뉴턴의 명제로부터 케플러의 법칙이 귀결되고, 해명된다면, 가지게 된다."[17]

드리쉬가 형이상학의 조처를 올바로 표기할수록 그만큼 이 조처의 명명(命名)이 다행스러운 것으로 우리에겐 보이지 않는다. "귀납"이란 단어는 사람들이 일의적(一義的)인 철학적 술어의 관심 때문에 훼손해서는 안 되는 어떤 확고하게 규정된 의미를 가지고 있다. 드리쉬가 생각하는 바는 우리가 논리학에서 귀납으로서 드러낸 조처가 아니라, 우리가 "환원"으로서 표기한 저 다른 방법이다. 여기서는 사실상으로 "되돌리는 환원"이 문제이다. 환원되는 것은 현상이다. 그것으로 환원하게

---

17) Wirklichkeitslehre, 26면 이하.

되는 것은 물 자체이다. 양자 간에는 근거-귀결-관계가 존재하고, 환원한다의 뜻은 바로 귀결이 근거에로 되돌아가는 것을 말한다. 형이상학은 현상을 그 실재 근거로 환원하는 것이고, 실재 근거를 현상으로부터 파악하고, 설명하고자 하기 때문에, 형이상학의 방법은 환원이라 표기할 수 있다.[18]

동시에 이제 무엇 때문에 다른 방법은 형이상학에서 배제되어야 하는지도 명백하게 되었다. 우리는 이에 대해서 간단히 다음과 같이 말할 수 있다.

1. 형이상학의 방법은 연역적 방법일 수 없다. 왜냐하면 형이상학의 대상은 실재적인 것이고, 이에 반하여 연역법은 이념적인 대상을 전제하기 때문이다.

2. 형이상학의 방법은 귀납법일 수도 없다. 왜냐하면 형이상학적 대상은 진실로 실재적(귀납법의 대상처럼)이지만, 그러나 초월적-실재적이고, 반면에 귀납법은 내재적-실재적인 것 또는 현상적인 것의 영역 속에서 움직이기 때문이다. 따라서 귀납법은 형이상학적 대상에 다가서기 위해서 형이상학적인 것의 영역 속으로 다가갈 수 없다. 매우 정확하게 A. 리일은 Ed. v. 하르트만과 그의 계획표("귀납적-자연과학적 방법에 따른 사변적 결과")에 대해서 "사람들은 귀납적 방법을 통해서 ⋯ 형이상학적이 아니라, 언제나 다만 재차 귀납적 결과를 성취할 수 있다. 우리에게 사변적인 결과를 귀납적인 방법으로 약속하는 사람은 귀납법이 무엇인지 모르거나, 또는 그는 의식하고서 착각을 목적으로 삼는 사람이다."[19]

---

18) 이 주제를 심도 있게 규명하는 일은 나의 저서: 《형이상학의 방법》, Berlin und Bonn 1932가 포함하고 있다.

19) Der philosophische Kritizismus, III, 제2판, Leipzig 1926, 85면.

3. 형이상학의 방법은 직관일 수도 없다. 왜냐하면 형이상학적 대상은 초월적인 것이고 또 동시에 실재적인 것이기 때문이다. 실로 감성적이지 않은, 이러한 의미에서 초월적인 대상들, 예컨대 가치의 직관이 있다. 또한 내재적-실재적 대상들, 예컨대 심리적 소여성의 직관이 있다. 그러나 존재하지 않는 것은 자체적 존재자의 직접적 정신적 직관이다. 우리는 유한적 존재로서 현상계에 살고 있고, 언제나 다만 현상으로부터 조심스럽고 신중하게 현실적인 것의 기본 상태 속으로 파고들고자 할 수 있을 뿐이다. "그리하여 우리는 ― 로체와 대화하기 위하여 ― 우리에게 사물의 본질을 단순한 직관 속으로 드러내는 직관적 인식을 단념하도록 강요받는다."[20]

형이상학의 방법은 따라서 연역적일 수도, 귀납적일 수도 없고 직관적일 수도 없다. 그럼에도 우리는 형이상학에서 연역적, 귀납적, 직관적 요인에 관해서 말할 수 있다. 첫 번째 요인은 모든 형이상학이 다루는 어떤 원리 속에 놓여 있다. 여기에 무엇보다도 충족 존재 이유율 및 인과 원리가 속한다. 이 원리에 사유가 주어진 현상으로부터 주어지지 않은 실재 근거로 추리할 때 의존하게 된다. 이 원리가 없이는 형이상학적 사유는 한 발자국도 내디딜 수 없을 것이다. ― 두 번째 요인은 형이상학과 실재 학문 간의 밀접한 관계 속에 놓여 있다. 초감성적인 것은, 우리가 본 바와 같이, 감성적인 것으로부터만 인식될 수 있다. 감성적인 것, 즉 현상은 그러나 실재학에 의해서 논구된다. 따라서 형이상학자는 형이상학적 현실의 인식을 위한 필연적 전제인 경험적 현실의 엄밀한 지식을 위해서 현실성의 학문에 할당된다. "현실적인 것의 내용적 인식을 위한 유일한 길은 긍정적인 현실의 학문으로 존재하고, 지속하

---

20) Metaphysik, 63면.

는 일이다."[21] 그것의 결과를 형이상학자는 터득해서 자기의 형이상학
적 연구의 기초에 두어야 한다. 그가 그렇게 하지 않는다면, 그의 형이
상학 전체는 공중에 뜨게 된다. — 결국 직관적 요인도 형이상학적 사상
형성에서 어떤 역할을 한다는 사실에 대해서는 형이상학의 역사의 거
의 모든 페이지에서 그 증거가 제시된다. 직관에 대한 공언된 반대자인
드리쉬 같은 사상가 자신도 형이상학에서의, "직관"에 관해서 현실적으
로 말하지 않을 수 없다. 즉 물론 "순전히 무(無)로부터 현실적인 것의
본질의 직관에 관해서가 아니라, 순수한 의미의 직관에 관해서, 그리고
소여에 있어서의 질서 형식에 관해서, 아마도 여전히 단순한 의미의 직
관에 관해서 현실적으로 말하지 않을 수 없다."[22] 이러한 형식적인 직
관 이외에도 아직 보다 더 실질적인 직관이 형이상학에 존재한다는 사
실은 사람들이 모든 형이상학적 인식에서 종합의 역할을 생생하게 그
려내자마자 그들에게는 분명하게 된다. 형이상학자는 물론 전체적 현
실의 인식을 얻으려고 한다. 이 인식은 다수와 개별의 거대한 개관 없
이는 가능하지 않다. 이러한 총괄 속에는 그러나 언제나 직관적 요인이
포함되어 있다. 따라서 사람들은 이와 같은 요인이 없다면 어떠한 현실
적인 형이상학도 존재하지 않는다고 말해도 좋을 것이다.

　우리가 형이상학 본래의 조처로서 제시한 환원의 방법은 우리가 여
전히 잠시 파고들지 않으면 안 될 문제를 포함하고 있다. 그것은 저 방
법을 매개로 하여 얻게 될 인식에는 어떠한 **확실성**이 고유한 것인가 하
는 문제이다. 우리가 논리학에서 본 것처럼 이유-귀결-관계에서는, 이
유로써 귀결이 정립되고, 귀결로써는 이유가 지양된다고 하는 명제가

---

21)　H. Maier, Wahrheit und Wirklichkeit, Tübingen 1926, 561면.

22)　Philosophie und positives Wissen, in: Der Leuchter, 1919, 357면.

중요하다. 여기서는 귀결로부터 이유로의 추론은 명백하지 않다는 결론이 나온다. (귀결로써 이유가 정립되는 것이 아니다.) 우리는 그것을 어떤 예에서 쉽게 명백하게 할 수 있다. 나의 집앞의 길은 젖어 있다. 이 "결과"는 나에게는 직접적으로 주어져 있다. 이것에 관해서 나는 알고 있다. 내가 이제 이 사실에 대한 "이유"를 찾는다면, 나는 당장 이 결과와 더불어 그 이유가 명백하게 주어져 있지 않다는 사실을 안다. 왜냐하면 저 귀결은 여러 가지 이유들을 가질 수 있기 때문이다. 즉 비, 이슬, 안개 그리고 그 이상으로 다른 것이 길이 젖어-있음에 대한 이유를 이룰 수 있다.

내가 그의 형이상학을 예로서 끌어 낸 드리쉬는 귀결로부터 이유로의 역행하는 다의성으로부터 형이상학은 가언적 성격을 갖고 있다고 추론한다. 이러한 가언적 성격으로부터 특히 Ed. v. 하르트만은 모든 형이상학적 판단의 가언적 판단을 타당하게 만들었다. 사실상 형이상학적 명제에는 필연적 확실성이 없다. 합리론의 독단적 형이상학은 물론 형이상학적 인식에서 그와 같은 확실성을 요구한다. 그러나 독단적 형이상학이 그럴 수 있었던 것은, 다만 이 형이상학적 인식이 형이상학을 연역적 학문으로 파악했기 때문이다. 이에 반하여 형이상학의 방법이 연역일 수 없다고 통찰한 사람은 형이상학에 어떠한 절대적 인식도 요구할 수 없다.

다른 문제는 물론 사람들이 형이상학적 인식을 단순히 가언적 인식이라고 간주하는지 어떤지 하는 것이고, 또 형이상학에서 가정을 말해야 하는지 하는 문제이다. Al. 뮐러는 이 문제를 결정적으로 부정한다. "우선 사람들은 형이상학적 영역 내에서 가정에 관해서 말할 수 없다. 가정은 그러나 의심의 여지가 없이 경험한 것의 해석을 위해서 해명된 것을 포함한다. 그러나 해명된 것과 경험한 것 간의 구별은 원리상으

로-경험할 수 없는 것의 영역에 존재하는 것이 아니다. 그러나 사람들
은 이 전체의 영역을 가정 또는 가정의 복합체라고 부를 수 없을 것인
가? 그것 역시 그렇지 않다. 분명히 가정은 여러 번 경험되지 않은, 또
는 경험할 수 없는 대상에 관해서 말한다. 이 대상들이 경험될 수 없는
그때에도 이 대상들은 사실상으로만 경험될 수 없고, 그 밖에는 경험된
것과 동일한 구조를 갖는다. 그러나 형이상학은 다만 원리상으로-경험
할 수 없는 대상들만을 안다. 이러한 상황 아래에서 자연히 가정의 불
확실한 진리 성격 역시 이 가정을 어떤 다른 영역으로 이식(移植)할 어
떠한 근거도 아니다. 그 위에 형이상학의 진리 성격은 그 기본 문제에
있어서 대부분이 가정의 진리 성격보다 훨씬 더 확실하다."[23]

사실 사람들은, 그들이 가정의 개념을 엄격히 파악한다면, 즉 이 개
념을 개별 과학이 이해하는 바와 같은 의미로 엄격하게 생각한다면, 형
이상학적 영역에서 가정에 관해서 말할 필요가 없을 것이다. 사람들이
도대체 그렇게 한다면, 형이상학에서의 가정은 개별 과학에서의 가정
과는 어떤 다른 논리적 구조를 갖는다는 사실에 대해서 명백해지지 않을
수 없다. 형이상학과 개별 과학은 이제 전혀 달리 구조 지어진 대상 영
역 및 인식 영역이고, 이 차이성은 어떤 사정이 있더라도 명백히 보여
져야 한다. 그러나 이렇게 보게 되는 명백성은 보다 느슨한 술어를 통
하여 흐려지기 때문에 여기서는 엄격한 언어 사용이 어디에서나처럼
선호되어야 한다. 오늘날에도 역시 개별 과학의 변호자들에게 개별과
학과 형이상학 간의 한계선이 희미해지는 강력한 경향이 존재하기 때
문에 사정은 더욱 더 심각하다.

---

23) Einleitung in die Philosophie, 238면.

제1부 자연의 형이상학

I. 단계 구조로서의 우주

세계는 혼돈이 아니고, 질서이다. 그리스인들은 이미 이렇게 세계를 보았던 것이다. 그들이 세계를 우주로 명명했을 때, 그들은 이것으로써 세계는 형태, 형상, 질서를 지적한다고 표현하고자 한 것이다.[1] 이 질서는 위계 질서요, 단계 질서이다. 우주는 단계 구조인 것이다. 우주는 이 우주의 구조를 개별적으로 연구하는 자연 탐구자에게는 그렇게 표상된다. 세계는 우리가 세계에 관해서 알고 있는 모든 것에 의해서 어떠한 전체적 인상을 나타내고 있는가라고 — 현대의 어느 자연철학자가 질문한다. 그는 세계는 "아래의 통일성에서 점점 높은 통일성으로 이르게 되는 단계 구조"[2]라고 답한다. 세계는 이 세계를 최고의 존재론적 관점 아래에서 고찰하는 철학자에게 달리 현상하지 않는다. 실재계의 상부구조는 N. 하르트만에 의하면 한마디로 "계층 구조"로써 특징지을 수 있다. 우리가 본 것처럼 세계의 계층 구조의 이론은 그의 범주론의 핵심부분이다. 하르트만은 세계는 계층이 지어진 존재일 뿐만 아니라, 계층이 지어진 존재 그대로라고 지적한다. 특히 그는 여러 가지의

---

[1] 참조. 나의 저서: Platonismus und Prophetismus, München 1931.

[2] B. Bavink, Ergebnisse und Probleme der Naturwissenschaften, 제6판, Leipzig 1940, 433면.

존재의 계층의 관계를 서로 분명하게 할 줄 안다.[3]

우리가 세계의 계층 구조에 접근한다면, 물리적-물질적인 것의 계층이 최하위의 계층으로서 현상한다. 그것은, 엄밀히 말하면, 무기적 자연, 무생명적 물체계, 죽은 질료이다. 그것은 연장을 가지고 있고, 부분들의 병존을 나타내며, 공간의 일정한 장소에 존재하는 존재자이다. 그것은 공간적 및 시간적 질서에 속하고, 그것의 존립 부분의 병존(竝存)에 그 상태의 계기(繼起)가 대응한다.

무기적인 것 위에 유기적인 것의 영역, 생명 있는 자연이 일어난다. 그 누구도 유기적인 생명이 자연적-물질적인 것으로부터 구별된다는 사실을 의심하지 않는다. 그러나 이렇게 구별될지라도 유기적 생명은 이 자연적-물질적인 것으로부터 독립해 있는 것이 아니다. 유기적인 것은 무기적인 것을 포함하고, 죽은 질료를 자신 속에 포함하며, 무기적인 것에 의존한다. 자연적-물질적 법칙은 유기체 속에 깊숙이 뻗쳐 있다. 이 사실은 유기체도 역시 자신의 법칙을 갖고 있다는 사실을 방해하지 않는다. 유기체의 법칙은 이때 아래 단계의, 자연적 법칙을 "그 이상의 것으로 형성"한다.

그다음의 높은 존재 계층은 영적 존재이다. 이 계층은 유기적 생명과 본질적으로 상이하다. 이 계층은 말하자면 유기적 생명에 없는 어떤 것, 즉 의식을 소유하고 있다. 영적인 것이 존재하는 곳에 의식이 존재한다. 따라서 영적인 것은 유기적인 것을 넘어서는 특유한 존재 계층을 구성한다. 그러나 영적인 것이 유기적인 것과 다르다 할지라도 그것은 이 유기적인 것 없이는 존재할 수 없다. 그것은 유기적인 것에 종속하

---

3)   우리는 N. 하르트만이 그의 저서 《정신적 존재의 문제》(Berlin u. Leipzig 1933)에서 기록해 둔 사상진행을 이하에 일부는 자유로운 형식으로 다시 제시한다. 세계의 층의 구조는 여기서는 집중되고 바로 그럼으로써 인상 깊은 형상으로 표현된다.

고, 유기적인 것에 의존하며, 유기적인 것에 의해 담지된다. 우리는 적어도 현실계에서 유기체에 의해서 담지되지 않을 어떠한 영의 생명도 알지 못한다. 사람들이 이러한 사실에서 영의 생명이 유기적인 것의 법칙으로 통합되지 않을 어떠한 특유한 법칙과 규정들을 추론하고자 한다면, 사람들은 현상을 오인할 것이고, "아래로부터의" 일면적 설명으로 돌아가고 말 것이다.

영적 존재 너머로 최고의 단계로서의 정신적 존재가 고양(高揚)된다. 정신적 존재는 영적 존재에 대해서 어떤 새로운 것을 의미한다. 정신적인 것의 규정과 법칙을 저러한 심적 방식으로 환원하는 심리학적 입장은 이 정신적인 것을 오해할 수 있다. 현실적으로 사정은 정신적 존재의 나라는 영적 존재 및 그 법칙의 나라로 통합되지 않는다는 것이다. 논리적인 법칙성도 인식과 지식의 특유성도 심리학적으로 철저히 다 퍼내지 못했다는 것이다. 하물며 의욕과 행위, 평가법, 에로스, 종교, 예술의 영역은 말할 것도 없다. 이러한 영역은 모두 심리적인 현상의 영역을 넘어 서 있다. 이러한 영역은 정신적 생으로서 고유하고 보다 높은 방식의 존재의 계층을 이루고 있고, 그 풍요로움과 다양성은 저 낮은 단계의 계층을 결코 측량할 수 없다. 그러나 여기서도 아래 존재에 대한 동일한 관계가 지배하고 있다. "정신은 공중에서 부동하는 것이 아니다. 우리는 — 영적 존재에 의해서 담지된, 이것과 다르지 않은 유기적인 것과 더 나아가 질료적인 것에 의해서 담지된 — 정신을 담지하게 된 자신의 생만을 정신으로 안다. 여기서도 역시 보다 낮은 계층에 대한, 바로 이보다 낮은 계층에 의존하고 있는 보다 더 높은 계층의 자율이 중요하다."[4]

---

4)   14면.

272 제2책 형이상학

우리가 우주의 이러한 계층 구조를 관찰한다면, 우주의 특성, 즉 존재 계층의 이해를 위해서 다음의 세 가지가 특징적인 것이다.

1. 각각의 계층은 그 자신의 원리, 법칙 또는 범주를 가지고 있다. 어느 존재 계층의 특유성은 다른 계층의 범주로부터 이해될 수 없다. 실로 보다 높은 계층의 특유성으로부터도 보다 낮은 계층의 특유성으로부터도 이해되지 않는다. 왜냐하면 전자는 적합하지 않고, 후자는 충분하지 않기 때문이다. 따라서 세계의 설명은 어느 존재 계층의 범주를 매개로 해서는 불가능한 일이다. 이러한 설명이 시도되는 곳에서는 그것은 필연적으로 여러 가지 존재 계층의 고유한 구조의 오해와 곡해로 이르게 된다.

2. 존재 계층의 종속성, 실로 아래로부터 위로의 종속성이 존재한다. 세계의 계층 구조에서 언제나 보다 높은 계층을 보다 낮은 계층이 담지(擔持)하고 있다. 그러한 한에서 보다 높은 계층은 자립적인 존재가 아니라, "받쳐져 있는 존재"일 뿐이다. 따라서 상위의 것이 하위의 것에 종속하는 것이 중요하다. 물질적 자연이 없이는 생명도 없고, 생명 없이는 의식도 없으며, 의식 없이는 어떠한 정신적 세계도 존재하지 않는다. 이 의존성의 방향은 뒤집히지는 않는다. 우리는 생명도 없는 어떠한 물질도, 의식도 없는 어떠한 생명도, 정신도 없는 어떠한 의식도 존재하지 않는다고 말할 수는 없다. 그러나 의존성은 아래 단계의 존재 계층의 요소들은 보다 높은 계층에 보존되어 있다(예컨대 유기체 속의 무생명적 소재처럼)는 것을 의미한다. 동시에 보다 높은 존재의 계층은 보다 낮은 계층의 조직을 파괴하는 것이 아니라, "그 이상의 것으로 형성할" 뿐이다. 낮은 단계의 계층은 그것의 고유 법칙을 주장한다. 따라서 그것은 보다 더 강력한 계층으로 증명된다. 이 "강도(强度)의 법칙"은 범주적 의존성, 즉 존재 계층의 상호 종속성의 기본 법칙이다.

3. 종속성은 자립성, 존재 계층의 자율성을 지양하지 않는다. 낮은 존재 계층은 높은 계층에 대해서 담지하는 토대, 필수 조건일 뿐이다. 보다 높은 계층의 특수한 형태와 특성은 보다 낮은 계층을 넘어서는 무한한 여지를 갖는다. 예컨대 유기적인 것은 실로 물질적인 것이 담지하고 있으나, 그러나 그것의 형상의 풍요로움과 생명성의 기적은 물질적인 것에서 유래하지 않고, 새로운 것으로서 첨가된다. 아주 똑같이 영적인 것은 유기적인 것을 초월하고, 정신적인 것은 영적인 것을 초월하는 새로운 것이다. 각 계층마다 새로이 나타나는 이 새로운 것은 보다 낮은 계층을 초월하는 보다 높은 존재 형식(범주)의 자립성 또는 "자유" 외에 다른 것이 아니다. "그것은 자유인데, 이 자유는 종속성을 그것의 자연적인 척도에 한정하고, 그리고 이 종속성과 함께 관통하는 범주적 성층 관계의 통일성 속에서 공존하는 자유이다. 사람들은 자유의 법칙을 선행하는 법칙과의 통일 속에서 다음과 같이 언표할 수 있다. 즉 하위의 범주가 실은 보다 강한 것이긴 하지만, 그러나 보다 상위의 범주는 하위의 범주를 넘어서 그럼에도 '자유'롭다."[5] "강도의 법칙"에 말하자면 균형을 유지하는 더 이상의 것, 즉 "자유의 법칙"이 동시에 첨가된다.

자연적-물질적 존재의 계층인 최하위의 존재의 계층은, 우리가 그렇게 듣고 있는바, 그다음 차례로 보다 높은, 즉 유기적인 존재에 의해서 "그 이상의 것으로 형성"된다. 이것은 무슨 뜻인가? 그것은 유기체는 단순히 질료적인 것으로 지속하면서, 그러나 동시에 변형하여, 보다 높은 형태로 된다는 것을 의미한다. 유기체는 물질적인 것을 벗어서 그것을 자기 배후에 남겨 놓지 않는다. 유기체는 오히려 공간적으로 물체적

---

5)   같은 책, 15면 이하.

형상이고, 역시 여타의 모든 자연적인 물체와 마찬가지로 무게와 타성을 가지며, 그것의 세포는, 원자로서 구성된다. 그러나 유기체는 물질적인 것과 그 법칙으로 흡수되지 않고, 이러한 것으로부터 요소로부터처럼 어떤 보다 차원 높은 것이 형성된다. 이것은 "그 이상의 것으로 형성함"이다. 이러한 사실로써 동시에 무기적인 것에 대한 유기적인 것의 고유 법칙은 유기적인 것의 자율이고, 한계 지어진 자유임이 명백하게 되었다. 이 자율은 이 자율이 보다 높은 형성을 각인하게 되는 보다 낮은 요소들의 특성에 도로 구속되어 있다. 자연적인 것의 법칙이 효력을 발휘한다. 이 자연적인 것의 법칙이 말하자면 유기체 속에 들어선다. 이 법칙은 새로이 높이 형성된 것을 통해서도 지양될 수 없다. 왜냐하면 그것은 말할 것도 없이 보다 더 강력한 것이기 때문이다. 이렇게 유기체의 자율은 매우 제한된 것이다. 유기체는 주어진 요소들 ― 이것들은 원자들과 같은 법칙들이다 ― 속에 현전하는 것을 형성할 수 있을 뿐이다.

이러한 관계는 이제 보다 높은 존재 계층에서 변화한다. 구체적으로 말해서 그 이상의 것으로 형성되는 관계가 계속해서도 표준적인 것으로 머문다면, 물론 정신도 원자로 성립되고, 무게도 가져야 하는 등등으로 되지 않으면 안 될 것이다. 그와 같이 생명 과정은 그것의 요소이어야 할 것이다. 사람들은 여기서 어떤 다른 관계가 시작됨을 본다. 이러한 사실은 이미 유기체에 대한 영적 존재의 위치에서 명백히 볼 수 있다. 여기서도 역시 어떤 지지(支持)와 받침이 있지만, 다른 종류의 것이다. 영적 생활은 유기체를 자신 속에 포함하지 않는다. 기관은 유기체의 요소가 아니고, 가장 피상적인 의미에서도 그렇다. 매한가지로 유기체의 법칙도 기관의 건축용 석재가 아니다. 영적인 것은 이 모든 것 이상의 것일 뿐만 아니라, 유기적인 것을 결코 그 이상의 것으로 형성한

것이 아니다. 그것은 오히려 전적으로 다른 종류의 것이다. 영적인 것
은 유기적인 존재와 그 형성의 특성을 그 자신의 배후로 밀쳐 버린 것
이다. 영적인 것의 유기적 존재에 대한 관계는 노출된 의식성(意識性)
에 제한된다. 따라서 종속성은 지양된 것과는 거리가 멀다. 영적 생활
에는 유기적인 사정이 반영된다. 유기적인 사정이 영적 생활에 다양하
게 영향을 주고, 압박한다. 그러나 유기적 사정은 영적 생활의 것이 아
니고, 그것을 닮지도 않는다. 따라서 유기적인 것 상위의 영적인 것의
자율은 물질적인 것 상위의 유기적인 것의 자율과는 다른 방식이요, 양
의 질서이다. 사람들은 이 관계를 그 이상의 것으로의 형성과는 대조적
으로 "증축"(增築)으로 표기할 수 있다. 이 형상(形象)은 다음의 사실을
의미한다. 여기서는 보다 낮은 것을 받침으로 하는 이것보다 더 높은
것 — 이 높은 것 속에서 보다 낮은 것의 범주는 모두 재현되지 않는다
—, 즉 담지하고 있는 층의 본질적인 기본적 범주로부터 완전히 해방되
어 있고, 그럼으로써 말하자면 "다른 소재로 만들어져서" 존재하는 구
성물의 영역이 보다 낮은 것 위로 우뚝 솟는다는 것이다. 이것은 다음
의 것을 의미한다. 즉 그 이상의 것으로의 형성에서는 보다 낮은 형식
은 보다 높은 형식의 "소재"로 (그리하여 물질적인 것의 형식은 유기적
인 것의 "소재"로) 된다. 그러나 그 이상의 것으로의 형성이 증축을 통
해서 해소되는 곳에서는 보다 낮은 계층의 형식은 보다 높은 형성의 건
축용 석재로 되는 것이 아니라, 이 보다 낮은 형식은 이때 저것과는 비
교도 할 수 없는 그 자신의 것을 갖는다. 바꾸어 말하면, 낮은 단계의
범주는 보다 높은 층으로 모두 스며들지 못하고, 뒤처지며, 그 회귀는
중단되고 만다.[6]

---

6)   같은 책, 58면 이하.

세계의 단계 구조는 이제 명석하고 판명하게 우리의 정신적인 눈앞에 다가선다. 개별적인 존재의 계층은 서로 날카롭게 구별된다. 이들 중에서 각자가 자기 고유의 구조를 가지고 있다는 사실, 그리고 이것들의 자립성은 이것들을 담지하는 층에 종속해 있다는 사실을 통해서 지양되지 않는다는 사실은 명백하게 되었다. 동시에 개별적인 존재 계층 상호 관계의 내면적 차이성이 밝혀졌다. 그리하여 세계의 성층 구조는 우리에게 투명하게 되었다.

II. 작용 관계로서의 우주

세계의 관찰과 기술(記述)이 잘 구분되고 확고한 성층 구조로서는 매우 가치 있는 것처럼, 그렇게 이것은 현실을 다면적으로, 또 결정적으로 서술한 것으로서 간주될 수는 없다. 이에 대해서 그 한계는 명백하다. 이것은 근본적으로 보건대 거대한 일면적 서술인 것이다. 그것은 그 속에 표현되는 현실의 일면, 즉 용재의 측면일 뿐이다. 저 존재 단계는 세계 현실의 용재의 가장 보편적인 형식 이외 다른 것이 아니다. 이것은 여기서 정지해 있는, 불변적 존재로서 관찰되고 있다. 그것은 세계에 대한 전적으로 또 완전히 정적(靜的)인 관찰인 것이다.

이러한 세계관의 고향은 우리에게 잘 알려진 그리스이다. 그리스적 세계상의 정적(靜的) 성격에 관해서는 때때로 지적하였다. 아리스토텔레스에게서 우주는 그 가장 내면적인 본질에 따르면 정지해 있는 형상의 세계이다. 실은 우주에는 운동과 변화가 존재한다. 그러나 이 운동과 변화는 존재의 본래적인 핵심에는 이르지 못하고 있다. 존재의 형상은 발생한 것이 아니고, 불변적인 것이다. 발생하고 소멸하는 것은 형

상들의 상응하는 질료와의 결합인 것이다. "진정한 존재자"는 말하자
면 시간과 시간적 생성에서 떠난 것이다. 그리하여 이러한 세계관은 철
저한 정적 성격을 갖고 있다. 그리하여 우주는 자체 내에 정지해 있는
존재- 및 형상 세계로서 직관된다.

　이러한 세계관이 사람들이 고대 철학의 토대를 이미 떠나 버렸다고
믿었던 그곳에서도 다양하게 또 다소간에 자명하게 타당하고, 오늘날
에도 그러하다는 것은 모든 후기의 사유에 대한 그리스 철학의 엄청난
영향과 관계가 있다. "고대의 음영"은 사실 로체가 적절하게 말한 것처
럼 아직도 우리 위에 폭넓게 드리워져 있는데, 우리는 결코 주목하지
못하고 있다. 저 세계관의 일면성을 분명하게 해야 할 과제가 절박하게
현상하게 됨에 따라 어떤 다른 세계관을 통해서 그 보충의 필요성이 밝
혀져야 한다. 이러한 세계관이 어떠한 것인가 하는 것은 의문스런 문제
일 수 없다. 정적(靜的)인 것 일반이 그 보충을 동적(動的)인 것에서 발
견하는 것처럼, 정적인 세계관은 **동적인 세계관**을 통해서 보완되고 보
충되어야 한다. 이에 대해서도 정신사(精神史)는 가치 있는 근거를 제
공한다. 정적인 세계 사상의 샘이 플라톤주의이듯이, 동적 세계관의 원
천은 성경적 예언주의에서 흘러나온다.[7]

　현실의 동적 관점에 대해서는 사물은 우선 현존하는 어떤 것, 즉 실
존자이다. 사물의 본질이 아니라, 그 실존이 최초의 제공자이다. 용재는
다만 현존이 현실적인 것으로 되는 방식일 뿐이다. 전자는 우리에게 사
유되는 반면에, 후자는 직접적으로 체험된다. 현존은 오성 속에서가 아
니라 의욕 속에서 이것에의 접근이 주어진다. 우리의 의지의 체험이란
일정한 경험 속에서 우리는 현존을 만난다. 이렇게 현실에 대한 지성적

---

7)　　참조. 나의 저서, Platonismus und Prophetismus, München 1939.

관계라기보다는 차라리 실존적 관계가 시원적인 것이다.

우리가 실재적인 것을 체험하면서 우리는 그것을 어떤 개체적인 것으로서 체험한다. 보편적인 존재형식이 아니라, 구체적인 존재 통일성이 우리의 실재성의 체험 속에 주어지는 것이다. 여기서는 모든 현실적인 것은 어떤 특수한 것, 유일한 것, 일회적인 것으로서 우리에게 나타난다. 현실은 우리에게 무한히 풍부한 개체적인 존재 통일성으로서 나타난다.

보편적인 존재 형식이 초시간적인 어떤 것을 갖고 있는 반면에, 모든 개체적인 존재는 시간적으로 규정되어 있다. 사물의 유형은 지속하고, 개체는 소멸한다. 개체의 세계는 발생과 소멸의 세계요, 변화와 변천의 세계이다. 여기서는 다음의 법칙이 타당하다. 즉 발생하는 것은 몰락한다는 데에 가치가 있다.(괴테) 모든 개별적 존재는 시간의 흐름 속에 놓인다. 이것은 이미 헤라클레이토스가 만물유전(萬物流轉)이란 달변으로 표현했던 것이다.

현실은 존재자로서뿐만 아니라, 작용하는 자로서 체험된다. 이 현실은 실재성의 경험에 있어서 소여성에 대한 활동적인 힘으로서 우리에게 주어진다. 우리는 이 활동적인 힘이 작용하지 않는다면, 이것을 경험할 수 없다. 이 활동적인 힘의 활동을 통해서만 그것은 우리와 접촉하게 된다. 이 활동적인 힘은 우리의 의욕과 노력에 저항하게 함으로써 우리는 그것의 존재를 알게 된다. 그것은 활동함으로써 현실적인 것으로서 증명된다. 그리하여 우리는 모든 존재자를 작용하는 자로서 간주해도 좋다. 존재와 작용은 사실상으로 일치한다. 개념들은 차이가 나는 것이고, 개념이 헤아리는 사실은 동일한 것이다. 두 개념 중의 하나가 실현된 곳에서는 타자도 역시 존재한다.

우리는 실체 개념을, 사물들의 (상대적인) 존재적 자립을 표현하기

위해서, 사물에 적용한다. 그러나 우리는, 우리가 동시에 정지해 있는
존재의 중심이 아니라, 오히려 살아 있는 힘의 중심을 생각할 때만, 현
실의 동적인 모습을 정당하게 평가하게 된다. 동적 관점 아래에서 실체
는 결과들을 정립하고 또 다른 결과들로부터 수용하는 어떤 본질로서
나타난다. 실체는 작용의 통일성, 작용의 중심이다. 작용은 실체 그 자체
에 덧붙여지고, 실체에게 우연성의 형식으로 덧붙여지는 어떤 것으로
서 간주되어서는 안 된다. 스콜라철학에서 여러 형태로 지배하는, 즉
자체에서 나온 실체는 타성적이고, 우유성은 활동적이다라는 명제는 생동
적인, 역동적인 현실관 앞에서는 존립할 수 없다. 이러한 명제에 반하
여 작용은 실체의 본질에 속하고, 실체의 본질을 직접 이룬다는 사실이
강조되어야 한다. "라이프니츠는 작용은 실체의 특징이라고 말한다."
"행동하지 않는 것은 실체라는 이름을 얻을 가치가 없다."[8]

　모든 현실적인 것은 작용하는 자이다. 그런데 작용에는 어디로부터라
는 술어뿐만 아니라 어디에로라는 술어도 속한다. 이러한 술어를 현실
적인 것이 다시 형성한다. 사물들은 상호작용 속에서 서로 작용하고, 함
께 공존한다. 상호작용은 근대의 사상이 직접 필사적으로 노력한 난해
한 형이상학적 문제이다. 데카르트가 연장 실체와 사유 실체를 완전히 이
질적(異質的)인 실체로서 특성 짓고, 상호 작용을 유일한 점(뇌의 송과
선)에서만 허용했다면, 그의 학도들인 기회 원인론자들은 그렇게 본질적
으로 상이한 실체 간의 상호작용을 전적으로 부정해야 한다고 믿었다.
이렇게 상호작용에 대한 유한한 원인은 단순한 기회 원인으로, 그리고
무한한 원인만 작용인(作用因)으로 규정되었던 것이다. 라이프니츠는
이 문제를 다른 방법으로 해결했다. 그에 의해서도 역시 유한한 실체는

---

8)　　참조. 위의 책, 108면.

상호작용할 수 없다. "단자(單子)는 창(窓)을 갖고 있지 않다." 다른 한
편으로 그러나 기회원인론자가 가르쳤던 것처럼 신(神)의 끊임없는 간
섭이 필요 없다. 오히려 단자들은 창조자에 의해서 말하자면 그 작용에
있어서 서로 조화롭게 되어 있다. 예정 조화가 존재하는 것이다. 도대
체 그 누가, "그것 자신의 본질에 의해서 결과에 가서 모든 다른 것의
현상과 일치하도록 그렇게 처음부터 설계된 실체를 신이 창조할 수 있
다는 사실을 부정하고자 하겠는가."[9]

19세기에 H. 로체가 이 문제를 다시 받아들였다. 그는 이 문제 해결
을 일체를 포괄하는 실체, 즉 모든 유한한 원인들을 포함하는 존재- 및
작용의 힘의 사상에서 찾는다. 로체는 슬쩍 스치는 작용이란 개념은 불
가능한 개념이라고 언제나 되풀이하여 강조한다. 이 개념의 모순은, 완
전히 대자적으로 존재하는 사물은, 서로 작용해야 하는데도 서로 전혀
관련이 없다는 사실 속에 있다. 이 모순은 그것의 전제, 즉 완전히 자립
적인 개별 존재의 가정이 지양된다는 사실을 통해서 피할 수 있다. "서
로 자립적인 사물의 다양성은 존재할 수 없고, 그 사이에서 상호작용이
가능해야 하는 모든 요소들이 유일한 참된 존재자의 부분으로서 간주
되지 않으면 안 된다. 우리들의 세계관의 최초의 다원론은 일원론에 자
리를 내주어야 하는데, 이 일원론을 통해서 언제나 개념적으로 파악할
수 없는 슬쩍 스치는 작용이 내재적인 것 속으로 이행한다."[10] 무제약
적 정립과 독립적 내용에 관한 근원적 본질의 다수성의 표상은 다수의
요소의 표상으로 이행(移行)하여야 한다. 그리고 이 다수의 요소들의
현존과 내용은 하나의 본질의 본성과 현실성을 통해서 철저히 제약되

---

9) Arnauld에게 보낸 Leibniz의 편지. Leibniz' Hauptschriften zur Grundlegung
    der Philosophie, II, 236면.
10) Metaphysik, G. Misch판, Leipzig 1912, 137면.

어 있다. 이 본질의 의존적인 지(肢)들은 자연이고, 이 본질의 자기 보존은 자연을 모두 서로 또한 상호 의존의 부단한 관계 속으로 정립하고, 이 본질의 명령에 따라서 자연은 어떤 저항을 하거나 또는 그 자신의 자립적 실재성을 감사해하는 어떤 도움을 허락할 수 있는 일도 없이, 매 순간 세계의 전체 내용에 동일한 의미의 어떤 새로운 동일한 표현을 허용하고, 예정된 것이 아니라 매 순간마다 일자(一者)의 힘에 의해서 재생산되도록 그렇게 정돈되어 있다.[11]

철학적으로 가장 의미심장한 문제 해결은 의심의 여지없이 로체의 해결이다. 그의 최상의 전제는 우리가 위에서 알게 된 실체의 저 생동적 이해이다. 그리고 사실상으로 저 문제는 실체를 정지적(靜止的) 존재로서 파악하는 일체의 철학에서 해결할 수 없는 것으로서 나타난다. 사물이 "경직된 현실의 방해물"이라면, 사물 간의 상호작용은 완전히 생각할 수 없다. 상호작용은 작용을 실체의 내면 속으로 끼워 넣지 못하게 하는 실체 개념의 관점으로부터만 가능하게 보인다. 존재의 중심이 작용의 중심일 때만, 실체성이 동시에 인과성을 의미할 때, 실체들 간의 상호작용이 파악될 수 있는 것처럼 보인다. 달리 말하면 동적(動的)인 실체 파악만이 이 문제를 해결할 수 있다. 물론 이때에도 역시 "비합리적인 잔여"가 남는다. 왜냐하면 작용이 또한 실체의 본질에 속한다면, 그것으로써는 바깥으로의 작용, 즉 어떤 실체의 다른 실체로의 작용은 아직도 충분히 파악될 수 없기 때문이다. 여기서 사실상 모든 존재의 최후의 원리에 대한 새로운 해석이 지혜의 최후의 결론이 되어도 좋을 것이다. 모든 존재자가 어떤 공통적인 존재 근거에로 철저하게 되돌아가서, 말하자면 이 존재 근거를 짊어지게 되었을 때만, 실체들 간

---

11) 같은 책, 199면 이하.

의 작용 관계가 파악될 수 있는 것처럼 보인다. 그러나 여기서 저 존재 근거는, 로체가 생각한 것처럼, 모든 실체로서 생각될 필요는 없다. 오 히려 그것을 모든 원인으로서 생각하는 것으로 족하다. 이것은 무엇보 다도 이렇게 함으로써 유한한 사물의 실체 성격이 보존되어 있다는 이 점을 가진다. 이 사실은 로체의 파악에서는 더 이상 가능한 것이 아니 다. 우리는 세계관론에서 이 점에 관해서 다시 한 번 되돌아올 것이다.

언급한 내용에 따르면 사물은 실재성과 개체성뿐만 아니라 실체성과 인과성도 소유한다. 이 인과성은 자연 인과성이고, 말하자면 확고한 법 칙에 따라 실현되는 작용성이다. 동시에 정역학적(靜力學的) 계기가 자 연의 생기 현상의 동역학 속으로 들어선다. 이 정역학(靜力學)은 물론 기계적으로 사유하는 자연과학에 의해서 강력하게 상승되었다. 우리가 자연의 법칙에서 간단한 공식으로 만드는 자연의 보편적인 작용 형식 들은 자연에 대해서 경직되고 불변적인 것의 성격을 가지고 있었다. 그 리하여 사람들은 "엄격한 자연법칙"에 관해서 말한다. 이러한 관점은 오늘날에는 극복되었다. 이러한 자연법칙에 대한 반동으로 더군다나 많은 자연과학자들은 너무 멀리까지 나아가서, 엄격한 자연법칙성의 사상을 전적으로 지양해 버렸다. 그리하여 W. 네른스트는 다음과 같이 말한다. "모든 우리의 자연법칙은 … 본질적으로 정역학적 성질의 것이 다라는 사실은 개연성이 있는 일이다."[12] 더욱더 결정적으로 H. 바일 (Weyl)은 다음과 같이 설명한다. 즉 "일단 전혀 오해의 여지가 없이 물 리학은 오늘날의 상태에서는 엄격하게 정확한 법칙에 의존하고 있는 물질 적 자연의 완결된 인과성에 대한 믿음을 전혀 더 이상 밑받침할 수 없다"[13]

---

12)   Die Naturwissenschaften, X, Heft 21.
13)   Allgemeine Relativitätstheorie, 1921, 283면.

라고 언급되어야 한다. 그러는 사이에 이 복합적 문제 전체는 사람들이 한편으로는 자연의 생기 현상의 객관적 결정성을 고수하고, 그러나 다른 한편으로는 엄격한 결정의 주관적 불가능성을 강조한다는 방향에서 해명된다. 실로 자연의 모든 과정은, 가장 사소한 것도, 은폐된 것도 그에 선행한 어떤 과정에 의해서 명백하게 규정되어 있다. 그러나 우리는 이 규정성을 언제나 정확하게 파악할 위치에 놓여 있지 않다. 자연의 생기 현상의 객관적 결정성, 그러나 주관적으로 한정된 결정 가능성 — 이렇게 사람들은 오늘날 지배적인 관점을 공식화할 수 있을 것이다. 많은 자연의 과정, 특히 원자 이하의 생기 현상은 엄격하게 규정할 수 없고, 많은 자연법칙은 단순히 정역학적 법칙의 성격을 가지고 있다. 따라서 사실상 자연법칙성의 조직연화(組織軟化)가 발생한 것이다.

우리의 논구 전체를 되돌아본다면, 우주는 서로 생동적인 상호작용 속에 서 있는 작용 통일성의 무한한 다수성으로 나타난다. 자연 현실의 이러한 모습은 애초에 전개되었던 것과는 전혀 다른 것이다. 거기서는 확고하게 구분된 보편적 존재 형식의 단계 질서였고, 자신 속에 안주하는 성층의 구조였지만, 여기서는 생명이 넘치는 작용의 관계인 것이다. 이 두 가지 해석은 현실에 대한 형이상학적 해석을 기저에 두어야 한다. 전자에 대한 제한은 일면적인 형이상학을 귀결로 가지게 될 것이다. 저 모습에 견주어 본다면, 라이프니츠에 의해서 시도된 정신주의적인 것과 같은 그렇게 의미심장한 형이상학적 세계 해석은 바로 불합리한 것으로 나타날 것이다. 사람들이 세계를 오로지 정역학적 관점에서만 보고, 이러한 세계 속에서 확고하게 싸인 성층 구조를 본다면, 우리는 정신주의적 형이상학을 대단히 가볍게 논박할 수 있을 것이다. 이때 사람들은 N. 하르트만과 함께 다음과 같이 논증할 수 있을 것이다. 즉 영적 존재의 유추(類推)에 따른 생명 없는 그리고 생명 있는 자연에 대한 해석은 개별적인 존재 성층의 자율을 오해한다. 이 해석은 "실로 존재 형식의 당당한 연속성을 증명한다. 그러나 그것은 존재의 그 차이성에 있어서의 현상에 대한 존중을 대가로 획득된 것이다."[14] 사태는 동적(動的)인 세계관으로부터는 본질적으로 달리 나타날 것이다. 사물이 작용의 통일성이라면, 즉 존재자가 결코 정지적(靜止的)인 것이 아니라, 동적인 것이라면, 그것이 아마도 심리적인 어떤 것으로서 파악될 수 있다는 사상은 그리 멀리 떨어져 있는 사상이 아니다. 왜냐하면 동적인 것으로부터 심적인 것에 이르는 길은 멀리 떨어진 것이 아니기 때문이다. 이때 또한 우리는 당장에 현대의 탁월한 자연 탐구자들의 사상이 이 방향에서 움직이고 있다는 사실을 보게 된다.

우주는 하나의 거대한 생동하는 작용 관계 — 이것은 자연 탐구자가 그의 동적 측면으로 향해 있는 안목에서 제시하는 모습니다.

사람들이 정지적인 것에 대한 입장에 머물러 있어서는 안 되고, 동적인 고찰로 나아가야 한다는 사실은 괴테가 자신에 관해서 다음과 같이 고백하였을 때, 그의 생각이기도 하다. "나를 구조하기 위해서 나는 모든 현상을 서로 자립적인 것으로 간주하고, 강제로 고립시키고자 한다. 그때 나는 현상을 상관자로서 간주하고, 현상들은 하나의 결정적인 **생명**으로 결합된다." 우주의 이러한 모습에 대한 생동적인 관점을 셸링의 시(詩)는 다음과 같이 전달한다.

"어두운 힘들의 최초의 투쟁으로부터
최초의 생의 정기(精氣)의 말로에 이르기까지,
힘 속의 힘, 소재(素材) 속의 소재가 솟아나는 곳에

---

14) Kategoriale Gesetze, in: Philosophischer Anzeiger, I (1926), 253면.

최초의 꽃봉오리가 솟아나는 최초의 꽃,

새로이 태어난 광선의 최초의 빛으로,

제2의 창조물처럼 밤을 꿰뚫고 터져 나오는,

그리고 세상의 수천 개의 눈으로부터

밤과 낮으로 하늘을 밝히는,

사상의 젊은이의 힘에 이르기까지,

이 힘을 통하여 자연은 되젊어져서 다시 창조된다.

하나의 힘은 하나의 상호작용과 활동,

언제나 보다 높은 생명을 위한 충동과 추진력이네."

III. 물질의 본질

우리는 우주 전체에 대한 전술한 형이상학적 고찰을 통하여 그것의 여러 존재 계층의 형이상학적 해석에 대해서 윤곽을 지었다. 그 계층들의 가장 낮은 층은 자연적-물질적 성층이다. 이 존재의 본성에 관한 물음은 형이상학적일 필요가 없고, 자연과학적으로도 생각될 수 있다. 물리학자도 "물질의 본질"에 관해서 묻는다. 이에 관해서 제기되는 대부분의 이론은 순전히 자연과학적인 의미를 갖는다. 이것은 고대에 발생했던 원자론에도, 근대에 속하는 **동력론**에도 타당하다. 양자는 물리학적 이론이다. 따라서 이 양자는 형이상학에 귀속되지 않는다. 이 양자를 형이상학 속에서 다루는 철학자들은 형이상학과 자연과학의 한계 소멸에 대해 책임이 있다.[15] 이들에 대해서는 이러한 또는 이와 유사한 문

---

15)   이 비난은 거의 모든 신스콜라철학자들에 관계된다.

제들(예컨대 얼마나 많은 원소가 존재하는가, 세계는 어떻게 발전하였
는가, 공간은 유클리드적인가 또는 비유클리드적인가)이 감각적(경험
적) 대상 유형에 속하는 대상들에 관계하기 때문에, 형이상학적인 것이
아니라, 자연과학적인 문제라는 사실이 두드러져 보이기 때문이다. "이
문제들은 확실히 부분적으로는 너무도 보편적이고, 따라서 대답하기
힘들기 때문에 자연과학자들이 이 문제들 앞에서 크게, 그리고 정당하
게 기피한다. 유감스럽게도 그들에 있어서 이 기피심은, 많은 그러한
보편적 문제를 철학적이라고 부르는 습관과, 불명확한 사유에 의해서
혼합된다. 그러나 철학자들은 여기서 분명하게 보아야 한다. 우리는 고
대의 그리스인들이 철학 대신에 원자론을 꾸며 대어 이야기하고자 한
다면 그들을 나쁘게 생각하고자 하지 않는다. 그들은 이 일을 여전히
분리할 수 없다. 그러나 오늘날의 철학자들이 동일한 짓을 한다면, 그
들에게는 어울리지 않는다."[16]

물질적 존재에 관한 두 가지 이론만이 형이상학적 이론으로서 언급될
수 있다. 그것은 질료 형상론과 유심론이다. 이 양자에게는 따라서 자연
의 형이상학은 스쳐 지나가서는 안 된다. 이것들의 서술과 비판적 검토
는 우리가 우리들 자신의 관점을 얻게 되는 방도이어야 한다.

1. 질료 형상론

물체를 가진 사물의 엄격한 형이상학적 최초의 이론은 아리스토텔레
스한테서 유래한다. 이것은 "질료 형상론"이라 불린다. 왜냐하면 이 이

---

16) Al. Müller, Einleitung in die Philosophie, 제2판, Berlin und Bonn 1931, 259
면.

론은 사물을 질료와 형상으로부터 합성된 것으로서 파악하고자 하기 때문이다. 토마스 아퀴나스는 이 이론을 수용하였고, 그 이상으로 확장하였다.

우리는 질료-형상이란 개념의 쌍을 이미 아리스토텔레스의 원인 이론을 서술할 때 만났다. 우리는 거기서 질료와 형상이란 개념은 아리스토텔레스의 전체 형이상학을 위해서 기본적인 의미가 있음을 보았다. 이것은 본질적으로 질료-형상-형이상학이다. 우리는 또한 이미 두 개념의 가장 깊은 근원을 암시하였다. 이 근원은 그리스인들의 심미적 감각에 대해 직접적으로 자명한, 예술의 관점에서 나온, 자연관찰에 놓여 있다. 예술에서는 일정한 소재가 형태화된다. 일정한 질료에 일정한 형상이 각인된다. 그렇게 각인됨으로써 물질은 이 형상의 담지자로 된다. 동일한 사정이 아리스토텔레스에 의하면 자연에서 발생한다. 자연의 생기 현상도 철저히 질료의 형상화이며, 어느 형상의 질료와의 결합이다. 모든 생기 현상은 물론 어떤 것의 생기 현상이다. 일체의 발생과 소멸은 항존적인 것을 전제한다. 이러한 기체는 물질이다. 물질에서 생성이 일어난다. 생성은 현존하는 형상이 사라지고, 어떤 새로운 형상이 대신한다는 사실에 있다. 모든 (실체적) 생성은 자연에서 어떤 지속적인 소재에서 형상의 변화로서 나타난다.

우리는 질료-형상이란 개념의 쌍은 보다 더 보편적인 쌍으로 환원한다는 사실을 이미 알고 있다. 그것은 가능성-현실성이란 개념의 쌍이다. 질료는 잠세성을, 그리고 형상은 현실성을 의미한다. 따라서 질료가 형상을 수용하면, 그럼으로써 가능성은 현실화된다. 생성이란 것은 따라서 잠세태로부터 현세태로의 이행(移行)이다. 물질, 보다 엄밀히 말해서 제일 질료는 완전히 무규정인 것이지만, 그러나 모든 것으로 규정될 수 있다. 그것은 모든 현실적인 물체 존재로 될 수 있는 보편적인 가능성의 근거이다. 제일 질료는 그 자체로서는 실존하지 않고, 형상과의 결합을 통해서 비로소 실존을 얻는다. 제일 질료는 형상으로 정돈된다. 그것은 역으로 형상이 질료에 정돈되는 것과 같다. 제이 질료는 이 제일 질료와는 다르다. 제이 질료는 제일 질료와 실체적 형상과의 결합을 통해서 구성된 물체적 사물이다. 형상은 규정하는 원리이다. 형상은 사물에 그것의 존재 각인을 주어서, 그것을 그것인 것으로 만든다. 형상은 사물의 본질(용재)의 원리이고, 따라서 사물의 인식 가능성의 원리이기도 하다. 사물이 규정들에서 제시하는 모든 것은 형상의 계좌로 산입될 수 있다. 그러나 이것은 논리적-존재론적 규정에 대해서뿐만 아니라, 가치론적 규정에 대해서도 적용된다. 어떤 존재자의 모든 가치계기들은 마찬가지로 형상에로 환원된다. 이 실체적 형상과 우연적 형상은 다르다. 질료와 형상에서 성립되는 사물에서 변화가 일어난다면, 여기서 문제되는 것은 우연적 형상들의 교체인 것이다.

이제 제일 질료와 실체적 형상의 결합은 어떻게 성립되는가? 우리는 앞에서 질료는 형상에 이르는 경향이 있다고 하는 말을 들었다. 이러한 일은 질료가 형상을 이미 갖고 있다면, 질료는 그러지 못할 것이다. 질료가 형상과 결합한다는 사실은 따라서 그 가장 깊은 근거를 질료가 형상을 가지고 있지 않다는 사실에서 갖는다. 이 결핍 또는, 스콜라철학자들이 말하고 있는 것처럼, 박탈(결여)은 생성을 설명하기 위해서 가정해야 하는 제3의 원리로서 간주된다. 후자는 이미 암시된 바와 같이 실체적인 것, 즉 사물의 본래적인 발생이거나, 또는 우유적인 것, 즉 이미 존속하고 있는 사물의 변화이거나이다. 첫 번째 경우에서는 제일 질료와 실체적 형상이 결합하고 있는 것처럼, 두 번째 경우에서는 제이 질료와 우유적 형상이 결합하고 있다.

아리스토텔레스가 질료와 형상을 구별함으로써 모든 자연적 사물 속

에서 정당한 것을 보았다는 사실은 위에서 이미 강조되었다. 생의 문제
를 논구함에 있어서 우리는 새로이 이 사실이 논증되어 있음을 발견한
다. 그럼에도 불구하고 개념의 쌍 그 자체는, 우리가 아리스토텔레스의
원인론을 비판적으로 인정하게 될 때 본 것처럼, 견지될 수 없다. 그러
나 개념들 그 자체가 유지될 수 없을 뿐만이 아니다. 이 개념들의 도움
으로 구성된 이론도 사실에서 난파한다. 질료 형상론은 우리의 오늘날
의 자연 인식에 대한 공개 토론에서 더 이상 존립할 수 없다. "정밀한
연구의 진보는 물체계의 성질에 관해서 아리스토텔레스학파적 견해의
기저에 놓여 있는 것보다도 다른 결과를 확인하였다."[17] A. 미테레르의
위대한 공적은 오로지 바람직한 가치가 있는 모든 세심성을 가지고 이
것을 증명한 것이다.[18] 오늘날의 자연과학과의 기본적인 신뢰 위에 서
있는, 아리스토텔레스적-스콜라철학적 이론에 대한 그의 비판은 그 자
신이 원칙적으로 이 철학의 토대 위에 서 있었기 때문에 더욱더 의미심
장하다.

이 이론을 경시하여 판정하는 것은 미테레르와는 거리가 매우 멀다. "질료-
형상론은 철저히 진지하게 다루어져야 하고, 역사적으로 진가를 인정받으며,
그리고 물리적인 물체 실체의 수많은 물리학적, 논리적 문제들을 과학적 가정
을 통해서 해결하려는 의미심장한 시도로서 간주될 만한 가치가 있다. 그러나
이 가정은 부적당한 것으로서 증명되었고, 질료적 구조가 물리학적 질료 형상
론이 마땅히 수행해야 했고, 또 수행할 수 없었던 것을 바로 더 잘 수행한다는

---

17)   G. Hagemann, Metaphysik, 제7판 (J. A. Endres판), Freiburg 1914, 88면.
18)   참조. 그의 저술: Das Ringen der alten Stoff-Form-Metaphysik mit der heuti-
       gen Stoff-Physik (Wandel des Weltbildes von Thomas auf heute, I권,
       Innsbruck 1935.

사실이 지적되었다."[19] 물체 사물의 구조는, 오늘날의 물리학이 이것을 생각하는 것처럼, 질료 형상적인 것이 아니라, 질료적인 것이다. 물체 실체의 본질의 구성 요소로서 질료와 형상이 이 구조에 해당되는 것이 아니라, 분자, 그리고 원자(이온), 전자, 원자핵, 그리고 원자핵의 부분(양자, 중성자, 양전자[陽電子]), 또 에네르기 부분들(양자[量子], 광자[光子]) 등등이 해당된다. 사물의 본질 부분은 따라서 오늘날의 물리학에서는 질료 부분들이다. (따라서 "질료적"이란 표기는 **질료**와 **지절**(枝節)이란 말에서 형성된 것이다.) 그러나 동시에 두 이론은 논리적으로 서로 배제한다는 것을 말한다.[20]

전체 연구에 의해서 오래전에 표기된 이론을 어떤 희생을 치르더라도 견지하고자 하는 것은 이제 의미 없을 것이라는 사실을 오늘날의 스콜라철학자들도 이해하고 있다. "미테레르가 확인하고 있는 바와 같이 오늘날에는 온전한 토마스적 질료 형상론을 견지하는 어떠한 가톨릭적 철학자도 거의 존재하지 않는다."[21] 그럼에도 불구하고 사람들은 질료 형상론적 이론의 핵심을 구제하고 싶어 한다. 사람들은 현대의 물리학으로부터 질료적 구성의 이론과 동시에 고대 물리학으로부터 물체의 질료 형상의 합성의 이론과 그리고 이제 이 양자를 하나의 통일적인 전체 이론으로 결합하고자 한다. 이와 같은 시도를 예수회원인 드 브리스가 기도한다.[22] 그는 물체 실체의 질료 형상적 구성을 부인하고, 질료적 구성을 받아들인다. 그러나 동시에 그는 질료 형상적 본질의 구성을 하**층 물체적** 질료 실체(양자, 전자 등등)로 옮겨 놓는다. 더 이상 물체 실체 그 자체가 아니라, 그 최후의 구성 부분이 그에게는 질료 형상적인 것으로 간주된

---

19) 같은 책, 96면.
20) Das zeigt Mitterer eingehend, 50면 이하.
21) 같은 책, 91면.
22) 참조. 그의 논문: Das Weltbild der neuen Physik und die alte Metaphysik, in: Scholastik V (1935), 77-90면.

다. 그러나 그것으로써 아퀴나스학파의 물리학적 질료 형상론은 포기된 것이다. 왜냐하면 이들에게는 물체 사물 자체는 질료 형상적 구조물이기 때문이다.[23] 게다가 사람들이 하층 물체적 실체가 이제 "본래적으로 엄격한 통일적인 물체적 실체"이고, 새로운 물리학의 파악에 따라서 "물체"[24]라고 가정하더라도 아무 도움이 되지 않는다. 이에 관해서는 어떠한 말도 있을 수 없다. 그것은 본래의 이론을 위한 경험의 개석(改析)이요, 재단(裁斷)이다. "물체는 오늘날 토마스에서처럼, 우리에게는 현상하는 사물, 토마스에게는 질료 형상적, 오늘날의 물리학에 의하면 질료적 사물이다."[25]

다른 신스콜라철학자들은 자연과학적 사실에 압박을 받고서 아퀴나스파의 물리학적 질료 형상론을 포기하지만, 그러나 형이상학적 질료 형상론을 더욱더 단호하게 고수한다. 따라서 그들은 물리학적인 고찰은 아니지만, 그러나 물체에 대한 존재론적 고찰, 즉 존재, 가능성 및 본질성의 관점 아래서 질료 형상론에 이른다는 생각이다. 그러나 이 관점도 역시 잘못된 것이다. 물리학적 이론은 형이상학적 이론에 대한 토대인 것이다. 전자가 거짓으로 인식된다면, 후자는 동시에 대상 없는 것이 되고 만다. "왜냐하면 후자는 전자의 물리학적 이론에 적확한 형이상학적 이론이기 때문이다."[26]

---

23) Mitterer, 같은 책, 99면.
24) de Vries, 같은 책, 84면과 88면.
25) Mitterer, 같은 곳.
26) 같은 책, 123면. 의연한 토마스-변호자들에 대해서 미테레르는 정당하게 다음과 같이 이의(異議)를 제기한다. "토마스는 물체가 그의 시대에 그가 아리스토텔레스에 따라서 간파하였던 저 질료 형상적 구성물이 전혀 아니라고 판명되었다면 어찌 했을까? 그는 물체의 새로운 물리학적 이론에 대해서 우리가 오늘날 질료 형상론의 이론(95면)과 꼭 마찬가지로 집요하게 고수하게 될 어떤 형이상학적 이론을 창조했을 것이다."

2. 유심론

물질에 대한 제2의 형이상학적 이론은 유심론이다. 그 고전적 대표자는 라이프니츠이다. 그의 단자 개념은 이미 우리에게 알려져 있다. 라이프니츠에 의하면 단자, 즉 단순한 실체는 존재하지 않으면 안 된다. 왜냐하면 합성된 것이 존재하기 때문이다. 현실의 최종적 구성 부분으로서의 단자는 본래의 실체이다. 본래의 실체는 단순한 본질로서는 어떠한 부분도 갖고 있지 않다. 그러나 그것은 바로 비물질적인 것이다. 라이프니츠는 그것을 "형이상학적인 점"[27]이라고 표시한다. 이 형이상학적인 점은 부분으로 해소될 수 없기 때문에 불멸이다. 그러나 발생도 역시 여기서는 배제된다. 왜냐하면 형이상학적인 점은 물론 합성됨으로써 구성될 수 없기 때문이다.

그러므로 우주는 비물질적 본질의 무한한 다수성으로 구성되어 있다. 이것의 본성을 라이프니츠는 역시 긍정적으로 규정하고자 한다. 그는 여기서 변화로부터 출발한다. 자연에 있어서 변화란 부정할 수 없는 사실이다. 그러나 변화는 실체 그 자신 속에서도 변화가 존재할 때만 가능하다. 왜냐하면 단순한 본질 속에 어떠한 변화도 존재하지 않으면, 결합된 것 속에서도 아무런 변화가 없을 것이기 때문이다. 따라서 우리는 실체 속에 그것이 단순함에도 불구하고 변화가 일어난다는 사실을 가정하지 않으면 안 된다. 그러나 이러한 사실은 실체 속에는 그것이 부분은 갖고 있지 않을지라도 성질과 관계의 다양성이 존재한다는 것을 전제한다. 단일성 속의 그와 같은 다수성은 우리의 내적 경험 속에 주어져 있다. "우리는 우리가 의식하게 되는 가장 단순한 사상이 표상

27)   Neues System der Natur, Hauptschriften, II, 265면.

된 내용의 다양성을 자신 속에 포괄한다는 사실을 발견하게 될 때, 단순한 실체 속에 있는 다수성을 우리 자신 속에서 경험한다."[28] 따라서 우리는 실체의 본성을 우리들의 내면, 즉 우리들의 영혼의 유추에 의해서 사유하여야 된다. 그러나 이것은 실체의 활동성이 영적 본성임을 의미한다. 영적 본성으로서의 이 활동성은 지각(知覺) 속에서, 즉 단순한 것을 통해서 결합된 것, 또는 외면적으로 존재하는 것을 표현하는 일 속에서, 그리고 열망, 즉 하나의 지각에서 다른 지각으로 이행(移行)하려는 노력 속에서와는 다른 어떠한 것 속에서도 존재할 수 없다.[29] 그러나 이러한 지각의 내용을 나머지 단자들의 전체성, 즉 우주만이 구성할 수 있다. 그러므로 각각의 단자는, "신의 또는 ― 자기가 자기의 방식에 따라서 또 특유하게 표현하는, 마치 이를테면 하나요 동일한 도시가 관찰자가 선택하는 상이한 장소에 따라서 다른 방식으로 나타나듯이―오히려 우주 전체의 영상(映像)인 것이다."[30]

모든 단자는 따라서 하나의 소우주이다. 이와 같은 단자는 어떠한 영향도 외부로부터 받아들일 수 없다는 완결성을 그 결과로 갖는다. 그러나 그렇다면 경험이 지시하는 사물들의 작용 관계는 어떻게 설명되어야 하는가? 라이프니츠는 이 물음에 대해서는, 우리가 알고 있는 바와 같이, 그의 예정 조화설로써 설명한다. "단순한 실체에 있어서는 하나의 단자의 다른 단자에 대한 관념적 영향만이, 즉 신의 매개를 통해서 성립하는 결과만이 ― 신의 관념 속에서 어떤 단자가 신이 다른 단자를 규제함에 있어서 이미 사물의 단초에서 이 단자를 고려한다는 사실을 당연히 요구하는 한에서 ― 존재한다. 왜냐하면 창조된 단자는 다른 단

---

28) Monadologie. 같은 책, II, 439면.
29) Die Vernunftprinzipien der Natur und der Gnade. 같은 책, II, 423면.
30) Metaphysische Abhandlung. 같은 책, II, 144면 이하.

자의 내면에 어떠한 자연적 영향도 미칠 수 없기 때문에, 이러한 길에
서는 하나의 단자는 다른 단자에 오로지 종속해 있을 수 있을 뿐이기
때문이다."[31]

이 유심론적 형이상학은 이렇게 그 최후를 장식하는 완결을 확보하
였다. 이 형이상학은 현실 전체를 영적인 것으로부터 해석하고 이해하
는 대담한 시도를 의미한다. 그러나 자연적-물질적 존재, 즉 죽은 물체
의 세계가 그러한 해석을 허용하는가? 그것은 이 형이상학이 풀어야
할 가장 어려운 문제이다. 라이프니츠에게는 물체는 복합된 실체이다.
따라서 물체도 역시 단순한 실체 또는 단자로 구성되어 있다. 그러나
그것은 가장 낮은 종류의 단자, 즉 그것의 표상이 어둡고 혼란되어 있
는 그러한 단자이다. 이러한 단자들이 결합됨으로써 물질, 즉 연장된
물질이 발생한다. 따라서 이 물질은 다만 가상(假象)인 것이 아니라, 잘
기초 놓여진 현상이다. 라이프니츠는 다음과 같이 진술한다. "나의 생
각은, 사람들이 보통 실체로 간주하는 물체는 **실재적 현상** 이외 다른 것
이 아니고, 무지개가 실체가 아닌 것과 마찬가지로 결코 실체가 아니
며, 그리고 촉각은 시각과 마찬가지로 반대되는 것을 증명할 수 없다는
것이다. 단자만이 실체이고, 이에 반하여 물체는 실체들이며, 하나의 실
체가 아니다."[32] 라이프니츠는 분명하게 그의 견해가 물체를 철저히 지
양한 것이고, 사물 대신에 오로지 힘을, 그리고 결코 물체적인 힘이 아
니라, 표상 및 노력을 정립한 것이라는 비방(誹謗)에 대해서 강력하게
항의한다. "나는 물체를 지양하는 것이 아니라, 물체를 물체 그것인 것,
즉 그 본질로, 다음과 같이 증명함으로써, 환원한다. 즉 우리가 단순한

31)   Monadologie. 같은 책, II, 447면.
32)   라이프니츠가 de 볼데르에게 보낸 편지. 같은 책, II, 335면.

실체 외에 다른 어떤 것을 아직도 포함하고 있다고 가정하는 물체적 물
질은 실체가 아니라, 오로지 단일성과 절대적 실재성을 갖고 있는 단순
한 실체로부터 결과로서 나타나는 현상이라는 것이다."[33] 그리하여 라
이프니츠는 다음과 같이 말할 수 있다. "나는 언제나 어디서나 우리 모
두가 우리의 영혼 안에서 충분히 자주 시인해야 하는 것, 즉 내면적 자
기 활동적 변화만을 전제하고, 이러한 사상적인 전제로써 사물의 총계를
창조한다."[34]

　라이프니츠의 유심론적 형이상학은 19세기의 로체한테서 개혁된다.
이 개혁은 물론 철저히 자립적인 개혁이다. 로체는 유심론적 기본 개념
만을 습득하고, 그 전개를 개별적으로 습득한 것이 아니다. 그리하여
그는 예컨대 단자의 활동이 표상 작용 속에 존재한다는 이론에서 라이
프니츠를 따르지 않는다. 그러나 그는 단자들의 관계도, 우리가 위에서
본 것과 같이, 달리 설명하고자 한다. 그는 현실적인 것에 관한 그의 유
심론적 견해를 헤르바르트와의 끊임없는 논쟁을 통해서 전개한다. 헤르
바르트에게서도 현실은 최종의, 단순한, 비물질적인 본질성, 즉 실재적
인 것으로 구성되어 있다. 이 실재적인 것은 그러나 그에 의하면 전적
으로 불변적인 것으로서 생각된다. 모든 변화는 결국 실재적인 것 간의
관계가 변동하는 가운데 있다. 이 정적(靜的)인 실체 개념에 로체는 동
적(動的)인 개념을 대립시킨다. 그에 의하면 세계 경과의 설명으로부터
실재적인 것의 내적 가변성을 멀리하기는 불가능하다. 변화는 "존재자
의 내면"으로 파고들지 않으면 안 된다.[35] 동시에 존재자는 활동적인
것이란 성격을 얻게 된다. 존재는 철저하게 활동성을 의미한다.[36] 그런

33)　같은 책, 349면.
34)　같은 책, 350면.
35)　Metaphysik, 89면.

데 활동적인 것은 우리에게는 직접 내적 경험 속에서만 주어지는 것이
다. 따라서 우리는 존재자를 우리 자신을 유추해서, 즉 정신적인 어떤
것으로서 생각해야 한다.[37]

그러므로 현실은 이 형이상학자에게는 그것의 내적 본성이 정신적인
종류의 것인 최종적 단순한 실체로 구성된다. 이 실체는 단순한 본질로
서 비연장적, 비공간적인 것이다. 연장, 크기, 형태는 이 실체에서 배제
된다. 동시에 로체도 그것의 자체 존재에 따르면 비물질적인 현실적인
것이 어떻게 우리에게 연장적, 공간적 그리고 동시에 물질적인 것으로
나타날 수 있는가라는 문제 앞에 서게 된다. 로체는 그 해결을 다음과
같은 사상 속에서 해결한다. 즉 저 속성들은 단자들이 서로 작용함으로
써 우리에게 완성된다. 비연장적 존재는, 상이한 공간의 점(点)으로부
터 작용하고, 또 그것의 힘을 통해서 그 위치를 서로 규정하고, 이 위치
를 지키면서 우리의 직관에 대해서 — 그 응집력과 불가투입성의 다소
간에 큰 강도를 가지고서 여러 가지 조건 아래에서 공간의 여러 가지
거리를 끊임없이 채우는 것으로 보이는 — 연장된 물질의 형상을 창조
한다. 공간과 공간성은 따라서 다만 우리의 주관적 직관의 형식일 뿐이
고, 우리의 모든 감각적 개별 직관을 야기하는 근거인 사물과 사물의
관계에는 적용할 수 없다.[38]

라이프니츠로부터 로체로 넘어서게 되는 경계는 W. 분트에 의해서
속행된다. 그도 역시 존재자에 대한 유심론적 해석에 이른다. 이 유심
론은 주의주의적 흔적을 갖고 있다. 분트는 현실의 최후의 요소를 의지
의 통일체라고 규정한다. 그에게 우주는 의지의 통일체의 무한한 다수

---

36) 같은 책, 102면.
37) 같은 책, 186면.
38) Mikrokosmos III, 507면 이하.

성이다.[39] 물 자체를 분명히 의지로서 규정하고 있는 쇼펜하우어의 영향이 이때 얼마만큼 함께 작용하고 있는지 하는 점은 여기서 연구될 필요가 없다.

유심론의 최근의 형태를 우리는 E. 베허한테서 만난다. 가장 넓은 범위로 이루어진 경험의 토대 위에 의존하는 그의 자연철학적 연구는 가설로서 개진된 범심론(汎心論)에서 정점(頂點)에 이른다. 우리의 내면적 지각에 접근하는 "세계의 구성 요소 또는 힘이 심적 실재성으로서 드러난다면, 물체계를 구성하는, 역시 우리들의 내면적 지각에 접근할 수 없는 모든 세계 구성 요소 또는 힘은 그것의 즉-자-존재(卽自存在) 또는 '내적' 본질에 따라서 영적인 또는 영적인 것에 유사한 본성이라는 사상이 시사(示唆)되게 한다. 그리하여 우리는 일종의 범심론에 이르게 될 것이다. 모든 현실적인 것은 그것의 내면적 본질에 따라서 영적이거나 또는 하여간에 영적인 것에 유사하다. 더 나아가서 그것의 내면적 본질에 따라서 영적인 것 또는 영적인 것에 유사한 것은, 우리가 이것을 '외부로부터', 그것의 결과로부터 포착한다면, 언제나 힘으로서 표상된다."[40]

우리는 유심론적 형이상학의 주요한 형식을 알고 난 뒤에, 그 권리를 묻는다. 이 권리는 증명될 수 있는가? 라이프니츠는 그러한 증명을 소유하고 있다고 믿는다. 바로《단자론》의 모두(冒頭)에 다음과 같이 말하고 있다. "단순한 실체는, 복합적인 것이 존재하기 때문에, 존재해야 한다. 왜냐하면 복합적인 것은 단순한 것의 축적, 집합체 이외 다른 것이 아니기 때문이다."[41] 그러나 이 증명은 선결문제 요구의 오류를 포함하고

---

39) 참조. 그의 "System der Philosophie", 제4판, Leipzig 1919.

40) Die deutsche Philosophie der Gegenwart in Selbstdarstellungen, I, Leipzig 1921, 38면.

있다. 이 증명은 이것이 증명하고자 하는 그것을 전제하고 있다. 그리고 실로 이런 일을 "복합된 실체"라는 개념을 통해서 행하고 있다. 즉 내가 그 어떤 것이 복합되어 있다는 사실을 안다면, 나는 역시 그것이 단순한 요소로 구성되어 있다는 사실도 알고 있기 때문이다. 왜냐하면 복합된 것은, 라이프니츠 자신이 설명하듯이, 단순한 것의 집합체이기 때문이다. 라이프니츠가 추구한 증명은 따라서 잘못된 것이다. 후기의 유심론의 변호자들은 도대체 그와 같은 증명을 포기했다. 그들은 그들의 주제가 엄밀한 의미에서 증명할 수 있는 것이 아니라, 현실적인 것의 총괄 직관 및 유사 추리에 의존하는 것이라고 의식하고 있다. 어떤 종류의 총괄 직관인지 하는 것은 의심할 수 없는 일이다. 그것은 존재자에 대한 동적(動的) 시각이다. 모든 현실적인 것은 이 총괄 직관에서는 작용하는 자로서 간주된다. 이제 우리에게는 작용하는 자는 직접 내면적 경험 속에서만 주어질 뿐이다. 우리 자신은 우리를 작용하는, 활동적인 본질로서 체험한다. 동시에 우리 바깥에 있는 작용하는 자를 작용하는 자의 유추에 의해서 우리 마음속으로 해석해 넣고, 그리하여 영적인 것-정신적인 어떤 것으로서 이해하는 사상이 일어나게 되었다. 이러한 정초 관계가 특히 로체한테서 분명하게 드러난다.

이와 같은 논리적으로 강제적이지 않은 정초는 그러나 이제 그 논리적 중요성이 긍정적 근거의 그것보다 더 중요한 반대 근거가 있다는 사실을 통해서 덧없게 될 수 있다. 그러한 반대 근거의 존재 여부가 문제이다. 유심론적 명제를 넘어뜨릴 유심론적 명제에 대립하는 반론들이 제기될 수 있는가? O. 퀼페가 가장 무게 있는 반론을 우리에게 제시하는 것 같다. "자연 속의 힘은 그러나 다만 이 힘이 존재하고, 존재해야

---

41)   Hauptschriften II, 435면.

하는 대로, 즉 운동 및 운동 변화에 대한 원인으로서 파악되어야 한다.
우리가 우리의 영혼에서 유래하게 하는 심적(心的)인 과정은 어떠한 운
동도 아니다. 성과들이 비교할 수 없을 정도로 서로 다르다면, 그 원인
도 역시 그러할 것이다. 그러므로 우리는 자연적인 힘에다가 심적, 정
신적인 종류의 본질을 전가(轉嫁)할 아무런 권리도 근거도 가지고 있지
않다."[42] 기계적 자연 파악의 관점으로부터는 이 논증은 무조건 타당하
다. 그러나 이것 역시 새로운 물질 이해의 토대 위에서도 설득력을 가
지고 있는 것인가? 오늘날의 물리학의 관점으로부터도 "성과들이 비교
할 수 없을 정도로 서로 달리" 나타나는가? 우리는 여기서 문제를 제기
하는 것으로써 만족한다. 우리는, 물질의 본성에 관한 새로운 견해를
보다 자세히 알게 된다면, 비로소 어떤 대답을 줄 수 있을 것이다. 그때
에 이르러 비로소 우리는 유심론에 대해 결정적인 태도를 취할 수 있
다.

3. 현대의 물질 개념과 그 형이상학적 해석

물리학은 주지하는 바와 같이 최근 10년 동안에 심각한 변화를 겪었
다. "우리는 자연과학의 위인들, 갈릴레이, 코페르니쿠스, 케플러, 뉴턴
등등이 유럽인에게 전혀 새로운 세계상을 창조하였던 대략 300년 전의
저 시대와 결정적인 의미에서만 비교될 수 있는 정신사적 전환 속에 서
있다."[43] 당시에 기초 놓여졌고, "역학적(力學的)"이라고 불리고 있는
세계상은 이미 오래전부터 위기에 서 있다. 자연과학이 세기의 전환 이

---

42)　Einleitung in die Philosophie, 제11판, Leipzig 1923, 241면.
43)　B. Bavink, Die Naturwissenschaft auf dem Wege zur Religion, 제2판, Frankfurt a. M. 1933, III면.

후로 획득했던 발전과 인식은, 19세기 후반기에 전체 자연과학에 의해
주장되고 있는 것처럼, 역학적 자연 이해의 극복을 의미한다. 실로 완
전한 평가절하가 아니라, 본질적으로 낡은 세계상의 본질적인 변형이
자 가치 전도(顚倒)를 나타내는 어떤 새로운 세계상이 등장한 것이다.

 역학적 세계상은, 세계라는 것은 그 사이에 견인력과 반발력이 가정
되어야 하는 거대한 질량점(質量点)의 체계라는, 따라서 전체 세계 설
명은 역학의 차이 방정식(差異方程式)의 원리에 환원될 수 있어야 한다
는 표상에 의존하고 있다. 이 역학적 세계상은 가장 명백한 표현을 라
플라스의 주지되어 있는 세계정신의 가설에서 발견하는데, 이 세계정
신은 주어진 순간에 우주의 전체 질량점의 위치를 인식하고, 게다가 그
에 따라서 저 위치가 가속도와 결부되어 있게 될 차이방정식의 무한한
체계를 소유하고 있다. 이러한 정신은 라플라스에 의하면 과거, 현재와
미래의 모든 생기 현상을 동일한 또는 오히려, 절대적이기 때문에, 보
다 더 완전한 정확성을 가지고서, 마치 천문학자가 일식- 및 월식을 수
세기 이전과 이후로 계산할 수 있는 것처럼, 개관할 수 있을 것이다.[44]

 이 기계적 세계상은 붕괴하였다. 새로운 세계상의 완성을 위해서 본
질적으로 기여한 현대의 지도적인 자연 탐구자는 정언적(定言的)으로
다음과 같이 설명한다. 즉 "고전 물리학은 파편 더미이다"(스코트키).
고전 물리학의 몰락으로부터 무엇보다도 물질에 대한 이해가 관계된다.
과거의 역학적 물질 개념 대신에 새로운 동적(動的)인 정밀한 전기 역
학적 개념이 들어섰다. 기계적 해석에 있어서 물질은 타성적이고, 죽
은, 전적으로 수동적인 소재였다. 이 고정된 관통하기 어려운 실체는

---

44)   참조. B. Bavink, Ergebnisse und Probleme der Naturwissenschaften, 제6판,
     Leipzig 1940, 56면.

오늘날 유동적인 것으로 되었다. 이 경직된 원자는 공간 속에서 하나의
핵 주위를 자유로이 떠도는 전자들의 무리 속으로 해소되었다. 각각의
원자는 행성들(전자들)이 그 속에서 태양(원자핵) 주위를 운동하는 태
양계에 비유될 수 있다. 각각의 원자는 소우주이다. 따라서 물질은 더
이상 정적(靜的)인 어떤 것이 아니라, 동적인 것이요, 수동적인 것이 아
니라 능동적인 것이다. 물질은 더 이상 죽은 실체가 아니라, 동적인 작용
인으로서 생각된다. H. 바일은《물질이란 무엇인가?》라는 그의 저서에
서 다음과 같이 설명한다. "나는 실체가 오늘날 물리학에서 그 역할을
다했다고 확신한다. … 물리학은 연장 실체에서 해방되어야 한다."⁴⁵⁾
물질은 "들판을 움직이게 하는 작용인"이라 생각될 수 있다. 물질은
"자기의 본질에 따라서 공간과 시간의 저편에 놓여 있는 작용인으로"
나타난다. "자체적으로는 결합되어 있지 않은 무수한 개체(원자론!)로
구성되어 있는 이 작용인을, 우리가 이것을 활동 영역에서 펼쳐지는,
개체들을 하나의 세계로 함께 결합하는 결과의 원인으로서 간주하는
한, '물질'이라고 부른다. 이 작용인은 그것의 내면적 성질에 따라서 창
조적인 생명 및 의지이자 물질이다."⁴⁶⁾ 바로 이 마지막 전환들이 오늘
날의 물질 개념이 이전 것과 얼마나 구별되는지를 명백하게 지시한다.
현실적인 "물질의 탈물질화"가 발생한 것이다. "물질은 더 이상 물질이
아니다. 왜냐하면 그것은 더 이상 경직된 침투 불가능한 실체가 아니기
때문이다."⁴⁷⁾ 정지해 있는, 불변의 존재는 존재하지 않고, 만물은 유전
한다는 고대의 헤라클레이토스의 이론이 여기서 현대적인 파악으로 되

---

45) 18면.
46) Wissen und Leben, XV, Heft 19.
47) K. Joel, Die Überwindung des 19. Jahrhunderts im Denken der Gegenwart,
     in: Kant-Studien 32 (1927), 482면.

돌아온다.

이것이 무엇을 의미하는지는 구체적인 사례에서 구체적으로 설명되어야 한다. 현무암(玄武巖) 덩어리 하나를 관찰해 보자. 이것보다 더 단단하고, 고정적이며, 불변적인 것이 존재하는가? 현무암 덩어리는 직접, 다만 타성적이고 죽은 소재만을 그 속에서 본 물질에 대한 역학적 이해를 위한 예증의 수단인 것 같지 않은가? 그러나 만일 사람들이 이 자연적 구성물을 오늘날의 물리학의 안목으로 본다면, 이 구성물은 전적으로 다른 것처럼 나타난다. 경직된 통나무는 그 모든 경직성, 고정성 그리고 타성을 잃는다. 그것의 존재는 말하자면 운동 속으로 빠져든다. 지속적인, 불변의 실체처럼 보였던 것은 진행으로서, 변화로서 정체를 드러낸다. 이렇게 경직된 것으로 현상하는 통나무는 실제로는 정지해 있는 존재가 아니라, 살아 있는 생기 현상인 것이다. 그것은 정적(靜的)인 것이 아니라 동적(動的)인 것, 즉 전자기적(電磁氣的) 과정의 합계인 것이다.

그럼에도 불구하고 우리는 여전히 언제나 경험, 즉 현상계의 수준에서 움직이고 있다. 자연과학은 모든 실재과학처럼 경험의 과학이다. 자연과학은 경험과학으로서 경험적인 것의 한계를 넘어설 수 없다. 자연과학의 물질 개념 역시 경험적이다. 이 물질 개념은 "물 자체"로서가 아니라, "현상"으로서의 물질에 관계한다. 물 자체와는 형이상학이 관계해야 한다. 형이상학의 과제는 새로운 물질 개념의 형이상학적 해석이다. 이러한 방향의 대담한 사상을 우리는 이미 바일의 다음과 같은 말에서 들었다: 물질은 아마도 창조적 정신 또는 의지일 것이다. 사람들은 이 말은 공허한 추측, 전혀 정초할 수 없는 주장일 것이라고 반론을 제기할 것이다. 그러나 이 반론은 새롭고, 동적인 물질관이 그러한 사상을 불러일으킨다는 사실을 간과하고 있다. 우리가 "비(非)물질화된

물질"을 그것의 가장 내면적 본질, 그 자체 존재에 있어서 규정하고자
한다면, 우리에게는 비물질적 존재에로 소급하고, 우주의 가장 낮은 단
계를 보다 더 높은 단계로부터 해석하는 일 외에 어떤 다른 것도 남아
있지 않을 것이다.

　　B. 바빈크는 매우 조심스런 방식으로 다음과 같이 시도한다. "내가 알고 있
는 한에서 현대 물리학이 문제의 유심론적 해결에 기울어져 있는 것으로 보인
다는 사상을 명백하게 표현한 사람은 맨 먼저 영국의 유명한 물리학자요, 천체
물리학자인 에딩턴이었다. 즉, 우리가 위에서 본 것처럼, 오늘날의 물리학이
그 측면에서 "실체"를 포기한다면, 더 정확하게 말하자면 바일의 언어로 말해
서, "현실적인 것의 형식적 상태를 여전히 다루기만 하면서", 그러나 다른 측면
에서 현실적인 세계가 도대체 단순한 수학적인 사상 이외의 어떤 다른 것이어
야 한다는 사실을 논쟁하지도, 할 수도 없다면, 따라서 물리학이 다루기만 해
야 할 저 "형식"이 그럼에도 불구하고 어떤 충전(充塡)을 구하여 직접 소리지른
다면"(에딩턴), 영적인 것을 이 형식을 충전시킬 그러한 것으로서 간주하는 데
방해가 되는 어떤 것도 없는 것처럼 보인다. 그러면 우리는 말하자면 어떤 유
일한 장소에서, 즉 우리 자신 속에서 세계의 본래적 실재성으로의 통로를 갖게
될 것이고, 반면에 우리에게 우리의 감관을 통해서만 접근하게 되고, 그 보고
를 우리가 오성의 도움으로써 비로소 해독해야 할 모든 다른 것은 다만 우리에
게 영적인 것의 이 세계 실체의 어떤 형식적인 행동법칙 ― 이 아래에서 소위
물리적 법칙은 최하위 층을 구성한다 ― 만을 드러내게 될 것이다. 에딩턴에
의한 것과 아주 유사한 사상이 특히 물리학자 리츨러(Riezler), 교질(膠質) 화학
자 하랄트 픽톤(Harald Picton) 및 많은 다른 사람들에 의해서 표명되었다. ―
그러한 이론은 이제 자연히 오늘날에도 여전히 우선 하나의 계획이고, 현실적
인 문제 해결은 결코 아니다. 왜냐하면 이제 언제나 여전히 순수하게 영적-정

신적인 근본 자료로부터 어떻게 물질의 세계가 도출될 수 있는지 지적되어야
하기 때문이다. 유심론의 이 기도가 이때까지 언제나 난파되었다는 것은 주지
된 사실이다. 다만 수소 원자의 성질도 정신적 본성을 가진 그러한 자료로부터
도출하는 것은 이 기도에서는 성공하지 못했다. 오늘날의 상황에서 새로운 것
은 바로 그와 같은 기도가 오늘날 여전히 20년 전처럼 더 이상 완전히 불합리
한 것으로 나타나지 않는다는 사실이다. 왜냐하면 이때까지 이 기도에 절대적
으로 방해가 된 것, 즉 통상의 원자론의 "경직된 현실의 장해물"은 바로 단순한
형식으로 해소되어 버렸고, 그리고 수학적 형식은 이젠 어떻든 그 자체로서 정
신적인 어떤 것이기 때문에, 이 형식은, 플라톤이 이미 보았던 것처럼, 모든 사
물들 배후에 서 있는 로고스의 나라에 직접 속하기 때문이다."[48]

　베허의 자취를 따르고 **범심론**을 옹호하는 A. 벤츨은 별로 소극적인 태도를
취하지 않는다. "그는 이렇게 질문한다. 도대체 영혼이 깃든 살아 있는 물질과
물리적 물질 간의 틈을 조정할 수 없다는 것인가? 우리가 물리적인 세계를 기
술하고 설명하기 위하여 만들어야 하는 모든 개념은 영적 세계로부터 이끌어
낸 것이 아닌가? 물질적 세계는 경직된 물체와 소재적인 물질의 세계가 아니라
는 사실, 물질적 세계는 어쩌면 엄격한 법칙의 세계가 결코 아니라는 사실, 힘
은 노력이고, 공간성은 현상이라는 사실, 물리적인 세계와 생명 있는 세계 간
의 단면은 전자의 관계들이 그것의 표현을 수학적인 숫자 - 및 기호 세계의 형
식 속에서 발견하게 된다는 사실을 통해서보다도 더 달리 놓여질 수 없다는 사
실이 우리에게 명백하게 되지 않았던가? 여느 때와 마찬가지로, 물리학, 즉 '죽
은' 자연에 관한 기본 학문은 물질적 사물과 그 관계의 본질에 관한 언급을 억
제하고, 이 본질을 포기하며, 다만 그 수학적 표현형식에만 겨냥한다는 사실은

---

48)　Die Naturwissenschaft auf dem Wege zur Religion, 제2판, Frankfurt a. M.
　　1933, 43면 이하.

우리에게 명백하게 되어 있지 않은가? 그러나 물질적 세계의 본질이 공개되어 있다면, 더욱이 물리학이 의도적으로 그것의 대상의 철저히 영혼에 낯설지 않은 개념에 영적 내용을 종속시키기를 의도적으로 포기한다면, 이 본질은 어떠한 영적 작용도 허용하지 않는다고 어떻게 말할 수 있을 것인가? 그뿐만 아니라 사실상 살아 있는 육신 안에서는 그러한 작용 아래에 놓여 있기 때문에, 우리가 '죽은' 자연 자체의 요소들을 혼이 깃든 본질성으로 설명한다면, 모든 어려움은 제거될 수 있을 것이다. 그러나 이때 자연은 영적 방식과 그 집합 구성물의 본질성에 관한 포괄적인 하나의 거대한 단계 영역이 될 것이다."[49]

이러한 해석은 많은 사람에게는 대담한 것으로, 아니 너무나 대담한 것으로 보일 것이다. 우리도 역시 기꺼이 바빈크의 조심스럽게 기다리는 태도를 취하고 싶다. 물론 벤츨의 해석은 경솔하지 않다. 왜냐하면 이 해석이 그에게서는 또한 E. 베허에게서처럼 해당하는 자연과학적 사실의 완전한 통찰과 언제나 다시 경신된 형이상학적 문제에 대한 숙고에 의존하고 있기 때문이다. 그 때문에 이 해석은 과학적으로 철저히 진지하게 받아들여질 가치가 있다. 그러나 사람들이 어떻게 이 해석에 다가선다 할지라도, 어떤 경우에도 물리학의 새로운 인식은 여느 때와 마찬가지로 공식화된 유심론의 의미의 물질 해석을 시사한다는 사실을 어떠한 전문가도 부정할 수 없다. 따라서 어떠한 이원론도 배제되어 있지 않다는 사실을 E. 베허는 강조한다. "물체적 외계의 기초에 놓여 있는 '보다 낮은' 힘과 물체적 과정을 뇌 속에서 주도하는 '보다 높은 힘' — 이 힘은 자기 지각에 접근할 수 있는 한, 영적 실재성으로서 드러난다 — 의 구별이 존속한다."[50]

49) Philosophie als Weg, Leipzig 1939, 92면.

IV. 생명의 본질

1. 기계론과 활력론

무기적인 것, 즉 자연적-물질적 존재의 세계보다도 생명의 세계, 즉
유기적인 것의 영역이 우월하다. 이것은 이미 그 첫 번째 인상에 따라
서 새로운 어떤 것, 특별한 것으로 나타난다. 생물은 무생명의 물체와
는 다른 것이다. 이러한 표현이 비판적 검토를 견뎌 낼지 의문이다. 유
기적인 것이 무기적인 것에 대해서 실제로 새롭고 특별한 것인가? 유
기적인 것은 무기적인 것과 원리상으로 차이가 나는가 또는 양자 간에
단순히 점차적인 구별이 존재하는 것인가? 유기체 속에 무기적인 자연
의 생기 현상이 의존하게 되는 저 힘들만이 작용을 일으키는 것인가 또
는 여기 자연적-화학적 힘에 아직도 어떤 새로운 것, 즉 어떤 다른 종류
의 요인이 다시 덧붙여지는 것인가? 전자는 기계론의 관점이고, 후자는
활력론의 관점이다.

기계론은 그것의 해석에 있어서 유기적인 것과 무기적인 것 간에 존
재하는 좁은 존재 및 작용 관계에 근거할 수 있다. 생명은 어떤 물질적
기체(基體)에서 일어난다. 우리는 무생명적 실체가 어떻게 동화 과정에
서 생명 있는 실체로 생성되며, 죽음 속에서, 그리고 이미 살아 있는 유

---

50)   Die Philosophie der Gegenwart in Selbstdarstellungen, I, Leipzig 1921, 38면.
      "유심론적 해석의 가능성"을 그로스(K. Groos)도 시인한다 ("Deutsche systema-
      tische Philosophie", Berlin 1934, 143면). 신스콜라철학자 준크(N. Junk S. J.)는
      다음과 같이 서술한다. "공간 속으로의 연속적인 확장의 의미의 연장 개념이 물질
      적 세계의 최후의 구성 요소에서 실현될 수 없다는 사실은 있을 법하다"(Das Rin-
      gen um einen neuen Materiebegriff, in: Scholastik 16, 1941, 533면).

기체의 분해 과정 속에서 살아 있는 실체가 무생명적 실체로 이행하는
지를 관찰한다. 살아 있는 자연과 무생명적 자연 간의 이러한 밀접한
관계에서 살아 있는 자연의 경과와 구성을 우리가 무생명적 자연 현상
을 기술하고 해석할 수 있는 그러한 방법으로써 연구하는 시도가 가능
하다. 이것이 바로 물리학과 화학의 방법이다.[51]

그럼에도 불구하고 그러한 시도는 실패했다. 그뿐만 아니라 이 시도
는, A. 벤츨이 날카롭게 지적한 것처럼, 정확한 반박이 가능하다.

"그는 다음과 같이 상론(詳論)한다. 물리학 및 화학의 법칙에 따르는 상태인
물질적 구성물에서 이 구성물의 배열에서 예정된 것, 이 구성물로부터 물질적
자연의 수학적으로 공식화된 법칙에 의해서 결론으로 나오는 것만이 성과들에
서 요구될 수 있다. 이에 따라서 상응하는 물질 및 에너지 공급 자체에서 작업
을 유지하며, 그리고 어떤 다른 구조물을, 드리쉬의 예를 든다면, 이를테면 집
을, 실로 변속(變速)하는 일이 없이, 단순히 그 자신의 내면적인 배열을 근거로
하여, 구성하는 어떤 '기계'를 생각할 수 있다. 그러나 제기되는 모든 요구, 예
컨대 설치하려는 모든 창문에서 그 부분들의 상응하는 배열이 이미 예정되어
야 한다. 이 요구는 어떤 새로운 기계를 건조해야 할 과제를 가질 수 있을 것이
지만, 그러나 이 과제의 해결을 위해 충족되어야 할 모든 조건들은 이미 그 구
조, 그 배열에서 고려되어야 한다. 유기체는 그러나 다음과 같은 하나의 기계
임이 틀림없을 것이다. 1. 이 기계 자신이 공급된 물질을 가공함으로써 그 자신
이 물질적으로 끊임없이 새롭게 되는 작업 속에서 유지되는 기계, 2. 동시에 그
자신을 닮은 기계를 건조할 기계, 3. 교체되는 외적 및 내적 조건 아래에서, 그
리고 매우 다른 '자극'을 근거로 … 그 자신이 양분을 구해야 할 기계, 4. 그것

51)   참조. K. Sapper, Naturphilosophie, Breslau 1928, 16면.

이 감내하는 매우 상이한 방해 가운데서 복원되고 재건되어야 할 기계, 5. 기술적으로 발육(종자의 분열, 조립, 치환)으로의 개입에도 불구하고 동일한 유형의 수확, 동일한 '전체성'을 산출하는 기계, 6. 여러 가지 상황에서, 예정할 수 없는 가능성을 근거로 '바르게', 즉 자기 보존과 종(種)의 보존의 의미로 반작용하게 될 기계임이 틀림없다. 그와 같은 기계는 그 자체에 있어서 모순일 것이다. 왜냐하면, 1. 이 기계의 성과가 이 기계에 부과할 수 있는 배열의 조건들보다 더 높은 강력한 것이라면, 이 기계는 그 속에 예정될 수 있는 것 이상의 질서를 창조할 수 있을 것임에 틀림없을 것이고, 2. 기계는 의미 있게 반작용할 수 없다. 왜냐하면 물리 화학적 법칙은 의미 법칙이 아니기 때문이다."[52]

오늘날 다수의 생물학자는 명시(明示)된 관점에 선다. 생명은 생물학에서는 언제나 특수한 현상 이상으로 확고한 위치를 차지한다. 그것의 특수성은 그 전체성의 성격에 놓여 있다. 생명체 속의 모든 과정은 전체에 관련되어 있고, 하나의 전체에 이바지한다. 생물이 행하는 모든 것은 그 자신과 종(種)의 보존에 이바지한다. 그러나 이것은 인과성이 뒤로부터뿐만 아니라, 앞으로부터도 작용하고 있음을 의미한다. 달리 말하면, 유기체에서의 생기 현상은 목표 지향적이고, 목적론적 성격을 갖고 있다는 것이다. "전체성"은 바로 목표 지향적 노력을 자신 속에 포함한다. 사람들이 생명 있는 존재의 이러한 고유 성격을 파악하였다면, 기계론적 표상 방식을 생명 있는 본성에게 옮겨 놓음에 있어서 사람들은 오로지 "유기적 생명의 성격을 우리에게 숙지된 모든 단계에로 압박하는 행위"를 볼 수 있다. "생명의 생기 현상은 이젠 무어라 해도 수동적, 무목적적인 것이 아니라, 능동적 목표를 향해 노력하는 생기 현상

---

52)   같은 책, 41면 이하.

인 것이고, 생물은 '형태화함' 인 것이며, 합산의 구성물이 아니다."⁵³⁾

그런데 이제 유기적인 것이 무기적인 것으로부터 분명하게 구별되는 저 형태 및 전체의 성격은 어떻게 파악될 수 있는지가 의문이다. "여기에 마음이 끌린 연구자는 다음과 같이 질문한다. 물질적 구성물 일반의 형태 성격과 개별적인 생물의 그것은 어떻게 설명되는가? 어떤 물질적 복합체 속에서 그 구성 요소의 성질의 합산을 통해서 남김 없이 파악할 수 없는 성질들이 존재한다는 사실은 근본적으로 전혀 파악할 수 없는 것이 아닌가? 우리는 도대체 이러한 사실에 직면하여 어쩌면 자연의 형태에 대해서 어떤 종류의 초물질적, 초개인적 요인의 가정을 강요받게 되고, 그리하여 질적으로 새로운 것을 '형태' 속에서 설명하게 되는 것이 아닌가? 나의 견해에 따르면, 그러한 가정이 어떤 물질적 구성물의 형태 성격을 파악하게 되는 일이 없이, 오로지 유일한 가능성이 존재한다: 우리는 우리에게 형태 속에서 현상하는 질적으로 새로운 것이 실로 형태화된 구성물의 요소들의 성질들에도 기인한다는 사실, 그러나 이 성질들은 언제나 물질적인 집단 형성의 일정한 단계들에 이르러 비로소 결과에 이를 수 있다는 사실을 가정해야 한다." 자퍼(Sapper)는 이러한 표상을 인간의 공동생활로부터 유비(類比)를 통해서 명백히 하고자 한다. 공동생활에서도 역시 순전한 합산의 결과가 아닌, 질적으로 다른 개인들의 공동 작업을 통해서만 성립될 수 있는 결과들이 존재한다.⁵⁴⁾ 자퍼는 그 때문에 활력론을 신봉하지 않는 기계론을 거부한다. 기계론에 대한 활력론의 진리 계기는 그에게는 "생명의 생기 현상의 목표 지향적 노력의 인정"이다.⁵⁵⁾ 그럼에도 불구하고 그는 활력론의 본래적

53)   K. Sapper, 같은 책, 54면 이하.
54)   같은 책, 86면 이하.

인 핵심 부분을 이루는 이 목표 지향적 노력의 활력론적 설명을 받아들일 수 없다. 그는 따라서 우리도 역시 다른 탐구자들(예컨대 헤링, 슈테른, 바빈크)에게서 만나게 되는 관점을 변호한다.

우리가 이제 활력론의 보다 상세한 고찰로 이행(移行)하면, 우선 이 이론은 이미 매우 오래된 것이라는 사실이 지적된다. 실로 명칭에 따라서가 아니라, 사실에 따라서 이 이론은 이미 아리스토텔레스한테서 발견된다. 그가 대변하는 물활론은 이것을 생물에 적용하면 활력론을 나타낸다. 모든 물체적 존재와 마찬가지로 생물도 질료와 형상으로 구성되어 있다. 생명 있는 물체 속의 형상 원리는 생명 원리이다. 그러한 생명 원리를 아리스토텔레스는 "영혼"이라 부르고, 이것을 보다 정확하게는 "양육 영혼"이라고 특징짓는다. 모든 유기체 속에는 따라서 물질적 요인 외에 그 위에 초물질적 요인이 작용하고 있다. 이것은 전적으로 활력론의 관점이다. 물론 사람들이 이러한 일치 속에서 물활론 그 자체의 인정을 보고자 한다면, 그것은 잘못일 것이다. G. 하게만은 "실체적 형상이 논쟁의 여지가 없이 그것의 정당성을 갖는 그곳에서마저, 즉 생물의 영역에서 이 실체적 형상은 엄격한 스콜라철학적 의미로 허락될 수 없다고 진술한다. 생물은 제일 질료와 실체적 형상으로서의 생명 원리 및 영혼이 아니라, ― 그 특유한 성질을 보유하지만, 그러나 물론 생명 원리를 통해서 결부되어 있고, 따라서 자유로운 상태에서와는 달리 다양하게 활동하는 ― 생명 원리와 질료 요소로 구성된다. 생명 원리와 질료 요소는 생물이 죽을 때, 자유롭게 되자마자, 다시 그 근원적인 활동 방식을 표명한다. 스콜라철학적 견해에 따르면 육체는 죽을 때 당장 제일 질료로 된다."[56]

55)   같은 책, 70면.

이를테면 셸링의 자연철학에서 우리에게 나타나는 바와 같은 근대의 활력론은 어떤 다른 모습을 나타낸다. 이 활력론은 유기체 속의 생의 원리를 말하자면 물리적 힘(빛, 중력 등)과 동일한 소재로 구성되는 "생명력"으로 파악한다. 이와 같은 조야한 표상으로써 그는 자연과학적 비판에 폭넓은 약점을 내보였고, 자연과학계(界)에서 그를 거절하는 일은 말하자면 거의 일반적인 것이기도 했다. 그에 대한 적대적 입장으로부터 강하게 자연과학적으로 정위된 철학자들이, 비록 이들이 기계론의 유물론적 귀결을 가장 날카롭게 거부했다 할지라도, 기계론을 신봉하였다. 이 사실은 예컨대 로체에게도 적용된다.

새로운 활력론 또는, 사람들이 일반적으로 말하는 것처럼, 신활력론은 옛 활력론과 명백하게 대조를 이룬다. 신활력론은 비판적으로 순화되고 과학적으로 기초 놓인 활력론이다. 신활력론은 옛 활력론과는 반대로 유기체 속으로 이른바 새로운 소재 또는 다른 종류의 과정들이 물리-화학적인 것 속에 덧붙여져야 한다는 것이 아니라, 여기서는 다만 또 무수한 물리, 화학적 과정의 상호 작업을 설명하는 어떤 주도적 요인이 가정되어야 한다고 가르친다. 유기체가 하나의 거대한 화학 공장을 닮았다면, 실로 그 속에서 일어나는 과정들은 모두 화학적인 관점에서 완전히 파악될 수 있을 것이다. 그러나 이것으로써 아직 설명되지 않은 것은 또 이 과정의 통일적인 공동 작업인데, 이 공동 작업은 도대체 화학 공장에서 그 자신은 경과 속으로 개입할 필요가 없이 또한 모든 개별자를 조치하는 지도자가 있을 그때에만 보장되는 것이다.[57] 이 지도적 요인은 오늘날의 활력론에 의해서 달리 표시된다. 신활력론의

56) Metaphysik, 제7판, Freiburg 1914, 87면 이하.
57) 참조. B. Bavink, Die Hauptfragen der heutigen Naturphilosophie, II, Berlin 1928, 56면.

정초자의 한 사람인 J. 라인케는 "지배적인 특징"에 관해서 말한다. 그
는 이것으로써 "골간적(骨幹的) 힘"을 가리켜서 말하고 있는데, 이것은
물리적인 힘과는 달리 어떠한 작업도 수행하지 않고, 유기체 내의 생기
현상을 다만 조종할 뿐이다.[58] 라인케가 자기의 지배적 특징으로부터
모든 정신적인 성질을 멀리하는 동안에, 신활력론의 본래의 선구자인
H. 드리쉬는 활력적 요인을 정신적인 것으로부터 규정한다. 그는 생리
학적 길 위에서 초기계론적 자연 요인의 가정에 이른다. 생리학적 길
위에서 그는 자기의 본질을 영적(靈的)인 종류인 것으로서 규정하고,
그것을 "정신 원형질"이라고 표기한다. 그는 이때 이렇게 규정된 요인
에 아리스토텔레스적 "원현태"(圓現態)란 개념을 적용한다. 이 원현태
는 형태 발생적 원현태로서도, 정신 이데아적 원현태로서도 표현된다.
드리쉬에 의하면 원현태의 작용은 언제나 무의식적이다.[59] 무의식적-
영적인 것으로서의 매우 중요한 요인의 파악에 있어서 E. 베허가 그와
의견을 같이한다. A. 파울리는 한 걸음 더 멀리 나아가는데, 그는 생명
력 있는 잠세태를 의식적-영적인 어떤 것으로서 파악한다. 따라서 이
생명력 있는 잠세태는 본능의 유추에 의해서가 아니라, 인간적인 지성
에 의해서 사유되는 것이다.[60]

2. 생명의 형이상학

우리는 전술한 부분에서 오늘날의 자연과학이 생명의 현상에 관해서
가지고 있는 견해와 친숙하게 되었다. 우리는 이제, 이전의 물질 개념

---

58) 참조. "Einleitung in die theoretische Biologie", 제2판, Berlin 1911.
59) 참조. "Philosophie des Organischen", 제4판, Leipzig 1928.
60) 참조. "Darwinismus und Lamarckismus", München 1905.

에서와 비슷하게, 생명 현상에 관한 경험적-자연과학적 형상의 형이상학적 심화의 과제 앞에 선다. 사람들은 자연스럽게 그와 같은 생명의 형이상학을 포기할 수 있고, 자연과학자들은 일반적으로 그렇게 한다. 어느 정도까지 기계론과 활력론의 중간에 서 있는 연구자 무리의 태도는 근본적으로 그와 같은 포기와 동일하다. 그러나 철학자는 여기서 머물러 서 있을 수 없다. 유기체를 유기체로 만드는 저 전체 요인은 무엇인가? 라는 물음이 철학자를 방치하지 않는다. 우리가 그것의 작용에서 알게 되는 유기체는 그것의 본질에 있어서 어떻게 생각될 수 있는 것인가? 우리는 유기체의 기능으로부터 그 존재에로 어떻게 역추리할 수 있는가?

이 문제를 해결하기 위하여 H. 드리쉬가 가장 많이 노력하였다. 그의 《유기적인 것의 철학》에서 그는 그에게 명령으로 서 있는 자연과학적 및 철학적 모든 수단으로써 생명의 문제를, 그가 생명의 요인을 그 자체태에 있어서 규정함으로써, 해결해 가고자 한다. 그는 여기서, 우리가 알고 있는 것처럼, 원현태의 개념을 사용한다. 이 개념은 형이상학적 개념이다. 드리쉬가 제시하는 것은 따라서 생명의 형이상학이다. 이 형이상학의 정당성은 A. 벤츨에 의해서 훌륭한 논증으로써 밝혀졌다.

전적으로 우리들이 위에서 얻은 확인의 의미에서 벤츨은 신활력론과 전체성의 생물학 간의 구별을 다음의 사실에서 본다. 그것은 "전체성의 생물학은 다만 물리학에 대하여 특유한 생명의 법칙성의 사실과, 전체성의 언명 및 전체성의 법칙의 도입의 필연성을 확인하는 반면에, 신활력론은 전체성을 이루는 요인 및 취급법과 구성력의 담지자에 관한 불가피한 의문을 제기한다는 사실이다. 신활력론은 생명의 법칙이 명백히 경과하는 형상의 경향일 뿐만 아니라, 동시에 — 자신을 감각에 맞게 표현하고, 매우 다양한 방법으로 이 방법에 내재하는, 형상에 있어서가 아니라, 감각에 있어서 비로소 다 논구되는 목표를 달성하기 위한 — 가능성의 충분한 여유 공간을 처리할 수 있다는 사실을 간과하지 않기 때문에, 그것은 물론 생명의 법칙성의 담지자로서의 원현태에게 동시에 이념, 감각, 목표의 담지자의 자격을 전가하고, 그럼으로써 원현태를 영적 본질성으로 만든다. 그렇게 하여 신활력론은 정신-활력론으로 된다."[61]

사람들은 원현태에 대하여 그것이 순수한 철학적, 형이상학적 개념이라고 반론을 제기한다. 그러나 그것이 도대체 반론일 수 있는지 하는 의문이 생긴다. 확실히 원현태는 "그 자체를 볼 수 있는 것이 아니고, 그것의 결과로부터만 해명될 수 있다. 그리고 그것은 우리에게 무의식적으로 작용하기 때문에 직접 체험될 수 없다. 그러나 그 때문에 원현태는 어떤 자의적(恣意的)이거나 사취(詐取)한 개념이 아니라, 요구된, 마음속에서 솟아나는 개념이다. 그것은 생물학에서, 또한 유기체적 생리학 및 전체 생리학에서 오래전에 다시 고향처럼 친숙하게 되어 버린 사람들에 의해서 요구되었다. 왜냐하면 잠세태와 경향, 자율과 목적에의 노력, 동시 잠세성과 후성(後成), 유전적 결정자, 지배적 특징, 작용인과 반작용, 형성체와 전문용어가 일컫는 모든 방법, 이러한 것들에 있어서 사람들은 그 명확성을 위하여 이것들을 가상의 개념, 허구로서 평가절하하고 또 기계론으로 되돌아가지 않고서는 멈출 수 없거나 또는 사람들이 이러한 것들을 유지될 수 없는 것으로서 언제나 되풀이하여 인식하였다면, 활력론으로 전진하지 않고서는 멈출 수 없기 때문이다. 왜냐하면 바로 제3자는 존재하지 않고, 추구된 중간의 해결법이 존재하지 않기 때문이다. 또한 아직 알려지지 않은 방식의 추측된, 순전히 인과적 형태 법칙, 명민한 사유자의 눈앞에 떠도는 바와 같이, 양(量)이 아닌 형상의 수학(數學)도 역시 생물의 발전과 의미를 내포한 행동 방식들의 사실을 — 근본에 있어서는 이미 원소들에 내재해야 하지만,

---

61) Metaphysik der Biologie von heute, Leipzig 1938, 18면 이하.

그러나 단지 경우에 따라서는 일정한 배열에 작용하게 되는 전체 법칙들(이러한 법칙들은 생명의 이행(移行)의 단계, 준비를 위하여 어쩌면 유기적 결합의 분자들 속에서 어떤 역할을 한다)이 그 아래에서 이해될 때 — 충분히 논구하지 못한다. 그러나 사람들이, 더 나아가 원소와 그것의 배열에 결합되지 않은, — 어떤 명백한 경과에 결합되는 일이 없이 — 전체에 대해서 의미를 내포한 법칙으로 이행(移行)하자마자, 이 법칙에, 노력, 무의식적인 것, 이념 그리고 감각의 개념들에서처럼, 하나의 담지자를 묻지 않고서⋯ 머물러 서 있을 수 없다. ⋯ 생명은 그 본래의 본질에 따라서 그것의 목표 지향적 발전에서, 그것의 의미 있는 구성과 태도에서, 그것의 합목적성에서, 필요에 따라 수단을 선택하는 자유에서, 그것의 표현의 보유력에서 존재하고, 그리고 무엇보다도 자기의 목표를 자신 속에 담지하고 있는 어떤 것의 효력을 제외하지 않는, — '원현태' 없이, 이념 없이 생각하지 아니하는 — 우리들의 고유한 체험과 행동의 토대로서 존재한다. 그리고 이 원현태는 그 본질에 따라서 물론 영적인 어떤 것이요, 다시 말해서 (불명료한 단어의 모든 혐의를 방지하려 한다면) 우리가 주관적 체험 속에서 영육적(靈肉的)이라고 부르게 될 어떤 생기 현상의 실현으로 밀어 닥치는 — 우리들에 의해서 사유된 것이 아니라, 우리들로부터 독립해 있는 존재자이다."[62]

원현태란 개념은 한계 개념이다. 이 개념에 이르기까지 경험이 유도한다. 경험은 이 개념을 여전히 요구한다. 그러나 원현태란 개념 자체는 더 이상 경험의 내부에 놓여 있지 않는다. 그것은 **형이상학적** 개념이다. 여기로부터 이 개념이 많은 자연과학자들한테서 만나게 되는 불신이 설명된다. 이 불신은 단순히 그들이 이 개념을 거절하게 하는 그 어떤 형이상학적 가정 앞에서의 두려움일 뿐이다. 그럼에도 불구하고 그러한 가정은, 경험의 사실이 완전히 타당하게 설

---

62)   같은 책, 19면 이하.

명되어야 한다면, 필연적인 것이다. "철학자는 언제나 자기 작업의 철학적 동기를 의식하게 되는 생물학자와 마찬가지로 사상적인 결론들을 이끌어 내어야 한다."[63]

다시 제시된 사상의 진행은, 사람들이 결국 생명 현상의 형이상학적 해석을 포기하거나, 또는 그러나 (드리쉬가 생각한 의미로) 유기체 속에 작용하는 원현태의 사상을 실행하는 선택만을 갖는다는 사실을 분명하게 해야 할 것이다.

---

63) 같은 책, 20면.

제2부 인간의 형이상학

I. 인간 존재의 성층 구조

칸트에 의하면 철학은 "세계 개념"("강단[講壇] 개념"과 대조적으로)으로서 다음의 네 가지 물음을 포함한다. 나는 무엇을 알 수 있는가? 나는 무슨 일을 행해야 하는가? 나는 무엇을 희망해도 좋은가? 인간이란 무엇인가? 칸트는 계속해서 다음과 같이 말한다. "근본적으로 우리는 이 모든 것을 인간학에 산입할 수 있다. 왜냐하면 처음의 세 문제는 마지막 물음에 관련되기 때문이다."[1] 인간이란 무엇인가? 라는 물음은 따라서 칸트의 모든 다른 물음들을 포괄한다. 그리하여 이 물음은 바로 인간학으로서 파악되고, 취급될 수 있다. 이전 사상가 중에서 가장 최근의 뛰어난 사상가인 M. 셸러도 달리 판단하지 않는다. 그는 다음과 같이 말한다. "어떤 의미에서 철학의 모든 중심 문제는, 인간이 무엇이며, 인간이 존재, 세계와 신의 내부에서 어떠한 형이상학적 입장과 위치를 차지하는지 하는 물음으로 환원될 수 있다."[2]

인간 문제는 가장 중심적인 문제일 뿐만 아니라, 그것은 철학의 가장 애매한 문제 중의 하나이다. 인간이란 무엇인가? 라는 물음은 진정한 수

---

1)   Logik (Einleitung).
2)   Zur Idee des Menschen, in : Vom Umsturz der Werte, Leipzig 1919, I, 273면.

수께끼 같은 물음이다. 아우구스티누스가 이미 이 사실을 알았고, 다음
과 같은 간결한 말로 표현하였다: 인간은 심연이다.[3] 인간의 본성에 관
해서 그는 이것이야말로 파악한다기보다 오히려 탐구하는 것이다[4]라고 말
한다.

"인간"이란 낱말이 포함하고 있는 문제성은 인간 본질의 고유한 구조
속에 정초되어 있다. 이 본질은 단순한 것이 아니라, 복합적인 것이다.
우주의 모든 단계는 이 본질 속에서 회귀한다. 대우주는 이 본질 속에서
말하자면 통합된다. 인간은 소우주이다. 이 사실도 아우구스티누스는 인
간에 관해서 다음과 같이 언급했을 때 이미 알고 있었다: 인간은 존재
를 돌과 함께, 식물적 생명을 식물과 함께, 감각적 생명을 동물과 함께,
정신적 생명을 그러나 오로지 천사와 함께 공동으로 가지고 있다.[5]

인간의 본질은 하나의 성층 구조를 나타낸다. 인간은 우선 물체적 사
물로서 현상한다. 이 물체적 존재는 다른 물체들 가운데서 지구의 표면
에 존재하고, 일정한 소재(素材)로 구성되며, 일정한 물리-화학적 과정
에 의해서 실현되며, 다른 물체적 사물과 상호작용한다. 두 번째로 경
험에 의하면 인간은 생물로 증명된다. 이것은 살아 있는 통일적인, 그럼
에도 특유한 방식으로 구분된 다양성을 가진 존재이며, 내면으로부터
발전하고, 오로지 끊임없이 새로워지면서 존재하는 것이다. 유래, 유
전, 번식에 관해서 말하는 것은 물체적 사물로서의 인간에게는 어떠한
의미도 갖지 않는 반면에, 이 모든 것은 본질적으로 생물로서의 인간에
게 속하는 것이다. 그의 육체가 와해되지만, 본래적으로는 사라지지 않
는 반면에, 그의 살아 있는 육신에서는 사정이 반대로 된다. 즉 인간은

---

3)   En. in Ps. 41, n. 13.
4)   De an. et eius orig. IV, c. 7.
5)   De civ. Dei V, c. 11.

생물로서는 사라지지만, 그러나 와해되지는 않는다. 세 번째로 인간은 영적인 존재로서 현상한다. 이것은 다시 특수한 방식의 통일성을 이룬다. 영적 존재는 비물체적으로 구분된 다양한 영적 기관을 포함하는데, 여기서 바로 비물체적인 다양한 영적 과정이 발생한다. 육체적인 생물처럼, 영적 생물도 시간의 경과 속에서 내면으로부터 발전하는 구성물이요, 이것은 내면으로부터 오로지 끊임없이 새로워지면서 실존한다. 결국 인간은 정신의 존재로서 현상한다. 정신의 존재를 통해서 인간은 모든 자연의 존재로부터 구별되고, "피조물의 왕관"을 이룬다. 사람들이 물체와 육신, 무기적 성층과 유기적 성층을 총괄한다면, 인간은 육신과 영혼 그리고 정신이 하나의 통일적인 구성물로 결합된 삼위일체를 나타낸다.

인간을 성층적이면서도 통일적인 존재로 파악하고자 한 최초의 철학자는 아리스토텔레스이다. 그는 여기서도 질료-형상-도식을 사용한다. 현실적인 모든 것과 마찬가지로 인간도 질료와 형상의 합성물이다. 육신은 질료 원리이고, 영혼은 형상 원리이다. 영혼은 세 단계를 제시한다. 그것은 식물의 영혼, 동물의 영혼 그리고 정신의 영혼이다. 사람들이 질료 형상론적 개념 도식의 불확실한 점을 도외시한다면, 사람들은 여기서 인간 존재의 구성이 모든 시대에 타당한 방식으로 확인되고 규정된다고 말해야 할 것이다. "미래의 모든 심리학자들은 아리스토텔레스의 사상을 반복하기만 할 수 있었거나 또는 그들이 그의 이론과 의견을 달리한 점에서 오류를 확장할 수 있었을 것이다."[6]

이제 우리가 인간 존재의 성층 구조를 개별적으로 주목한다면, 우리는 이미 영혼과 육신(유기체) 간에 단순한 상부 형성의 관계가 아니라,

6) W. Sombart, Vom Menschen, Berlin 1938, 90면.

상부 증축의 관계가 존재한다는 사실을 안다. 동일한 관계가 그러나 영혼(감각적 영혼)과 정신(지성적 영혼)에도 타당하다. 물론 사람들이 다만 인격적인 정신과 그 작용을 생각한다면, 그 관계를 단순한 상부 형성으로서 파악하고자 하는 것이 된다. 영적 존재의 특색을 나타내는 것은 (주관적) 의식이다. 이 의식은 정신적인 것에 있어서 자기의식으로 고양된다. 이렇게 자기의식은 의식의 상부 형성으로 나타난다. 그런데 정신의 내용적인 것의 고찰은 상부 형성의 규정을 넘어선다. 정신의 내용은 이념과 가치의 나라이다. 언제나 개인적인 어떤 것인 영적인 것과는 달리 — 개인은 영적인 생명의 소유자요 담지자이다 — 정신의 내용이 되는 것은 초개인적인 어떤 것으로서 나타난다. 그것은 영적인 존재처럼 일정한 주관에 속하지 않고, 모든 주관에 대해서 존재하고, 객관적인 어떤 것으로서 현상한다. 그것의 영적 존재를 각자는 대자적으로 가지고 있다. 그것은 개인의 비의적(秘義的)인 존재이고, 전용(轉用)할 수 없으며, 사람들이 그것과 접촉할 수는 있으나 그 속에 이를 수는 없다. 사람들은 그것과 함께 괴로워하고, 함께 즐거워할 수 있다. 그러나 그것은 시원적인 것 곁에 있는 두 번째의 고통이고, 두 번째의 즐거움이다. 그리고 그것은 모든 내면성에 있어서도 시원적인 것과는 질적으로 다른 것이다. 그러나 어떤 사람이 가지고 있는 사상을 사람들이 그것을 포착할 때 동일한 것으로 생각할 수 있다. 그것은 실은 제2의 사유작용, 어떤 다른 의식을 가진 사람의 작용이긴 하지만, 그러나 그것은 동일한 사상이다. 사상은 바로 원래 객관적이다. 사상은 확장적이고, 의식의 과정이 고립되는 곳에서는 결합한다. 동일한 사정이 의지의 목표, 신념, 신앙-, 평가- 그리고 직관의 방식에도 적용된다. 이 모든 것들은 정신의 영역에 속한다. 그러나 정신은 결합하지만, 의식은 고립시킨다.[7]

공동 선을 나타내는 정신의 내용 위에 인격적인 정신뿐만 아니라 공동 정신 또는 객관적인 정신이 존재한다는 사실이 근거한다. 정신적인 생명에 대해 특징적인 것은 개별적인 개인은 전혀 대자적으로 존재하지 않고, 공동적인 정신적 생명의 영역 바깥에서 고립된 현존을 전혀 갖지 않는다는 바로 이 사실이다. 개별적 개체를 고립시키고자 했던 어떤 고찰은 추상 속에서 움직일 것이고, 진리로부터 멀리 길을 잃고 말 것이다. 이에 대한 최선의 증거는 인간의 개별적 생을 서술하고자 하는 역사적 전공 논문이다. 서술자는 어쩔 수 없이 개별적 인격 너머로 내몰린다. 개별적 인격들의 숙명, 그들의 발전, 그들의 업적은 어떠한 방식으로도 역사적 전반적 상황 속으로 그들을 매설(埋設)하는 것과는 달리 이해될 수 없다.

여기서 이제 영적인 것의 특수 범주들, 주관성과 의식은 정신적인 존재로 전의(轉義)될 수 없다는 사실이 명백히 나타난다. 이 범주들은, 유기적인 것의 범주가 영혼의 생명에 대해서처럼, 정신의 특유성에 이르지 못한다. 여기로부터 정신적인 존재와 영적인 존재 간에는 상부 형성의 관계가 아니라 상부 증축의 관계가 존재한다는 결론이 나온다. 이렇게 정신에 특유한, 유일한 자율만이 이해될 수 있을 뿐이다.[8]

이 사실은 우리가 정신의 가장 본질적인 징표를 주시한다면 우리에게 좀 더 분명하게 될 것이다. 우선 첫째로 여기서 세계의식의 명칭을 들 수 있다. 세계의식은 정신에 특유하다. 이 세계의식을 통해서 그것의 의식은 동물적인 의식으로부터 본질적으로 구별된다. 동물적 의식에 대해서 세계는 언제나 주관이 그곳에 중심점을 맞추는 세계인 "환계

7)   참조. N. Hartmann, Das Problem des geistigen Seins, 61면.
8)   N. Hartmann, 같은 책, 60면 이하.

(環界)"이다. 이에 반하여 인간적 의식에 대해서는 세계는 "대상 세계"로 된다. 세계는 더 이상 자아의 주변(周邊)이 아니고, 자아에 대립해서서는 어떤 것이다.

자기의식은 세계의식과 가장 밀접하게 관계한다. 자기의식은 세계의식과 더불어서, 그리고 세계의식에 종속하여 전개된다. 동물의 충동에 사로잡힌 의식은 그것이 중심 위치에 존재할지라도 자기의식이 아니다. 의식이 대상들의 주관으로 구성됨으로써 비로소 의식은 내면적으로 세계와 대조를 이룬다. 의식은 이렇게 대조를 이루는 가운데서 비로소 간접적으로 자신을 알아차리게 된다. 이 내면적인 기준점이 실은 원래 거기에 존재하기도 한다. 그러나 대상을 가지지 않은 의식은 자기에 관해서 알지 못한다. 이 의식은 그 자신에 관해서는 객관의 주관에 관한 것으로서 비로소 알 수 있다. 자기의식은 이렇게 매개된 의식이다.[9] 이 자기의식 속에 동물의 영혼과 정신의 영혼 간의 가장 분명한 구별의 징표가 놓여 있다.

정신은 자신을 알 뿐만 아니라, 자신을 지배하기도 한다. 이로써 우리는 정신의 그 이상의 본질의 징표, 즉 자율과 마주친다. 자율은 정신의 실천적 영역에 속하고, 자기의식의 대응물(對應物)이다. 그것은 자유 이외 다른 것을 의미하는 것이 아니다. 정신의 자유는 결단의 자유를 의미한다. 무엇에 대해서 인간이 결단할 수 있는가를, 우리는 이미 즉 가치와 무가치에 대해서 알고 있다. 이것은 인간이 양자에 관해서 알고 있다는 사실을 전제한다. 자유의 전제는 가치 의식이다. 이것은 정신이 가치의 나라와 접촉 관계 속에 서 있음 외에 다른 것을 의미하는 것이 아니다. 이 가치 의식이 정신의 네 번째 본질적 계기이다.

---

9)   N. Hartmann, 같은 책, 104면 이하.

총괄적으로 우리는 다음과 같이 말할 수 있다. 인간의 정신은 네 가지의 본질적 계기, 즉 세계의식, 자기의식, 가치의식 그리고 자율을 통해서 특징지어진다. 전자는 인간 본질의 이론적 측면에, 후자는 실천적 측면에 관계한다. 자기의식이 세계의식을 전제하는 것처럼, 자율은 가치의식을 전제한다. 세계- 및 가치의식 속에 한편으로는 실재적이고 다른 한편으로는 관념적인 본성을 가진 정신의 자기 초월 또는 정신의 세계 연관성이 나타난다. 자기의식 속에서 그리고 자율 속에서 정신의 자기 내재, 자신 속으로의 자기 안주(安住) 및 정초가 현현(顯現)한다. 그것은 우리가 아는 존재적 자립의 최고 형식이다. 돌, 동물, 식물은 상승해 가는 정도에 있어서 자립적인 존재를 드러낸다. 그러나 인간에 이르러서 비로소 존재적 자립은 자기 소유에로 상승한다. 인간의 정신은 자신에 관해서 알고, 자신을 마음대로 다루며, 자신을 파악하고, 자기 자신을 규정함으로써 자기 자신을 소유한다. 그리하여 인간의 정신은 인격이다. 인간에게 그리고 오로지 인간에게만 인격체는 특유한 것이다. 이 인격체를 통해서 인간은 우주의 모든 다른 존재의 단계를 넘어선다.

언급한 내용을 되돌아본다면, 우리는 W. 좀바르트가 다음과 같이 강조해 말할 때, 동의하지 않을 수 없을 것이다: "인간이 유일하게 특수한 방식으로 자연 전체로부터 떨어져 나오는 피조물임을 통찰하지 못하는 사람은 전적으로 다만 오류 속에 빠져 있을 뿐이다."[10]

이 오류는 유물론이라 불린다. 우리는 유물론을 분석함으로써 우리의 견해를 실증하고 강화하게 될 것이다.

---

10)   같은 책, 109면.

II. 유물론 논박

우리는 유물론을 이미 고대에서 만난다. 우리는 유물론을 여기서 원자론자 레우키포스(Leukipp)와 데모크리토스에게서, 그리고 그 이후 에피쿠로스학파에서 발견한다. 세계와 그것의 발생은 이들에 의하면 두 가지 요인들, 즉 원자와 공허한 공간으로부터 설명된다. 원자는 다만 그것의 형태, 위치와 운동에 의해서만 구별되는 양적으로 동일한 종류의 아주 작은 물체들이다. 영혼도 역시 원자로 구성되어 있다. 다만 이 원자는 물체의 그것보다 더 섬세한 구조로 이루어져 있다. 세계는 원자들의 농축(濃縮)에 의해서 발생한 것이다. 세계 속의 모든 과정은 원자들의 운동 이외 다른 것이 아니다. 이 유물론은 따라서 원자론적 내지 기계론적 유물론으로 나타낸다.

그리스도교의 시대에서는 유물론은 비교적 늦게 등장한다. 우리는 17세기에 이르러 영국 철학자, 홉스한테서 유물론을 만나게 되는데, 그는 수학을 자연과학에 적용함으로써 유물론적 관점에 이르게 되었다. 18세기에 우리는 유물론을 프랑스 철학에서 만난다. 그 주된 대표자는 여기서는 라 메트리(La Mettrie)인데, 그의 작은 저작, 《인간 기계론》(1784)에서는 인간은 동물일 뿐이라는 명제가 존재하고 있다. 또 홀바하(D. von Holbach)가 있는데, 그의 《자연의 체계》(1770)는 이 시대의 유물론적 문학의 주저이다. 19세기에 이르러서는 유물론은 독일철학의 사변적 관념론에 대한 반동으로서 등장한다. 그 선구자는 《맹신(盲信)과 학문》(1855)의 저자인 K. 포크트, 자기의 《생명의 순환》이란 저술에서 "사상은 질료의 운동으로서 증명된다"라는 명제를 서술한 몰레쇼트, 그리고 인기 있는 것으로 평가받은 《힘과 질료》(1855)라는 그의 소책자가 엄청나게 널리 보급된 바 있는 L. 뷔히너이다. 이러한 근대의 유물론은 기계론적인 것이 아니라 동적인 유물론이다. 즉 물질은 힘으로써 형성된 것으로 간주된다. 세기의 전환기에 유물론은 E. 헤켈에 의해서 개혁되었다. 뷔히너가 사망한 해(1855)에 출판된 그의《세계 수수께끼》는 현대 유물론의 성경이 되었다. 헤켈은 물질에 생명과 감각을 전가하기 때문에, 그의 유물론은 물활론적 유물론이다. W. 오스트발트가 교수하였던 에너지론에 근거한 유물론은 전혀 다른 종류의 것인데, 이 유물론은 물질을 에너지로 해소하고, 영적인 것을 화학적, 전기적 에너지 형식 등과 병존하는 어떤 특수한 에너지 형식으로 간주한다.

유물론의 주제(主題)는, 만물은 물질이다라는 것이요, 물질적 존재와 본질적으로 다른 영적-정신적 존재는 존재하지 않는다는 것이다. 모든 유물론에서는 물질과 정신, 육체적인 것과 심리적인 것을 본질적으로 동일시한다. 이 동일시는 물론 여러 가지 방식으로 수행된다. 유물론에서는 그 기본 사상을 수행함에 있어서 엄청난 다양성뿐만 아니라, 하물며 더 큰 불명료성과 애매성이 특징적이다. 유물론은 이 유물론이 심리적인 것을 거기로 환원하는 육체적인 것을 한 번은 존재로서 파악하다가, 금방 생기 현상으로서 파악한다. 첫 번째 경우에는 그 명제는: 심리적인 것은 물질적 소재이다이고, 두 번째 경우에는: 심리적인 것은 뇌의 과정이다로 되어 있다. 영적인 것을 단순히 육체적인 것과 동일시하지 않고, 후자의 산물로서 간주하는 유물론의 저 형식은 덜 철저한 것으로 나타난다. 이와 동시에 동일적(同一的) 유물론의 자리에 인과적 유물론이 등장한다. 그러나 여기서도 동일성 명제는 숨겨진 채로 기저에 놓여 있다. 육체적인 것이 전혀 다른 종류의 어떤 것을 산출한다는 것은 생각할 수 없다. 육체적인 것이 생산하는 것은 "그것의 뼈 중의 뼈", 즉 육체적인 것이다. 그리하여 유물론의 이 방향도 물질과 정신의 동일시를 피해 가지 않는다.

유물론은 엄격하게 학문적으로는 논박될 수 있다.

1. 유물론은 사실적인 오류에 근거하고 있다. 육체적인 것과 심리적인 것을 동일시하는 것은 거짓이다. 영적-정신적 존재는 물질적 존재와 본질적으로 다른 것이다. 왜냐하면

a) 영적인 것은 비공간적이고, 물질적인 것은 공간적이다. 전자는 연장(延長)되지도 않고, 일정한 장소도 차지하지 않는다. 어떤 감정에 관해서 예컨대 나는 그것의 크기가 10mm²라고도, 그것이 다른 감정 10mm 위에 놓여 있다고도 말할 수 없다.

b) 영적인 것은 감각적으로 지각할 수 없고, 다만 체험할 수 있을 뿐이다. 우리는 물질적인 것을 볼 수 있고, 들을 수 있으며, 손으로 만질 수 있으나, 영적인 것은 그럴 수 없다. 영적인 것의 소여 방식은 전혀 다른 것이다. 그것은 우리들에 의해서 경험되고, 체험된다.

c) 이것과 그 이상의 구별이 관계된다. 심리적인 것은 언제나 의식의 내용으로서만 실존한다. 그것은 어떤 영적인 전체 속에 매설(埋設)되어 있고, 어떤 주관에 귀속하며, 자아에 관련된 것이다. 이 "주관성"은 육체적 존재에는 전혀 존재하지 않는다.[11]

이러한 본질적 구별에 직면하여 육체적인 것과 심리적인 것의 동일시는 이를테면 푸른색과 붉은색, 또는 초록과 황색의 동일시와 같이 불합리한 것으로 나타난다. 이것은 육체적인 것과 심리적인 것의 기능적인 파악에 대해서처럼, 존재에 합당한 이해에 대해서도 타당하다. A. 메서는 적절하게 다음과 같이 언급한다. "자기 관찰에 의하면 체험은 소재도, 뇌의 운동도 아니고, 어떠한 날카로운 분석을 통해서도 그곳으로 환

---

11) 더 이상의 이 차이성의 명백한 제시를 우리는 헤링(Th. Haering)의 탁월한 저서, 《정신의 유물화》, Tübingen 1919, 40-133면에서 발견한다.

원될 수 없다는 사실이 이론(異論)의 여지가 없는 명증성으로써 나타난
다."12) 이미 H. 로체는 강조해서 다음의 사실을 언급하였다. "감각, 표
상, 정감, 욕구의 모든 내면적 과정과 공간적 운동, 위치, 형태와 힘의
작용 — 우리는 이것들을 물질의 요소들에서 관찰한다고 믿거나, 또는
우리가 물질 속에서 물리적 자연 관찰이 그것이라고 자칭하는 바로 그
러한 것 이외 어떠한 다른 것도 볼 수 없을 때, 이 물질의 요소들에서 일
어나는 것으로서 생각할 수 있다 — 의 완전한 비교 불가능성이 그것이
다. 이러한 비교 불가능성의 인정은 철학의 매우 오래된 소유물이고, 새
로운 발견과 확인을 필요로 하지 않았다. 이 비교 불가능성은 다음과 같
은 사람들, 즉 그들이 도달하고자 한 결론에 대한 편견에서 이 두 종류
의 것을 — 두 항이 사실상 결합되어 있기 때문에 — 동일한 종류로 간
주하는 논리적 오류를 피하지 못한 사람들에게는 존재하지 않았다."13)

　2. 유물론은 논리적 오류에 기인한다. 역사가 보여 주듯이 유물론의
대표자들은 거의 모두가 자연과학 출신이다. 그것은 쉽게 설명될 수 있
다. 자연과학자들은 물질계를 목표로 한다. 영적-정신적 존재는 도대
체 자연과학자의 시야에 들어오지 않거나, 또는 그것이 물질적 진행에
제약되어 있는 한에서만 들어온다. 따라서 그는 너무도 쉽게 물질적 현
실을 현실 전체로 간주하게 된다. 그것은 허용되지 않은 보편화이다.
현실로부터 잘라 낸 부분이 그것의 전체성과 혼동되어 있고, 부분이 전
체의 자리에 놓인다. 그리하여 유물론은 부분으로 전체를 대표하게 하
는 부당 주연의 오류라는 병을 앓고 있다.

　3. 유물론은 인식론적 오류에 기인한다. 유물론은 "현상"과 "물 자체"

---

12)　Psychologie, 제2판, Stuttgart und Berlin 1920, 365면.
13)　Metaphysik, 474면.

를 구별하지 않는다. 자연 탐구자는 그에게 그의 입장과 연구 방법을 근거로 해서 나타나는 현실적인 것을 현실적인 것 그 자체와 혼동한다. 자연 탐구자는 칸트에 의하면 "물질 그 자체는 주지되지 않은 대상이 일치하게 되는 현상이 아니라, 우리 바깥에서 그리고 모든 감성으로부터 독립하여 실존하는 대상 자체라고 하는 저 거짓된 표상의 희생자이다."

4. 유물론의 이 명제들은 엄격히 생각하면 그 자신을 지양한다. 구체적으로 말해서 물질만이 존재한다면, 어떠한 논리적인 것의 세계도, 따라서 어떠한 논리적 법칙도 존재하지 않는다. 따라서 그렇다면 나는 유물론적 명제에 동일한 권리를 가지고서 모든 임의적인 다른 명제를 대립시킬 수 있다. 그렇다면 저 명제를 주장할 어떠한 의미도 더 이상으로 존재하지 않는다. 이 명제는 그 귀결에 있어서 논리적인 법칙을 지양함으로써, 그것은 따라서 기본적으로 그 자신을 지양하고 만다.

5. 유물론은 논리학뿐만 아니라 윤리학과도 모순된다. 이론적 유물론의 귀결은 실천적 유물론이다. 유물론자는 시종여일하게 모든 정신적인 것과 마찬가지로 정신적 및 윤리적인 가치도 부정하지 않을 수 없었다. 물질만이 그에게 실존하기 때문에, 물질적인 가치 및 재물만이 역시 그에게는 존재할 수 있다. 그에게 있어서는 물질적 가치 및 재물을 탐닉하는 것에, 가능한 한 이러한 것을 풍부하게 향유하는 것에 인간의 생의 본래적 의미가 존재해야 한다. "유물론은 모든 영성(靈性)의 적(敵)이고, 볼셰비즘에서 드러난 것처럼, 정신적인 것을 차단함으로써 저급(低級)한 영적 영향의 우위를 창조한다. 그러므로 고등(高等)의 자아가 유물론적 교육, 원시성 또는 퇴화를 통해서 다소간 저지당한다면, 정신적인 것의 요구들을 낯선 것으로서, 또 자기의 낮은 의도들에게는 유해하고 적대적인 것으로서 받아들이며, 그리하여 이것들을 증오하고 반

대하는, 결과적으로 가치가 모자라는 인간이 되고 만다."[14)

6. 유물론은 보통 기계적 세계상에 의지하고 있다. 이 의지하는 버팀목이 오늘날에는 파괴되었다. 기계적 세계상은, 우리가 다른 연관에서 본 것처럼, 오늘날에는 극복된 것으로 간주될 수 있다. 그 결과로 철학계에서 오래전에 일체의 신용을 상실해 버린 유물론은 자연 탐구자들의 세계에서도 그 영향력이 크게 감퇴되었다. 저명한 자연과학 옹호자들은 오늘날 유물론에 대한 전투를 정식으로 요구한다. 생리학자 키슈 (Br. Kisch)는 "자연과학자는 유물론적 세계관이란 점토질로 된 거상(巨像)의 발을 때려 부수어야 할 과제를 부여받았다"[15)라고 서술하고 있다. 이렇게 인식은 언제나 R. 아이슬러가 다음과 같이 공식화한 길을 트며 나아간다. "유물론의 관점에 의해서는 정신적인 것, 대자 존재(對自存在) 일반의 현존과 본질은 파악될 수 없다. 원자-, 분자- 및 질량 운동의 합산으로는 결코 가장 단순하고 빈약한 감각도 발생하거나 떠오를 수가 없는데, 하물며 이성적-정신적, 논리적, 윤리적, 미적 태도가 발생할 수 있겠는가. 유물론자의 세계상은 풍요로운 정신적 가치에서는 정당하게 평가될 수 없다."[16)

유물론에 대한 우리의 비판은 H. 로체의 다음과 같은 고전적인 말로 종결해도 좋을 것이다.

"인간 정신의 모든 탈선 가운데서 나에게는 어쨌든 가장 진기한 것, 즉 정신이 오로지 직접적으로 체험하는 그 자신의 본질을 의심하거나 또는 이 본질이 외적 자연 ─ 우리는 이 자연을 간접적으로만, 즉 우리가 부정하였던 바로 그 정신의 매개하는 지식을 통해서만 알게 된다 ─

14) O. Feyerabend, Das organologische Weltbild, Berlin 1939, 187면.
15) Naturwissenschaft und Weltanschauung, 1931, 59면.
16) Kritische Einführung in die Philosophie, Berlin 1905, 149면.

의 산물로서 되돌려 보내질 수 있다는 가장 진기한 현상이 나타났다."

III. 영혼의 본질

1. 실체성 이론과 현실성 이론 간의 투쟁

심리적인 것은 독특한 현상이다. 심리적인 것의 특성과 자립성을 부정하고자 하는 모든 시도는 그 장본인의 정신적 무분별을 폭로할 뿐이다. 아리스토텔레스의 관점은 그 초기에서와 마찬가지로 오늘날에도 여전히 타당하다: 인간 본질의 성층 구조에서 "정신적 영혼"은 저 최고의 존재 단계를 나타내고, 이 단계를 통해서 인간은 원리적으로 모든 자연 존재와 구별되고, 이 자연 존재 위로 고양된다.

이제 영적인 것을 어떻게 보다 더 자세하게 사유하여야 하는지가 문제이다. 영적인 것의 존재 구조는 어떠한가? 그것은 실체의 성격을 소유하는 것인가, 아니면 그것이 실체적인 것이 아니라 현실적인 것, 활동적인 것, 유동적인 것을 나타내기 때문에, 실체 개념은 그것에서 배제되어야 하는 것인가? 그렇다면 영혼은 여러 영적 활동성을 통일시키는 실재 원리가 아니라, 이 활동성과 일치할 것이다. 이 견해는 현실성 이론이라 불린다. 이러한 이론에서 영혼은 심적 기능들의 합계 이외에 다른 것이 아니다. 사람들은 부당하게도 심리학을 "영혼이 없는 심리학"이라 부르지 않았다.

가장 오래된 견해는 실체성 이론이다. 이 이론은 플라톤과 아리스토텔레스한테서 발견되고, 전체 중세 시대를 지배하였다. 이 이론은 데카르트에게서 극명하게 나타난다. 물체적 실체와 정신적 실체의 대립을 통

해서 의식의 경과의 기초에 놓여 있는 영혼의 실체의 사상이 여기서 특
별하게 돋보이게 된다. 전혀 다른 방식으로 라이프니츠는 유심론적 형
이상학의 테두리 내에서 영혼의 실체성 사상을 주장한다. 그런데 흄에
게서는 이 개념을 비판적으로 해소하기에 이른다. 버클리가 단지 물체
실체를 거부하기만 했다면, 흄도 역시 영혼 실체를 부정한다. 흄처럼
칸트도 역시 실체 개념을 영적 존재에 적용하기를 거절한다. 실체성이
란 단지 현상에만 적용할 수 있고 "물 자체"에는 적용할 수 없는 범주적
개념이다. 물론 칸트에게서 이론 철학으로부터 추방된 영혼 실체의 개
념이, 영혼 불멸의 이론이 영혼의 실체성을 전제하는 한, 실천 철학 속
으로 슬쩍 끼어든다. 19세기에 이르러 누구보다도 헤르바르트와 로체가
영혼의 실체성을 옹호한다. 후자는 물론 현실성 이론에의 접근을 의미
하는 방식에서 옹호한다. 이때 영혼 실체의 사상은 마지막 20년 동안에
경험과학에 연결시키는 형이상학과 실재론적으로 정위(定位)된 존재론
의 영향 아래에서 실체 개념의 부활이 완성될 때까지 오랜 기간을 통해
서 내내 많이 후퇴하였다.[17]

　현실성 이론은 영혼의 실체성 이론보다도 훨씬 더 새로운 이론이다.
이 이론은 영혼을 "관념의 다발"(지각의 다발)이라고 정의를 내린 흄에
게로 되돌아간다. 이 이론의 주된 대표자는 W. 분트인데, 분트로부터
또한 그 명칭이 유래한다. 그에 의하면 자연과학에서 불가결한 실체 개
념은 심리학의 영역에는 이용되지 않는다. 우리들의 정신적 생의 내면
적 현실성은 실체의 불변적 지속과 절대로 일치하지 않는다. 따라서 실
체적인 영혼의 개념 자리에 "현실적인 영혼의 개념"이 등장하지 않으

17)　참조. 나의 저서: Das Substanzproblem in der Philosophie der Neuzeit, Berlin und Bonn 1932.

면 안 된다. 이 개념이 의미하는 바는, "영혼은 정신적인 생기 현상과 다른 실체가 아니라 정신적인 생기 현상 그 자체"라는 것이다.[18] 영혼은 "우리의 체험 자체, 즉 우리의 표상 작용, 정감 작용 그리고 의욕의 합계 이외 다른 것이 아니다. 이것은 마치 의식 속에서 통일에로 이어지고, 또 발전의 연속적 관계에서 결국 자기의식적 사유와 자유로운 도덕적 의욕으로 고양되는 것과 같다."[19]

심리학자뿐만 아니라 철학자도 분트의 견해를 자기의 것으로 만들었다. 이 견해의 변호자로서 누구보다도 Fr. 파울젠이 눈에 띈다. 영혼은 그에 의하면 "의식 속에서 더 이상 진술할 수 없는 방법으로 통일성으로 총괄된 영적(靈的) 체험의 다수성이다."[20]

파울젠은 분트보다도 한층 더 철저하게 실체성 이론을 검토한다. 비물질적 영혼 실체는 외적 지각과 마찬가지로 내적 지각의 어떠한 대상도 아니라고 그는 상론한다. 자기의식 속에는 변화하는 상태와 과정만이 주어져 있고, 지속하는 실체는 추측되는 것이다. 무엇이 우리를 추측하게 하는가? 이 실체를 변호하는 자는 그것을 직접적인 사유 필연성이라고 말한다. 감각, 감정, 사상은 대자적으로 존재할 수 없다. 이것들은 어떤 담지자를 전제한다. 그러나 의식의 과정이 어떤 물체적인 실체에 매달리고자 하지 않는다. 따라서 사람들은 비물질적 실체를 영적 생명의 담지자로서 가정해야 한다. ─ 그런데 어떤 감정 또는 사상이 물체적 실체에 매달릴 수 없다는 것은 실로 옳다. 그런데 사람들은 비물체적인 실체로써 동일한 시도를 한다. 사람들은 예컨대 바벨탑 또는 다원

---

18)   System der Philosophie, 제4판, Leipzig 1919, I, 277면.

19)   Vorlesungen über Menschen- und Tierseele, 제2판, Hamburg und Leipzig 1892, 492면.

20)   Einleitung in die Philosophie, 제3판, Berlin 1895, 134면.

주의 및 이 주의의 종교와 도덕에 대한 그 관계의 표상을 비연장적 실체에 있어서 직관적인 것으로 만들고자 시도한다. 나는 사람들은 동일한 것을 전혀 실행할 수 없다는 것을 느끼게 될 것이라고 생각한다. — 이제 사람들은 아마도, 관계는 물론 직관적일 수 없지만, 다만 사유할 수 있다고 말할 것이다. 비연장적 실체는 그 자체 직관적인 것이 아닐 것이다. 그렇지만 이때 이 실체적인 것의 사유된 내용은 어디에 존재해야 하는가? 비물질성과 단순성 속에 존재하는 것인가? 그러나 그러한 것은 물론 그 어떤 것을 거절하는 순수한 부정이지만, 아무것도 해결하지 않는다. 하여간 우리는 현실적인 것을 부정으로부터 만들 수 없다. — 또는 내용은 바로 정감 작용과 사유 작용 속에 존재하는 것인가? 그러나 정감 작용과 사유 작용은 물론 영적 실체의 단순한 우유성이고, 스쳐 지나가는 활동성이어야 했다. 그러나 우리는 이 활동성 그 자신이 즉자 대자적인 것으로 알고자 하였다. 또는 실체의 본질이 그 우유적인 것 속에 존재하는 것인가? 이제 그렇다면 우리의 의견은 일치할 것이고, 바로 다음과 같은, 즉 영혼의 본질은 그것의 생명에, 감정과 사상 그 자체에 존재한다는 견해를 갖게 될 것이다. 또는 실체적인 것은 알려지지 않은, 영원히 무대 배후에 머무는, 직관을 통해서도 사유를 통해서도 규정될 수 없는 그 어떤 것, '물 자체'인 것인가? 이제 그렇다면 나는, 감정과 사상이 그 자체로 현실적인 것으로 될 수 없다면, 감정과 사상을 도와서 현실로 되도록 하기 위하여 그와 같은 그 어떤 것이 무엇을 행할 수 있는지를 알고자 할 것이다.[21]

실체성 이론을 반대하는 파울젠과 분트의 반론과 특히 O. 퀼페가 논쟁하였다. 이 논쟁은 중립적 관점에서 그 결과가 나올수록 더더욱 의미가 있다. 퀼페는 요컨대 실체성 이론에 당장 합류하는 경향이 있는 사

---

21)　같은 책, 133면 이하.

람은 아니다. 영혼의 실재성은 바로 다르게도 사유될 수 있을 것이라고 그는 생각한다. 물질의 동적 이론의 유사물일 동적 견해는 실체적 견해와 대조될 수 있을 것이다. 영혼은 여러 활동이 거기로 소급될 수 있을 힘의 중심으로 간주되어야 할 것이다. 그럼에도 과학적 심리학은, 영혼의 본질에 관한 보다 더 규정된 가정을 가능하게 하기 위해서, 아직도 충분히 진척되고 성숙해 있지 않은 상태이다.[22]

파울젠의 반론은, 우리가 본 바와 같이, 영혼의 실체는 지각(知覺)의 대상이 아니라고 하는 내용이다. 퀼페는 이 사실을 당장 인정하지만, 그러나 원자와 ― 파울젠에 의해서 주저하지 않고 가정된 ― 무의식적 영혼의 경과도 지각될 수 없다고 진술하고, 따라서 그 어떤 것이 지각될 수 없을 것이라는 확인은 자기의 가정(假定)에 대한 어떠한 심판 기관도 의미할 수 없으리라고 진술한다.[23] 영혼 실체와 경험된 심리적 과정 간의 결합은 표상할 수 없을 것이라는 파울젠의 반론을 그는 다음과 같은 물음과 함께 만난다. 즉 "파울젠에 의해서 주장되는 일원론이 가정하는 심리적인 현상과 자연적 현상 간의 결합은 도대체 어떠한 방식으로 보다 더 잘 표상될 수 있는가?"[24]라는 물음과 더불어 만나게 된다. 파울젠이 그 밖에도 영혼 실체의 속성들은 순수한 부정으로 구성되어 있을 것이라고 주장한다면, 퀼페는 다음과 같이, 즉 "도대체 자립성, 실재성 및 통일성은 어떤 부정적인 것이며, 이를테면 사람들이 물질에 부여하는 속성들은 역시 어느 부분은 순수한 부정적인 속성으로 이루어진 것이 아닌가?"[25]라고 질문할 것이다. 퀼페는 우리들의 정신적 생명의 내적 원인성은 어떤 실체의 불변

---

22)   Einleitung in die Philosophie, 제11판, Leipzig 1923, 348면과 352면.
23)   같은 책, 345면.
24)   같은 책, 346면.
25)   같은 곳.

의 지속과 결합할 수 없을 것이라는 **분트**의 사상을 철저히 논구한다. "그는 게
다가 다음과 같이 진술한다: 이 반론은 사실상 헤르바르트의 형이상학과 같은
그러한 형이상학 — 이 형이상학에 따라서 단순한 영혼의 실재는 심리적 생기
현상의 사실적 변화에 낯설고 아무 관계도 없이 대립하고, 그리고 실재성으로
서 간주되는 공허한 장점에서 만족할 수 있어야 한다 — 에 반대하는 결정을 한
다. 그러나 불변적 지속의 징표가 아니라, 자립성, 단일성, 실재성의 징표가 우
선 옛 이론으로부터 실체개념과 결합되어 있다. 자립성, 단일성 그리고 실재성
이 영혼을 하나의 실체로서 표기했다면, 여기서 이것들을 주재하는 것은 우리
의 내면적 경험을 드러내는 특유한 사실의 전체를 다른 사실들에 대한 자립적
인 사실로서 경계를 정하는 사상이다. 그뿐만 아니라 지속성은 이 지속성이 영
혼 실체의 징표로서 상론된 그곳에서 대개 질적인 불변성이라기보다는 오히려
영혼이 부여되는 실존의 영속 및 어떤 근본적 힘을 의미한다. 그러나 만약 사
람들이, 과연 그렇게 해야 하는 것처럼, 질적인 불변성이란 의미의 지속성의
징표를 포기한다면, 분트에 의해서 강조된 사실적인 가변성과의 모순은 또한
더 이상 존재하지 않을 것이다. 심리적 실재성은 오히려, 이 실재성이 매여 있
는 육체적 유기체처럼, 생성되는, 성장하는, 기초를 발전시키는, 상호 관계에
서 있는 본질로서 현상한다."[26]

우리는 현실성론(악투알리즘; 현실은 계속하여 활동하는 존재이지
변화하지 않는 존재가 아니라는 학설)에 대한 퀼페의 비판을 상세히 재
현하였다. 왜냐하면 이 비판은 현대 철학의 위치에 있어서 우리에게 전
적으로 적절한 것으로서, 그리고 동시에 이러한 직관 방식의 전형적인
징후인 것으로서 보이기 때문이다. 오늘날의 철학 연구는 대체로 현실

26) 같은 책, 347면 이하.

의 이론에 대해서 비판적으로, 그리고 부정적으로 대립한다. 퀼페처럼 다른 철학자들도 역시 거부적 입장에 선다. 나는 다만 외스터라이히(K. Österreich), 슈테른과 드리쉬의 이름만을 든다. 후자는, 그가 영혼을 "모든 체험 가능과 정돈 가능의 끈기가 있는 통일성의 원근거로서, 한결같이 또한 자연 현실에 대립하면서,"[27] 정의 내릴 때, 아주 명백하게 실체론의 토대 위에 선다. 사람들이 전체의 신스콜라철학적 방향도 현실성론을 거부하고 반대한다(여기서 이 방향은 현실성론 본래의 관심사에 대한 필요한 이해를 언제나 표명하지 않는다)는 사실을 유념한다면, 사람들은 실체성 이론과 현실성 이론 간의 반목은 전자를 위해서 결정된 것이라고 말해도 좋을 것이다.

2. 실체로서의 영혼

이제 우리가 영혼의 실체성을 적극적으로 증명하고자 한다면, 우리는 두 가지의 길, 즉 선천적인 길과 후천적인 길로 들어설 수 있다. 전자는 순전히 개념적으로 영혼의 실체의 가정을 필연적인 것으로서 증명하고자 한다. 이것은 여기서 활동성의 개념으로부터 출발한다. 활동성은 어떤 활동하는 존재를 언제나 전제한다. 자유로이 부동(浮動)하는, 주체 없는 활동성은 생각할 수 없다. 그런데 영적 활동성은 존재한다. 따라서 이 활동성의 주체도 존재하지 않으면 안 된다. Ed. v. 하르트만이 날카롭게 공식화한 사상 진행은 다음과 같다. "우리는 활동성 속에서 활동하는, 따라서 활동성을 조정하고 유지하며 담지하는 활동적인 것 없이는 어떠한 활동성도 생각할 수 없다. 활동성의 추상적 형식

27)   Ordnungslehre, Jena 1912, 320면.

또는 추상적 법칙을 활동적인 것으로서, 활동성의 생산자와 담지자로서 감언이설로 우리에게 떠넘기는 모든 시도는 우리의 오성의 구성에서 난파하고 만다. 사람들이 그와 같은 것을 어쩌면 말로써는 주장할 수 있지만, 그러나 그것을 현실적으로 생각할 수 있을 것이라는 사실을 우리는 믿을 수 없다. 왜냐하면 우리는 그와 같은 기본적인 구조에서는 다른 사유의 구성은 자기의 것 외에 어떠한 다른 구성일 수 없을 것이라고 믿기 때문이다." "활동성을 최후의 것으로서 생각하는 사람은 활동성을 바로 동시에 그 자체 실체로서 정립하는데, 그는 이 최후의 것을 알아채는 일도 없이, 즉 그는 활동성의 변화하는 구체적 내용을 도외시하고, 다만 그가 절대적 지속과 자립성을 전가하게 되는 추상적 활동성 그 자체에만 눈독을 들인다. 그렇지 않으면 그는 작용이란 이 공허한 형식에 구체적 내용 규정의 절대적으로 지속하는 법칙을 그 위에 포함해서 생각하고, 이 양자의 절대적으로 불변의 단일성을 실체로서 정립한다. 그리고 이때 그가 법칙만을 실체적인 어떤 것으로서 생각하고 변화하는 구체적 활동성을 단지 그것의 우유성으로서 생각하기를 선호하지 않는다면 그러하다."[28]

후천적인 길은 우리의 내면적 경험에 대한 숙고에 존재한다. 우리가 앞에서 본 것처럼, 이미 **로체**는 실체 개념의 원천은 내적 경험 속에서 구할 수 있을 것이라고 언급하였다. 그는 우리가 실체 개념에서 사물의

---

28) 《범주론》, 제2판. III, 202면과 201면. 동일한 의미에서 퀼페는 다음과 같이 진술한다. "사람들이 현실성 이론 일반의 단순한 기술적(技術的)인 주장에 머물러 있을 수 없다는 것은, 그가 영적인 사실을 파악하고자 한다면, 이론을 제기할 수 없다. 과정이 거기서 일어나게 되는 어떤 것이 없는 과정, 작용인(作用因)이 없는 작용은 결코 생각할 수 없고, 그리하여 현실적 이론의 모든 시도는 사유의 내면적 필연성을 갖고서 현실론의 외관상의 이론을 떠날 것을 강요한다.

통일성이 변화 속에서 보존된다는 주장을 한다고 상론하고 있다. 그와 같은 관계가 존재한다는 사실을 내적 경험이 우리에게 알려 준다. "자기의식 속에서 자아는 내적 생명의 담지자로서 직접 체험되기 때문에, 그러한 담지자라는 것이 무엇을 의미하는 것인지 하는 바로 이것도 역시 함께 체험된다."[29] 이것으로써 내적 경험의 상태는 적절하게 재현되었다. 그것은 사실상 다음과 같다. 자기 직관 속에서 우리의 자아는 우리에게 내면적 생명의 담지자로서, 영적 상태의 주체로서, 통일성을 세우며, 영적 활동성의 다양성을 하나의 통일성으로 결합하는 원리로서 드러난다.

이 확인은 그런데 물론 순전히 경험적인 것이다. 그것은 물론 내적 경험에서 우리에게 주어진 현실에 관계한다. 우리는 따라서 여전히 물 자체가 아니라 현상의 영역에서 이것과 관계한다. 이제 문제는 우리가 현상으로부터 물 자체로 추론해도 좋은지, 따라서 우리는 실제로도 그러한 것으로서 우리가 우리에게 보이는 그것인지 아닌지 하는 것이다. 이것은 인식론적 질문이다. 이것은 형이상학은 도대체 가능한가라는 질문과 동의어이다. 이 문제는 인식론에서 해결되었다. 우리는 인식론에서 물 자체의 인식은 물 자체가 어떤 방식으로 현상 속에 드러나기 때문에 원칙적으로 가능하다는 사실을 보았다. 현상 속에서 어떤 것이 현상하고, 자신을 드러낸다는 것은 물론 현상의 의미에 속한다. 따라서 우리는 현상으로부터 본질로 추리해도 좋다. 이것을 당면의 경우에 적용하면, 영적 현상의 기저에 놓여 있는 실재적인 것은 실체적으로 조직되어 있어야 한다는 결론이 나온다. 따라서 우리는 영혼의 실체 성격을 확신해도 좋다. 영혼은 우리들에 대해서뿐만 아니라 자체적으로도, 경

---

29) Mikrokosmos III, 539면.

험적인 의미에서뿐만 아니라 형이상학적 의미에서도 실체이다.

이러한 결과로써, 영혼 실체의 개념이 어떤 문제성을 자신 속에 포함하고 있지 않다면, 우리는 만족할 수 있을 것이다. A. 브룬스빅은 다음과 같이 영혼 실체를 지적한다. "자아는 실제에 있어서는 그러한 실체보다 훨씬 더 이상의 것이다. 그것은 주체이다. 즉 자신을 통일성으로 인식하는 실체이고, 그럼으로써 비로소 물체적 실체보다 높은 종류의 존재하는 통일성이다."[30] 사실 실체의 개념 속으로, 이 개념이 영혼에 적용되어야 한다면, 이 실체란 개념 속에 원래 포함되어 있지 않은 어떤 계기가 받아들여져야 한다. 우리는 일반적으로 실체를 자신 속에 존재하는 자로 정의하였다. 그러나 영혼에게는 자기 내 존재(自己內存在)뿐만 아니라, 대자 존재(對自存在)도 그 특유성이다. 영적 주체는 그 자신을 앎으로써 그 자신 자체를 소유한다. 자기의식의 작용에 있어서 주체는 자기 자신을 겨냥해 있고, 그 자신을 파악한다. 이것은 단순한 자기 내 존재를 훨씬 넘어서는 존재적 자기 상태를 의미한다. 이 사태를 누구보다도 로체가 명백히 통찰하였고, 강조하였다. 영혼의 실체성은 로체에게서는 본질적으로, 영혼은 "다양성 속에 있는 통일성으로서 다른 영혼에 의해서 생각될 뿐만 아니라, 자신을 그 자체로서 알고서 타당하게 한다"[31]는 사실 속에 존재한다. 따라서 영혼의 실체 개념은, 여기서 실체성이 대자 존재의 계기를 자신 속에 포함하고 있는 한, 보편적 실체 개념에 비하여 초과분을 내포한다.

이곳으로부터 영혼의 실체 개념에 있어서 현실성 이론의 비판도 역시 이해될 수 있다. 현실성 이론이 실체 개념을 영혼에 적용하는 것을

30) Einführung in die Psychologie, München 1921, 153면.
31) Metaphysik, 485면.

저지한다면, 사람들은, 영혼을 실체로서 간주할 때, 영적 현실을 그 고유의 구조에서 오해하고 있다는 사상이 여기서 이 비판을 수행하는 것이다. 이러한 사상 속에는 어떤 정당한 것이, 이것이 사실상 우리가 영혼을 실체라고 부를 때, 어떤 다른 것, 그리고 실로 우리가 물질적 사물을 실체로 간주할 때의 어떤 다른 것을 의미하는 한에서, 포함되어 있다. 영적인 것은 바로 비영적인 것에 대해서는 낯선 것인 대자 존재를 소유하고 있다. 그리고 이 대자 존재, 이 자각적 존재는 사람들이 보다 자세히 규정하지 않은 일반적인 실체 개념을 거기에 적용할 때, 오해할 위험이 있는, 내면성, 가동성과 생명성을 자신 속에 포괄한다.

언급한 말에 따르면 현실성 이론의 올바른 사상을 실체성 이론 속으로 수용하는 것은 가능할 뿐만 아니라 필연적이다. 그렇게 해서 현실성 이론은 이 이론을 어떤 의미에서 실체론과 현실론의 종합으로 나타나게 하는 면모를 갖게 된다. 이러한 방향으로 최근 50년대의 가톨릭 신학자 중에서 사변적이면서 동시에 편견이 없는 정신을 가진 사람 중의 한 사람인 H. 셸(Schell)이 "정신의 문제"에 관해서 전개한 사상이 움직이고 있다. "정신은 활동성 — 현실성, 주체성 — 이지만, 그러나 지배적이면서 자신에 다시 관계하는, 타자와 그 자신을 인식하고, 내 것으로 하는 활동성이며, 또 본질적인 상대성을 가진, 즉 파악된 대상에 대한 살아 있는 관계와 이 대상의 자기 자신에의 재귀관계를 가진 현실성이다. 현실성은 실체성을, 작용은 현실을, 주체성은 객관적인 존재를 자신 속에 포함한다. 그러나 그 역(逆)은 아니다. 이러한 의미에서 나는 다음의 사실을 인정한다. 즉 정신은 본질적으로 — 인식 및 의지 내용과 관계 있는 — 현실성이고, 그리고 지각하고 사유하고 노력하면서 현실을 — 여기서 이 현실에 자신을 상실하는 일이 없이 — 장악하는 활동적 내면성이다."[32]

IV. 육체와 영혼

육체와 영혼의 관계에 관한 물음은 가장 오래된 철학의 문제에 속한다. 그 심원한 깊이에 관해서 아우구스티누스가 이미 시사하였다. 영혼이 육체에 머물고 생명체로 되는 방식은 너무나 놀라운 일이다. 인간으로서는 이해할 수 없는 것이다. 이것이 인간 자체이다.[33] 문제의 난해성을 철학에서 이 문제에 여러 가지로, 그리고 철저하게 몰두한 사실이 설명해 준다. 이미 플라톤이 이 문제를 해결하려고 노력하였다. 그 결과는 냉혹한 이원론이었다. 전생(前生)과 차생(此生)의 영혼은 인간의 현세의 존재가 지속하는 동안 이 영혼에 본질적으로 가장 깊이 이질적인 육신과 결합해 있다는 것이다. 따라서 이 결합은 외면적, 우연적 결합이다. 인간 본질의 통일성을 부정하는 이 이원론 대신에 아리스토텔레스는 오히려 육체와 영혼이 함께 인간 존재의 물심양면의 구성물을 형성한다는 일원론을 정립한다. 이 구성물도 역시 물질과 형상의 종합이다. 근대에 데카르트는 다시 오히려 플라톤의 궤도로 접어든다. 육체와 영혼은 자신 속에 완결된, 전적으로 이질적인 실체로서 서로 대립한다. 육체와 영혼은 오직 유일한 지점에서 작용 교환한다. 이렇게 제한된 육체적 영향을 기회원인론자들은 전적으로 포기하고, 결국 라이프니츠에 의해서 예정 조화설로 형성된 새로운 이론을 통해서 이 육체적 영향을 보완하였다. 다른 연관에서 좀 더 자세하게 상론된 이 모든 이론들은 오늘날에는 진부하게 되었다. 현대의 문제 상태에서는 두 가지 이론만이 논의의 대상이 된다. 그것은 물심 평행론과 상호작용설이다.

---

32) Das Problem des Geistes, in: Kleinere Schriften, K. Hennemann판, Paderborn 1908, 188면 이하.
33) De civ. Dei XXI, c. 10.

1. 물심 평행론

이 명칭이 말하는 것처럼, 이것은 물리적 및 심리적 생기 현상 간의 보통의 평행론을 알려 준다. 육체적 및 영적 과정은 서로 접촉하지 않으며, 어디에서도 서로 교차하지 않고, 끊임없이 서로 평행선으로 달리는 두 사건 계열을 나타낸다. 이것이 의미하는 바는, 모든 물리적 과정에는 심리적 과정이 대응하며, 그 역(逆)의 관계이기도 하다는 것이다. 육체적 및 영적 생기 현상 간에는 확고한 귀속이 존재한다. 물질계에서의 모든 임의의 과정은 영적 과정에 의해서 동반된 것으로서 생각되어야 한다.

평행론이 거절하는 것은 따라서 육신과 영혼 간의 상호작용이다. 물리적 과정의 심리적 과정에 대한 영향 및 그 역(逆)의 관계는 배제된다. 육체적 과정은 언제나 육체적인 과정의 원인과 결과일 뿐이고 영적 과정은 언제나 영적인 과정의 원인과 결과일 수 있을 뿐이다. 여기서는 저기서처럼 자신 속에 완결된 인과 관계가 존재하는 것이다. 일자의 인과 계열의 타자 계열로의 외관상의 간섭은 실제로는 두 계열의 평행 진행일 뿐이다.

평행론은 실은 그 명칭에 따라서가 아니라, 사태에 따르면 이미 스피노자한테서 발견된다. 그의 온전한 실체는 연장과 사유라는 두 속성을 가지고 있다. 이것이 의미하는 바는, 물리적인 것과 심리적인 것은 동일한 실재의 두 측면일 뿐이라는 것이다. 따라서 데카르트적 이원론의 자리에 엄격한 일원론이 등장한 것이다. 물리적인 것의 영향은 이제 더 이상 어떠한 의미도 갖지 않는다. 왜냐하면 육체적인 것과 영적인 것은 형이상학적으로 동일하기 때문이다. 양자는 이러한 것이기 때문에, 양자 사이에는 완전한 대응과 엄격한 평행성이 존재한다.

평행선적 이론은 한동안 심리학과 철학의 지배 사상이었다. 심리적
인 것이 물리적인 것에 완전히 결합되었음을 강조함으로써 이 이론은
일면적으로 자연과학적으로 정위된 사상의 환영을 받았다. 세기가 바
뀐 이래로 철학적 사유의 전진하는 새로운 정위는 또한 여기서 관점의
변화를 결과로서 초래하였다. 물심 평행론은 오늘날 크게 후퇴하였다.
사람들은 물심 평행론이 근본적으로는 형이상학적 이론임을 통찰하였
다. 이 이론에 의해서 주장된 물적 및 심적 생기 현상의 보편적 평행론
은 경험적으로는 제시될 수 없다. 이 보편적 평행론은 스피노자의 동일
철학에 존재하고 있는 것과 같은 형이상학적 가정을 통해서 정초될 수
있을 뿐이다. 오늘날 점점 더 우리의 마음속에 스며드는 이것의 인식을
현대의 어느 심리학자가 다음과 같이 적절하게 공식화하고 있다. "도대
체 서로 독립적이어야 하는 상이한 두 계열의 이 엄밀한 일치가 대관절
어디서 유래하며, 어떻게 가능한가 하는 이 번거로운 물음에 대해서는
물심 평행론에서는 언제나 다만, 이 평행론이 이 물음을 대체로 거부하
지 않는다면, 형이상학적인 대답만이 남아 있다. 대체로 이것에 관계있
는 형이상학적 숙고는 비판적 정신을 가진 사람들을 진정시키기 위해서
저 평행론적 주장에 편들게 된다. 물론 사람들은 보통 이 첨가된 형이
상학적 견해는 실은 물심 평행론의 은밀한 원조(元祖)라는 추측을 방어
할 수 없다. 사람들은 이미 남몰래 물질적 및 심리적 현실은 하나요 동
일한 현실의 두 현상 방식이거나, 또는 육신은 진실로는 영혼의 '외적
현상'이라는 확신을 가지고 있다. 이러한 예비 확신 속에, 저 모든 인용
한 논증들이 표면에서 모의전을 수행하는 동안에, 사유의 지도적인, 신
성한 중심(重心)이 놓여 있다."[34]

---

34) A. Pfänder, Einführung in die Psychologie, 제2판, Leipzig 1920, 69면.

평행론 이론은 증명할 수 없을 뿐만 아니라, 그 자체로 있음 직하지
도 않다. 이 이론이 물심적 생기 현상에 관해서 윤곽을 그리는 형상은
기이한 것 이상이다. 어떤 사람으로 하여금 특정한 숙고 및 결단을 내
리게 하는 서면 보고를 그가 받는다고 가정하자. 평행론에 따르면 눈에
들어온 광파와 이 광파를 통해서 시신경과 뇌에서 발생한 과정은 순전
히 물리적 법칙에 따라서 바로 물리적 과정을 발생시키는데, 이 물리적
과정에 영적 보완으로서 언급한 심적 과정이 종속한다. 이러한 일이 때
때로 가장 사소한 자극의 구별에서 완전히 대립된 결과로 이르는 저 무
한히 풍부한 가능한 영적 결합에서 어떻게 가능해야 할 것인지는 전혀
이해할 수 없다. 모든 직접적인 내적 경험은 현재의 경우에 물체적인
문자(文字)가 어떤 영적 과정을 일으켰고, 이 영적 과정은 이때 그것의
편에서 다시 물체적 과정(이를테면 운동)을 일으킬 수 있다는 사실을
변호하고 있다.[35]

2. 상호작용설

상호작용설은 육체와 영혼은 상호작용의 관계 속에 있다는 데카르트
의 기본 사상을 고수하고 있지만, 그러나 이 기본 사상을 이 사상에 수
반하는 결함, 즉 연장 실체와 사유 실체의 냉정한 이원론으로부터 해방
시킨다. 그런데 이 이원론은 유기체가 순전히 기계론적으로 해석되고,
그리하여 연장 실체의 측면에 놓이게 되면서 ― 유기체가 말하자면 실
제로는 연장 실체와 사유 실체 사이의 중심부를 드러내는 동안에 ―,

---

35) 참조. B. Bavink, Ergebnisse und Probleme der Naturwissenschaften, 제6판,
     Leipzig 1940, 480면 이하.

송과선(松果腺)에 있어서 물리적 영향의 주목할 만한 위치 한정의 측면
에 놓인다는 사실을 결과로서 가지게 된다. 평행론과는 반대로 상호작
용설은 물심의 생기 현상은 사람들이 물적인 것의 심적인 것으로의 또
는 그 반대로의 작용을 가정할 때만 이해될 수 있다는 사실을 지적하고
자 한다. 그러한 작용을 이미 가장 단순한 감관 지각이 가리키고 있는
것 같다. 외부 자극이 감각 기관에 부딪칠 때, 이 자극은 거기로부터 대
뇌로 안내되고, 이때 이에 상응하는 감각을 발생시킨다. 자연적 과정은
여기서 분명히 심리적 과정을 결과로 낳는다. 반대되는 경우도 내가 의
지의 결단을 통해서 이를테면 나의 팔을 움직일 때 일어난다. 여기서
어떤 심리적인 과정이 움직인다면, 적어도 물리적인 과정을 자기 쪽으
로 끌어당기는 것처럼 보인다. 내면적 경험이 우리에게 이러한 생기 현
상의 "방법"을 지적해 주지 못한다고 할지라도, 우리는 그 "사실"을 의
심할 수 없다. 우리는 하여간에 계속하여 활동적인, 작용하는 행위를
정립하는 주관으로서 우리 자신을 체험한다.

　심리학이 상호작용설을 인정하는 것처럼 보인다면, 자연과학은 상호
작용설에 대해 더욱더 날카로운 이론(異論)을 제기하는 것처럼 보인다.
상호작용설은 요컨대 자연과학의 두 가지 중요한 원칙과 모순되는 것
처럼 보인다. 그 하나는 완전한 자연 인과성의 원리이고, 다른 하나는 에
너지 보존의 원리이다. 첫 번째 원리가 의미하는 바는 물리적 자연 내부
의 인과성은 완전한 인과성이라는 것이다. 물질적 과정은 물질적 원인
만, 그리고 똑같이 물질적 결과만 가질 수 있다는 것이다. 물리적 생기
현상은 따라서 완전한 인과 연쇄를 드러내고, 비물리적인 어떠한 것도
물리적 생기 현상 속으로 개입할 수 없다는 것이다.

　그런데 완전성의 원리가 상호작용설에 대한 반대 심급(審級)을 의미
하는 것인가? 상호작용설 신봉자들은 이 사실을 단호하게 거절한다.

그들은 저 원리는 하나의 연구 가설일 뿐이라는 사실을 지적한다. 물리학자는 물리적 인과 관계는 마치 완전한 것처럼 연구해도 좋고, 그렇게 연구해야 한다. 그러나 그는 "마치 … 인 것처럼"을 "사실"로서 변화시켜서는 안 되며, 인과 관계가 사실상으로 완전하다고 주장해서는 안 된다. 그가 현실적으로 그러한 것으로서의 완전성의 원리를 연구 가설로서 간주한다면, 심리적인 것의 물리적인 것으로의 작용을 거부할 아무런 근거도 그에게는 없다. 상호작용설 — 그 신봉자들은 정당하게 강조한다 — 은 올바로 이해된 완전한 자연 인과성의 원리와 매우 잘 일치할 수 있다.

이와 동시에 충돌의 첫 번째 돌이 제거되었다. 그런데 두 번째 돌과는 어떠한 사정에 놓여 있는가? 에너지 보존의 법칙은 바로 현대 자연 탐구의 기본 원리이다. 이 원리와 모순되는 이론은 따라서 원래 난파 선고를 받아도 좋다. 그러나 여기서도 상호작용설의 변호자들은 이 이론과 저 자연과학적 원리 간의 충돌이 존재하지 않는다는 사실을 지적할 위치에 있다. 후자는 주지하다시피 우주의 에너지 총계는 증가하지도 감소하지도 않고, 따라서 물질계의 모든 변화에 있어서 일단 현존하는 에너지의 총량(總量)은 불변이라는 사실을 의미한다. 이제 물리적인 것이 심리적인 것에 작용한다면, 뇌의 과정이 영적 생기 현상을 일으킨다면, 그럼으로써 에너지는 물질계로부터 사라질 것처럼 보인다. 반대의 경우에, 물리적인 것이 심리적인 것으로 작용함에 있어서 물질계의 에너지 정량은 증가하게 될 것이다.

상호작용설은 난해성을 해결해야 할 두 가지 가능성으로 나타난다. 상호작용설은 한 번은 에너지 명제가 완전한 체계를 전제하고, 따라서 에너지의 총계는 그러한 체계에서는 불변이라는 사실을 타당하게 만들 수 있다. 이제 실로 우주는 그러한 체계로서 고찰될 수 있을 것이다. 그러나 물질적 자연도 그와 같은 완전한 체계로서 간주되어야 할 것인지 어떤지는 전적으로 의문스런 일일 것이다. 완전성의 이론은 바로 연구 가설로서만 평가되어야 할 것이다.

해결의 다른 가능성은 심리적인 것의 물리적인 것에의 작용에 있어서 에너지의 정량이 아니라 에너지의 분배만이 변한다는 사상 속에 놓여 있다. 심리적인 것은 물리적 에너지를 필연적으로 생산할 필요는 없다. 심리적인 것의 영향은 이것이 물리적인 에너지를 조종함에 있다고도 생각될 수 있다. 그와 같은 규제하는 활동성을 통해서 물리적 체계 속에서 에너지의 정량은 증가되지 않는다.

문제 해결의 두 가지 길 중의 어느 것이 더 나은 것인지는 여기서 결정되어서는 안 된다. 두 가지 길을 원리적으로 걸어갈 수 있고, 또 현대의 주지의 연구가들도 걸어갔다는 확인으로 족하다. 따라서 상호작용설은 자연과학적 측면에 의해서 제시된 의론(議論) 앞에서 항복해야 할 어떠한 동기도 갖지 않는다. 우리가 무수한 심리학적 사실들이 이 상호작용설을 지지하기에 적격이라고 가산하여 생각한다면, 우리는 위에서 인용한 심리학자 — 이 심리학자가 "심리학에서는 육체적인 생기 현상과 영적인 생기 현상 사이의 상호작용의 가정을 포기할 어떠한 근거도 존재하지 않는다 … 심적 생기 현상은 단순하고 응급조치 없이는 증명할 수 없는 가설의 상호작용의 가정을 통해서 이해될 수 있다"[36]라고 강조한다면, — 에게 찬성해야 할 것이다.

---

36) A. Pfänder, 같은 책, 94면.

3. 현대의 전체성 이론

상호작용설은 육체와 영혼 간의 인과 관계를 확립한다. 인과 관계는 전제에 대한 일정한 존재적 관계를 가진다. 인과 관계를 철저히 이해할 수 있게 하기 위해서 존재적 관계로 소급하는 것이 중요하다. 이 일을 육체와 영혼의 관계에 관한 최근의 이론, 즉 **전체성 이론**이 시도한다. 따라서 전체성 이론은 상호작용설의 형이상학적 보완과 심화를 나타낸다.

전체성 이론은 우리에게 이미 주지된 전체성 개념을 인간 존재의 물심적 합성에 적용한다. 유기체처럼 이 합성도 전체성을 나타낸다. 하나의 전체는 그러나 전체성의 요인들을 통해서 구성된다. 이 전체성의 원리는 인간에게는 영혼이다. 육신과 영혼의 관계는 이렇게 전체성의 관계로서 현상한다. 이것은 다음의 두 가지의 것을 의미한다.

"첫째로 영혼은 육체를 세웠다. 그 때문에 육체에서의 모든 인과적 작용은 목적에 이르는 수단일 뿐이다. 육체는 도대체 영혼에 의한 육체일 뿐이다.

둘째로 영혼의 전체성의 관계 속에 서 있는 물리적인 것은 영혼에 대해 반작용한다. 이 반작용 중의 하나는 육체와 영혼이 서로에 있어서 발전한다는 사실에 있다. 분명히 영혼은 발전의 가능성을 자신 속에 지니고 있고, 이 가능성으로부터 결국 모든 힘이 발전을 향하여 전력을 다한다. 그러나 영혼은 육체가 형성됨으로써 그 영적 차별화가 있게 된다. 그리하여 인간은 노동을 통해서 육체적 및 정신적으로 발전하는 것처럼, 영혼은 체격을 토대로 노동을 통해서 발전한다. 그 이상의 반작용을 우리는 신체의 육체적 요소가 영혼의 다양한 한계를 정립한다는 사실 속에서 발견한다. 이 육체적 요소는 일정한 한계를 넘어서려는 개인과 종족의 발전을 방해한다. 이 육체적 요소는 유기체가 고장 났을 경우에 영혼으로 하여금 자유롭게 처리하지 못하도록 한다. 영혼은 영혼 자신이 형성한 그것의 순전히 물리적으로 제약된 변화에 의해서 어느 정도까지 종속될 수 있다."[37]

상호작용설은 육체-영혼-관계의 한 측면, 즉 인과적 측면만을 파악한다. 그러나 모든 인과적 작용은 영혼에 있어서 전체를 형성하는 목적에 이르는 수단일 뿐이다. 그리하여 관계는 본질적으로 목적론적 관계 또는 전체성의 관계인 것이다. 이 전체성의 관계는 "단순한 상호작용의 관계보다 훨씬 더 내면적이고 포괄적인 관계이다. 이 관계 속에는 하나의 운명 공동체에 결부된 두 종류의 대상들이 있다. 이 대상들 중 그 어느 것도 타자 없이는 이 결합 속에 존재하는 그러한 것이 아닐 것이다. 무엇보다도 육체는 영혼에 의한 육체일 뿐이다. 이러한 관계를 도외시한다면, 육체는 외계에 속하는 자연적 물체일 뿐이다. 그러나 자연적 물체는 육체로서 인간의 환경에 속하지 않고, 인간의 환경의 중심점으로서 이 환경, 즉 인간의 환경이 그것을 통해서 본래적으로 환경이 되는 그러한 것으로서의 이 환경에 대립하게 된다."[38]

가치가 큰 이 새로운 이론은 육체-영혼-관계를 시원적으로 존재적인 관계로 보고, 규정하는 시도에 놓여 있다. 동시에 이 새로운 이론은, 이것이 현실적으로 육체-영혼-문제의 해결이고자 한다면, 포기할 수 없는 상호작용설의 형이상학적 정초 작업을 수행한다. 이 새로운 이론이 동시에 전체성 이념을 사용한다면, 그것은 유기체의 유비에 의한 인간 존재의 고찰과 해석을 의미한다. 유기적인 자연에서 획득된 개념을 인

---

37) Al. Müller, Einleitung in die Philosophie, 제2판, Berlin und Bonn 1931, 284면.
38) Al. Müller, Psychologie, Berlin und Bonn 1927, 323면 이하.

간 존재에 전용(轉用)함에 전체성 이론의 한계가 놓여 있다. 우리는 인간의 존재 구조의 특유성이 여기서 완전히 타당하게 된다고 말할 수 없을 것이다. 그러나 하여간 어떠한 경우에도 새로운 이론은 더 이상의 노력들이 육체-영혼-문제를 모든 면에서 만족시키는 해결을 하도록 움직여야 하는 방향을 지시한다.

V. 철학적 인간학의 시도

우리가 개요에서 전개했던 인간의 형이상학은 현대의 철학이 인간 문제에 관해서 제시하는 해결에서 비판적인 입장을 취하게 하는 상태에 둔다. 인간이란 무엇인가? 라는 문제에 오늘날 철학은 가장 강하게 몰두하게 한다. 오래전에 자연과학적 인간학 옆에 H. 로체와 더불어 단절된 전통의 재수용을 의미하는 철학적 인간학이 등장했다.[39] 이 인간학의 중심점에 오늘날에는 정신 문제가 존재한다. 정신이 존재한다는 사실에 관해서는 연구자들은 의견을 같이한다. 그러나 정신이 무엇인가에 관해서는 의견이 분분하다.

1. 자연주의적 인간학

이러한 정신관을 우리는 S. 프로이트한테서 만난다. 그의 이론은 우

---

39) (표제에서 일컬어지고 있는 바와 같이) "인간학의 시도"이고자 하는 《소우주》의 제1권의 자기 광고에서 다음과 같이 말하고 있다. "우리들의 철학 발전의 전성기에 인간학은 다양하게 취급된 일반 교양이 즐겨하는 대상이었다"(《소우주》, 제6판, R. Schmid판, Leipzig 1923, XI면).

선 인간학이 아니고, 심리학, 보다 정확하게는 정신 분석학이다. 이 정
신 분석학의 기초에는 특정한 인간학이 놓여 있다. 프로이트의 기본 사
상의 간략한 서술에서 당장 다음의 사실이 지적되고 있다.

　정신 분석학은 이 사상의 창시자의 근원적 의도에 따르면 신경증적
장해에 대한 치료 방법이다. 프로이트는 그의《정신 분석학 입문에 대
한 강의》에서 이 치료 방법을 "신경질 환자를 의술적으로 다루는 조처"
라고 표시하고 있다.[40] 이 조처의 본질은 "모든 병원성(病原性)의 무의
식적인 것을 의식적인 것 속으로 전환하는"[41] 데에 있다. 무의식적인
것이 의미하는 바는 그것이 인간에게 고통을 주기 때문에 인간이 의식
으로부터 "억압"하는 강박 관념이다. 배제된 관념들은 무의식적인 것
의 영역에서 그 놀이를 계속하고, (도덕적) 의식이 "검열"을 행했음에
도 불구하고 여러 가지의 가면과 외피를 덮어쓰고 의식의 영역 속으로
밀고 들어온다. 그것은 무엇보다도 실패(망각, 실언, 폭행) 및 무의식적
"억압된 강박관념"이 작용하고 있는 것으로서 증명되는 꿈이다. 표면
적인 관찰에서는 단순한 우연으로 간주되는 것이 실제로는 무의식적
요인에 의해서 결정된 사건이다. 사람들은 무의식적인 것 속으로 억압
된 표상을 연상의 연쇄에서 무의식적인 것의 깊은 것으로부터 끌어내
면서 환자를 치료한다.

　정신 분석적 조처는 프로이트로 하여금 언급한 현상들의 본래의 원
인이 성적 충동, 즉 리비도에서 구할 수 있다는 결론에 이르게 한다. 그
리하여 정신분석학은 무엇보다도 성생활의 탐구와 관계가 있다는 것이
다. 프로이트에 의하면 성적인 것은 성인(成人)의 생활에서 중심적인

---

40)　Vorlesungen zur Einführung in die Psychoanalyse, Wien 1930, 7면.
41)　같은 책, 298면.

의미를 가질 뿐만 아니고, 아이의 생활에서도 이미 의미 있는 역할을 한다. 젖먹이가 젖을 빨 때 이미 발동하는 "유아의 성적 충동"이 있다. 이 유아의 성적 충동의 대상은 한편으로는 자기의 몸이고, 다른 한편으로는 어머니와 아버지이다. 전자는 "자기 성감"(自己性感)이라고 하고, 후자는 "오이디푸스 콤플렉스"라고 한다. 자기 성감에서는 성적 충동은 다른 사람에게 향해 있지 않고, 자신의 몸에서 만족한다. "오이디푸스 콤플렉스"는 성적 사랑, 즉 아버지에 대한 질투 및 증오와 결합된, 아이의 어머니에 대한 사랑의 전제를 의미한다. 이와 같은 유아의 성적 충동 이론은 어쩌면 정신 분석학적 연구가 결과로서 수반한 가장 중요한 개혁적인 것이다.

정신 분석학의 기저에 놓여 있는 인간학을 우리가 명백히 제시하고자 한다면, 다음의 3가지 점이 분명해진다:

1. 인간은 자연- 및 충동 존재이다. 인간은 본질적으로 동물과 다르지 않다. 그뿐만 아니라 인간은 근본적으로는 동물이다. 프로이트는: "욕망 원리의 피안"에서 문자 그대로 다음과 같이 말한다. "우리들 중의 많은 사람들에게는 인간을 그의 정신적 업적과 윤리적 순화(純化)의 현재의 고도에로 올려놓았고, 또 인간이 그의 초인에 이르기까지의 발전을 돌보게 되리라는 것을 거기서 기대해도 좋다는 완성에의 충동이 인간 자신 속에 살고 있다는 믿음을 포기하기란 어려울는지 모른다. 그러나 나는 그와 같은 내면적 충동을 믿지 않고, 자선을 베푸는 이러한 환영을 돌볼 어떠한 방법도 알지 못한다. 이때까지의 인간의 발전은 나에게는 동물의 발전과는 다른 어떠한 설명도 필요로 하지 않은 것처럼 보이고, 사람들이 소수의 개인들에 있어서 더 이상의 완전을 향한 쉬지 않는 열망으로서 간주하는 것은 자연스럽게 인간의 본성에서 가장 가치 있는 것이 토대로 삼게 된 충동억제의 귀결로서 이해될 수 있다."[42]

2. 인간은 성적 존재이다: 성적 충동은 인간의 주된 충동이다. 이 명제는 앞 명제의 특수화이다.

3. 모든 정신, 모든 정신적 문화는 충동의 영역으로부터 유래하고, 리비도의 승화를 통해서 이루어진다.

이 명제 중의 첫 번째 것은 조야한 자연주의를 확립한다. 그것은 정신의 부정(否定)을 포함한다. 정신은 인간의 본질에서 자립적인 잠세력이 아니라, 충동 배제의 산물이다. 따라서 동시에 정신적 가치 — 감각적 욕망가치만이 존재한다 — 및 의지 자유의 부정이 주어진다. 우리는 이러한 관점을 자연주의적 결정론이라고 특징지어야 할 것이다.

이러한 인간학의 기본적 결함은 여기서 인간은 절반만 관찰되고 있다는 사실이다. 그것은 "아래로부터" 인간을 본 것이고, 인간 존재의 자연적 측면, 인간이 여타의 자연적 존재와 공동으로 가지고 있는 것만 파악되고 있다는 것이다. 정당하게도 현대의 어느 연구자는 여기서 "인간의 전체 현실에 대한 부분적 맹목성"에 관해서 말하고 있다. "인간을 유일한 존재 차원에서 이해하고자 하고, 따라서 인간을 이를테면 자연적 '인류'의 대표자로서만 파악할 수 있다고 믿는 인간학은 사실은 인간에 전혀 도달할 수 없다."[43] 서양의 전체 정신사는 인간의 어떠한 위대성도 부인하지 않을 수 없다는 이 인간관 — 왜냐하면 이 인간관은 인간의 가장 본질적인 것 및 가장 가치 있는 것, 즉 정신을 부정하기 때문에 — 에 대한 둘도 없는 항의라고 사람들이 말한다면, 그것은 지나친 주장이 아닐 것이다.

프로이트의 인간론은 결국에는 물론 인간론이기도 한 K. 마르크스의

42) 같은 책, 140면.
43) Friedr. Seifert, Die Wissenschaft vom Menschen in der Gegenwart, Leipzig u. Berlin 1930, 43면.

역사이론과 깜짝 놀랄 유사성을 나타낸다. 두 사람은 정신적인 것과 문화적인 것을 단순한 "상부구조"(마르크스의 술어에서 말하듯이)로서 평가한다. 이 구조를 상부로 끌어올리는 그것, 즉 담지자, 따라서 결정자 및 규정자는 충동인데, 마르크스에게서는 경제적 충동이고, 프로이트에게서는 성적 충동이다. 여기서나 저기서나 인간의 탈정신화, 따라서 가치 저하가 문제이다. 여기서나 저기서나 결국에 물질만 알고, 가장 깊은 근거에 유물론적인 세계관이 존재한다.

두 번째 주제는 범성욕주의를 확립한다. 사람들은 정당하게도 "프로이트 학도는 성(姓)의 상징으로서 해석하지 아니할 어떠한 것도 하늘과 땅 사이에는 실존하지 않는다"[44]라고 진술한다. 이 엄청난 일면성은 오늘날 언제나 그것 자체 이상의 것으로서 인식된다. H. 프린츠호른은 이 일면성을 "다행히도 희비극적인 회상의 어스름한 빛 속에서 천천히 사라지는 시간 착란"[45]이라고 부른다. 현대의 데카당스 운동의 정신을 너무도 분명하게 드러내는 범성욕주의적 교의(敎義)는 프로이트의 가장 중요한 제자들(융과 아들러)이, 전혀 다른 방법으로 "인간"이란 수수께끼 속으로 파고들기 위해서, 그들의 스승을 떠나 버린 그 점이기도 하였다.

세 번째 주제는, 우리가 이것을 곰곰이 숙고하자마자, 이 전체 이론이 앓고 있는 병의 깊은 모순을 결국 드러내고 만다. 이 모순을 M. 셸러가 특별히 강조해서 언급하였다. "도대체 인간의 마음속의 무엇이 — 이렇게 그는 질문한다 — 생에의 의지를 부정하며, 무엇이 충동을 억압하며, 어떠한 여러 가지의 최종적 이유에서 한 번은 억압된 충동 에너지가 신

44) S. Placzek, Gefahren psychoanalytischer Behandlung, in: Süddeutsche Monatshefte, August 1931 (Sonderheft über Psychoanalyse), 785면.
45) Persönlichkeitspsychologie, Leipzig 1932, 41면.

경중으로 되고, 다른 때는 그러나 문화를 형성하는 활동성으로 승화되는가? ⋯ 인간에 대한 부정적 이론은 이 이론에 의해서 설명되어야 하는 그것, 즉 이성, 정신, 정신의 고유한 자립적 법칙성을 언제나 이미 전제한다 ⋯ 바로 정신이 충동 억압을 이미 일으키는 그것인 것이다. 이때 이념- 및 가치에 호송(護送)된 의지는 이념에 모순되는 충동 생활의 모든 추진력에 대해서 충동적 행위에 필요한 표상들을 거부하면서, 다른 면으로는 이념과 가치에 적합한 표상들을, 미끼처럼 숨어서 잠복해 있는 충동의 목전에 제공하여, 충동의 추진력을 이러한 방식으로 이 추진력이 정신적으로 정립된 의지의 계획을 완성하도록 조정하고자 한다."[46] 따라서 이 인간학의 내면적 모순은 이 인간학이 거부하는 정신을 이 인간학이 필연적으로 전제한다는 사실에 놓여 있다.

2. 생명 중심적 인간학

이른바 생명 중심적 인간학의 창시자는 L. 클라게스이다. 그는 그의 3권으로 된 저작, 《영혼의 적대자로서의 정신》[47]에서 이 인간학을 기록하고 있다. 그는 여기서 다음의 과제를, 즉 "육체적인 것, 영적인 것, 그리고 정신적인 것의 개념에 오늘날 학문적 범주에 의해서 요구되는 저러한 정도의 규정성을 부여하는, 그리고 동시에 (역사적인) 인간성의 3가지 본질 요소들 간의 관계의 방식에 관한 이론을 제시하는"[48] 과제를 제기하였다.

클라게스에 의하면 인간의 인격에서는 두 가지 본질적 영역이 구별

---

46) Die Stellung des Menschen im Kosmos, Darmstadt 1928, 71면 이하.

47) 1권과 2권. Leipzig 1929, 3권. Leipzig 1932.

48) 같은 책, I, 6면 이하.

된다. 인격은 한 번은 생명에 관여하고, 그 자체로 생명의 담지자이다. 그뿐만 아니라 인격은 생명과는 본질적으로 다른 잠세력, 즉 정신의 담지자이다.

인격은 생명의 담지자이다. 인간은 인간을 끊임없이 변화로써 에워싸고 있고, 영원히 유동하는 생성의 세계 한가운데에 서 있다. 이러한 영원한 변화와 변천 속에 존재하는 세계, 즉 시간의 영원한 흐름 속에서, 낮과 밤, 밀물과 썰물, 여름과 겨울의 율동적인 교체의 현상 속에서 우리가 관심 갖게 되는 세계, 그 전체에 있어서 출생과 죽음, 발생과 소멸, 각성과 수면이란 양극성이 에워싸고 있는 세계는 우리의 바깥에 있는 세계가 아니라, 생명의 담지자로서 인간적 인격이 이 세계와 내면적으로 관계하고 있으며, 이 생기 현상과, 그리고 이러한 상(像)들의 흐름과 교섭하고 있고, 이 세계 속에서 이 세계의 일부로서뿐만 아니라 이 세계를 "체험한다." 이러한 체험의 방식이 우리의 감각, 감정, 그리고 흥분이다. 따라서 이것이 체험의 담지자인 생명의 담지자의 본질을 이룬다.

그러나 동시에 인간의 인격은 정신의 담지자이기도 하다. 유동하는 생기 현상의 체험에는 지각, 사유와 의욕에 있어서의 존재의 사실적 파악이 대립한다. 이제 그러나 모든 행동은 활동적인 것을 전제하기 때문에, 파악의 활동성은 파악하는 자를 필요로 한다.

클라게스는 이 파악하는 자를 "정신"이라 부른다. 정신은 이 가운데서 파악하는 작용의 내면적 근원의 장소와 이 작용을 산출하는 능력을 이해한다. 생명의 모든 순간에 있어서의 정신의 현존을 통해서 생명의 담지자는 인격적인 자아 또는 자기로 된다. 모든 판단에서의 이 자기의 불변성, 그의 자기성 내지 동일성은 우리가 여기서 변화하는 생기 현상의 한 부분이 아니라, ― 그것의 작용이 또한 존재자에 관계하는 ― 영원히 동일적이고, 지속적인 존재자와 상관해야 한다는 사실을 지적한다. 이 불변성을 통해서 생기 현상의 흐름은 세분되고, 간격으로 나뉜다. 이 불변성은 지속적인 것을 두드러지게 하고, 생기 현상 흐름의 일종의 겉껍질을 드러낸다.

동시에 두 가지 힘들의 대립성이 주어진다.[49] 정신은 파악함에 있어서 시간을 벗어난, 언제나 그 자신과 동일한 존재자를 향해 있고, 생명은 체험함에 있어서 시공적 현실, 즉 끊임없이 유동하는, 변화 속에 존재하는 생기 현상을 향해 있다. 그리하여 정신은 생명에 대립하게 된 힘이고, 생명은 방어의 본능으로 정신에 저항한다. 이 대립성은 클라게스에 의하면 다음과 같은 표현으로, 즉 심정과 머리, 본능과 오성, 애착과 의무, 감성과 이성, 감정과 지성으로 바뀐다. "모든 것을 제외하고서 전자(前者)에게는 생각된 힘들의 본질적 대립을 부수적 사상 없이 영혼과 정신이란 표시처럼 꼭 그렇게 날카롭게 표현하기에는 어떠한 것도 적합하지 않을 것이다."[50]

클라게스는 그의 인간학의 기본 사상을 새로이 자기 이론의 자화상에서 다음과 같이 표현한다: "인간도 만유(萬有)도 성층적(成層的) 방식으로 육체, 영혼 그리고 정신으로 구분되지 않는다. 어쩌면 이 삼자(三者)는 인간에 있어서, 그리고 오직 인간에 있어서만 증명할 수 있도록 포함되어 있으나, 단지 숫자상으로만 그러한 것이고, 유기적인 세 짝으로서가 아니다 … 모든 진정한 삼합(三合)이 유래하는 근원적 삼위일체는 육신과 영혼에 의해서 양극화된 생명이다. 이 삼위일체에 있어서 인간을, 보다 정확히 말하면 '세계사'의 문지방에 서 있는 인간을 매개로

---

49) 참조. 우리의 서술. H. Kinkel: Geist und Seele; die Grundlagen der Anthropologie bei Ludwig Klages, in: Philos. Jahrbuch 46 (1933), 17면 이하.
50) Der Geist als Widersacher der Seele I, 70면.

하여 시공을 벗어난(비우주적) 정신이란 이름의 힘이, 육신과 영혼을 분열시키고 그러한 형태로 생명의 세포를 죽이는 경향을 갖고서, 돌연히 나타난다."[51]

클라게스적 인간학의 가장 특징적인 교훈으로서 간주되는 것은 따라서 다음과 같은 점이다.

1. 정신은 철저히 자립적인 것이다. 정신은 생명과 영혼에 비해서 완전히 새로운 것을 의미한다. 이러한 주제를 가지고 클라게스는 정신은 결코 자립적 잠재력이 아니라, 생명 있는 힘들의 단순한 파생체에 불과하다고 보는 자연주의에 아주 날카롭게 대립한다.

2. 정신은 일면적으로는 지성으로서 파악된다. 클라게스는 이러한 주지주의적 정신 개념을 자연주의와 공유한다.

3. 정신은 ― 이것은 두 번째 주제의 필연적 귀결인데 ― 생명에 대한 전쟁 상태에 있다. 이러한 전쟁 상태에서는 생명과 영혼으로서의 정신은 인류사의 과정에서 점점 더 깊이 파괴하는 원리로 보이고, 그리하여 결국 역사는 데카당스로서, 아니 인간 속에서 나타나는 생명의 전진적 질병의 현상으로서 모습을 드러낸다. 이러한 주제로써 클라게스는 자연주의 및 그 진보이념과 대립한다.

우리는 이제 첫 번째 주제에 관해서는 클라게스에게 기꺼이 동의한다. 그의 인간학적 노고의 큰 공적은 바로 그가 인간의 자연주의적 탈정신화를 거부하고, 정신을 철저히 자립적인 잠세력으로서 평가한다는 점에 있다.

두 번째 주제에 관해서 우리는 여기서 우리의 모순을 알리지 않을 수 없을 것이다. 물론 우리는 여기에 클라게스 인간학의 근본 오류가 놓여

51) Deutsche systematische Philosophie, H. Schwarz판, II권, Berlin 1934, 197면.

있다고 판단해야 할 것이다. "클라게스가 정신이라고 명명한 것은, 셸러가 적절하게 표현하고 있거니와, 실제로는 복잡하게 구성된 기술적인 지성 이외 다른 것이 아니다. 모든 실증적 인간 이해, 즉 '공작인'(工作人)으로서의 인간의 모든 이해의 가장 날카로운 적대자인 바로 그는, 이 기본적인 점에서는, 그가 그렇게도 날카롭게 반대하는 그 근본 이해의 무비판적인 학도인 것이다."[52]

세 번째 주제는, 이미 언급된 것처럼, 두 번째 주제에서 귀결된다. 정신이 일면적으로 이해되기 때문에 생명의 대단한 적으로서, "영혼의 적대자"로서 나타난다. 이 적대감은, 정신이 완전하게 관찰되고, 전면적으로 규정되자마자 거부된다. 이때 반대 대신에 보완의 관계가 등장한다. "정신과 생명은 서로 질서 잡힌다고 셸러는 다시 강조하고, 이 양자를 근원적인 적대 관계 또는 전쟁 상태로 이끄는 것은 기본적인 오류인 것이다. '가장 깊은 것을 사유하는 자는 가장 생명적인 것을 사랑한다' (휠덜린)."[53]

클라게스의 철학은 철저히 유럽의 문화 발전 및 그 현상 형식(기계적 세계상, 학문과 기술에서의 합리화)의 본질에 대한 정열적인 항의, 근대의 문화인에 있어서의 지성의 비대(肥大)에 대한, 또는 (셸러가 표현하고 있는 것처럼) "과도한 두뇌화"[54]의 상태에 대한 항의인 것으로 보인다. 그러나 비극적인 것은 항의하는 자 자신이 적대적 전선(前線)이 지배하고 있는 정신의 맹목성에 빠져 있다는 것이다. 다만 저 항의하는 자에게는 "정신"은 추론적인 오성의 활동성 및 기술적인 지성과 동일한 것이기 때문에, 그는 정신으로 하여금 생명을 가진 자에 있어서의

---

52) Die Stellung des Menschen im Kosmos, 104면.
53) 같은 곳.
54) 같은 책, 103면.

저 파괴 작업, 즉 현대 문명 세계의 초지성화의 수반 현상인 저 파괴 작업에 대해 절대적으로 책임을 지도록 기도할 수 있다.[55]

클라게스에 의하면 정신은 근원적인 것이다. 정신 속에는 자연주의적 실증주의의 극복이 놓여 있다. 그럼에도 불구하고 그의 인간학은 결국 세련되지 못한 자연주의로 된다. 그가 근원적인 것으로서 가정된 정신을 더 상세하게 규정하는 방식은 자연주의적이다. 인간의 최고의 과제는 인간을 무의식적-근원적인 "생명의 담지자"로 변형하는 데 있다. 달리 말하면 정신은 저지되어서 생명에 의하여 극복되어야 한다. 이러한 목적에 이르는 길은 마술적-공감적으로 지력(地力)과 하나로 됨이요, 영혼을 온 자연의 생명 속으로 도취한 듯이 담그는 일이다. 생명력 있는 것 속으로의 도주(逃走)를 의미하는 이러한 낭만적인 광경 속에서 인간은 단순한 자연적 존재로서 나타난다. 여기서는 인간의 인격의 성격은 완전히 부인되어 있다.[56] 인간은 인격으로서는 정신의 영역, 즉 관념적 가치의 세계에 대한 관계 속에 서 있고, 인격을 위하여 진력하는 힘을 소유한다. 인간은 가치 충만한 것, 선에 관해서 결심하면서, 그의 자연적 존재를 정신적-관념적 힘으로써 넘쳐흐르게 하고, 이것을 말하자면 존재의 최고 단계로까지 순화(純化)한다. 이런 일이 발생하면 할수록, 더욱더 (자연적) 개인으로부터 정신적-도덕적 인격성이 생성된다. 인간의 인격적 현실성의 또는, 역시 우리가 말할 수 있는 것처럼, 인간 실존의 윤리적 의미의 이러한 부인 또는 부정은 첫 번째의 것(지성

55) 참조. Fr. Seifert, 같은 책, 18면.
56) 이것을 누구보다도 Seifert가 강조한다 (같은 책, 20면). 참조. 또한 Phil. Lersch에서의 Klages에 대한 비판. 그는 "순전히 식물적인 현존 속으로의 "빠져드는 것"으로부터 당장 동물에 관해서 이야기하는데", 여기서는 "본래적 인간 존재는 지양되어 있다"(Lebensphilosophie der Gegenwart, Berlin 1932, 74면).

으로서의 정신의 오해)과 가장 밀접하게 관계하고 있는 클라게스적 인
간학의 두 번째 근본 오류이다.

3. 반(半)자연주의적 인간학

현대의 훨씬 더 의미심장한 철학적 인간학의 시도는 M. 셸러에 의해
서 기도되었다. 그것은 "인간을 세계의 총체성 속으로 체계적으로 정돈
한 로체 이래의 새로운 시대의 최초의 인간학"[57]이다. 셸러는 이 인간
학을 그의 저술: 《우주 속에서의 인간의 위치》에서 서술하고 있다. 그
는 서문에서 다음과 같이 진술하고 있다. "이 저작은 내가 수년 이래로
집필 중에 있고, 1929년 초에 출판될 《철학적 인간학》의 몇몇 주요한
점에 관한 나의 견해의 매우 짧고 간결한 개요를 제시한다." 유감스럽
게도 그의 너무 이른 죽음이 이 작품의 완성과 출판을 방해하여서, 우
리들은, 유작이 아직도 완전히 출판되지 않는 한, 언급한 저술의 짤막
한 서술에 한정된다.

셸러에 의하면 두 가지의 "인간" 개념이 있다. 자연과학적 개념과 철
학적 개념 또는 본질의 개념이 그것이다. "인간이란 낱말과 개념은 음침
한 양의성을 포함하고 있어서 이 양의성을 꿰뚫어 보지 않고서는 인간
이란 특수 지위의 의문을 전혀 비판할 수 없다. 인간이란 낱말은 우선
인간이 형태학적으로 척추동물 및 포유류의 하위 분과로서 소유하고
있는 특수한 징표를 말한다. 이 개념 형성의 결과가 언제나 그렇게 보
이듯이, 인간이라고 이름 붙여진 생물은 동물 개념 아래에 **종속할 뿐만**

---

57) Fr. Heinemann, Neue Wege der Philosophie. Eine Einführung in die Philoso-
phie der Gegenwart, Leipzig 1929, 363면 이하.

아니라, 비교적 동물계의 매우 작은 구석을 차지한다. 이것은 역시 이 때 사람들이 인간을 린네(Linné)와 함께 이른바 '척추-포유동물 계열의 첨단'이라고 부를 때 — 이것은 그런데 사실상으로 그리고 개념적으로 매우 큰 논쟁의 여지가 있다 — 의 경우와 마찬가지이다. 그 이유는 이 첨단 역시 어떤 사물의 모든 첨단과 마찬가지로 그것의 첨단이 사물인 그러한 사물에 여전히 속하기 때문이다. 그러나 이와 같은 개념과는 완전히 독립해 있는 다음과 같은 개념이 있다. 즉 직립 보행, 척추의 변형, 두개(頭蓋)의 평형화, 인간의 강력한 두뇌의 발전, 그리고 직립 보행을 결과로서 가져왔고(예컨대 반격하는 엄지손가락을 가진 집게 손, 턱과 치아의 쇠퇴 등등), 인간이란 통일성으로 통합한 기관의 변화들은 일상의 언어에 있어서, 그리고 실로 모든 문화 민족에서 사용하는 동일한 낱말인 '인간'을 전적으로 어떤 다른 것으로 표시하게 되어서, 거기에 유사한 양의성이 놓여 있는, 인간적 언어의 어떠한 두 번째 낱말을 사람들이 발견하지 않게 될 것이다. 요컨대 '인간'이란 낱말은 '동물 일반'이란 개념에도, 따라서 또한 모든 포유- 및 척추동물에도 대립하는 사물들의 총괄이라고 표현해야 할 것이다. 그리고 인간이라 불리는 생물이 침팬지와 형태학적으로나 생리학적으로나 심리학적으로 비교할 수 없을 정도로 훨씬 인간과 침팬지가 적충류(滴蟲類)와 닮은 것보다 더 닮았다는 사실이 어쩌면 거의 논쟁의 여지가 없다 할지라도, 인간이란 개념을 이를테면 적충류에 스텐토르(Stentor) 영웅(英雄)을 대립시키는 것과 같은 의미로 동물에 대립시켜 표현해야 한다. 인간이란 이 두 번째 개념은 척추동물 계통의 아주 작은 구석으로만 표현되는 첫 번째 개념과는 완전히 다른 의미와 전혀 다른 근원을 갖지 않으면 안 된다는 사실이 명백하다. 나는 이 두 번째 개념을 저 첫 번째 자연체계적 개념과 대립시켜서 인간의 본질 개념이라고 부르고자 한다. 인간 자

체에게 살아 있는 종(種)의 저 다른 특수 위치와 비교할 수 없는 어떤
특수한 위치를 부여하는 이 두 번째 개념은 대체로 어떤 권리를 갖게 된
다. ― 이것이 우리의 강의 제목이다."[58]

인간과 우주에 있어서의 인간의 위치에 관한 셸러의 견해에서 다음
의 세 가지 전제가 결정적인 것이다.

1. 영적인 것은 생명 있는 것과 동일하다. 도대체 생명 있는 것이 존재
하는 곳에서는 어디서나 영적인 것이 현전한다. 영적인 것은 따라서 데
카르트가 믿었던 것처럼 인간에게서나 동물에게서 시작된 것이 아니
고, 이미 아리스토텔레스가 가르쳤던 것처럼, "영혼"은 유기적인 생명
이 본질적으로 결합되어 있는 "생명의 원리"와 동의어였다.

2. 자기 운동, 자기 형성, 자기 분화 등 알려진 징표들 이외에, 생명
있는 것은 자신을 의식하게 됨으로써 대자 존재(對自存在)이고, 의식
적-존재라는 사실은 이 생명 있는 것에 대해서는 구성적인 의미를 갖
는다.

3. 인간이 자신 속에서 현존과 생명의 모든 본질 구조를 총괄하는 ―
이것도 다시 아리스토텔레스의 사상이다[59] ― 방식으로 유기적인 세계
의 구분에 상응하게 생명- 및 심리적 기능의 단계적 구성이 존재한다.

인간의 특수한 위치는, 셸러에 의하면, 우리가 생물 심리학적 세계
전체를 관찰한다면 비로소 분명하게 될 수 있다.

심리적인 것 및 이와 더불어 생명력 있는 것의 최하 단계를 무의식적, 무감
각적-무표상적 감정의 충동이 형성한다. "충동"이란 낱말이 이미 암시하듯이

---

58) Die Stellung des Menschen im Kosmos, 14면 이하.
59) 참조. Fr. Heinemann, 같은 책, 364면.

이 말 속에서는 감정과 욕구가 아직 분리되어 있지 않다. 단순한 '그-쪽으로' 와 '부터-떨어져서' (예컨대 빛으로) 및 대상 없는 욕망과 대상 없는 정열은 충동의 두 가지의 비할 나위가 없는 정황(情況)이다. 우리가 무기적 물체라고 상상하는 힘의 중심으로부터 감정의 충동은 이미 날카롭게 분리되어 있다. 왜냐하면 힘의 중심에 의식적 존재는 어떠한 의미에서도 인정될 수 없기 때문이다. 감정 충동은 **식물적 생명**의 본질을 이룬다. 하여간 이 충동은 유기적 생명의 전체를 통해서 인간에까지 이른다. 그 배후에 어두운 충동이 존재하지 아니할 어떠한 감각도, 그렇게 단순한 지각도, 그리고 표상도 존재하지 않는다. 가장 단순한 감각마저 언제나 **본능적인 주도면밀성**의 기능일 것이요, 감관이 마주치게 되는 자극의 단순한 귀결이 아니다. 동시에 충동은 충분하게 구분된 인간의 욕구와 욕정들의 **통일성**을 나타낸다. 더 나아가서 감정 충동은 우리가 그것을 통해서 실재성을 경험하고 포착하게 되는 저 저항 체험의 주체이다.

심리적인 것의 두 번째 형식은 **본능**이다. 본능은 1) 감각에 따른 태도, 즉 생명을 가진 자의 전체에 대한 또는 생명을 가진 다른 존재자의 전체에 대한 합목적적 태도이고, 2) 리듬에 따라서 진행되는 태도, 3) 종(種)에 유용한 태도, 즉 종의 생명에 의미 있고, 4) 타고난, 그리고 유전적인 태도 및 태도능력이다. 이 본능은 동물에게만 있고, 식물에게는 없다. 이 본능은 실로 종(種)에 따라서 보통 회귀하지만 그러나 환경의 특수한 요소에 향해 있는 한에서 감정 충동의 세분화를 의미한다.

본능적 태도로부터 심리적 생명의 세 번째 근원의 형식으로서 습관에 따른 태도 또는 연상적 기억(聯想的 記憶)이 나타난다. 이 능력은, 이미 아리스토텔레스가 통찰했던 것처럼, 식물에는 없다. 우리는 이 능력을 다음과 같은 모든 생물 ─ 이 생물의 태도는 같은 종류의 이전의 태도의 근거 위에서 생활에 유용하고, 따라서 의미 있는 방식으로 천천히 그리고 끊임없이 변천하고, 따라서 그리하여 그것의 태도가 보다 의미 있게 되는 그때그때의 척도는 시도 내지 이른바 시험 운동의 수효로부터 엄격하게 독립하여 있다 — 에게 인정해야 한다.

심리적인 것의 네 번째 형식은 **실천적 지성**이다. 이 지성은 여기서 — 또한 갑자기 그리고 시간상으로 새로운 시험 시도 이전에, 또 선행하는 시도들의 수 효로부터 독립하여 귀결되는 — 어떤 의미 있는 태도가 새로운 상황에 대립하 여 존재한다는 사실에 의해서 연상적 기억으로부터 구별된다. "동물, 특히 최 고등의 유인원인 침팬지가 여기서 묘사된 심리적 생활의 단계에 도달했는지 또는 아닌지 하는 것에 관해서는 오늘날 내가 여기서는 피상적으로만 언급할 수밖에 없는 착종되고 미해결의 학문적 논쟁이 지배하고 있다. W. 쾰러가 카 나리아 군도의 테네리파 섬의 독일 실험소에서 놀랄 만한 인내와 독창성을 발 휘하여 수년 동안 침팬지에게 시도했던 결과를 프로이센의 과학 아카데미의 논문에 공포한 이래, 거의 모든 심리학자가 관여하였던 논쟁은 침묵하지 않았 다. 쾰러는 나의 생각으로는 충분한 권리를 갖고서 자기가 실험한 동물에게 아 주 단순한 지능 행동을 인정한다. 다른 연구자들은 이 지능 행동을 부정한다. — 거의 모든 연구자들은 다른 이유에서 옛 이론을 지지하고자 한다. 동물에게 는 기억과 본능 이외의 더 이상 어떤 것도 제격이 아니고, 지성은 역시 이미 (징 표가 없는) 시원적인 결론으로서 인간의 하나의, 물론 그 독점인 것이다. 쾰러 의 실험은, 어떻게 그리고 어떠한 짐작되는 심리적 기능들로써 이제 동물이 자 기의 욕구의 목표에 도달할 줄 알며, 그리고 어디에 그 수행 능력의 일정한 한 계가 놓여 있는지를 이때 관찰하기 위하여, 다음과 같은 사실, 즉 욕구의 목표 (예컨대 과실, 이를테면 바나나)와 동물 사이에는 올라가면서 얽혀 있는 우회로 또는 방해물 또는 가능한 '도구'로서 이바지하는 대상들(상자, 막대기, 밧줄, 서로 끼워 맞출 수 있는 몇 개의 막대기, 처음 가져오거나 또는 그러한 것으로 제작할 수 있는 막대기)이 끼어든다는 사실에 있다. 이 실험은, 나의 생각으로 는, 동물의 수행은 모두 본능 및 여기에 등장하는 연상적(聯想的) 과정에서 도 출될 수 있는 것이 아니고, 몇몇의 경우에는 **진정한 지성**의 행동이 현전해 있다는 사실을 명백히 증명하였다."[60] 동물은 단순한 욕구의 기계가 아니다. "동물에게 선택 행동을 부인하고, 언제나 다만 변함없이 '보다 강력한' 개별적 욕구가 동물을 움직인다고 생각하는 것은 잘못된 것이다."[61]

이제 "인간"이란 전체 문제에 있어서 결정적인 다음과 같은 의문이 제기된다. "지성이 동물에게 접근하게 된다면, 도대체 인간과 동물 사이의 다만 점진적인 구별보다 그 이상의 것이 아직도 존재하는 것인가? 그렇다면 여전히 본질의 구별이 존재하는 것인가? 혹은 그러면 이때까지 다루었던 본질의 단계 저 너머 아직도 인간에게 전적으로 다른 어떤 것, 선택과 지성 일반을 통해서 맞힐 수 없고, 다 논구할 수 없는 인간에게 특별하게 어울리는 것이 존재하는 것인가?"[62]

여기서 연구자들의 길이 아주 날카롭게 나뉜다. 한쪽은 인간에게 지성과 선택을 유보하고, 동물에게는 거부한다. "그들은 따라서 실로 어떤 본질의 구별을 주장하지만, 그러나 나의 견해로는 본질의 구별이 전혀 존재하지 않는 바로 그곳에서 이 구별을 주장한다. 다른 쪽, 특히 다윈- 및 라마르크학파의 진화론자들은 다윈, 슈발베(Schwalbe) 및 쾰러와 함께 인간과 동물 간의 최종적 구별을 거부한다. 그것은 바로 동물도 역시 지성을 소유하기 때문이다. 그들은 바로 이 구별로써 "공작인"의 이론으로 표시되는 인간에 관한 거대한 통일성 이론의 어떤 형식에 호감을 가지고 있고, ── 당연하게 이때 인간의 어떠한 형이상학적 존재 및 어떠한 형이상학도, 말하자면 인간이 인간으로서 세계 근거에 대해서 가지게 될 어떠한 탁월한 관계도 알지 못한다.

---

60)   Die Stellung des Menschen im Kosmos, 41면 이하.
61)   같은 책, 44면.
62)   같은 책, 44면 이하.

　나에 관해 말하자면, 나는 이 두 이론을 결정적으로 거부하지 않으면 안 된
다. 나는 다음과 같이 주장한다. 인간의 본질과 사람들이 인간의 **특수한** 지위라
고 부르는 것이 사람들이 지성과 선택 능력이라고 부르는 것보다 **높이** 서 있으
며, 그리고 사람들이 이 지성과 선택 능력을 양적으로 임의대로 물론 끝도 없
이 놓여진 것으로 표상했을 때에도 도달될 수 없을 것이라는 것이다. 그러나
이것 역시 다음과 같은 경우에는, 즉 사람들이 인간을 인간으로 만드는 새로운
것을 종래의 심리적 단계들에 즉 감정 충동, 본능, 연상적 기억, 지성과 선택,
여전히 여기에 더 첨가되는, 심리적 및 **생명** 영역에 귀속하는, 따라서 아직도
심리학의 관할 영역 내에 놓여 있을, 새로운 본질 단계로서만 생각한다면, 빗나
가고 말 것이다. 인간을 인간으로 만드는 **새로운 원리**는 우리가 **생명**을 내면
적-심리적으로나 외면적-생명적으로 가장 넓은 의미로 부를 수 있는 그 모든
것 **바깥**에 서 있다. 인간을 인간으로 만드는 것은 **모든 생명 일반에 대립되는 원
리**이고, 이 원리를 그 자체로서 도대체 '자연적인 생명의 진화'에로 환원할 수
는 없다. 이 원리가 그 어떤 것으로, 즉 사물 자체의 최상의 근거로 되돌아간다
면, 그것의 부분-현시(現示)가 '생명'이기도 한 — 동일한 근거로 되돌아간다.
이미 그리스인들은 그러한 원리를 주장했고, 그것을 '이성'이라 불렀다. 우리
는 차라리 저 X에 대해서 보다 더 포괄적인 낱말, 즉 이성이란 개념을 포괄하
지만, 그러나 이 이념의 사상 곁에 일정한 방식의 직관, 즉 근원적 현상 또는 본
질의 내용, 더 나아가서 일정한 종류의 여전히 특성을 그려내는 정서적 및 의
욕적인 행위, 예컨대 선, 사랑, 후회, 경외 등등을 함께 포괄하는 — **정신**이란
낱말을 사용하고자 한다. 그러나 유한한 존재의 영역 내에서 정신이 현상하는
행위의 중심부를 우리는 — 내면으로 고찰한다면 '영적' 중심부라고도 불리는
— 모든 기능적인 '생명의' 중심부와 날카롭게 구별 지어 인격이라 표시하고자
한다."**63)**

그러므로 셸러의 사상은, 인간과 동물 간에는 단순한 정도의 차이가 아닌 본질의 차이가 있다는 것이다. 인간 존재는 동물 존재와 대립하는 새로운 존재 단계를 의미한다. 그것은 인간의 본질을 구성하는 새로운 원리, 즉 정신이다.

우리가 셸러의 설명을 회고해 본다면, 그것은 인간의 본질에 대한 새로운 표상이다. 육체와 영혼의 이원론은 지양되어 버린다. 육체와 영혼은 하나인 동일한 실재의 두 측면일 뿐이다. "하나인 동일한 생명은 그것의 내면의 존재에서는 심리적이고, 타자에 대한 그 존재에 있어서는 육체적인 형상 형태를 갖는다."[64] 따라서 육체와 영혼이란 전통적인 이원론 대신에 생명과 정신의 이원론이 들어선다. (육체와 영혼은 생명의 측면에 속하게 된다.) 생명력이 있고, 정신적인 기본 층은 "인간"의 본질을 구성한다. 동시에 정신은 생명을 "부정"할 수 있는 한 생명보다 우월하다. "인간은 생물인데, 이 생물은 자신을 격렬하게 전율하게 하는 자기의 생명에 대해서 원리상으로 금욕적으로 — 자기의 욕구 충동을 억제하고 억압하면서, 이 욕구 충동에 지각 형상과 표상을 통한 자양분을 거부하면서 — 태도를 취할 수 있는 생물이다. 싫어하고 피할 수 있는 곳에서도 현실적인 존재에 대해서 언제나 여전히 "긍정"하는 동물과 비교하면, 인간은 부정을 말할 수 있는 자, 생의 금욕자, 모든 단순한 현실에 대한 영원한 항의자이다."[65] 인간은 이러한 존재이기 때문에, 특히 인간은 욕망에 따르는 현실에 있어서의 현존의 계기를 욕망을 억제함으로써 정신적으로 차단할 수 있기 때문에, 그는 사물의 본질을 순수하게 직관할 수 있고, 관념적 사상 세계를 통해서 자기의 지각의 세계를

---

63)   같은 책, 45면 이하.
64)   같은 책, 86면.
65)   같은 책, 65면.

상부에 증축할 수 있다.

그러나 정신은 생명의 단순한 지배자일 뿐만 아니라, 동시에 이 생명에 종속한다. 실로 정신은 (프로이트가 잘못 생각하고 있는 것처럼) 생명의 존재가 아니라, 정신의 힘과 에너지를 생명력의 영역에 힘입고 있다. 배제된 욕망 속에서 졸고 있는 에너지를 정신은 정신적 목적과 목표를 위해서 이용할 수 있고, 마땅히 이용해야 한다. 달리 말하면 정신은 자기의 욕망 에너지를 "승화"시킬 수 있고, 승화시켜야 한다. 이렇게 그리고 이렇게 해야만 정신은 정신적 가치를 창조한다. 정신 자체는 무력하고, 어떠한 힘도 에너지도 소유하고 있지 않다. 고전적-그리스적 인간 이론의 잘못은 바로 이 이론이 정신 자체에게 힘을 인정한다는 점에 있다. "고전적 이론은 언제나 어디서나 동일한 오류의 병을 앓고 있고, 정신과 이념이 근원적인 힘을 소유하고 있다."[66]

언급한 바에 따르면 정신과 생명은 본질적으로 서로 다른 것이지만, 그럼에도 불구하고 이 두 원리는 인간 안에서 서로 의지하고 있다. "정신은 생명을 관념화한다. 그러나 생명만이 정신으로 하여금 그것의 가장 단순한 동작 운동으로부터 우리가 정신적 의미 내용을 그것으로 돌리게 되는 어떤 작품의 성과에 이르기까지 활동하게 하며, 실현할 수 있다."[67]

우리가 셀러적 인간학을 비판적으로 평가한다면, 이 인간학에서 가장 가치 있는 것은 정신에 관한 이론으로 보인다. 이 정신은 철저히 자립적인 어떤 것, 인간 본질의 어떤 가장 근원적인 잠세력으로서 (자연주의와 대조적으로) 평가된다. 정신은 그뿐만 아니라 인간 존재의 여타

66) 같은 책, 74면.
67) 같은 책, 96면.

의 힘들에 대해서 투쟁과 적의에서가 아니라, (생명 중심적 관점과 대조적으로) 보완의 관계에 선다.

서술된 인간학에서 우선은 동물의 지성론이 어떻든 문제시될지도 모른다 ― 셸러가 의존하는 쾰러의 결과들은 다른 연구자들에 의해서 거부된다 ―, 그다음은 육체와 영혼의 동일시인데, 이것은 영혼의 활력화 및 정신과 영혼의 대립을 의미하거니와 동시에 인간의 내면적 생명의 통일성을 위태롭게 한다.

셸러의 인간학에서 무엇보다도 정신의 무력에 관한 명제는 논거가 박약하다. 셸러에게서 정신의 본질적 기능은 너무 간결하다. 그것은 의지이다. 정신은 너무 일면적으로 "직관하는" 정신으로 규정된다. 정신은 "행동"이 아니라, "명상"의 능력으로 간주된다. 우리가 그렇게 듣고 있거니와 정신 자체는 무력하다. 모든 힘과 에너지를 정신은 충동의 영역에서 얻는다. 이 명제 속에는 의심의 여지없이 자연주의적 인간학으로의 우려스러운 접근을 의미하는 정신의 강한 평가절하가 놓여 있다. (우리는 이것을 그 때문에 "절반의 자연주의"라고 특징짓는다.) 실제로 셸러도 역시, 그가 자기의 인간론을 수행하고자 할 때, 정신에게 어떻게 해서든지 힘을 실어 주는 일을 스쳐 지나쳐 버리지는 않는다. 셸러는 "정신"을 통한 "생명"의 승화에 관해서 말한다. 그러나 이 승화는, 카시러가 정당하게 강조하고 있는 것처럼, "우리가 승화를 수행해야 하는 정신을 그 본질에 따라서 단적으로 힘 없는 것으로 생각해야 한다면, 이해될 수도, 그리고 가능하지도 않을 것이다."[68]

우리는 이것으로써 현대의 사유에서 철학적 인간학의 가장 특징적인

---

68) 현대철학의 정신과 생명, Die neue Rundschau, 1930(Februarheft) 253면. 셸러의 인간상 배면에 서 있는 신의 상을 자세히 논하게 될 것이다.

시도들을 알게 되었다. 이러한 인간학의 설명과 비판을 통해서 우리들
의 긍정적인 진술은 확장되고 심화되었다.[69]

---

69)   많이 회자되고 나에게 숙지되어 있는 겔렌(A. Gehlen)의 저서:《인간. 인간의 본
      성과 세계에 있어서의 그의 위치》(Berlin 1940)에 나는 동의하지 않았다. 왜냐하면
      그것은 나의 안목에는 정치적인 경향의 저서 (나치스적 테러 체제의 인간학적 해명
      의 시도)이기 때문이다. 게다가 리트(Th. Litt)가 그러는 사이에 그의 의미 있는 저
      서《인간과 세계, 정신 철학 개요》(München 1948, 287-306면)에서 겔렌에 대한
      찬과 반의 모든 본질적인 점을 언급하였다. N. 하르트만의 비평 (독일철학에 대한
      간행물 XV (1941), 159-177면)이 의미하는 겔렌의 작품 — 및 동시에 그가 변호
      한 체계 — 에 대한 인사는《천년의 왕국》에 있어서의 독일 정신생활의 수많은 파
      악불가능성에 속한다.

제3부 세계 전체의 형이상학

I. 칸트의 신의 존재 증명의 비판에서 정당성과 부당성

철학적 사유는 자연과 인간의 본질에 대한 형이상학적 해석에 머무르지 않고, 세계 전체의 형이상학으로 넘어간다. 그러한 형이상학의 가장 오래되고, 또 주지된 시도는 이른바 신의 존재 증명에 놓여 있다. 고대와 중세, 그리고 근세의 초기에서마저도 일반적으로 신의 존재 증명에 존재하고 있었던 그 권위는 "일체를 분쇄하는 자"인 칸트가 그의《순수이성비판》에서 이 신의 존재증명에 대해서도 그의 비판적 오성의 무기를 조준한 사실을 저지할 수 없었다. 그 이후 널리 세상에서는 신의 존재 증명은 영원히 해결되어 버렸다는 것이 바로 교의로서 간주되었다. 특히 크게 거리를 두고서 칸트 철학을 파문한 프로테스탄트적 신학이 이 견해를 거의 전 노선에서 옹호하였다. 물론 이미 오래전부터 자연과학과 철학을 교육받은 몇몇 인물들이 당시에 지배하던 견해에 저항하였다. 그리하여 예컨대 베를린의 신학자 A. 티티우스의 위대하고, 세인들이 크게 주목하는《자연과 신》이란 저서에서는, "실로 이른바 전통적 신의 존재 증명은 어떠한 증명도 아니지만, 그러나 사라지지 않는 진리를 포함하고 있다고 아주 명료하게 진술되어 있다"[1]라고 한다. 신

---

1)   Natur und Gott, Göttingen 1926, 709면.

의 신앙 정초에 관한 물음에 있어서 우리는 본성상 티티우스에 의하면
"칸트적 관점을 넘어섰다 ··· 우리는 사람들이 '우주론적' 및 '목적론적
신의 존재 증명'으로 총괄하는 사상 진행을 칸트의 비판과 후자, 즉 목
적론적 신의 존재 증명에 대한 절반의 동의를 통해서 해결된 것으로서
간주할 수 없고, 오히려 이 사상 진행의 기저에 놓여 있는 경험의 재료
와 그것의 증명력의 기본적 재검토가 필요한 것으로서 간주할 수 있
다."[2]

어쨌든 한 가지는 논쟁의 여지가 없다. 칸트의 신의 존재 증명의 비
판은 그의 현상학적 인식론에 기초하고 있다. 그러나 이 인식론은 오늘
날 일반적으로 거의 포기된 상태이다. 이 인식론을 철저히 인정할 어떤
철학자도 별로 존재할 것 같지 않다. 우리도 역시 그 내면적 불가능성
을 밝혔다. 그런데 동시에 신의 존재 증명의 칸트적 비판의 본래의 토
대가 오늘날 동요했다고 한다.

이제 우리는 칸트의 비판적 사상 진행을 개별적으로 주시하고, 그것
의 옳고 그름을 검사하고자 한다. 칸트가 그의 신의 존재 증명의 비판
에서 올바로 관찰한 것은 명백히 밝혀져야 하지만, 그러나 동시에 또한
그의 비판적 결점 및 한계도 명백하게 되어야 한다. 우리는 이러한 방
식으로 신의 존재 증명 문제에 대한 명백한 입장을 얻게 되며, 동시에
세계 전체의 형이상학에 이르는 길을 열게 된다.

1. 존재론적 신의 존재 증명

"신의 현존의 증명 방식에는 사변적 이성에서 세 가지만 가능하다.

---

2)　같은 책, 31면 이하.

이러한 목적에서 들어설 수 있는 모든 길은 일정한 경험에서, 그리고 이 경험을 통해서 인식된 우리의 감각 세계의 특수한 성질로부터 시작하여, 여기로부터 인과법칙에 따라서 세계 바깥의 최고의 원인에 이르기까지 상승하거나, 또는 일정하지 않은 경험, 즉 어떤 현존을 경험적으로 기초로 삼거나, 또는 결국 모든 경험을 추상하고, 전적으로 선천적인 단순한 개념에서 최고의 원인의 현존을 추론하거나 한다. 첫 번째 증명은 물리 신학적 증명이고, 두 번째는 우주론적 증명이며, 세 번째 증명은 존재론적 증명이다."[3] 칸트는 이제 이성은 경험적인 방법에서도 선험적인 방법에서도 단순한 사변의 힘을 통해서는 감각계를 넘어서지 못한다고 설명하고자 한다. 검토의 증명이 치루어지는 순서에 관해서는 그러나 이 순서는 그 의도에 따라서 역순(逆順)이지 않을 수 없다. "왜냐하면 비록 경험이 이에 대한 최초의 동기를 제공한다 할지라도, 그럼에도 단지 선험적 개념만이 이러한 경험의 노력에 있어서 이성을 지배하고, 그와 같은 모든 시도에 있어서 이성이 기도한 목표를 표시할 것이라는 것은 명백하기 때문이다. 따라서 나는 선험적 증명의 검사로부터 시작하고, 그리고 나서 경험적인 것을 보강함으로써 그것이 증명력의 확대를 위해서 무엇을 할 수 있을 것인지를 보게 될 것이다."[4]

존재론적 신의 존재 증명은 켄터베리의 안셀무스에로 소급한다. 이 증명의 특성은 신의 개념으로부터 그 실존이 귀결된다는 데에 있다. 안셀무스는 사유할 수 있는 최고의 존재로서의 신의 정의로부터 출발한다: 우리는 아무것도 그보다 더 큰 것을 생각할 수 없는 것이 있음을 믿는다. 그

3) Kritik der reinen Vernunft, K. Kehrbach판, 제2판, Leipzig o. J. (Reclam), 467면. 우리는 여기서 이 판본을 가장 쉽게 접근할 수 있기 때문에 이것에 따라서 인용한다.
4) 같은 곳.

리고 나서 그는 논증한다: 분명히 그것보다 더 큰 것을 생각할 수 없는 것
이 지성 속에서만 존재하는 것은 불가능하다. 만일 참으로 예컨대 그것이 지
성 속에만 존재한다면, 그것보다 더 큰 것이 사물 속에 존재함을 생각할 수
있다. 그러므로 만일 그것보다 더 큰 것을 생각하는 것이 불가능하다면, 그것
은 지성 속에만 존재한다. 그것보다 더 큰 것을 생각하는 것이 불가능한 바로
그것 자체는 그것보다 더 큰 것을 생각할 수 있는 그것이다. 그러나 이것은
분명히 불가능하다. 그러므로 의심의 여지없이 그것보다 더 큰 것을 생각할
여지가 없는 어떤 다른 것이 지성 속에, 그리고 사물 속에 실존한다.[5]

이 논증에 대한 스콜라철학의 입장은 나뉜다. 아우구스티누스적 방
향은 이 논증을 기꺼이 수용한 반면에, 아리스토텔레스적 방향은 그것
을 거부하였다. 근세에서는 데카르트에 의해서 원문이 반복되지는 않
았지만 요점은 따랐다. 동일한 사실이 스피노자, 라이프니츠와 볼프에
도 적용된다. 라이프니츠-볼프적 형이상학에 대한 적대적 입장에 칸트
는 존재론적 증명에서 철저한 비판을 가하였다.

이 논증의 핵심은 그에게서는 가장 실재적인 존재는, 그것이 모든 실재
성을 갖고 있기 때문에, 현존도 가져야 한다는 사상 속에 있다. 왜냐하면
모든 실재성 가운데는 현존도 함께 포함되어 있기 때문이다.[6] 이에 대
하여 그가 제출한 결정적 반론은 여기서는 논리적 술어가 실재적 술어
와 혼동이 되어 있다는 것이다.

"사람들이 의욕하는 모든 것은 — 칸트는 상론한다 — 논리적 술어가 된다.
더군다나 주어조차 자신에 의해서 서술될 수 있다. 왜냐하면 논리학은 모든 내

5)   Proslogion, c. 2. 참조. 나의 저서: Augustins Metaphysik der Erkenntnis, 153면
      이하.
6)   Kritik der reinen Vernunft, 471면.

용을 추상하기 때문이다. 그러나 규정은 주어의 개념에 덧붙여지고, 이 주어 개념을 증대하는 술어이다. 따라서 이 규정은 주어 개념 속에 이미 포함되어 있어서는 안 된다. 존재는 명백히 어떠한 실재적인 술어도 아니고, 즉 사물의 개념에 덧붙여질 수 있을 그 어떤 것의 개념이 아니다. 그것은 어떤 사물 또는 어떤 규정 자체의 입장일 뿐이다. 논리적 사용에 있어서는 그것은 단지 판단의 계사일 뿐이다. 신은 전능하다라는 명제는 그 대상을 갖고 있는 두 개념, 즉 신과 전능을 포함한다. 하다(이다)라는 작은 단어는 아직도 어떤 술어, 높은 자리에 있는 술어가 아니라, 술어를 주어에 정확히 말해서 정립하는 그것일 뿐이다. 내가 이제 주어인 단어(신)를 그것의 모든 술어들(이 중에는 물론 전능도 속한다)과 통합하여 신은 존재한다, 또는 그것은 신이다라고 말한다면, 나는 신이란 개념에 어떠한 새로운 술어를 정립하는 것이 아니고, 다만 자기의 모든 술어를 가지고 있는 주어 그 자체만을, 실로 나의 개념에 관계하는 대상을 정립하는 것이다. 두 명제는 정확하게 동일한 것을 포함해야 할 것이고, 따라서 내가 그 대상을 단순히 주어진 것으로서 (그것이 존재한다라는 표현을 통해서) 사유한다는 사실 때문에 단지 가능성만을 표현하는 개념에 더 이상 어떠한 것도 덧붙일 수 없다. 그리하여 현실적인 것은 단순한 가능적인 것 이상으로 아무것도 포함하지 않는다. 현실적인 100달러는 가능적인 100달러보다도 조금도 더 이상의 것을 포함하지 않는다. 왜냐하면 후자는 개념을, 그러나 전자는 대상과 이 대상의 입장 자체를 의미할 때는, 후자의 경우에는 전자의 경우보다 더 많은 것을 포함하게 되어서, 나의 개념은 대상 전체를 표현하지 않을 것이고, 따라서 알맞은 대상의 개념도 아닐 것이기 때문이다. 그런데 나의 재산 상태에 있어서는 현실적인 100달러의 상태가 단순한 100달러의 개념(즉 그 가능성)에서보다 더 많다. 왜냐하면 대상은 현실에서 나의 개념 속에 분석적으로 포함되어 있을 뿐만 아니라, (나의 재산 상태의 규정인) 나의 개념에 — 이 존재를 통해서 나의 개념의 외부에서 생각된 이 100달러 자체가 조금도 증가되는 일이 없이 — 종합적으로 덧붙여지기 때문이다. … 어떤 대상에 대한 우리의 개념은 따라서 우리가 의욕하는 것과 그 정도를 포함할 수 있고, 이 개념에 실존을 부여하기 위해서 우리는 이 개념 바깥으로 나와야 한다. 이러한 일은 감각의 대상에서 그 어떤 나의 지각과의 관계를 통하여 경험 법칙에 따라서 일어난다. 그러나 순수 사유의 객관에 대해서는 이 객관의 현존을 인식할 어떠한 수단도 전혀 존재하지 않는다. 왜냐하면 이것은 전적으로 선천적으로 인식되어야 할 것이지만, 그러나 모든 실존에 대한 우리의 의식은 (그것은 지각을 통해서, 또는 어떤 것을 지각과 결합시키는 추리를 통해서는 직접적이다) 전적으로 경험의 통일성에 속하고, 이 영역 바깥에 있는 실존은 실로 전혀 불가능한 것으로서 설명될 수는 없다. 그러나 이 실존은 우리가 그 무엇을 통해서도 시인할 수 없는 전제이다. … 따라서 — 이렇게 칸트는 자기의 비판을 종결한다 — 개념으로부터의 최고 존재의 현존에 관한 그렇게도 유명한 존재론적(데카르트적) 증명에서 모든 노고는 상실되고 만다. 그리고 어떤 사람이 단순한 이념으로부터 통찰에 있어서 더 풍부하게 될 수 없는 것은, 상인이 그가 그의 재산 상태를 늘리기 위해서, 자기의 현금 재고액에 영(零)을 몇 개 덧붙이고 할 때의 그의 재산에 있어서와 매한가지이다."[7]

이러한 비판에서 칸트는 옳다. 존재론적 증명의 근본 결함은 사실상 논리적인 질서에서 **존재론적 질서**로의 비약이다. 현존은 어떤 개념의 여타의 징표와는 전혀 다른 분야에 놓여 있다. 그것은 여타의 징표에 논리적 계기가 더 이상 부가되는 것이 아니라, 저 징표들에 대응하는 대상이 실존한다는 것을 의미한다. 따라서 어떤 대상의 개념으로부터 그 실존을 도출하는 것은 불가능한 일이다.

---

7)   같은 책, 472-475면.

    토마스 아퀴나스도 존재론적 신의 존재 증명을 거부하게 되었다. 그의
논증은 물론 칸트적 논증과는 다르다. 그것은 본질적으로 절대적으로
확실한 것과 우리들에 대하여 직접적으로 확실한 것 간의 구별에 있다.
"실로 신은 실존한다라는 명제는 절대적으로 직접 확실하다. 왜냐하면
신이 존재한다는 것은 신의 현존이기 때문이다. 그러나 우리는 신이 존
재한다는 것을 우리의 정신으로서 파악할 수 없기 때문에, 그것은 우리
에게 숙지되어 있지 않다. 이렇게 모든 전체는 그것의 부분보다 크다는
명제 역시 물론 즉자 대자적으로 직접 확실하다. 그러나 전체의 개념을
정신으로써 파악하지 못하는 사람에게는 이 명제는 알려지지 않은 채
머물지 않을 수 없을 것이다."[8] 토마스 아퀴나스에 따르면 따라서 신의
본질에는 그것의 실존이 속한다. 그러나 우리는 여기서 다음과 같이,
즉 따라서 신은 실존한다라고 추론해서는 안 되고, 다만 신이 실존한다
면, 신은 그것의 본질에 의해서 존재한다고 추론해야 할 것이다. 사람
들이 이 논증을 칸트의 논증과 비교한다면, 칸트가 토마스 아퀴나스보
다도 존재론적 증명의 논리적 약점을 보다 더 날카롭게 드러냈다고 말
해야 할 것이다. 이 약점은 바로 개념의 질서로부터 존재의 질서로의
매개되지 않은 이행(移行)에 놓여 있다.
    칸트의 비판은 물론 존재론적 신의 비판에서 역시 그 한계를 갖는다.
이 한계는 논리적인 논증의 파괴에 머물러 있고, 이 논증의 보다 깊은
의미를 밝힐 어떠한 시도도 하지 않는다. 물론 칸트는 그러한 시도를
결코 문제 삼지 않는다. 왜냐하면 그는 논증을 단적으로 논리적인 증명
으로만 보고 또 존중하기 때문이다. 그럼에도 칸트에게는 증명의 창시
자에게는 기도의 형태로 등장하는 증명의 종교적 원천은 저러한 문제

8)   S. c. gent. I, 11.

제기에 이르지 않으면 안 된다. 따라서 H. 로체가 존재론적 증명의 종
교적인 깊은 내용을 이끌어 내려는 시도를 할 때, 그것은 긍정적 측면
에서 보아서 칸트적 비판의 가치 있는 보충을 의미한다. 이미 일찍이
인식되었고, 칸트에 의해서 상세하게 논구된 논리적 결함은 ― 그렇게
그가 상론하고 있거니와 ― 존재론적 논증의 모든 증명력을 잃게 한다.
그러나 그가 확실한 때일지라도 최고의 것, 또는 가장 위대한 것은 탐
구된 종교적 신의 개념과 일치할 것이라는 한층 더 나아간 증명 수행은
필요할 것이다. "그러나 사람들이, 이렇게 로체는 속행한다, 이것을 간
과하고, 본래적인 증명력을 필요로 하지 않는다 할지라도 여기에 언표
된 사상은, 모든 종교적 노력이 의존하는 직접적 신념을 표현한 것이고,
구체적으로 말해서 여러 가지의 의미에서 가치가 가장 큰 것, 최고의
것, 가장 위대한 것으로서 우리가 사유할 수 있는 그러한 모든 것은 단
순히 공허한 사상의 구성물일 수 없으며, 그 어떠한 것이 있다면 그것
은 신뢰할 만한 믿음에서 그것의 현실을 요구한다는 확신을 경멸할 수
없고 매우 생기 있게 표현한 것이다. '증명'으로서는 실패한 이러한 전
체 사상의 의미는 종교적 공리를 다음과 같이 말한다: 최고의 가치와 현
실은 필연적으로 서로 짝을 이룬다."[9]

여기로부터 존재론적 증명의 심리학에, 즉 이 증명을 발기한 사람의
정신 속의 이 증명의 발생에 어떤 빛이 떨어진다. 안셀무스의 사유는 철
저히 종교적이다. 최고의 의미에 대한 믿음은 그의 사유에 혼을 불어넣
고, 그것의 걸음걸이에 날개를 붙여 준다. 인간의 정신의 상승할 수 있
는 최고의 이념은 단순한 이념, 피도 없는 오성의 구성물이어야 한다는
사실은 그러한 사유에서는 참을 수 없는 일이다. 최고의 것은, 그것이

---

9)   Grundzüge der Religionsphilosophie, 제3판, Leipzig 1894, 12면.

최고의 것이기 때문에 현실적인 것이 아닐 수 없다. 종교적 가치 체험
에서 흘러나오는 의미에 대한 믿음은 모든 증명의 혼이다. 그럼에도 그
러나 이 믿음은 아직도 이 논증의 방식에 이르지 못한다. 아직 제2의 요
인, 즉 스콜라철학의 주지주의가 덧붙여져야 한다. 이 주지주의는 저
초이성적 의미 믿음의 이성적-변증법적 특징의 전제가 된다. 이 주지주
의는 여기서 논리적 사유의 토론장 앞에서 자기의 권리를 증명하기 위
해서 엄격한 논리적 복장으로 치장한다. 이렇게 종교적 신앙과 합리적
사유는 공동으로 저 특유한 논증을 하기 위해서 합류한다.

2. 우주론적 신의 존재 증명

우주론적 증명은 세 가지 형식으로서, 즉 운동으로부터, 원인성으로
부터 그리고 세계의 우연성으로부터의 증명으로서 등장한다. 이미 토마
스 아퀴나스한테 세 가지 증명 방식이 있다. 이것은 그의 "다섯 가지 방
법"[10] 중의 세 가지의 첫 번째 것이다. 철학적으로 가장 의미 있는 형식
은 우연성 증명이다. 물론 이 증명은 근본적으로 모든 신의 존재 증명의
공통적인 토대를 이루는 것이어서 결국에 가서는 하나의 신의 존재 증
명만이 존재한다. 어느 가톨릭의 지도적 호교론자는 다음과 같이 진술
하고 있다. "사람들은 몇 가지 신의 존재 증명을 구별하는데, 이것은 세
상 사람들에게 신을 가르치는 관점이 다수가 존재하는 한, 옳다. 그런
데 여기서 모든 증명에는 하여간에 동일한 본질의 계기가 있고, 세계에
는 우연성이 언제나 존재하여, 이것이 세계를 넘어 신으로 나아가게 강

---

10)   참조. 이에 대해서는 나의 저서: Die Weltanschauung des Thomas von Aquin,
       Stuttgart 1925.

요한다는 것이다." 특히 인과성의 증명은 "우연성 증명의 어떤 특수한
형식일 뿐"[11]이다. 칸트의 형안은 다음과 같이 증언한다. 칸트는 그의
우주론적 신의 존재 증명의 기초에 세계의 우연성(라이프니츠가 명명하
듯이)의 증명을 두고 있고, 이 우연성은 동시에 이 추론법이 "평범한 오
성에 대해서뿐만 아니라, 사변적 오성에 대해서도 가장 많은 설득력을
지닌다는 것을 정초하고 있다. 그것은 마치 이때 또한 분명히 자연적
신학의 모든 증명에서 최초의 윤곽 — 이 윤곽을 사람들은 언제나 따라
갔고, 더 멀리 나아가게 되는 것이다 — 을 이끌어 내는 것과 같은 것인
데, 사람들은 이 윤곽을 이제 그가 언제나 의욕하는 것만큼 많은 엽형
장식(葉形裝飾)과 소용돌이 장식으로 은폐할 수 있다."[12]

칸트는 우주론적 증명을 매우 간단하게 공식화한다. "만약에 그 어떤
것이 실존한다면, 절대적으로 필연적인 존재도 실존해야 한다. 소전제
는 경험을 포함하고, 대전제는 경험 일반으로부터 필연적인 것의 현존
에 이르는 추론을 포함한다."[13] 이 추론에 대해서 칸트는 (각주에서),
이 추론은 너무도 잘 알려진 것이어서 이것을 여기서 세밀하게 개진하
는 일이 필요할 것이다라고 진술한다. 이 추론은 "모든 우연적인 것은
그것의 원인을 가진다고 하는 인과성의 이른바 선험적 자연법칙"[14]에

---

11)   Fr. Sawicki, Die Gottesbeweise, Paderborn 1926, 85면과 128면. 이 중요한 인식
      은 유감스럽게도 J. Mausbach에 의해서 다시 포기하게 되었다. 그의 저서:
      "Dasein und Wesen Gottes", I권 (Münster 1930)은 건전한 비판적 입김에 의해
      서 고취된 Sawickis의 저작에 대해서 유감스러운 후퇴를 의미한다. Mausbach가
      어떻게 천 번이나 논박된 인과율의 정초를 반복하고, 자기의 신의 존재 증명의 토
      대로 삼을 수 있는지 전혀 이해할 수 없다.
12)   Kritik der reinen Vernunft, 476면.
13)   같은 책, 476면.
14)   같은 곳.

의존한다. 우리가 여기에 존재하는 부정확성을 교정하고, — 실제로 우연성 증명은 원인성의 법칙에 의존하지 않고, 충족 존재 이유의 법칙에 의존한다. 왜냐하면 이 증명은 세계의 (우연한) 존재와 관계해야 하기 때문이다 — 본래의 대전제를 정점에 둔다면, 이 논증은 다음과 같은 형태를 얻게 된다:

모든 존재자는 자기 자신 속에 있거나 또는 어떤 다른 존재자 속에 놓여 있는 충분한 존재 이유를 가져야 한다.

세계는 자기의 존재 이유를 자신 속에 가지고 있지 않다. 즉 세계는 우연적이다.

따라서 세계는 그것의 존재 자체를 정초하고, 또 어떤 필연적인 존재인 어떤 다른 존재자 속에 자기의 존재 이유를 가진다.

이것으로써 물론 이제 필연적 존재의 현존은 실로 "증명"되지만, 그러나 아직도 신의 현존은 증명된 것이 아니다. 따라서 아직도 필연적 존재는 동시에 가장 완전하거나 또는 가장 실재적인 존재라는 것이 지적되어야 한다. 따라서 칸트는 속행한다. "이제 증명은 계속해서 추리한다. 필연적 존재는 유일한 방식으로만, 즉 가능한 모든 대립된 술어를 고려하여 그중에서 하나의 술어를 통해서 규정될 수 있고, 따라서 필연적 존재는 그것의 개념을 통해서 예외 없이 규정되어야 한다. 이제 사물을 선천적으로 예외없이 규정하는, 사물의 유일한 개념만이, 즉 **실재적인 존재자의 개념**만이 가능하다. 따라서 가장 실재적인 존재의 개념은 유일한 개념이요, 이것을 통해서 필연적 존재는 사유될 수 있다. 즉 최고의 존재가 필연적으로 실존한다."[15]

우주론적 증명은 존재론적 증명으로부터뿐만 아니라 목적론적 증명

---

15)   같은 책, 477면.

으로부터도 뚜렷하게 대조를 이룬다는 사실을 칸트는 명백히 이해한다. "증명은 본래 경험에서 시작하고, 따라서 전적으로 선천적으로 진행되지 않거나 또는 존재론적이다. 그리고 모든 가능한 경험의 대상이 세계라고 불리기 때문에, 따라서 이 증명은 우주론적 증명이라 불린다. 우주론적 증명도 경험의 대상의 모든 특수한 성질 — 이 성질을 통해서 이 세계는 모든 가능한 대상으로부터 구별된다 — 을 사상(捨象)하기 때문에, 이 우주론적 증명은 이미 그 명칭에 있어서 물리신학적 증명 — 이 증명은 우리들의 이 감각 세계의 특수한 성질의 관찰을 증명 근거로 필요로 한다 — 과 구별된다."[16]

칸트가 우주론적 증명에 대해서 제기하는 주된 반론은 이 증명이 존재론적 증명을 은밀하게 숨긴 채 포함하고 있고, 결국 이 존재론적 증명에 의존하고 있다는 사실이다.

칸트는 이러한 증명을 다루기 위해서 그의 모든 통찰력을 제시한다. 그에게는 다음과 같은 것이 문제이다. 즉 그것은 "사변적 이성이 위장된 형태의 낡은 논증을 새로운 논증으로 제시하고, 두 증인 — 즉 하나는 순수한 이성 증인과 다른 하나는 경험적 확증의 증인인데, 이때 전자만이 후자로 간주되기 위해서 그의 옷과 목소리를 바꾼다 — 의 동의를 끌어대는 사변적 이성의 책략을 명백히 밝히는 문제이다. 이 증명은, 그 근거를 바로 확실하게 정초하기 위해서, 경험에 기초를 두고 있고, 그렇게 함으로써 순전히 순수한 선천적 개념에 그 전체의 신뢰를 두는 존재론적 증명과 구별되는 듯한 외관을 나타낸다. 그러나 필연적인 존재 일반의 현존으로 둘도 없는 발걸음을 내딛기 위해서는 우주론적 증명은 단지 이 경험을 이 사용할 뿐이다. 이 필연적 존재의 현존이 속성으로

서 가지는 것을 경험적인 증명 근거는 가르칠 수 없고, 거기서는 이성이 전적
으로 경험적 증명 근거와 작별하고, 순수한 개념의 배후에서 다음의 것을 추구
한다: 즉 그것은 절대 필연적인 존재 일반이 속성으로서 가져야 할 것, 즉 모든
가능한 사물들 중에서 절대적 필연성에 요구되는 조건들을 자신 속에 포함하
게 되는 것이다. 그런데 이성이 가장 실재적인 존재의 개념 속에서 오로지 이
필요품만을 만난다고 믿고, 그리고 나서 그것은 절대적으로 필연적인 존재라
고 추리한다. 그러나 사람들이 여기서 최고의 실재성을 가진 존재의 개념이 절
대적 필연성을 지닌 개념에게 현존에 있어서 전적으로 충분히 도움이 되리라
는 것, 즉 전자로부터 후자에로 추리할 수 있으리라고 전제하고 있다는 사실,
즉 사람들이 우주론적 증명에서 가정하고 있고, 또 기초에 두고 있는 존재론적
논증이 주장했던 명제, 이것을 여기서 사람들이 피하고자 했다는 사실은 명백
하다. 왜냐하면 절대적 필연성은 단순한 개념에서 나온 현존이기 때문이다. 나
는 이제 다음과 같이 말한다: 실재적 존재자의 개념은 필연적 현존에 적합하고
어울리기만 하는 그러한 개념이요, 따라서 이러한 개념으로부터 필연적 현존
이 추론될 수 있다고 인정하지 않을 수도 없다. 따라서 본래 이른바 우주론적
증명 속에서 모든 증명력을 포함하고 있는 순수한 개념으로부터의 존재론적
증명만이 있을 뿐이고, 이른바 경험이란 것은 전적으로 무용한 것이어서, 아마
도 우리를 절대적 필연성의 개념으로 안내할 뿐이고, 그러나 이 필연성을 그
어떤 일정한 사물에서 밝혀 주는 것이 아니다."[17]

칸트의 반론은 따라서 논증의 전반부보다는 후반부에 향해 있다. 이
논증은 경험적 출발점을 가지고 있고, 그럼으로써 순전히 선천적인 존
재론적 증명의 논증방식과는 구별된다. 그러나 경험은 이 선천적 증명

---

17)   같은 책, 477면 이하.

방식에 필연적 존재의 개념을 얻도록 이바지할 뿐이다. 경험은 이 필연적 존재의 개념으로부터 가장 완전한 존재의 개념으로 전진하면서, 칸트에 의하면, 경험의 토대를 완전히 떠나 순전히 개념적으로 전진한다. 경험의 처치 방식은 순전히 선천적, 즉 존재론적 본성을 가지고 있다. 이것은 바로 사람들이 배제하고자 했던 존재론적 논증의 재수용을 의미한다. 이것은 가장 실재적 존재로서의 신의 개념으로부터 신의 필연적 실존을 도출하면서 실재적 존재와 필연적 존재의 동일화를 실현한다. 바로 이 동일시에 우주론적 증명도 책임이 있다. 다만 우주론적 증명은 실재적 존재자가 아니라 필연적 존재로부터 출발할 뿐이다. 우주론적 증명은 "절대적 필연성과 최고의 실재성의 결합을 유지하지만, 그러나 그 대신, 앞의 절(節)에서처럼, 최고의 실재성으로부터 현존에 있어서의 필연성으로 추리하지 않고, 오히려 미리 주어진 어떤 존재의 무제약적 필연성으로부터 그것의 무제한적 실재성으로 추리한다."[18]

그런데 우주론적 증명이 존재론적 증명을 포함하고 있고, 그것에 기초를 두고 있다는 칸트의 주장이 정당한가? 전통적 신의 존재 증명의 옹호자들은 이것을 단호하게 부정한다. "우리는 필연적 존재의 개념으로부터 가장 실재적인 존재의 개념으로, 그리고 이것으로부터 그것의 실존으로 추리하지 않는다. 그것과는 달리 우주론적 증명은 사실적인 우연적인 것으로부터 사실적인 필연적인 절대적 존재로의 추리인 것이다. 그 사실성이 증명되고 난 후에 비로소 우리는 그것의 절대적 성격(자존성)으로부터 이 실존이 필연적으로 신의 존재에 속하고, 이 필연적 존재는 개념 필연적으로도 역시 가장 실재적이라는 귀결을 도출한다."[19] 여기에다 우리는 다음의 사실을 덧붙인다: 칸트는 순수한 개념

적, 선천적 조치를 존재론적이라고 표시한다. 실재적 존재 개념의 필연
적 존재 개념으로부터의 도출은 순전히 개념적인 길 위에서 귀결한다
는 사실을 인용된 저자도 역시 인정하지 않으면 안 된다. 그러나 이때
칸트는 존재론적 조처에 관해서 말할 자격을 가진다. 이 조처가 존재론
적 증명과 논리적으로 완전히 동일하지 않다는 사실은 칸트도, 그가 이
조처가 역(逆)의 길로 선다고 강조할 때, 인정한다. 사람들이 그에게 다
음과 같이 즉 우주론적 증명은 거기로부터 신에 도달하기 위하여, 필연
적 존재라는 단순한 개념으로부터가 아니라, 실제로 실존하는 존재, 그
리고 그러한 것으로서 증명된 필연적 존재로부터, 출발한다고 이의를
제기한다면, 우리에게 절대자의 본질 직관은 거부되어 있기 때문에, 그
는 사실상으로 저 개념에 의지하고 있고, 모든 그 이상의 사상적 작용
은 이 개념을 토대로 삼고 있다는 사실이 진술되어야 한다.

　우주론적 신의 존재 증명의 옹호자는 따라서 존재론적 신의 존재 증
명으로서 화제로 되어 있는 조처의 특징 묘사에 거역할 어떠한 사실적
이유도 갖지 않을 것이다. 이것으로써 법적(法的)인 문제는 아직도 전혀
결정된 것이 아니기 때문에, 더욱더 이유가 없다. 저 조처가 존재론적
인 것으로서 특징지어져야 한다 할지라도, 그것은 그 때문에 그럼에도
정당한 조처일 수 있다. 그것은 이때 실재적 존재의 개념이 필연적 존재
의 개념 속에 어떤 방식으로든지 포함되어서 절대적으로 필연적인 존
재가 동시에 절대적으로 무한한 존재로서 규정되어도 좋고 또 규정되
어야 할 때의 경우이다. 이제 이것을 이 논증의 옹호자가 주장한다. "우
리는 우주론적 증명에서 사유를 매개로 경험으로부터 출발하면서 존재
자체가 실존하고, 존재 자체와 존재 자체만이 형이상학적 필연성을 가

---

19)　L. Baur, Metaphysik, Kempten 1923, 461면.

지고서 절대적으로 무한하다는 것을 인식한다." "신은 순수 현실태이다. 무한한 존재의 개념만이 무제약적으로 필연적인 존재의 개념을 만족시킨다."[20]

우리는 다음과 같이 의문을 제기한다. 이렇게 해서 그 아래에서 이 증명의 옹호자들이 그리스도교의 인격신을 이해하게 되는, 절대적으로 필연적인 존재와 절대적으로 무한한 존재 간의 다리가 현실적으로 도대체 세워진 것인가? 이 의문은 분명히 부정되지 않을 수 없다. 나는 여기서 내가 이미 20년 전에 이 점에 관해 신스콜라철학과의 논쟁에서 이야기했던 것, 즉 "순수 현실태"와 인격적 신의 이념 간에는 조정할 수 없는 심연이 벌어져 있다라고 되풀이할 수 있을 뿐이다. 왜냐하면 인격적 신의 이념은 실재적 존재일 뿐만 아니라 최고 선이기도 하고, 가장 완전한 현실성일 뿐만 아니라 최고의 가치이기도 하기 때문이다. 무한한 존재, 무제한의 존재 충만의 본질은 그러나 필연적으로 가치 존재인 것은 아니다. 그것의 엄격한 본질에 따르면, 그것은 가치에 무관심적인 양(量)이다. 그것은 신일 필요가 없다. 그것은, 아주 날카롭게 표현한다면, 악마일 수도 있다. 여기서 종교적 신의 이념은 결코 순전히 형이상학적 고찰의 길 위에서 획득되는 것이 아니고, 필연적 존재의 개념 또는 자체 존재의 개념으로부터 도출될 수 없다는 사실이 명백히 지적된다. 우리가 발견한 것처럼 철저하게 "가치 현실성"을 의미하고, 따라서 가치론적 길 위에서만 파악될 수 있는 것은 본래 이미 인격의 개념 속에 놓여 있다.[21]

---

20) C. Nink S. J., Kommentar zu Kants Kritik der reinen Vernunft, Frankfurt a. M. 1930, 272면과 257면.

21) 참조. 나의 저서: Das Kausalprinzip, 282면 이하. Fr. Sawicki 역시 관계되는 연역 시도(토마스의 것도 역시)를 철저히 검토한 후에 자체 존재의 개념에서 완전한

  우리들의 사상 진행은 칸트의 비판의 보완과 심화를 의미한다. 이 사상 진행은 필연적 존재의 개념으로부터 실재적 존재의 도출을 거부한다. 왜냐하면 이 도출은 순전히 개념적, 존재론적 본성을 가지고 있기 때문이다. 우리는 여기서 아직도 저 도출에 대한 어떠한 정당한 반론도 볼 수 없었다. 순전히 형식적인 이 근거로부터가 아니라 어떤 실질적인 근거로부터 우리는 저 도출을 거부해야 한다고 믿었다. 저 도출은 목표에 도달하지 못한다. 왜냐하면 순전히 존재론적인 이념으로부터 본질적으로 가치론적 이념을 도출하는 것은 불가능하기 때문이다. 이 마지막의 결과에서 우리는 그러나 칸트와 일치한다. 즉 우주론적 증명은 신의 존재 증명이 아닌 것이다.

  그런데 우주론적 증명이 하나의 증명인가? 이 증명도 칸트는 인정하지 않는다. 그는 증명의 조처 자체에 대한 여러 가지 반론을 유효하다고 인정한다. 가장 중요한 반론은 세계의 우연성에 관한 것이다. 이 반론은 물론 신의 존재 증명의 비판에서가 아니라 칸트 저술의 이전 구절에서 발견된다. "모든 우연적인 것은 원인을 가진다라는 추정된 원칙은 그것 자신의 품위를 자신 속에 갖고 있는 것처럼 꽤 엄숙하게 등장한다. 그러나 내가 당신들은 우연성 아래에서 무엇을 이해하게 되느냐고 묻고, 너희들은 그 무엇의 비존재(非存在)가 가능하다라고 대답한다면, 나는, 당신들이 현상의 계열에서 계기(繼起)를, 그리고 이 계열에서 비존재로 귀결하는 (또 그 역[逆]으로) 어떤 현존, 즉 어떤 변화를 표상하지 못한다면, 당신들은 이 비존재의 가능성을 어디서 인식하고자 하는지를 알고 싶다. 왜냐하면 어떤 사물의 비존재가 자기모순이 아니라고 하는 사실은 진실로 개념에는 필연적인 것이지만 그러나 실재적 가능

지위의 개념이 도출될 수 없다는 결론에 이른다(같은 책, 98면).

성에는 훨씬 못 미치는 논리적 조건에 대한 마비된 예증이기 때문이다.
이것은 이때 마치 내가 나 스스로 모순을 범하지 않고 모든 실존하는
실체를 사상 속에서 지양할 수는 있으나, 그러나 여기서 이 실체의 그
현존에 있어서의 객관적 우연성으로, 즉 이 현존의 비존재 자체의 가능
성을 전혀 추리할 수 없는 것과 같다."[22] 칸트의 사상은 따라서: 모순이
없는 세계를 없는 것으로 사유할 수 있다는 사실로부터 이 세계에는 현
실적으로도 실존은 필연적으로 제격이 아니라는 결론이 아직 나오지
않는다는 것이다. 세계의 비실존을 사유할 수 있다는 사실 속에 놓여
있는 세계의 논리적 우연성은 아직도 세계의 형이상학적 우연성에 대한
어떠한 증명도 아니다.

　이 반론이 정당하다는 사실을 통찰력 있는 호교론자도 인정한다. Fr.
자빅키(Sawicki)는 다음과 같이 말한다: "우리는 우선 우리가 이 세계에
서 본질과 현존 간의 어떠한 필연적인 관계도 인식하지 못한다고 말하
기만 하면 된다. 우리는 세계의 본질을 완전히 논구한 어떠한 인식도
갖고 있지 않고, 그리하여 세계는 그 깊은 근거에 있어서 여전히 우리
에게 알려지지 않은, 존재의 필연성을 정초하는 완전성을 가지고 있다
는 사실은 그 자체로 가능한 것이다."[23] 동시에 세계의 우연성은 순전
히 개념적인 방법으로 확인될 수 없다는 것이 인정된다. 이것은 물론
세계가 도대체 정초될 수 없다는 것을 의미하지 않는다. 나중에 보게
되는 것처럼 이에 대한 근거는 내세워질 것이다. 칸트가 이 가능성을
더 이상 주목하지 않은 것은 그의 우주론적 논증 비판의 결점을 뜻한
다. 그는 물론 세계의 우연성에 대해 논리적으로 강요하는 증명이 존재

22)　같은 책, 227면.
23)　같은 책, 107면.

하지 않는다고 한 점에서는 옳다.

이리하여 논증의 소전제가 엄격하게 증명될 수 없다면, 대전제의 논리적 정당성은 어떤 것일지가 문제로 된다. 이 물음에 대한 칸트의 답은 매우 간단하다. 그가 경험을 초월하는 모든 것을 거부하기 때문에, 모든 형식에 있어서 경험을 초월하는 대전제도 배척하지 않으면 안 된다. 따라서 그는 "추정상의 인과성의 선험적 자연법칙"에 관해서 말하고, 분명하게 선험적 원리는 우연적인 것으로부터 원인으로 추리하는 것이며, "감각계에서만 의미를 가지고", 반면에 "감각계 바깥에서는 그러나 결코 의미를 갖지 않는다고 설명한다. 왜냐하면 우연적인 것이라는 단순히 지성적인 개념은 인과율의 개념처럼 전혀 종합적인 명제를 산출할 수 없고, 인과율의 원칙은 오직 감성계에서만 한정되며 그 외에는 그것을 사용할 어떠한 의미도 또 징표도 가지고 있지 않기 때문이다. 그러나 감성계에서는 인과율의 원칙은 감성계를 초월하는 데에 이바지하여야 한다."[24] 이리하여 우리는 칸트의 신의 존재 증명의 가장 취약한 점, 동시에 그것의 가장 철저한 기초이기도 한, 인간 인식의 선험적-관념적 파악 앞에 서게 된다. 물론 다만 칸트의 충족 존재 이유율의 명증성의 성격이 논쟁이 되는 한, 우리는 이 점에 동의하지 않을 수 없다. 왜냐하면 이 명제는, 위에서 지적된 것처럼, 사실은 직접적으로도 간접적으로도 명백하지 않고, 우리의 이론이성의 요청이기 때문이다. 그러나 이 명제가 그럼에도 신의 존재 증명을 위해서가 아니라, 자체 존재, 즉 세계 근거의 증명을 위한 영향력 있는 토대 역할을 한다는 사실을 우리는 나중에 알게 될 것이다.

우리가 우리의 논구로부터 결론을 이끌어 낸다면, 우주론적 신의 존

---

24) 같은 책, 480면.

재 증명은 실은 증명도 신의 존재 증명도 아니라는 사실이 인정될 것이다. 그럼에도 불구하고 이 증명에는 정당한 핵심이 꽂혀 있다. 이 증명이 어느 방향에서 추구될 수 있을지를 우리는 이미 암시하였다. 칸트가 이 진리의 핵심을 보지 못하고 있다는 것은 그의 비판의 주요 결함이다. 그의 비판은 여기서도 너무도 부정적인 측면에 포함되어 있다. 이 비판은 논증의 논리적 결함을 보고는 있으나, 이 논증이 진리에서 포함하고 있는 것을 보지 못하고 있다. 그럼에도 증명의 오랜 연륜과 모든 시대의 탁월한 정신의 소유자가 이 결함을 습득했다는 사실은 순전히 파괴적인 비판 앞에서 이 결함을 조심했어야 할 것이다. 여기서도 역시 칸트의 인식론의 영향은 타당하게 되고, 이 결함을 증명의 긍정적 평가로 삼을 수는 없다. 어느 정도까지는 그의 철학적 사색의 역사 의식이 없는 방식, 즉 과거의 위대한 사상가들과의 그의 부족한 접촉도 이에 대해 책임이 있다.

3. 목적론적 신의 존재 증명

우주론적 신의 존재 증명이 세계의 현존을 주목하고 있는 반면에, 목적론적, 또는 칸트가 이름 부르고 있는 바와 같이, 물리-신학적 신의 존재 증명은 세계의 용재에 근거를 두고 있다. 칸트는 세계 속의 질서와 합목적성을 미루어 보고 이에 상응하는 원인, 즉 무한히 현명한 세계 창시자를 추론한다. 칸트에 의하면 증명의 주된 계기는 다음과 같다. "1. 세계에는 도처에 거대한 지혜로써 수행된, 일정한 의도에 의한 배열의 분명한 표시가 형언할 수 없을 정도의 다양한 내용의 전체에서도, 무제한적인 크기의 범위에 있어서도 존재하고 있다. 2. 이 합목적적 배열은 세계의 사물들에 아주 낯설고, 우연스럽게만 매달려 있다. 즉 여

러 가지의 사물들의 본성은, 만약에 이 사물들이 배열하는 이성적 원리
를 통해서, 근거에 놓여 있는 이념에 의해서, 그쪽으로 아주 본래적으
로 선택되고 설계되지 않았다면, 저절로, 매우 여러 가지로 합일하는
수단을 통해서 일정한 궁극 목적으로 조화를 이룰 수 없었을 것이다. 3.
따라서 다산성(多産性)을 통한 맹목적으로 작용하는 전능한 본성으로
서뿐만 아니라, 자유를 통한 지성으로서의 세계의 원인이어야 하는 하
나의 (또는 몇 개의) 숭고한, 그리고 현명한 원인이 실존한다. 4. 이러
한 것들의 통일은 세계의 부분들의 상호 관계의 통일로부터, 인공적인
건축물의 지절(指節)로서, 우리의 관찰이 미칠 수 있는 그것에서 확실
하게, 그러나 더 나아가 유비의 모든 원칙에 따라서 개연적으로 추리할
수 있다."[25]

　그 핵심에 따라서 이미 아낙사고라스에게서 발견되고, 그리고 나서
소크라테스, 플라톤과 아리스토텔레스에게서 중요한 역할을 하고 있으
며, 스토아와 교부철학 그리고 스콜라철학에서 언제나 되풀이하여 우
리가 만나게 되고, 근대의 위대한 사상가들도 받아들인 이 증명에 칸트
역시 존중을 거부할 수 없다. "이 증명은 언제나 존중하여 이름 불릴 만
한 가치가 있다. 이것은 가장 오래된, 가장 명백한 그리고 공통적인 인
간 이성에 가장 알맞은 증명이다. 이 증명은, 그 자체가 자연의 연구로
부터 그것의 현존을 갖게 되고, 그럼으로써 언제나 새로운 힘을 얻게
되는 것처럼, 자연의 연구에 생명을 불어넣어 준다. 이 증명은 목적과
의도를 우리들의 관찰이 스스로 발견하지 못할 곳으로, 그리고 우리들
의 자연 인식을, ― 그 원리가 자연의 바깥에 있는 ― 어떤 특수한 통일
성을 실마리로 하여 확장하는 그곳으로 데려간다. 그러나 이러한 지식

---

25)　같은 책, 490면 이하.

은 다시 그 원인에, 즉 야기하는 이념에 소급하고, 저항할 수 없는 신념에 이르기까지 어떤 최고의 창시자에 대한 믿음을 증가시킨다. 따라서 이러한 증명의 외관에서 그 어떤 것을 제거하려고 하는 것은 위안이 될 수 없을 뿐만 아니라 아주 무익하기도 하다. 비록 단지 경험적이라 할지라도 매우 강력하고, 이성의 손아래에서 점점 자라나는 증명의 근거를 통해서 끊임없이 고양되는 이성은, 섬세하게 추상된 사변의 어떠한 회의를 통해서도 억압될 수 없는 것이어서, 이성은 곧 꿈에서처럼 꼬치꼬치 캐는 모든 사람의 우유부단으로부터 — 위대한 것에서 위대한 것을 거쳐서 최고의 위대한 것에까지 이르고, 피제약자에서 제약을 거쳐 최상의, 그리고 무제약적인 창시자에까지 고양되기 위해서 — 이성이 자연 및 세계 구성의 존엄의 경이(驚異)에 던지는 형안(炯眼)을 통하여 손상을 입어서는 안 된다."[26]

칸트가 이 증명에 제기하는 주된 반론은 이 증명은 그 목적을 달성하기 위해서 우주론적 증명과 동시에 간접적으로 존재론적 증명을 사용한다는 것이다. 세계에 대한 목적론적 고찰은 "매우 위대한, 경탄할 만한, 헤아리기 어려운 힘과 탁월함"의 원인에 이른다. 그러나 이 술어들은 "본래 물 자체가 무엇인지를 말하지 않고, (세계를) 관찰하는 자가 자기 자신 및 그의 파악력으로써 비교하는 대상의 위대함에 대한 관계 표상일 뿐이요, 사람들이 대상을 보다 위대하게 만들거나 또는 대상과 관계하고 있는 관찰하는 주관을 사소하게 만들거나 간에, 당장 찬미하게 되는 관계 표상인 것이다."[27]

물리 신학 자체는 그 때문에 "최상의 세계 원인의 어떠한 일정한 개

---

26) 같은 책, 489면 이하.
27) 같은 책, 492면.

넘도 줄 수 없다."[28] 달리 말하면 물리 신학은 가장 완전한 존재의 현존을 증명할 수 없다. 이 증명은 물리 신학이 우주론적 증명의 도움을 비밀로 받을 때에만 가능하다. 이 일을 사실상 다음과 같이 행한다. "사람들이 세계 창시자의 지혜와 힘 등등의 위대함에 대한 경탄에 다다라서 더 이상 나아갈 수 없게 된 연후에, 사람들은 갑자기 경험적인 증명 근거를 통하여 안내된 이 논증을 떠나서 당장 시초에 세계의 질서와 합목적성에서 제외된 세계의 우연성으로 나아간다. 이제 사람들은 이 우연성으로부터만, 단적으로 선험적 개념을 통해서, 절대 필연적인 존재의 현존으로, 그리고 제일 원인의 절대 필연성의 개념으로부터 예외 없이 규정된 또는 규정하는 이 현존의 개념으로, 즉 일체를 포괄하는 실재에로 나아간다. 따라서 이 물리 신학적 증명은 그것의 계획 속에 정체되어 있고, 이러한 곤경 속에서 갑자기 우주론적 증명으로 이행(移行)했으며, 이 우주론적 증명은 은폐된 존재론적 증명일 뿐이기 때문에, 물리 신학적 증명은, 이것이 비록 시초에는 이성과의 모든 유사성을 부인하고, 경험에서 나오는 분명한 증명에 모든 것을 내맡겼다 할지라도, 순수한 이성을 통해서만 그 의도를 현실적으로 수행한 것이다."[29]

칸트는 이러한 규명으로써 정당하게 된 것인가? 이 물음은 우리의 생각으로는 긍정해야 한다. 위에서 언급한 것처럼 우연성의 증명은 모든 신의 존재 증명에 대한 공통적인 토대이다. 목적론적 증명도 이 우연성의 증명에 의존한다. 세계의 우연성에 대한 사상이 없이는 목적론적 증명은 목표에 도달할 수 없다. 단적으로 질서로서가 아니라 우연적 질서로서 세계의 구조는 그 자신을 벗어난다. 또한 여기서는 결말을 매

---

28) 같은 책, 493면.
29) 같은 책, 493면.

개하는 사물의 우연성도 마찬가지이다. 그러나 여기서 목적론적 증명은 우연성의 증명 곁에 있는 자립적인 증명이 아니라, 이 우연성의 증명을 전제하고 그 결과를 속행한다는 사실이 귀결된다. 우주론적 증명이 이르게 된 자체 존재는 세계의 목적론적 고찰을 통해서 그것의 용재에 있어서 보다 더 자세하게 규정된다. 우연적 세계가 요구하는 세계 근거는 현명하고 동시에 정신적인 존재로서 새로운 관점 아래에서 나타난다. 우주론적 및 목적론적 고찰 방식은 서로 결합된다. 칸트가 올바로 서술하고 있는 것처럼, 전자는 저절로 후자 속으로 이행한다. "우리는 도처에서 결과와 원인, 목적과 수단의 연쇄, 발생 또는 소멸에 있어서의 규칙성을 본다. 그리고 어떠한 것도 그것이 존재하고 있는 상태에로 저절로 들어선 것이 아니고; 이 상태는 바로 똑같은 더 이상의 그 관계의 물음을 언제나 계속하여 필요로 하는 자기의 원인과는 다른 어떤 사실을 지적하기 때문에, 그리하여 이러한 방식으로 전 삼라만상은 무(無)의 심연 속에 빠져들지 않을 수 없게 되어서, 사람들은 이러한 무한한 우연적인 것 외부에서 자체적으로 근원적이며, 자립적으로 존재하면서 동일성을 유지하고, 자기의 근원의 원인으로서 그것에서 동시에 그 지속을 보증한 그 어떤 것을 가정하지 않을 것이다. 이 최고의 원인(세계의 모든 사물을 고려하여)은 사람들이 얼마나 위대하다고 상상해야 할 것인가?"[30] 이것이 이때 세계의 목적론적 고찰이 대답하고자 하는 그 물음이다.

사람들이 목적론적 논증을 독립적인 증명으로서가 아니라, 이 논증이 전제로 삼는 우주론적 논증의 속행으로서 파악한다면, 목적론적 증명의 결과에 관계하는 칸트의 반론은 무력하다. "따라서 그 증명은 기

---

30) 같은 책, 488면 이하.

껏해야 그가 가공하게 되는 소재의 유용성을 통해서 언제나 몹시 제한
받게 될 세계 건설자는 설명할 것이지만, 그러나 — 그것의 이념 아래에
인간이 목전에 가지고 있는 큰 의도에, 구체적으로 말해서, 충분한 근
원적 존재를 증명하기에는 월등하게 모자라는 모든 것이 예속하게 되
는 — 세계 창조자는 설명할 수 없을 것이다."[31] 사실상으로 목적론적
고찰은 세계 창조자가 아니라 세계 건설자에로 이르게 될 뿐이다. 그러
나 세계 창조자에로 목적론적 고찰은 안내될 필요가 없다. 왜냐하면 우
주론적 증명이 이것을 이미 수행했기 때문이다. 우주론적 증명이 밝힌
세계 근거 또는 세계 원인은 목적론적 논증을 통하여 보다 자세히 규정
되는데, 실로 세계 질서를 정초하는, 현명한 본질로서 규정된다. 동시
에 아직도 가장 완전한 존재, 즉 따라서 신은 증명되지 않았다는 사실
은 칸트에 의해서 정당하게 강조된다. 세계 전체에 대한 우리들 자신의
형이상학을 설명함에 있어서 우리는 이 가장 완전한 존재를 보다 더 자
세히 정초할 것이다.

　우리가 신의 존재 증명에 대한 칸트의 비판 전체를 되돌아본다면, 그
것은 이론(異論)의 여지가 전혀 없는 것은 아니다. 실로 칸트의 날카로
운 통찰은 신의 존재 증명의 본질적인 약점을 명백히 인식했고, 적절하
게 제시하였다. 그러나 그의 일면적인 인식론은 그를 그렇게도 많고 중
요한 사상가들에 의해서 변호된 증명의 긍정적인 인정으로 이르게 하
지 않는다. 그의 반론도 개별적으로 언제나 근거가 충분한 것이 아니
다. 결국 그의 비판적 고찰은 우리가 아직도 보다 더 자세히 주목해야
할 특수한 종류의 한계를 제시한다.

31)　같은 책, 492면.

4. 신의 존재 증명의 심리학

우리는 칸트의 존재론적 신의 존재 증명의 비판을 논의할 때 그가 이 논증의 종교적 배경에 대해서는 어떠한 고려도 하고 있지 않음을 강조하였다. 이 동일한 사실은 그러나 두 가지 다른 증명에 관해서도 마찬가지로 타당하다. 칸트는 언제나 이 증명들의 논리적 층만 보고, 그 배후에 놓여 있는 비논리적, 비합리적 또는 오히려 초이성적인 층은 보지 않았다. 그의 예리한 통찰력은 논리적 측면으로 향했기 때문에, 그는 논리에 대립하는 여러 충돌을 발견한다. 그는 "이성의 간지(奸智), 변증법적 가상(假象), 변증법적 월권의 완전한 온상(溫床)"에 관해서 말한다. 그러나 이것은 칸트에게는 유명하고 명민한 사상가들이 저 논증의 설득력을 확신하고 있었다는 사실을 도대체 어떻게 설명할 수 있는가라는 의문을 실로 제기하는 의미에서가 아니다. 모든 논리적 설명은 여기서는 제 기능을 발휘하지 못한다. 사람들은 논리적인 것의 배후에 보다 더 깊이 놓여 있는 것으로 소급하여야 한다. 그것은 결국 여기서는 사유가 담지하고 있고, 또 논리적 난해성 너머로 들어 올리는 종교적 동기이다. 신의 존재 증명 속에서 생동하는 사유는 종교적으로 규정된 사유이다. 이 사유는 어떤 종교적인 관점을 가지고 현실로 다가선다. 그것은 세계를 종교적인 조명으로, 신의 신앙의 빛 속에서 보기 때문에, 세계는 이 사유에서는 당장 우연한 것으로 보인다. 세계의 우연성에 대한 증명의 기저에는 이 세계관이 놓여 있다. 종교적 사유 동기는 여기서는 엄격한 이성적 언어로 번역된다. 이 사유가 그것의 합리적 논증의 결과를 당장 종교적인 신의 이념과 동일시한다는 위에서 논의된 사실은 달리 설명되지 않는다. 신의 사상은 이 사유를 강하게 지배하기 때문에, 이 사유는 신을 필연적 존재 또는 순수 현실의 이념에서 또는 현명한 세계 건설자의 이념에서 재발견한다고 믿는다. 이 사유는 원래 최후의 현실적인 것, 최상의 존재 원리를 신으로 간주하는 경향을 가지고 있다. 여기서 이 사유는 저 이념과 순전히 종교적인 신의 이념 간의 거리를 전적으로 간과하고 있다.

이리하여 우리는 도대체 이른바 엄격히 합리적인 논증이 실제로는 초합리적인 동기에 의해서 완성되어 있고, 종교를 정초해야 할 합리적 동기들이 사실상으로는 그 자신이 종교에 기초하고 있다는 역설적인 사실 앞에 서 있다. 사정이 이러하다는 것을 저 논증이 그 본래의 전제가 주어져 있는 곳, 즉 종교적 입장을 만나게 되는 곳에서만 그것의 설득력을 발휘할 수 있다는 심리학적 사실도 역시 증명한다. M. 셸러는 이 사태를 특히 명백히 설명하였다. 그는 다음과 같은 질문을, 즉 "하여간에 진실로 착종되어 있지 않고, 어렵지 않은 이 증명이, — 피타고라스적 증명은 꽤 어렵고 착종되어 있다 — 아무런 설득력도 없이 현대의 인간들에 대해 존재하거나, 또는 전통, 신앙 그 외 다른 방식의 종교적 인식 방법을 통해서 신의 현존에 대한 믿음을 이미 앞서서 소유하고 있지 않은 모든 사람들에 대해서 존재한다는 사실이 어디서 나타나는지 하는 질문을 제기한다. 그렇게도 단순한 이 증명(최상의 세계 원인 등으로의 운동 증명 및 추론)은, 알려져 있는 것처럼, 그렇게도 분명하고 명백하며 안전하게 — 그런데 이러한 종류의 '자연적 신학'에 대한 그의 깊은 불신을 결코 침묵하지 않았던 이를테면 뉴먼과 같은 그렇게도 위대한 권위자와도 모순되게 — 어찌하여 이때 이러한 신학적 전통 속에서 교육받지 않은 모든 사람에게서보다도 더 잘 모든 현대인에게서 전면적인 거절을 발견하게 되는가? 많은 사람들의 한 무리에서 똑같이 어울리고, 종교적으로는 아직도 완전히 무전제적 이성이 반대 방향으로 전환해야 한다는 그렇게도 단순한 증명이 사실상 심리학적으로는 다만 편협한 교육의 전통 때문에 작용한다는 것은 놀랄 만한 모순이 아닌가? 합리적인 요구이고 — 순전히 전통주의적인 작용 형식이다! 그리고 역시 우리의 견해에 따르면 근본적으로 잘못된 '전통주의'는 바로 '자연적' 신학을 통해서 예방해야 하는 것이 아닌가?"[32] 이 물음에 대한 답은 다음과 같은 통찰에, 즉 "이 증명의 존재와 타당성은 형식적인 논리법칙, 인과율과 귀납적인 의미의 경험의 사실 — 세계에 대한 종교적 고찰 형식에 의해 증명된 이러한 사유의 본질에 어울리는 포괄성과 그리고 이 고찰에 있어서 또 이 고찰에 있어서만 주어져 있는 특별한 본질적 사실 및 본질적 사실관계 — 과는 다른 어떤 것을 전제한다는 통찰 속에 놓여 있다. 현대인이 사유력과 추리력을 별로 가지고 있지 않기 때문이 아니라, 또 전통적인 형식의 신의 존재 증명을 몰라서가 아니라, 이 증명에서 여기서 실현되어 있는 것보다 더 미묘한 요구를 하기 때문에, 그리고 이 증명이 — 은밀히 — 의존하고 있는 직관의 재료와 형식이 현대인에게는 없기 때문에 그 이유로 현대인에게 신의 존재 증명이 알려져 있지 않다."[33]

II. 세계 근거의 현존

1. 문제 상황

우리가 이미 알고 있는 것처럼, 셸러는 철학의 정점에 "세 가지의 가

---

32)   Vom Ewigen im Menschen, Leipzig 1921, 575면 이하.
33)   같은 책, 579면과 584면.

장 기본적인 명증성"을 두고 있는데, 그중 첫 번째 것은 도대체 그 어떤
것이 존재한다거나 또는 무(無)는 존재하지 않는다라는 내용이다. 이
"첫 번째의 직접적 명증성" 옆에 이 첫 번째 것의 토대 위에 그리고 존
재의 구분의 근거 위에 존재하는 두 번째의 통찰이 등장한다. 이것은
존재 방식, 존재 형식 등등의 모든 분리에 선행하고, 어떤 존재자가 어
떤 다른 존재자에 종속해 있는지 또는 모든 종속성을 배제하고서 다시
말하면 절대적 존재자로서 또는 자체 존재로서 실존하는지 어떤지 하는
구별에 관계한다. 그런데 "어떤 절대적 존재자가 있다거나 또는 모든
다른 존재는 그것 때문에 절대적일 수 없는 그러한 어떤 존재자는 그것
에 합당한 존재를 소유한다는 것은 두 번째의 명증적 통찰이다."[34] 셸러
는 이것을 다음과 같이 정초하고 있다: "도대체 그 어떤 것이 존재하고,
오히려 도대체 무(無)는 존재하지 않는다면, 임의로 검사하는 우리의
'본보기들'에서 (그 어떤 것이-아닌-존재이기도 하고 비-현존이기도
한) 상대적인 비존재인 바로 그것은, 그 존재를 다른 존재로부터 (이 중
에는 역시 인식하는 주관으로부터도) 소유하지만, 그러나 그것의 존재
자체는 소유하지 않는 가능한 종속성 및 관계에로 밀어 넣어진다. 이
존재 자신은 추론에 의해서가 아니라 직접 직관하는 통찰에 의해서 어
떠한 보다 더 자세하게 제한하는 규정도 없는 절대적 존재 속에서 어떤
원천을 요구한다. 이 명제를 부정하는 사람에 대해서는 사람들은 그의
부정의 시도 자체와 그의 모든 논증들이 절대적 존재자 자체를 그 자신
의 의도 속에서 그에게 사실상으로 주어지고 또 그에 의해서 사실상으
로 인정된 것으로서 전제한다고 지적할 수 있을 뿐이다. 이 명제를 부정
하는 사람은, 절대적 존재자 자체의 탈취를 지적(知的)으로 시도할 때,

---

34) 같은 책, 115면.

태양처럼 당장 명백하게 되는 것처럼, 이 절대적 존재자를 사실상으로 그의 모든 의도에 있어서 정신적 눈으로 포착한다. 그는 모든 상대적 존재, 따라서 또한 모든 상대적 비존재의 조직을 통해서, 이 비존재를 꿰뚫고, 또 그 방향으로 본다. 그러나 그러한 방향으로 보기 위해서 그는 또한 목표를 이것이 절대적 존재자보다 더 멀리 있지 않는 것만큼 — 보다 더 자세히 규정하지 않고 — 보아야 한다."[35]

모든 상대적인 것이 그것의 존재를 결국 힘입고 있는 절대자가 존재한다는 사실은 따라서 셸러에게는 의심의 여지가 없는 진리이다. 이 진리는 미리 증명될 필요가 없고, 그 자체로 명백하다. 동일한 견해를 셸러의 이 관점을 약간 변용된 형식으로 터득한 K. 아담이 변호한다. 이것은 그에 의하면 "나 자신의 본질에서 직관된 명증이다. 즉 존재하는 모든 것에서는 존재와 용재의 내적 필연성이 결여해 있다. 그러나 왜 그런가? 무엇 때문에 그러한가? 이 '무엇 때문'은 직접적으로 도출된 첫 번째의 명증성으로부터 두 번째의 명증성으로 이른다. 절대적 존재가 존재해야 한다는 것이다. 이것은 존재를 소유하는 것이 아니라, 존재이다라는 어떤 것이다. 따라서 이 어떤 것으로부터 모든 경험적 존재는 현실적 존재에 관계하는 자기의 존재를 만든다. 이 인식은 두 번째의 자리에 있는 명증성으로서 존재한다. 왜냐하면 그것은 나의 인식에 있어서는 첫 번째 명증성에서 나온 귀결이기 때문이다. 그러나 그것은 직접적 명증성이요, 중간항(中間項)을 통한 매개된 귀결이 아니다. 왜냐하면 내가 어떤 '우연적'인 존재를 정립하면서 동시에 '절대적' 존재도 정립하기 때문이다. 이 절대자는 어디에 있는가? 그것은 누구인가? 그것은 어떻게 존재하는가? 이 물음에 대한 대답은 더 이상 직접적으로

명백한 것이 아니고, 추리를 도출하는 사유를 통해서만 획득될 수 있
다. 여기에 그러므로 철학적 신의 인식이 시작된다. 그러나 이 신의 인
식은 더 이상 무전제적, 무목표적인 것이 아니라, 명증성에 의해서 지
배되고 있다. 즉 절대자가 존재한다. 인간의 정신은, 깊은 곳에 존재하
는 자기 자신의 자아를 부정하지 않으려면, 다음과 같이, 즉 절대자는
존재하는가라고 질문해서는 안 되고, 오히려 나는 현존하는 절대자를
어떻게 보다 더 자세하게 규정해야 하는가라고 질문해야 한다."³⁶⁾

이러한 견해에 대한 상상할 수 있는 가장 날카로운 반정립을 우리가
그것을 우연성의 이론에서 알게 된 것처럼 N. 하르트만의 관점이 암시
한다. 이 관점에 의하면 자체 존재 또는 필연적 존재라는 존재는 명백하
지 않을 뿐만 아니라 불가능하다. 보다 정확히 말하면 이 개념은 난센스
이기 때문이다. 하르트만에게는 "모든 제일 존재는 우연적이다"³⁷⁾라는
명제가 타당하다. 과연 원리들은 필연성, 즉 구체적인 것에서 등장하는
필연성의 기초이지만, 그러나 그 자체는 철저히 우연적이다.³⁸⁾ 여기서
어떤 절대적으로 필연적인 존재의 이념은 "엄청난 실패"라는 결론이
나온다.³⁹⁾ "실제로 그 자신으로부터 필연적인 존재는 필연적이지 않은
존재를 의미한다. 왜냐하면 필연성은 어떻든 '외적 상대성' 자체를 가
지기 때문이다. 그러나 여기서는 그것의 '근거로' 그것이 필연적일 수
있을 그것 외에 어떠한 것도 존재하지 않는다. 따라서 사람들은 언제나
자기 원인일, 어떤 것이 자기의 근거를 자신 속에 가지고 있다고 언제나

---

36) Glaube und Glaubenswissenschaft im Katholizismus, 제2판, Rottenburg 1923,
     75면 이하.
37) Möglichkeit und Wirklichkeit, 53면.
38) 같은 책, 93면.
39) 같은 책, 92면.

말할지라도, 이 말로써 보다 높은 어떠한 양상(樣相)도 얻지 못한다. 왜
냐하면 바로 근거를 자신 속에 가지고 있는 것은 그러나 그 때문에 근
거를 자기 바깥에 가지지 못하고, 따라서 그것은 필연적인 것이 아닐,
우연적인 것이기 때문이다. 절대적으로 필연적인 존재로서의 신은 오
히려 절대적으로 우연적인 존재이다."⁴⁰⁾

마지막 명제가 명백히 하고 있는 것처럼 하르트만은 필연적 존재의
개념을 부정한다. 왜냐하면 그것은 외적인 필연성일 뿐, 그러나 내적
필연성은 알고 있지 못하기 때문이다. 이러한 이해가 잘못을 저지르고
있다는 사실을 우리는 존재론에서 보았다. 우리는 거기서 존재론적 사
유는 필연성 그 자체의 개념 없이는 알려질 수 없음을 지적할 수 있었
다. 우리는 거기서 저 이해로부터 밝혀지고 또 하르트만에 의해서 모든
형식으로 도출되는 귀결을 언급하기도 하였다. 이 귀결은 저 개념을 논
리적 영역으로 적용할 때 현상한다. 구체적으로 말하면 모든 원리가 우
연적이라면, 논리적 원리도 마찬가지이다. 그러나 이것이 의미하는 바
는, 논리학의 사유법칙에는 모든 내면적 필연성이 결여해 있다는 것이
다. 모든 원리, 공리, 법칙처럼 논리학의 사유법칙도 우연적인 것이다.
이러한 명제들은 역설적일 뿐만 아니라, 바로 불합리하다는 사실을 우
리는 위에서 보았다.

하르트만은 서술된 입장으로써 거의 전체 형이상학을 반대한다는 사
실을 그는 의식하고 있다. "그가 생각한 바로는 이 사태는 너무도 명백
한 것으로서 현상하는 것이어서, 사람들이 이 사태를 일단 원칙적으로
파악했다면, 그러나 이 사태는 형이상학에서는 거의 언제나 오해된 것
이다."⁴¹⁾ 실제로 여기서 이 사태를 오해한 사람은 하르트만이다. 이 오

---

40) 같은 책, 93면 이하.

해는 그의 거짓된 필연성 개념에 놓여 있다. 이 필연성 개념을 외적 필
연성에 제한하지 않고, 그 곁에 내적 필연성을 인정하는 사람에게는 절
대적으로 필연적인 존재의 개념은 철저히 의미가 있다. 이 절대 필연적
개념에 더 나아가서 실재 타당성도 귀속되는지, 따라서 이 개념이 내적
으로 가능할 뿐만 아니라 실재 타당한 개념이기도 한지 어떤지는 다음
의 연구가 지적하게 될 것이다. 과소평가될 수 없는 의미를 가진 유효
한 편견은 (하르트만도 역시 시인하고 있는 것처럼) 거의 종래의 모든
형이상학이 실제적으로 타당한 개념으로서의 절대적으로 필요한 존재
의 개념으로써 연구했다는 사실 속에 놓여 있을 것이다. 사람들은 안심
하고 다음의 명제를 두려워하지 않고 시도해도 좋을 것이다: 어떻게 해
서든지 형이상학적 의미로 사유된 절대자의 이념 없이는, 오늘날까지 아직
최후의 문제에 착수하는 보다 더 심원한 어떠한 철학도 꾸려나갈 수 없었다.
"그러한 자체 존재(스콜라철학의 언어로 말하듯이), 절대자(근대의 술
어가 의미하듯이)의 이념의 불가피성을 모든 사상가들은 인정하고 있
고, '자연'을 자신 속에 근거한 모든 현상의 '최후'의 원인으로 간주하
는 사상가들도 마찬가지이다." 언제나 그런 것처럼 보다 더 자세하게
규정된 무제약적인 세계 근거라는 의미의 "그 어떤 '신의 개념'은 모든
세계관, 역시 비-유신론적 세계관의 불가피한 종결을 이룬다."[42]

형이상학적 사유의 이 법칙은 (이 표현이 허용된다면) 바로 현대 철학에서
다양하게 실증된다. 19세기 후반기에 페히너, 로체, 그리고 E. v. 하르트만에 의
해서 정초된 "귀납적 형이상학"은 그 정초자에 있어서뿐만 아니라, 그 이후 및

41)   같은 책, 92면.
42)   I. M. Verweyen Der religiöse Mensch und seine Probleme, München 1922, 48
      면과 212면.

오늘날의 옹호자들(분트, 드리쉬, 폴켈트, 슈테른, 베허, 벤츨 등등)에 있어서도
세계 근거, 즉 모든 존재의 최후의 근거에 대한 의문을 대답하였고, 그뿐만 아
니라 이 개념을 다양하게 신의 개념의 의미로 장식하였다. J. 폴켈트는, "나는
사유에 대해서 "상대적 존재의 영역을 떠나서 어떤 무제약적-존재자에 관해서
도 의문을 제기해야 할 어떠한 필연성도 존재하지 않는다는 반론은 해결된 것
으로 간주한다고 진술하고 있다. 왜냐하면 상대적 존재만이 존재할 것이고, 존
재자는 밑바닥도 없이 공허 속에서 떠돌 것이기 때문이다. 인과성의 이름으로
상대적-존재자에게는 자기 자신을 통해서 실존하는 존재자가 무제약적-존재
자로서 기초에 놓여 있을 것이라는 사실이 요구된다."[43] 사람들은 아마도 이것
은 실재론적 인식론에서 출발하는 현대의 형이상학의 공통적인 기본 신념이라
고 말해도 좋을 것이다. 그러나 관념론적으로 정위(定位)된 철학자들도 결국 형
이상학적으로 사유된 절대자에 도달한다. W. 빈델반트에 의하면 이렇게 가치
는 "초감각적 실재성", 즉 "초월적 현실"에 근거를 가진 것으로 사유되지 않으
면 안 된다.[44] 그와 같은 실재성의 이념을 P. 나토르프 같은 그렇게 엄격하기도
한 신칸트주의자조차 결국 인정하지 않을 수 없다. 그가 초기에는 형이상학적
의미의 모든 초월자를 부정했다면, 그의 사유의 후기에 있어서는 그의 사유의
깊은 곳에 은폐되어 있고, 모든 존재와 사유의 최후 근거인 "로고스", "실로 보
통의 의미에서 '실재적'인 것이 아니라, 진실로 그것 이하로서가 아니라 비교
할 수 없을 정도로 그 이상으로 초실재적인"[45] 로고스의 이념을 인정한다. H.
베르그송한테서 나타나고 있는 것처럼, "생철학"에서 절대자가 모든 존재와 생
의 창조적 원리로서 지배적인 역할을 한다는 사실을 그의 주저인 《창조적 진

43) Deutsche systematische Philosophie, H. Schwarz판, Berlin 1931, 37면.
44) 참조. Einleitung in die Philosophie, Tübingen 1914, 392면 이하.
45) Die deutsche Philosophie der Gegenwart in Selbtsdarstellungen, R. Schmid판,
     I, Leipzig 1921, 176면.

화)의 거의 모든 페이지가 증명한다.[46] 한층 더 높은 정도로 이 사실은 강하게 신비적으로 채색된 세계 근거의 형이상학으로서 나타나는 H. 슈바르츠가 저작한 《주어지지 않은 것의 철학》에 적용된다.[47] 현상학적 철학이 M. 셸러[48]의 그 실재론적 형태에서뿐만이 아니라, 바로 Ed. 후설의 관념론적 형태에서도 절대자를 형이상학적 의미에서 인식하고 있다는 사실은 특히 강조될 수 있다. 선험적 환원의 방법을 통한 순수 의식 속으로의 이행은 후설에 의하면 "필연적으로 상응하는 구성적 의식의 이제 분명해지는 사실성의 근거에 관한 물음에 이른다. 사실 일반이 아니라 근원으로서의 사실이 무한히 상승해 가는 가치 가능성과 가치 현실성에 ― 자연히 물적-인과적 원인의 의미를 갖지 않는 ― '근거'에 대한 물음을 강요한다. 우리는 그 밖에 또 종교적 의식의 측면에서 동일한 원리에로, 그리고 실로 이성적으로 정초하는 동기의 방식에서, 안내될 수 있다. 여기서 우리에 관계되는 것은 그와 같은 이성 근거의 여러 그룹의 단순한 암시에 따라서 외적 세계의 '신적' 존재 ― 이 존재는 세계뿐만이 아니라, 명백히 '절대적' 의식도 초월해 있을 것이라는 존재이다 ― 의 실존에 대한 것이다. 따라서 그것은 의식의 절대자와는 **총체적으로 다른** 의미에서의 '절대자'일 것이고, 다른 측면에서 보면 세속적 의미의 초월자에 반대되는 **총체적으로 다른** 의미에서의 초월자와 같은 것이다."[49] 얼마나 대단하게 "실존철학"은, 이것이 K. 야스퍼스한테서 가정하였던 형태로, 절대자의 이념에 의해서 실현되어 있는지를 그의 철학 주저인 《철학》의 제3권을 이루고 있는 《형이상학》이 지적하고 있

46) 참조, 나의 저서: Die philosophischen Strömungen der Gegenwart, 제2판, Rottenburg 1940, 106면 이하.
47) 참조, 특히 나의 저서: 《신(神)》, Berlin 1928.
48) 참조, 위의 책, 241면.
49) Ideen zu einer reinen Phänomenologie und phänomenologischen Philosophie, Halle 1913, 111면.

다.[50] 하르트만과 나란히 G. 야코비가 그 주된 변호자가 되는 현대의 존재론은 야코비한테서 신학적 존재론, 즉 절대 정신의 형이상학으로 전진한다는 사실은, 거대하게 구상된 그의 《현실의 보편적 존재론》의 종결에서 분명하게 된다.

2. 세계의 우연성

우리가 칸트의 신의 존재 증명 비판의 설명에서 보았던 것처럼, 세계의 우연성을 순전히 개념적이고 연역적인 방법으로 증명한다는 것은 가능하지 않다. 실로 우리는 세계의 현존을 모순 없이 생각할 수 없다. 그러나 여기서 현존이 세계에 필연적으로 귀속되지 않는다는 점이 귀결되는 것이 아니라, 다만 우리가 세계의 본질과 그 현존 간의 어떠한 필연적 관계도 인식할 수 없다는 것이다. 그러나 어쩌면 세계의 우연성을 증명하기 위해서는 어떠한 연역적 조처도 필요하지 않을 것이다. 어쩌면 세계의 우연성을 훨씬 더 단순하고, 직접적인, 직관적 방법으로 파악하는 일이 가능할 것이다. 이것은 K. 아담의 견해이다. 그에 의하면 세계의 우연성은 직관적 인식의 대상이다. 나는 나의 존재의 그 고유한 내용, 이른바 그 비중을 물으면서, 나는 **직접 직관적으로** 나의 현존의 완전한 무력, 즉 존재의 관점에서도 용재의 관점에서도 철저히 내가 제약되어 있음을 경험한다. 그것은 대부분의 동포들에 대해 내가 열등하다는 사실의 직접적 경험일 뿐만이 아니고, 전대(前代)의 사람들과 주변의 세간 사람들에 대한 나의 종속성의 의식 및 나의 힘 안에 있지 않고, 그 수효와 방식 및 방향을 내가 개관할 수 없는 힘들의 놀음에 내가 의존하고 있다는 사실에 대한 의식뿐만도 아니다. 그것은 오히려 나 자

---

50) 참조. 앞에서 언급한 나의 저서, 137면 이하.

신의 본질의 피제약성과 함께 주어진, 인간 존재 일반, 아니 단적으로 모든 세계 존재가 모든 면에서 제약되어 있다는 사실에 대한 명백한 통찰인 것이다.… 아마도 나는 나 자신의 본질과 나와 관계 있는 환경 세계의 무한히 작은 부분의 본질의 핵만을 검사할 수 있을 뿐일 것이다. 그러나 이미 내가 이 본질 직관을 나한테서만 착수하면서, 나는 동시에 나와 동일한 '존재'를 공유하는 모든 사물의 본질성, 따라서 경험적인 존재자인 모든 것에 관한 선천적 판단을 얻는다. 그것은 따라서 나 자신의 본질에서 직관된 명증성: 본질이 무엇인가라는 모든 것에는 존재와 용재의 내적 필연성이 없다는 것이다.[51] 우리들 자신의 우연성에 대한 체험은 아담에 의해서 설득력 있는 방식으로 서술되었다. 그런데 우리들 자신의 존재의 우연성으로부터 존재 일반의 우연성이 당장 추론될 수 있는 것인가? 우리는 이 물음에 긍정하기를 주저한다. 인간 존재의 우연성의 제시는 아직도 세계 존재 일반의 우연성을 주장할 적절한 토대인 것 같지 않다. 세계 전체에 대한 보다 자세한 고찰을 하지 않고서는, 즉 세계 전체의 본질적 특징에 대한 보다 정확한 탐구를 하지 않고서는 파급 효과가 큰 저 명제의 정초는 가능하지 않을 것이다.

사람들이 세계를 전체로서 주시한다면, 세계의 우연성에 대한 가장 단순한 증명은 세계가 시간 속에서 발생했고, 시간적 단초를 가졌다는 증명 속에 놓여 있는 것 같다. 그러나 이 증명은 가능하지 않다. "경험은 우리에게 세계의 발생된 존재에 관해서 아무런 직접적 정보를 제공해 주지 않는다. 우리는 다만 개별적 사물들의 생성과 소멸만을 관찰할 수 있을 뿐이고, 세계 전체는 우리 앞에서 마치 언제나 존재했던 것처럼 서 있다. 이것은 물론, 유물론이 주장하는 것처럼, 세계는 실제로 생

---

51) 같은 책, 74면 이하.

성된 것이 아니라는 사실을 증명하는 것은 아니다. 헤켈은 질량과 에너지 보존의 법칙이 세계의 기본 구성 요소는 발생과 소멸에 따르지 않으며, 따라서 영원하며 생성된 것이 아니라는 것을 의미하는 것이라고 생각한다." 그러나 이 법칙이 의미하는 것은 다음의 사실뿐이다. 즉 "존재하는 세계에서 물질과 에너지 총량은 불변이다. 여기에는 이러한 물질과 에너지의 가능성이 남아 있다. 그러나 이 자연법칙은 다른 측면에서 보면 세계가 사실상으로 언젠가 생성되었는지 어떤지에 대해서는 아무 언급이 없다."[52]

세계의 현존에 대한 고찰이 계속될 수 없다면, 우리는 우리의 시선을 그 용재에 돌리지 않을 수 없다. 아마도 이 용재가 우리가 세계의 우연성의 표시로서 이해해도 좋은 본질적 특징을 나타낼 것이다. 사실상으로 우리는 그와 같은 특징을 세계의 우연성에서 확인할 수 있을 것이다. 무엇보다도 우선 세계의 **가변성과 불완전성**이라는 두 가지 특징이 있다.

세계 속의 모든 사물들은 가변적이다. 사물들은 끊임없는 변천과 변동에 내맡겨져 있다. 헤라클레이토스의 만물 유전은 객관적 타당성을 갖고 있는 세계의 모습에 대한 공식이다. 이 고대 철학자의 잘못은 다만 그가 세계를 오로지 이 관점 아래에서만 보고, 이 관점을 동시에 절대적으로 정립하였다는 사실에 있다. 세계의 사물들의 가변성이 저항할 수 없는 힘을 가지고 편견 없는 통찰에 마구 나타난다. 우리가 우리의 눈을 세상 현실에 돌릴 때, 우리는 지속적인 사물, 속성, 상태, 관계들의 내왕(來往)을 본다. 끊임없고, 계속적인 발생과 소멸이 우리의 눈앞에서 진행된다. 그런데 발생은 비존재 후(後)의 존재를 의미한다. 순

---

52) Fr. Sawicki, Die Gottesbeweise, 108면.

간 a에 아직 거기에 존재하지 않았던 어떤 것이 순간 b에 존재하는 것을 말하고, 역(逆)으로 소멸은 존재 후의 비존재를 의미하는데, 순간 a에 거기에 존재했던 어떤 것이 순간 b에는 거기에 더 이상 존재하지 않는 것이다. 따라서 모든 발생과 소멸 속에는 비존재가 포함되어 있다. 따라서 세계가 본질적으로 발생과 소멸의 세계라면, 세계의 존재는 비존재와 혼합되어 있다. 세계의 존재는 따라서 순수한, 잡물이 섞이지 않은 존재(순수 현실태, 스콜라철학의 표현임)가 아니라, 혼탁해지고, 굴절된 존재이다. 세계는 존재를 절대적인 의미로서가 아니라, 상대적인 의미로 소유하고 있다. 세계는 달리 말하면 우연적 존재이다.

그뿐만 아니라 세계의 불완전성은 세계의 우연성을 시사한다. 세상에는 아름다운 것 곁에 흉측한 것, 합목적적인 것 곁에 무목적적인 것, 건강한 사람 곁에 병자, 선(善) 곁에 악(惡)이 존재한다. 라이프니츠는 세가지 종류의 악, 즉 형이상학적 악, 자연적 악, 그리고 도덕적 악을 구별하였다.[53] 이 세 가지 종류는 서로 병렬해 있는 것이 아니라, 오히려 첫 번째 것은 다른 두 종류의 원천이다. 그러나 이것이 의미하는 바는 악은 그 가장 깊은 근거를 세계의 유한성 속에 가지고 있다는 것이다. 그리하여 세계의 불완전성 속에서 세계의 우연성이 명백하게 된다.

세계의 우연성에 대한 한층 더 주목할 만한 가치 있는 지적을 예민한 감각을 가진 브렌타노가 다음과 같이 제시한다.

물체의 우연성은 물체에 있어서는 "이미 동일한 종류로부터 다수의 개체가 구성된다는 사실에서 일어난다. 나는 적어도 우리들의 관점 아래에서 이 사실에 눈길을 주는 사람은 여전히 어떤 진지한 회의를 거의 품지 않으리라고 믿는

---

53) 참조. 그의 《변신론》.

다. 사람들이 또한 우연성의 표시로서 지적한 어떤 실체의 부패 가능성은 이것의 의미에서 우연성과 결코 비교될 수 없다. 부패 가능성은 특히 실체의 부패의 가정을 반대하는 원자론자들마저 당장 이 부패 가능성을 타당한 것으로 삼는다는 장점도 가지고 있다. 물론 동일한 종류(예컨대 산소라는 종류)의 무수히 많은 표본들이 존재하여서 종(種)의 각 개별적인 표본에는 다른 표본에서와 같은 동일한 특징들이 전적으로 귀속된다. 이 특징들에는 또한 개체의 실존이 다른 개체의 실존을 동일한 종류와 특징들로부터 배제하지 않는다는 특질들이 명백히 속하게 되고, 여기서는 그뿐만 아니라, 수백만 수억의 특징들이 현전한다. 이제 그 누가 이러한 관계에서 다음과 같은 한계, 이를테면 다소간에 999의 실존이 그와 동일한 개체들을 배제하지 못할 때, 그럼에도 1000의 개체는 배제할 것이라는 한계를 주장하고자 할 것인가? 오히려 일반적으로 어떤 종류에 있어서 다수의 개체를 생각할 수 있을 때, 어떠한 일정한 다수도 더 이상 넘어설 수 없는 한계를 만들 수 없다는 것은 명백하다. 두 배로 그렇게 많은 다수가 존재한다 하더라도, 이 사실을 통해서 명백히 현재만큼 어떤 불가능한 것이 존재하지 않을 것이다. 왜냐하면 절반이 실존하고 있기 때문이다. 그러나 이제 이것이 이성적으로 부정될 수 없다면, 이러한 종류의 개체는 모두 우연적이라는 사실이 판명된다."[54]

브렌타노의 사상은 분명히: 우리가 물체적 사물의 우연성을 인식하는 것은 모든 종류가 임의로 많은 개체를 인정한다는 데에 있다는 사상이다. 어떤 각각의 종류의 내부에서 개별적 존재의 수가 한없이 증가할 수 있게 사유될 수 있다는 사실은 이 개별적 존재에 내적 존재 필연성이 없다는 사실을 시사한다. 이 사실은 물체에 대해서뿐만 아니라 영혼에

---

54)   Vom Dasein, A. Kastil판, Leipzig 1929, 411면.

대해서도 타당하다. 이 개별적 존재는 "한정 없이 복제되는 것으로서 사유될" 수 있다. "그런데 현실적인 무한한 다수는 그러나 물체적인 영역에서처럼 정신적인 영역에서는 불가능하기 때문에, 여기서도 직접적인 필연성은 부정되지 않을 수 없다는 사실이 나타난다."[55] 사실 사람들은 — 우리는 브렌타노보다 더 조심스럽게 공식화할 수 있다 — 그에 의해서 제시된 사태에서 세계의 우연성에 관한 지시를 인정해도 좋을 것이다.

그런데 누군가는 언급된 것에 대해서 이의를 제기할 수 있을 것이다. 즉 세상의 사물들이 가변적이고, 불완전성을 짊어지고 있을지라도, 게다가 다수성이 사물의 종(種)의 내부에서 우연성을 변호한다 할지라도, 그것으로써 아직 세계 존재 자체가 우연한 존재를 나타낸다는 사실이 증명되는 것이 아니다. 세계 존재가 그것의 구체적인 형태, 그 현상에 있어서는 우연적인 것으로서 나타날지라도, 그러나 그것의 즉-자-존재, 즉 그것의 본래적인 존재의 핵심에 있어서는 필연적인 존재일 수 있다. 이러한 반론에 대해서 우리는 우리가 이미 때때로 본질과 현상의 관계에 관해서 이야기했던 것을 회상하지 않으면 안 된다. "현상"에는 현상하는 그 어떤 것이 속한다. 활동하는 자 없이는 어떠한 활동도 존재하지 않는 것처럼, 현상은 현상하는 자 없이는 존재하지 않는다. 현상 속에 현상하는 그 어떤 것을 우리는 "본질"이라고 부른다. 이 본질이 현상 속에서 나타나는 것이다. 이것이 뜻하는 바는 본질이 현상 속에서 명시(明示)된다는 것이다. 따라서 현상은 언제나 본질의 명시를 의미한다. 이 명시가 매우 불완전하다 할지라도, 어느 경우에서나 본질은 어떤 방식으로든지 현상 속에서 드러난다. 이렇게 해야만 도대체 "현상"

55) 같은 책, 414면.

에 관해서 말하는 것이 어떤 의미를 갖는다. 그러나 우리가 이 사실을 세계와 그 현상에 적용한다면, 세계 존재는 현상 속에서 우리에게 나타나고, 동시에 어떤 방식으로서이건 계시된다는 사실이 분명해진다. 우리는 이리하여 세계 존재의 현상으로부터 세계 존재 자체, 즉 세계의 본질을 추리할 수 있다. 따라서 세계 현상, 세계 사물이 우연적이라면, 세계 본질, 즉 그 자체-존재도 역시 우연적이지 않을 수 없다.

이제 누군가 어떤 사람이 반대 사례로서 범신론을 끌어들일 수 있을 것이다. 범신론에 있어서는 신과 세계는 일치한다. 양자가 하나로 정립되면서 세계는 필연적 존재로서 규정된다. 그런데 범신론이 또한 사실과 어떤 방식으로 타협하지 않을 수 없게 되면서 세계는 그 경험적인 소여에 있어서 필연적 존재의 인상을 짓지 못한다. 범신론이 경험적인 세계의 모습을 말하자면 폐기하고, 사물의 다수성을 단순한 가상(假象)이라 선언하면서 저 필연적 존재의 인상을 짓는다. 그와 같은 무우주론적(無宇宙論的) 범신론은 엘레아학파와 좀 더 분명하게는 인도의 바라문교(婆羅門敎)에서 우리가 만나게 된다. 근대 서양의 범신론은 철저하지 못하다. 그 고전적 대표자인 스피노자는 무한 실체 곁에 유한한 양태의 세계를 인정한다. 사물의 존재는 따라서 그에게는 단순한 가상, 순수한 비존재가 아니다. 그것은 물론 대자-존재, 즉 자체 존재도 아니고, 오히려 타자 속의 존재로 규정되어야 한다. 사물은 어떤 참된 존재자의 규정성, 어떤 실체의 우유성 또는 양태 이외 다른 것이 아니다. 물론 어떻게 완전히 추상적으로 사유된 실체로부터 양태의 무한한 다수성이 생겨나야 하는지는 풀리지 않은 수수께끼이고, 수수께끼로 남는다.[56]

---

56)   이에 대한 자세한 내용은 나의 저서: Das Substanzproblem in der Philosophie der Neuzeit, 74면 이하를 참조하라.

Ed. v. 하르트만은 따라서 "추상적 일원론"에 "구체적 일원론"을 대립시
켰다. 이 구체적 일원론은 자신 속에 어떤 다원론을 받아들인다. 사물
들에는 어떤 고유한 존재가 제격이다. 실로 사물들은 어떠한 자립적인
존재도, 어떤 실체도 아니다. 그러나 어쩌면 사물들은 어떤 실체의 "기
능방식"으로서, 따라서 "활동의 중심"으로서 간주되어야 할 것이다. 따
라서 이 실체는 사물의 다수성을 꿀꺽 삼켜 버리는 것이 아니라, 이 다
수성을 어떤 의미에서 존립시킨다. 다수성의 통일이 구체적 사물, 즉 실
재적인 양태의 다수성 속에 존재하는 사물이다. 이 실체가 "거기로부터
다양하게 줄기가 생기고, 다양하게 가지를 뻗는 세계라는 나무가 자라
나온 통일된 뿌리를 이룬다."[57] 실체의 은폐된 통일성으로부터 등장한
것만이 실존한다. 동시에 이 등장은 실체로부터의 분리가 아니라, 오히
려 이 분리를 계속하여 실존하고 있는 것 또는 실재적인 것을 자립적으
로 존재하게 한다. v. 하르트만에 의하면 이러한 견해는 다음과 같은 이
론, 즉 "소위 창조된 사물의 실체라는 것은 그 결과들의 동적 균형에 있
어서 항상적 창조적 활동성 이상의 아무것도 아니다"라는 이론을 통해
서만 유신론의 견해와 분리될 뿐이다.[58] 사실 사람들은 이 구체적 일원
론은 추상적 일원론과는 다른 정도에서 사물의 실재성을 인정하고자
한다고 말해야 할 것이다. 구체적 일원론과 유신론의 이원론적 견해 간
의 전적인 차이는 전자는 실체성의 범주를, 이에 반하여 후자는 인과성
의 범주를 신과 세계의 관계에 적용한다는 사실에 있다. 그런데 스피노
자의 추상적 일원론도 역시 물론 실체 범주를 사용하고 있다. 그러나
추상적 일원론과 구체적 일원론 간의 큰 차이는 후자가 실체를 동적으

57)　Kategorienlehre, III, 215면.
58)　같은 책, 212면 이하.

로 파악하고 있다는 점에 놓여 있다. 구체적 일원론은 이렇게 함으로써
실체의 도식 내부에서, 그리고 이 도식에 종속시켜 인과성의 범주도 적
용한다. 이러한 방식으로 사물의 고유 존재와 우연성의 사상을 고려하
는 일이 구체적 일원론에서 성공한다. 그리하여 우리는 범신론이 무우
주론적 견해의 극단주의에 귀속하지 않거나 또는 스피노자와 함께 해
결할 수 없는 수수께끼 앞에 서고자 하지 않는다면, 범신론은 우연성
사상을 인정하는 일을 지나쳐 버리지 않는다고 말해야 할 것이다.

3. 이론이성의 요청으로서의 자체 존재

세계의 우연성은, 우리가 본 것처럼, 논리적으로 강제적인 방식으로
밝혀지는 것이 아니라, 아마도 선한 근거에 의해서 뒷받침 받을 수 있
을 것이다. 그런데 세계의 우연성과 더불어 자체 존재의 현존이 당장 주
어지는 것인가? 세계의 우연성 속으로의 통찰은 절대적 존재의 현존에
관한 확실성에 도달하기 위해서 충분한 것인가? 나는 어떤 인식으로부
터 다른 인식으로 직접적으로 전진할 수 있는가?
우리가 본 것처럼 셸러와 아담은 이 견해를 옹호한다. 셸러에 의하면
사물의 존재는 직접적으로 직관하는 통찰에 의해서 절대적 존재자에
게서 어떤 원천을 요구한다. 그리고 아담은: 나는 우연적 존재를 정립
하면서 절대적 존재자도 정립한다고 설명한다. 그럼에도 불구하고 그
는 셸러가 절대적 존재의 현존에 대해서 요구하는 직접적 명증성에 대
해서 반대하고, 그러나 매우 분명하게 다음의 사실, 즉 셸러에 내용적
인 점에서뿐만 아니라 방법적인 점에서도 친밀한 N. 하르트만과 같은
사상가 — 두 사람은 현상학적 방법의 추종자이다 — 가 저 명증성을
철저히 부정하고, 아니 그뿐만 아니라, — 구체적으로 말하자면 존재자

는 필연적인 존재에 기초해 있지 않다고 하는 — 어떤 의미에서는 반대
되는 사실을 명백하다고 간주한다는 사실을 말한다. 아담이 우연적 존
재로써 절대적 존재가 함께 정립된다고 생각하고, 그리하여 나는 따라
서 세계의 우연성으로부터 절대자의 현존을 직접적으로 추론할 수 있
다면, 비판적인 사유는 이 주장을 성급하고, 정초된 것이 아니라고 표
시하지 않을 수 없을 것이다. 다만 이때 우연적 존재의 개념 속에 절대적
존재의 개념이 포함되어 있다면, 나는 세계의 우연성으로부터 절대자
의 현존을 도출할 수 있을 것이다. 그런데 어떤 존재는, 그것이 자기의
존재의 근거를 자신 속에 갖고 있지 않다면, 우연적이다. "우연적"이란
술어는 그 이상을 의미하지 않는다. 그와 같은 존재가 그 근거를 어떤
다른, 절대적 존재 속에 가져야 한다는 사실을 우연적인 것의 개념 속
에서는 아무것도 포기한 것이 아니다. 하나의 개념은 따라서 다른 개념
을 결코 미리 포함하지 않는다. 우연적인 개념으로써 절대적 존재는 아
직 절대로 정립된 것이 아니다. 구체적으로 말해서 이 사실이 맞다면,
우연적인 존재가 절대적인 존재 없이도 존재할 수 있다는 명제는 내적
모순을 포함하지 않을 수 없을 것이다. 그러나 이것은 그 경우가 아니
다. 왜냐하면 우연적인 것의 개념 속에는 다만 우연적인 것은 그것의
존재 근거를 그 자신 속에 가지지 않지만, 그러나 그것의 존재 근거를
어떤 다른, 절대적 존재 속에 소유한다는 적극적 주장을 갖고 있지 않
다는 사실이 놓여 있기 때문이다.

그러므로 우연적 존재가 절대적 존재를 원천으로서 요구한다는 명제
에 직접적 명증은 거부되어야 한다. 여기서는 직접적, 직관적 인식이
아니라, 간접적, 논증적 인식이 문제이다. 사유가 사용하는 수단은 **충족
존재 이유율**이다. 이 원리는 우연적 존재를 필연적 존재에 연결시키는
다리를 놓는다. 세계의 우연성은 물론 그것이 자기의 존재 근거를 자기

자신 속에 갖지 않는다는 사실을 의미한다. 그러나 충족 존재 이유율에
의하면 모든 존재자는 자기의 존재 근거를 가져야 한다. 여기서부터 세
계는 그 존재 근거를 어떤 타자 속에서 가져야 한다는 결론이 나온다.
그러나 이 타자 존재는 자기의 존재 근거를 다시 어떤 타자 속에서 가
질 수 없다. 왜냐하면 우리는 분명히 자기 자신을 정초하지 않는 모든
존재자를 세계로 계산할 것이고, 그리하여 저 타자는 실제로는 전혀 어
떤 타자도 아닐 것이며, 세계와는 다른 존재자일 것이기 때문이다.[59]
따라서 세계의 존재 근거로서는 자기 존재의 근거를 자기 자신 속에 갖
고 있고, 그 자신의 본질에 의해서 실존하는 존재자만이 문제로 된다.
우리는 그와 같은 존재를, 그것이 필연적으로 실존하는 한에서, 필연적
존재라고 부른다. 그것(동시에 주어져 있는 것)이 자기의 현존을 어떤
타자가 아니라, 자기 자신에 근거하고 있는 한 자체 존재이다.

　　우리는 충족 이유율을 이론이성의 요청이라 특징지었다. 우리는 이
이유율이 내용상으로는 존재자는 파악될 수 있다는 요구와 동일하다는
사실을 보았다. 우리는 이제 이 원리를 우연적인 것으로서 인식된 세계
에 적용하면서 세계 존재를 담지하는 존재의 근거, 즉 자체 존재를 나
타내는 세계 근거의 이념을 얻는다. 이렇게 하여 비로소 세계의 현존은
우리의 오성에게 파악될 수 있다. 우리의 오성이 세계 전체에게 묻는
왜-물음은 그 답을 발견한다. 이 답은 자체 존재의 개념 속에 놓여 있

---

59)　우리는 이 사상을 통해서 제약된 존재의 무한계열이 가능할 것인가 하는 언제나 다
　　시 논의된 의문을 처음부터 논의에서 분리한다. 그런데 제약된 존재의 무한계열 역
　　시 무제약적 존재를 최후의 존재 근거로서 요구할 것이다. "제약된 존재만 실존한
　　다면, 모든 현존은 결국 우연적, 맹목적 사실인 것이다. 전체의 내적, 투명한 현존
　　근거는 존재하지 않는다. 이 현존 근거는 필연적 존재 속에서만 있다"(Sawicki, 같
　　은 책, 94면).

다. 자체 존재의 현존은 따라서 우리의 이론이성의 요청으로 나타난다. 그것은 다른 요청으로 소급하는, 즉 다른 요청에 의해서 산출되는 요청인 것이다. 이 다른 요청이 바로 충족 존재 이유율이다.

자체 존재의 현존은 따라서 직접적으로도 간접적으로도 명백하지 않다. 이때 후자인 경우는 이 현존이 명백히 밝혀질 수 있거나 또는 증명될 수 있을 때일 것이다. 그러나 그것은 가능하지 않다 — 이 점에서 우리는 셸러 및 아담과 일치한다 — 그리고 그것은 두 가지 이유에서이다. 한 번은 세계의 우연성이 엄밀한 의미에서 증명될 수 없고, 그다음은 충족 존재 이유율은 직접적으로도 간접적으로도 명백하지 않다. 이 이유율은 요청의 논리적 성격을 가지고 있기 때문에 이 원리에 의지하고 있는 명제들은 마찬가지로 요청적 성격을 가질 수 있을 뿐이다. 그리하여 자체적 존재의 현존은 우리에게, 세계 전체가 우리에게 파악될 수 있어야 한다면, 우리가 전제해야 할 최후의 형이상학적 가정으로서 나타난다. 이 자체 존재의 현존이 파악될 수 있다면, 우리는 증명할 수 없다. 그러나 우리는 그것의 파악 가능성을 요구한다. 왜냐하면 이 파악 가능성은 이 가능성에 있어서 모든 형이상학적 인식 작업을 위한 필연적 전제이기 때문이다. 그러나 우리가 이 인식 가능성을 요구하면서 우리는 세계의 현존을 철저하게 설명하는, 이 현존을 규명하기 때문에, 절대적인 존재의 이념에 도달한다.

세계 근거로서 기능하는 자체 존재의 사상에서 우리의 사상은 안주(安住)한다. 그 때문에 사려 깊은 모든 철학자들한테서 이 개념의 형성에 도달했다는 것은 결코 자의(恣意)가 아니라, 내적 필연성을 의미한다. 사물의 존재가 절대적 존재를 원천으로서 요구한다는 저 명제가 형식적-논리적 사유에 대해서 강제적인 것이 아니라 할지라도, 이 명제는 세계 현실의 최후의 설명을 추구하고자 하는 형이상학적 사유에 대해서는 고도의 내면적인 설득력을 갖는다. 이 설득력을 명백히 이 명제에 직접적인 명증을 공인하는 저 모든 철학자들은 의도한다. 우리가 이 관점을 터득하지 못한다 할지라도, 우리는 그럼에도 불구하고 저 요소적이고, 자발적인 설득력을 결코 과소평가하는 것이 아니다. 이 설득력의 현존을 우리는 인정하고 있고, 다만 그것을 달리 설명하고자 할 뿐이다. 우리의 견해에 따르면 이 설득력은 사유 필연성에서가 아니라, 인식 필연성에 놓여 있다. 그리하여 저 명제가 나를 이 명제의 직접적 명증성을 근거로 하여 그것을 인정하도록 강요하는 것이 아니라, 내가 세계 현실의 최후의 형이상학적 인식을 포기하지 않는다면 이 명제를 인정해야 한다는 것이다. 이 필연은, 나의 마음속에서 존재자의 형이상학적 설명에 대한 요구가 강하면 강할수록, 그만큼 더 강해진다. 이 사실과 역사적 실상이 일치한다. 철학사는 저 사상이 도대체 형이상학을 향한 의지가 세계 현실의 최종적으로 타당한 해석을 위해 살아 있는 그곳에 타당성을 마련해 준다고 지적하고 있다.

자체 존재 이념의 내면적 권리 위에 논리적 질서로부터 의미심장한 빛이 떨어진다. 또한 사유의 질서 속에, 그 자신이 정초되어 있기 때문에, 정초할 수도 없고, 정초를 필요로 하지도 않는 최종적인 것이 존재한다. 그러므로 자체 존재의 대응물(對應物)이 존재론적 질서 속에 나타난다. 물론 사람들은 그것을 바로 논리적인 방식의 자체 존재로 표시할 수 있을 것이다. 이미 아리스토텔레스가 자기의 《분석론》에서 모든 증명은 그 자체는 증명될 수 없는 최후의 원리에 의존한다고 지적하였다. 논증은 제약된 것을 그것의 근거로부터 도출하는 것이다. 도출이란 것은 그러나 이 도출이 무한히 진행된다면, 따라서 그 근거가 언제나 다시 다른 근거로부터 도출되어야 하는 것이라면, 불가능하다. 따라서 저절로 밝혀지기 때문에 이상의 도출을 배제하는 어떤 원칙이 존재해야 한다.[60] 이러한 원칙 중의 최상의 원칙은 논리학의 사유법칙이다. 이 법칙 위에 말하자면 논리적 질서가 의존한다. 논리학의 사유법칙 자체 는 그러나 그 자신에 의존한다. 논리학의 사유법칙은 그 타당성의 근거 를 어떤 타자가 아니라, 자기 자신 속에서 갖는다. 따라서 이 법칙은, 우리가 앞에서 말한 것처럼, 논리적 방식의 자체 존재를 나타낸다.

이제 논리적 질서 속에 어떤 최종적인 것, 자신 속에 기인하는 것, 모 든 타자를 정초하는 자가 존재한다면, 존재론적 질서에서는 사정이 전 혀 다른 것이어야 하는가? 다른 연관에서 우리는 두 질서는 서로 귀속 하고, 서로 대응한다는 사실을 지적하였다. 이렇게 우리의 사유는 존재 를 인식할 수 있을 뿐이다. 그러나 이러한 대응이 원칙적으로 존재한다 면, 이 대응은 이때 두 질서의 정초 또는 차라리 최종적 토대에 관해서 도 존재하는가? 우리는 이때 두 질서는 하나의 최종적인, 자신을 정초 하는 것에 근거를 둔다는 사실에서 두 질서는 또한 일치한다는 사실을 유비 추리의 도움으로 말해서는 안 되는 것인가? 논리적 영역에서는 이 자기 정초는 저 최종적인 것이 그 타당 근거를 그 자신 속에 갖고, 존 재론적 영역에서는 그 존재 근거를 그 자신 속에 갖는다는 점에 존재한 다. 그것은 전자에서는 최종적으로 타당한 것이고, 후자에서는 최종적으 로 현실적인 것이다. 저기서는 논리적 필연적 존재이고, 여기서는 존재 론적 필연적 존재이다.

논리적인 질서의 존재론적 질서에 대한 유비 추리의 형식적 권리에 대해서 우리는 N. 하르트만을 증인으로 끌어들여도 좋다. 그에 의하면 논리적인 것과 존재론적인 것은 그 최후의 정초에 관해서는 동일한 조 건 아래에 선다. 논리적 원리에 타당한 것은 모든 존재자, 절대적으로

---

60)　참조. 특히《분석론》후편. I, 3.

필연적인 존재에도 타당하다. 여기서나 저기서나 그것의 근거 위에서 어떤 다른 것이 존재하거나 또는 타당하게 되는 "제일자"가 문제이다. 이 "제일자"에 관해서 물론 하르트만은 그것은 어떤 "우연적인 것"이라고 주장한다. 여기로부터 논리적 영역에서도 존재론적 영역에서도 어떤 필연적, 자기 정립적 존재는 있지 않다는 결론이 나온다. 따라서 하르트만은 그에 의해서 역시 인정된 논리적인 것과 존재론적인 것의 동일시로부터 우리들의 관점에 대립하는 귀결을 이끌어 낸다. 그러나 이 귀결은 거짓이다. 왜냐하면 이 귀결의 논리적 근거("모든 제일자는 우연적이다")는, 우리가 위에서 지적할 수 있었던 것처럼, 거짓이기 때문이다.

자체 존재의 이념에 대한 칸트의 입장도 매우 주목할 만한 가치가 있다. 그가 우연성 증명을 거절할지라도 그럼에도 그는 저 이념에 어떤 권리를 인정하지 않을 수 없다.

인간의 이성은 칸트에 의하면 경험의 한계를 넘어서려는 "자연적인 경향"을 가지고 있다. 따라서 선험적 이념은 인간 이성에게는 오성에게 범주가 그러한 것과 똑같이 자연스러운 것이다. 그러나 "우리들의 힘의 본성 속에 정초되어 있는 모든 것은, 우리가 어떤 오해를 방지하고, 이 본성의 본래적인 방향을 발견할 수 있기만 한다면, 합목적적이 아닐 수 없고, 이 본성의 올바른 사용과 일치하지 않을 수 없다. 그러므로 선험적 이념은, 그 의미가 오해되고, 또 그 의미가 현실적인 사물의 개념으로 받아들여질 때, 비록 그것이 초월적으로 적용되고, 바로 그 때문에 거짓될 수 있을지라도, 모든 추정에 의해서, 그것을 선(善)하게 따라서 내재적으로 사용하게 된다. 그러므로 이념 자체가 아니라 이념의 사용은 전체적인 가능한 경험을 고려해서 초월적이거나 또는 내재적일 수 있다. 왜냐하면 사람들은 이념을 바로 추정상으로 이 이념에 일치하는 대상에 돌리거나 또는 다만 오성의 사용이 관계해야 하는 대상들을 고려해서 오성 사용 일반에 돌리거나 하기 때문이다."[61] 따라서 칸트에 의하면 선험적 이념 자체는 철저히 긍정될 수 있다. 다만 사람들은 이 선험적 이념을 이성 사용에 대한 최상의 규범 내지 규칙으로 사용하지 않고, 초월적 대상의 개념으로 간주함으로써 이 이념을 잘못 사용해서는 안 된다. 이 사실은 특히 필연적 존재의 이념에 적용된다. 필연적 존재의 이념은 "이성의 **통제적 원리**로서 세계 속의 모든 결합을 이 결합이 마치 매우 충분한 필연적 원인으로부터 — 이 원인 위에 체계적인, 그리고 보편적인 법칙에 따른 필연적 통일성의 규칙을 이 결합을 설명하는 데 정초하기 위하여 — 발생하는 것처럼 간주할 수 있는데, 자체적으로 필연적인 실존의 주장은 아니다. 그러나 동시에 선험적인 허위 진술을 매개로 하여 이 형식적 원리를 구성적으로 표상하고, 이 통일성을 실체적인 것으로서 사유하는 것은 불가피하다. 왜냐하면 단적으로 공간의 여러 제한들인 모든 형태를 공간이 근원적으로 가능하게 만들기 때문에, 공간은 감성의 원리일 뿐일지라도, 그럼에도 불구하고 바로 그 때문에 절대적으로 필연적이고 대자적으로 존재하는 그 어떤 것, 그리고 선천적으로 그 자체로 주어진 대상으로 간주되는 것처럼 아주 자연스럽게 다음의 사실에 이르게 될 것이기 때문이다. 즉 자연의 체계적인 통일은 어떠한 방식으로도 우리 이성의 경험적 사용의 원리로 내세워질 수 없기 때문에, 우리가 최상의 원인으로서의 가장 실재적인 존재의 이념의 기초를 세우는 한, 이 이념은 그 때문에 현실적 대상으로서, 그리고 이 대상은 다시, 이 대상이 최상의 조건이기 때문에, 필연적인 것으로서 표상되고, 그리하여 **통제적 원리는 구성적 원리로** 변경될 것이다."[62]

---

61) Kritik der reinen Vernunft (Reclam판), 502면.
62) 같은 책, 486면 이하.

우리는 이 단락을 문자 그대로 인용하였다. 왜냐하면 이 단락이 필연적 존재의 이념에 관한 칸트의 견해를 명백하게 표현하고 있을 뿐만 아니라, 이 견해가 그의 선험적-관념론적 인식 이론을 통해서 어떻게 제약받고 있는지를 명백히 하고 있기 때문이다. 사람들이 이 견해를 빠뜨리게 하고 — 이 견해가 빠뜨려져야 한다는 사실을 인식론이 증명하였다 — 사유와 존재의 관계를 비판적으로 순화된 객관주의와 실재론의 의미로 규정한다면, 칸트에 의해서 기도된 저 개념의 타당성의 제한은 논리적-방법론적 영역에 정초되지 않은 것으로 나타난다. 그러면 자체 존재의 개념에 실재 타당성을 부여하는 데에 방해되는 것은 아무것도 없다. 자체 존재의 개념은 이때 이 사유에 대해서 단지 통제적 의미를 갖는 나의 사유의 단순한 구성물이 아니고, 그것은 나의 사유의 바깥에 실존하는 존재, 형이상학적 실재성이다.

자체 존재의 개념은 여전히 어떤 최후의 해명을 필요로 한다. 자체 존재는 그것의 존재가 그 자신에 근거하는 존재이다. 자체 존재에 대립되는 것은 의타 존재(依他存在), 즉 자기의 존재를 어떤 타자로부터 받아들인 존재자이다. 자체 존재는, 우리가 종종 그렇게 이야기한 것처럼, 자기의 본질에 의해서 실존한다. 따라서 그것은 자기의 실존이 자기의 본질에 힘입고 있는 것으로 보인다. 따라서 이 본질이 자기의 현존의 근거일 것이다. 이 근거는 관념적 근거(이성)이기 때문에 스콜라 철학에서는 자체 존재를 자기 이성, "자기 이유"로서 표시한다. 여기에 동시에 무엇보다도 현대에 타당하게 된 자기 원인이란 개념의 거절(拒絶)이 놓여 있다. 이 개념은 사실 어떤 문제점을 포함하고 있고, 그 결과로 오해에 방치되어 있다. 오해라는 것은 사람들이 여기서 어떤 야기(惹起)를, 따라서 어떤 과정을 상기하고자 하는 일일 것이다. 자기 원인은 과정으로서가 아니라, 동작으로서 파악되어야 한다. 이때 자기 원인

은 존재의 자기 정립, 자기 실행을 의미한다. 이것은 다음의 것을 뜻하여
야 한다. 즉 자기 원인의 현존은 어떤 타자에 의해서 정립되는 것이 아
니라, 그 자신에 의해서 정립되고, 그것 자신의 현실 자체를 완성한다
는 것이다. 이러한 의미에서 그것은 또한 자기 현실로서도 표현될 수 있
다.[63] "자기 원인"이란 술어와 함께 따라서 무엇보다도 본질이, 이것은
이상적 근거이기 때문에, 실존의 근거를 이룰 수 없다는 사실이 마땅히
표현되어야 한다. 왜냐하면 이 실존의 근거는 실재 근거로서 실존의 측
면에서 추구되어야 하고, 그리하여 사람들은 여기서 현존의 자기 정초
또는 자기 정립에 관해서 말해야 하기 때문이다. 이러한 견해는 그 본래
의 지주(支柱)를 존재론의 가장자리 안에서 수행된, 용재와 현존이라는
두 존재 계기 ― 이 두 계기는 완전히 이질적인 구조라는 결과로 나타
난다 ― 의 분석에서 갖는다. 두 계기의 이러한 구조의 차이성을 통찰
한 사람은 자기 이유라는 개념으로 만족할 수 없고, 언급한 바에 따라서
더 이상 오해될 수 없는 자기 원인의 이념으로 어쩔 수 없이 전진하지
않을 수 없다. 스콜라철학이 이 점에서 달리 생각한다면, 그것은 그 가
장 깊은 이유가 스콜라철학이 대상 영역(관념적 존재와 실재적 존재)
을 충분히 식별하지 않는다는 점에 있다.

　사람들이 자체 존재란 개념을, 우리가 시도했던 것처럼, 적극적으로
이해한다면, 칸트가 그렇게도 달변으로 표현하였던 사유의 원동력도 떨
어져 나간다. "우리가 모든 사물의 최후의 담지자로서 그렇게도 필요

---

63)　H. Schell은 적절하게 다음과 같이 말한다: "무(無)는 그 자신으로부터 발생할 수
　　　없다. 즉 그 자신을 존재로부터 존재로 산출할 수 없다. 그러나 원근거(源根據)는
　　　자기의 내재적 행위를 통해서, 자기의 힘과 사명을 통해서 영원이 규정된 것으로서
　　　생각될 수 있고, 생각되어야 한다"("Religion und Offenbarung", 제3판, Pader-
　　　born 1907, 459면).

불가결한 것으로서 필요로 하는 무제약적 필연성은 인간의 이성에 대한 진정한 심연이다. 영원성 자체는, 할레(Haller)와 같은 사람이 이것을 끔찍하게 고상한 것으로 묘사할 수 있을지라도, 오랫동안 심정에 대해서 현기증 나는 인상을 만들 수 없다. 왜냐하면 이 영원성은 사물의 지속을 측량할 수 있을 뿐이지만, 그러나 운반하지는 못하기 때문이다. 사람들은 사상을 방어할 수는 없지만, 그러나 또한 그것을 견디어 낼 수는 있다. 그리하여 우리가 또한 모든 가능한 존재 중에서 최고의 것으로서 표상하는 존재는 말하자면 자기 자신에게 다음과 같이 말하게 된다: 나는 영원에서 영원에 이르기까지 존재한다. 나의 바깥에는 다만 나의 의지를 통해서 그 어떤 것인 것 외에는 아무것도 존재하지 않는다. 그런데 도대체 나는 어디로부터 존재하는 것인가? 여기서 모든 것은 우리 아래로 떨어진다."[64] 나 자신은 어디로부터 존재하는 것인가? 라는 물음은, 우리가 지적한 것처럼, 자체 존재의 개념을 통해서 완전히 명백하고 분명한 대답을 얻게 된다. 만약에 어떤 존재자가 어떤 타자로부터 정립될 수 있다면 — 그럴 수 있다는 것을 모든 인과적 진행이 증명한다 — 그러면 무엇 때문에 또한 자기 정립은 가능하지 않아야 했는가? 논리적 영역에서 그와 같은 종류의 것이 존재한다는 사실을 우리는 보았다. 자기 정립이 통용하는 것에서 가능하다면, 무엇 때문에 또한 존재자에 있어서는 가능할 수 없어야 하는가? 그러나 이 개념이 의미 있다면, 우리의 사유는 이 개념을 "견디어 낼 수 없을" 것이라고 더 이상 말할 수 없다. 칸트와 같은 사람의 권위도 사실상으로 바르지 못한 것을 그에 따라서 말하도록 그 누구도 유혹하지 말아야 할 것이다.

---

64)   같은 책, 482면.

4. 사물의 작용 관계와 그 최후의 형이상학적 설명 근거

우리가 발견한 것처럼, 세계 전체를 파악하고자 하는 이성은 자체 존재의 사상에서 비로소 휴식하게 된다. 이 사상은 우리가 정초 요구라고 부를 수 있는 인간 이성의 저 요소적인 요구의 만족을 의미한다. 왜-물음, 즉 근거에 대한 물음은 사유로 하여금 개별적 사물에 대해서뿐만 아니라, 전체로서의 세계에 향하게 한다. 사유가 세계를 ― 자기 자신을 정초하는 존재로서 더 이상의 왜-물음을 배제하는 ― 어떤 세계 근거에로 환원했을 때, 사유는 비로소 어떤 충분한 대답을 소유하게 되었음을 안다.

정초 요구 곁에 아직도 이에 못지않은 요소적인 다른 요구가, 즉 통일성의 요구가 인간의 이성 속에 살고 있다. 이성은 언제나 다수를 하나로 환원하고자 노력하는 것으로 나타난다. 이성에게 다수성이 다가서는 곳에서는, 이성은 이 다수성을 통일성으로부터 파악하고자 한다. 그렇게 해야만 이성은 다수를 마음대로 다룰 수 있는 것이다. 그렇게 해야만 다수를 논리적으로 극복할 수 있다. **칸트**는 이미 인간 이성의 이러한 특성을 분명하게 통찰하였다. "모든 것을 하나의 원리로부터 도출할 수 있다는 것 ― 이렇게 그는 언제가 진술하고 있다 ― 은 인간 이성의 불가피한 요구이다."

철학사가 지적하고 있는 것처럼, 형이상학적 사유는 언제나 어디서나 통일성을 추구한다. 사유가 우선 형이상학적 원리의 다수성을 가정하는 그곳에서도, 예컨대 단자론에서처럼, 사유는 이 다원론을 결국 이 다수성의 통일적인 원근거 및 원천의 사상을 통해서 높인다. 이 사실은, 이미 우리가 본 바와 같이, 라이프니츠뿐만 아니라, 로체, 분트 및 유심론적 형이상학의 다른 옹호자들에게도 적용된다. 이 사실은 물론 다원론의 유물론적 형식에 대해서는 동일한 정도로 주장될 수 없다. 예컨대 고대의 원자론자들은 최종적인 것으로서 원자의 다수성에 머문다. 원자론자들도 물론 그들이 원자를 질적으로 동일한 종류의 것으로서 간주하고, 따라서 이 원자들에 통일적인 용재구조를 전가하는 한, 통일 사상을 인정한다. 원자론적 체계에 직면하여 무수한 원리를 사용하는 철학 체계가 "도대체 아직도 하나의 체계로서 타당할 수"[65] 있는지 어떤지 하는 Ed. v. 하르트만의 물음이 정당한 것으로 간주된다.

형이상학적 사유는 이제 물론 그것이 다수로부터 하나에로 단적으로 그것의 통일성 요구를 근거로 하여 수행하고, 동시에 객관적 근거의 뒷받침을 받지 못한다면, 곤란한 입장에 놓일 것이다. 사실상 그러한 객관적 근거는 존재한다. 현실은 최후의 통일적인 존재 근거의 가정 없이는 설명될 수 없다는 정황을 제시한다. 이미 Ed. v. 하르트만은 엄격한 다원론은 존재의 수수께끼를 해결할 수 없다고 강조하였다. 왜냐하면 다원론에 의해 가정된 "다수의 실체는 서로에 대한 아무 관계 없이 존재해야 하기 때문이다. 서로 아무 관계가 없는 똑같은 수효의 절대자가 존재하는 것이다. 다수의 실체는 서로 교란할 수 없고, 교란을 통해서 자기보존의 작용으로 강요할 수도, 서로 촉발할 수도 없다.[66] 바꾸어 말하면 다원론 너머로 이끌어 내는 것은 사물의 작용의 관계이다.

동시에 우리는 로체의 형이상학에서 결정적인 역할을 하고 있는 사상 앞에 서게 된다. 우리가 이미 알고 있는 바와 같이, 그에 의하면 사물의 작용의 관계는 오로지 많은 사물을 포괄하는 통일적인 존재 원리의 가정에 의해서만 설명될 수 있다는 것이다. 그의 사상 진행은 어떠

---

65) Kategorienlehre, III, 209면.
66) 같은 책, 213면.

한 근본적인 확인으로부터 출발한다.

현실은, 세계의 요소들이 그 유사성 때문에, 분류에서 제시되는 것처럼, 불변적인 체계적 질서 속에서 존재하는 것이 아니라, 방금 이러한, 방금 저러한 귀결하는 요소들의 병합으로부터 방금 이러한, 방금 저러한 결과가 발생하는 끊임없는 생기 현상 속에서 존재한다. 그런데 순간마다 주어진 조건으로부터 발생해야 하는 것은 이 요소를 지배하는 보편적 법칙에 따라서 영원히 정해져 있다. 그러나 다른 순간아 아닌 바로 일정한 이 순간에 그와 같은 결과가 실현된다는 그 사실 속에 현실이 진리의 모든 단순한 체계로부터 구별되는 **작용**이란 이 다른 관계가 존재한다.[67)]

작용 일반을 파악할 수 있도록 나타나게 하기 위해서 사람들이 이제 어떠한 형이상학적 전제들을 내세워야 하는지가 의문이다. "어떤 결과의 실현된 조건들은 사물들의 상태와 이 상태들 간의 관계 속 이외의 어떤 다른 곳에서도 존재할 수 없다. 따라서 이 질문은 어떤 사물 a는 어떻게 어떤 다른 사물 b에 작용할 수 있는가라는 것으로 되돌아온다.

이 질문은 우선 a로부터 b를 향해서 그 어떤 것을 '이행'(移行)하게 하는 일군의 견해, 즉 '변화 원인', '물리적 영향'에 의해서 해답이 내려진다. 사람들이 여기서 '이행하는' 것이 무엇이냐고 묻는다면, 이에 대해서는 완전히 인정은 되어 있으나, 실익이 없는 다음과 같은 대답이 있다. 즉 자신의 실존 자격을 부여하고, 이 실존에 관여하고 있는 실재적인 어떤 것, 즉 어떤 **사물**은 따라서 이 사물이 처음에 결합해 있었던 a로부터 분리할 수 있고, 그것이 이행(移行)하게 된 b와 결합할 수 있다는 것이다. 그러나 매우 자주 일어나기도 하는 이 경우에 아무런 결과가 일어나지 않고 단순한 장소 변화만 일어나거나, 또는 이를테면 b가

---

67) Grundzüge der Religionsphilosophie, 제3판, Leipzig 1894, 25면.

어떤 변화를 겪게 될 때, 이 변화는 도대체 이행하는 요소가 b에 이르는 자기의 길을 이미 뒤에 남겨 두었을 그때, 따라서 이 이행을 통해서도 어떤 새로운 이행을 통해서도 이행하는 요소와 b 사이에서 설명될 수 없을 그때 시작된다.

그러나 사람들이 어떤 사물 대신에 상태나 사건 또는 활동성을 a로부터 b로 이행(移行)하게 한다면, 형이상학은 정당하게도 다음과 같이, 즉 이 모든 것들은 어느 실체의 단순한 속성으로서 — 이것의 상태 또는 활동성이 속성들이었던 — a로부터 분리할 수 없고, 그리고 더 나아가서 이것들은 한순간도 a와 b 사이에서, 실로 상태로서, 그러나 무명씨(無名氏)의 상태로서 실존할 수 없고, 그리하여 결국 이 상태들이 b로 옮겨질 수 있다 하더라도 이제는 다시 처음으로, 이것들은 b의 상태들로 되고, 다시 말하면 이것들은 b에 작용할 수 있는 것처럼 설명될 수 있을 것이라고 반론을 제기한다.

사람들이 마지막으로 미정(未定)의 표현들을 여전히 적용한다면, 예컨대 어떤 '영향' 또는 '작용'을 a로부터 b로 이행(移行)하게 한다면, 사람들은 여기서 단순한 관계 이외 어떤 것도 갖지 않을 것이지만, 그러나 전혀 문제의 해결은 아닐 것이다. 따라서 '변화 원인'의 이 길 위에서 작용의 성립을 파악하려는 모든 시도는 완전히 소용없는 일이다.… 서로 관련이 없는 두 사물이 그럼에도 서로 관계해야 한다는, 각자는 타자에 적응해야 할 것이라는 허용되지 않은 모순이 지속하여 존재하고 있다. 이 자립성은 포기되어야 하고, 통상적인 경험에 대해서 고립된 존재로서 대자적으로 현상하는 개별적인 유한적 사물들은 실재적인 유일한 존재 M의 비자립적인 부분으로서 간주되어야 한다.[68] 일시적인 작용이란 문제의 해결은 다음과 같이 주어진다. 즉 우리에게 자립적인 존재 a가 자립적인 존재 b에 대한 일시적인 작용이라는 것으로서 현상하는 것은 사실은 "어떤 유일한 존재 — 이것의 통일성은 어떤 하나의 상태(이 상태에 조정을

---

68)   같은 책, 26면 이하 및 29면.

위해서 어떤 두 번째의 상태를 합치거나 또는 뒤를 따르게 하지 않고서는)를 견뎌 낼 수 없다 — 의 내부에서 단순히 내재적 작용일 뿐이라는 것이다."**69)**

우리는 로체의 사상 진행을, 이것이 완전히 이론(異論)의 여지가 없고 설득력 있는 것으로서 간주하기 때문에, 자세하게 묘사하지 않았다. 우리는 물론 이미 다른 연관에서 그에 의해서 수행된 사물의 탈실체화(脱實體化)에 대한 의구심을 알렸고, 그러나 여기서 그의 숙고 속에 포함되어 있는 것으로 보이는 올바른 핵심을 지적하였다. 그것은 사물들의 서로에 대한 작용은, 사물이 말하자면 절대적 실체로서 병존하여 실존한다면, 완전히 파악할 수 없는 것으로서 나타난다는 사상이다. 사물들이 작용함에 있어서 상호 간의 유관성은 존재에 있어서의 상호 유관성에 철저히 기초를 가지고 있어야 한다. 그런데 이것이 의미하는 바는 사물들은 이 사물들의 공동적인 작용 관계가 설명되어야 한다면, 공동적인 존재 근거를 가져야 한다는 것이다. 이 **공동적인 존재 근거**는 물론 실체 모두로서 사유될 필요는 없고, 그것을 원인 모두로서 파악하는 것으로 족하다. 물론 이 공동적인 존재 근거는 전혀 실체 모두로서 표상되어서는 안 된다. 왜냐하면 만약 그렇다면 사물의 존재적 자립성은 상실될 것이기 때문이다.

그리하여 우리는 다음의 결과에 도달한다. 즉 사물의 다수성을 어떤 최후의 통일적인 존재의 원리 속에서 기초를 세우면서 사유하는 것은 우리를 독려하는 우리 이성의 통일성의 요구일 뿐만 아니라, 그것은 마찬가지로 그와 같은 원리를 최후의 설명 근거로서 요구하는 **사물들의 작용 관계**이다. 우리는 J. 폴켈트와 함께 또한 다음과 같이 말할 수 있다.

---

69) 같은 책, 30면 이하.

"절대적으로 고립된 다자(多者)들, 완전히 분리된 개체들이 도대체 합쳐질 수 있으며, 하물며 하나의 공동 작용으로 통일될 수 있을 것인가? 다자(多者)들이 그 근원을 그 속에서 갖게 되고, 그것으로부터 개체들이 그 현존을 창조하는 근원적-일자가 존재하지 않으면 안 된다."[70]

III. 세계의 용재로부터 해명된 세계 근거의 용재

세계의 사물들의 현존을 최종적으로 이해할 수 있게 하기 위하여 우리들은 모든 상대적 존재를 정초하는 절대적 존재, 어떤 세계 근거의 사상을 구성하지 않을 수 없었다. 세계의 사물들의 작용을 이해하도록 하기 위해서 우리들은 또한 많은 사물들을 담지하고, 또 포괄하는 통일적인 세계 근거를 가정하지 않을 수 없음을 보았다. 이제 이것으로써 이 최종적으로 현실적인 것의 용재에 관한 그 어떤 것이 이미 형성된 것인가? 로체는 위에서 되풀이한 그의 사상 진행에 관해서 다음과 같이 진술한다. "이 M이 그런데 무엇일까, 어떤 의식적 정신일까, 무의식적 세계혼일까, 맹목적 질료 또는 그 밖에 그 어떤 종류의 실재성일까 하는 것에 관해서 우리는 아직 아무것도 알지 못한다."[71] 사실상 두 번째의 사상 진행만 모든 존재자의 통일적 원리에 이른다. 이 사상이 동시에 진실로 세계 근거의 유일성을 확인하지만, 그러나 그 내용적인 본질은 아직 미정(未定)의 상태로 둔다. 이에 대해서 첫 번째의 사상 진행은 다르다. 이 첫 번째의 사상 진행에서 절대자의 기본적인 본질 규정이

---

70)   Deutsche systematische Philosophie, 37면.
71)   같은 책, 32면.

생긴다. 우리는 **자체 존재**는 그것의 본질성에 의해서 실존하고 있음을 보았다. 우리가 이 사상을 역동적으로 파악했을 때, 우리는 **자체 존재**의 개념을 자기 정립, 자기 실행의 의미로 확보한다. 그런데 우리는 정신의 본질 분석에서 모든 정신적 존재에 대해서 자기 자신으로의 재귀관계가 본질적인 것임을 보았다. 정신은 자기 자신을 소유한다. 그것도 다음과 같은 이중적인 의미에서, 즉 정신이 자기 자신에 관해서 알고, 또 자신을 마음대로 처리한다는 의미에서 소유한다. 정신은 전자를 자기의식에 있어서, 후자를 그의 자력으로 소유한다. 그러나 **자체 존재**에 있어서는 아직도 자기 소유 이상의 것이 존재한다. 자체 존재는 존재를 소유할 뿐만 아니라 존재를 정립하고 실현한다. 그 때문에 자체 존재는 정신보다도 한층 더한 이유로 규정되어야 한다. 그것은 **절대적 의미**의 **정신**이다. 여기로부터 동시에 **자체-존재-사상**을 적극적으로 파악해야 할 의미가 밝혀진다. 이러한 파악을 통해서 절대적 존재의 정신성이 당장 명백하게 된다.

이제 세계 근거의 용재 속으로 보다 깊이 파고 들기 위해서 우리는 세계의 용재를 가능한 한 모든 측면에서 고찰하여야 하겠다. 세계의 본질적 특색은 세계 근거의 본질 속에 기초해 있는 것으로 생각하지 않을 수 없다. 따라서 우리는 전자로부터 후자에로 추론해야겠다. 그리하여 우리는 여기서 다음과 같이 대처한다. 그것은 우리가 우선 세계의 **존재**를, 그리고 나서 세계에 있어서의 **생기 현상** 및 세계의 사물들의 **작용**을, 그리고 마지막으로 세계의 **형태화**를 주시하는 일이다.

1. 세계의 합리성

세계는 우리에게 혼돈으로서가 아니라, 질서로서 맞선다. 세계는 우리에게 질서 정연하고 잘 구분된 전체로서 나타난다. 우리는 앞 장(章)에서 세계의 성층 구조에 주목하였고, 또 세계는 위계 질서상으로 구분된 단계 질서를 나타낸다는 사실을 보았다. 그러나 동시에 이성이 세계 속에서 지배한다고 언급되었다.

이러한 인상은, 우리가 세계의 존재 구조를 보다 더 자세히 주시할 때, 한층 더 강화된다. 우리는 이때 세계는 우리에게 합리화될 수 있고, 즉 우리가 보편 개념을 세계에 적용할 수 있다는 중요한 사실 앞에 서게 된다. 세계에는 개별자뿐만 아니라, 보편자도 존재한다. 개별자는 보편적 본질의 특징을 제시하고, 이 본질의 특징을 통해서 개별자는 일정한 종(種)과 유(類)에 결합된다. 이렇게 됨으로써만 개별자는 우리에게 개념적으로 파악될 수 있다. 칸트도 역시 이 사실을 통찰하였고, 다음과 같이 강조하였다. "나타나는 현상 가운데에는 엄청나게 큰 차이가 존재할 것이다. 내가 형식(그러면 이 점에서 현상들은 서로 유사할 것이다)에 따라서가 아니라, 실존하는 존재의 내용, 즉 다양성에 따라서, 가장 예민한 인간 오성마저도 일자와 타자의 비교를 통하여 최소한의 유사성도 발견할 수 없을 것(충분히 상상할 수 있는 경우)이라고 말하고자 한다면, 그러면 유(類)의 논리적 법칙은 전혀 발생하지 않을 것이고, 이 법칙은 그 자체로 유(類)의 어떠한 개념이나 또는 그 어떤 보편적 개념, 그뿐만 아니라, 이러한 것들과 관계해야 하는 어떠한 오성도 발생하지 않을 것이다."[72]

우리는 개별적 사물을 보편적 개념 아래 포함시키는 것처럼 개별적인 생기 현상을 보편적 법칙 아래 포함시킨다. 우리는 자연의 생기 현상 속에서 어떤 규칙성을 관찰하고, 자연의 작용 형식이 언제나 동일하다

---

72) Kritik der reinen Vernunft, 509면 이하.

는 것을 확인한다. 동일한 조건이 주어지면, 동일한 결과도 생긴다. 우리는 이렇게 생기 현상의 변화 가운데서 변치 않는 것, 언제나 되풀이되는 반복을 인식한다. 우리는 이리하여 말하자면 종(種) 및 유(類)개념의 대응물인 자연법칙의 목록에 이르게 된다. 우리는 이 개념으로써 사물의 존재를 파악하고자 하듯이, 저 법칙으로써 생기 현상을 파악하고자 한다. 여기서나 저기서나 세계 속에서 지배하고 있는 이성의 표현 및 발로(發露)인 이성적인 것이 문제이다.

그러므로 이미 소박한, 과학 이전의 세계관이 합리적인 특징들을 제시한다면, 그것은 바로 과학적인, 특히 자연과학적인 세계관에 적용된다. 자연과학적인 세계상(世界像)은 과학 이전의 일반적 경험에 의한 세계상의 합리화를 통하여 성립된다. 그것은, 우리가 다른 연관에서 본 바와 같이, 본질적으로 수학적인 개념과 방법을 자연의 생기 현상에 적용하는 데에 있다. "고대 철학이 원소의 원자에 통상의 물체를 귀속시킨 반면에, 현대 물리학의 소립자 이론에는 방정식이 속한다. 이 방정식은 물질의 구조를 지배하는 자연법칙을 형성한다. 방정식은 이를테면 화학적 반응의 시간적 경과를, 결정(結晶)의 규칙적 형식 및 진동하는 현(弦)의 음(音)과 똑같이 포함한다. 방정식은 우연한 단초의 조건들로부터 우리 주위의 세계의 물리적 현상들을 규칙적으로, 마치 만화경(萬華鏡)이 다채로운 암석(岩石)의 우연적인 배열에서 정교한 모범을 발생하게 하는 것과 비슷하게, 전개한다. 일부는 현실적으로 자연력을 지배하는 곳에 이르렀고, 동시에 결정적으로 인간성을 발전하게 하는 이러한 자연 관찰의 결과는 피타고라스학파의 믿음을 예견할 수 없을 정도로 옳다고 시인하였다. 자연 속의 모든 규칙적인 관계들, 또한 우리가 아직도 꿰뚫어 보고 있지 못하는 관계들의 단순한 수학적 핵심에 대한 신뢰는 따라서 현대 과학에서도 여전히 생동하는 것이어서 자연법칙의 수학적 단순성은 새로운 실험을 통해서 해명된 영역에 타당하다. 어떤 새로운 경험 영역은 이 영역을 규정하는 법칙이 단순하게 수학적으로 형성될 때, 비로소 그 관계에 있어서 이해된 것으로 나타난다." 그리하여 현대의 자연과학은 "현상의 수학적 구조에 관한 탐구"[73)에 의해서 지배되고 있다. 현대의 어떤 다른 물리학자는 다음과 같이 강조한다. 우리는 "삼라만상을 그것의 무게에 내리눌리는 어떤 거대한 정교하게 만든 기계류처럼 상상하고 싶지 않고, 오히려 우리가 그것에 사상으로, 특히 우리가 수학적인 사상이라고 표시하는 저 특수한 종류의 사상으로 다가갈 때 이해될 수 있을 뿐인 사상의 세계로서 표상하고 싶다."[74)

자연과학적 세계상은 과학 이전의 일반적 세계상과 함께 현상적이란 성격을 공유한다. 양자는 현상계에 관계한다. 자연과학이 또한 아무리 소박한 세계상을 떠날지라도, 아무리 추상 속에서 움직일지라도, 원칙적으로 결코 현상계의 한계를 넘어설 수 없다. 그 때문에 우리가 세계에 즉해서 그리고 세계 속에서 확인하는 합리적인 것이 오로지 의식, 즉 세계를 개념적으로 가공하는 사유의 계좌에만 지정되어야 할 것인지 하는 의문이 생긴다. 그럴 때에는 우리는 자연과학적 세계상에서 단적으로 철저하게 합리화된 현상 세계와 관계해야 할 것이지만, 그러나 거기서 물-자체-세계의 합리적 구조는 추리할 수 없을 것이다. 이것은 주지하는 바와 같이 칸트의 입장이다. 그러나 이 입장은, 우리가 알고 있는 바와 같이, 유지될 수 없고, 칸트에 의해서도 시종여일하게 실행될 수 없

---

73) W. Heisenberg, Die mathematische Gesetzmäßigkeit in der Natur, in: Die Natur das Wunder Gottes, E. Dennert판, Berlin 1938, 40면 이하.

74) J. H. Jeans, 축사, New York 1931. B. Bavink의 인용. Ergebnisse und Probleme der Naturwissenschaften, 216면.

었다. 현실은 현실이 합리적 요소를 제시하는 단지 그 이유 때문에 합리화될 수 있다. 만약에 현실이 전적으로 비합리적이라면, 현실은 합리화에 대해서 어떠한 거점 및 근거지를 제공하지 못할 것이다. 원리상으로 사유에 낯선 세계는 사유의 대상일 수 없고, 사상적인 가공(加工)의 대상일 수 없다. 따라서 현상의 합리성은 물 자체에 기초하고 있는 것으로 사유되어야 한다. 물 자체는 그것이 합리적인 것으로서 드러나야 한다면, 현상계가 방금 명백하게 된 합리적 특징을 제시해야 한다면, 어떤 방식으로든 합리적인 구조를 가져야 한다. 이것은 모든 존재의 핵심이 가지적(可知的)이어야 한다라든가, 실재가 가지성(可知性)과 동일한 의미를 가진다는 것을 말하는 것이 아니다. 우리는 오히려 물 자체는 합리적 구조를 가지고 있다라든가, 물 자체는 합리적 요소가 스며들어 있고, 합리적 특징을 제시한다라는 소박한 전제로 만족해야 한다.

그러므로 합리성이 현상뿐만 아니라, 물 자체에도 관계한다면, 우리는 여전히 한 걸음 더 나아가도 좋고, 형이상학적 세계의 합리성을 최후의 원천으로서의 세계 근거의 합리성으로 환원해도 좋다. 그리하여 우리는 세계의 근거가 이성적인 존재라는 그 이유 때문에 이성이 세계 속에서 지배한다고 말한다. 세계가 이성적 존재에 그 현존을 힘입고 있다면, 그 용재도 힘입고 있음이 틀림없다. 따라서 이때 이 용재의 합리성은 그것의 깊은 근거를 세계 근거의 합리성 속에 갖지 않을 수 없다.

합리성은 본질적으로 질서를 의미한다. 합리적 세계란 것은 자신 속에 질서 잡힌 세계이다. 합리는 질서이다. 질서가 있는 그곳에서 이성이 지배한다. 그 때문에 우리는 우리의 사상 진행도 질서 개념의 도움으로써 작성할 수 있다. 그와 같은 작성은 H. 드리쉬한테서 발견된다.

그는 자기의 철학의 정점에 "나는 의식적으로 질서 잡힌 어떤 것을 가지고 있다"[75]라는 명제를 내세운다. 의식적으로 갖게 된 어떤 것, 즉 직접적 대상의 질서를 밝히는 것은 "질서론"의 과제이다. 그것은 엄격하게 이성적인 과제이다. 왜냐하면 "모든 것을 질서 속에서 직관하는 것은 모든 것을 '합리적'으로 직관하거나 이해하는 것이기 때문이다."[76] 보편적 질서론은 순수한 의미 및 그 관계의 영역을 연구한다. 자연의 질서론은 자연적 존재의 영역에 있는 질서를 드러낸다. 이 일은 가능하다. 왜냐하면 "자연은 논리적으로 창조되었기" 때문이다."[77] "자연의 논리학" 곁에 영혼의 영역 속의 질서를 이끌어 내는 "영혼의 논리학"이 등장한다. 여기서나 저기서나 경험적 현실의 질서에 관한 것이다. 그런데 경험적인 것은 그러나 형이상학적인 것에 토대를 두고 있다. 이것은 따라서 "경험적 존재는 질서론의 범위 안에 존재할 수 있다"[78]라고 생각되어야 한다. 달리 말하면: 현상계의 질서는 자체적 존재자에로 되돌아가야 한다는 것이다. 물론 현실적인 것의 "합리성"은 증명될 수 없다. "이 합리성은 요구(요청) 될 수 있을 뿐이다. 그러나 이 합리성은 요구되어야 한다. 왜냐하면 이 합리성은 매우 기이한 것을 의미하는 어떤 것을 요구하지 않을 것이기 때문이다. 이 요구를 거절하는 것은 다음과 같은 진술을, 즉 현실적인 것이 '나는 의식적으로 질서 잡힌 그 어떤 것을 가진다' 속에서, 따라서 이른바 '이성' 속에서 — 이성은 하여간 현실의 귀결이다. 왜냐하면 무엇이 그러한 귀결이 아니어야 한단 말인가? —, 즉 현실적인 것이 이성 속에서 자기 자신의 본질에 반대되는 도구를 만들었다! 라는 진술을 의미하게 될 것이다. 이와 같은 불합리성을 우리는 현실

---

75) Deutsche systematische Philosophie nach ihren Gestaltern, H. Schwarz판, Berlin 1931, 129면.
76) 같은 책, 138면.
77) Die deutsche Philosophie der Gegenwart in Selbstdarstellungen, R. Schmidt판, I, Leipzig 1921, 59면.
78) 같은 책, 63면.

적인 것에 전가하고자 하지 않는다. 왜냐하면 그렇게 전가할 아무런 근거도 진실로 존재하지 않기 때문이다. 이때 그러나 현실적인 것은 합리적으로 파악될 수 있다. 이것은 물론 현실적인 것이 이성을 '초월하는' 특징을 가지지 않는다는 것을 말하는 것이어서는 안 된다. 그러나 이성을 '초월'한다는 것, 따라서 '초합리적'이라는 것은 '반합리적'이거나, 따라서 '반(反)' 이성적이라는 것을 일컫는 것은 아니다."[79]

형이상학적 의미에 있어서의 현실적인 것 역시 단순한 사실이다. 그러나 그와 같은 사실에 우리의 사유는 머물러 있을 수 없다. 사유는 사실적인 존재자에 대한 최후의 근거를 요구한다. 드리쉬는 그뿐만 아니라 "최후의 근거가 현존해야 한다는 사실은 명백하다"[80]라는 생각을 가지고 있다. 이 최후의 근거에 신의 개념이 적용된다. 왜냐하면 이 신의 개념은 "그 자체로 무제약적이고, 만물의 조건인 그 어떤 것"[81]을 의미하기 때문이다. 이제 그러나 "만물의 최후의 근거는 언제나 만물은 그것이 존재하는 그대로 존재할 수 있다라고 사유되어야 한다는 사실"[82]은 의심의 여지가 없는 일이다. 따라서 존재의 "합리성"은 역시 모든 존재의 근원적 원리 속에 기초해 있어야 한다. 달리 말하면 세계 근거는 "이성"을 소유해야 한다.[83]

우리들의 서술에서 세계의 합리성은 오로지 세계 근거의 용재를 규정

---

79) Deutsche systematische Philosophie, 175면.

80) 같은 책, 189면.

81) Wirklichkeitslehre, Leipzig 1917, 339면.

82) Deutsche systematische Philosophie, 189면.

83) 이러한 결과에로 K. Groos도 그의 다음의 논문에서 이르게 된다: "Die induktive Metaphysik und der Gottesbegriff," in: Blätter für deutsche Philosophie, 13 (1939), 347-372면.

하는 데 이바지하지만, 어쩌면 세계 근거의 현존을 규정하는 데는 이바지하지 않는다는 사실이 충분히 분명하게 드러난다. 세계의 합리성으로부터 신의 현존을 증명하려는 의도는 한층 더 우리에게서 멀리 떨어져 있다. 우리 사상 진행은 따라서 사람들이 현대에 신의 현존을 세계의 질서와 합법칙성으로부터 증명하고자 하는 이른바 **법칙론적 신의 존재 증명**으로부터 본질적으로 구별된다. 이 증명은 두 가지를 간과하고 있는 것처럼 보인다. 첫째로 세계 질서 또는 이 질서가 이르게 되는 입법자는 결코 신과 동일하지 않다는 것이다. 왜냐하면 신의 이념은 저 개념 속에 포함되어 있지 않은 본질적 계기를 내포하고 있기 때문이다. 두 번째로는 저 법칙론적 신의 존재 증명은 질서 자체가 아니라, 우연적 질서만을 자신 너머로 추방하고, 따라서 그것의 목적은 우연의 사상을 이용하여, 우연의 증명에 의존할 때만 달성할 수 있다고 하는 사실을 오해하고 있다.[84] 따라서 법칙론적 논증은 신의 존재 증명도, 도대체 자립적인 증명도 아니라는 사실을 말하고 있다.

최근에 사람들은 **법칙론적 신의 존재 증명**의 목적을 보다 간단한 방법으로 달성하려고 시도하였다. 사람들은 인과추리를 배제하고, 직접적으로 세계로부터 신에 이르는 사상적인 상승을 수행하고자 한다. 따라서 그들은 아리스토텔레스적으로가 아니라, 플라톤적으로 전진한다. 출발점은 사물의 이념 내용이다. 사람들이 증명한 바에 따르면, 모든 사물은 일정한 존재 특징, 일정한 존재 형상을 가지고 있다. 이 존재 형상은 이념의 표현이다. 모든 사물은 이념의 모방이다. 그런데 이념은 정신의 사상으로서만 가능한 것이다. 이 정신은 그러나 인간적인 정신일 수 없다. 왜냐하면 사물의 객관적인 이념 내용은 인간의 정신으로부

---

84) 참조. Fr. Sawicki, Die Gottesbeweise, 166면.

터 완전히 독립해 있기 때문이다. 따라서 사물 속에서 실제로 실존하는 이념 세계는 **초월적 정신**을 전제한다.[85]

비판적 사고는 이러한 사상 진행을 고려하여 두 가지 질문을 제기하게 된다. 첫 번째 질문은 다음과 같다. 사물은 이념의 표현이고, 특색을 드러낸 것이라는 사실은 직접적으로 그렇게 명백한 것인가? 이 견해는 오히려 우리들이 오늘날 더 이상 함께할 수 없는 개념 실재론을 전제로 하는, 플라톤에서 유래하는, 전적으로 규정된 사물관에 의존하는 것은 아닌가? 우리가 다른 연관에서 여기서 언급한 문제에 관해서 말한 것에 의하면 이 질문을 긍정하는 것은 아마도 더 이상 어떠한 논증도 필요하지 않다. — 비판적 사유가 사주받은 것으로 보이는 두 번째 질문은 다음과 같다: 이념은 정신의 사상으로서만 이해될 수 있을 뿐이라는 사실은 당장 명백한 것인가? 현대 철학에서 극히 차이가 많이 나는 형태로 등장해 있는 자신 속에 안주(安住)하는 이념 세계의 개념이 원래 불합리한 것으로서 판정될 수 있는가? 우리는 이 질문을 긍정하기를 주저한다. 자빅키가 정당하게 강조하고 있는 것처럼 "매우 어려운 문제에 관한 것이다. 여기서는 매우 조심스러운 고려를 제시해야 한다. 그리고 여기서 우리는 충족 이유율의 도움으로 주어진 사실의 만족스러운 최후의 설명을 탐구함으로써 목표에 도달할 수 있을 뿐이다."[86]

2. 세계의 목적성

분실한 아리스토텔레스의 저서 《철학에 관해서》에 다음과 같은 이야

---

85)   참조. B. Rosenmöller, Gott und die Welt der Ideen, Münster 1923.
86)   같은 책, 155면.

기가 있다. "세상에서 사람들이 좋고 빛나는 주택에서 살고 있었고, 이 주택은 조상(彫像)과 회화(繪畵)로 장식되었으며, 지나치게 많은 행복한 사람들로 가득 찼으나, 그러나 이 사람들은 이 세상의 표면으로는 나오지 않았고, 풍문과 소문으로만 신과 정신과 힘이 존재한다고 들었더라면, 그리고 이때 세상이 그 아가리를 열고, 이 사람들이 저 은폐된 거주지로부터 우리들의 주택으로 나와서 나타날 수 있었다면, 그리고 그들이 거기서 갑작스레 지구, 바다, 하늘을 보고, 큰 구름과 바람의 힘을 알게 되고, 태양을 ─ 이 태양이 온 하늘에 발산하는 빛으로 낮을 만드는 ─ 그 위대하고 아름다움 가운데서 바라보고 그것의 현실을 인식한다면, 그리고 나서 밤이 땅을 어둡게 하고, 그들이 전체 하늘은 어떻게 별들로써 치장되는지, 또 달은 빛이 교체됨에 따라서 어떻게 차고 기울며, 어떻게 이 모든 것이 뜨기도 하고 다시 지기도 하며, 영원히 그것의 일정한 행로를 불변적으로 지키는지를 본다면, 그들은 사실상 여러 신들이 존재하며 이 위대한 작품들은 이 신들에 의해서 창조되었다는 사실을 믿게 될 것이다."[87]

칸트는 그의 저서 《보편적 자연사 및 천체 이론》(1755)에서 다음과 같이 자신의 사상을 진술한다. "사람들은 우주를 그 구조에 있어서의 가장 탁월한 배열과 신의 손의 확실한 징표들을 그것들의 관계의 완전성에 있어서 인식하지 않고서는 평가할 수 없다. 이성은, 그렇게도 많이 아름다움과 탁월함을 숙고하고 감탄했기 때문에, 이 모든 것을 우연과 행운에 감히 전가하는 뻔뻔한 우행(愚行)에 대해 정당하게도 격분한다. 최고의 지혜를 구상(構想)했어야 하고, 무한한 힘 자체를 실행했어야 한다. 그렇지 않으면 하나의 목적 속에 모이는 그렇게도 많은 의도

---

87) Das Fragment findet sich bei Cicero, De natura deorum II, 37.

를 우주의 체제 속에서 만나는 것은 불가능할 것이다."[88]

위대한 자연 연구자는 자연의 목적에 합당한 조직을 달리 해석하지 않았다.

독일의 위대한 천문학자 J. 케플러는 그의 저서 《우주의 조화》를 다음의 말로 써 결론을 내리고 있다. "나는 주(主)인 창조주 당신에게 당신의 손으로 만든 작품으로 무아경(無我境)에 빠졌으므로 당신의 창조를 통해서 나를 기뻐해 주신 것을 감사드립니다. 나는 나의 유한한 정신이 당신의 무한성을 파악할 수 있었던 것만큼 당신의 전능의 명성을 인간에게 알렸습니다."[89] 마찬가지로 독일의 위대한 물리학자요, 전기공학자인 W. v. 지멘스도 다음과 같이 서술하고 있다. "우리가 변경 불가능한 법칙을 통해서 규제되어 있고, 그럼에도 우리의 완전한 오성에 대해서 그렇게도 깊이 베일로 가려져 있는 자연력의 조화로운 섭리 속으로 깊이 파고들면 들수록, 더욱더 우리는 겸손한 겸허(謙虛)의 상태에 이르도록 자극받으며, 더욱더 우리의 지식과 가능성이 다함이 없는 샘으로부터 창조하는 우리의 노력은 활기를 띠게 되며, 더욱더 이 전체 창조를 관통하는 무한히 질서 잡는 지혜에 대한 우리의 감탄은 높이 솟아 오른다."[90]

현대 자연과학은 잠시 자연에 대한 모든 이러한 해석에 대해서 엄격한 판결을 선언하였다. 그것은 보다 고도의 모든 목적론적 관점을 자연과학의 문지방으로부터 추방한 기계론적 자연관이 지배했던 시대였다. 이미 Ed. von 하르트만이 이 관점을 강하게 반대하였다. "자신과 자기

---

88) II. Teil, 8. Hauptst. (Anfang).

89) W. Freischlag의 인용. Glauben Sie an einen Gott? Gottesbekenntnisse großer Männer, 제2판, München o. J., 7면.

90) 같은 책, 13면.

의 설명 원리로 학문 일반을 대신하고, 자연과학을 초월하는 모든 것을 비학문적인 것으로서 배척하고 싶었던 자연과학의 오만불손은 그 자체가 학문적으로 시인될 수 없다. 이 자연 연구가 제시하는 순전히 인과적인 자연관의 일원론은 어떠한 통일적인 총체성도 아니고, 극복되지 않은 이원론에서 자의적으로 찢어 낸 절반인데, 이 이원론의 다른 절반은 이 찢어 낸 절반을 설명할 수 없으며, 그 때문에 가상(假想)의 설명으로 처리한다. 진정한 일원론적 세계관은 이원론의 한 절반을 억압하는 데 존립하지 않고, 두 측면을 같은 정도로 인정하고, 이원론을 보다 높은 통일성에로 고양함으로써 사변적으로 극복하는 데 있다."[91]

저 관점이 오늘날 어떻게 극복되어 있는지를 실은 자그마하지만 내용적으로 매우 의미심장한 M. 플란크의 저서《종교와 자연과학》이 증명하고 있는데, 이 저서에서 이 유명한 물리학자는 다음의 결과에, 즉 "정밀 자연과학이 가르치는 모든 것에 따르면 우리 인간은, 우리의 조그마한 행성 위에서 사라져 가는 사소한 역할만을 하는 자연의 전체 영역 속에서, 사유하는 인간성의 실존으로부터는 독립해 있으나, 그러나 도대체 그것이 우리의 감각에 의해서 파악될 수 있는 한, 어떤 합목적적 행동에 상응하는 정의(定義)를 인정하는 어떤 일정한 법칙성이 지배한다는 결과에 이른다. 이 법칙성은 따라서 자연과 인간성이 예속해 있는 이성적 세계 질서를 나타내는데, 그러나 그 본래의 본질은 우리들이 인식할 수 없는 것으로 머물러 있다. 왜냐하면 우리는 우리가 결코 완전하게 차단할 수 없는 우리의 특수한 감각적 감정을 통해서만 이 이성적 세계 질서에 관한 지식을 얻게 되기 때문이다. 그럼에도 자연과학적 연구의 사실상의 엄청난 결과는 우리가 부단한 노력을 계속함으로써,

---

91)   Kategorienlehre, III, 133면.

도달할 수 없는 목표에 적어도 계속하여 접근하게 되고, 그리고 우리는 희망을 가진 가운데서 자연을 지배하는 전능한 이성의 섭리 속으로 부단히 전진하는 우리들의 통찰을 심화하는 데로 강화된다는 결과를 인정한다."[92]

우리는 탁월한 자연 연구자의 증언을 자세히 재현하였다. 왜냐하면 그들에게는 세계의 목적성에 관한 문제에서 어떤 특수한 의미가 제격이라고 우리가 확신하고 있기 때문이다. 평생 자연과 관계하여 밤낮으로 자연과 정신적으로 교제한 연구자들은 자연의 용재, 자연의 존재 구조에 대한 정보를 가장 잘 제공할 수 있다. 그들은 이 문제에 대해 최고도의 학문적 능력을 가지고 있다. 그들이 이제 자연의 아름다움과 완전성, 합목적인 구조를 크고 작은 충만된 감탄 속에서 부각시키고, 이러한 사실을 그들이 자연 속에서 초인간적 이성, 즉 무한한 지혜의 작품을 본다는 사실과는 달리 파악할 수 있는 것으로 믿지 않는다면, 우리는 그와 같은 증언에 최고도의 의미를 두지 않으면 안 될 것이다.

물론 철학자에게는 다른 사람의 증언이 아니라, 사실 자체의 증언만이 결정적인 것이다. 그에게는 결국 하나의 권위, 즉 진리의 권위만이 존재한다. 따라서 우리는 우선 다음과 같이 질문한다. 자연의 저 인상이 비판적 시험에 합격했는가? 자연은 실제로 합목적적으로 설계된 것인가? 자연은 합리적 구조 외에 목적적 구조도 소유하고 있는가?

목적성이 무엇인지를 우리는 안다. 목적 개념을 분석할 때 우리는 두 가지 인과성, 즉 후치(後置) 인과성과 전치(前置) 인과성을 구별하였다. 전자는 작용 원인성, 후자는 목적 원인성을 의미한다. 전자에서는 원인과 결과의 관계가 문제이고, 후자에서는 수단과 목적의 관계가 문제이

---

92) Religion und Naturwissenschaft, Leipzig 1938, 27면 이하.

다. 전자는 자연의 생기 현상의 합리성이 의존하게 되는 자연의 합법칙성이고, 후자는 자연의 합목적성이다. 동시에 외적 목적성도 내적 목적성도 문제될 수 있다. 전자는 하나의 사물이 다른 사물에 종속되어서 다른 사물이 수단으로서 이바지할 때 존재하게 된다. 후자에서는 관계하는 존재 내부의 목적 관계가 존재한다. 이 후자에게는 목적은 내재적이다. 목적에 종속할 뿐만 아니라, 목적을 얻으려고 노력한다. 따라서 이 내적 합목적성을 우리는 목표 지향적 노력이라고 부른다.

우리가 위에서 발견한 것처럼, 목적 이념의 고향은 인간의 의식적 행동이다. 이 행동은 목적 활동성을 나타낸다. 인간은 언제나 어떤 목적을 위해서 행동한다. 그는 목적을 정립하고 이 목적의 실현에 이바지할 수단을 선택한다. 따라서 그의 행위는 의식적인 목적 설정이고 목적 실현이다. 목적 실현은 인간의 영역에서만 존재한다. 왜냐하면 그것은 이성의 천품을 가진 존재에서만 가능하기 때문이다. **동물의 행동**은 이성적 행동이 아니고 본능적 행위이다. 동물의 행동은 실은 목표를 향해 있고, 이 목표도 역시 어느 정도까지는 인식된다. 수단을 오성에 합당하게 숙고하고 의식적인 선택을 하는 것에 관해서는 어떠한 언급도 할 수 없다. 그 목적을 향한 노력은 의식적이고 자유로운 것이 아니라, 무의식적이고 자연 필연적인 노력인 것이다. 자연의 다음 단계에서 우리는 목표의 모든 인식이 있었으면 좋겠다고 생각한다. 그렇지만 오늘날의 자연과학은 여기서도 목표지향성을 가정한다. 우리는 활력설의 추종자뿐만 아니라 활력설을 거절하는 저 자연연구자들도 역시 유기체에 있어서의 생기 현상은 목적 사상 없이는 이해할 수 없는 상태라는 그러한 신념을 가지고 있다.

유기적인 영역에서의 합목적성은, 우리들의 연구 결과로 나타난 바와 같이, 여러 가지 형식을 제시한다. 1. 자기 유용적 합목적성이다. 이것은 유관한 합목적적 구성물 또는 생기 현상을 제시하는 개인에 이바지하는 것이다. 2. 후속 유용적 합목적성이다. 이러한 의미에서 합목적적인 것은 예컨대, 포유동물의 유선(乳腺)과 포육본능(哺育本能)이다. 3. 종(種)에 유용한 합목적성이다. 이 목적성은 해당하는 개체가 아니라 그것의 종(種)에 도움이 된다. 이 목적성이 목적성의 하나의 특수한 형식이고, 두 번째 형식과 일치하지 않는다는 사실을, 예컨대 종에 유용한 포육본능은, 이른바 일벌처럼, 도대체 자기의 어떠한 후손도 생산하지 않는 개체에게도 존재한다는 사실이 증명한다. 4. 타자(他者)에 유용한 합목적성이다. 이것은 다른 유기체에 이바지하는 데 있다. 이 목적성은 아주 눈에 띄게도 식물의 혹에서 우리에게 나타난다. 이 식물의 혹은 식물에 나타나는 비정상적인 구성물로, 이 구성물은 다른, 대부분은 동물적인, 많은 경우에는 역시 식물적인 유기체로부터 야기되기도 하는데, 이 다른 유기체에 영양분을 공급한다.[93]

목적 이념의 인간의 영역, 즉 본래의 분야뿐만 아니라, 동물적 및 식물적 구역도 따라서 목적 사상의 지배 아래에 선다. 그러나 비유기적인 것의 영역은 사정이 어떠한가? 이 영역도 역시 목적론적 해석에 대한 객관적인 거점을 나타내 보이는가? 이 물음을 우리에게 이미 자주 회자되었던 현대의 탁월한 자연과학자가 대답한다. "전체로서의 물리적 우주의 목적론적 견해는, 모든 시대의 천문학자에게서 떠나지 않았던 것과 같이, 그리고 별이 총총한 하늘이라는 잘 알려진 칸트의 말로 표현되는 것과 거의 똑같이, 사려 깊은 물리학자에게서도 억제할 수 없을 정도로 떠나지 않는다."[94]

---

93) 참조. E. Becher, Einführung in die Philosophie, München und Berlin 1926, 382 면 이하.

94) B. Bavink, Ergebnisse und Probleme der Naturwissenschaften, 제6판, 212면.

우리가 언급한 내용을 되돌아본다면, 우리는 다음과 같은 자연의 전체의 개관에 동의하지 않을 수 없을 것이다: "사람들이 우주 속을 관찰하는지 어떤지 하는 문제에 관해서, 또는 우리가 상상할 수도 없는 위력을 말하는 산맥을 관찰하는지, 또는 결정(結晶)에서 비밀에 가득찬 질서 법칙을 연구하며, 좀머펠트 씨와 함께 원자 구조에서 스펙트럼선(線)의 천구(天球)의 화음(和音), 모두 숫자로 된 관계의 화음, 일체의 다양성에서 증가하는 질서와 조화를 이해하는지 어떤지, 그곳에서는 폭풍우가 사자(使者)로, 햇빛과 전자파가 봉사자로 되어서, 사람들이 '너는 바람을 너의 사자로, 화염을 너의 봉사자로 만든다' ― 우리가 다만 질서 잡히고 목표 지향적인 힘을 보게 되는 그곳으로 ― 는 시편의 말씀을 생각하지 않을 수 없게 하는 삼라만상을 관통하는 힘을 우리가 연구하는지 어떤지에 관해서, 오일러 씨가 한때, 우리가 삼라만상의 인식 속으로 더 멀리 들어가면 갈수록, 더욱더 그것의 질서와 완전성에 감탄하지 않을 수 없다 ― 오늘날의 천문학은 오일러 시대보다 훨씬 더 많은 기적적인 일을 본다 ― 는 사실을 고백하게 된 자연의 개관에 동의하지 않을 수 없다."[95]

그러나 ― 사람들은 여기서 아마도 의문을 제기할 것이다 ― 자연 속에는 무목적적인 것, 불완전한 것, 악도 역시 존재하는 것이 아닌가? 세계의 목적론적 구조는 우리가 목적론 대신에 **무목적론**을 말하는 경향을 나타내는 두드러진 결함과 빈자리를 지적하고 있는 것은 아닌가? "W. 빈델반트는 다음과 같은 생각이다. 목적적인 것과 무목적적인 것 양자는 서로 함께 있고, 일자가 더 많이 있기도 하고, 타자가 더 많이 있기도 한데, 누가 어느 쪽이 더 많이 있다고 말할 수 있을 것인가?"[96]

95) A. Neuberg, Das neue Weltbild der Physik, 제3판, Göttingen 1941, 110면.

이 문제에 관해서 위대한 자연과학자들은 매우 분명한 대답을 제시하
였다. 그것은 다음과 같다. 비교할 수 없을 정도로 일자, 즉 목적론적인
것이 더 많이 지적되고 있다는 것이다. 재현된 표현에서 자연 현실의
전체 인상은 자연과학자들에게는 목적론적 관점 아래에서 철저히 긍정
적인 것이었다는 사실이 명백히 떠오른다. 자연은 그들에게는 질서였
고, 질서와 혼돈의 혼합이 아니었다. 그들은 자연을 미(美)와 완전성,
질서와 조화, 합목적성과 목적 추구의 세계로서 관찰하고 감탄하였다.
자연 속에 아름답지 않은 것, 무질서한 것, 목적에 반하는 것도 존재한
다는 사실을 그들도 알고 있었다. 그러나 이러한 지엽적인 특징들은 그
들의 눈에는 지배적인 특징에 아무런 변화를 일으킬 수 없다. 세계의
전체적인 모습은 그들에게는 합리적이고 목적론적인 것이었다. 세계의
모습이 이러한 것이기 때문에 그들은 이러한 세계의 모습에 숭고한, 종
교적 해석을 이 단어에서 일어나는 대로 부여할 수 있다.

　그러므로 저 자연과학자들이 자연에 관해서 가졌던 전체 인상이 정
당하다면, 이 전체 인상의 해석도 정당한 것인지 어떤지 하는 의문이
계속된다. 만약에 자연과학자들이 자연을, 그들이 찬미하는 자연의 영
광을 무한한 지혜의 작품으로서, 신의 피조물로서 해석한다면, 그것은
과학자가 아니라, 보다 더 깊이 생각하는 인간, 즉 종교인이 이러한 해
석을 이 가운데서 수행했음이 명백하다. 이러한 해석은 물론 이성적 인
식과 과학적 연구의 수평을 초월하는 고양(高揚), 영원한 것과 신적인
것의 나라 속으로의 상승(上乘)을 의미한다. 그것은 결국 신의 신앙의
빛 속에서의 세계관이다. 과학자가 이러한 가운데서 저러한 관점에 반
대하지 않는다는 것은 저러한 관점을 가진 사람들의 인간성의 폭과 깊

---

96)　Einleitung in die Philosophie, Tübingen 1914, 422면.

이를 증명하는 것이다. 연구자는 협량한 정신의 상태에 있는 사람들에게서는 이들의 인간성을 너무 빼앗아 정신적으로 불구인 절반의 인간으로 만든다. 위대한 정신을 가진 사람들에게서는 인간은 언제나 여전히 연구자 이상이다. 지식의 한계는 이들에게는 존재의 한계와 일치하지 않는다. 이러한 정신을 가진 자는 오히려 괴테와 같은 생각이다. "사유하는 인간의 가장 아름다운 행복은 탐구할 수 있는 것은 탐구해야 하는 것이고, 탐구할 수 없는 것은 고요히 사모하는 일이다." 이 말 속에서 사람들은 지식의 한계를 초월하는, 경외심을 불러일으키는 경건한 정신의 저 태도의 인정을 현실의 신비에 대해서, 이 태도가 저 증언에서 표현되는 대로 파악해야 한다.

동시에 세계 목적론의 저 해석은 학문적 형이상학이 그것의 수단으로써 달성할 수 있는 목적을 훨씬 넘어선다는 사실이 이미 언급되었다. 형이상학의 테두리 안에서는 세계 목적론은 다만 세계 근거의 용재를 보다 자세히 규정하는 데 이바지할 수 있다. 세계 근거의 현존은 목적론적 고찰을 통해서는 증명될 수 없다. 세계의 합리성과 마찬가지로 세계의 목적성 자체도 자신을 초월하지 않는다. 합목적적 및 목적 추구적 사물들의 우연적 세계만이 외적 현존의 근거를 요구한다.[97] 따라서 목적론적 세계로서가 아니라 우연적으로 인식된 세계로서의 사물만이 세계 근거의 현존에 대한 추론을 허용한다. 그러나 과연 목적론적 고찰이 세계 근거의 본질을 보다 깊이 해명할 수 있다. 목적이 있는 그곳에는 이성이 존재한다. 목적의 지배는 이성의 지배를 의미한다. 목적의 세계는 따라서 결국 이성 속에서만 근거할 수 있는 것이다. 이 최후의 근거는 절대적 존재, 즉 자체 존재이기 때문에 절대적 이성이 문제될 뿐이다.

---

97) 참조. 위의 책, 264면.

그러나 이것으로써 모든 것이 다 언급된 것은 아니다. 목적에는 이성뿐만 아니라, 의지도 속한다. 목적은 파악되게 해야 할 뿐만 아니라, 무엇보다도 그것을 얻고자 노력하고 또 그것이 실현되도록 해야 한다. 따라서 목적은 노력의 능력 또는 의지의 능력을 전제한다. 동시에 우리는 세계의 합목적적 구조로부터 세계의 근거 속에 있는 의지를 추론하는 것은 당연하다. 이 의지 역시 절대 의지로서 규정되어야 한다. 세계 근거의 이성과 의지는 따라서 인간의 이성 및 의지와는 완전히 별개의 것으로 사유되어야 한다. 우리는 다만, 세계 근거에는 우리들 인간이 이성과 의지로서 알고 있는 것과 유사한 어떤 것이 존재하고 있음이 틀림없다라고 말하는 것이 옳다. 이것으로써 아직 신이 증명된 것은 아니다. 이성과 의지를 갖춘 것으로서 생각되는 세계 근거는 아직도 종교적 의식이 "신" 아래에서 이해하는 것과 동일한 것이 아니다. 이 세계 근거에는 신의 이념에 대해서 구성적인 의미를 가지고 있는 본질적인 술어, 특히 가치 술어가 없다. 그것은 또한 목적론적 신의 존재 증명을 오해하고 있다. 이 세계 근거에는 위에서 법칙 논리적 증명에 관해서 언급되었던 것, 즉 그것은 신의 존재 증명도, 도대체 자립적인 어떤 증명도 아니라는 사실이 타당하다.

3. 세계의 아름다움

우리들의 세계 이해는 세계에 대한 인과적 및 목적론적 해석으로 충분히 논구되는 것은 아니다. 우리는 물론 현실에 대해서 사유하는 존재로서뿐만 아니라, 정감적 존재로서 대립한다. 현실의 구조는 현실이 우리의 마음속에 일정한 감정을 불러일으키는 그러한 구조이다. 이것은 무엇보다도 미적 감정인데, 이 미적 감정은 자연 속으로 침잠함에 있어

서 우리의 마음속에서는 깨어 있는 그런 감정이다. 이것이 의미하는 바
는 자연은 이성적 및 목적적 측면을 가지고 있을 뿐만 아니라, 미(美)적
측면도 갖고 있다는 것이다. 미학에서 이미 지적된 바와 같이 예술미에
병존하여 자연미도 존재한다. 자연미는 예술미에 못지않게 객관적이다.
실로 어느 시대에서나 자연에 대한 합리적 관점과는 다른 관점에 대해
서는 무능했던 그런 자연 연구자가 있었다. 그들은 자연의 미적 측면에
대해서는 아무런 기관도 가지고 있지 않았기 때문에, 그들은 자연의 아
름다움을 순전히 주관적인 구성물, 즉 인간의 상상력의 생산물로 간주
하였다. 그들에 의하면 인간은 미적 가치를 자연 속에 투입하여 "자연
의 미"에 관해서 말한다는 것이다. 이렇게 생각하는 자연 연구자에 대
해서 바로 자연과학적 측면에서 반론이 제기된다. "내가 어떤 교향곡을
들을 때, 나는 이때 미적 가치판단을 그 자체로 의미 없는 음의 충만 속
으로 집어넣기만 하는 사람이란 말인가? 혹은 오히려 베토벤이나 모차
르트, 슈베르트 또는 브람스가 대부분의 것, 그리고 본질적인 것을 거
기에다 가하지 않았단 말인가? 거대한 알프스의 경치 또는 대양의 미
적 인상은 그와 같이 대단한 어떤 교향곡 또는 고딕 양식의 돔의 미적
인상과 원칙적으로 사정이 다르단 말인가?"[98]

"미적인 관점으로부터만 세계는 영원히 인정받는다"라고 니체는 말
한다. 자연의 세계는 풍부한 미의 가치를 내포하고 있고 따라서 사색하
고 감수성이 있는 관객에게 강한 만족감을 불러일으킨다는 점에서 언
제나 그만큼 정당하다. 그리고 이 사실은 자연의 모든 단계 영역에, 즉
최상의 영역에서와 마찬가지로 최하의 단계에도 적용된다. 인간의 형
태뿐만 아니라, 꽃과 동물의 영역뿐만 아니라, 물리적-물질적 자연의

---

98)　B. Bavink, 같은 책, 710면.

세계도 미적 가치가 풍부하다. "가장 기본적인 세계의 구성 요소 및 이 요소를 지배하는 모든 법칙은 미적 형태를 얻으려고 한다.… 헤아릴 수 없을 정도의 풍요롭고 화려한 미적인 모습이 유기적인 세계 속에, 최고 의 단계에 못지않게 최하의 단계에서 현전한다. 발전하는 연구 앞에 언 제나 새로운 형식들이 헤아리기 어려울 정도로 많이 나타났다. 인간적 예술가의 모든 창작은 이 엄청난 생산에 대해서는 무엇인가."[99] 여기로 부터 다음과 같은 결론이 나온다. "사람들은 또한 세계의 이 측면도 알 지 못하고, 이 측면에 대한 그 의미의 척도에 대한 어떤 의식을 갖지 않 는다면, 학문적인 형이상학을 추구할 수 없다."[100]

자연 현실의 전체 모습에서의 미적 특징을 잘 알려진 자연 연구자인 E. 데네 르트는 짤막하면서도 적절하게 다음과 같이 표현하고 있다: "다양성 속의 통일 성이며, 어디에도 일양성(一樣性)은 없다 ― 언제나 새롭고 예상치 못한 형태로 형성되어 있고; ― 결코 천편일률(千篇一律)적인 것이 아니라, 언제나 자유이다, ― 그렇지만 다시 그럼에도 불구하고 결코 자의(恣意)가 아니고, 헐어 버린 분산 이 아니라, 언제나 통일성이다, ― 새로운 것은 옛 형식에 순응한다; ― 사람들 은 법칙이 깊은 곳에서 지배하고 자유롭게 작용하고 있지만, 그러나 결코 자처 하고 나서지 않고, 부담스럽지 않고, 언제나 자유의 인상을 보존하고 있음을 안다… 자연 ― 하나의 예술품! … 이에 대한 분별력을 가진 사람은 ― 이것이 필요하다 ― 자연 안에서 우리의 예술가들이 무의식적으로 따르는 미(美)의 법 칙이 실현되어 있음을 발견하고, 크고 작고 간에 예술품으로서의 자연에 감명 받고, 자연에 의해서 일상의 생활 위로 고양됨을 느끼며, 자연의 배후에서 최

99) T. K. Österreich, Das Weltbild der Gegenwart, 제2판, Berlin 1925, 313면과 312면.
100) 같은 책, 313면.

고의 존재 그리고 가장 숭고한 존재를 예감하고서, 위대한 독일 천문학자 케플러와 더불어: '세계의 위대한 예술가여! 나는 경탄하면서 당신의 손으로 만든 작품을 봅니다' 라고 말한다."[101]

이제 자연의 아름다움을 어떻게 해석할 것인가라는 물음을 우리가 제기한다면, 이 마지막 문장에서 이미 이 물음에 대한 답이 놓여 있다. 아주 단호하게 위에서 인용한 저자는 다음과 같이 말한다. "우리는 순전히 미(美)적인 것을 여전히 저 깊이 도덕적인 것 아래에 두고 싶어 한다. 이 도덕적인 것은 세계를 철저히 지배하는 가치인데, 이 가치는 삼라만상 중 가장 위대하고, 볼 수 없을 정도로 대단한 것에서 최후의 구조의 섬세성 저 속에 이르기까지 지배하는 위치를 소유하고 있고, 그 때문에 또한 신의 존재에서도 중요한 의미를 가지는 것이어야 한다.… 세계는 덧붙여서 그럴 뿐만 아니라, 아주 진지하게 미를 창조하는 신의 자신의 예술품으로서 이해되어야 한다."[102] 우리가 이 사상을, 학적 형이상학에 있어서 필연적인 요구인 그러한 조심성을 가지고 공식화한다면, 현실의 합리적, 목적론적 특징처럼 미적 특징도 역시 세계 근거의 어떤 용재 규정성을 가리킬 것이다. 우리가 두 가지의 첫 번째 것을 근거로 인간의 이성과 의지에 유사한 어떤 것을 세계의 근거로 가정하지 않을 수 없었던 것처럼, 우리는 이제 인간의 영역에서 미적인 것이라고 부르는 것에 유사한 것을 이루는 어떤 특징들을 가져야 하는 사상으로 전진해야겠다. 따라서 오성- 및 의지의 영역 곁에 감정의 영역이 그것의 형이상학적 의미에서 인정된다.

---

101) Die Natur als Kunstwerk, in: Die Natur das Wunder Gottes, E. Dennert판, Berlin 1938, 56면과 59면.
102) Österreich, 같은 책, 314면과 313면.

제3책 세계관론

Drittes Buch *Weltanschauungslehre*

서론

1. 세계관론의 과제

형이상학은 세계 근거의 이념에서 절정에 이른다. 형이상학적 사유가 이루는 최고의, 최후의 개념은 일체의 우연적 존재가 그 최후의 존재 근거를 갖는 **자체 존재**의 개념이다. 이곳에 이르러 우리의 사유는 비로소 휴식하게 된다. 그런데 세계를 형이상학적으로 파악하고자 하는 우리의 이성은 이 **자체 존재**를 요구한다. 그것은 이론이성의 요청이다.

이론이성은 정신 전체가 아니고, 정신의 하나의 반구(半球)일 뿐이다. 다른 반구는 실천이성이 이룬다. 현대의 술어로서 표현한다면, 논리적-합리적 의식은 그것의 대응물(對應物)을 가치론적 또는 가치 의식 속에서 갖는다. 이 **가치 의식**은 그러나 세계에 대한 순전한 합리적 설명에서는 충분히 해결되지 않는다. 왜냐하면 그러한 합리적 설명이 도달하게 되는 현실에 의한 간파는 몰가치적(沒價値的)이기 때문이다. 이 몰가치적 간파가 그것으로서 작업하게 되는 최후의 원리, 즉 세계의 근거도 역시 몰가치적인 양(量)이다. 가치 의식은 그러나 그와 같은 원리에 머물러 있을 수 없다. 가치 의식은 가치는 존재 자체 속에 최종적으로 기초하고 있다고 깊이 확신하고 있다. 가치의 고상함과 숭고함이 그와 같은 형이상학적 정초를 요구한다. 가치 영역이 존재의 원근거 속에 고정된 것으로 생각될 때만, 그것의 존엄성이 보존된다. 그러나 이것이 의미하는 바는 세계 근거는 동시에 가치 근거로서, 가치 원리로서 파악되어야 한다는 것이다. 이것은 H. 로체가 공식화한 다음과 같은 사상이다: "이때 여타의 세계가 불가피한 귀결로서 거기서 도출되는 원사실(源事實)로서 충분한 것일 수 없는 주된 근거는, 우리가 세계를 가치 있는 것으로서 믿을 만하다고 간주하는 데 있고, 그리고 이 세계의 원리로서는 다만 그 절대적 가치, 미 또는 신성(神聖)을 통해서 이 최고의 자리에 서 있을 수 있는 그러한 것만을 믿을만 하다고 간주하는 사실에 놓여 있다."[1]

이러한 것으로써 요약된 문제권이 특수한 철학의 영역, 즉 세계관론(世界觀論)을 이룬다. 우리는 세계관론을 이미 현실론의 "서론"에서, 이것을 세계의 의미에 관한 이론이라고 규정하면서, 존재론과 형이상학에 대하여 한계 지었다. 세계관적 사유가 제기하는 의문은 인간 정신 일반이 제기할 수 있는 최고의 의문, 즉 세계의 출처와 세계의 목적지이다. 세계의 출처와 목적지에 관한 물음은 그러나 세계의 의미에 관한 물음을 말한다. 이 물음은 최상의 의미 원리의 제시를 통해서만 긍정적으로 대답이 내려질 수 있다. 그런데 "의미"라는 개념은 "가치"라는 개념과 유사하다. 왜냐하면 의미는 이것이 가치의 실현에 이바지하는 가치와의 관계 속에 서게 될 그때에만 그 어떤 것을 가지게 되기 때문이다. 최후의 의미 원리를 묻는다는 것은 따라서 최후 가치 원리를 묻는 것 이외 다른 것이 아니다. 그리하여 여기로부터도 세계의 최후의 가치 근거에 관한 물음은 세계관론의 중심적인 관심사로서 현상한다.

그럼에도 불구하고 세계의 최후의 가치 근거에 대한 물음은 세계관

1)   Grundzüge der Logik und Enzyklopädie der Philosophie, 제5판, Leipzig 1912, 114면.

론의 유일한 관심사는 아니다. 세계의 의미는 무엇보다도 인간의 영역에서 실현된다. 왜냐하면 거기서 정신의 가치, 특히 윤리적 가치가 실현되기 때문이다. 그 때문에 세계의 의미에 관한 물음은 인간의 현존의 의미에 관한 물음을 포함한다. 그러나 이 물음은 인간의 출처와 목적지에 관한 물음, 즉 인간 정신의 원천과 궁극적 숙명에 관한 물음과 같은 뜻이다. 개별적인 인간뿐만이 아니라, 인류도 세계의 의미 실현의 증거로 끌어들여지기 때문에, 따라서 이 세계의 의미 실현은 개별적인 생(生)에서뿐만 아니라, 동시에 인류의 생에서도, 즉 역사 속에서도 실현되기 때문에, 역사의 의미에 관한 물음은 최후의 물음으로서 밝혀진다.

우리가 가치 원리로서 규정했던 세계의 의미 원리를 종교적 언어로 "신"이라 부른다면, 세계관론의 세 가지 대상으로서 신, 정신 그리고 역사가 결과로서 생겨난다. 세계관론의 과제는 이러한 세 가지 개념의 단어로써 생각된 문제들을 해결하여 하나의 세계관을 구성하는 데 있다. 그러나 이 과제는 미리 이러한 구성을 위한 토대를 만들어야 한다. 이 과제는 세계관의 건물을 어떠한 기초 위에 세울 것인가를 연구해야 한다. 달리 말하면 세계관적 사유의 내적 구조를 탐구해야 한다. 이러한 방식으로 이 과제는 어떠한 수단으로써 세계관의 문제가 해결될 수 있는지를 명백하게 한다. 이 과제가 그 해결의 **방법**을 해명하고 난 연후에라야 비로소 그것의 **본질**, 즉 내용적인 해결 자체를 전개할 수 있다. 따라서 세계관론의 과제는 세계관의 비판적인 기초 정립과 긍정적인 창립이다.

이 3권의 "서론"에서 우리가 본 바와 같이 세계관론을 독립적인 철학 분과로서 인정하는 일은 아직도 일반적으로 완성되지 않았다. 특히 스콜라철학 사상에 정위된 철학이 세계관론에 반대한다. 스콜라철학 사상은 세계관론의 과제 영역을 형이상학에 배분한다. 이 철학 사상은 여기서 최고의, 최후의 물음, 즉 세계관의 물음도 역시 순전히 합리적인

수단으로써 해결될 수 있다는 가정에서 출발한다. 그런데 우리는 합리
적 사고는 형이상학의 세계 근거에 이르기까지만 진출할 수 있을 뿐이
고, 종교의 신에 이르기까지는 진출할 수 없다는 사실을 보았다. 그런
데 이러한 인식은 원리상으로 둔스 스코투스가 신의 본질에 대해서 기초
가 되는 일정한 속성들, 예컨대 전능, 편재(遍在), 생명은 더 이상 이성
적으로 증명될 수 없다고 가르치고 있는 한, 이미 그에게서 발견된다.[2]
형이상학적 인식을 이렇게 한정함으로써 말하자면 형이상학의 실마리
를 그 이상으로 자아 내는, 그리고 형이상학이 더 이상 해결할 수 없는
과제를 착수하는 어떤 특수한 세계관론의 권리가 원리상으로 인정된
다. 세계관론이 형이상학이 그러는 것과는 전혀 다른 인식 원천에 근거
를 두고 있다는 사실은 그 토대를 명백하게 할 것이다.

신스콜라철학에서도 세계관적 사유와 합리적-형이상학적 사유는 차이가 나
는 것이라는 인식이 길을 트며 나아가기 시작한다. 이미 자주 거명된 철학자,
Fr. 자빅키는 "인간의 세계관은 결코 순전히 논리적인 것이 아니고, 언제나 내
면적인 전체 관점을 통해서 함께 제약되어 있다." 특히 신의 문제에 있어서 "이
성의 최후의 동의"는 "내면적인 전체 인간의 자유로운 결단"이다.[3] 동일한 방
향의 어떤 다른 철학자는 보다 더 자세하게 이 점에 관해서 의견을 말하고 있
다. P. 시몬에 의하면 세계관이란 "순수히 이론적인 종류가 아니고, 그 답은 우
선 학문적인 인식, 적어도 인식에만 의존하는 것이 아니고, 이 대답은 언제나
주관 측의 견해와 평가를 포함한다.… 따라서 세계관에 있어서는 순전히 이론
적인 인식이 아니라, 그 역시 물론 진리라는 요구를 불러일으키는 가치를 강조

2) 참조. 나의 저서: Patristische und scholastische Philosophie, 109면.
3) Das Irrationale in den Grundlagen der Erkenntnis und die Gottesbeweise, in: Philosophisches Jahrbuch, 44 (1931), 415면과 414면 이하.

한 신념이 중요하다. 바꾸어 말하면 전체 인간은 세계를 이론적으로 해석함에
있어서 세계 전체에 대한 입장을 밝힌다. 세계관은 세계에 관한 전체의, 완성된
상(像)뿐만 아니라 세계관의 주관은 전체로서, 그의 전체의 실존에 있어서 세계
에 맞선다. 세계관은 그 시선이 역시 전체에로 향해 있는 종교에 접근한다."[4]
이렇게 시몬은 "세계관과 형이상학은 서로 거리를 두지 않으면 안 된다"[5]는 결
론에 도달한다.

그런데 이러한 한계 설정은 그러나 — 동시에 우리는 반대되는 정면
으로 향한다 — 세계관을 철학 일반으로부터 완전히 분리하는 의미로
이해되어서는 안 된다. AL. 뮐러는 "철학이 어떤 세계관을 제공한다는
사실을 철학으로부터 요구하는 일이 "부당하다"고 그가 발견할 때, 그
러한 분리를 수행한다. 철학은 그렇게 할 수 없다. 왜냐하면 수학이나
여타의 학문이 그렇게 할 수 없는 것처럼 철학은 그럴 수 없기 때문이
다." 철학적 세계관은 뮐러에 의하면 자연과학적 또는 수학적 세계관과
"꼭 마찬가지로 그처럼 의미가 없는 것이다."[6] 철학에 대한 세계관의
이러한 고립과 뮐러의 관점은 아주 밀접하게 관계한다. "세계관은 결코
부정될 수 없다. 유물론의 기본 사상, 유물론에서의 이론적 사유의 산
물은 어느 정도로 교양 있는 모든 사람들에게서 아주 자주 명백히 부정
된다. 그러나 세계관으로서의 유물론은 그로 말미암아 부정되지 않는
다. 유물론은 여전히 언제나 생존한다. 세계관은 죽을 수 있다. 그러나
세계관은 부정될 수는 없다."[7] 이에 반하여 우리는, 세계관은 매우 잘

---

4) Sein und Wirklichkeit, 7면 이하.
5) 같은 책, 8면. 유감스럽게도 시몬은 — 기회원인론적 이유에서 — 이 사상을 일관성
    있게 관철하지 못한다.
6) Einleitung in die Philosophie, 제2판, 295면.

부정될 수 있다고 강조한다. 어떤 일정한 세계 해석은 그것이 세계 현실의 여느 일면만을 보고 해석하기 때문에 세계의 전체 의미를 놓치는 증명을 한다는 것은 원리상으로 철저히 가능하다. 이 사실은 예컨대 거짓으로 증명된 유물론에 들어맞는다. 어떤 다른 문제는 물론 그와 같은 부정이 어떤 세계관에 사형 선고를 내리는지 어떤지 하는 문제이다. 이것은 그 경우가 아니다. 그 이유는 실로 어떤 세계관의 긍정은 우선 논리적 근거에 의존해 있을 뿐만 아니라 결코 의존해 있지 않기 때문이다. 논리적으로 부정된 세계관도 역시 그 이상으로 생명을 보존할 수 있다. 논리적 근거와 심리적 동기는 정확하게 다른 것이다. 사람들이, 뮐러가 그렇게 하는 것처럼, 세계관을 그렇게 모든 철학적 인식으로부터 풀어 놓는다면, 세계관을 지상의 목표로, 따라서 단순한 상상의 산물로 만들 위험에 빠진다. 뮐러의 많은 표현들은 이러한 위험을 심상치 않게 가까이 나타나게 한다. 분명히 철학이 어떤 세계관을 오로지 그것의 수단으로써만 구성할 수 있을 것 같은 그러한 의미의 어떠한 철학적 세계관도 존재하지 않는다. 우리가 위에서 이미 진술했고 또 당장 여전히 철저히 설명하게 되는 것처럼, 철학은 세계관의 구성에 있어서 본질적으로 철학 외적 인식 원천에 할당되어 있다. 그럼에도 불구하고 철학은 세계관의 구성에 결정적인 정도로 관여해 있다. 구체적으로 말하면 철학의 책무는 결국 비합리적인 원천에서 흘러나오는 내용을 개념적으로 파악하고 형성하며 체계적으로 하나의 세계관으로 형성하는 일이다. 이러한 의미에서 철학적 세계관이 존재한다. 이 철학적 세계관을 구성하는 분야, 즉 세계관론은, 그 속에서 철학적인 것과 철학 외적인 것이 접촉하고 서로 관통하는 한, 따라서 철학의 경계 영역을 나타낸다.

---

7)   같은 책, 297면.

2. 체계적, 역사-심리학적 세계관론

사람들이 철학을 우리가 "정신의 자기 직관"이라고 불렀던 것과 하나로 되게 한다면, 전술한 부분에서 철학에 제시된 세계관의 정초의 과제는 사라진다. 이와 같은 견해는 물론 칸트를 증인으로 끌어낼 수 없다. 그에 따르면 철학은 실로 어떠한 (학문적) 형이상학이 아니라, 분명히 세계관을 기대할 수 있을 것이다. (바로 칸트한테서 사람들은 양자 간의 차이를 분명히 할 수 있다.) "실천이성의 요청"의 이론에서 칸트에게서 철학은 윤리적인 것으로부터 세계관을 구성한다. 세계관의 역사적 비대와 다양성 속으로의 심화를 결과로 낳은 세계관적 회의는 19세기에 대부분의 철학자로 하여금 저 과제의 해결 가능성을 포기하게 하였다. 역사주의와 심리주의에 사로잡힌 그들의 사유에는 세계관의 문제를 극복하려는 철학의 모든 시도는 쓸모없는 수단을 가진 시도로 간주되었다. 그리하여 그들은 어쩔 수 없이 철학에 훨씬 소박한 과제를 제시하는 것이 필요함을 알았다: 세계관의 정립이 아니라, 세계관의 해석을 위해서 노력해야 했던 것이다. 세계관을 정초하는 대신에, 그들은 세계관을 규명해야 했던 것이다. 즉 역사적으로 주어진 세계관을 심리학적으로 이해하고 설명하려고 시도해야 했다. 따라서 체계적인 세계관론의 자리에 역사적-심리학적 세계관론이 들어선 것이다.

이러한 의미로 특히 W. 딜타이가 세계관론을 이해하고 다루었다. "식물학자가 식물을 종류별로 정돈하고, 그 성장의 법칙을 연구하듯이, 철학을 분석하는 자는 세계관의 유형을 탐구하고 그 성장의 합법칙성을 인식해야 한다. 그와 같은 비교 고찰법은 인간 정신을 그 피제약성에 근거한 확신 너머로 고양하고, 이러한 세계관 중의 하나로 진리 자체를 포착하도록 한다. 위대한 역사 서술가의 객관성이 개별적인 시대의 이상을 능란하게 다루고자 하는 것이 아니듯이, 철학자는 대상에 따르는 관찰하는 의식 자신을 역사적-대조적으로 파악해야 하고, 그리고 나서 대상들에 관해서 자기의 관점을 취해야 한다. 이때 철학자의 마음 속에 의식의 역사성이 완성된다."⁸⁾ 세계관적 관점에서의 철학의 과제는 따라서 본질적으로 역사적으로 주어진 세계관의 심리학 및 유형학 속에 존재한다.

딜타이가 자기의 계획을 어떻게 실행하고 있는지를 주시해 보자. 그는 문화 영역이 의지하고 있고, 또 이것이 그 속에서 등장하는 세계관들을 비교함으로써 시작한다. 종교적, 예술적, 시적, 그리고 철학적 세계관이 존재한다. 종교적 세계관은 "영적 생의 전체성이 작용하고 있는 종교적 체험 속에 그 중심점을 갖는다. 이 체험 속에 근거를 둔 종교적 경험은 세계관의 모든 구성 요소를 규정한다. 세계의 관계에 관한 모든 관점들은, 사람들이 이 관점을 분리시켜 고찰하는 한, 이러한 교섭으로부터 발생하고, 따라서 이 관계를 우리의 생과 관계하는 힘으로서, 실로 어떤 영적 힘으로서 ─ 그러한 힘이 저러한 교섭을 가능하게 하기 때문에 ─ 파악해야 한다. 생의 이상, 즉 생의 가치의 내적 질서는 종교적 관계를 통해서 규정되어야 한다. 결국 이 종교적 관계로부터 인간 상호 간의 관계의 최고의 규칙이 밝혀지지 않을 수 없다."⁹⁾ 예술적 또는 시적 세계관은 미적 체험, 예술적 상상에 상응한다. 시인이 표현하는 개별적 생기 현상 속에서 그는 세계 생기 현상의 뜻과 의미를 표현하고자 한다. "시는 학문처럼 현실을 인식하고자 하지 않고, 생활 연관 속에 놓여 있는 사건, 인간과 사물들의 의미를 보게 하고자 한다. 그리하여 여

8) Das Wesen der Philosophie, in: Systematische Philosophie (Die Kultur der Gegenwart I, VI), 제3판, Berlin u. Leipzig 1921, 36면.
9) 같은 책, 38면.

기서 생의 수수께끼는 인간, 숙명, 생활 환경으로부터 짜여진 이 생활
연관의 내면적 관계 속에 집중된다."[10] 철학적 세계관은 그 원천을 경건
한 심정이나 예술적인 상상에서가 아니라, 오성 속에서, 학문적인 사유
속에서 갖는다. 여기에 그 특성이 의존한다. "보편타당한 지식에의 의
지는 이 새로운 형식의 세계관에 고유한 구조를 준다."[11] 종교적 및 시
적 세계관은 어떠한 보편타당성도 요구하지 않는 반면에, 철학적 세계
관에서는 이것이 엄격한 보편타당성에 대한 요구를 제기한다는 것이
특징적이다. "형이상학의 유일한 보편타당한 체계 — 이것이 전체적으
로 거대한 이 운동의 경향이다. 생의 깊은 곳으로부터 유래하는 형이상
학의 세분화는 이러한 사상가들에게는 고려되지 않아야 하는 우연적이
고 주관적인 첨가물로 간주된다. 만장일치로 증명할 수 있는 개념 관계
— 이 속에서 생의 수수께끼는 이때 방법적으로 해결될 것이다 — 라는
피조물로 향해 있는 엄청난 노력은 독립적인 의미를 얻는다. 이 목표로
의 발전 속에서 모든 체계는 개념의 노력의 위치를 통해서 그 장소를
확보한다."[12] 이 목적이 실현되지 않을지라도, 오히려 철학적 사유 과
정은 풍부한 형이상학적 체계 전체를 산출한다. 형이상학적 체계는 모
든 차이성 속에서도 이 체계가 일정한 종류 및 유형으로 합병하게 될
어떤 공통적인 특징을 제시한다. 형이상학적 체계는 각기 아무리 순수
한 사유의 산물로 간주되고자 할지라도, 결국은 그러나 전체 정신은 이
체계에 관여하게 된다. 사유는 현실을 인식하고자 한다. 감정은 생을 평
가하고, 의지는 실천적인 목적 설정을 기도한다. 이 모든 것은 하나의

---

10)   Die Typen der Weltanschauung und ihre Ausbildung in den metaphysischen
      Systemen, in: Weltanschauung, M. Frischeisen-Köhler판, Berlin 1911, 23면.
11)   같은 책, 25면.
12)   같은 책, 26면.

완전한 세계관에 속한다. 이 세계관은 현실의 인식, 생의 의미와 가치 그리고 마지막으로 인간의 행동을 위한 윤리적 목표 설정을 포함하고 또 의미한다. 이제 철학적 세계관에서 오성과 동시에 세계 인식이, 또는 감정과 동시에 생의 평가가, 또는 마지막으로 의지와 윤리적 목표 설정이 우세함에 따라서 우리는 철학적 세계관의 세 가지 상이한 유형을 다음과 같이 구별할 수 있다: 첫째로는 우리가 근대에서처럼 고대에서 만났고, 세계 생기 현상에서 기계적인 인과 관계만을 보게 되며, 가치와 목적에 대해서 맹목적이며, 자연에 대한 정신의 독립성을 거부하는 자연주의 또는 유물론이고, 둘째로는 (헤라클레이토스, 라이프니츠, 셸링에게서) 현실을 가치로써 포만시키고, 내적인 것의 표현으로서, 신적인 것의 계시로서 경험하고 관찰하는 객관적 관념론이며, 마지막으로는 (플라톤, 칸트, 피히테에게서) 정신의, 그리고 자연에 대한 인격의 독립성을 강조하고, 또한 세계 근거를 두 번째 유형의 범신론과 대립시켜서 인격적–유신론적으로 파악하는 주관적 관념론 또는 자유의 관념론이다. 세 가지 유형 중의 각각은 일정한 영적 힘의 지배에 의하여 제약되어 있기 때문에, 각기 본질적으로 어느 일정한 정신의 구조의 표현으로 나타난다. 그러나 주관적 요인이 결정적인 것으로서 증명되면, 객관적인 진리의 내용에 관한 물음은 여기서 모든 의미를 상실한다. 철학적 세계관의 전형적인 형태들은 결국 동등한 권리를 가진다. 실로 역사는 세계관 간의 선택에 적중된다. "그러나 역사의 위대한 유형은 자력으로, 그리고 증명할 수 없고, 파괴할 수 없게 서로 병존하여 똑바로 서 있다."[13]

아무튼 이 역사적–심리학적 세계관론의 마지막 단언은 상대주의이

---

13) 같은 책, 16면.

다. 그러나 이 상대주의는 명백히 그 근거를 우리의 철학자의 일면적이고 불충분한 관점 속에 갖는다. 그는 체계를 너무도 오로지 주관으로부터만 본다. 그러나 사람들은 형이상학적 체계를 그 창시인(創始人)과 그의 정신적 구조가 존재하는 장소로부터만 보아서는 안 되고, 동시에 그것을 또한 그리고 무엇보다도 그의 의도의 목적, 즉 현실로부터도 고찰하여야 한다. 모든 형이상학적 체계는 참으로 현실을 목표로 삼고, 현실을 그것의 객관적인 내용에 있어서 파악하고 재현하고자 한다. 오로지 창시인의 의도에 상응하는 이러한 고찰 방식은 우리가 어느 체계의 진리 내용을 검토하고 평가할 수 있는 어떤 시금석을 손에 쥐어 준다. 진리 내용에서 현실이 그것의 전체성에 있어서 관찰되고 파악되고 있는지 또는 일정한 측면, 국면, 부분 영역만이 파악되고 표현되는 것인지 하는 문제가 결국 진리 내용을 결정한다. 예컨대 우리가 유물론을 고찰한다면, 이 체계에서는 전체 현실의 한 측면만이, 즉 물리적인 것만이 개념적으로 포착되고, 반면에 모든 다른 것은 말하자면 고려하지 않는다는 사실이 눈에 들어온다. 따라서 그와 같은 체계는 실은 부분의 진리는 포함한다, ─ 이 체계가 현실에 관해서 관찰한 것은 사실상으로 현실 속에 주어져 있다 ─ 그러나 이 체계는 이 부분의 진리를 전체 및 완전한 진리로 간주하기 때문에 그것은 거짓이고 오류이다. 따라서 우리는 철학적 세계관의 유형들이 있다는 사실, 딜타이가 명시한 세계관이 기본적인 것이라는 사실을 논박하는 것이 아니고, 다만 이로써 해당하는 체계들의 전체가, 그것이 학문적 인식이고자 하는 한, 설명된다는 사실을 논박하고, 우리는 오히려 해당하는 체계들이 일면적인 현실 파악에 의존하고 있음을 본다. 구체적으로 말해서 사람들이 서로 모순되는 체계로부터 그것의 뿌리에로 되돌아간다면, "사람들은 언제나 세계의 모습들은 그 자체로 기초에 놓여 있다는 사실, 바꾸어 말하면 세계

자체는 객관적으로 여러 체계에 대한 토대로서 자신을 내놓는다는 사
실을 발견한다: 부분품으로서 세계 속에서 함께, 모순되지 않고 현전하는
일정한 측면마다 해당하는 입장을 통해서 따라서 논리적인 의미로 선
택되고, 그리고 나서 … (일면적인 의미- 및 가치 체험의 압박 아래서)
모순되는 체계로 개조된다."[14]

　　딜타이와 동일한 관점을 M. 베버는 그의 저서, 《직업으로서의 학문》(1919)
에서 옹호한다. 실증적인 학문만이 그에 의하면 세계관의 정립을 위해서 무의
미한 것이 아니다. 철학도 세계관을 부여할 수 없다. 철학의 과제는 역사적으
로 현전하는 세계관을 심리학적으로 이해하고 기술하는 일일 뿐이다. 정립하는
것이 아니라, 이해하는 세계관론만이 가능할 뿐이다.[15] "인격과 세계관"에 관
한 보다 널리 한정된 책에서 R. 뮐러-프라이엔펠스는 세계관의 심리학과 유형
학을 얻으려고 노력하였다. 그의 연구의 목적은 어느 인간의 예술가적 양식,
종교적 및 철학적 세계관이 자기의 심리적 특성에 서 있는 내면적 관계를 명백
히 하는 일이다. 그의 문제 제기는 다음과 같다. 즉 인간은 어떤 영적 기능을
토대로 하여 자기의 스타일, 자기의 종교적 및 철학적 세계상(像)을 형성하는가
하는 것이다.[16] 이 문제 제기는 "어떤 인간의 세계관은 자기의 생활에서 나타
나는 심리적인 소질의 필연적 결과이다"[17]라는 신념에 의거하고 있다. 이러한
관점으로부터 정신의 역사는 "일정한 심리적 유형 — 이것은 세계의 큰 문제에

14)　J. Thyssen, Der philosophische Relativismus, Bonn 1941, 189면과 95면.

15)　이 관점의 비판을 위해서 셸러(M. Scheler)의 다음의 논문을 참조하라. "Weltan-
　　　schauungslehre Soziologie und Weltanschauungssetzung" in: Kölner Vierte-
　　　ljahreshefte für Sozialwissenschaften, II (1922), 18면 이하.

16)　참조. 서언.

17)　264면.

대해서 자신으로부터 그리고 때로는 충분히 시간적 관계에 대립하여 전형적인
세계관을 뚜렷이 나타내며, 그것의 유사성은 모든 공간적 및 시간적 간격을 초
월하여 어쩔 수 없이 떠오른다 — 의 언제나 다시 새로워지는 투쟁으로서"[18]
나타난다. 딜타이와는 대조적으로 뮐러-프라이엔펠스는 명백하고 뚜렷하게
"심리적 상대주의"[19]를 신봉한다.

딜타이의 역사적-심리적 세계관론의 그 본래적인 보습(補習)은 K.
야스퍼스한테서 발견된다. 야스퍼스의《세계관의 심리학》(1919)은 주
관-객관-분리의 원현상(源現象)으로부터 출발하고, 세계관을 계속하
여 주관- 및 객관의 측면으로부터 고찰한다. 결과로서 분명해지는 보
다 더 이상으로 규정된 세계관의 영역은 (주관으로부터는) "관점", 그
리고 (객관으로부터는) "세계상"(世界像)이라 불린다. 이렇게 야스퍼스
는 대상적 및 자기 반성적, 능동적 및 관조적, 합리적 및 감성적 관점에
관해서 말한다. 마찬가지로 그는 감각적-공간적, 심리학적 및 철학적-
형이상학적 세계상을 구별한다. 관점들은 그 객관적 표현, 대상 세계에
서의 그 확장을 세계상에서 확보하는 일반적 행동 방식이다. 그런데 관
점과 세계상은 그 자체로 아직 어떠한 세계관이 아니라, 다만 어떤 세
계관의 요소를 형성할 뿐이다. 따라서 우리는, 우리가 "정신의 유형에
관해서" 묻고, 세계상과 관점이 완결될 때, 비로소 세계관의 본래적인
중심에 들어서게 된다. 이러한 것들은 요소들처럼 직접적으로 생생하
게 나타낼 수 없다. 왜냐하면 이것들은 정적(靜的)인 어떤 것이 아니라,
동적(動的)인 어떤 것, 즉 힘이 그 기저에 놓여 있는 정신적인 운동, 과

---

18)   265면.
19)   참조. 결론(266면 이하).

정들을 나타내기 때문이다.[20] 야스퍼스적 세계관의 심리학의 난점은 정신의 유형을 분석하는 데 있다. 야스퍼스는 세 가지의 정신의 유형을 구별하는데, 그 첫 번째 것은 의지할 곳이 없는 허무주의적 유형이고, 두 번째 것은 그 의지할 곳을 한정된 것, 어떤 확고한 주거(住居)에서 가지며, 세 번째 것은 결국 그 의지할 곳을 무한자에서 찾는다.[21]

역사적-심리학적 세계관론은 야스퍼스에 의해서 강하게 진흥되었다. 야스퍼스가 목표로 한 결과를 이 세계관론은 그렇게 빨리 넘어서지 못하게 될 것이다. 그 때문에 우리는 역사적-심리학적 세계관론의 표현도 역시 그의 근본이념의 재현으로써 종결해야 하고, 이젠 다시 체계적인 세계관론에 열중할 수 있다. 더구나 우리에게는 세계관의 해석이 아니라, 세계관의 정립이 문제이다.

3. 세계관의 철학적 정초의 필요성

서점에서는 "세계관"이란 진지한 표제가 붙은 저술들이 자주 나타난다. 이 저술의 저작자들은 독자들에게 현실의 전경(全景)을 소개하고자 노력한다. 여기서 그들은 물론 "세계상"(世界像)과 "세계관"이란 개념을 드물지 않게 혼동한다. 이 개념들이 제시하는 것은 많은 경우에, 실증과학의 결과를 총괄하는 경험적 세계에 대한 견해인 것이고, 철학적 세계관은 아니다. 그러나 그러한 세계관이 현실적으로 제시된다면, 그것은 다양하게 부족한 방식으로 발생한다. 이때 대개는 현실에 대한 객관적 인식이라기보다는 저자의 주관적 고백이 문제로 된다. 이러한 책

---

20)   참조. 38면 이하.
21)   이 유형의 분석에 이 책의 제3부 전체(190-407면)가 이바지한다.

들은 대개 고도의 철학적 요구를 정당하게 평가하지 못한다. 그것은 바로 학문적 아마추어들의 저술이다.

이 사실은 어떻게 설명되어야 하는가? 의심의 여지 없이 세계관 문제에 직면한 전문 철학의 신중함으로부터 설명되어야 한다. 실로 탁월한 철학자들이 세계관의 문제를 논의한 몇몇 선집(選集)들이 있다.[22] 크게 설계하고, 두서너 권으로 된 "세계관론"이란 표제를 가진 저서도 있다.[23] 그러나 협의의 세계관론의 대상들은 유감스럽게도 여기서는 일반적으로 어떠한 취급도 받지 못한다. 형이상학자들은 개별적으로 일정한 세계관의 문제들을 자기의 형이상학의 테두리 내에서 논의한다 — 그러나 유감스럽게도 대부분 긍정적인 성과도 없다. 이것은 예컨대 H. 드리쉬에 적용된다. 그는 자기의 세계관론에서 그가 세계관의 문제로 간주하는 인간 의지의 자유에 관한 문제를 철저히 취급한다. 그러나 그의 자세한 논의는 불명 평결(不明評決)로 끝난다. 마찬가지로 그는 신의 문제를, 그가 범신론과 유신론 사이에 어떠한 명확한 결단을 적중시키지 못하는 한에서, 미결의 상태로 두고 있다.

그런데 세계관의 문제에서 전문 철학자의 이러한 신중함은 어디로 소급될 수 있는 것인가? 그 대답은, 나의 생각으로는, 대부분의 철학자들의 사상을 지배하는 합리주의 또는 주지주의로 소급할 뿐이라는 것이다. 철학자는 말하자면 모든 사물을 이성의 공개 토론장 앞에 끌어낸다. 이성 앞에 제시될 수 없는 것, 즉 이성적 수단으로써 인식되고 증명될 수 없는 것은 말하자면 철학자에게는 실존하지 않는 것이다. 그런데

22) 참조. 위(282면)에서 명명한 것 외에 로타커(E. Rothacker)가 출판한 작품, 《세계관론의 문제》, Darmstadt 1927.

23) 이 저서의 저자는 H. Gomperz이다. 그것의 첫째 권은 1905년에, 둘째 권은 1908년에 출판되었는데, 이 저서는 미완(未完)의 작품으로 남아 있다.

이성은 세계관 문제에 대해 거부하기 때문에, 이성은 이 문제를 내버려
두고, 이 문제의 해결을 위해서 노력하지 않는다. 그와 같은 합리적인
정신 태도의 편협함과 일면성은 명백하다. 지성적 기능의 지나치게 배
타적인 애호는 그와 같은 철학자들에게서는 비지성적 기능, 가치 기능
을 소홀히 하고 위축시키는 결과로 유도하게 되었다. 그 결과로 그들은
여기서 생기는 인식 원천을 전혀 관찰하지 못하거나 또는 이 원천을 세
계의 의미 해석을 위해서 활용할 어떠한 필요도 느끼지 않는다. 그리하
여 이러한 것에 대한 그들의 포기는 일면적인 주지주의적 사유방식의
영향으로 나타난다.

　우리는 합리적으로 모습을 드러낸 철학자한테서 이성이 인간을 흡수해 버
린다라고 말하면서 우리의 사상을 또한 달리 공식화할 수도 있다. 이것
은 인간성의 발육 부전을 의미한다. 사유 능력으로 환원된 철학자는 자
연히 총체적인 정신 능력으로부터 철학적 사색을 할 수 없다. 그의 가
치 생활의 빈곤은 그로 하여금 가장 심원한 문제에 대해서 아무런 도움
없이 대립하게 한다. 그의 인간성은 이 거대한 문제들을 마음대로 처리
하기에는 너무도 왜소하다. 사유 능력은 철학자에게 이 문제들을 해결
할 수단을 제공하지 못한다.

　사람들이 여기로부터 우리의 위대한 고전적 사상가들을 바라본다면,
그들의 내면적 위대함이 비로소 분명하게 눈에 띄게 된다. 그 누가 인
간 이성의 한계와 제한에 관해서 설명한 칸트를 모른다 하겠는가! 이성
은 칸트의 깊은 확신에 의하면 형이상학적 문제에서는 완전히 제 기능
을 발휘하지 못한다. 그러나 이론이성이 할 수 없는 것을 실천이성은
할 수 있다. 즉 우리들의 도덕적 가치 의식에 있어서 우리는 우리가 보
다 높고, 초감성적인 세계를 인식할 수 있는 기관을 소유하고 있다. 도
덕적인 것으로부터 우리는 세계의 의미를 파악할 수 있다. 피히테는 이

사상을 그 이상으로 확장하였고, 나중에 종교적인 경험도 인식 원천으로서 이끌어 들였다. 비슷한 방식으로 셸링은 결국 세계의 의미를 종교적으로 해석하는 데까지 나아갔다. 19세기 후반에 로체는 철학적 세계관을 이상적인 방식으로 전개하였다. 독일관념론과는 달리 그는 대담하고 의문스러운 형이상학적 사변으로부터 그의 자세를 지키고 있으며, 또 세계의 해석에 있어서 더구나 세 가지 방향, 즉 윤리적, 미적, 종교적 방향에 있어서 가치 의식에 의존하고 있다. 오늘날의 철학이 이 사상가에게로 매우 강하게 방향을 설정하게 되면, 악의(惡意) 속에 놓여 있는 세계관론을 일으켜 세워서 새로운 생명으로 일깨울 수 있게 할 수 있을 것이다.

이러한 방향으로의 요청을 또한 철학자라는 이름이 포함하고 있다. 철학자는 물론 "지혜를 사랑하는 자"이다. 사물을 그 참된 가치에 있어서 인식했고, 이에 상응하여 사용하는 사람은 지혜롭다. 그러나 이 일은 결국 명백하고 확고한 세계- 및 인생관이 없이는 가능하지 않다. 따라서 지혜는 세계와 현존의 전체 의미에 관한 지식을 포함한다. "지혜를 사랑하는 자"는 따라서 그러한 지식을 얻으려고 노력해야 한다. 그렇게 하지 못한다면, 그는 자기의 이름 속에 놓여 있는 요구를 정당하게 평가하지 못하는 사람일 것이다. 그는 이때 철학자라는 이름을, 철저히 살펴보면, 부당하게 지니고 있는 것이다.

그러므로 세계관 문제의 철학적 가공, 즉 철학을 매개로 한 세계관의 기초 정립은 철학의 본질적 내지 필연적 과제로서 증명될 것이다. 철학의 필연성은, 우선 너무도 진지하고 중요한 저 문제의 의미로부터, 사람들이 그것의 취급을 학문적으로 아마추어인 사람들에게 넘겨도 좋다는 것으로서 생겨나고, 그리고 나서는 바로 우리들의 고전적인 사상가들에 있어서 우리에게 다가서는 바와 같이 철학의 보편적인 목표 설정으

로부터 나타나고, 마지막으로 세계관과 지혜 사이에 존재하는 관계로
부터 생겨난다.

제1부 세계관의 정초

I. 세계관적 사유의 구조

철학이 끊임없이 자기의 행위에 대해서 변명한다는 것은 철학의 가장 내면적인 본질에 속한다. 이러한 변명하는 일이 없이는 철학은 그 이름값을 하는 것으로 생각될 수 없다. 따라서 철학이 세계관의 문제에 착수하고자 한다면, 여기에 사용할 수단을 미리 검토하여야 한다. 바꾸어 말하면 철학은 세계관적 사유의 구조를 비판적으로 연구하여야 한다. 이 사유는 합리적 사유인가 또는 자신 속에 어떤 다른 종류의 요소도 포함하는 것인가? 철학은 이 문제를 제기하고 또 대답해야 한다.

세계관은 세계의 의미에 관한 물음에 대해서 내리는 대답이다. 그런데 우리는 그 어떤 것은 그것이 가치의 실현에 이바지할 때 의미를 가진다는 사실을 안다. 따라서 세계는 가치가 세계 속에서 실현될 때 어떤 의미를 갖는다. 이것이 그러한 경우인지 어떤지를 이성은 결정할 수 없다. 가치론에서 지적되듯이 가치는 오성적으로 파악되는 것이 아니고, 감정적으로 체험된다. 가치 체험이 가치 인식의 기관이다. 감각적 소여가 우리에 의해서 직접적으로 파악되는 지각이 존재하듯이, 가치가 우리에게 직접적으로 주어지는 가치 선택이 존재한다. 그런데 이것이 의미하는 바는 가치의 의미를 파악하기 위한 본래의 기관은 가치 경험이라는 것이다. "'의미'가 도대체 의문시되는 곳에서는 학문은, 그것

자체가 진지하게 생각되는 한, 침묵하지 않을 수 없다. 왜냐하면 이곳
에서는 소유함 또는 발견함이 문제이고, 어쩌면 인간의 소유된 존재 또
는 발견됨이 문제이기 때문이다. 사유와 연구는 그것만으로서는 여기
서 별로 성취하는 것이 없다."[1] 세계관적 사유의 본래적 원천과 동시에 세
계관의 가장 깊은 뿌리는 가치 체험이다. 이러한 명제로써 우리는 딜타이
가 "세계관의 최후의 뿌리는 생(生)이다"[2]라고 목표를 제시하는 주제
에서 표현하고 있는 딜타이의 사상을 자세하게 공식화한다.

우리가 알고 있는 것처럼 네 가지 종류의 고도의 또는 정신적인 가치
들, 즉 논리적, 미적, 윤리적 그리고 종교적 가치가 있다. 가치론에서
지적된 것처럼, 윤리적 가치는 그것의 타당성 요구의 총체성과 절대성
에 있어서 표현되는 특수한 위엄을 소유하고 있다. 그럼에도 불구하고
그것은 최고의 가치는 아니다. 이 윤리적 가치 위에 신성(神聖)의 가치
가 존재한다. 이 신성의 가치에서 가치의 위계 질서는 그 최고의 정점
에 이른다. 그런데 세계관적 사유가 가치 체험에 할당되어 있다면, 이
사유를 무엇보다도 윤리적 및 종교적 가치 체험으로부터 창조해야 한다
는 사실은 명백하다. 물론 이 세계관적 사유에서는 세계의 의미 해석,
즉 현실의 총체 의미의 규정이 문제이다. 이것은 그러나 결국 가장 심
원한 가치 근원으로부터만 얻을 수 있다.

이것으로써 이미 세계관적 사유는 결코 합리적 사유가 아님이 분명
하게 되었다. 이성 자체는 세계의 수수께끼를 해결하고, 세계관을 구성
할 수 없다. 이성에게는 가치 경험에서만 해명되는 세계의 의미 내용에
의 내면적인 접근이 없다. 달리 말하면 세계관은 본래 지식이 아니라 체험

1)   J. Bernhart Sinn der Geschichte (Geschichte der führenden Völker, I. Bd.),
     Freiburg 1931, 132면.
2)   Die Typen der Weltanschauung, in: Weltanschauung, 7면.

에, 오성의 인식이 아니라 가치 인식에 의존한다. 이성이 아니라, 직관
이 본래의 인식 원천을 구성한다.

　그럼에도 불구하고 오성의 인식도 세계관을 구성함에 중요한 역할을
한다. 어떤 세계관은 지식에도 의존한다. 가치 체험으로부터만 세계관이
도출되는 것은 아니다. 가치 인식에는 존재의 인식이 부가되어야 한다.
이 존재 인식은 형이상학에서 제시되어 있다. 그 때문에 이 형이상학에
세계관은 의존해야 한다. 세계관적 사유는 형이상학의 결과를 도외시
해서는 안 되고, 이것을 조심스럽게 고려하고 이용해야 한다. 따라서
동시에 세계관의 구성에는 실증과학도 역시 간접적으로 관여하고 있다
고 말할 수 있다. 왜냐하면 우리가 알고 있는 바와 같이 형이상학은 실
증과학에 의존하고 있기 때문이다. 그러므로 세계관적 사유는 형이상
학에서 얻은 세계상에 방위를 정하면서 간접적으로는 실증과학과 그
결과도 이용한다.

　세계관적 사유의 과제는 이제 더 상세하게는 가치인식과 존재인식의
종합에 존재한다. 세계관적 사유는 전자의 도움으로 후자를 보완하고
심화해야 한다. 형이상학적 세계 인식의 노선은 가치 인식으로부터 더
나아가서, 형이상학적인 세계에 대한 견해로부터, — 오성의 요구뿐만
아니라, 똑같이 가치 의식의 요구도 정당하게 평가하는 — 철학적 세계
관이 발생하도록 해야 한다. 가치 의식은 여기서 가치 경험에 의존하고
있기 때문에, 가치 의식은 가치로 규정되고, — 이렇게 말하고 싶은데
—, 가치로 활기가 넘친 사유로서 현상한다. 학문적 사유와 구별하여
사람들은 이것을 가치 평가적 사유라고 표시할 수 있다. 가치 평가적 사
유는 요컨대 그것의 대상을 가치의 관점 아래에서 고찰하여, 가치로부
터 존재에로, 가치 태도로부터 존재 태도를 추리한다. 이 사고는 철저
히 다음과 같은 신념, 즉 존재자는 모든 대립되는 가상에도 불구하고

결국은 우리의 가치 의식의 요구에 상응하고, — 달리 표현하면 — 우리의 정신의 가치는 존재의 깊은 곳에서 현실적인 것이며 작용하고 있다는 신념을 지니고 있다.

이미 암시된 것처럼 가치 의식으로부터 철학적 세계관을 구성한 사람은 누구보다도 칸트였다. 이 철학적 세계관은 신과 인간의 의지의 자유, 그리고 인간 영혼의 불멸성에 관한 세 가지 중심 문제의 해결에 놓여 있다. 이 문제는 칸트에 의하면 오성에 대해서는 해결할 수 없는 수수께끼를 나타낸다. 도덕적 의식으로부터만 그것의 해결이 가능하다. 이론이성에서 제기능을 발휘하지 못한 것을 실천이성은 할 수 있다. 그 때문에 실천이성은 이론이성에 우위를 갖는다. 실천이성 또는, 우리가 말하게 되는 것처럼, 우리의 도덕적 의식은 신의 현존, 의지의 자유 그리고 영혼의 불멸을 긍정하지 않을 수 없다. 이것들은 "실천이성의 요청"[3]이다. 후자는 저 실재성을 요청하지 않고자 한다면, 그 자신을 포기하게 될 것이다. 저 실재성은 도덕성의 본질과 더불어 주어진 것이다. 도덕적으로 선한 것, 즉 윤리적 당위가 존재한다면 — 이것이 존재한다는 것은 우리의 도덕적 의식의 직접적 확신이다 —, 신도 존재하지 않을 수 없고, 자유와 불멸이 존재하지 않을 수 없다. 이것들은 말하자면 도덕적으로 선한 것과 함께 정립된다. 이러한 증명 속에 칸트에 있어서 윤리적 의식에 기초한 그의 세계관의 철학적 정초가 존재한다. 칸트는 그 속 깊은 곳에 포함된 형이상학적 전제들을 드러내고 있는 도덕성의 현상을 분석하면서 자기의 철학적 세계관을 구성한다.

우리의 세계관의 정립은 **칸트**의 그것과는 많은 관점에서 차이가 난

---

3) 참조. 특히 "Kritik der praktischen Vernunft", I부, II편, 2장, VI ("Über die Postulate der reinen praktischen Vernunft überhaupt").

다. 우선 우리의 토대는 칸트의 토대보다 더 폭이 넓다. 우리는 윤리적
인 가치 의식에만 오로지 의존하지 않고, 종교적인 가치 의식에도 의존
하고 있으며, 논리적, 미적 가치 의식도 이끌어 들이고 있다. 그런데 출
발점에서뿐만 아니라, 대응 방식에서도 칸트와 차이가 난다. 그것은 구
체적으로 말하면 세계관의 가장 중심적인 문제, 즉 신의 문제에 관해서
적용된다. 칸트는 신의 현존을 피안의 인과응보, 즉 덕과 행복의 최종
적인 합일의 관점 아래에서 요청한다. 양자는 현세에서는 분리되어 있
다. 즉 최선의 것은 결코 언제나 가장 행복한 것이 아니다. 그러나 이러
한 사정은 우리의 윤리적 의식에 있어서는 견뎌 낼 수 없는 일이다. 윤
리적 의식은 세계 질서에서와는 달리 이 세계 질서가 행복의 진가(眞
價)와 행복의 환희 간의 저 관계를 회복시킨다는 요구를 제기할 수 없
다. 따라서 윤리적 의식은 피안의 생에 있어서 저 결합을 가져오고, 현
세의 생으로 하여금 여러 가지로 몹시 쓰리도록 그렇게 하는 어떤 초월
적 힘을 요구한다.[4] 사람들은 이러한 사상 진행은 어쩌면 칸트의 요청
이론에서 가장 취약한 점이라고 말해야 할 것이다. 행복의 환희 이념의
의심스러움을 도외시하고, 칸트는 피안의 사상으로 넘어가는 에움길
위에서, 우리가 보게 되는 것처럼, 훨씬 더 단순하고 더 직접적으로 이
르게 될 수 있는 어떤 목표를 달성하고자 한다. 그 밖에도 — 이것은 아
마도 가장 중요한 차이점일 것이다 — 우리는 형이상학을 가능한 것으
로 간주하고, 그 때문에 가치론적 토대와 나란히 존재론적 토대도 역시
세계관적 사유에 부여한다는 점에서 칸트와 의견을 달리한다. 이 점은
무엇보다도 신의 문제에 영향을 미친다. 우리들에게 가치 의식은 말하

---

4) 참조. 같은 책, V('Das Dasein Gottes als ein Postulat der reinen praktischen
Vernunft').

자면 아무 준비 없이 신의 현존을 요청하는 것이 아니고, 오히려 형이
상학이 이미 신의 이념의 방향 속에 놓여 있는 이념들을 전개한 것이
다. 그것은 자체 존재와 세계 근거의 이념들이다. 세계관적 사유는 따라
서 이 이념들을 전개하고 정초할 필요는 없고, 모습을 형성하기만 하면
된다. 세계 근거로서 기능하는 자체 존재의 현존이 아니라, 그것의 용재
가 가치 의식에 의존한 정립의 대상이다. 현존은 이미 형이상학에서 보
증되었다. 결국 우리는 우리가 신의 이념을 그것의 완전한 내용에 있어
서 종교적 의식으로부터 최초로 얻게 되어서 그 최고의 단계에 있는 세
계관적 사유는 단지 종교적 가치 경험의 기본 내용을 철학적으로 해석
하는 데 있다는 점에서 칸트와는 다른 길로 간다.

　두드러진 차이점이 있지만, 우리와 칸트의 조처 간의 일치는 양자에
게 가치 의식이 본질적인 지주(支柱)로서 이바지하는 한에서 존재한다.
사람들은 칸트의 조처, 특히 그의 신의 실존의 윤리적인 정초를 "실천
적 전제에서 나온 이론적 추론"[5]으로서 특징짓는다. 실천적 전제가 문
제되기 때문에 저 조처는 증명의 조처가 아니고, 신의 실존의 윤리적
정초는 "도덕적 신의 증명"이 아니다. 실천적 전제는 증명할 수 없기 때
문에 어떤 증명의 토대로서 이바지할 수 없다. 실천적 전제가 내용으로
갖는 것은 가치 습성, 즉 도덕성의 사실이다. 이 사실은 그러나 논리적
으로 증명할 수 없다. 다만 가치 경험 또는 가치 취득에 있어서만 가치
습성은 나에게 소여로 된다. 저 방식은 이제 가치 습성으로부터 이 습
성에 편입된 존재 습성을 추론한다. 신은 존재한다라는 존재판단은, 따
라서 도덕은 존재한다라는 가치판단에 기초하고 있고, 그리고 실로 칸
트에 있어서는 오로지 이 가치판단에 기초하고 있다. 반면에 우리에게

---

5)　H. Scholz, Die Religionsphilosophie des Als-ob, Leipzig 1921, 49면.

있어서는 역시 존재판단에, 즉 절대적 세계 근거가 있다는 존재판단에 의존하고 있다. 이 존재판단은 형이상학을 보증하였다. 세계관적 사유의 핵심은 신의 이념에 대해서 구성적 의미를 가지고 있는 저 가치 계기를 획득하고, 그리하여 형이상학의 세계 근거로부터 종교의 신으로 전진하는 일이다.

세계관적 사유의 구조를 우리는 철학적 세계관론의 계획을 간결하게 포함하고 있는 **로체**의 말을 통해서 종결하면서 명백히 설명하고자 한다. 로체의 말은 부정(否定)으로써 시작한다. 즉 "사물의 본질은 사상 속에 존재하지 않고, 사유는 이 본질을 파악할 수 없다." 후자의 경우라면, 세계관의 문제는 순전히 이상적인 수단으로써 해결될 수 있었을 것이다. 그렇다면 형이상학과 다른 어떠한 세계관론도 존재하지 않을 것이다. 그렇다면 형이상학은 이것을 또한 세계관의 문제로써 받아들일 것이다. 그러나 사정은 그렇지 않다. 거대한 세계의 수수께끼는 이성이 붙잡지 못하게 피한다. 세계의 수수께끼는 이성에 대해서 해결될 수 없는 것으로 머문다. 그리고 이제 로체가 그의 조심스러운 방식으로 작성한 다음과 같은 적극적인 사상이 있다: "그러나 **전체의 정신**은 그럼에도 불구하고 어쩌면 정신의 활동성과 감동된 상태라는 다른 형식으로 모든 존재와 작용의 본질적인 의미를 체험한다." 이것으로써 우리가 가치 체험 또는 가치 경험이라고 불렀던 것을 가리켰고, 실로 가치 경험의 윤리적 형식뿐만 아니라 종교적 형식도 가리켰다. 이러한 것들에서 참으로 모든 존재와 작용의 본질적 의미가 소여로 되면서 우리의 내면적 체험으로 된다. 그러나 체험은 그것이 어떤 세계관으로 형성되어야 한다면, 논리적 가공을 필요로 한다. 그러므로 로체는 다음과 같이 계속한다: "이때 체험에 대해서 사유는 체험된 것을 사유의 본성을 요구하는 저 관계 속으로 불러들이는 수단으로서, 그리고 이 체험된 것을 저 관계가 이 관계를 제어하게 될 정도로 강하게 체험하게 되는 수단으로서 이바지한다." 세계관적 사유의 구조에 관한 이 견해는 아직도 일반적으로 완성되지 않았다는 사실에는 무엇보다도 고대 철학의 영향이 책임이 있는데, 고대 철학의 주지주의는 스콜라철학에서뿐만 아니라, 오늘날에 있어서도 여전히 위험이 많은 방식으로 여파가 지속되고 있다. 따라서 로체는 정당하게 다음과 같이 결론을 내리고 있다: "이러한 통찰에 대립하는 매우 오래된 오류들이 있다 … 고대의 음영, 고대의 치유할 수 없는 로고스의 과대평가는 아직도 우리들 위에 퍼져 있고, 실재적인 것과 이상적인 것 이 양자가 모든 이성보다도 더 이상의 것이 되게 하는 사실을 실재적인 것에서도 이상적인 것에서도 주목할 수 없게 한다."[6]

II. 개인적 이성의 비판

세계관의 정립은 철학의 최고의 과제일 뿐만 아니라, 가장 어려운 문제이기도 하다. 그것은 사실의 본질에 근거하고 있다. 우리는 세계관적 사유를 평가적 사유라고 특징지었다. 그것은 사유로서는 오성의 기능이지만, 평가적 사유로서는 가치 의식의 기능이다. 가치 의식에는 따라서 전체 인간, 즉 인간 정신의 이성적인 힘뿐만 아니라, 감정적 힘도 관여해 있다. 인간 정신력의 총체성으로부터 철학적 사색을 하는 인간만이 "고통에 찬 현존재의 태고의 수수께끼"와의 투쟁을 받아들이는 일을 감행해야 한다.

6)   Mikrokosmos, III. 243면 이하.

동시에 실제로 이미 "세계관"이란 낱말 속에서 암시되었던 과제는
개별자의 힘을 벗어난다는 사실이 언급되었다. 이러한 진리에 관해서
중세에는 깊이 파고들었다. 사람들은 자기의 철학을 정당하게도 "권위
자의 철학"이라고 특징지어 불렀다.[7] 중세의 사람은 권위자들, 즉 예전
의 위대한 사상가들을 부단히 우러러 보면서 철학적으로 사색하였다.
그들은 중세인에 대해서는 규범적인 가치를 갖고 있다. 중세인은 진리
는 이미 발견된 것으로 확신했고, 그 때문에 경외심에 가득찬 상태에서
그 진리의 발견자를 우러러 본다. 그의 철학적 사색은 오래전에 발견
된, 그리고 일반적으로 타당성을 지닌 진리의 전승(傳承)에 본질적으로
존재한다. 그것은 그 핵심에 있어서 "객관적 진리의 총계를 지속시키는
일"[8]이다.

근세는 중세의 권위에 결부된 철학과의 완전한 단절을 의미한다. 이
단절은 이미 F. 베이컨에게서 분명하게 드러난다. 베이컨은 그 목적이
학문의 철저한 혁신인 그의 "대개혁"에서 어떤 권위에다 끌어대는 것
을 학문의 진보를 방해하고, 그 때문에 배제되어야 하는 "우상"으로 간
주한다. 권위자의 철학은 자기의 주먹으로 철학적 사색을 한다라는 대
립된 극단에 의해서 교체된다. 전적으로 자신과 자기의 개인적인 이성
에 맞추어서 근대인은 철학의 영원한 문제와 마주 대면하여 다투고, 이
문제를 가능한 한 새롭고, 근원적인 체계로써 극복하고자 한다. 여기서
그는 이전 시대의 사상가들에 대한 깊은 경멸로 가득 차 있다. 그 때문
에 그는 저 사상가들의 이념을 수용하여 가공할 어떠한 필요도 느끼지

7)   참조. 나의 저서: Die Weltanschauung des Thomas von Aquin, Stuttgart 1926,
     18면 이하.

8)   Cl. Baeumker, Die christliche Philosophie des Mittelalters, in: Kultur der
     Gegenwart I, V, 제2판, Berlin u. Leipzig 1913, 341면.

않는다. 근대인은 여기서 오히려 자기의 정신적 독립성과 근원성에 대한 어떤 위험을 본다. 그리하여 여기서 권위주의의 자리에 개인주의가 들어서게 되었는데, 이 개인주의는 자기의 이성을 절대적인 것으로 정립하고, 동시에 그것의 한계와 제한, 제약성과 종속성을 간과하고 있다.

이 개인주의는, 특히 철학의 최후의, 최고의 문제, 즉 세계관의 문제와 관련하여, 개인 이성의 비판이어야 하는 비판을 유발한다. 칸트는 근대인에게 이론적, 실천적, 미적 이성의 비판을 허락하였다. 근대인에게 없는 것은 똑같은 정도의 명민과 통찰력으로써 수행된 "개인 이성의 비판"이다. 이 비판에 대해서 괴테의 다음과 같은 의미 깊은 말이 북극성(北極星)으로서 도움이 될 것이다.

> "진리는 이미 오래전에 발견되었다.
> 고결한 정신성을 결합시켰다.
> 옛 진리는 이것을 다룬다!"

개인 이성의 비판이, 세계관의 문제와 관련하여, 그것이 엄격하게 사실적인 것이어야 한다면, 세계관적 사유의 구조로부터 출발해야 한다. 세계관적 사유는, 우리가 발견했듯이, 한편으로는 직접적인 가치 체험에, 다른 한편으로는 형이상학에서 존재하고 있듯이, 간접적, 논증적인 존재 인식에 의존하고 있다. 그런데 전자에 관해서는, 개별적 인간의 가치 의식이 몹시 제한되어 있듯이, 이미 가치론에서 지적되었다. 충만된 가치는 어떠한 사람의 의식 속으로도 들어가지 않는다. 그 누구도 가치 세계의 모든 영역과 차원에 대한 똑같이 훌륭한 기관을 갖고 있지 않다. 개별자의 가치 감정은 보통 가치 영역의 일정한 구역에 맞추어져

있다. 이 구역에 해당 개인이 직접 접근하게 되고, 다른 구역에는 일반
적으로 접근하지 못하거나 또는 불완전한 방식으로 접근한다. 그런데
개인이 전적으로 자신과 자기의 가치 의식에 놓인다면, 그것은 자기의
편협성과 제한성을 객관적 현실의 척도로 만드는 것 이외 다른 것을 일
컫는 것이 아니다. 이렇게 발생하는 세계관은 기본적으로는 이 세계관
을 정립하는 개인 이성의 지표(指標)일 뿐이다. 이 세계관은 그 장본인
및 그의 개성을 충실히 반영한 영상(映像)이다. 여기에 "철학은 세계상
(世界像)을 통해서 본 기질이다"⁹⁾라는 짐멜의 문구(文句)가 적합하다.

　이 제한성이 어떻게 인간의 가치 의식의 본질 구조에 크게 귀속하는
지를 이것이 위대한, 천재적인 인물들에게서도 아주 명백하게 현상한
다는 사정이 증명해 준다. 바로 독일관념론, 그렇게도 탁월하게 창조적
인 이 정신의 운동은 이에 대한 뛰어난 증거를 제시한다. 사람들은 칸
트를 가장 위대한 독일의 철학자라고 부른다. 하지만 그의 내면적 가치
체험은 본질적으로 윤리적인 것에서 소진(消盡)된다는 사실은 부정할
수 없다. 특히 현상으로서의 종교적인 것에 대해서는 그의 어떠한 정당
한 기관도 갖고 있지 않다. 피히테에게서도 우선 윤리적인 것은, 종교
적-신비적인 것이 그에게 홀연히 나타나게 되기까지, 우선 전면에 서
있다. 셸링에게서는 우선 미적인 것이 지배하고 있다. 그의 동일성의 철
학은 미적인 정신 태도의 표현이요, 발로이다. 물론 그는 이 심미주의
를 이미 금방 극복하고, 보다 더 깊은 가치의 원천으로 돌진한다. 윤리
적 가치 경험도, 특히 종교적인 가치 경험도 그의 후기의 세계관을 형
성한다. 사람들은 그에 관해서 일반적으로 그는 그의 가치 생활의 풍요
로움을 통해서 다른 모든 독일관념론의 대표자들보다도 뛰어난 사람이

9)　　Hauptprobleme der Philosophie, 제2판, Leipzig 1911, 23면 이하.

라고 말해야 할 것이다. 이 사실은 아주 특별하게 이 전체 운동 중의 가장 사변적인 두뇌인 헤겔에 적용된다. 헤겔에게서는 논리적인 것이 내면적인 가치 생활을 너무도 강력하게 지배하고 있기 때문에, 사람들이 추구한다는 것은 "범논리주의"라는 표시를 그의 체계에 대해서뿐만 아니라, 이 장본인의 정신의 생활에도 적용하는 일이다.

이제 그러나 세계관은 체험에뿐만 아니라, 지식에도 의존한다. 가치 체험과 나란히 존재 인식도 두 번째의 토대로서 등장한다. 이 존재 인식은, 우리가 알고 있는 바와 같이, 형이상학적인 종류의 것이다. 그것은 "세계가 그 핵심에 있어서 결합해 있는 것"의 인식이다. 형이상학적 인식은 물 자체의 인식이다. 우리가 어떻게 이 존재 영역으로 접근하게 되는가를 형이상학이 분명하게 밝혔다. 형이상학은 형이상학의 방법이 어렵고 복잡한 조처를 나타낸다는 사실을 지적하였다. 개인 이성의 비판은 이를 통해서 새로운 논증을 받아들인다. 이 개인 이성의 비판은 형이상학적 인식과 같은 추상적인 인식은 누구나의 일이 아니라는 사실을 타당한 일로 만들 수 있고 또 그렇게 해야 한다. 또한 모든 학자들이 이에 대해서 내면적 전제를 가지고 있지 않다. 구체적인 것과 직접적으로 주어진 것에 대한 감각만을 가진, 그의 사고에 추상력이 부족한 사람은 형이상학적 대상의 영역으로 파고들어갈 수 없다. 그는 그의 개인적인 사고방식으로부터 현실의 전체 모습을 전개하고자 한다면, 이 모습은 필연적으로 불충분한 것으로 머물고 만다. 현실의 전면(前面)만이 여기서 표현되고, 그 깊은 곳, 그 핵심은 표현되지 않는다. 이 사실은 다소간에 모든 개별 과학자들(특히 자연과학자들)에게 적용된다. 이들은 철학적 교육과 형이상학적 천품도 없이 세계관의 문제에 착수하기 때문이다. 이들의 노력의 결과는 대개 우리가 유물론이라고 알게 된 전면(前面)의 철학이다.

그러나 형이상학적 인식은 특수한 추상력뿐만 아니라, 실증과학의 결과와의 근원적인 정통성(精通性)도 전제한다. 이때 형이상학은, 이 형이상학이 현실을 가공하는 학문의 인식을 자신 속에 받아들이고, 그 추론의 결과를 기반으로 했을 때, 세계의 존재 구조를 현실에 충실한 간파를 통하여 제공할 수 있다. 형이상학의 과제는 실증과학이 이끌어 낸 대로의 경험적 세계상의 형이상학적 심화이고 그 속행(續行)이다. 그러나 누구나 다 여러 개별 과학의 연구 성과에 근본적으로 숙달하게 되는 위치에 있는 것은 아니다. 많은 경우에 거기에 이를 수 있는 외적 가능성이 없을 뿐만 아니라 (강한 직업상의 요구 때문에), 아주 자주 여기에 이를 수 있는 내적 능력이 없기도 하다. 누구에게나 그와 같은 연구가 — 이 연구는 마땅히 수확이 있어야 한다 — 필연적으로 전제하는 학문적인 애착과 천부의 재능이 주어지는 것은 아니다. 이러한 전제가 충족되지 않으면, 따라서 이러한 전제로부터 배우게 될 학문과 의지와의 내면적 접촉이 없다면, 이 세계 해석에는 견고한 학문적 토대가 결여해 있다. 이 세계 해석은 어쩌면 매우 재미있고, 환상적이겠지만, 그러나 현실의 충실을 요구할 수 없다. 그것은 인식이라기보다는 오히려 고백이다. 이 속에서는 인식될 객관의 상태보다는 오히려 인식하는 주관의 상태가 반영된다. 사람들은 과장하는 일이 없이, 이러한 특징은 학문적 아마추어한테서 유래하는 거의 모든 세계관의 서적에 적합하다고 말해도 좋을 것이다.

그러면 순전히 개인적인 철학적 사색의 불충분성과 위험성을 설명하는 개인적 이성의 비판은 어렵지 않다. 이러한 설명은 세계관의 문제와 관련해서는 불충분한 것으로서, 의심스러운 것으로서 증명된다.

개인적 이성의 비판에 대한 출발점이 없는 것은 아니다. 아주 특별하게 주지된 윤리학자요 교육학자인 Fr. W. 푀르스터는 이 출발점에 대해 공헌하였다. 많이 탐독된 그의 저서 《권위와 자유》(1910)는 "개인적 이성의 비판" 이외 다른 것이 아니다. 이 저서는 다음과 같이, 즉 "언젠가 널리 보급된 인생관은 **현대의 개인주의** — 이 개인주의는 인간을 그의 현존의 의미 깊은 문제에 있어서 그의 제한된 사유와 그의 단편적인 인생 경험에 두고 있고, 그뿐만 아니라 그가 그 자신으로부터 당장 이해하고 재검할 수 없는 어떤 것도 진리로 간주할 수 없도록 인간에 의무를 지우는 개인주의이다 — 처럼 그렇게 나쁘게 정초되어 있지 않다"[10]고 지적하고자 한다. 푀르스터가 역시 그의 윤리적-교육학적 입장에서 우선 인생관의 문제를 계획할 때, 그의 논증은 아무튼 세계관적 사유에 대해 적용된다. 왜냐하면 세계관은 인생관을 자신 속에 포함하기 때문이다. 푀르스터는 우선 개별자 각자는 인간 현존의 최고의 문제를 근본적으로 다루기 위한 시간과 능력을 갖고 있지 않다고 가르친다. 개인주의적 원리는, "필연적으로 아마추어주의에 이르고, 실로 집중된 심화의 필연성이 아주 특별하게 등장하는 어떤 영역에 이른다고 그는 몹시 강조한다. 임의의 그 누군가가 자기의 개인적인 난센스를 세기의 경험, 즉 지혜의 동의에 동등하게 대결시킨다면, 수다쟁이들은 필연적으로 호언장담을 못하게 되고, 그들의 말 많은 궤변으로써 참된 진리를 전혀 발언할 수 없게 되는 것이 아닐까?"[11] 그러나 개별자들 각자가 저 문제를 근본적으로 연구하기 위한 시간과 능력을 가지고 있다 할지라도, 그것으로써는 아직 충분하지 않다. 왜냐하면 저 최고의, 최후의 문제를 해결하기 위해서는 이론적인 지식만으로는 충분하지 않기 때문이다. 오히려 생(生)과의 근본적인 친밀, 즉 폭넓은 **인생 경험**이 첨가되어야 하기 때문이다. 인생의 진리는 인생의 경험을 통해서 발견될 수 있는 것이다. "인생을 알지 못하는 사람의

---

10) 5면.
11) 8면.

가장 섬세한 학문적 교육과 채비를 여기서 무엇이 도와줄 것인가…? 추상적인 머리를 가진 사람을 그에게 전달된 다른 사람의 경험이, 만일 그 자신이 저 비극적인 세력과 대면하여 싸우지 않았다면, 무엇을 도울 것인가? 사람들은 일급의 탁상공론가 및 서생 철학자일 수 있을 것이고, 그럼에도 인생의 문제에서는 영원히 덩치 큰 아이로 머물 것이다!"¹²⁾ 그러나 인생과의 가장 친밀한 접촉뿐만 아니라, 현실적인 생의 동인(動因)에 대한 가장 큰 자유도 최고의 인생 문제에 있어서 자격에 대한 필연적 전제이다. 아주 쉽사리 하위의 자아가 사유를 사로잡는다. 극기와 금욕만이 음울하게 하는 이 자아의 영향력을 제거할 수 있고, 인간이 진지한 인생의 진리를 조용히 그리고 분명하게 바라보게 되는 상태 속에 인간을 둘 수 있다. "실제로 자유로운 사유는 도덕적 자기 해방의 영웅적 행위를 전제한다."¹³⁾ 이미 고대의 철학자들은 이 진리를 깊이 인식하였다. "진정한 철학자로부터 금욕이란 엄격한 수련 기간을 요구했었고, 지혜에의 귀의자에게, 그가 품위 있고 유능한 자로 인정받기 이전에, 또한 보다 깊은 인생의 진리의 현관에 들어서기 위해서, 무거운 서원(誓願)을 강요했던 고대 — 이 고대는 감성, 격정 그리고 태만을 극복한 고난에 찬 승리가, 어느 정도로 현실적으로 자기의 주관적인 상태로부터 자립해 있다고 생각하고 판단할 수 있는 그 곳에 귀속하고 있는지를 우리들 현대인들보다 더 잘 알고 있었다!"¹⁴⁾

---

12)   22면 이하.
13)   28면.
14)   29면.

Ⅲ. 세계관적 사유에 대한 정신사의 의미

현대에 있어서 특징적인 것처럼, 개인주의적 철학적 사색의 큰 위험에 대해 깊이 인식한 Fr. 파울젠은 자기의 널리 알려진 《철학 입문》의 모두(冒頭)에서 위에서 인용한, 이미 오래전에 발견되기도 한, 진리에 관한 괴테의 말을 기술하였다. 동일한 인식이 《독일의 대학들》(1902)에 관한 그의 저서에서 그로 하여금 다음과 같은 요구를, 즉 "철학 교사들에 있어서 공허한 독창벽(獨創癖)에는 보다 적은 어떤 것이 되고, 과거의 위대한 사상 및 전승된 것에 대해 연결하려는 애착에 대한 존경에는 보다 많은 어떤 것이 된다"[15]라는 진정한 요구를 제기하게 하였다. 파울젠이 철학 일반에 관해서 요구하는 것은, 철학이 그것을 세계관의 문제와 함께 받아들이고 있는 한, 철학에 의해서 더욱더 요구되지 않을 수 없다. 왜냐하면 이 세계관의 문제는 최고의, 그리고 가장 난해한 문제이기 때문이다. 따라서 세계관적 사유에서 정신의 역사는 전적으로 특별한 의미를 얻는다. 거기서 넘쳐 나오는 원천으로부터 길러 내고, 언제나 다시 태고의 위대한 정신의 이념에 정위되어 있는 철학자만이 저 최후의, 그리고 가장 심원한 문제를 사실에 합당한 해결로 이끌어 갈 수 있다.

과거의 지도적 정신의 향도적(嚮導的) 의미는 무엇보다도 다음의 사실에 있다.

1. 우리에게 이미 알려진 쇼펜하우어의 말에 의하면 현존의 수수께끼 같은 사실은 소수의 사람만이 그의 온갖 진정을 다해서 파악하게 된다. 이 소수에는 위대한 창조적인 철학자도 속한다. 그들은 그들 영혼

---

15) 537면.

의 최후의 깊은 곳에 이르기까지 현존의 수수께끼에 의해서 사로잡혀 있
다. 세계의 비밀은 그들의 영혼에 부담스러운 짐이 된다. 그들은 비밀
의 심연 속을 깊이 들여다보았다. 아우구스티누스가 "거대한 심오한 존재
는 바로 인간이다"라고 말할 때, 이 말은 인간이란 수수께끼가 그를 어떻
게 사로잡았는지를 우리에게 지시해 준다. N. 쿠자누스가 무지(無知)의
박사라는 개념을 만들어 낼 때, 그는 이 말로써 그의 정신이 얼마나 깊
이 세계 비밀의 어둠 속에 모습을 감추고 있는지를 알려 준다. 이렇게
저러한 정신을 가진 자들은 다른 사람의 정신보다 더 깊이 현실의 문제
점을 들여다보았기 때문에, 그들은 또한 그네들의 마음속 깊은 곳에 대
한 혜안을 우리에게도 열어 보일 수 있다. 우리가 그들과 정신적으로
교제할 때, 그들의 내면적인 감동된 상태의 어떤 것이 우리들의 정신에
전달된다. 현존의 비밀이 또한 우리를 사로잡기 시작한다. 갑작스럽게
이건, 점진적으로이건, 그들이 대면하여 씨름한 저 문제점의 깊이와 무
게가 우리에게 명료해진다.

2. 저 정신들은 그러나 문제들의 위력과 힘을 체험하게 할 뿐만 아니
라, 이 문제들과 싸우고, 이 싸움을 이 문제들로 받아들이도록 자극한
다. 우리가 이 정신들의 열렬한 노고와 싸움을 함께 체험할 때, 그리고
그들이 어떠한 노력과 희생도 명백성과 진리에로 돌진하기 위해서 피
하지 않는지를 우리가 보게 될 때 ─ 데카르트는 그를 들볶고, 괴롭히는
문제들의 해결을 발견하도록 신(神)의 어머니가 도와주었을 때, 신의
어머니에게 로레또(Loretto)로의 순례를 맹세하였다 ─, 그들이 진리의
탐구에로 전적으로 일체가 되어서, 게다가 생명을 거의 망각하고, 이
생명에 어떠한 권리도 인정하지 않는다는 사실을 알아차릴 때, 우리는
신명을 바쳐야 할 동일한 대상에 호명되어 있음을 자각하게 된다. 시인
의 말의 뜻깊은 진리가 우리에게 명료해진다.

"어떠한 고생도 퇴색하지 않는 근면에서만
깊이 숨겨진 진리의 샘물이 흐른다."

또한 우리는 저 문제들과 진지하게 씨름하기를 시작하고, 우리가 암흑으로부터 광명으로 돌진하기 이전까지는 거기로부터 떠나지 않을 결심을 하고 있다. 그리하여 저 정신들의 외치는 소리는 우리의 마음속에서 새로운 의욕, 즉 진리에의 신성한 의지를 일깨운다.

3. 게다가 동인(動因)뿐만 아니라, 조력(助力)도 진리 탐구에 있어서 저 정신들에 의해서 우리에게 주어진다. 저 정신들과의 내면적인 교제는 철학적 사유, 즉 형이상학적 사변의 고등 수업이다. 그뿐만이 아니다. 이 교제는 동시에 우리의 내면적 생활의 결실, 우리의 가치 경험의 풍요화를 의미한다. 전자의 결과가 주로 추상적인 사상가들, 사변적 두뇌들로부터 출발한다면, 후자는 특히 예술, 에토스, 종교의 천재들로부터 출발한다. 생활은 생명에서 불붙는다. 잠자는 힘은 저 교제를 통해서 우리 마음속에서 일깨워져서 은폐된 소질로서 전개된다. 우리의 가치 기관은 의미심장한 정화(淨化)와 확장을 하게 된다. 정말로 우리에게는 가치 세계의 전혀 새로운 영역이 열린다. 그와 같은 해명하는 결과들이 언제나 다시 창조적인 정신들에 의해서 한계에 달했다고 그 누가 부정하고 싶을 것인가? 세계관의 형성에 대한 정신사의 의미는 따라서 단지 위대한 철학자에게만 놓여 있는 것이 아니다. 그 의미는 거의 똑같이 예술적, 윤리적 그리고 종교적으로 창조적인 정신들에도, 우리들의 가치 생활이 이러한 것들을 통해서 상승하는 한, 놓여 있다. 이러한 것들에 대해서 우리는 또한 우선 저 천재들을 할당하였다. 왜냐하면 철학자들한테서는 다른 것이 매우 중요하기 때문이다. 이것은 물론 철학자도 역시 우리에게 일정한 가치 영역을, 철학자 자신이 여기에 깊

이 관여하고 있다면, 해명할 수 있다는 사실을 배제하지 않는다. 칸트의 강력한 에토스가 이미 많은 사람에게 윤리적인 것에 대한 통찰력을 열어 주었다는 사실, 또는 슐라이어마허의 생동적인 신앙심이, 그의 "종교에 관한 강연"을 고동치게 하듯이, 이미 많은 사람에게 종교의 의미를 해명했다는 사실을 누가 부정하고 싶을 것인가?

4. 저 정신들은 그들의 투쟁과 힘과 열정, 그리고 그들의 사유 및 가치 체험의 깊이를 통해서뿐만 아니라, 그들의 체험, 사유 그리고 투쟁이 이르게 된 결과를 통해서도 아주 특별하게 모범적이고 새로운 길을 열어 주는 듯하다. 실로 이 정신들은 개별적으로는 다양하게 분산한다. 그러나 우리가 이것들의 결과의 핵심을 보고, 거기서 전적으로 위대한 것을 붙잡는다면, 우리는 최후의 공통적인 사상재(思想財)를 인식하게 된다. "그렇게도 많은 세기 동안의 철학적 사색의 오랜 노력은 공연한 것이 아니었고, 오히려 큰 특징에 있어서 일치하는 세계관 — 이 세계관의 모습은 점점 더 날카롭게 두드러지게 된다 — 으로 이르게 된다"[16] 는 확신을 우리는 갖게 된다. 이렇게 우리는 최후의, 최고의 문제에 있어서 예지의 동의에 관해서 말할 수 있다. 우리가 이 동의를 내용적으로 고쳐 쓰고자 한다면, "관념론" — 이 말은 형이상학적인 의미로 이해된 것이다 — 이란 단어 말고 다른 단어로 더 잘 고쳐 쓸 수 없다. 이것은 세계는 관념적 내용이 그 속에 숨겨져 있는 어떤 의미를 가지고 있다는 확신이다. "세계는 깊게 그리고 낮보다도 더 깊게 사유된다"(니체). 이것은 우리의 정신의 가치는 존재의 깊은 곳에 살아 있는 현실이라는 신앙이다. 이 신앙은 신의 신앙의 가장 내면적인 핵심이다. 그리하여 예지의 동의(同意)는 결국 당신성(當信性)의 동의로서 나타난다.

---

16)   Fr. Paulsen, Einleitung in die Philosophie, 제3판, Berlin 1895, XI면.

제2부 세계관의 상부구조

A. 신의 문제

I. 진리의 근거로서의 세계 근거

세계관은 세계의 의미 해석을 뜻한다. 세계관의 원천이 되는 점은 가치 체험이다. 여기서는 우리가 알고 있다시피, 보다 높은, 또는 정신적인 가치가 중요하다. 정신적 가치의 첫 번째 그룹은 논리적 및 인식 가치들을 형성한다. 우리가 가치론에서 발견한 것처럼 진리 자체는 가치로서 간주되어서는 안 된다. 실로 진리- 및 이념의 질서는 역시 이상적인 존재 또는 타당성의 나라에 속한다. 그러나 이 질서는 "이성의 질서"로서 "심정의 질서"인 가치 영역과는 분명히 대조를 이룬다. 따라서 진리 자체가 아니라 진리의 소유, 진리의 인식이 논리적 가치로서 간주되어야 한다. 우리는 인식함에 있어서는 더 이상 분석할 수 없는 비밀스러운 방식으로 존재자에 관심을 가진다. 인식하는 정신은 말하자면 대상을 자기의 영역 속으로 이끌어 들여서, 이것을 정신적인 의미로 장악한다. 이렇게 진리의 인식은 ─ 이것만이 인식이다 ─ 사물을 내적, 정신적으로 소유함을 의미한다. 이미 아리스토텔레스는 지성에 관해서 이 지성은 인식함에 있어서 말하자면 모든 것이 된다고 말하였다. 여기서 진리의 인식이 어떠한 방식으로 그 자체 가치가 큰 어떤 것을 나타내는 것인지 분명하게 된다.

진리는 사유와 존재의 일치를 의미한다. 어떤 판단은, 그것이 그것에 관해서 의도하는 사태와 일치할 때, 진리이다. 이 일치가 존재하지 않고, 판단이 사태를 놓친다면, 그 판단은 거짓이다. 그런데 사유와 존재는 두 가지의 독립적이고, 서로 자립적인 질서를 나타낸다. 그럼에도 양자는 서로 귀속하고, 서로 일치한다. 이 양자의 화음에 물론 진리 인식의 현상이 의존한다.

실로 사람들은 진리를 존재자에의 연관성으로부터 분리하려고 시도하였다. 사람들은 이러한 진리를 "사유의 자기 자신과의 일치"라고 정의를 내렸다. 그러나 이러한 관념론적 진리 개념은, 인식론이 지적한 것처럼, 실행될 수 없다. 사람들은 진리를 논리화하고, 진리 속에 있는 존재론적 계기를 부정한다면, "진리"의 순수한 의미를 파괴하게 된다. 사람들이 아무리 보다 더 자세하게 진리를 정의 내린다 할지라도 대상 또는 사태에 대한, 광의의 존재자에 대한 관계를 여기서 도외시할 수 없다.

우리는 존재론에서 논리적 법칙은 그 대응물을 존재론적 법칙에서 가진다고 지적하였다. 사유법칙에는 일정한 존재법칙이 대응한다. 실로 사유 세계와 존재 세계 간에 엄격한 평행론은 존재하지 않는다. 그러나 부속 및 상응은 있다. 사유 영역과 존재 영역은 어떤 기본적인 구조의 특징에 있어서는 (이 구조의 특징이 저 법칙으로 공식화되듯이) 일치한다. 그리하여 존재자가 우리의 사유 속으로 들어서고, 사유가 우리가 인식하는 의식을 통해서 존재자를 파악하게 된다는 사실이 가능하다.

실재의 세계는 관념의 세계로, 존재의 세계는 진리의 세계로 정돈된다. 그러나 이것은 결국 존재의 원근거가 동시에 진리의 원근거라는 사실을 통해서만 설명될 수 있다. 바꾸어 말하면 세계 근거는 동시에 진리의 근거로 사유되어야 한다는 것이다. 이 세계 근거 속에 사유와 존재, 관념성과 실재성이 말하자면 스며들어 있지 않을 수 없다. 이 세계 근거는 실체적 진리로서, 관념적 진리의 실재적 실행으로서 표상되어야 한다. 이렇게 해서 비로소 사유와 존재의 보편적, 예외 없는 일치에 대한 궁극적으로 타당한 설명이 발견된다. 이 설명은 양자는 동일한 형이상학적 원근거에 소급하고, 동일한 최후의 현실에 정초해 있다는 사상 속에 놓여 있다.

"인식의 형이상학"의 이념은 여기서 비로소 그 본래의 실현을 본다. 이렇게 표현한 N. 하르트만은 이것으로써 인식은 본질적으로 존재 관계이고, 실로 주관과 객관 간의 존재 관계라고 언표한다. 그러나 이것으로써는 아직도 도대체 어떻게 주관과 객관이 서로 관계하고 있는지 설명되고 있지 않다. 이러한 사태의 형이상학적 설명이 비로소 현실적인 "인식의 형이상학"을 밝혀 준다.

이런 사실에 대한 권리를 모든 위대한 형이상학자들은 진리를 모든 존재의 최후의 원리에 관계시키고, 이 원리 속에 고정시킨다는 사실이 분명히 변호하고 있다. 이 말은 플라톤과 아리스토텔레스, 아우구스티누스와 토마스 아퀴나스에 대해 타당할 뿐만 아니라, 근세의 위대한 철학자들, 데카르트, 말브랑슈와 라이프니츠에게도 적용된다. 그뿐만 아니라 근세의 철학자들에 있어서는 사상은 이전의 철학자들에서보다도 더 명백히 나타난다. (사람들은 데카르트를 오로지 인간적 인식의 진리를 신에 관련시킴으로써 보증할 수 있다고 믿는 사람으로 기억한다.) 그러나 근세 철학에서도 우리는 저러한 사상을, 특히 Ed. v. 하르트만과 H. 로체한테서 만난다. 후자는 이 사상을 윤리적인 것으로 전환하게 한다: "도대체 진리가 존재한다는 사실은 그 자체로 이해할 수 없고, 그것의 전체 본성이 선(善)의 원리에 의존하는 세계에서만 파악될 수 있다."[1]

---

1)   Mikrokosmos, III, 619면 이하. 참조. 전체로 나의 저서: Augustins Metaphysik der Erkenntnis, Berlin u. Bonn 1931.

강력하게 칸트에 정위된 어떤 비판적 사유도 역시 저 사상을 실행할
수 있다는 사실에 대해서 Chr. 지그바르트가 증명한다. 그의 고전적인
《논리학》은 바로 저러한 사상에서 정점에 이른다. 그는 사유 곁에 의욕
도 자기의 고찰 속으로 이끌어 들이면서, 이 고찰에 다음과 같은 형태
를 부여한다. "오로지 주관적인 법칙에 의해서 우리의 표상의 전개에만
관계하지 않는 모든 방법이 거기로부터 출발하지 않을 수 없는 전제들
은, 통일적인 목적에 의해서 안내받은 우리의 의식적인 사유와 의욕이
요구하는 것과 외부로부터 제약된, 그리고 본의 아닌 활동성에 의해서 정
립된 것과의 일치를 포함한다.

인과적 고찰에 대해서 우선 서로 자립적인 것으로 현상하는 두 영역
의 이러한 일치는 목적론적 고찰을 통해서만 파악될 수 있다.

이 일치 속에 어떤 현실적인 설명이 마땅히 존재해야 한다면, 나는 이
일치를, 의식적인 사유 및 그 법칙들과, 게다가 사유로부터 자립해 있
고, 사유에 대립하는 대상들과의 통일적인 근거에 있어서, 즉 주관과 객
관 관계의 최후의 설명 근거로서 동시에 무제약적이어야 하는 근거의
전제에 있어서만 완성할 수 있다.

방법론의 원리들은 따라서 신의 이념에 이르도록 안내하는데, 이 이
념의 보다 더 규정된 이해는 우리의 사유와 의욕에게 그 행위의 목표로
서 떠도는 관념적인 것을 통해서만 가능하다."[2]

지그바르트는 그의 사상 진행의 권리를 무제약자의 이념을 단지 지
도 이념으로서, 즉 이론이성에 대한 "통제적 원리"로서 통용되게 하는
칸트에 맞서서 변호한다. 이에 대해 지그바르트는 사람들은 그와 같은
견해에 머물러 있을 수 없다고 지적한다. "신의 이념 안에서 이론적 인

---

2)   Logik, 제4판, Tübingen 1911, II, 784면.

식과 실천적 확신의 최후의 통일적인 종결을 구하는 **형이상학의 방법적** 권리는, 도대체 관념적 전제를 포함하는 모든 학문적 방법의 원리 이외의 어떤 다른 노선에 놓여 있는 것이 아니다. 따라서 주어진 객관에 대해 이 원리를 달성하는 것만이 문제인 한, 우리가 우리에게 주어진 것을 파악하고, 우리의 인간적인 목적을 확신하게 되는 우리의 주관적인 요구 속에서 우리의 관점을 취하는 한, 우리는 유한자 속에 머물러 있게 된다. 그러나 우리가 이런 요구의 현실적인 권리를 묻고, 객관적인 것에 대한 주관적인 것, 현실에 대한 관념적인 것을 우리들의 연구의 대상으로 삼자마자, 최후의 그리고 무제약적 근거에 대한 요구가 나타난다. 이 무제약적 근거는, 오성과 이성의 칸트적 분리가 가르치고 있는 것처럼, 마치 우리가 유한한 인식의 수평에서만 나타나는 그런 것이 아니고, 또 마치 우리가 유한자의 학문을 그 원칙에 있어서 완성하고 끝내 버릴 수 있었던 것 같은, 그리하여 세계 인식의 총체성에 관한 실현할 수 없는 요구만이 이론적 영역에서 신의 이념 속에 반영되어 있는 것 같은 그런 것이 아니다. 이런 단순히 포괄적인 방법에 신의 이념의 의미가 놓여 있는 것이 아니라, 신의 이념은 도대체 그것 없이는 본래적이고 엄격한 의미의 어떠한 지식의 의욕도 생각할 수 없는 전제를 이룬다."[3]

II. 가치 근거로서의 세계 근거

존재의 질서는 사유 질서뿐만 아니라 가치 질서에도 대립한다. 가치론이 분명하게 규정한 것처럼 존재 질서와 가치 질서는 서로 포개어져

---

3)   같은 책, 794면.

있다. 이 사태는 마찬가지로 궁극적 설명을 필요로 한다. 바꾸어 말하면 가치 질서도 모든 존재의 근원에 관련시키는 것이 타당하다. 여기에서는 여러 가지의 길이 가능하다. 사람들은 가치를 그 자체에 있어서 고찰할 수 있고, 또 그것의 절대성 때문에 절대적 존재에 토대가 세워진 것으로서 생각할 수 있다. 그러나 사람들은 가치를 가치의 현실과의 연관성에서 고찰할 수도 있다. 사람들이 가치를 소유하는 대상 또는 가치를 체험하는 주관을 생각하게 됨에 따라서 가치를 형이상학적으로 기초 놓은 두 가지의 일정한 가능성이 존재한다. 결국 사람들은 또한 현실로부터 출발할 수 있고, 현실을 가치에 대한 그 조준된 존재에 있어서 고찰할 수 있거니와, 그 목적은 여기로부터 형이상학적인 것 속으로 돌진하여 세계 근거를 가치 근거로서 규정하기 위해서이다.

1. 가치의 실재 정립과 고정

플라톤의 이데아 이론이 첫 번째 문제 해결을 포함한다. 이데아의 세계는 실재적 사물의 본질 개념, 논리적 및 수학적 개념, 그리고 결국 가치 이념을 포괄한다. 후자는 우위의 위치를 차지한다. 이데아의 세계는 결국 가치의 세계이다. 이것은 이데아의 하늘은 가치 이념에서 정점(頂点)을 이루며, 이데아 나라의 정상(頂上)에는 선(善)의 이데아가 서 있다는 사실을 증명한다.

그런데 이데아의 존재는 어떠한 것인가? 이 물음에 플라톤은 양자택일의 형식으로, 즉 이데아는 존재자인가 또는 비존재자인가로 태도를 취한다. 플라톤은 아직도 관념적 존재 또는 타당성의 존재 방식을 알고 있지 못한다. 그는 이 제3의 가능성을 알지 못했기 때문에, 그에게는 다른 두 타자 간의 선택만이 남아 있었다. 그는 이데아를 비존재로 간주하는 것은 이데아의 위엄과 모순된다는 것을 알았기 때문에, 이데아에게 (실재적) 존재를 배당하지 않을 수 없었다. 더욱이 이데아는 그에게는 존재자로서뿐만 아니라, 유일한 참된 존재자, 오로지 진정한 존재로서 간주된다. 이리하여 여기서 존재와 가치는 융합한다. 그리하여 가치 이념은 동시에 형이상학적인 본질성, 초감성적인 실체이다.

이데아가 존재적인 어떤 것이고, 탁월한 의미에서 존재자를 의미한다는 이 사상은 플라톤주의의 가장 내면적인 핵심에 속한다.[4] 이 사상은 따라서 신플라톤주의에서도 보존된다. 플로티노스에게서도 지적(知的) 본질성의 나라가 있다. 물론 이 세계는 그에게서는 플라톤에게서처럼 자유롭게 부동(浮動)하는 세계가 아니라, (우주적) 이성 속에 안주해 있는 세계이다. 이데아는 동시에 절대적 사유 정신의 사상으로 된다. 이데아의 "장소"는 이성의 의식이다. 그리하여 사람들은 여기서 가치 이념의 정규적인 형이상학적 고정에 관해서 말할 수 있다. 플라톤은 이데아를 단순히 실재적인 것으로 정립한다. 플로티노스는 이데아를 다른 실재적인 것 속에 정립하고, 그것을 형이상학적인 실재성 속에 고정시킨다. 이와 동시에 플라톤적 사상은 고유한 방식의 변양(變樣)을 겪게 된다.

이러한 형식으로 무엇보다도 플라톤의 사상은 그리스도교적 플라톤주의로 생명을 지속한다. 이 그리스도교적 플라톤주의의 정초자이고 대표적 변호자인 아우구스티누스는 직접 플로티노스에 연계된다. 그는 지적 본질성의 나라라는 술어를 "가지적(可知的) 우주"로 번역한다. 또한 그는 이 초감성적 세계를 그 자신 속에 안주해 있는 세계로서가 아니라, 절대적 의식의 내용으로 간주한다. 그는 또한 이데아를 어떤 절대

---

4)   참조. 나의 저서: Platonismus und Prophetismus, München 1939.

적 정신 속에 고정시킨다. 물론 이 정신은 플로티노스의 이성이 아니고, 기독교의 유신론적 신이다. 이 정신은 모든 진리와 가치의 보루와 고향으로 간주된다.

그럼에도 불구하고 아우구스티누스는 가지적 우주가 그 형이상학적 장소를 세계 창조자의 정신 속에 가진다고 하는 단순한 주장으로 만족하지 않고, 그는 이 주장을 또한 철저히 정초하고자 한다. 그는 이 일을 그의 주지(周知)의 신의 존재 증명, 이른바 진리 증명에서 행한다. 이 증명은, 아우구스티누스가 진리를 모든 지식의 영역에서 본질적, 실체적 진리로 발견했던 것처럼, 불변적 진리로부터의 추리로서 우리에게 나타난다.

이러한 사상으로부터 사람들은 아우구스티누스가 플로티노스 사상보다도 플라톤의 사상에 더 가까이 서 있다고 말하지 않으면 안 될 것이다. 왜냐하면 진리는 여기서 형이상학적 실재성에 고정되어 있기보다는 오히려 그 자체가 형이상학적 실재성으로서 해석되기 때문이다. 본래적인 토대 정립보다도 직접적 실재화가 현전하고 있다.

이러한 형식으로 우리는 또한 현대의 플라톤주의에서, W. 빈델반트가 정초한 바와 같은, 특히 바덴학파의 가치 비판주의에서 이 사상을 만나게 된다.

아우구스티누스와 더불어 빈델반트도 진리의 영원성과 보편성, 그리고 진리를 사유하는 정신으로부터 진리의 독립성을 가르친다. "진리의 타당성은 과오를 범할 수 있는, 그리고 막 발전하려는 주관의 모든 태도로부터 독립해 있다. 수학적 진리는 어느 누구에 의해서 사유되기 훨씬 이전부터 타당했고, 그리고 어느 개인이 잘못하여 이 진리의 인정을 벗어났을 때마저도 타당하다."[5] 동일한 사실은 "판단이 보편타당성을 요구하는 것과 비슷하게"[6] 진정한 가치판단

을 하는 규범 과학의 영역에도 타당하다. 진리는 규범과 마찬가지로 모든 경험
을 초월한 객관적 질서, 즉 순수한 대상성의 영역에 속한다. "우리의 인식의 진
리와 우리의 지식 속에서 현실적인 것의 인식을 보게 되는 권능은 그 속에서 특
히 인간적인 표상 방식을 그 타당성에 있어서 능가하는 사실적인 질서가 드러
난다는 것에 근거하고 있다. 똑같이 인간적인 가치에 대해서 인간의 활동의 경
험적인 동기를 초월한 절대적인 규범들이 존재한다는 신념은 여기서도 역시
어떤 결정적인 이성 질서가 지배하게 된다는 전제에 의존하고 있다. 사람들이
이제 — 이렇게 빈델반트는 속행한다 — 이 질서를 우리들이 체험한 의식의 그
대상 및 가치에 대한 관계와 비슷하게 실재적인 보다 높은 의식의 내용으로서
생각하려고 하자마자, 이 질서는 어떤 절대적 이성, 즉 신(神)의 내용 규정으로
서 표상되지 않을 수 없다."[7] 여기서는 사유의 단순한 가능성이 아니라 필연성
이 중요하다는 사실, 따라서 저 "규범적 의식"이 동시에 실재적이라는 사실을
우리의 철학자는 인간적 가치 의식, 즉 양심을 언급하면서 지적하고 있다. "양
심 속에서 정신적인 생명의 근거, 경험적인 인격성의 관계 — 이 인격성의 관
계는 사회적인 전체의식에 대해서 마땅히 타당해야 하는 것이 사실적으로 타
당한 것에 대해서처럼 그러한 상태에 있다 — 가 드러난다. 이러한 의미에서
양심은 규범 의식의 형이상학적 실재성을 전제한다. 이 실재성은 물론 우리가
경험적 의미에서 실재성이라고 부르는 것과 동일시될 필요는 없다. 이 실재성
은 우리가 절대적 가치의 타당성을 자각하자마자 가장 확실한 우리의 체험이
다."[8] "양심이 실재적인 것처럼, 그렇게 신은 실재적이다."[9] 빈델반트에 의하

5) Einleitung in Philosophie, Tübingen 1914, 212면.
6) 같은 책, 245면.
7) 같은 책, 254면 이하.
8) Das Heilige, in: Präludien, 제4판, Tübingen 1911, II, 304면.
9) Einleitung in der Philosophie, 304면.

면 이 사상 진행은 "철학적 사유가 그 고유의 최고의 과제로부터 종교의 과제로 이르게 되는 길"[10]을 표현한다.

설명한 사상 과정은 빈델반트도 역시 가치(이념)를 그것의 절대성에서 고찰하고, 그리고 나서 또한 이 가치의 절대성을 형이상학적으로 해석한다 — 가치는 절대적으로 타당하다. 왜냐하면 가치는 철저히 절대적인 것이고 형이상학적 실재성을 표현하기 때문이다 — 는 사실을 지적한다. 여기서도 역시 우리는 따라서 가치의 직접적인 실재 정립에 관해서 말하지 않으면 안 될 것이다.

그런데 관념적인 것을 이렇게 실재화하는 일이 우리의 비판적 사유의 토론장에서 통과할 수 있을까? 이 물음에 사람들은 부정적으로 답하지 않을 수 없을 것이다. 관념적 질서와 실재적 질서의 차이를 통찰하는 사람, 타당과 존재의 영역을 분리하도록 배운 사람은 저 사상 진행에서 한쪽의 영역으로부터 다른 쪽 영역으로의 부당한 이행(移行)을 인식하게 된다. 그의 비판적 사유는 그와 같은 비약에 대해서 지속적으로 저항하게 된다.

이 비약은 사상의 다른 형식에서는 존재하지 않는다. 왜냐하면 여기서는 관념적 가치는 단순히 실재적인 것으로 정립되지 않고, 어떤 다른 것에 고정되기 때문이다. 그럼에도 불구하고 여기에 어떤 다른 어려움이 결과로서 생긴다. 저 고정은 이 다른 것이 실존한다는 사실이 이미 확실하다면, 명백히 가능하기만 하다. 달리 말하면, 가치의 형이상학적 고정에 있어서는 신의 현존은 증명되어 있기보다 오히려 전제되어 있다. 절대적인 정신이 존재한다는 사실을 내가 알 때, 비로소 나는 절대

10)   같은 책, 393면.

적 정신을 이념의 형이상학적 근원으로서, 모든 진리와 가치의 보루와 고향으로서 간주할 수 있다. 그리하여 이렇게 이러한 형식의 사상 진행에서도 우리의 비판적 사유에 대해서 논리적으로 강제적인 것은 없다.

그리하여 우리는 가치의 순전히 그 자신 속으로의 고찰은 가치의 범위를 넘어서서는 안 되고, 가치 그 자체의 절대성은 그것의 형이상학적 고정을 위한 어떠한 충분한 의지점도 제공하지 않는다는 결과에 이른다.

2. 가치의 형이상학적 정초를 위한 지주(支柱)로서 가치의 현실 연관성

"정신적인 가치는 결코 발명품이 아니다. 그것은 우리의 환상 또는 우리의 자의(恣意)의 피조물이 아니다. 우리는 이것들을 본능적으로 알게 된다. 이것들의 타당성은 저항할 수 없는 내면적인 힘을 갖고서 우리의 마음속으로 밀쳐 든다. 이것들은 그 자체를 통해서 명백하다. 이 것들은 우리의 마음속에서 빛난다. 이것들은 우리를 엄습하고, 강제적인 자명성을 갖고 있으며, 당장 분명하다. 이러한 순수한, 고상한, 그리고 도움이 큰 정신적 세계와의 접촉은 동시에 이 정신적 세계는 보다 높은 정신적 현실에 고정되어 있다는 예감을 우리의 마음속에 떠오르게 한다. 이때 인간은 우리의 마음속에 있는 최선의 것인 이 샘의 원천과의 보다 직접적이고, 강력하며 지속적인 접촉에 눈을 뜬다. 우리는 그곳에 본래 우리의 정신적인 고향이 있고, 그곳에 우리의 가장 깊은 본질이 뿌리박고 있음을 인식한다."[11] 그 누가 이러한 사상 진행에 흥미를 느끼지 않을 수 있겠는가? 가치 고정의 사상이 설득적인 어떤 것 자체를 이러한 형식으로 갖는다는 사실을 그 누가 부정하고 싶을 것인

---

11) G. Schenkel, Das Doppelgesicht des Christentums, Stuttgart 1931, 9면.

가? 물론 그는 이러한 설득력을 이미 어떤 방식으로 신앙심이 깊은 사유에 대해서만 갖고 있다. 이러한 것으로써 간주되는 사유는 교의적, 신앙고백적 믿음에 의해서 규정되는 사유가 아니고, — 그것의 가장 깊은 핵심에 있어서 종교적인 — 의미 신앙을 담지(擔持)하는 그러한 사유이다. 의미 신앙은 의미가 현실에 존재한다는 확신이다. 그것은 우리들의 전체 현존의 의미 있는 구조에 대한 믿음이다. "의미 신앙" 대신에 사람들은 "가치 신앙"에 관해서도 말할 수 있다. 왜냐하면 어떤 것은 그것이 가치의 실현에 이바지하는 한에서 의미를 갖게 되기 때문이다. 의미는, 세계가 가치를 겨냥하고 있을 때, 세계 속에 존재한다. 따라서 "가치 신앙"은 우리 정신의 가치가 동시에 현실에 살아 있다는 것을 의미한다. 그와 같은 가치 신앙을 담지하고 있고, 또 이런 의미의 "평가하는 사유"(순전히 이성적이거나 또는 학문적인 사유와 대조적으로)는 가치와 달리 형이상학적으로 고정할 수 없고, 이 가치를 현실의 최후의 원리로 정초된 것으로 사유할 수 있다. 그러나 이러한 사상을 또한 이러한 의미로 경건하지 않은 사유, 즉 합리적-학문적 사유 방식에게 가능한 한 명백하게 밝히는 것은 정말 타당한 일이다.

이러한 일은 사람들이 가치 자체의 고찰에 머물러 있지 않고, 다른 관점을 이끌어 들일 때만 가능하다. 그것이 무엇인지를 말하기는 어렵지 않다. 형이상학적 고정은 최후의 현실에 기초를 세우는 것을 의미한다. 그런데 가치 자체는 비현실적인 것이다. 가치는 우리가 실재적인 질서와는 대조적으로 비실재적 질서로서 표시해야 하는 그런 질서에 속한다. 바로 이 점에 가치 고정의 사상에 대한 인식론적 난점이 있다. 왜냐하면 이 가치 고정의 사상은 필연적으로 한쪽의 영역으로부터 다른 쪽 영역으로의 부당한 이행에 대한 반론에 노출되는 것으로 보이기 때문이다. 이러한 반박을, 사람들이 가치가 초시간적 타당을 가진 관념적 질서에 귀속하기도 하고, 또한 **실재적 질서와의** 관계에 서서 현실에도 연관되어 있다는 사실을 지적할 수 있을 때만, 원만하게 해결할 수 있다. 구체적으로 말하면 이러한 의미에서 현실의 계기는 가치의 본질 속에서 증명될 수 있고, 그리하여 가치의 형이상학적 고정은 더 이상 타당성의 질서로부터 실재적 존재의 질서로의 매개되지 않은 비약을 의미하지 않는다.

여기서 우리는 우리가 가치론에서 **직무상** 가치의 당위의 관계에 관해서 말하였던 것을 회상하지 않으면 안 된다. 우리는 거기서 가치의 본질 속에는 이 가치가 현실에 대립하자마자 당위의 계기가 지적된다는 사실을 보았다. 이 당위가 의미하는 바는 가치로부터 말하자면 이 가치를 실현해야 한다는, 즉 가치에게 실존을 부여해야 한다는 요구가 현실에 선고되었다는 것이다.

그러므로 가치는 현실에 연관되어 있다. 가치는 현실을 지향하는 경향을 가진다. 가치는 실재적인 것이 되고자 한다. 가치는 말하자면 그 자신의 영역을 넘어서고, 실재적으로 실존하는 것의 영역으로 밀고 들어간다. 가치의 이러한 현실성과의 관계는 그러나 가치가 어떤 최후의 현실성으로부터 나온다는 사실을 시사한다. 가치는 현실적인 것 쪽으로 관계해 있다. 왜냐하면 가치는 현실적인 것으로 재귀적(再歸的)이기 때문이다. 가치는 실재적인 것이 되고자 한다. 왜냐하면 가치는 **실재성**의 유출(流出)이기 때문이다. 가치가 걸어가는 길은: 현실적인 것으로부터 현실적인 것으로 이른다.

이리하여 우리의 결론은 다음과 같다. 즉 가치의 관념적 절대성은 실재적 절대자로 되돌아가기에는 아직 충분하지 않다는 것이다. 왜냐하면 이 두 존재 방식은 완전히 그 본성이 이질적(異質的)인 것이기 때문이다. 이제 이 갈라진 틈에는 그러나 가치의 현실 연관성을 통해서

가교(架橋)가 설치될 수 있다. 이에 대한 충분한 설명은 가치가 그 근원을 최후의 현실 속에 갖고 있다는 사상 속에서만 놓여 있을 수 있다. 이로써 위에서 공식화된 반론은 제거된다. 즉 현실에 연관된 절대적 가치는 사실 현실적인 절대자를 그 형이상학적 고향으로서 필요로 한다는 것이다.

물론 이 사상 진행도 결국 신앙심 깊은 사색을 전제한다. 그러나 이 사상 진행은 그럼에도 이미 이제까지 전개된 것 이상으로 합리적 계기를 포함한다. 더욱이 우리가 위에서 언급한 길 중의 세 번째 길로 나아간다면, 합리적 지반을 토대로 하게 된다.

3. 가치의 형이상학적 고정을 위한 토대로서 가치의 주관 연관성

우리가 방금 가치의 현실 연관성에 관해서 언급했을 때, 우리는 거기서 실재적 대상, 즉 거기서 가치가 현실적으로 되고, 그럼으로써 가치 담지자로 되는 그러한 대상을 생각하였다. 이제부터 우리는 가치를 실재적인 주관과의 그 연관성에서 주목한다. 가치는 물론 가치를 느끼는 존재와 연관되어 있다. 이 연관성은 가치의 본질에 속한다. 가치는 언제나 그 누구에 대한 가치이다. 그런데 우리가 지적할 수 있었던 것처럼 시간을 초월하여 타당한 가치의 나라, 초개인적인 가치 세계가 존재한다면, 가치는 더 이상 인간적인 주관에 연관된 것으로 사유될 수 없다. 오히려 가치는 역시 초개인적인, 따라서 초인간적인, 그리고 초현세적인 주관 속에서 그 (주관적인) 상관자를 가져야 한다. 정신적 가치는 어떤 절대적 정신의 사유 내용 및 이념과는 다른 말로써 사유되어야 한다.

이러한 사상 과정을 우리는 M. 셸러에게서 발견한다. 그리고 실로 그는 이 사상 과정에 관해서 이를테면 단순히 기회 있을 때 언급하는 것이 아니라, 오히려 이 과정은 철학적 이론 구조의 본질적 구성 부분에 속한다. 이것은 그의 체계의 토대에 고정되어 있고, 동시에 전체 구조물을 완성하고 왕관을 씌우는 데 이바지한다. 동시에 그것은 절대적 정신의 현존을 합리적으로 증명하기 위한 수단으로서 기능한다.

셸러에 의하면 (객관적인) 대상과 (주관적인) 작용 간에는 엄격한 상관 관계가 있다. 모든 대상에는 일정한 의식의 작용이 대응한다. 셸러에 의하면 이것은 "현상학의 최고의 원칙"이다. 이 원칙이 의미하는 바는, "대상의 본질과 지향적 체험의 본질 간에는 어떤 관계가 있다는 것이다. 실로 이것은 우리가 그와 같은 체험의 모든 임의의 경우에 파악할 수 있는 본질의 관계인 것이다. 따라서 그것은 ― 칸트가 말하고 있는 것처럼 ― 대상의 법칙은 이 대상을 파악하는 작용의 법칙을 '따라야' 하고, 대상 파악의 법칙은 파악되는 대상의 법칙이기도 하다는 주장이 아니다. 여기서는 그 관계는 일면적일 것이다. 그러나 우리는 똑같이 절대적인 존재론, 즉 그것의 본질에 따라서 어떠한 의식을 통해서도 파악될 수 없는 대상이 존재할 수 있을 것이라는 이론을 배제한다. 대상의 종류의 실존에 대한 모든 주장은 이러한 본질 관계를 근거로 하여 이러한 대상의 종류가 주어지는 경험의 방식의 과제도 요구한다."[12]

대상들에게는 가치도 귀속한다. 그 때문에 대상들에게도 저 상관성의 법칙이 적용된다. 가치에게도 일정한 의식의 작용이 대응하지 않으면 안 된다. 이 의식의 작용에도 일정한 경험의 방식이 귀속되어야 한다. "가치는 그것의 본질에 따라서 정감하는 의식 속에서 현상될 수 있어야 한다."[13]

---

12)   Der Formalismus in der Ethik und die materiale Wertethik, Halle 1916, 272면 이하.
13)   같은 책, 273면.

이러한 명제들은 이제 형이상학에 대해서는 가장 큰 의미를 가진다. 작용과 대상 간의 상관관계 법칙은 셸러에 의하면 절대적 정신의 현존을 해명하기 위한 가장 중요한 사상 매체 중의 하나이다. 셸러는 이 추리를 **"선험적 추리 방식"** 이라고 부른다. 이 방식의 법칙이 의미하는 바는 다음과 같다. "세계의 존재 자체는 지상의 인간의 우연적 현존 자체 및 그 경험적 의식과 확실히 독립해 있지만, 그러나 그럼에도 불구하고, 어떤 등급의 정신적 **작용**과 일정한 **존재**의 영역 간에는 엄격한 **본질의 관계** — 우리는 이 작용 등급을 통해서 이 본질의 관계에 접근한다 — 가 존재하기 때문에, 우리들 덧없는 존재에게 접근을 허용하는 작용과 작업에 있어서의 이 **모든** 것은 모든 사물의 근거에 전가되어야 한다. 또는 우리가 예컨대 접근 가능한 공간의 존재를 인간의 어떤 운동 동기에 종속해 있는 것으로서 증명할 수 있다면, 그러나 타면으로는 그럼에도 공간적으로 정돈된 세계가, 빙하기의 인간이 현존하기 이전에, 이미 실존했다면 우리는 어떻게 해야 하는가? 또는 우리가 가치 질서 자체를 변화가 잦은 인간의 가치 질서 의식으로부터 분리해야 한다면, 그러나 그럼에도 불구하고 가치 질서는 어떤 사랑하는 정신 없이도 그 자신에 있어서 모순된다면 우리는 어떻게 해야 할 것인가? 그리고 유사하게 우리들로부터 독립해 있는 이념의 질서는 사유하는 자가 없다면 모순될 것인가, 또는 실재성은 이 실재성이 정립하는 '충동'이 없다면 어찌 될 것인가? 우리는 단명(短命)의 인간으로부터 독립하여 존속하는 존재의 영역을 근원적인 존재자의 속성임이 틀림없는 개별성을 초월하는 유일한 정신의 작용에 관련시키는 것 이외 달리할 수 없다 … 그리고 우리가 세속적인 인간에의 대상들의 이 종속성과 **동시적 독립성**을 발견하게 되는 모든 경우에서도 유사하다."[14]

---

14)   Philosophische Weltanschauung, Bonn 1929, 11면 이하.

셸러적 논증에서 최상의 전제는 따라서 작용과 대상 간의 본질 관계에 관한 명제이다. 셸러에 의해서 무제약적으로 타당한 것으로 간주된 이 법칙은 물론 마찬가지로 현상학의 토대 위에 서 있는 철학자 자신이 이 법칙을 인정하지 않는다는 사실을 우리가 숙고한다면 당장 의심스러운 것으로 나타난다. 이 사실은 구체적으로 말하면 N. 하르트만에게 적용된다. 그는 자기의 윤리학을 셸러가 세워 놓은 토대 위에 세우고자 할지라도, 그는 그럼에도 저 현상학적 본질의 법칙에 관해서 아무것도 알고자 하지 않는다. 그에게 가치는, 우리가 이미 알고 있는 것처럼, 어떠한 주관적인 상관 개념도 요구하지 않는 자체적으로 존재하는 객관적 본질이다.

이러한 견해에 셸러는 강조해서 반대한다. 그에 의하면 사람들은 가치를 정신과의 살아 있는 관계로부터 풀어낼 필요는 없다. 하르트만처럼 가치를 가치 자신에 조준하는 사람, 가치로부터 "경직된 가치 천국"을 만드는 사람은 가치의 용재 구조에 있어서의 본질적인 계기를 오해한다. 그는 철학의 문지방으로부터 제외된 존재론주의를 변호한다.[15]

사람들은 셸러의 현상학적 본질 법칙이 명증의 성격을 의심한다 할지라도, 셸러의 사상 과정을 찬성하여야 한다. 우리가 이미 종종 강조했던 것처럼 가치를 가치 정감적인 정신과의 살아 있는 관계로부터 분리해서 경직된 본질로 만드는 것은 사실상 관계가 없다. 가치는 정신에 대해서 존재한다. 이러한 가치의 정신과의 연관성은 정신으로부터, 절대적인 정신의 생명으로부터 그것의 근원을 시사한다. 어쨌든 의미- 및 가치 신앙적 사유는 정신적 가치를 결국 무한한 정신의 영향력과는 달리 파악할 수는 없을 것이다. 의미- 및 가치 신앙적 사유는 동시에 이성의

---

15) 참조. "Formalismus"의 3판 서언.

논리적 강요를 따르기보다는 오히려 정신적 가치의 존엄성에 관한 깊고 생기 있는 신념의 특징을 따른다. 여기서 논리적 지주(支柱)는 가치의 본질에는 "어느 누구를 위한"이란 것이, 따라서 정신적 가치의 본질에는 어떤 정신에 관한 연관성이 귀속한다는 사상이다.

4. 가치 실현과 그 최후의 형이상학적 전제

가치의 형이상학적 고정을 위한 새로운 출발점을 우리가 갖게 되는 것은, 현실이 가치를 향해 정돈되어 있고, 가치를 조준해 있는 한, 우리가 현실 그 자체에 몰두하고, 또 가치를 고찰할 때이다. 이것으로써 가치의 최종적 현실 정초의 사상은 동시에 폭넓은 이성적 토대를 얻는다.

가치와 존재는 우선 완전히 이질적인 두 가지 질서로서 나타난다. 양자는 물론 전혀 다른 구조를 제시한다. 그 때문에 우리는 강조해서 존재와 가치, 존재론적 질서와 가치론적 질서의 일체의 혼합을 반대해야 했다.

이것은 사태의 한 측면이다. 그러나 다른 측면은 의미가 덜한 것이 아니다. 존재 질서와 가치 질서에 본질적으로 차이가 있을지라도 양자 간에 내면적인 관계가 있다. 가치는 현실 속으로 들어갈 수 있다. 현실은 가치에 대해서 수용적이고, 가치를 받아들인다. 따라서 현실은 가치를 위해서 조준되어 있다.

우리는 위에서 가치 인식을 고찰하였다. 가치 인식이란 가치가 현실 속으로 파고드는 것 이외 다른 무엇이겠는가? 왜냐하면 가치를 인식하는 주관은 실재적 존재이고, 그 자체 한 조각의 현실이기 때문이다. 가치는 인식하는 의식 속으로 파고들고, 이 의식에 의해서 경험되고 파악되면서, 따라서 가치는 현실 자체 속으로 파고든다. 사정이 이러하기 때문에 우리들, 실재하는 정신은 관념적 가치를 파악할 수 있다. 그리고 실로 우리는 가치를 우리에게 내면적으로 멀리 있는 어떤 것, 낯선 어떤 것으로서가 아니라, 가치를 우리의 마음속에서 발견하는 것이다. 가치는 우리의 정신 속에서 빛난다. 우리들의 내면적 생의 정점(頂点)에서 우리는 가치에 의해서 사로잡혀 있음을 느끼며, 가치로 충만되어 있음을 안다. 이때 우리는 우리들 생의 가장 깊은 의미로서 이것을, 즉 가치가 들어오는 관문인 가치를 위한 갑작스런 출현의 장소를 체험한다.

두 세계 간의 관계는 가치 인식에서보다도 가치 실현에서 한층 더 분명하게 드러난다. 우리는 가치를 인식할 수 있을 뿐만 아니라, 실현할 수도 있다. 우리는 이성으로써뿐만 아니라, 의지로써도 가치에 열중한다. 우리는 가치를 우리들의 의욕과 행동의 목적으로 삼을 수 있다. 이러한 방식으로 가치는 현실적인 것으로 된다. 가치는 말하자면 관념적 타당성의 질서로부터 실재적 실존의 질서 속으로 등장한다. 우리가 정신의 가치, 특히 도덕적 가치를 우리 마음속에서 실현하면 할수록, 우리의 존재를 가치로써 물들게 하면 할수록, 그만큼 우리 자신은 한 조각의 **가치 현실**, 즉 (앞에서 지적한 것처럼) 인격이 된다.

현실은 따라서 가치에 조준되어 있다. 이것은 그러나 현실 자체 속에서 어떤 실재적인 가치의 힘이 살아 있을 때만 가능한 일이다. 현실이 그 가장 깊은 핵심과 근거에 있어서 완전히 가치중립적, 가치 무관심적이라면, 가치에 대한 현실의 수용 준비는 전혀 설명될 수 없을 것이다. 가치가 실현되는 일은 생각할 수 없을 것이다. 이러한 일은 현실이 근본적으로 가치를 가진 본성의 것이고, 세계의 원리는 가치력(價値力)이며, 세계 근거는 **가치 현실**이라는 사실을 통해서만 파악할 수 있게 된다.

여기서 우리는 가치와 그 실현의 최후의 형이상학적 전제를 만난다. 이 전제는 인간은 자유롭다, 즉 가치를 위해서 진력할 수 있다, 가치를 실현할 수 있다고 지적되는 것으로써 설명되는 것이 아니다. N. 하르트만은 이러한 설명으로 만족한다. 그에게 (도덕적) 가치의 형이상학은 인간의 의지 자유의 제시 및 정초와 합류한다. 그러나 내가 가치를 나의 의지로 받아들이고, 그럼으로써 실현할 수 있다는 사실, 따라서 실제로 그와 같은 실현력이 생동하고 있다는 사실은 아직도 어떤 설명을 필요로 한다. 왜냐하면 현실이 그 최고의, 그리고 정신적 단계에서 가치 실현의 힘을 제시한다는 사실이 도대체 어떻게 나타날 것인가 하는 의문이 여기서 일어나기 때문이다. 이러한 사실은, 그 전적으로 타당한 설명을, 현실이 그 가장 깊은 핵심과 근거에 있어서 가치를 향해 조준되어 있고, 그리고 존재의 원근거가 가치력과 가치 현실이라고 하는 사상 속에서만, 발견하게 된다. 이러한 것들로써 비로소 가치와 그 실현의 최후의, 즉 형이상학적 정초가 확보된다.

우리들의 사상 과정은 그런데 현대의 가치 철학에서 결코 멀리 떨어진 것이 아니다. 이 사상 과정은 가장 명백하게 H. 리케르트가 자기 철학의 근본 사상에 관해서 마지막으로 제시하였던 설명에서 표현되고 있다. 여기서 리케르트는 칸트와 연결된다. 리케르트는 자기의 윤리학의 구조에서 윤리적 영역을 넘어서서 종교의 구역으로 발을 들여놓지 않을 수 없는 사정임 — 실로 도덕적인 것과 그것의 의무의 성격을 정초하기 위해서가 아니라, 도덕적 행동의 귀결과 그 결과를 세상에서 보증하기 위해서 — 을 안다. 칸트의 이 종교-철학적 사상을 리케르트는, 그의 가장 보편적이고, 영원히 타당한 의미를 명백히 제시하면서 다음과 같이 공식화한다. "인간이 자기의 자유의지를 가치를 통해서 규정하게 하고, 이에 상응하여 행동한다는 사실은, 그가 동시에 그의 행동과 의욕이 세상

에서 ─ 그에 의해서 의욕된 가치들에 상응하는 ─ 실재적인 **결과**에서도 동반
된다는 것, 또는 그가 의욕하는 가치들이 선(善)으로도 실현된다는 가능성이 존
재한다는 것을 그가 동시에 믿지 않는다면, 인간을 만족시킬 수 없다. 그러나
우리의 힘 속에 존재하지 않는 이러한 실현의 조건은 이 실현을 보증하는 인간
외적 힘의 소지자를 가정하는 일이다. 무엇이 ─ 리케르트는 계속한다 ─ 여기
로부터 세계의 **존재**를 위해서 생겨나는가? 우리가 칸트에 의해서 요구된 세계
지배권을 개념적으로 생각한다면, 그것은 가치와 현실의 통일, 또는 한마디로
말하면 '가치 현실'임이 틀림없을 것이다. 그러나 이 말이 의미하는 바는, 가치
현실이란 개념 속에서는, 비판적 사유가 이론이성과 실천이성의 비판적 분리
와의 관계 속에서 요구하는, 가치와 현실의 분리는 더 이상 유지될 수 없다는
것이다. 가치 있는 것 자체는 작용하지 않을 수 없고, 그런 한에서 '현실적'이
다. 이 사상은 존재론에서도 새로운 문제에로 나아간다. 비판적 학문으로서의
칸트 철학은 가치 현실에 대해서 어떠한 자리도 갖고 있지 않고, 그것의 필연
성은 우리가 지적하고자 했던 변형과 보완을 통해서 여기서는 아무것도 변경
되지 않는다. 가치에 태도를 취하는 자유로운 주관을 우리는 **존재론적으로 친물
리적**(親物理的)인 존재 영역에만 머물게 할 수 있었다. 실로 가치를 긍정하고,
무가치를 부정하는 것은 가능하다. 그러나 그와 같은 입장이 취하는 **결과**에 대
해서는 저 주관은, 자유롭다 할지라도, 아무런 힘도 소유하고 있지 않다. 그리
하여 우리가 가치 현실의 문제에 우리를 적극적으로 놓아두고자 한다면, 우리
의 지식을 **넘어서는 일** 이외 다른 어떤 것도 남아 있지 않다. 우리는 세상에서
가치의 실현을 믿어야 한다. 그리고 실로 칸트가 이 말을 지식과 대립시켜 사
용한 의미에서 **믿어야** 한다. 그러한 믿음이 없다면 가치에 대한 입장도 그 의미
를 상실하게 될 것이다. 왜냐하면 이 입장이 세상에서 결과를 갖는다는 사실을
아무것도 우리에게 보증해 주지 못할 것이기 때문이다. 이제 우리가 이러한 믿
음을 고려하여 보편적 존재론을 판단한다면, 이 존재론은 우리가 이때까지 알

게 되었던 형태로 충분한 것이 아닐 것이다. 신앙의 '대상' 은 그 의미에 따라서
물심양면의 감각계에 놓여 있지 않고, 그리고 존재의 이해 가능한 영역에서도
친물리적 주관의 영역에서와 똑같이 머물 수 없을 것이다. 우리가 거명(擧名)한
세 가지 종류의 존재 방식 외에 네 번째의 존재 방식을 '가치 현실' 이라고 가정
하지 않을 수 없는 한, 그리고 우리가 이것을 전래의 술어로써 표기하고자 한
다면, 이것은 초감각적, 피안의 존재 성격을 지니고 있다고 말하게 될 것이다.
이렇게 우리는 존재론에 있어서의 종교 및 종교철학으로부터 결국 형이상학으
로 — 실로 이 낱말은 칸트가 자연 및 도덕 형이상학이라고 말할 때 칸트가 생
각한 의미와는 다른 의미로 받아들여져야 한다 — 이르게 된다."[16]

리케르트는 자기의 사상 과정을 다음과 같이 서술하면서 간략하게 총괄한
다. "초인간적인 힘이 세계를, 이 세계 속에서 선에 있어서의 가치의 실현이 자
유로운 주관에 의해서 가능하고 의미 있도록 그렇게 설계했다는 사실에 대한
믿음이 없다면, 우리는 어떤 영역에서도 우리가 활동적인 생활을 위해서 필요
로 하는 신념들의 만족스런 종결에 이를 수 없을 것이다. 사람들은 그들이 일
반적으로 세계 전체를 숙고하는 일을 중단한다면 여기서 발생하는 문제들을 게
을리한다는 것은 자명하다. 그러나 사람들이 철학자로서 그러한 일을 포기하
지 않는다면, 그들은 필연적으로 진정으로 보편적인 세계관이 종교적인 신앙
에서 정점에 이르게 되는 상태에로 나아갈 것이고, 어떤 세계관이 세계 전체를
포괄한다면 그 이름값을 한다는 것은 자명하게 이해된다."[17]

---

16) Deutsche systematische Philosophie. H. Schwarz판, II권, Berlin 1934, 290면
  이하.
17) 같은 책, 295면. 리케르트와 비슷하게 H. Richert는 그의 저서 "Weltanschuung",
  Leipzig u. Berlin 1922, 44면 이하에서 논증한다. 더 나아가 Ed. Spranger는 그의
  강의 "Weltfrömmigkeit" (Leipzig 1941)에서 다음과 같이 말한다. "양심은, 만약
  에 세계가 공간적-시간적인 것의 차원만을 가진다면, 세상에서 가장 무의미한 것일

III. 신성(神性)으로서의 세계 근거

우리가 윤리적 (및 심리적) 가치로부터 출발하면서, 우리는 세계 근거를 가치 근거로서, 따라서 가치 현실로서 규정하였다. 세계 근거는 동시에 윤리적 (및 미적) 가치 술어의 담지자이기도 한 존재의 힘이다. 우리는 따라서 플라톤이 이룬 성과, 존재자로서의 존재자는 동시에 선(善)이요 미(美)라는 성과에 이른다. 그러나 이것으로써는 우리는 아직도 종교적 신의 이념에 이르지 않았다. 신적인 것은 선 이상의 것이고, 그것은 신성(神聖)한 것이다. 이러한 새로운 가치 차원으로는 윤리적인 것이 아니라, 종교적인 가치 체험만이 들어선다. 신성한 것이 종교적 가치 경험의 소여가 된다. 그 때문에 종교적 가치 경험은 세계관적 사유를 끌어올려야 하고, 이 사유가 신의 문제를 긍정적인 의미로 해결하고, 종교적인 신의 이념을 얻고자 한다면, 종교적 가치 경험에서 세계관적 사유를 창조해야 한다.

어떤 방식으로 종교적 신의 이념이 종교적 가치 체험에서 획득될 수 있는지를 종교철학이 설명하였다. 그 때문에 우리는 거기서 목표로 한 결과에로 소급할 수 있다. 우리는 종교적 가치 체험이 그것의 특성을, 이 체험에서 소여로 되는 것이 가치일 뿐만 아니라, 존재이기도 하다라는 사실에서 갖는다는 것을 보았다. 이러한 사실을 통해서 가치 경험의 이 방식은 여타의 방식, 특히 윤리적인 방식과 극명하게 대조를 이룬다. 이 가치 경험에서 체험되는 것은 요구로서 존재에 대립하는 순수 가치이다. 이에 반하여 종교적 가치 경험의 대상에서는 가치와 존재가

것이다 … 양심이 있는 한, 양심은 우리를 — 최대인 것처럼 최소한 — 직접적으로 영원성 앞에 세울 것이다(31면).

삼투(渗透)한다. 우리가 본 바와 같이 예언적 신의 체험에서는 존재의 계기가 특히 강하게 등장한다. 예언자가 체험하는 존재의 힘은 그러나 동시에 가치의 힘이다. 신비적 신의 경험에서는 가치의 측면이 전면에 선다. 그러나 다른 측면이 없는 것은 아니다. 양 측면이 여기서나 거기서나 현전한다. 양자 중에서 하나가 없다면, 종교적 경험에 관해서는 더 이상 언급될 수 없을 것이다. 왜냐하면 종교적 경험은 양자, 즉 가치 경험과 실재성의 경험이기 때문이다.

우리가 이제 두 측면을 보다 자세히 주목한다면, 존재론적 측면에서는 엄격한 초월의 계기가 본질적인 것이다. 신적인 것은 세계의 존재와는 완전히 다른 어떤 존재로서 체험된다. 그것은 세계의 부분과도 전체와도 합류한다. 그것은 오히려 모든 세속적인 존재와 대립하는 "전혀 다른 것"이다. 우리가 "전혀 다른 것"이란 이 계기를 개념적으로 파악하고자 한다면, 세속적인 존재는 제약된 존재인 반면에, 신적인 존재는 무제약적 존재를 드러낸다라고 말해야 할 것이다. 무제약적 존재는 우연적인 존재가 아니라, 절대적 존재이다. 의타 존재(依他存在)가 아니라, 자체 존재이다. 이러한 자체 존재로 세계 전체에 대한 형이상학적 고찰 — 이 고찰은 자체 존재란 개념에서 종결된다 — 이 이르렀던 것이다. 여기서 신적인 것은 형이상학의 자체 존재와 실재적으로 동일하다는 결과가 나타난다.

우리가 이제 신적인 것의 가치 측면을 고찰한다면, 이 측면은 독자적인 것이다. 신성(神聖)한 것은 진(眞), 선(善), 미(美)로부터 그것의 존재 성격을 통해서뿐만 아니라, 그것의 특별한 가치 내용을 통해서도 구별된다. 이 가치 내용을 우리는 "신성한 것"에 관해서 말할 바로 그때 생각하였다. 이 가치 내용의 특유한 본질이 어디에 존재하는지를 우리는 종교철학에서 보았다. 우리는 거기서 그 특유한 본질에는, 이 본질이 반발(反撥)하는 계기와 동시에 견인(牽引)하는 계기를 포함하는 한에서, 양극적 구조가 고유한 것임을 발견하였다. 그것은 무서운 신비이면서 매혹적인 신비이다. 우리가 두 계기를 개념적으로 파악하고자 한다면, 윤리적인 계기만이 우리의 뜻대로 된다. 우리는 신은 신성하고 (여기서는 윤리적 의미로 이해된 것이다), 동시에 **자비로운 신**이라고 말할 수 있다. 신은 신성한 신으로서는 죄를 증오하고, 자비로운 신으로서는 죄인을 불쌍히 여긴다. 그리스도교적 신의 신앙에서는 두 계기는 극명하게 눈에 띈다. 여기서 주목할 만한 것은 이 윤리적 술어들은 신적인 것의 본질 속에 있는 두 계기의 적절한 표현이 아니라, 다만 이 계기들에 대한 암시, 상징, 즉 ─ 실로 어떤 현실적인 것을 생각하기는 하지만, 그러나 그것의 용재 역시 다만 어떤 방식으로 창조적으로 재현하기를 요구하지 못하는 ─ 표상일 뿐이라는 것이다.

　이렇게 종교적 경험으로부터 종교적인 신의 이념은, 동시에 신성한 것을 표현하는 절대적 존재의 이념으로 나타난다. 그것은 초월적 가치력(價値力)의 이념, 신성 가치의 담지자이다. 여기서 우리는 후자를 다음과 같이, 즉 이 후자의 가치 질(質)은 그것이 우리에 대해서 숭배의 대상일 수 있다는 그러한 것으로 고쳐 쓸 수 있다. 테르슈테겐(Terstee-gen)이 다음과 같이 감탄에 겨워서 표현하고 있는 것처럼:

　　"신은 현존하고 계신다!
　　　우리들로 하여금 숭배하게 하고
　　　그리고 경외하는 마음으로 자기 앞에 등장하게 한다.
　　　신은 한가운데 계신다!
　　　만물은 신 주위에서 침묵하고
　　　충심으로 신 앞에 몸을 굽힌다."

이로써 세계관적 사유는 신의 문제에 대한 자기의 과제를 해결하였다. 형이상학은 모든 존재의 원근거인 자체 존재의 개념을 공급하였다. 자체 존재는 이념의 나라로부터는 진리의 근거로서, 가치의 나라로부터는 가치 근거와 가치 현실로서 규정된다. 종교적 경험의 근거에서는 이것은 결국 신성한 가치 현실 및 동시에 신성(神性)으로 파악되었다. 이 신성은 결코 비인격적인 것을 의미하지 않는다는 사실, 오히려 인격이 제격이라는 사실을 우리는 종교철학에서 보았다. 그곳에서 발견한 바로는 신은 우리가 신을 사유해야 하는 방향을 유한한 인격이 지시한다는 의미에서 인격이다. 동시에 일체의 의인관은 배제된다. 정당하게도 H. 로체는 인격 신의 이념에 반대한 의인관을 질책하는 사람들에 다음과 같이 반대 논거를 제기한다. "유한한 정신에게 대충으로만 가능한 것, 그 자신에 의한 그의 생의 피제약성은 신 안에서는 무제한으로 발생한다."[18] 신에게만 완전한 인격이 가능하다. 유한자에게는 신으로부터 "약한 반사광"(反射光)만 주어질 뿐이다.[19] "우리는 유한한 존재의 인격에 관해서 말할 이유를 별로 갖고 있지 않다. 인격은 모든 이상처럼 다만 무한자에게만 그의 무제약성에 있어서 고유한 이상이지만, 그러나 우리에게는, 모든 선(善)처럼, 제약되고, 따라서 불완전하게 주어질 뿐이다."[20]

---

18) Mikrokosmos, III, 572면.
19) 같은 책, 573면.
20) 같은 책, 575면.

B. 신과 세계

I. 범신론과 유신론

신(이 단어는 엄격하게 종교적인 의미로 선택된 것이다)은 우리에게 종교적 경험에서만 주어진 것이다. 이 경험의 철학적 해석에서 밝힌 것은 인격주의적 신의 개념이었다. 동시에 범신론과 유신론 간의 옛 싸움은 유신론에 유리하게 결정이 났고, 실로 여기서 오로지 결정권이 있는 공개 토론장, 즉 종교적 의식 앞에서 결정이 났다. "종교적 신앙은 모든 경우에 필연적으로 유신론적으로 사유한다"[21]라고 H. 마이어(Maier)는 정당하게 강조한다. 그럼에도 불구하고 우리는 범신론이 정신사에서 도달한 거대한 의미와 관련하여 범신론의 본질과 그 주된 형식을 보다 자세히 고찰하고 검토하고자 한다.

이미 그 명칭이 암시하는 것처럼 범신론은 신과 세계의 동일화를 완수한다. 이 일은 세상 존재는 삭제되고, 세계는 가상(假象)으로 설명되면서 극단적인 형식으로 발생한다. 이것은 예컨대 무우주론적 범신론 또는 신의 현현(顯現)을 나타내는 인도의 바라문교에서의 경우이다. 이 바라문교와 보다 더 자세하게 관계하고 싶지는 않다. 왜냐하면 세계 현실을 형이상학적으로 무화(無化)하는 일은 우리들 서양인에게는 불가능한 일이기 때문이다. 그러한 일은 일면적으로 명상적으로 방향이 설정된 인도인의 연약하게 형성된 실재성의 의식에서만 가능할 것이다.

---

21)　Psychologie des emotionalen Denkens, Tübingen 1908, 529면.

세계 존재가 철저하게 부정되지 않고, 어떤 방식으로 인정된다면, 다른 형식의 범신론이 생긴다. 신과 세계의 관계가 이때 정적(靜的)이거나 동적(動的)으로 파악될 수 있다. 정적인 범신론은 스피노자한테서 존재한다. 신은 자신 속에 안주하는 완성된 전실체(全實體)이다. 세계는 우유성의 합계 또는 이 하나의 실체의 양태(樣態)이다. 모든 동적 특징은 세계에 대한 신의 관계로부터 격리된다. 이 관계는 실재적인 작용의 관계가 아니라, 논리적인 귀결의 관계로 규정된다: 삼각형의 본질로부터 그 내각의 합이 그 직각과 같듯이, 신의 본질로부터 세계가 귀결한다[22]는 것이다. 이렇게 스피노자는 그의 수학적 방법의 도움으로써 순전히 정적(靜的)인 범신론을 전개한다. 스피노자의 신의 상(像)에 관해서 E. 카시러는 매우 적절하게 다음과 같이 말한다. "스피노자의 신은 인생의 만조(滿潮)와 활동욕(活動欲)에서 끓어오르기도 하고 꺼지기도 하는 괴테의 지령(地靈)과 같지 않다: 신은 수학적 공식의 엄격한 정적(靜寂) 속에 머문다."[23]

이 범신론의 약점은 우리가 간단한 지시로써도 만족할 수 있게 공개적으로 드러나 있고, 또 때로는 이미 명시되어 있다. 스피노자의 체계는, 현실을 진지하게 조회하고 끊임없이 현실에 정위하는 일이 없이, 수학적으로 교육받은 독단적 사유를 수행하는 대담한 정립이고 장엄한 구성이다. 그럼에도 불구하고 이 체계는 우리의 논리적-방법적 의식뿐만 아니라, 우리의 존재론적 의식과 대립한다. 인간적인 개인들은 결코 존재적 독립을 소유하고 있지 않다는 사실, 그리고 단적으로 하나의 전

22) 이에 대한 보다 자세한 것은 나의 저서: Das Substanzproblem in der Philosophie der Neuzeit, 63면 이하.

23) Das Erkenntnisproblem in der Philosophie und Wissenschaft der neueren Zeit, II, Berlin 1907, 33면.

실체(全實體)의 양태를 마땅히 표현해야 한다는 사실은 우리들의 존재 의식과 자기의식에 모순된다. 우리의 윤리 의식도 이의를 제기한다. 스피노자의 세계에서는 모든 것은 엄격하게 필연적으로 발생한다. 그의 세계에는 어떠한 자유도, 동시에 어떠한 도덕적 가치 실현도 존재하지 않는다. 종교적 의식은, 결국 스피노자의 경직된 신의 모습에서 그것 없이는 진정한 종교가 살 수 없는 "살이 있는 신"의 이념을 표현하는 그러한 저 모든 특징들이 없음을 한탄한다. 스피노자의 체계는 엄청난 일면성임을 의미한다. 왜냐하면 이 체계에서는 세계 현실은 다만 논리적-수학적 그리고 미적 의식으로부터만 관찰되고 형성되어 있기 때문이다. 이것은 철저히 상대적이고 제한된 그리고 한정된 세계 모습을 절대적으로 정립한 것이다.

정적(靜的) 범신론에 동적 범신론이 대립한다. 이것은 두 가지 형식으로 제시된다. 그것은 유출 범신론과 진화 범신론이다. 전자에 의하면 세계는 신으로부터 유출한다. 세계는 신의 본질의 유출이다. 신과 세계는 따라서 본질상으로 차이가 나는 것이 아니고, 본질상으로 동일하다. 세계는 신적 의지에 의해서 성립된 것이 아니라, 신의 본질로부터 흘러나온 것이다. 이것은 플로티노스의 견해이다. 진화 범신론은 전혀 달리 생각한다. 이 사상은 주로 헤겔, E. v. 하르트만과 셸러(그의 마지막 사유 기간에 있어서)가 대변한다. 진화 범신론에 의하면 세계 과정의 단초에 완전한 존재가 아니라, 불완전한 존재가 서 있다. 신성(神性)은 그 자체로 완결되고 완성된 것이 아니라, 생성 중에서 파악되고, 전개 과정 속에 서 있다. 실로 신성은 세계 속에서 그리고 세계에 즉(卽)하여 전개된다. 신성은 세계 과정 속에서 그것의 완성에 이른다. 인간의 여러 정신의 단계에 있어서 신성은 그 자신의 의식에 이르고, 인간적 정신 및 문화적 생활을 통해서 그의 정신적 본질의 힘의 전개에로, 그리고 동시에 그의 자기실현에 이른다.

그럼에도 이러한 신의 파악은 실천 불가능하다. 이러한 파악은 종교적 의식에 대해서는 바로 모욕을 의미한다. "외경의 마음으로 신 앞에서 몸을 굽히는 모든 기도하는 심정은 여기서 차갑고 죽은 오성의 재주만을 보게 되고, 생의 가장 깊은 본질을 추구하는 모든 의지는 인격이 추락하는 가운데서 절대자의 발전 과정의 통과 점에서 오직 부정만을 느끼고 어떠한 긍정도 느끼지 못한다."[24] 매한가지로 적절하게 H. 로체가 다음과 같이 언급한다: "모든 인격적인 생이 비인격적 절대자의 발전을 위한 통과점으로서만 사용될 것이라고 우리가 믿어야 한다면, 우리는 저 노력들(문화의 촉진)을 포기하거나 ― 왜냐하면 자체적으로나 우리들에 대해서 극히 무관심한 이 진행의 지원을 협력해야 할 어떠한 의무도 우리가 발견하지 못하기 때문이다 ― 또는 우리들은, 우리 마음속에서 발견하는 사랑, 의무감 그리고 희생이란 보물을 우리가 확인했을 경우에는, 인간의 심정은 이 심정이 몹시 유한하고, 덧없음에도 불구하고, 자기의 사유 필연적인 모든 발전을 갖고 있는 저 절대자보다도 비교가 안 될 정도로 더 고상하고 부유하며 숭고한 존재라는 사실을 동시에 인정하게 될 것이다."[25]

현대의 진화 범신론의 신, 추구하며 투쟁하고 완성을 향해서 노력하는 이 신은, 근본적으로는 대우주적인 것으로 상승한 현대의 파우스트적 인간 이외 다른 것이 아니다.

진화 범신론보다 훨씬 더 유출 범신론은 종교적 의식을 정당하게 평가한다. 그 창립자는 물론 깊은 신앙심을 가진 인물이고, 모든 시대에

24) E. Troeltsch, Zur religiösen Lage, Religionsphilosophie und Ethik (Ges. Schriften, II권), 제2판, Tübingen 1922, 39면.
25) Mikrokosmos, III, 41면.

서 가장 위대한 신비가의 한 사람이다. 그에 의해서 전개된 신의 상(像)
은 따라서 종교적인 신의 이념의 특징을 가지고 있다. 여기서 신성(神
性)은 무한히 완전한 존재이다. 이 신성의 존재 충만 및 가치 충만은 너
무나 크기 때문에 그것은 모든 유한적 사유를 초월하며, 입에 올리기에
도 황송한 존재로 표현된다. 유신론적-인격주의적 견해와의 구별은, 신
과 세계의 관계가 플로티노스에게서는 자연 그대로 사유되고, 유출로
서 표상되는 반면에, 유신론은 신의 인격으로써 완전히 진지한 것을 만
들고, 세계를 신의 인격적 작용을 통해서, 신의 창조적 활동을 통해서
발생하게 한다.

유출 범신론보다도 더 유신론적 관점을 지닌 만유 재신론(萬有在神論)
이 가까이 다가온다. 그 명칭에 따라서 Chr. 크라우제에게로 되돌아가
는, 그리고 수많은 현대 사상가들(예컨대 오이켄, 파울젠, 분트)한테서
발견되는 이 관점은 세계를 신 안에 존재하는 것으로 본다. 신의 존재
는 세계의 존재로 흡수되어 없어지는 것이 아니라, 세계보다 높이 솟아
있다. 신은 세계에 대해서 고유의 존재를 가진다. 신의 존재는 세계 존
재를 포괄한다. 세계는 무한한 신적 존재 속에 있는 부분 계기이다. 신
적 존재는 어떤 의미로는 세계를 초월해 있다. 그 때문에 신적 존재에
인격이 있다고도 할 수 있다. 이러한 일이 결정적으로 발생하게 되면
될수록 더더욱 만유 재신론은 유신론에 접근한다. 만유 재신론과 유신
론 간에 존재하는 구별은 세계와 신을 유한적 존재와 무한적 존재, 제
약된 존재와 무제약적 존재로서가 아니라, 부분과 전체로서 서로 대조
를 이루게 하는 데 있다.

정신의 역사가 지적하고 있듯이 범신론으로 기울어지는 세계 긍정,
현존의 기쁨, 문화의 행복의 시대가 언제나 존재한다. 그리하여 사람들
이 그것의 정신을 "자신 속에서 순환하는 유한성의 정신"으로 특징지

었던[26] 세계 대전 이전의 시대도 역시 범신론적 세계관으로 기울어졌고, 유신론을 극복된 관점으로 여러 번 간주하였다. 그러나 실제로는 현대의 사유는 유신론적-인격주의적 견해에 대립하는 오로지 결정적인 어떠한 반대 이유도 결코 포함하고 있지 않다.

현대의 정신 생활을 가장 잘 아는 사람 중의 한 사람인 F. 트뢸취는 이 사실을 비할 데 없이 탁월하게 지적하였다. 그에 의하면 일원론적 세계관에 쇄도하는 현대 사유의 합리주의적 세계관에 대해 꽤 강하게 변호된 비합리주의적 동기가 대립한다. "이렇게 단일화하고, 합리화하는 모든 사유로부터 엄청나게 상관적이고 연속적인 관계의 사상만 — 이 사상은 그러나 동시에 그것의 전체 실존 자체에 있어서, 마치 그것의 개체적이고, 때때로 새로운 개별성에 있어서처럼 어떤 비합리적인 것이다 — 이 남아 있을 뿐이다. 그러나 동시에 현실에 대한 종교적인 유신론적 및 인격론적 입장도 남아 있다. 물론 이 입장은 역으로 바로 절대적 가치와 척도, 그리고 인격의 절대적 가치의 성취 가능성에 대한 모든 믿음의 불가결한 전제이다. 이러한 입장에서 의인적 형식 — 이 세계 근거는 세계와 나란히 경계가 설정된 주관처럼 실존했던 것이다 —, 즉 순전히 인간적인 복지라는 한정된 목표가 문제인 것 같은 의인적 목표의 설정은 제거되어야 한다. 그러나 절대적 진리, 절대적 선, 미 그리고 결국 존재와 실재성 일반에 대한 모든 사상은 현실의 근거를 요구하는데, 이 근거 때문에, 이 근거에 있어서 만물은 오류와 미망으로부터 구별된다. 예언적-그리스도교적 사상은 이렇게 본질적으로 가장 내면적인 인생의 신념과 관계한다. 단순한 염세주의와 상대주의는 학문적으로가 아니라, 어떤 인생의 기분을 통해서 야기되지만,

---

26) 참조. 나의 저서: Die Geistesströmungen der Gegenwart, Freiburg 1937, 9면 이하.

그러나 철저한 사유를 통해서 그 자체는 언제나 지양된다. 왜냐하면 이러한 사상 그 자체는 그것에 의해서 부정된 절대자란 척도에 견주어서만 성립되기 때문이다. 저러한 사상은 이러한 척도의 객관성에 대한 믿음을 파악할 수 없고, 따라서 오히려 인생의 정력을 꺾어 버리거나 또는 저 고상한 척도가 거기서 망각될 수 있는 진부한 것에 인생을 강금한다. 이에 반하여 우리를 추구하고, 투쟁과 생성을 통하여 교육하며, 양심의 고통을 치유하고, 내면적 본질 규정을 눈에 뜨이게 하는 신적 사랑의 사상을 통한 우리들 현존의 슬픔과 죄 그리고 상대성을 극복하는 것은, 극단적 염세주의와 상대주의 같은 그러한 방식의 그 본래의 전제들과 치명적인 갈등에 이르는 일이 없이, 무난히 확고한 인생의 태도를 부여해 준다.

이러한 상황 아래서 예언적-그리스도교적 신의 사상은 현대의 생활을 통해서 소멸되고, 또 현대의 사유를 통해서 보충된다는 사실에 대해서는 어떠한 언급도 없다. 이 사상은 언제나 그랬던 것처럼 오늘날 절대적인 인격적 생의 가치의 모든 주장에 대해서 중심점이고 의지점이다. 이 사상은 플라톤 사상과 스토아철학 사상이 처음으로 그 완전한 세계사적 힘을 확보하게 되었던 고대에서처럼 오늘날에도 사물의 소통을 넘어 놓여 있는, 정신적인 생의 내용에 이르는 모든 실마리와 노력의 총괄이다. 이러한 생의 내용을 의욕하고자 하고, 또 의욕하는 것을 의무로 느끼는 사람에게는 인격주의의 종교만이 존재한다. 그리고 이것은 예언자와 예수로부터 시작되는 종교적 생이다."[27]

---

27) Die Zukunftsmöglichkeiten des Christentums, in : Logos, I권 (1910), 171면 이하.

II. 창조의 이념

유신론은 세계가 신에 의해 창조되게 한다. 세계는 유신론에서는 신의 창조물로서, 실로 무(無)로부터의 창조물로서 간주된다. 이러한 견해에 대해서 언제나 다시 의인관의 비난이 제기된다. 이 비난이 정당한지 어떤지, 또는 이것이 창조 이념의 깊은 의미에 들어맞는지 어떤지 주시해 보자.

우리가 초월자를 규정하게 되는 우리들의 모든 개념들이 내재적인 유한한 영역에서 추측되는 것처럼, 창조의 이념도 마찬가지이다. 창조 이념은 인간적, 수공업적, 예술적 창작에서 취한 것이다. 인간의 창작의 산물이 그 존재를 창작하는 자에게서 덕을 보듯이, 세계는 그 존재를 영원한 창조자한테서 덕을 보며, 실로 세계는 — 여기서는 종교적 이념은 그 세속적 유추를 초월한다 — 그 전체의 그리고 완전한 존재를 세계가 바로 "무로부터" 생산하였던 저 창조적 원인에 덕을 입고 있다. 이렇게 창조 이념의 가장 보편적인 존재론적 의미는 세계가 신에, 즉 신 속의 세계의 근거에 본질적으로 의존한다는 것이다. 우리가 세계를 신의 창조물로서 표기할 때, 우리는 시간적인 생기 현상, 시간 속에서 발생한 과정이 아니라, 초시간적 관계를 철저하게 생각한다.

우리가 동적(動的) 개념을 매개로 세계의 영원한 근거를 신 속에서 표현하고자 한다면, 우리는 — 인간적인 방식으로 말해서 — 신을 통한 끊임없는 새로운 세계 정립에 관해서 말해야 할 것이다. 동적으로 표현한다면 세계는 매 순간 신에 의해서 새로이 정립된다. 신이 세계를 일회적 작용으로 현존으로 불러들여서, 세계를 이젠 다만 현존으로 보존할 필요가 있는 것 같은 그런 것이 아니다. 그런 것이 아니고, 세계 보존과 세계 창조는 일치한다. 신은 세계를 끊임없이 정립하면서 세계를 보존한다. 세계 보존은 연속적 창조이다. "창조"는 따라서 일회적 작용을 의미하기보다는 오히려 — 동적으로 말하면 — 연속적인 행동이다.

동시에 기적(奇蹟)이란 개념도 심화된 의미를 얻는다. 스콜라철학에서 유래하는 전통적인 기적 개념에 의하면 기적은 세계의 생기 현상 속으로의 신의 직접적 개입을 나타낸다. 신은 세계를 현존으로 불러들였다. 세계 속의 생기 현상은 이제 세계 속으로 들여 놓인 힘과 법칙에 의해서 세계 속에서 완성된다. 그러나 때때로 신은 이 생기 현상에 개입하고 유한적 사물의 인과 관계를 어긴다. 제이 원인의 자리에 제일 원인이 작용하게 된다. 이렇게 신은 두 가지 방식으로, 한 번은 제이 원인을 통해서 간접적으로, 다른 경우에는 직접적으로 기적 속에서 작용한다. 그러나 이러한 구별은 유지될 수 없다. 신은 세계를 순간마다 새로이 정립한다고 우리는 말하였다. 신의 모든 작용은 따라서 직접적 작용이다. 유한한 원인의 작용은 동시에 신의 작용이다. 비유적으로 말해서 내가 세계를 아래로부터 본다면, 모든 생기 현상은 유한한 원인의 작용이고, 위에서, 즉 신으로부터 고찰한다면 전체의 세계 생기 현상은 신의 작용으로서 따라서 기적으로서 현상한다. 따라서 두 가지 고찰 방식이 중요한 것이고, 신의 이중적인 효능이 중요한 것이 아니다. 종교적 의식이 기적 개념을 모든 생기 현상이 아니라, 일정한 생기 현상에 적용한다면, 그것은 어떤 특수한 기적 개념을 사용하는 것이다. 기적은 종교적 의식에게는 이 의식이 살아 있는 신과 인간이 만나게 되는 사건이다. 동시에 스콜라철학이 변호하는 것과 같은 우주론적 기적 개념의 자리에 엄격하게 종교적인 기적 개념이 들어섰다. 생기 현상의 (현상학적) 형식이 아니라, (종교적인) 의미와 내용이 기적의 본질을 형성한다. 이 종교적 성격은 그러나 앞에서 전개한 일반적 기적 개념에도 고유한 것이다. 왜냐하면 이 일반적 기적 개념은 신으로부터 사물을 보는 것, 즉 영원의 상(像) 아래에서 세계를 바라보는 것 이외 다른 것을 의미하지 않기 때문이다. 따라서 그것은 우주론적 사유의 결과가 아니라, 종교적 사유의 결과이다.

동시에 창조 이념의 올바른 이해가 어떠한 의미를 가진 것인지 분명하게 되었을 것이다. 이 올바른 이해에 결국 세계와 세계의 생기 현상에 관한 전체의 관점이 의존한다.[28]

III. 세 계 악

"신은 삼라만상 속에 존재하고, 그 만상의 모습에서 영창자(泳唱者)들의 하프 소리가 살랑거리고, 예언자들의 찬가(讚歌)의 소리가 부풀어 오른다. 그러나 삼라만상은 신이 아니다. 삼라만상의 모습에서 동일한 영창가와 예언자들은 악마에 신들린 상태에서 공포에 몸을 떤다."[29] 사실 삼라만상의 세계에는 밝은 측면뿐만 아니라, 어두운 측면도 있다. 이 세계는 말하자면 빛과 그늘로 싸여 있다. 이 세계에는 가치가 있는가 하면, 무가치도 존재한다. 선을 제시하면서, 그러나 악도 내보인다. 이 세계에는 선이 존재하지만, 악도 존재한다. 신의 현실은 사정이 다르다. 신의 현실은 순수한 가치 존재, 진정한 가치 현실이다. 두 세계의 용재 사이에는 부정합(不整合)이 존재한다. 이 부정합은 세계를 다른 세계로 환원하고, 신의 현실을 유한한 현실의 형이상학적 근원으로 보

28) 창조 이념 및 또한 기적 이념의 철저한 취급을 나의 저서: Die Werte des Heiligen. Eine neue Religionsphilosophie, Regensburg 1938, 92면 이하 및 133면 이하에서 포함하고 있다.

29) J. Bernhart, Sinn der Geschichte, 116면.

며, 세계를 신의 창조물로 간주할 때, 비로소, 그리고 실로 그 전체적인 힘과 중요성에 있어서 제기된다. 세계가 절대적으로 완전한 신의 작품이라면, 어떻게 세계의 불완전성이 설명될 수 있을 것인가? 이것은 이른바 변신론의 문제인데, 이것을 사람들은 정당하게도 "문제들 중의 문제"로 표기하였다. 이것은 악은 어디로부터 오는가? 라는 의문으로 간단하게 공식화될 수 있다.

사람들은 악은 결성(缺性) 존재이다라고 판결하면서 이 문제에 독침을 꽂으려고 하였다. 이러한 원칙으로써 우리는 이미 가치 철학에서 이 문제를 철저히 분석하였다. 이 원칙은 매듭을 푸는 것이 아니라, 절단해 버린다는 것이 이 원칙에게 적절하다. 악을 비존재(非存在)로 평가하는 것은 상관없다. 하지만 악은 선과 똑같이 세계와 인생에서 **실재적 힘을** 드러내고 있다. "선과 악한 행위는 세계사에서 결과의 영광을 위하여 투쟁할 것이다. 오도(誤導)하는 힘은 신에게보다도 악에게 고유한 것이다. 왜냐하면 악은 정신의 고양(高揚)을 요구하지 않기 때문이다. 악에게는 그냥 내버려 두고, 어떠한 강제력도 가하지 않는 것으로 언제나 족하다. ─ 악의 망가뜨리는 폭력은 선의 축복의 힘과 똑같이 더 잘 알려져 있다. 죄는 살인으로 무수한 사람을 죽음으로 데려간다. 모든 살인자의 일체의 후회와 무죄인 사람들의 모든 고행은 살해된 사람 중의 그 어느 한 사람도 다시 살리지 못한다. 따라서 중요성에 관해서도 공동체가 어떠한 완전한 현실성도 또는 원인이 되는 의미도 갖고 있지 않다는 것은 진리가 아니다."[30]

두 번째 해결은 실로 악의 실재성을 인정하지만, 그러나 악을 선에 필연적으로 귀속하는 선의 이면(裏面)으로서 간주한다. 이렇게 라이프

---

30) H. Schell, Gott und Geist, I, Paderborn 1895, 328면 이하.

니츠는 악 속에서 선이 매우 밝게 대조를 이루는 어두운 배경만을 본다. 이 기능은 악곡에서의 불협화음, 그림에서의 음영과 같은 것이다. 대조를 통해서 전체의 아름다움이 분명하게 돋보이게 되는 것이다.[31]

세 번째 해결은 보다 더 깊이 묻혀 있다. 그 기본 사상은, 세계의 내용 일반처럼 악도 그것의 최후의 근원을 존재의 원근거, 즉 신 속에서 가진다는 것이다. 세계의 불완전성은 철저히 신의 불완전성에 의거하고 있다. 세계 진행의 단초에 아직도 완결되지 못한, 미완의, 악과 다투는 신 — 이 신의 본질은 세계 진행을 통해서 완성으로 성숙한다 — 이 존재한다. 이것은, 우리가 본 바와 같이, **진화 범신론**의 해결법이다. 이 해결법은 가정할 수 없다. 왜냐하면 이것은 종교적인 신의 이념을 파괴하기 때문이다. 악을 모든 존재의 근원적인 원리로 환원하는 것은 악의 최후의 형이상학적 설명에 대한 우리의 합리적인 요구를 만족시킬는지는 모른다. 그러나 그것은 이 문제에 있어서 단안(斷案)일 수 없다. 왜냐하면 종교적 의식은 이러한 형이상학적 설명을 그대로 받아들일 수 없기 때문이다. 진화 범신론의 신은 종교인의 합창이 그 앞에서 무릎을 꿇을 신이 아니고, 순수한 종교적 행위의 대상일 수 없다. "만약 이 세상이 인륜과 패륜, 희생과 이기심이 대립하는 절대자의 필연적 형식이라면, 절대자 자체는 무력하고, 무의지적이며, 신성하지 못하고, 품위가 없을 것이고, 또한 내면적인 이유에서도 인간의 종교적 헌신, 경탄, 사랑을 받아들일 수 없고, 받아들이기에 부적합할 것이다."[32] 따라서 문제의 이 해결도 고려되지 않는다.

다만 이론적 세계 설명에 관한 우리의 요구를 만족시키는 것이 중요

---

31) Die Theodizee, übers. von A. Buchenau, Leipzig 1925, 103면.
32) H. Schell, 같은 책, 357면.

하다면, H. 로체가 정당하게 강조하는 것처럼, "자연주의적 세계관을 아주 간단하게 만족시키는 일일 것이다. 그런데 이 자연주의는 세계가 되어 가는 형편에 있어서 도대체 어떤 목적도 전혀 가지고 있지 않고, 언제나 지나가 버린 원인들의 끊임 없는 여파(餘波)나 또는 도대체 다양한 종류의 요소들의 영원히 존재하였고, 더 이상의 파생이 전혀 필요하지 않은 다수의 지속적인 내면적 운동을 발견하기만 한다. 자연주의는: 선의 단순한 현전 존재는 섞인 것이 없는 악과 똑같이 자연의 경과 속에 있음직 하지 않다고 주장할 수 있을 것이다. 우리가 현실적으로 발견하는 그 상태, 악과 선이 혼합되어 있는 그 상태는 그 자체가 가장 있을 법한 상태이고, 어떠한 설명도 필요로 하지 않을 것이다 — 그럼에도 불구하고 이러한 견해에는 사태를 가능한 한 용이하게 만든다는 사실이 적용된다. 우리는 매 순간 이 견해에로 되돌아갈 수 있다. 왜냐하면 이 견해는 어떠한 특수한 지혜나 고안력을 개진(開陳)하지도 않고, 우리로 하여금 이때까지 성공하지 못한 것을 다시 시도하게 하거나, 또는 우리 자신이 학문적 해결이 불가능하다고 시인하고 있음에도 불구하고 우리들로 하여금 발견할 수도 없는 이 해결의 현전을 믿도록 하는 곳으로 몰고 가는 욕구를 단순히 부정하기 때문이다."[33]

라이프니츠는 세 가지 종류의 악을 구별하였다. 그것은 자연적 악, 도덕적 악 그리고 형이상학적 악이다.[34] 우리는 이미 마지막의 악을 다른 두 악의 가장 깊은 원천으로 간주할 수 있다고 지적하였다. 이것이 의미하는 바는 다음과 같다. 세계의 불완전성은 그것의 형이상학적 근거를 세계의 유한성에서 갖는다는 것이다. 이것은 철학자가 여기서 말할

---

33)   Grundzüge der Religionsphilosophie, 78면.
34)   Die Theodizee, 110면 이하.

수 있는 최후의 것이다. 그러나 어떻게 불완전한 세계가 절대적으로 완전한 신의 작품일 수 있는가 하는 것이 바로 이 신 자신의 비밀이다. 인간의 지성은 이 비밀의 베일을 걷어 낼 수 없다. 여기에 우리에게는 외경의 마음으로 이 비밀 앞에 서 있는 일 이외에는 아무것도 남아 있지 않다. 여기서 로체와 함께 다음과 같이 통찰하는 것이 중요하다. "우리의 인간적 지혜는 유한하다. 그리고 우리가 믿고 있는 그 해결을 우리는 파악하지 못하고 있다."[35] 이곳이 우리가 "철학의 철학"에서 언급하였던 저 "철학자의 자포자기"에 대한 그 자리이다. 여기서도 그는 자기의 합리적-형이상학적 충동을 자유롭게 질주하게 하여 종교적 신의 이념의 파괴에 이른다. 인간을 통하여 신을 인정하는 것은 창조자를 피조물 앞으로 초대하는 일이다. 인정받지 못한 신만이 종교의 신인 것이다.[36]

문제를 합리적으로 해결하는 것을 포기하는 것은 인간의 인식 능력의 한계에 대해 명백한 시각을 갖고 있는 사람에게는 어렵지 않다. 이에 대해서는 다른 관계되는 곳에서 취급하였다. 우리들의 힘을 넘어서고, 인간 정신의 가능성을 초월하는 문제들이 무수히 있다는 사실을 통찰한 사람은 "문제들 중의 문제"가 우리의 유한하게 한정된 정신을 통한 해결에서 벗어난다는 사실에 반감을 느끼지 않을 것이다. 우리의 지성은 물론 역시 결국 우리가 이 지성으로써 세계의 모든 문제를 해결할 수 있도록 ─ 이 일은 영원한 지성만이 할 수 있다 ─ 그렇게 주어진 것이 아니라, 우리가 우리의 인생을 능란하게 다루고, 우리의 인생을 높은 의미로써 충만시키고, 그리하여 우리의 영원한 사명을 실현하도록

---

35) Mikrokosmos, III, 605면.
36) J. Bernhart, 같은 책, 141면.

그렇게 주어진 것이다. 우리들 인간에게는 에로스가 로고스에 우선한다. 에로스는 로고스가 극복하지 못하는 문제도 해결한다. 이 해결은: 악을 도덕적 행위를 통하여 극복하라! 가치를 실현하고 동시에 무가치를 실현하지 말아라! 선을 도와서 너의 마음속과 세계에서 승리하게 하라! 라는 윤리적 명법 속에 놓여 있다. 이 명법은 우리들 인간에게만 가능한 변신론 문제들의 해결이다. 이것의 이론적인 극복은 우리에겐 불가능하고, 그 실천적 극복은 우리에게 허용되어 있다. 이 실천적 극복은 우리에게는 최고의 요구이고, 신성한 계율이다!

마지막 말은 물론 아직도 언급되지 않았다. 이 말은 오히려 종교적 의식을 가지고 있고, 이 의식에 의존하는 살아 있는 신의 신앙을 가지고 있다. 신의 신앙은 선의 힘에 대한 신앙이고, 암흑을 극복하는 광명의 결정적인 승리에 대한 신앙이다. "세상의 악은 여전히 너무도 크고 또 중력의 법칙 아래에 있는 수면 위의 베드로의 위치보다도 훨씬 더 위협적이다. 여기에 신이 있다. 이 신은 그 자신에 근거한 완전성으로부터 애타게 그리워하는 세상에게 진리와 사람의 완전한 만족을, 그리고 위협을 받은, 갈기갈기 찢긴 세상에게는 평화와 화해를 줄 수 있고, 현재의 세계 질서의 주인역으로서 또한 이 세계 질서의 목적을 확실하게 계획하고 있고, 신만이 또한 죽음의 현관으로부터 다시 도로 데려갈 수 있기 때문에, 상처 입히고 죽일 수 있고, 또한 전체 세상을 유혹과 운명의 동요하는 수면을 넘어서 승리에 빛나게 피안으로 이끌 수도 있고, 또 악의 심연을 넘어 저 높은 곳으로 들어 올릴 수도 있다! ― 신은 힘과 동인(動因)인데, 이 힘과 동인만이 죄에 연루되고 현혹된 피조물한테서 죄와 그 타락을 확실하게 극복할 수 있다: 즉 자극을 주는 힘으로서, 그리고 오성을 진리의 위력으로써 순화시키고, 의지를 신성(神聖)과 같은 선의 세력으로써 순화시키는 동인으로서 신이 이 역할을 한다는 것이다. 사유와 감정은 개선(凱旋)의 길인데, 이 길 위에서 신성(神性)은 모든 법칙적 의무, 마음을 고양하는 모든 선, 순화시키는 모든 진리와 정의, 강화시키는 모든 동인(動因), 고결한 모든 결단, 기쁘게 하는 모든 환희, 순수한 모든 만족 등의 인격적 총체로서 가장 내면적인 것 속으로 파고들고, 대립된 충동과 환상들을 더욱더 정력적으로 에워싸인 완전성의 효과적인 배경으로 변형시킨다."[37]

---

37) H. Schell, 같은 책, 286면 이하.

C. 정신의 문제

I. 정신의 기원

인간 본질의 특수한 점은 그것의 정신적 층에 있다. 정신은 인간이 자연적 존재와 함께 공동으로 가지고 있는 저 가능성에 대해서 어떤 새로운 것을 의미하는 독립적 원리이다. 인간은 그의 정신에 의해서 진리 및 가치의 나라와의 관계 속에 들어선다. 인간은 진리를 인식하고 가치를 실현할 수 있다. 그는 이렇게 함으로써 자기의 본분을 실현하고, 자기의 생에 의미를 부여한다. 이것은 철학이 보증할 수 있는 진리이다. 형이상학과 가치론에서 철학은 그 학문적 확증을 발견하였다.

그러나 이것으로써 정신의 문제가 아직 해결된 것은 아니다. 아직 중요한 문제가 남아 있다. 그것은 정신이 어디로부터 와서 어디로 가는가 하는 의문이다. 이 의문은 엄격한 합리적 해결을 벗어나 있다. 오성은 여기서 해결할 수 없는 수수께끼 앞에 서 있다. 오성은 다음과 같은 오래된 금언으로써 고백하지 않으면 안 된다.

> "나는 어디서 왔는지를 모른다,
> 나는 어디로 가게 될지 모른다."

정신의 출발점과 목적지, 그 기원과 최후의 운명에 관한 물음은 형이상학적 인식의 피안에 놓여 있다. 이 물음은 세계관의 영역에 속하고, 이 용어의 엄밀한 의미에서 세계관의 문제를 나타낸다.

우리가 우선 기원의 문제를 주목한다면, 이 문제는 두 가지 해결을 허용한다. 사람들은 정신을 인간의 육신이 발생하기 이전에 이미 실존하였던 본질로서 간주할 수 있다. 그러나 동시에 정신을 육신과 함께 발생한 것으로 볼 수도 있다. 우리는 전자의 해결을 플라톤의 선재론(先在論) 및 인도의 윤회론에서 발견한다. 주지하다시피 플라톤은 정신에게 선재(先在)를 전가한다. 정신의 전생의 현존에서는 정신은 비육체적 영역에서 살았다. 정신은 모독 행위를 저지른 벌로 육신과 결합하게 되고, 감옥 속에서처럼 육신 속에 추방되어, 육신이 죽었을 때 완전히 정화되고 난 연후에 순수한 정신의 영역으로 귀환한다는 것이다. 아리스토텔레스는 이미 이 선재론을 포기했다. 그도 물론 이 문제를 끝낸 것이 아니다. 그러나 그는 누스에 관해서 이 누스가 외부로부터 인간의 육신 속으로, 좀 더 엄격히 말하면 아버지의 종자 속으로 들어온다고 가르치고 있다.[38] 아리스토텔레스가 그의 스승의 선재론(先在論)을 포기했을 때, 그가 그렇게 한 것은, 그의 실재론적 생각이 이 선재론을 전적으로 증명되지 않은 것, 증명할 수 없는 것으로 인식했기 때문이다. 이것은 사람들이 저 선재론에 대해서 제기하지 않을 수 없는 주된 반론이기도 하다. 아리스토텔레스는 동일한 강도로써 정신으로 하여금 무수한 화신(化身)을 경험하게 하여 일정한 육신과의 결합은 윤회의 무한한 연쇄에 있어서 한 지절(枝節)이게 하는 인도인의 윤회론에 반대한다. 이 이론은 가상(假象)의 논증에 의존하고 있다. 이 논증을 위해서 타당하게 된 사실, 즉 어떤 사람은 때때로 그의 직접 선조와는 전혀 다른 성질을

---

38)   이 이론의 어두운 면은 오래되고 격렬한 학문적 논쟁에 대한 동기를 제공하였다. 참조, Ed. Zeller, Grundriß der Geschichte der griechischen Philosophie, 제11판 (Fr. Lortzing판), Leipzig 1914, 213면 이하 및 나의 저서: Platonismus und Prophetismus, 44면 이하.

가진다는 사실(이것은 저 이론에 의하면 인간이 이 성질을 선행하는 현존 속에서 획득했다는 사실을 통해서 설명될 수 있다)은 현대의 유전학에서 완전히 만족스런 설명을 발견하였다.

사람들이 정신을 동시에 육신과 함께 발생하게 한다면, 그 "방법"에 관해서 다시 두 가지 견해가 가능하다. 하나는 영혼 창조설이고, 다른 하나는 영혼 탄생설(또는 영혼 유전설)이다. 전자는 모든 존재의 최후 원리로, 즉 창조자에로 되돌아가서 파악하고, 모든 개별적인 영혼은 신의 특별한 창조 활동을 통해서 발생하게 한다. 생성되는 모든 인간의 육신에는 영혼은 신으로부터 직접 창조된다. 다른 이론은 그와 같이 신에 관련시키지 않고 발생한다고 믿는다. 이 이론은 정신을 인간의 생식 작용을 통해서 생기게 한다. 육신과 마찬가지로 아주 내면적으로 육신과 결합되어 있는 영혼도 그 현존을 양친의 생식 작용에 근거하고 있다.

정신의 기원에 관한 문제는 명백히 옛날부터 그리스도교적 신학이 전념하게 만든다. 그러나 오늘날에 이르기까지 그리스도교적 신학에서 이 문제의 통일적인 해결에 이르지 못했다. 그 가장 위대한 대표자 중의 한 사람인 아우구스티누스는 그 비틀거리는 태도를 벗어나지 못하였다. 그는 어느 편지에서, 나의 참으로 많은 저서들에서 이 문제에 관하여 명확한 판단을 결코 감히 발표하지 못했다고 서술하고 있다.[39] 그리고 나서 스콜라철학에서는 창조설이 관철되었다. 구체적으로 말하면 이 창조설을 Th. v. 아퀴나스가 대표한다. 스콜라철학의 사상을 아는 사람은 이에 대해서 놀라지 않는다. 아퀴나스에게 특유한, 그리고 강하게 사변적인 특징은, 저 이론이 현실과, 그 연구를 통하여 명백히 밝혀진 사실로 향하게 된 실재적 사유에 대하여 갖는 난해성을 별로 느끼게 하지

39) Epist. 190, 1, 2.

않는다. 기독교 영역의 내부에서도 창조설에서 대립하는 이론을 극복하지 못했다는 사실은 현대 사상의 이러한 상승한 현실 감각에로 되돌려질 수 있다. Fr. 자빅키는 다음과 같이 진술한다. "가톨릭 철학에서도 영혼 창조설에 영혼이 육체처럼 생식 작용을 통해서 직접적으로 발생했다고 생각하는 영혼 탄생설이 대립하고 있다."[40)]

영혼 창조설에 대해서 우리는 두 가지 반대되는 근거, 선천적 근거와 후천적 근거를 주장해야겠다. 전자는 우리가 신과 세계의 관계에 관해서 말했던 것 속에 놓여 있다. 세계는 매 순간 신의 새로운 정립임을 우리는 발견하였다. 따라서 어떠한 간접적인 신의 작용이 아니라, 직접적인 작용만 존재한다. 신이 다만 개별적인 시점에, 특히 인간의 영혼이 발생하는 순간에만 작용할 수 있게 하는 특수한 창조설 대신에 따라서 **보편적 창조설**이 등장한 것이다. 물론 이 창조설은 어떤 다른 의미를 갖고 있다. 이 창조설은 창조된 원인을 차단하지 않고, 전부 작용할 수 있게 한다. 그러나 창조된 원인 속에서 창조적인 모든 원인이 작용하고 있는 한 — 창조된 원인은 매 순간 창조적 원인에 의해서 새로이 정립된다 —, 세계 원인의 모든 작용은 신의 작용이다. 사람들이 스콜라철학과 함께 신의 직접적 작용과 간접적 작용을 구별하고, 신을 다만 개별적인 시점에서 직접적으로 창조적이게 한다면, 신은 말하자면 대리인으로서 그리고 기계로 된 신으로서 현상할 것이다. 사람들은 그러면 의인관의 비난이 충분히 적중한다는 표상, 즉 신이 세계를 일회적인 작용으로 현존하게 하였고, 이제 세계 생기 현상의 경과를, 세계 경과의 과정에 때때로 직접 관여하기 위해서, 감독한다는 표상을 고집한다. 그러나 그럼으로써 인간은 신을 거대한 세계라는 기계의 기술자로 만든

---

40) Die Gottesbeweise, 142면.

다. 표상 방식을 이렇게 존재론적인 것으로 변경함으로써 반론의 뾰족
한 끝이 부러지지 않는다. 왜냐하면 이때에도 금방 간접적이다가 금방
직접적으로 작용하는, 즉 제이 원인의 합법칙 작용 속으로 간섭하는 신
에게서는 사정은 변함이 없기 때문이다.

후천적 반론은 현대 자연과학적 탐구에 의해서 강조된 사실에 의존
하고 있다. 우리는 이 반론을 A. 티티우스와 함께 다음과 같이 공식화할
수 있다. "정신적인 성질과 성격의 소질이 유전되는 데서, 남성과 여성
의 성격 및 민족의 소질과 성질의 차이에서 등장하는 정신적 및 육체적
기능의 일치된 관계는 원자화하는 창조설이 설명할 수 없는 인류 역사
의 유기적 관계를 지시한다."[41] 이 반론은 훨씬 더 원칙적인 형식으로
또한 다음과 같이 작성될 수 있다. "도대체 생산이 인간의 번식을 제약
하고, 생산을 통해서 생산자에게서 동일한 종류의 존재가 생겨난다면,
영혼은 생산 과정에서 끌어낼 수 없다. 영혼은 생명과 함께 번식한다.
그 자신의 고유한 방식으로 번식하는 모든 생명체에 타당한 것은 이러
한 관계에서 어떠한 예외적 입장을 취하지 않는 인간에 대해서도 타당
하다."[42]

우리가 이렇게 영혼 탄생설의 토대 위에 서야 한다면, 우리는 그럼에
도 영혼 탄생설의 보다 더 깊은 (종교적인) 관심사를 정당하게 평가할
수 있을 것이다. 모든 유한적 존재와 마찬가지로 인간 존재도 신이 정
립한 것이다. 그것은 자체 존재가 아니라, 의타 존재(依他存在)이다. 신
에 의해 정립된 존재는 그러나 사유된- 및 의욕된 존재를 의미한다. 모
든 사물, 그리고 한층 더 모든 인간적 존재는 신의 사상이다. 따라서 모

41) Natur und Gott Göttingen 1926, 648면 이하.
42) Die Religion in Geschichte und Gegenwart, Schiele와 Zscharnack판, III,
Tübingen 1912, Sp. 1748.

든 영혼은 그 본질상 신의 영원한 관념을 나타낸다. 따라서 인간 영혼
의 관념적 선재(先在)가 존재한다. 플라톤 사상의 결함은 이 사상이 존
재의 이러한 선재로부터 현존의 선재를 만들었다는 사실에 놓여 있
다.[43] 따라서 영혼은 관념적으로 창조자의 정신 안에 실존한다. 그러나
창조자는 영혼이 언제 그리고 어떻게 실재로 정립되어야 하는지를 규
정하기만 하는 것은 아니다. 따라서 영혼은 창조자의 사유뿐만 아니라
그의 의욕의 내용이기도 하다. 그러나 실재화 자체는 **창조된 원인**의 작
품이다. 신이 왜 창조된 원인을 자신에 유보해 두고, 창조된 가능성에
맡기지 않아야 했는지 하는 그 사실적인 원인은 알 수 없다.

II. 정신의 최종 숙명

우리의 정신의 출처와 마찬가지로 그 목적지도 깊은 어둠에 싸여 있
다. 정신의 영혼은 죽음으로 해소되는가 또는 육신의 죽음에서 살아남
는 것인가? 영혼의 불멸, 정신의 영원성은 존재하는 것인가?
주지주의적 분위기인 스콜라철학은 이 문제를 합리적 수단으로 해결
할 수 있다고 믿었다. 스콜라철학은 영혼의 불멸을 논증할 수 있는 진
리로 간주하였다. 현대의 스콜라철학은 이 입장을 확고하게 고수한다.
스콜라철학에게는 **형이상학적 불멸성**의 증명은 주된 논증으로 간주된다.
이 논증은 영혼의 실체성으로부터 출발하고, 비물질적인 영혼의 실체
개념으로부터 그 불멸성을 도출한다. 불멸의 문제에 자신의 저술을 바

---

43)   참조. M. Scheler, Wesen und Formen der Sympathie, Bonn 1923, 147면, 주석 2.

친 어느 신스콜라학자에게 이 논증은 다음과 같은 형태를 취한다. "경험에 의하여 우리는 인간의 육신은 모든 다른 자연적 존재와 마찬가지로 죽는다는 사실을 배운다. 이러한 자연적 존재의 소멸과 정지는 우리의 일반적 경험에 의하면 해체와 폐지에 근거한다. 우리의 육체는 예컨대 수많은 원자의 결합으로 성립한다. 죽음에서 이 원자의 결합은 해체된다. 인간 자체는 두 가지의 다른 부분, 즉 육신과 영혼으로 구성된다. 그 때문에 인간은 죽을 수 있다. 어떠한 부분도 전혀 갖고 있지 않는 살아 있는 존재에게는 이러한 의미의 어떠한 죽음도 존재하지 않고, 기껏해야 완전한 파괴가 존재한다. 그런데 부분을 가지지 않은 그러한 존재가 우리의 영혼이다. ― 인간의 영혼은 통일된 요소들로서, 생명을 불어넣어 주는 원리와 생명을 띤 원리로서 구성된 것도 아니고, 연장적(延長的)인 것도, 공간적인 것도 아니라, 본질적으로 그리고 양적으로 단순한 유일한 존재이다. … 이러한 단순한 존재에게는 내부로부터의 죽음도 없고, 물체에 대해서 또는 온전한 인간에 대해서처럼 어떠한 해체도 없다. 자기모순에 빠지고, 결국 전체를 해체할 수 있는 여러 가지 요소들은 인간의 영혼에는 없다. 왜냐하면 영혼은 합성된 전체가 아니라, 유일한 최고로 단순한 존재이기 때문이다. 그리하여 영혼은 그 자신으로부터 불멸이고 불변이며, 그 자신 속에 어떠한 죽음의 씨앗도, 결코 죽음의 가능성도 지니고 있지 않다."[44]

이미 칸트는 이러한 논증과 씨름하였다. 그는 이러한 논증을 계몽기의 감각이 예민한 철학자 M. 멘델스존에게서 발견하였다. 칸트는 이 논증에 대해서 다음과 같이 반론을 제기한다. 이 사람은 "우리가 영혼에

---

44) G. Fell, S. J., Die Unsterblichkeit der menschlichen Seele, 제2판, Freiburg o. J.
     69면 이하.

게 이러한 단순한 본성을 인정한다 할지라도 — 왜냐하면 영혼은 구체
적으로 말해서 서로 외부에서 어떠한 다양성도, 따라서 어떠한 외연량
도 포함하고 있지 않기 때문에 —, 사람들은 그럼에도 그 어떤 실존자
에서와 달리 내포량, 즉 영혼의 능력을 고려한 실재성의 어떤 정도 —
이 실재성의 정도는 무한히 많은 보다 더 작은 정도를 통하여 감소할
수 있고, 그리하여 자칭 실체(즉 그 지속성이 게다가 이미 확고하지 못
한 사물)는 그 힘의 분할을 통해서가 아닐지라도 점진적인 감소를 통하
여 무(無)로 변할 수 있다 — 를 부정할 수 있으리라는 사실을 숙고하지
않았다"[45]는 것이다. 실로 사람들은 영혼 실체의 비물질성으로부터 그
것의 불멸성이 당장 귀결되지 않는다고 말해야 할 것이다. 왜냐하면 영
혼 실체가 부분으로 해소될 수 없다 할지라도, 그럼에도 이 실체는 이
해소를 통해서 소멸하여 실존하길 아주 멈추게 될 것이기 때문이다. 부
분으로의 해소는 소멸의 하나의 양상일 뿐, 그것 곁에 다른 양상이 매우
명백히 사유될 수 있는 것이다.

특히 Th. v. 아퀴나스에게서 만나게 된 것과 같은 스콜라철학적 영생
의 증명의 논리 정연함을 이미 둔스 스코투스는 확신할 수 없었다. 그는
하여간 다음의 명제를 주장한다: 이성적인 영혼이 불멸이라는 것을 증
명하는 것은 불가능하다.[46] 현대의 소수의 가톨릭 철학자들도 영혼의
증명 가능성은 제한해야 한다고 믿는다. 그리하여 D. v. 힐데브란트는
영혼의 영생은 신에 관련해서만 증명될 수 있고, 그리하여 신의 현존을
전제한다고 강조하고 있다.[47]

---

45) Kritik der reinen Vernunft (Reclam-Ausgabe), 691면 이하.
46) Theoremata, 14(Pariser Ausg. V, p.41). 참조. Fr. Luger, Die Unsterblichkeits-
     frage bei Johannes Duns Scotus, Wien 1933, 7면 이하.
47) 참조. 그의 논문 "Die Unsterblichkeit der Seele", in: Zeitliches im Lichte des

O. 카레르는 그의 아름다운 저서 《영생에 대한 믿음》에서 가톨릭 철학의 내부에서 영생의 증명 가능성에 관한 문제에 있어서 어떻게 두 가지 방향이 대립하는지를 지적하고 있다. "그중 하나인, 예컨대 정신 철학자 및 칸트의 반대자인 볼차노는 역시 종교적 신앙으로부터 독립하여, 강제적 이성의 증명을 통해서만 무제약적 확신을 그 자신이 가질 뿐만 아니라, 남에게도 제공할 수 있다고 믿는다. 다른 하나는, 이것은 주지하고 있는 호교가 F. 헤팅거가 그 대표자인데, 증명을 완전하게 알고 인용할지라도, 인간에 있어서의 그것의 증명력 또는 어느 경우이든 그것의 실천적 작용력에 관해서, 종교적 신앙이 첨가되지 않으면, 조심스러워한다. 이 다른 부류의 사람들은 저 사람들이 '이성 신앙인'에 반해서 무엇보다도 실제로 이성으로부터만이 아니라, 종교적 인간 ― 젊은이었을 때부터 종교 정신으로 물들고, 영원성의 정감을 지닌 감정생활을 하는 사람 ― 으로서 논증한다는 사실을 타당한 것으로 한다. 그리고 이 정감적인 감정생활은 의식적이건 무의식적이건 간에 저 사람들의 추측상의 '순수이성'에게 원래 그 방향을 제시한다. 이러한 관점에서, 교육이 그에게 별로 들려준 것이 없기 때문에, 별로 행복하지 못한 사람, 또는 의문스런 관념에서 출발하는 사람은, 영원성의 증명으로부터 어쩌면 충분한 도덕적 확신을 창조할 수 있을 것이지만, 그러나 순수한 사상적 명증성은 창조하기 힘들 것이다. 심정적인 것은 사상적인 것으로부터, '신앙'은 지식으로부터 분리될 수 있을 것이기 때문이다. 이런 일은 어쩌면 수학적인 영역에서는 가능할 것이지만, 그러나 세계관에 있어서는 가능하지 않다. 종교적 신앙의 아마도 충분히 이성적인 토대는 존재할 것이지만, 그러나 순전히 논리적으로 강제하는 토대는 존재하지 않을 것이다. 왜냐하면 근본에 있어서 일종의 신앙은 이미 준비 단계에서 영원에 이르게 될 시작하는 신앙으로서 일하고, 합리적인 것을 선택하기 때문이다 ― 마치

Ewigen, Regensburg o. J., 9면 이하.

은밀한 무신앙이 본래 이른바 '순수'이성의 경과에 대한 그것의 은폐된 궤도 조종을 수행하는 것과 똑같이 ─. 동시에 의심의 여지없이 점점 더 철학자와 신학자의 공유 재산이 되어 버린 관점이 재현된다. 사람들은 다만 영혼의 힘을 인위적으로 추상하고 분리함으로써 인간을 '논리적인 사유 존재'로서 파악하고, 바로 그 이유 때문에 내가 긍정하거나 부정하는 모든 진리 속에 나의 전체 인격의 결정, 즉 내가 나 자신에게 나의 행운 또는 불운에 대해서 판결하는 '법정'이 존재하게 된다."[48] 실로 모든 진리에 관해서는 아닐지라도 ─ 우리는 마지막 문장을 그렇게 제한하고 싶다 ─, 그러나 아마도 세계관적 진리의 종류에 대해서는 이 말은 타당할 것이다. 카레르가 우리들의 관점의 의미로 얼마나 많이 생각하고 있는지는 우리가 완전히 터득할 수 있는 다음의 사상 전개가 지적해 준다. "우리가 눈으로 볼 수 없는 현실의 가정에 대해서 강제적인 합리적 명증이 아니라, 이성적인 도덕적 토대를 소유할 수 있다는 것은 만족스런 일일 뿐만이 아니라, 세상의 인간 실존의 전반적 상황에서 바로 본질적인 것이고, 신의 뜻에 따른 것이다. 의심의 여지가 없이 이 말의 전반부로써 충분하며, 따라서 종교적 진리는 '이성적'이다. 왜냐하면 여기에 이성 근거의 무게가 종교적 신앙에 반대하여 거부권을 내놓는 것과는 거리가 멀고, 반대로 신앙을 추천하는 일에 다름없다는 사실만이 속하기 때문이다. 그러나 자연적 이유를 가진 어떠한 유력한 힘도, 달리 말하면, 어떠한 인간적인 확신의 재판소도 종교적 신앙 자체를 이에 고유한 무제약적 성격으로써 야기할 수 없다. 그 이유는 사실의 본질 속에 있다. 신앙은 철학의 날개 위에서 고양되지 않을 것이고, 그 자신의 구역에서 고양된다. 신앙의 영역은 초자연적인 것이고, 이것은 그리스도교적으로는 '은총'이라 불린다. 이것의 날개는 '증명과 경험'이 아니라, 신적 권위에 대한 '경외와 사랑'이다. 이 신적 권위는 인간의 동기 부여의 피안에서 알려지고, 경의와 같은 합리적 통찰이고자 하지 않는다."**49)**

이성적–논증적 사유가 영생을 보증할 수 없다면, 직관적 인식은 이 일을 할 수 있을까 하는 의문이 생긴다. 논증할 수 없는 정신의 불멸성이 어쩌면 직관 가능하고, 체험할 수 있는 것일가? 사실 정신의 파괴 불가능성에 대한 체험이 존재한다. 그것은 에커만에게 한 괴테의 말에서 나온다: "누군가가 75살이 되면, 그에게는 가끔 죽음을 생각한다는 사실이 없을 수 없다. 이러한 사상이 나를 완전한 정적의 상태에 내버려 둔다. 왜냐하면 나는 우리의 정신이 전혀 파괴될 수 없는 본성을 가진 존재라는 확고한 확신을 가지고 있기 때문이다. 정신은 영원에서 영원으로 전진하며 작용하는 존재이다. 정신은 현세의 눈에는 다만 일몰하는 것으로 보이고, 그러나 본래는 일몰하는 것이 아니라, 끊임없이 계속하여 빛나는 태양과 유사하다." 비슷한 체험으로부터 매혹적인 피히테 말이 다음과 같이 증언한다. "사람들이 죽음이라고 말하는 그것은 나의 활동을 꺾어 버릴 수 없다. 왜냐하면 나의 활동은 완성되어야 하기 때문이다. 그리고 나의 활동은 어떠한 시간 속에서도 완성될 수 없다. 따라서 나의 현존에는 어떠한 시간도 규정되어 있지 않다. ― 그리고 나는 영원하다. 나는 동시에 저 거대한 과제의 인수(引受)와 더불어 영원성을 나에게로 낚아채었다. 나는 나의 머리를 위협적인 암석 투성이인 저 산맥을 향해 대담하게 치켜세우고, 광란하는 폭포수와 불바다 속에서 떠도는 천둥치는 듯한 구름을 향해 머리를 곧추 세우면서, 나는 영원하다, 나는 너희들의 힘에 도전한다라고 말한다. 모든 것이 나에게로 부서져 내린다. 너, 땅과 너, 하늘 그리고 그 구성 요소 모두 황량한 소

---

49) 116면 이하.

동 속에서 뒤섞인다. ─ 내가 나의 것이라고 부르는 육체가 마지막으로
태양빛 속에서 보이는 먼지가 황량한 전투에서 거품을 내고, 광란하며,
같아 으깬다. ─ 그러나 나의 의지는 그 확고한 계획을 가지고서 대담
하고 냉정하게 천지 만물의 폐허 위를 떠돈다. 왜냐하면 나는 나의 사
명을 붙잡았고, 이 사명은 너희들보다 더 영속적이기 때문이다. 나의
사명은 영원하다. 그리고 이 사명처럼 나는 영원하다."[50]

   의심의 여지 없이 정신의 불멸성의 체험에 큰 의미가 따른다. 그것
은, H. 숄츠가 "철학적 문제로서의 불멸성의 사상"에 관한 내용이 풍부
한 그의 연구에서 상론한 것처럼, 불멸성의 믿음에 대한 토대일 뿐만
아니라, 동시에 모든 진정한 형이상학적 관념론의 출발점이기도 하다.
모든 위대한 관념론자들은 정신을 본래 본질적인 것, 따라서 불멸적인
어떤 것으로서 체험한다. 물론 정신의 불멸성의 체험은 "어떤 일이 있
더라도 우월하고, 특권을 부여받은 사람들에게만 주어지는 체험"이
다."[51] 사정이 그렇다면 불멸성의 사상을 보편타당한 방식으로 기초 놓
는 일은 적절하지 않다. 사람들이 저 체험을 불멸성 믿음에의 유일한
접근으로 간주하고자 한다면, 그들은 이 접근을 몇몇 소수의 특권을 부
여받은 정신의 소유자들의 사건으로 삼게 될 것이다.

   그러나 어쩌면 불멸성의 사상을 만인의 공유 재산으로 다음과 같이
함으로써, 즉 이 사상을 말하자면 초월적 어조로부터 내재적인 어조로
바꾸는 일정한 이해력을 부여함으로써, 만들 수 있을 것이다. 불멸성을
피안으로부터 차안으로 옮겨 놓는 작업을 슐라이어마허는 그의 다음과
같은 유명한 말로 수행한다. "유한성의 한가운데서 무한과 하나 되고,

50)   Über die Bestimmung des Gelehrten. Schluß der 3. Vorlesung.
51)   76면.

한순간 속에서 영원한 것 — 이것이 종교의 불멸성이다."[52]

    J. M. 페르바이엔은 이 불멸성 이념의 탁월한 표현과 해명을 다음과 같이 제공해 준다. "영원성의 갈망과 같은 근본 동기들은 인간성의 전체 영역에서 개인과 단체의 발전 단계 및 '성격'에 대응하는 어떤 현상 형식을 받아들이곤 한다. 원시적인 표상- 및 감정의 생에 있어서는 이 현상 형식은 보다 더 심화된 철학적 고찰 및 보다 더 고차의 존재 방식에 따르는 것보다 명백히 다르게 표현된다. 전래(傳來) 형식의 피안의 신앙을 주의 깊은 숙고를 통해서 충격적으로 바라보는 사람은 그의 영원성의 충동에 어떤 변화된 성취를 실현시키고자 할 것이다. 옛 하늘이 더 이상 우리의 현존 위에 아취모양으로 떠 있지 않으면, 새로운 — 아마도 보잘것없기만 하는, 그러나 그럼에도 멋진 — 하늘이 만들어질 것이다. 왜냐하면 그것의 정적(靜寂) 속에서 우리가 모든 갈등과 방랑으로부터 구원받을 수 있고, 그것의 높은 곳이 우리를 언제나 다시 새로이 모든 궁핍과 피로를 독수리의 비상(飛翔)으로 초대하는 그 어떤 '하늘의 장소'(플라톤이 그렇게 불렀다)가 없다면, 우리의 삶은 황량한 황야에 침몰할 것이기 때문이다. 상징적으로 표현한다면, '피안의' 강가에 우리들의 이상(理想)의 모든 생명의 나무가 자랄 것이다. 우리의 현존의 보다 더 높은 의미는 우리가 유한성과 불완전성을 꿰뚫어 우리의 이상(理想) 쪽을 향해 움직인다는 사실 속에 포함되어 있다. 인간의 마음속 깊은 곳에 시간의 폭풍을 견뎌 내는 불후(不朽)의 가치를 향한 동경이 놓여 있다.… 초현세적인 것으로서 표상된 '피안' 곁에 내면적인 피안이 인간의 마음속에서 지적될 수 있고, 여기서 모든 보다 더 높은 생의 전제를 '차안'에서, 즉 경험할 수 있는 내면세계의 현실 속에서 구성한다. 그와 같은 내면적인 피안화(초월화) 위에 모든 문화는 보다 더 높은 정신의 세계 속

52)   Über die Religion. Schluß der 2. Rede.

의 생명으로서 근거하고 있다. 진리의 나라는 감각에 의해서 발견되는 것이 아
니고, 직접 주어지는 것으로서 지각되는 것이 아니다. 진리의 나라는 인간의
정신의 활동에 맡겨진 곳이며, 정신은 인식하는 자로서 실로 감각계와의 긴밀
한 관계 속에 머물면서, 그러나 동시에 감각계를 넘어서 사상적으로 파악된 관
계와 법칙이 존재하고 있는 세계의 피안으로 들어선다. 더 나아가서 '나이 든',
그리고 '젊은' 아담(바울의 가르침에 의한 형상으로 말해서)이 도덕적 문화권
의 내부에서 다른 '세계'에 속하듯이, 그 이름값을 하는 모든 예술에게 슈베르
트의 음악에의 노랫말이 타당하다: '너 사랑스러운 예술, 그 수많은 무서운 시
간에, 거친 세계가 나의 생명을 현혹할 때, 너는 나의 마음을 부드러운 사랑으
로 불붙였고, 나를 보다 좋은 세상으로 옮겨 놓았도다.' 아름다움의 매력에 충
격받은 사람도 변덕스러운 걱정을 지닌 일상의 '차안의' 세계를 그로 하여금
잊게 하는 '다른' 세계 속에 산다. 원시적이고 또 발달한 문화 단계에서 예술과
밀접하게 일치하게 된 모든 경축과 축제의 높은 사명은 인간을 통상 세계의 관
계로부터 '보다 높은 영역'으로 고양하는 일이고, 인간을 그 관계의 구조 자체
를 통해서 '교화'하는 일이다(말은 비유적 의미로 해석되고 체험된다)."⁵³⁾

진, 선, 미의 영원한 가치에의 몰두가 영원한 것 속에서 그리고 영원
한 것으로부터 나오는 생명을 의미하고, 야기하는 것이라는 사실을 —
그 누가 부정하고자 하겠는가? 다만 문제는 그것으로써 불멸성의 이념
의 가장 내면적인 핵심이 적중되는지 어떤지 하는 문제이다. 이 물음은
부정되지 않을 수 없다. 불멸성 사상의 모든 다른 변형과 마찬가지로
방금 서술된 변형에 대해서 (이를테면 사후(死後)의 명성에 있어서나

---

53) Der religiöse Mensch und seine Probleme, München 1922, 349면 이하 및 352
     면.

또는 자손들에 있어서의 사후의 생명의 사상에서 그러한 것처럼) 우리
는 E. 트뢸취와 함께 다음과 같이 이의를 제기하지 않으면 안 된다. "도
대체 절대적 가치의 실현이 일상적인 현존의 단순히 상대적인 가치의
피안에 존재해야 한다면, 이 사상은 육신이 죽은 이후에 ― 여기서는
신 속의 생명으로부터 획득될 수 있는 보다 높은 차원의 실존의 싹과
실마리가 신적 생명으로의 결정적인 복귀를 통해서 완성된다 ― 계속
적인 연수(研修)와 완성이라는 더 이상의 사상의 도움을 받지 않고서는
실현될 수 없다. 여기서는 절대적인 가치 문제 일반, 즉 상대주의의 극
복 이외 어떤 다른 것이 꽂혀 있는 것도 아니다. 인격 일반은 절대적 가
치를 자연적 영혼의 생명 속으로 수용함으로써 비로소 성립한다면, 이
점에 관해서는 아무리 많은 불분명과 난해성이 놓여 있다 할지라도, 이
것은 동시에 육신의 사후에 궁극적 완성의 사상이 없다면, 해결될 수
없는 인격의 문제이다. 최후의, 절대적 존재에 대한 모든 주장은 인간
정신의 시간적 전개 속에서도 역시 최후의 사물에 관한 어떤 이론(理
論)을 요구한다. 상대적 가치 피안에 있는 절대적 가치에 대한 모든 주
장은 형이상학적 의미에서도 역시 피안을 요구한다."[54]

불멸성의 문제는 하나의 세계관의 문제이다. 그러나 세계관적 사유
는, 우리가 알고 있는 것처럼, 가치를 평가하는 사유이다. 세계관의 출
발점 및 근원점은 가치 체험이다. 불멸성의 문제 역시 여기로부터만 극
복될 수 있다. 물론 영혼의 불멸에 관한 신념은 체험의 토대뿐만 아니
라, 지식의 토대도 갖는다. 이 지식의 토대는 형이상학에 의해서 창조
되고, 그리고 하나의 독립된 원리로서 영혼의 정신성 또는 정신의 실존
의 증명에 존재한다. 그런데 우리가 증명할 수 있는 지식이 아니라, 오

---

54) Die Zukunftsmöglichkeiten des Christentums, in: Logos, I (1910), 177면.

히려 내면적 경험 및 체험에 의존하는 신념을 "신앙"이라고 부른다면, 불멸성 신앙은 그 최초의 그리고 본래적인 의지점을 가치 경험에서 갖는다고 말할 수 있다. 이 가치론적 의지점에 존재론적 의지점이 첨가된다. 따라서 동시에 무엇 때문에 불멸성의 증명이 존재하지 않는가가 아니라, 다만 불멸성 신앙의 철학적 정초 또는 합리적 인정이 존재할 수 있다는 것이 명백해졌다.

가치 평가적 사유는 불멸성 문제의 적극적 해결에 이르기 위해서 다른 길로 들어설 수 있다. 이 평가적 사유는 우선 가치와 그 상관 개념, 즉 가치를 실현하는 인격으로부터 일반적으로 출발할 수 있다. 우리는 가치론에서 가치는 존재로 나아가는 경향이 있음을 보았다. 그러나 이것은 가치가 실현되고자 하는 것을 일컫는다. 가치는 인간의 의식 속으로 등장한다. 이렇게 가치는 동시에 요구로서 체험된다. 그것은 인간이 가치를 위해서 진력한다거나 가치의 실현을 위해서 노력한다는 요구이다. 그런데 가치론은 또한 어떠한 한계가 인간의 가치 실현에 놓여 있는지를 지적하였다. 그런데 바로 이 한계에서 무제한적 가치 실현의 이념 — 이것은 현세에서는 가능하지 않기 때문에, 다만 피안의 현존에서만 귀결될 수 있는 것이다 — 이 불붙는다.

동일한 사상은, 우리가 가치를 실현하는 인격을 고려한다면, 우리의 마음속에 살아 있다. 가치가 존재에로 나아가는 경향이 있는 것처럼, 인간의 존재는 가치에로 나아가려는 경향이 있다. 가치에 감동받은, 가치의 요구에 흥미를 가진 사람은 가치를 충만되게 실현하고 싶어 한다. 그는 점점 더 풍부하게 가치를 실현하고자 한다. 하여간에 그는 그럼으로써 비로소 자기의 현존의 의미를 실현하고, 자기의 본질이 고도의 완성에 이르게 됨을 안다. 가치 실현을 향한 그의 충동은 철저히 완성의 충동이다. 그러나 이 충동은 현세에서는 어떠한 만족도 발견하지 못한다. 이러한 충동은 "한계 초월적 경향"을 나타낸다. 즉 이 충동은 그때 그때 도달한 단계를 언제나 다시 넘어서려고 한다. 인간은 그가 다음과 같이, 즉 내가 의욕했던 것을 나는 성취했다, 충만한 가치는 나의 것이다! 라고 말할 수 있는 지점에는 결코 도달하지 못한다. 그리하여 어떤 내적인 필연성을 갖고서 인간의 정신적 수평에서 반짝이는 별처럼 인격의 가치 완성의 이념이 피안의 현존에서 떠오른다.

여기에 그런데 쉽게 받아들여질 수 없는 반론이 제기된다. 분명히 — 이렇게 공식화할 수 있다 — 우리의 인간 존재를 피안의 현존에 있어서 계승 발전시키고 완성하려는 사상은 우리의 마음속에서 일종의 필연성을 지니고서 발생한다. 그러나 현실은 어디를 가든 우리의 사상과 요구를 이에 상응하는 관점에서 고려하고자 하지 않는다. "추구하는 것이지 이루어지는 것은 아니다라는 것은, 가시적이고 우선 탐구할 수 있는 현실, 즉 '자연'을 들을 수 있는 목소리로 모든 개별자에게 큰 소리로 알리는 자족(自足)의 설법이다. 사려 깊은 인간 — 그가 완고한 (전적으로 비합리적인) '그럼에도 불구하고!'로써가 아니라, 소원(所願)에다 그의 불멸성 신앙의 부권(父權)을 위탁한다고 전제하고 — 이 그러한 설법의 인상을 피할 수 있을 것인가? 그는 언제나 새로이 초인간적, 우주적 폭력의 엄격한 진행이 대지에서 태어난 인간의 '자연적 욕망' 너머로 냉혹하게 휘몰아치는 것을 인지한다. 이 우주적 폭력은 악성 질병과 너무 이른 죽음이 불어나는 해에, 해를 입지 않은 채로 남아 있는 젊은이들의 뜨거운 자연적 욕망을 존중하지 않는다. 저 폭력은 지나치게 이른 사망에 대해서 어른들의 자연력에 대한 혐오 앞에서 멈추지 않고, 결국 인간의 얼굴을 가진 모든 존재를 그들이 "완성"되기 이전에 여기에서 불러간다. 그리고 이 우주적 폭력은 보다 높은 이 세상의 현존재의 빛과 태양에 대한 보다 큰 몫을 향한 수백만 명의 근원적 욕망을 충

족되지 않은 채 내버려 두고, 그들에게 가지가지의 불행으로부터 열렬
하게 갈망하게 된 해방 대신에 쇠약과 몰락을 선물한다. 그리하여 맞아
들인 자질(資質)의 충족에 대한 의미-(목적-) 욕망은 이미 이 세상에서
수없이 반복해서 충족되지 않은 채로 있다."[55]

경험적 현실의 광경은 사실 인간 인격의 피안적 완성의 이념을 뒷받
침할 수 없다. 불멸성의 신앙은 근본적으로는 신의 신앙과 그 사정이
다르지 않다. 이 신의 신앙에 관해서는 다른 사람이 아닌 H. 뉴먼이 다
음과 같이 고백하였다: "그렇게도 분명하게 나의 양심과 심정에 말해
주는 소리가 없다면 나는 세계를 고찰함에 있어서 무신론자, 범신론자
그리고 다신론자로 될 것이다."[56] 불멸성의 신앙에는 현실의 감정도 대
립한다. 문제는 경험적 현실 배후에 여전히 다른, 보다 높은, 어떤 가치
현실이 존재하는지 어떤지 하는 것이다. 사정이 그렇다면 가치 완성을
향한 인간의 인격의 충동은 그 최후의 실현을 발견하게 된다는 사실을
우리가 믿어도 좋다. 달리 말하면, 불멸성의 신앙은 결국 신의 신앙에 의
존한다. 불멸성의 신앙은 신의 신앙의 관점으로부터만 이것이 어떻게
요청될 수 있는가라고 하는 세계의 의미를 전제한다.

불멸성 신앙의 두 번째 정초 시도는 (정신적) 가치 일반으로부터가
아니라, 윤리적 가치로부터 출발한다. 윤리적 가치에는, 이 가치가 그
요구의 무제약적 성격에 의해서 뛰어난 것인 한에서, 가치 영역에서 어
떤 우월성이 어울린다. 우리가 알고 있는 바와 같이, 도덕적으로 선한
것은 절대적인 의무의 힘을 소유한다. 이 도덕적으로 선한 것은 우리의
가치 의식에는 "정언적 명법"으로 간주된다. 그것의 실재화 경향은 특

---

55) J. M. Verweyen, 같은 책, 324면 이하.
56) Apologia pro vita sua, M. Knöpfler 옮김, Mainz 1922, 258면.

히 강력한 것이다. 인간의 주관의 측면에서 선을 실현하려는 정신적 충
동은 이에 상응한다. 도덕적 인격에 있어서 모든 다른 것은 다소간에
필연적인 것, 즉 윤리적 요구의 실현에 대해서 무관심하다. 이 실현 속
에 저 방치된 내면적 투쟁과 노력이 살아 있다. 이것을 괴테는 다음과
같은 아름다운 말로 표현한다. "모든 덕(德) 너머 저편에 한 가지가 초
월해 있다: 그것은 위로 향한 지속적 노력이요, 우리 자신과의 투쟁이
며, 보다 더 위대한 순수성, 지혜, 선 그리고 사랑에 대한 만족할 줄 모
르는 욕구이다." 그런데 세속적인 현존의 내부에서 도덕적인 완성에로
의 의지는 자기의 목적을 실현할 수 없기 때문에, 도덕적 가치 의식은
인간의 실존이 육신의 죽음 너머로 속행할 것을 요구한다.

  불멸성 신앙의 그와 같은 윤리적 정초를 누구보다도 **칸트**가 이루었
다. 그의 사상 진행은 본질적으로 방금 전개한 것과 일치한다. "세상에
서 최고 선을 야기하는 일은 도덕법을 통하여 규정할 수 있는 의지의
필연적 대상이다. 그러나 이 대상에서 도덕법칙에 대한 심정의 완전한
적합성이 최고 선의 최상의 조건이다. 이 최상의 조건은 그것의 대상과
똑같이 가능해야 한다. 왜냐하면 이 조건은 이 대상을 촉진하는 동일한
명령 속에 포함되어 있기 때문이다. 그러나 도덕법칙에 대한 의지의 완
전한 적합성은 신성(神聖)이요, 감성계의 어떠한 이성적 존재도 자기의
현존의 어떠한 시점에서도 실현할 수 없는 완전성이다. 그럼에도 불구
하고 이 완전성은 실천적인 것으로서 필연적으로 요구되기 때문에, 그
것은 저 완전한 적합성으로 무난히 나아가는 **진행** 속에서만 만날 수 있
게 되고, 그와 같은 실천적 전진을 우리들의 의지의 실제적 대상으로
가정하는 것은 순수한 실천이성의 원리에 따라서 필연적인 것이다. ─
그러나 이 무한 진행은 무한히 영속하는 실존과 동일한 이성적 존재의
인격(이것을 사람들은 영혼의 불멸이라 부른다)의 전제 아래에서만 가

능하다. 따라서 최고의 선은 실천적으로는 영혼 불멸의 전제 아래에서
만 가능하다. 따라서 이 영혼의 불멸은, 도덕적 법칙과 불가분리적으로
결합된 것으로서, 순수 실천이성의 요청이다(이것 아래서 나는 그 자체
로서는 증명할 수 없는 이론적 명제를 이해한다. 다만 이 명제가 선천적
무제약적으로 타당한 실천적 법칙에 따르는 한에서 그러하다)."[57]

칸트의 이 사상 진행은 도덕적으로는 노력하는 모든 사람들에 대해
서 완전한 설득력을 갖는다. 물론 이 사상은 어떤 의미에서는 불완전하
다. 칸트가 보지 못했고, 그 때문에 표현하지도 못한 것은 그의 불멸성
의 요청이 신의 신앙을 전제한다는 것이다. 왜냐하면 세계의 최후의 의
미 원리로서의 신의 실존만이 인간 실존의 최후의, 가장 철저한 존재
실현을 향한 인간의 요구가 만족하게 된다는 사실에 대한 확실한 보장
을 제공하기 때문이다. 그런데 이 요청은 신이 피안의 생의 내용에 속
하고, 그뿐만 아니라, 이 내용을 이루는 한에서도 역시 신의 현존을 전
제한다. 왜냐하면 그것은 생명 속에서, 트뢸취가 아름답게 말한 것처
럼, "하느님 안의 생명으로부터 획득된 보다 높은 실존의 싹과 실마리
는 신의 생명으로의 최종적인 복귀를 통해서 완성되는 것이기 때문이
다."[58]

동시에 우리는 세 번째인 마지막 사상 진행에 이른다. 종교적 의식으
로부터의 불멸성 신앙의 정초이다. "신과의 공동생활을 향한 노력이 일
단 자기의 영혼 속에서 일깨워지고, 이 노력의 가능한 한 완전한 실현
을 자기의 생의 가장 중요한 목적으로 인식한 모든 사람은, 신과의 결
합이 죽음을 통해서 다시 찢어져 버려야 한다면, 자기의 전체 노력은

---

57)   Kritik der praktischen Vernunft, I부, II편, 2장, IV.
58)   참조. 위의 책, 336면.

상실된 것으로, 그리고 목적을 잃은 것으로 간주해야 할 것이다. 신, 즉 절대적 가치가 도대체 일단 그에게 보내졌다면, 신은 그에게서 자기의 사랑도 결코 이유 없이 다시 뺏지는 않을 것이다."[59] 신을 현실적으로 발견한 사람은 신의 사랑 속에서 영원히 안전한 것으로 안다. 그가 영면하게 되고, 그의 세속적 실존의 태양이 지게 되는 그때에도 신이 그에게 아버지로서 증명된다는 축복받은 확신을 그는 갖는다. 그는 죽음의 비밀에 어쩌면 아무런 구체적 표상도 없이, 일정한 희망도 없이, 그러나 신뢰에 가득 차서 대면한다. 그것은 일찍이 소크라테스 같은 사람이 죽음에 직면하여 그의 재판관에게 다음과 같이 일갈했을 때 실현했던 죽음을 극복하는 저 신뢰이다. "선한 사람은 어떠한 악도, 살아 있을 때도, 그가 죽고 난 후에도 당하지 않는다. 그의 용무는 제신(諸神)에 의해서 버림받지 않는다!" — 이 신뢰는 시편 영창자로 하여금 다음과 같이 환호하게 한다: "내가 당신을 가지기만 한다면, 나는 아무것도 하늘과 땅에 물을 것이 없습니다. 비록 나에게서 육신과 영혼이 고생하며 죽어 갈지라도, 그럼에도 당신, 하느님은 언제나 나의 심정의 위로이고 또 나의 부분이십니다!" (Ps. 73, 23f.) — 이것은 보다 더 위대한 자로 하여금 죽음의 문턱에서 다음과 같이 말하게 하였다: "아버지, 당신의 손에 나의 영혼을 맡깁니다"(Lc. 23, 46).

종교를 가진다는 것은 근본적으로 신으로부터, 신의 심정으로부터 사는 것 이외에 다른 것을 말하는 것이 아니다. 그러한 생은 "영원한 생", 즉 영원의 힘으로부터 나오는 생이다. 이러한 영원한 생은 공간과 시간을 초월해 있다. 이 영원한 생명을 자신 속에 지니는 자는 하늘과 땅의 어떠한 힘도 그에게서 이 최고의 선을 뺏을 수 없다는 즐거운 확

59) G. Wunderle, Grundzüge der Religionsphilosophie, Paderborn 1918, 79면.

신으로 살아간다. 그에게서는 죽음은 생의 종말이 아니라, 완성이다. 그는 죽음의 어두운 문을 넘어서는 개선(凱旋)하는 말: 죽음은 생명의 출입문이다! 라는 말을 서술한다.

이렇게 불멸성 신앙은 종교적 의식으로부터 그 최후의 그리고 가장 깊은 토대의 정립을 받아들인다. 그것은 아우구스티누스의 다음과 같은 사상이다. "곧 당신은 당신을 위해 우리를 창조하셨으므로 우리의 마음은 당신 안에서 안식을 얻기 전에는 불안하기 때문입니다"(《고백록》, I, 1) 또는 현대의 어느 시인이 표현하고 있는 것처럼 "여기 당신의 깊은 곳에서 떨어져서는 불안해했던 사람들은 거기 당신의 깊은 곳 안에서는 휴식하게 된다"(Werfel).

D. 역사의 의미

I. 내재적 의미 규정

자연과학과 마찬가지로 역사과학도 철학과의 여러 겹의 중복된 관계에 들어선다. 우리가 알고 있는 것처럼, 철학은 **학문론**에서 모든 개별 과학적 분과들과 동시에 또한 역사과학의 형식적(방법적) 및 실질적(인식론적) 전제들을 연구하고 있다. 역사의 이 학문론을 사람들은 간단하게 "역사 논리"라고 부르곤 한다. 이와 나란히 역사의 가치론이 등장한다. 몰가치적인 자연의 생기 현상과는 대조적으로 역사적 생기 현상은, 우리가 알고 있는 바와 같이, 가치에 의해서 함께 규정된 생기 현상이다. 이러한 사실을 통해서 역사는 **가치론**과 관계하게 되고, 그 과제는 가치의 본질과 방식, 타당성과 실현을 밝히는 일이 된다. 결국 역사과학이 **현실론**에 대해서 적극적 관계에 서게 된다. 역사과학은 존재론으로서는 역사적 현실의 구조를 연구해야 하고, 형이상학으로서는 역사적 생기 현상의 실재 요인을 드러내어야 하며, 세계관론으로서는 이 생기 현상의 의미를 해석해야 한다. 역사철학은 따라서 (자연철학과 똑같이) 엄격한 의미에서 통일적인 분과가 아니라, 다수의 다양한 종류의 과제를 포함한다. 그것의 최고의, 그리고 최후의 과제는 역사의 의미에 관한 문제 해결이다.

"인류는 그 어려운 편력에 있어서 도대체 모든 것이 어디로 가야 하며, 그리고 인류는 무엇 때문에 자기의 길로 가야 하는지 묻는 것을 멈추지 않는다."[60] 개별적 인간이 언제나 다시 어디로-와 왜-문제 앞으로 내세워져야 함을 보듯이, 인류도 마찬가지이다. 인간적 생뿐만 아니라, 인류적인 생도 이 물음을 자신 속에 간직한다. 이 물음에 대답하는 것은 역사의 의미에 관한 물음을 해결하는 것과 다른 것이 아니다.

그런데 역사는 도대체 하나의 의미를 가진 것인가? 우리가 '역사'라고 부르는 사건과 일어난 일들의 저 총괄은 의미 물음에 대해서 침묵하고 있는 것은 아닌가?

방금 인용한 저자는 이 물음을 긍정해야 한다고 믿는다. "우리가 그 전체의 유희, 그 원자의 구조를 산출하는 저 우주의 광경으로부터 여기서는 어느 법칙의 명백한 지배뿐만 아니라 운명의 경우의, 인간 및 민족의 경우의 명백한 합법성을 찾으려는 희망에서 역사에로 몸을 돌린다면, 우리는 밤도 아니고, 낮도 되지 않는 영원한 여명(黎明)의 나라에 발을 들여놓게 될 것이다. 제(諸) 민족의 전기(傳記)는 우리에게 문화의 출현, 개화, 몰락에 있어서, 사유 방식과 교양에 대한 대지와 기후의 영향에 있어서, 생활양식의 연속에 있어서, 소박하고 가장 내면적인 소유로부터 회의적인 절반의 소유에 이르기까지, 그뿐만 아니라 인간에 의한 신의 대체(代替)에 이르기까지의 종교의 변혁에 있어서, 또한 인간이 사물을 정복하고, 지배하는 데로부터 사물이 인간을 지배하는 데로의 변혁에 있어서 확실한 합규칙성을 우리에게 가르쳐 준다. 그러나 논리 일관성과 합법칙성의 성격을 가진 그와 같은 또는 다른 현상들이 되풀이된다면, 그뿐만 아니라 역사의 형성물에서 신뢰할 만한 형식 이론이 추론된다면, 역사는 그것의 내면적 유기학과 기계학의 그러한 증명에 의해서 인간의 도덕적 문제 앞에서, '어째서'에 대한 모든 수학과 스펙트럼 분석, 모든 인식을 무시하고 '왜 그러한가'에 대한 정보를 거절하는 창공의 사실 같이 그렇게 수수께끼 같은 것과 같

60)   J. Bernhart, Sinn der Geschichte, 1면.

은 동일한 수수께끼로서 여전히 서 있지 않을 것이다. '어떤 목적으로' 가 자연
스럽게 귀결하는 '왜 그러한가' 는 역사의 의미에 따르는 우리의 물음의 핵심이
다. 역사의 논리적 성격과 과정의 제시 자체는 그 도덕적 본성에 따라서 도덕
적 대답을 요구하는 저 문제의 가장 내면적인 견해를 소홀히 하고 있다." 그러
나 바로 저 문제가 우리에게는 역사를 거부하는 것처럼 보인다. 어떤 의미는
더욱이 우리들의 윤리적 의식에서보다도 논리적 의식에서 나타나는 것처럼 보
인다. "선, 법, 순수성, 성실이 세계 무대에서 주도적인 역할을 하는 것이 아니
고, 민족의 채무장부에는 엄청난 일들이 속죄되지 않은 채 존재하고 있고, 선
한 행동으로부터는 그만큼 많은 '악, 악한 행동으로부터는 그만큼 많은 '선' 이
나온다. 생기 현상의 소용돌이 속에서 세계 과정의 의미와 정의에 관한 우리의
개념들은 부단히 상대적인 것, 꿈과 같은 것, 실현되는 않은 것으로 내팽개쳐
진다. 역사 그 자체의 내부를 고찰할 때 역사는 정의로운 세계 법정이 아니고,
역사가 세계 법정이라 하더라도 우리들 인간은 그것을 인식할 안목을 가지고
있지 않다. 공간-시간-현실의 우리의 영역에서는 선과 악에 관한 어떠한 신적
청산도 명백하지 않다. 민족은 그 죄가 없어지더라도, 선한 사람은 악인의 불
법 행위의 대가를 지불하고, 그리고 사람들의 무덤 아래에는 죽음의 사자가 우
리들로 하여금 자기의 저울질을 파악하게 한 아무것도 존재하지 않는다. 그리
고 나서 우리가 우리 마음속에 공통적으로 갖고 있는 신성한 어떤 것이 폐쇄된
문 뒤편에서 미지의 법정을 믿도록 강요하지만, 그럼에도 이 믿음은 바로 현관
이쪽의 사물들의 진행에 대해 고소를 제기하고 있다. 역사의 정의에 관한 우리
의 경험은 — 만약 그것이 존재한다면, 우리가 역사의 지도자 및 재판관으로
생각해야 할 — 영원한 존재의 신성한 완전성의 형상과는 조화를 이루지 못하
고 있다. '탐구할 수 없는 법정', '불가해한 길' 만을 보는 이 경험 — 이 경험은
물론 인간사의 경과와 최종적인 타협이어서는 안 된다 — 은 생기 현상 자체의
경과로부터 역사의 '왜 그러한가' 에 대해 해결하는 어떠한 대답도, 따라서 또

목적과 목표 그리고 종말에 대한 어떠한 해명도 이해하지 못한다."[61]

 이러한 생동적이고 다채로운 묘사가 역사의 심각한 문제성을 바로
의미 문제의 시각 아래에서 의식적인 것으로서 만들기에 적합한 그만
큼 이 묘사는 그러나 이 문제를 실제로 파악한 사람에게 역사는 어떤
의미를 갖고 있다는 확신에 있어서 그렇게 동요하게 할 수는 없다. 우
리는 물론 의미와 가치는 서로 짝을 이룬다는 것을 알고 있다. 가치가
실현되는 그곳에는 의미가 있다. 그러나 역사적 생기 현상이 가치로 포
만(飽滿)된 생기 현상이라는 사실은 이미 다른 연관에서 설명되었고,
앞으로 더욱더 분명하게 될 것이다. 따라서 우리는 정당한 일로서 역사
의 의미에 관해서 말해도 좋다. 역사는 의미 없는 것이 아니다. 역사는
또한 "의미 없는 것에 의미를 부여하는 것"[62]도 아니다. 모든 것을 인간
의 주관으로부터 도출해야 한다고 믿고, 객관적 가치, 따라서 어떠한
객관적 의미도 알지 못하는 사상만이 역사를 그렇게 보고 평가할 수 있
다. 이에 반하여 가치와 의미가 초주관적인 어떤 것을 의미한다는 사실
을 통찰한 사람은 역사적 생기 현상은, 그것이 가치 규정적인 것이기 때
문에, 또한 의미 규정적이어야 하고, 의미가 실현되어야 한다는 사실을
안다.
 그런데 역사가 어떤 객관적 의미를 소유한다 할지라도, 도대체 철학
이 이 의미를 파악하고 규정할 수 있는가 하는 것이 언제나 문제이다.
바로 이 문제를 저 인용된 저자는 단호히 부정해야 한다고 믿는다. 그
는 강력하게 "생기한 역사의 의미에 관한 물음에 대해서 모든 역사철학

61) J. Bernhart, 같은 책, 40면 이하 및 43면.
62) 참조. 그의 시절에 유명했던 Th. Lessing의 저서: "Geschichte als Sinngebung des Sinnlosen"(1919).

적 숙고의 무자격을 강조한다. 역사철학적 숙고는 그 자신 속에 의미를
갖기 위해서 그 대상을 그것의 전체성에 있어서 가져야 할 것이고, 원
인과 결과의 모든 관계는 인식 가능해야 할 것이며, 확고한 장소와 척
도도 단적으로 타당한 세계 해석 속에 주어져야 할 것이다. 그런데 역
사철학은 우리의 물음 속에서는 대상의 측면으로부터도 인간의 능력의
측면으로부터도 포기하고 있음이 명백하다.··· 역사철학은 그 노력이
영원히 무익하다는 점에서 역사의 의미로부터 아무것도 경험할 수 없
다."[63] 역사 신학만이 역사에 의미 해석을, 그것도 실로 초월자로부터
부여할 수 있다.[64] 이제 우리는 실은 화제가 되고 있는 의미 문제는 그
최종적으로 타당한 해결을 사실상 거기로부터만 알 수 있다는 생각이
다. 그러나 역사의 초월적 의미 규정 외에 내재적 규정이 있다. 그것은
순전히 철학적 수단으로써 가능하다. 역사의 의미에 관한 물음의 사정
은 인간의 생의 의미에 관한 물음과 다르지 않다. 우리는 이 물음을 가
치론에서 다루었고, 그리고 이 물음은 인간의 생의 의미를 규정하는 자
리에 있다는 사실을 보았다. 물론 역시 최후의 문제를 해명하는 의미
규정은 세계관론에서 비로소 가능하다. 왜냐하면 세계관론에서 비로소
인간의 출처와 목적지에 관한 물음이 대답을 얻게 되기 때문이다. 이
일을 철학은, 우리가 본 바와 같이, 자기의 수단으로써는 완수할 수 없
고, 보다 깊은 인식 원천으로부터 대답을 창조함으로써만 수행할 수 있
다. 그렇게 해서 비로소 인간 현존에 관한 직관, 즉 인생관 및 말 그대
로의 가장 포괄적인 의미에 있어서 세계관을 구성할 수 있다. 이러한
방식으로 철학은, 역사의 의미에 관한 물음을 결정적인 해결로 이끌

---

63)   J. Bernhart, 같은 책, 88면과 140면.
64)   Bernhart는 따라서 자기의 연구를 (부제에서) "역사 신학" 으로도 표기하고 있다.

어 가고자 한다면, 그 고유의 영역을 넘어서고, 다른 방식의 인식 수단을 사용하지 않을 수 없는 사정에 놓인다. 이것은 그러나 철학이 문제를 우선 그 자신의 수단으로 착수할 수 있고, 또 해야 한다는 사실을 배제하지 않는다.

우리가 이제 역사의 내재적 의미 규정을 얻고자 한다면, 우리가 생의 의미를 규정할 때 걸어갔던 그 길로 들어서지 않으면 안 된다. 거기서처럼 여기서도 우리는 인간으로부터 출발해야 한다. 역사를 그 자체에 있어서 고찰하는 것은 물론 역사를 인간의 일로 고찰하는 것을 말한다. 인간은 역사의 중심점에 서 있다. 인간은 역사적 생기 현상의 담지자요, 창설자이다. 이 역사적 생기 현상은 인간의 소질과 힘의 활동에 의존한다. 이 인간의 소질과 힘은 실로 인간이 역사 속에서 작용하는 특별한 인간의 잠재력이다. 동물은 역사를 갖고 있지 않다. 인간은 동물 이상의 것이기 때문에, 또 그러한 한에서 역사를 갖는다. 이것은: 모든 역사는 인간의 정신적 소질과 힘의 실행으로부터 성립된다는 것을 말한다. 이것은 인간 존재의 비정신적 잠재력도 역시 역사 구성에 관여한다는 사실을 배제하는 것이 아니다. 인간은 물론 감각적-정신적 존재이다. 인간은 자연적 존재이면서 동시에 정신적 존재이다. 그 때문에 인간의 자연적 힘, 즉 그의 감각적 충동도 역사를 함께 구성한다. 그러나 역사적 생기 현상의 핵심 층은 이 자연적 힘의 효과 속에 놓여 있지 않다. 이 핵심 층은 오히려 특별히 인간적인, 즉 정신적인 소질과 힘을 통해서 성립한다. 그리하여 우리는 우선 아주 보편적으로: 역사의 주제는 인간이다라고 말할 수 있다. 역사의 의미는 인간의 본질적 힘의 활동 속에, 인간의 정신적 생의 전개 속에 놓여 있다.

인간의 정신 활동은 가치 활동이고, 그의 정신의 생은 가치 생이다. 인간의 정신은 정신적 가치의 나라와의 관계에 서 있다. 진, 선, 미 그리고 신성의 가치는 이 가치의 나라를 세운다. 정신은 이 가치들을 자신 속에 받아들이고, 터득한다. 정신은 그렇게 하면서 자기의 본질을 고도의 수준으로 안내하고, 자기의 인격을 완성한다. 정신은 동시에 "너다운 사람이 되라!"라는 유명한 핀다로스적 시(詩)로 표현되는 저 최상의 명법을 완수한다. 정신은 인간이란 이념을 실현한다. 결국 인간의 본질적 힘의 활동, 그의 정신적 생의 전개는 이 목적에 이바지한다.

이제 개별자의 정신적 존재와 생은 넘어설 수 없는 그의 한계를 가진다. 바로 인간의 가치 의식과 가치 생의 고찰에서 인간적인 모든 것에 관계되는 한계가 우리에게 명백하게 되었다. 개별자는 그의 유한성과 제한성 때문에 인간이란 이념을 불완전하게 실현할 뿐이다. 개별자가 실현할 수 없는 것을 전체성은 실현할 수 있다. 인간 전체는 인간이란 이념을 모든 면에서 뚜렷이 나타낼 수 있고, 나타내어야 한다. 개별적인 인간의 생과 인류의 전체 생은 원리상으로 동일한 목표, 즉 인간성의 완성과 인류애의 실현에 맞추어져 있다. 구별되는 점은 다만 이 최고의 목표가 개별적 인간을 통해서보다도 인간성을 통해서 포괄적이고 완전한 방법으로 실현될 수 있다는 것이다. 이에 따라서 우리는 인간성의 생의 의미, 또는 동일한 것이지만, 역사의 의미를 이제 보다 더 엄밀하게 다음과 같이 규정할 수 있다. 즉 이 의미는 인간이란 이념을 상론(詳論)하는 서술에 있다. 그리하여 우리는 W. v. 훔볼트와 함께 다음과 같이 말할 수 있다. "역사의 목표는 인간성을 통해 서술할 수 있는 이념의 실현 — 유한한 형식이 이념과 결합할 수 있는 모든 측면에 따라서, 그리고 모든 형태로 — 일 수 있을 뿐이다."[65]

---

65) Über die Aufgabe des Geschichtschreibers. Humboldts ausgewählte philosophische Schriften, J. Schubert판, Leipzig o. J., 98면.

역사에 대한 우리의 인격주의적 의미 규정은 역사의 궁극 목적을 역사적 진행을 통해서 창조된 사실적인 문화재 속에서 인식하는 비인격주의적 관점에 대립한다. 특히 W. 분트가 대표하는 이러한 관점을 우리는 가치론에서 알게 되었다. 우리가 이 관점을 윤리학의 시각에서 잘못된 것으로서 인식했던 것처럼, 여기서는 역사철학적 입장에서 거절하지 않을 수 없다. 사람들은 인간 정신의 작품을, 우리가 문화재에서 만나게 되는 것처럼, 이 정신으로부터 완전히 분리된 것으로서 고찰해서는 안 된다. 인간 정신의 작품은 정신 속에 그 근원을 가지고 있다. 이 근원은 이 작품이 흘러나오는 창조적 원천이다. 작품들이 원천으로부터 나온 것이듯이, 또한 작품들은 이 원천에 대해서 존재한다. 이 작품들의 목적은 인간의 정신 생활을 언제나 다시 자극하고, 열매 맺게 하며, 풍요롭게 하는 일이다. 사람들이 사실적인 문화재의 총체를 "객관적 정신"으로 표기한다면, 역사적 생의 핵심을 바로 객관적 정신과 주관적 정신 간의 변증법적 운동 속에서 인식할 수 있을 것이다. 객관적 문화재가 주관적 정신에 의해 정립된다면, 언제나 새로이 주관적 생 안으로 받아들여지고, 그렇게 됨으로써 주관적 정신의 전개에 예속된다. 객관적 문화재에 특유한 초시간적 타당성에도 불구하고, 그리고 그 내용에 특유한 영원성의 가치에도 불구하고, 이 문화재는 자기 목적이 아니라, 목적에 대한 수단이다. 즉 문화재는 확고하게 인간의 인격을 완성으로 안내해 가는 살아 있는 정신에 정돈되어 머물고 있다. 비인격적 가치 너머 바로 인격적 가치가 서 있다. 즉 인격은 품위와 가치에 있어서 모든 다른 것을 능가한다.

진보 자체를 역사의 궁극 목적으로 고양하는 저 관점은 거명한 이론보다도 올바른 역사의 의미 해석에서 훨씬 거리가 멀다. 특히 P. 나토르프가 변호하는 이 사유 방식에서는 역사의 운동은 끝없는 전진 — 이 전진의 목표는 인간의 눈을 완전히 피해 있고, 그 때문에 그 의미를 끊임없는 계속 진보 속에서 갖는다 ─ 으로 나타난다. 이렇게 확실하게 모든 논쟁에도 불구하고 인류의 역사적 진보가 있듯이 ─ 우리의 지식은 의심의 여지가 없이 점점 더 풍부하게, 우리의 학문적 의식은 보다 더 세분화되었고, 우리의 윤리적, 미적 그리고 종교적 의식은 본질적으로 순화되고 확장되었다 ─, 그만큼 진보에 대한 언급은 역사의 의미에 대한 물음의 답으로서는 불충분하다. 왜냐하면 "진보 그 자체에 관해서는, 진보가 어디에 이르러야 하는지 그 목표에 관한 언급이 없이는, 사람들은 도대체 이성적인 방법으로 말할 수 없기 때문이다."[66] 진보의 개념 속에는 목적 사상이 포함되어 있다. 목적 사상을 차단한다면, 동시에 우리는 진보 개념을 지양하게 된다.

우리가 이미 본 것처럼, 역사철학이 인격의 절대적 가치를 고수해야 하고, 따라서 역사적 생의 의미를 규정해야 한다면, 여기로부터 역사철학은 역사의 목적을 그 종국의 상태에서 보아서는 안 된다는 사실이 귀결한다. "인격의 절대적 가치는 역사의 최종 목표가 문화적, 사회적, 국가적 또는 세계 시민적 방식의 귀결- 및 전체 결과 속에 존립할 수 없다는 결과로 끝난다. 전체 세대들, 전체 민족들은 그 어떤 것을 그러한 성과에로 기여할 수 없는 상태에서 거기로 가 버렸다. 전체 세대, 전체 민족들은 목적도 없이 존재했어야 하는가? 저 전체 성과 자체는 무상(無常)함의 소유가 되기 때문에, 이로 말미암아 인간은 무상한 목적에 대한 수단으로 경시될 것이다. 따라서 역사의 최상의 목표는 개인적인 목표일 수 있을 뿐이다. 이렇게 개인적인 목표는 각각의 개인이 사회에서 그에게 지정된 자리로부터, 그가 접근할 수 있는 문화의 단계로부터 그

---

66) W. Windelband, Einleitung in die Philosophie, Tübingen 1914, 351면.

리고 역사 경과의 각 시점으로부터 이것에 도달할 수 있다는 그러한 성
질의 것이어야 한다. 그와 동시에 개인적 목표는 활동, 전개, 완성으로,
그리고 실로 특히 — 불변적, 지속적인, 따라서 정신적인 그리고 진실
로 인격적인 가치가 손짓하는 — 저 방향으로 안내되어야 하는 소질과
충동을 가진 언제나 다시 동일한 인간성이다."⁶⁷⁾

　　인간의 인격과 그 완성에 대한 역사의 의미는, 후기 세대의 정신적-
문화적 업적이 전기의 업적에도 어떤 방식으로이건 도움이 되고, 그리
하여 말하자면 모두가 모든 문화재에 참여한다면, 보다 더 클 것이라는
사실을 물론 부인할 수 없는 일이다. 증명할 수 있는 모든 지식을 능가
하는 이 사상의 내면적 권리는 특히 로체가 옹호하였다. "우리가 미래
에 상실되지 않을 것이라는 예상, 우리의 눈앞에 존재했던 것이 실로
이 세속에서는 고려되지 않을지라도, 모든 현실로부터는 그렇지 않다
는 예상, 그것이 어떠한 비밀스러운 방식으로이건 간에, 역사의 진보는
그들에게도 발생한다는 예상, 이러한 사상은 우리들로 하여금 인간성
과 그 역사에 관해서 우리가 행하는 것처럼 그렇게 말하게 한다."⁶⁸⁾ 로
체에게도 따라서 지식이 아니라, 신앙이 문제이다. 이 신앙은 물론 로
체의 견해에 따르면 우리들의 도덕적 감정에 의해서 요구된다. 이에 관
해서는 물론 견해들이 엇갈린다. 사람들은 이 신앙을, 이것이 우리들의
가치 감정에 일치한다 할지라도, 우리의 도덕적 의식의 무제약적 요구
라고 부를 수는 없을 것이다. 로체와 생각을 같이할 수 없는 사람은 역
사의 별로 만족할 수 없는 국면으로 만족해야 한다. 후기 세대의 문화
의 진보가 전기 세대에 도움이 되지 못한다는 사상과 그는 쉽게 — 만

67)　J. A. Endres, Einleitung in die Philosophie, Kempten 1920, 168면.
68)　Mikrokosmos, III, 51면 이하.

약에 그가 문화의 모든 진보는 그것의 그늘의 측면도 갖게 되고, 진보를 통해서 야기된 이득에 현저한 손해가 대립한다는 사실을 숙고한다면 — 타협한다. 그는 더 나아가서 인류의 역사에서 최고의 가치 해명은 오랜 세월의 발전의 산물이라기보다는 오히려 갑작스런 신 개간지로서, 계시로서 현상한다고 생각하고, 그리하여 바로 생의 최고의 재산과 관련해서 발전과 진보의 계기는 결정적인 것이 아니라고 생각한다.

II. 초월적 의미 규정

우리는 지금까지 역사를 인간에 즉해서 그리고 인간 속에서 일어나는 생기 현상으로 간주하였다. 따라서 우리는 역사의 의미를 규정하는 데 내재적 원리를 사용하였다. 이제 이 고찰 방법을 초월적 원리에로 소급하는 그러한 방법을 통해서 보완하고 고양할 필요가 있다. 이것이 어떠한 것인지 의심스러울 수 없다. 그것은 세계 근거요, 곧 신성(神性)이다. 우리는 역사를 모든 존재의 이 최후의 원리에 연관시키고, 역사의 의미를 거기로부터 해석하고자 하면서, 최종적으로 타당한 의미 규정을 얻고자 한다.

우리는 이미: 역사는 인류에 대해서 무엇을 의미하는 것인가? 라고 의문을 제기했고, 이제는: 역사는 신에 대해서 무엇을 의미하는가? 라고 묻는다. 첫 번째 물음에 대해서는 다음과 같이, 즉 역사는 인간의 인격의 완성에 이바지한다라고 대답하였다. 이제 두 번째 물음에 유사한 대답을 할 수 있을 것인가? 세계사적 진행의 최후의 그리고 가장 깊은 의미는 그것이 신의 완성, 즉 신성의 자기실현에 이바지하는 데에 있다고 말해도 좋은가? 이 대답은 형이상학적 내용에 있어서 모든 다른 것

들을 능가하는 역사의 의미 부여를 의미할 것이다. 왜냐하면 사람들은 역사적 생기 현상에 신의 본질 완성에 이바지하는 의미보다도 더 높은 의미를 부여할 수 없을 것이기 때문이다. 그렇지만 이것으로써 역사적 생은 결국 신의 생으로, 인류의 역사는 신성(神性)의 역사로 고양된다.

역사의 이러한 의미 해석을 완수하는 것이 진화의 범신론이다. 이러한 해석의 핵심 사상은 헤겔에게서 다음과 같이 명석하고 판명하게 표현되고 있다: "정신은 자유롭다; 정신이 자기의 본질을 실현하고, 이러한 장점을 성취하는 것은 세계정신이 세계사에서 수행하는 기도(企圖)이다. 자신을 알고, 인식하는 것은 한 번만에 되는 것이 아니고, 단계 과정에서 완성되는 일이다. 각각의 개별적인 새로운 민족정신은 세계정신이 자기의 의식의 획득, 즉 자기의 자유의 획득에 있어서 하나의 단계인 것이다. 하나의 민족정신의 죽음은 생명으로의 이행(移行)인 것이고, 일자의 죽음이 타자의 동일한 죽음을 현존하게 하는 자연에 있어서와 같은 그런 것이 아니다. 그런 것이 아니고, 오히려 세계정신은 그 자신의 보다 낮은 규정으로부터 보다 높은 원리, 개념으로, 자기의 이념의 보다 더 발전된 표현으로 전진한다."[69] 이렇게 세계사는 "절대 정신의 발전 과정이고 현실적 생성이다." "이것은 — 헤겔이 자기의《역사철학》의 결론에서 이렇게 진술한다 — 역사에 있어서의 진정한 변신론(辯神論)이요, 신의 인정(認定)이다."[70]

역사의 의미에 관한 이 관점은 E. v. 하르트만에게서는 염세적인 징후를 받아들여진다. 역사적 과정은 그에 의하면 자기 완성이라기보다는

---

69)   Vorlesungen über die Philosophie der Weltgeschichte, G. Lasson판, I, Leipzig 1917, 50면.
70)   같은 책, IV, Leipzig 1920, 938면.

오히려 신의 자기 구원으로 간주된다. 절대자의 상태는 세계 과정 앞에
서는 하르트만에 의하면 행복주의적 시각 아래에서 부정적(否定的)인
시각으로 표상되어야 한다. 즉 우리는 "신은 불행의 상태에 존재하였다
고 가정해야 한다. 이때 이성의 목적은 불행인 이 상태를 제거하고, 평
화와 불만이 없는 정적(靜寂)의 상태에 이르는 곳으로 저절로 향하지
않을 수 없었고, 그러면 세계 과정이 저 불행한 상태가 끝나는 데 대한
수단으로 간주되어야 하는 한, 절대자는 세계 과정의 말할 수 없는 고
통 속에서 몰락한다는 사실이 이해될 수 있다." 세계 과정의 절대적 목
표는 따라서 "절대자를 그것의 초월적 불행으로부터 구원하는 일"이다
… 실재적 존재는 신성(神性)의 화신(化身)이고, 세계 과정은 육화(肉
化)된 신의 수난의 역사이고, 동시에 육신을 가지고서 십자가에 못 박
힌 그리스도의 구원에 이르는 길이다."[71]

진화의 범신론은 신성을 세계 과정 속으로 이끌어들임으로써 종교적
신의 이념을 파괴한다고 우리는 이 사상에 반론을 제기하지 않을 수 없
었다. 신은 절대적 완전성이다. 내면적으로 완성할 수 있거나 또는 더군
다나 구원할 수 있고, 또 구원을 필요로 하는 신은 신이 아니다. 세계
과정, 따라서 또한 역사 과정의 최후의 의미는 그 때문에 달리 규정되
어야 한다. "신의 위대성이 세계 과정은 신의 본질 완성 또는 그 내면적
생의 확대를 의미한다는 가능성을 배제한다면, 세계가 신에게 줄 수 있
는 유일한 것은 외면적인 명예이다. 신을 외면적으로 찬미하는 가운데
에서도 창조의 최고의 목적이 놓여 있다. 이성이 없는 것들은, 알지도
못한 채, 그것의 현존과 자연적인 활동을 통해서 — 그 본질적인 장치

---

71) Phänomenologie des sittlichen Bewußtseins, 제3판, Berlin 1924, 680면 이하 및
683면 이하.

가 이 장치를 창조한 그것의 힘, 지혜 그리고 선에 관해서 증명함으로
써 ― 신을 찬미한다. 사람들은 이것을 신에 대한 객관적인 찬미라고 부
른다. 이성적 존재로서의 인간은 이 객관적인 찬미와 ― 그가 신을 의
식하고, 자유의지로써 신을 자기의 주인으로 인정하고, 신 그 자체에
봉사함으로써 ― 형식적 찬미를 결합해야 한다."[72]

그러나 이 견해도 역시 역사의 의미에 관해서 만족시키지 못한다. 세
계 근거와 인류의 목표 간의 관계는, 이 후자가 단지 신의 외면적인 영
광과 찬미 속에서만 인식된다면, 너무 외면적으로 파악되는 것이다. 더
나아가서 이 관점의 기저에는 지나치게 인간적인 신의 상(像)이 놓여
있다. 신은 무엇보다도 자기 명예의 보호와 증대를 의중에 둔 독재적인
주인처럼 보인다. 결국 이러한 관점에 대해서, 이 관점이 그리스도교적
으로 헌신하고 있는 한, 그것은 철저히 복음의 등고선 아래에 머물고
있다고 하는 반론이 제기되어야 한다.

그러므로 우리는 신 속에서 세계 창조, 세계- 및 역사 과정의 정립에
대한 어떤 다른 그리고 보다 높은 동기를 전제해야 한다. 실로 우리가
종교적 의식의 요구를 달리 정당하게 평가하고자 한다면, 우리는 신을
그 자체 속에서 완성된, 무한히 완전한 것으로서 사유해야 할 것이다.
그러나 ― 우리는 그렇게 추론해야 할 것이다 ― 바로 신은 무한히 완
전하기 때문에, 신은 신의 절대적 본질의 충실에 참여하는 피조물을 현
존하게 하면서 자신을 알리고 싶어 한다. 신은 세계를 완성할 필요는
없고, 자기의 본질의 계시를 필요로 한다. 계시는, 신의 본질 속에서 그
영원한 고향을 갖는 가치의 세계가, 세계 과정을 통해서 피조물 속에서
표현되고 효과를 나타내는 사실 속에 존재한다. 이러한 방식으로 "신의

---

72)　Fr. Sawicki, Geschichtsphilosophie, Kempten 1920, 229면 이하.

나라"는 건립되고, 신의 지배가 세계에 이루어진다. 그리고 여기에 역사의 초월적 의미가 존재하게 된다.

바로 복음으로부터 역사의 이 의미 규정이 밝혀진다. 아가페인 예수의 복음처럼, 신의 가장 내면적인 본질이 봉사하는, 헌정하는, 마구 쏟아붓는 사랑을 선포할 때, 신의 모든 작용은 이 사랑의 실증이고, 동시에 자기의 사랑의 숭고함의 계시이다. 이때 세계 과정의 배후에 신성한 사랑의 의지가 서 있고, 이 사랑의 의지의 최고의 효과는 정신의 나라의 창조이고, 이 정신의 나라에서 신의 사랑이 완전히 지배하게 된다. 역사관은 필연적으로 사랑의 신의 이념에서 생긴다. 이것은 신을 두고 하는 말이다. "그 신은 신의 나라를 의욕하고 있고, 그 신은 세계를 그가 통치함에 있어서, 서서히 신의 나라를 세우기 위해서, 돌과 돌을 짜맞추며, 그 신은 정신의 나라를 전개하는데, 이 정신에서는 어떠한 자연력도, 어떠한 자연력의 적대도, 인간의 어떠한 강제도 이 정신의 생명과 그 지복(至福), 그 기쁨과 그 힘을 강탈할 수 없다 ― 이 신은 천국을 의욕하고 있고, 이 천국을 세계의 생기 현상의 파도치는 바다로부터 떠오르게 한다. 이 천국은 예수와 기쁨을 함께하며 예수의 힘을 받아들여야 하는 사람들의 나라이고, 또 투쟁과 수난 속에서 자기의 신적 숭고함을 증명하는 예수가 언제나 그들에게 새로이 모습을 드러내게 되는 사람들의 나라이다."[73] 이렇게 인류 역사의 최후의, 그리고 최고의 목표는 "신의 나라"이다.

---

73)   Chr. Geyer u. Fr. Rittelmeyer, Leben aus Gott, Ulm 1911, 378면.

결론

"인식하는 자의 모든 모험은 다시 허용되어 있다. 바다, 우리의 바다는 다시 공개되어 있다. 어쩌면 그렇게 공개된 바다는 아직도 결코 존재하지 않았을 것이다." 니체의 이 말이 현재의 상황에 얼마나 적합한지 여기서는 연구하지 않아도 될지 모르겠다. 그러나 하여간에 모두(冒頭)에서 지적된 것처럼, 형이상학적 인식의 모험은 오늘날 다시 허용된 것으로 간주된다. 이것은 우리에게는 포괄적인 현실 이론을 구성하여 현대인들에게 제시하는 다름 아닌 격려였던 사실이다.

우리의 현실론의 구분은 철저히 인식론적 성격을 지니고 있다. 그것의 세 부분은 세 가지 인식 단계를 나타낸다. 존재론에서는 존재자의 형식 구조의 분석에 관한 것이었다. 여기서는 형식적인 학문(논리학, 수학)에 특징적인 저 최고도의 이론적 확실성에 도달하는 것이었다. 우리가 형이상학에 발을 들여놓았을 때, 우리는 이 확실한 토대를 떠나 버렸다. 논리적으로 강요할 수 있는 인식은 여기서는 일반적으로 얻을 수 없었다. 그것은 형이상학의 본질과 관계한다. 형이상학의 대상은 물론 존재자의 형식적 구조가 아니라 실질적 구조이다. 형이상학은 존재의 핵심으로 파고들려고 하고, "세계는 그 가장 내면적인 것에 있어서 무엇과 관계하는지"를 인식하고자 한다. 다른 한편으로 세계관론은 그 속에서 움직이는 차원이 다르다. 형이상학의 목표는 두말할 것 없이 세계의 포괄적인 의미 해석이다. 형이상학이 아직도 합리적 인식 매체로써 작업하였다면, 이것은 여기서는 완전히 실패한다. 증명할 수 있는 지식에 관해서는 여기서는 더 이상 언급될 수 없다. 물론 이 이론적인 불확실성은 결코 완전한 불확실성을 의미하지 않는다. 이론적인 확실성 이외에 비이론적인 확실성이 존재한다. 이 비이론적 확실성은 인간 이성의 영역 피안에 놓여 있는 원천으로부터 모조리 선포되는 바로 우리들의 가장 철저하고 중요한 신념에 특유한 것이다. 단지 주지주의적으로 왜곡된 사유만이 이 사실을 오해하고 확실성 일반을 이론적 확실성과 동일시한다.

우리들의 현실론의 구조가 명백히 하고 있는 것처럼, 철학은 세계관으로 흘러든다. 세계관은 철학의 토대가 아니라, 최후를 장식하는 완결이다. 사람들이 "모든 진정한 철학은 세계관에 근거를 두고 있다"[1]라는 명제를 제기한다면, 그것은 이 사태를 오해한 것을 의미한다. 사람들은 게다가, 그가 동시에 철학이란 학문의 성격을 다음과 같이 옹호하고 강조하고자 한다면, 자기모순에 말려들어 가게 된다: "분명히 철학은 학문이다. 사람들은, 그가 만약 '철학'이란 낱말에서 일체의 이성적 의미를 뺏고자 하지 않는다면, 이 말을 고수해야 한다."[2] 철학이 그 본질에 맞게 학문이라면, 철학은 세계관에 근거를 둘 수 없다. 왜냐하면 세계관은, 인용되었던 저자 자신이 말하고 있는 것처럼, "언제나 신앙의 일"[3]이기 때문이다. 철학이 세계관에 의존하고 있다면, 따라서 철학은 신앙을 밑받침으로 삼겠지만, 지식에 바탕을 두지는 않을 것이다. 따라서 이

---

1) A. Faust, Wesenszüge deutscher Weltanschauung und Philosophie, in: Zeitschrift für deutsche Kulturphilosophie, H. Glockner와 K. Laven판, VIII (1941), 93면.

2) 같은 책, 88면.

3) 같은 책, 89면.

것은 그러나 지식의 성격 때문에 일어난 일일 것이다. 이 귀결은 불가피하다. 이 귀결의 거짓에 명제 자체의 거짓이 명백히 드러난다. 이에 대해서 우리는 다시 한 번 강조하거니와 철학은 세계관 속으로 흘러들기는 하지만, 세계관 속에 근거를 두고 있는 것은 아니다.

동시에 원리상으로 최근에 논의가 된 문제, 즉 "그리스교적 철학"이 존재하는가라는 의문에 대해서도 대답이 내려진다.[4] 철학이 학문이라면, 그리스도교적 수학 및 자연과학이 존재할 수 없듯이 그리스도교적 철학은 존재하지 않는다. 사람들은, 저 개념의 불합리성을 통찰하기 위해서는, "그리스교적"이라는 수식어를 가진 철학의 주된 분과를 이해하기만 하면 된다. 사람들은 도대체 의미 있는 방식으로 이를테면 "그리스도교적 논리학", "그리스도교적 인식론", "그리스도교적 존재론"에 관해서 말할 수 있는가? 이 의문을 제기하는 것은 이 의문을 부정하는 것을 말한다.

만약 그렇다면, 그러나 그리스도교적 철학의 이념이 오늘날도 역시 그 옹호자를 가지고 있다는 사실은 어떻게 설명될 것인가? 이에 대한 설명은 이러한 철학자들은 철학과 세계관 사이를 구별할 줄 모른다는 사실에 있다. 그리스도교적 철학은 없지만, 그러나 그리스도교적 세계관은 존재한다. 세계의 의미 해석은, 우리가 이미 알고 있는 것처럼, 결국 그 최고의 형식에 있어서는 그리스도교적 의식과 일치하는 종교적 의식으로부터 이루어진다. 우리도 역시, 특히 우리의 세계관론의 결론이 지적하는 것처럼, 이 원천에서 듣고 알았다. 우리들의 세계관 문제의 해결, 즉 신, 정신 그리고 역사에 관한 문제의 해결은 따라서 본질적으

---

4) 가장 자세하지만, 그러나 전혀 만족스럽지 못한 이 주제의 논의는 프랑스의 신토미즘의 선구자인 Jaques Maritains의 저서, 《그리스도교 철학에 관해서》(B. Schwarz 판), Salzburg 1935이다.

로 그리스도교적 세계관에 의존한다. 우리의 신의 이론, 우리의 인간의 정신론 및 역사의 의미에 관한 우리의 이론은 그리스도교적으로 규정되어 있다. 따라서 사람들은 여기서 "그리스도교적 신학", "그리스도교적 인간학" 그리고 "그리스도교적 역사철학"에 관해서 말할 수 있을 것이다. 아주 똑같이 사람들은 "그리스도교적 생의 철학"을 말할 수 있다. 왜냐하면 세계관에는 인간의 생의 의미 해석도 속하기 때문이다. "그리스도교적"이라는 수식어는 따라서 세계관의 문제가 그 속으로 작용하는 영역, 그 때문에 그리스도교적 세계관의 관점의 취급을 인정하는 영역이 관계되는 도처에 적합할 것이지만, 그러나 또한 그곳에만 적합하다.

이 그리스도교적 세계관으로부터 우리의 이 세 권의 저서 배후에 종점으로서 서 있어야 할 사상, 그리고 저자 자신뿐만 아니라 이 저자에 대한 미래의 비판자들(특히 그 자신이 어떤 성공적인 작품을 이루려고 감행(敢行)하는 대신에, 다른 사람의 감행을 비판하기 좋아하는 사람들)을 겸손하도록 경고하는 사상도 추측할 수 있을 것이다:

우리는 부분적으로 안다 (I. 코린토. 13, 9).

■ 이름찾기

|ㄹ|

|ㅁ|

|ㅂ|

■ 저자의 철학 저술물

A) 철학사에 대한 저술

1. 고대 철학

Platonismus und Prophetismus, 2. Auflage, München 1955, Verlag E.
Reinhardt, 240 Seiten.

Griechische oder biblische Theologie?, 2. Auflage, München 1960, Verlag E.
Reinhardt, 160 Seiten.

2. 교부철학 및 스콜라철학

Die Begründung der Erkenntnis nach dem hl. Augustinus, Münster 1916,
Verlag Aschendorff, 118 Seiten.

Die unmittelbare Gotteserkenntnis nach dem hl. Augustinus, Paderborn 1919,
Verlag F. Schöningh, 60 Seiten.

Der augustinische Gottesbeweis, Münster 1920, Verlag H. Schöningh, 112
Seiten.

Augustinische und thomistische Erkenntnislehre, Paderborn 1921, Verlag F.
Schöningh, 71 Seiten.

Augustins Metaphysik der Erkenntnis, Berlin-Bonn 1931, Verlag F. Dümmler,

328 Seiten (Zusammenfassung und Neubearbeitung der vorgenannten Augustinus–Arbeiten).

Augustinus: Vom seligen Leben (übersetzt und erläutert), Leipzig 1923, Verlag Meiner, 43 Seiten.

Augustinus und seine Bedeutung für die Gegenwart, Stuttgart 1924, Verlag Strecker und Schröder, 130 Seiten.

Die Weltanschauung des Thomas von Aquin, Stuttagart 1926, Verlag Strecker und Schröder, 130 Seiten.

Patristische und scholastische Philosophie, Breslau 1922, Verlag Hirt, 126 Seiten.

Die Philosophie des hl. Augustinus, 2. Auflage, Nürnberg 1958, Verlag Glock und Lutz, 64 Seiten.

Thomas von Aquin und wir. München 1955, Verlag Ernst Reinhardt, 145 Seiten.

3. 현대 철학

Das Substanzproblem in der Philosophie der Neuzeit, Berlin und Bonn 1932, Verlag F. Dümmler, 287 Seiten.

Hegels Trinitätslehre, Freiburg 1921, Verlag Herder, 45 Seiten.

Die Religionsphilosophie des Neukantianismus, 2. Auflage, Freiburg 1924, Verlag Herder, 196 Seiten.

Die Kategorienlebre Ed. von Hartmanns und ihre Bedeutung für die Gegenwart (Gekrönte Preisschrift), Leipzig 1924, Verlag Meiner, 140 Seiten.

Die philosophischen Strömungen der Gegenwart, 2. Auflage, Rottenburg 1940, Verlag Bader, 162 Seiten.

Die Geistesströmungen der Gegenwart, Freiburg 1937, Verlag Herder, 185
Seiten.

Der deutsche Genius und sein Ringen um Gott, 2. Auflage, München 1937,
Verlag E. Reinhardt, 110 Seiten.

Der geistige Wiederaufbau Deutschlands, Stuttgart 1946, Verlag A. Schröder,
120 Seiten.

Max Scheler. Eine kritische Einführung in seine Philosophie, Essen 1948, Verlag
v. Chamier, 134 Seiten.

Die Philosophie des 20. Jahrhunderts, Rottenburg 1951, Verlag Bader, 190
Seiten.

Universitätsreform, Düsseldorf 1953, Progress–Verlag, 32 Seiten.

Geistige Kämpfe der Zeit im Spiegel eines Lebens, Nürnberg 1959, Verlag
Glock und Lutz, 280 Seiten.

B) 체계적인 철학에 대한 저술

Erkenntnistheorie, Berlin–Bonn 1926, Verlag F. Dümmler, 152 Seiten.

Die Methode der Metaphysik, 2. Auflage, Berlin–Bonn, 1954, ebda., 80 Seiten.

Das Kausalprinzip, 2. Auflage, München 1958, Verlag E. Reinhardt, 300
Seiten.

Wertphilosophie, Paderborn 1937, Verlag F. Schöningh, 262 Seiten.

Die Werte des Heiligen. Eine neue Religionsphilosophie, 2. Auflage, Regensburg
1951, Verlag Fr. Pustet, 282 Seiten.

Der Sinn des Lebens, 4. Auflage, Münster 1955, Verlag Aschendorff, 158
Seiten.

Die Ewigkeitswerte der deutschen Philosophie, Hamburg 1942, Hoffmann und Campe Verlag, 288 Seiten.

Von der Aufgabe der Philosophie und dem Wesen des Philosophen, Heidelberg 1947, Verlag Winter, 46 Seiten.

Lehrbuch der Philosophie, Verlag E. Reinhardt, München.

I. Band: Wissenschaftslehre, 2. Auflage, 1950, 316 Seiten.

II. Band: Wertlehre, 2. Auflage, 1959, 300 Seiten.

III. Band : Wirklichkeitslehre, 1950, 372 Seiten.

Religionsphilosophie, 2. Auflage, München 1955, Verlag E. Reinhardt.

I. Band: Methoden und Gestalten der Religionsphilosophie, 306 Seiten.

II. Band: System der Religionsphilosophie, 338 Seiten.

Existenzphilosophie, 2. Auflage, Essen, 1948, Verlag v. Chamier, 110 Seiten.

Wesen und Wert der Philosophie, Nürnberg 1948, Verlag Glock und Lutz, 52 Seiten.

Ethik, 2. Auflage, Leiden 1958, Verlag Brill, X und 168 Seiten.

Wissen und Glauben, München 1959, Verlag E. Reinhardt, 50 Seiten.

Im Ringen um eine zeitnahe Philosophie, Nürnberg 1959, Verlag Glock und Lutz, 160 Seiten.

외국어 번역본

Erkenntnistheorie	(스페인어 판 1932, 재판 있음)
"	(일본어 판 1952)
Der Sinn des Lebens	(네덜란드어 판 1937)
"	(일본어 판 1948, 재판 있음)
"	(신 그리스어 판 1954)
Wertphilosophie	(포르투갈어 판 1944)
Existenzphilosophie	(스페인어 판 1948)
Max Scheler	(스페인어 판 1952)
Wissenschaftslehre	(스페인어 판 1957)
Wertlehre	(스페인어 판 1959)
Wirklichkeitslehre	(스페인어 판 1962)
Der augustinische Gottesbeweis	(폴란드어 판 1957)
Platonismus und Prophetismus	(일본어 판 1958)
Das Kausalprinzip	(영어 판 1958)
Wissen und Glauben	(일본어 판 1962)

박사 학위 논문

외국 대학(Löwen, Krakau, Mailand, Pretoria, Lublin)에서 지금까지 헤센의
철학에 관해서 6편의 박사 학위 논문이 작성되었습니다.

제2부: 특수 인식론

    A. 범주론: I. 범주의 본질 — II. 범주의 논리적 원천 — III. 범주의 체계 — B. 학문론: I.학문의 본질 — II. 학문의 체계 — III. 학문의 가치

제2권 가치론

제2판. 300면.

제1책: 일반적 가치론

제1부: 제 가치

    I. 가치의 본질 — II. 가치의 타당성 — III. 가치와 현실 — IV. 가치와 당위 — V. 가치의 구분 — VI. 가치의 서열

제2부: 가치의 인식

    I. 제 견해의 논쟁 — II. 가치 인식의 본질 — III. 두 가지 인식론적 편견 — IV. 가치 평가적 및 학문적 사유

제3부: 가치의 실현

    I. 객관적 과정으로서의 가치 실현 — II. 주관적 체험으로서의 가치 실현

제2책: 특수 가치론

제1부: 윤리학

    I. 도덕적인 것의 타당성 — II. 도덕적인 것의 본질 — III. 도덕적 당위 — IV. 도덕적인 것의 실현

제2부: 미학

    I. 미학의 주된 방향 — II. 가치미학의 특징 — III. 미적인 것의 의미

제3부: 종교철학

    서론 — I. 종교의 자립성 — II. 종교의 진리 — III. 종교의 본질